KB120526

Diagnosis and Evaluation in Speech Pathology (9th ed.)

언어장애 진단평가

Rebekah H. Pindzola · Laura W. Plexico · William O. Haynes 공저
김민정 · 한진순 · 이혜란 공역

학지사

Diagnosis and Evaluation in Speech Pathology, 9th ed.

by Rebekah H. Pindzola, Laura W. Plexico, and William O. Haynes

Authorized translation from the English language edition,
entitled DIAGNOSIS AND EVALUATION IN SPEECH PATHOLOGY,
9th Edition, ISBN: 9780133823905 by PINDZOLA, REBEKAH H.; PLEXICO,
LAURA W.; HAYNES, WILLIAM O., published by Pearson Education, Inc.,
publishing as Pearson, Copyright © 2016 by Pearson Education, Inc.

KOREAN language edition published by HAKJISA PUBLISHER, INC.
by arrangement with Pearson Education, Inc.
Copyright © 2017 by Hakjisa Publisher, Inc.

역자 서문

한국의 언어병리학 분야는 지난 20여 년간 엄청난 양적 성장을 이루어 왔다. 역자들이 이 분야의 공부를 시작했던 1990년대만 해도 언어병리학을 가르치는 학교가 전국에 한두 개밖에 없었다. 그러나 지금은 수십 개의 대학교와 대학원에 언어치료학과가 있어서 매년 수백 명의 언어치료사를 배출하고 있다. 이런 양적 성장을 통해 원하는 사람들이 좀 더 쉽게 언어 평가와 치료 서비스에 접근할 수 있게 된 것은 다행스러운 일이다. 그러나 언어치료사들이 제대로 된 진단평가를 고민하지 않는다면 이런 양적 성장은 그들에게 오히려 불행이 될 수도 있다.

역자들이 임상을 시작했던 때에는 규준이 제시된 공식 검사가 참으로 귀했다. 객관적인 진단 근거가 절실했기에 그동안 여러 선구자가 공식 검사의 개발과 규준 작성에 힘썼고, 우리는 검사가 출판될 때마다 환호하며 그 사용법을 익히는 데 열중해 왔다. 그래서일까? 여러 공식 검사의 결과가 쭉 나열되어 있고, 그 결과만을 좇아 맹목적으로 장애의 유무와 특성을 결정한 아주 위험한 진단보고서를 교육 및 임상 현장에서 자주 접하게 되었다. 그리고 이런 보고서로 인해 관련 전문가들이 우리의 전문성을 신뢰하지 않게 되었다는 부끄러운 상황도 들은 적이 있다.

한 대학원 진단평가 수업에서 이 책으로 수업을 진행하겠다고 했을 때, 학생들이 출판된 검사도구의 '사용법'을 배우는 시간이 아니냐고 반문했던 기억이 떠오른다. 정말로 많은 언어치료사가 진단평가를 검사의 점수 내기로 오해하고 있는 것 같다. 이 책에서는 시중에 나와 있는 표준화된 공식 검사가 심리측정 측면에서 얼마나 문제가 많은지, 소위 등가 연령이라고 하는 표준점수가 통계적으로 얼마나 위험한지, 우리가 표준화된 검사로 하지 말아야 할 일들을 얼마나 일상적으로 행하고 있는지를 조목조목 지적하고 있다.

이 책을 통해 그 학생들이 이론적인 무장을 하고 시중에 나와 있는 규준참조 검사와 자신의 진단보고서를 비판적으로 검토하게 되면서 교실에는 탄성이 자주 흘러나왔다. 이 탄성의 의미는 무엇이었을까? 우리는 기계적으로 공식 검사를 실시하고 채점하는 '기술자'를 양산해서는 안 된다. 이 책은 언어병리학을 공부하는 학생들에게 앞으로 자신이 언어치료 기술자가 아닌 언어치료 '전문가'가 되기 위하여 무엇을 준비하고 어떠한 고민을 해야 하는지 분명하게 알려 주고 있다.

우리는 학생뿐만 아니라 임상 현장에 있는 언어치료전문가와 임상실습을 지도하는 감독자에게도 이 책을 권하고 싶다. 정작 중요한 것은 검사 결과로 얻은 점수가 아니라 검사 과정에서 파악되는 대상자의 실질적인 의사소통 능력이다. 전문가라면 인위적이고 제한된 방식으로 진행되는 공식 검사 결과만을 중심으로 진단보고서를 작성해서는 안 된다. 자연스럽고 다양한 상황에서의 의사소통 능력과 그 기능상의 결과를 분석하고, 여러 정보를 통합하여 임상적 판단을 내릴 수 있어야 한다. 이 책은 임상 경험이 있는 독자들에게 그동안 자신이 해 왔던 진단 과정을 되돌아보고 간과해 왔던 중요한 사실들을 되새기는 계기가 될 수 있으리라 믿는다.

이 책이 번역되어 나오기까지 참으로 많은 시간이 투자되었다. 7판을 처음 번역할 때는 말할 것도 없거니와, 9판을 다시 번역할 때도 적지 않은 시간이 필요했다. 읽고 이해하는 것과 번역하는 것은 전혀 다른 문제였다. 저자의 생각을 정확하게 전달해야 했으며, 우리말답게 문장을 만들고 매끄러운 문장 연결을 위하여 단어와 조사 및 어순을 고민하는 일은 엄청난 인내를 요구하였다. 그럼에도 불구하고 이 책의 번역에 매달릴 수 있었던 것은 저자가 주장하는 바를 뼛속까지 공감하며 잘못된 방향으로 흘러가고 있는 현실을 바로잡는 데 우리의 노력이 조금이나마 도움이 될지 모른다는 사명감 때문이었다.

이 역서를 출간하며 앞으로 우리가 나아가야 할 방향을 제시해 준 저자 Rebekah H. Pindzola 교수, Laura W. Plexico 교수, William O. Haynes 교수에게 존경을 표한다. 그리고 약속한 날짜를 넘겼음에도 인내심을 가지고 원고를 기다려 주신 학지사 김진환 사장님과 세심하게 교정과 편집 과정을 반복하며 수고해 준 황미나 님에게도 감사를 전한다. 무엇보다도 한때 대학교에서 지도자로 함께 동고동락하며 동료애를 키웠던 우리 세 사람이 손수 한 줄 한 줄 정성을 들여 우직하게 이 일을 해냈음에 박수를 보낸다. 서로에 대한 믿음과 격려가 없었더라면 해내지 못했을 일이다. 마지막으로 엄마의 빈자리에도 불구하고 건강하고 예쁘게 자라 준 아이들과 언제나 든든한 울타리가 되어 주는 남편에게 가슴속 깊이 사랑을 전한다.

2017년 7월
역자 대표 김민정

저자 서문

『언어장애 진단평가』9판에 새롭게 참여한 공동 저자를 환영하며 의사소통장애 평가라는 복잡하고도 매혹적인 분야에 여러분을 초대한다. 40여 년 동안 우리는 진단 및 평가란 임상가와 대상자의 **상호관계**라는 맥락에서 행해지는 하나의 **과정**이라고 소개해 왔다. 이 과정은 흥미롭고도 도전적이며 특이하게도 과학과 예술이 조합된 것이다. 과학적 측면에서 임상가는 각 사례에 대하여 생각하고, 문제를 해결하고, 가설을 세우고, 자료를 수집하고, 결론에 도달하는 과정을 거쳐야 한다. 그러나 평가는 단순히 심리측정상 적절한 몇몇 검사나 척도를 실시하는 것 이상이며 상당히 예술적 측면의 과정이 필요하다.

진단가는 검사의 점수가 합격점 이상인지를 알아보는 것뿐만 아니라 의사소통장애가 대상자의 삶에 미치는 실제적인 영향을 판단하여야 한다. 임상가는 대상자가 처한 개개인의 상황을 고려하여 점수와 측정 결과를 해석할 수 있어야 한다. 그래서 이번 개정판에서도 우리는 독자들에게 대부분의 의사소통장애가 대상자의 삶에 기능적인 결과를 가져온다는 사실을 다시 한 번 상기시키고자 한다. 세계보건기구(WHO)는 기능, 장애 및 건강에 대한 국제분류(ICF)로 여전히 장애의 기능적인 영향을 강조하고 있다. 메디케어(medicare)나 그 밖의 미국 의료보험에서도 기능상의 효과를 강조하고 있으므로 기초선 평가가 매우 중요하다. 이번 개정판에서 강조한 또 하나는 평가의 지속적인 특성이다. 평가를 한 번의 진단회기라는 개념으로 생각하면 안 된다. 기초선 자료를 수집하고, 치료 진전을 모니터링하고, 훈련으로 일반화가 이루어졌는지 판단하고, 대상자의 생활에서의 의사소통 측면에서 기능적 개선이 나타났는지 보고하는 전 과정을 평가로 생각해야 한다.

이전 판을 읽었던 많은 사람이 이 책이 읽기 쉽고 임상에 도움이 된다고 말해 주었다. 그리고 그들이 해 준 제언을 이번 개정판에 반영하고자 노력하였다. 1973년에 초판이 출간된 이래 의사소통장애 분야에 많은 변화가 있었다. 우리는 교재를 계속 수정하면서 이 분야에서 이루어진 이론적 · 임상적 · 기술적 진보를 반영하도록 노력하였다. 9판 역시 다르지 않다. 우리는 이전 판의 장점을 유지하면서 동시에 새로운 연구나 임상 도구를 포함시키고자 노력하였다.

개정판에서 새로워진 점

우리는 말, 언어, 삼킴장애라는 더 광범위한 영역에서 이 책이 진단 실제에 있어 최신판이 되도록 최선을 다하였다. 변화되고 첨가된 사항은 다음과 같다.

- 각 장애마다 유용한 평가도구, 통찰력 있는 비평, 절차에 대한 지침
- 성인 삼킴장애, 소아 섭식 및 삼킴 장애의 평가를 다룬 장의 추가(제10장)
- 민족과 동기를 고려한 임상적 면담
- 음소 인식 및 문해 능력과 관련한 아동 말-언어 평가의 쟁점
- 두경부암과 무후두 의사소통의 지속적인 평가를 다룬 장의 추가(제13장)
- 의사소통장애 영역마다 글쓰기 특징이 나타난 진단보고서의 샘플
- 새로운 국제질병분류(ICD-10) 체계를 포함하여 진단평가와 관련한 비용 청구 및 코딩의 쟁점
- 구강 검사를 다룬 부록(〈부록 A〉)
- 다양한 평가 자료를 제공한 부록(〈부록 B〉): 발달 이정표에 대한 정보, 전사 기호, 청각 선별 지침, 청각 관련 사례 면담 질문, 임상에서 사용할 수 있는 읽기 문단
- 각 장마다 학습목표 및 자기평가 질문의 삽입

감사의 말

우리는 평가 절차에 대한 우리의 생각에 영향을 준 학생, 대상자, 동료, 교사에게 감사를 표하고 싶다. 또한 30여 년 전 이 작업을 시작할 수 있도록 이끌어 주신 Lon Emerick 박사에게도 감사의 뜻을 전한다. 그의 기본 철학, 세심함, 열정이 여전히 이 책에 담겨 있다. 그리고 교정을 봐 주었던 제네시오 뉴욕 주립대학교의 Beverly Henke-Lofquist, 웨스트조지아 대학교의 Karen Harris Brown, 버팔로 대학교의 Rosemary Libinski에게도 감사를 전한다. 그들의 조언이 이 개정판에 많이 들어 있다.

끝으로, 진단회기는 대상자와의 첫 번째 만남이며 첫인상을 주는 중요한 기회임을 명심해야 한다. 모든 평가는 아주 특별한 것이며, 최선을 다해 우리의 능력, 지식, 판단력, 세심함을 쏟을 만한 가치가 있다. 우리는 이 책이 이러한 도전적인 과제를 해결할 방법과 마법을 모두 전달해 줄 수 있기 바란다.

차례

제1장 진단평가의 개요: 철학적 쟁점 및 일반적 지침 ·········· 13

제1장
진단평가의 개요: 철학적 쟁점 및 일반적 지침

이 장을 읽고 나면 다음을 설명할 수 있다.

- 진단과 평가의 차이
- 평가를 해야 하는 두 가지 주된 이유
- 진단과 평가의 세 단계
- 근거기반실제의 세 부분
- 중재반응의 정의와 중재반응을 평가에 이용하는 방법
- 역동적 평가와 정적 평가의 차이점 비교 및 대조
- 미국 말언어청각협회의 추천업무형태를 추진시킨 세계보건기구의 지침
- 의사소통장애를 결정하는 세 영역
- 사전 요인, 촉발 요인, 지속 요인의 구분
- 평가 과정에서 진단가 요인
- 예후를 추정할 때 고려해야 할 요인

언어병리학은 많은 기술과 지식, 다양한 성격을 지닌 전문가를 필요로 하는 학문이다. 언어치료전문가(Speech-Language Pathologist: SLP)는 사례 선정자, 사례 평가자, 진단가, 면담가, 부모 상담가, 교사, 코디네이터, 자료 수집가, 조언자, 연구자 그리고 학생의 역할을 한다. 이런 다양한 임무 간에 경계가 명확하지 않고 임상가의 역할이 계속 바뀌기 때문에 어느 누구도 언어치료전문가가 모든 영역에서 똑같이 유능하리라 기대할 수는 없다. 언어치료전문가의 궁극적 목적은 자신의 장점을 최대한 살려 의사소통장애가 있는 사람에게 최상의 실현 가능한 서비스를 제공하는 것이다.

언어치료전문가에게 진단은 매우 광범위하고 어려운 과제 중 하나이다. 대상자를 진단하려면 규준에 대한 지식과 검사 기법, 관찰 기술, 효과적으로 관계를 맺어 공감을 얻는 능력, 창의적 직관이 모두 필요하다. 더구나 의사소통은 한 사람의 기능이므로 진단가는 행동의 모든 측면을 면밀히 살피고자 노력해야 한다. 우리는 단순히 말소리, 유창성, 음질, 언어 규칙과 관련된 일을 하는 것이 아니라 역동적 환경에 놓인 개인을 변화시키는 일을 한다. 때로는 진단평가에서 모호한 결과가 나와서 평가 작업을 계속해 나가야 할 때도 있다. 진단은 추가 정보로 계속하여 답을 수정할 수 있고 변경 가능한 모험이다. 경험이 많은 임상가는 객관적 조음 점수, 음질의 척도 점수, 표준 점수를 얻는 데 급급하기보다 개인의 의사소통 능력이라는 측면을 살펴본다. 우리는 단순히 의사소통을 진단하는 것이 아니라 의사소통하는 사람을 진단하는 것이다. 이것이 기술자에서 전문 임상가로 넘어가는 중요한 요소 중 하나이다.

진단과 평가의 정의

어떤 임상가는 언뜻 **진단**(diagnosis)과 **평가**(evaluation)를 같은 단어로 생각할 수 있다. 이 책에서 진단이라는 용어는 한 사람의 문제를 장애 가능성으로부터 분리한다는 고대 그리스어의 정의를 참조하였다. diagnosis는 고대 그리스어로 '구분하다'를 의미한다. 접사 'dia-'는 '분리'를 의미하고 '-gnosis'는 '안다'를 의미한다. 우리는 개인의 특별한 문제를 다양한 가능성으로부터 분리하기 위하여 대상자를 자세히 알아야 하고, 대상자가 다양한 조건에서 어떻게 반응하는지, 다양한 과제를 어떻게 수행하는지 알아야 한다. **평가**는 진단에 도달하는 **과정**이다. 그러므로 비공식 정밀조사, 시도 치료에서의 과제 실시, 일반화 자료의 수집은 평가에 해당한다. 사전에 의하면 진단은 보통 "검사를 통해 질병의 특성을 알아내고 결정하는 방법이나 과정이며, 이 과정은 환자의 과거력 조사, 징후나 증상의 검사, 특별한 검사의 실행, 자료의 검토를 통해 완성된다."로 정의되어 있다. 그러므로 진단이라는 개념은 단순히 진단명 붙이기를 의미하는 것이 아니며 대상자의 문제에 대한 심도 있는 이해를 포함한다. 어떤 아동을 '언어장애'로 부르는 것은 비교적 간단하지만, 그 아동이 다양한 과제와 상황에서 언어적 상징을 어떻게 이용하는지를 이해하는 것은 어려운 문제이다. 우리가 말하는 진단은 **후자**를 의미한다.

또한 진단의 개념은 서로 다른 시점에서 문제의 특성을 구별하는 것까지 확대될 수 있다. 즉, 진단과 평가는 계속되는 과정이다. 우리는 초기 진단을 하기 위해 평가 활동을 수행하지만 치료 진행 중에도 정기적으로 대상자를 평가한다. 시간이 흐름에 따라 대상자의 진단과 대상자가 직면한 문제의 특성이 변하기도 한다. 예를 들어, 아동이 처음에는 언어지체를 보였으나 언어치료 후에 음운장애가 주된 문제로 대두될 수 있다. 신경계 손상 환자가 처음에는 실어증으로 진단되었지만 손상이 더 진행되어 실어증 및 마비말장애로 다시 진단되기도 한다. 그리고 우리는 대학 세팅에서 두 시간 또는 병원 세팅에서 30분에 진단 과정을 마칠 수 없다고 생각한다. 유능한 임상가는 대상자의 수행력을 높일 수 있는 효과적인 치료 접근법을 알아낼 때까지 평가 활동을 계속할 것이다.

평가 과제를 실시하는 목적은 크게 두 가지이다. 평가의 첫 번째 목적은 대상자의 문제를 제대로 이해하고 진단하는 것이다. 진단에 도달하기 위해서는 복잡한 과제를 실시해야 한다. 진단에는 문제 해결, 추론, 패턴을 알아내는 능력이 요구된다(Richardson, Wilson, & Guyatt, 2002). 평가 시간 내에 평가 활동이 끝날 때도 가끔 있지만, 보통은 치료 초기에 평가 활동이 더 잘 수행된다. 그래서 우리는 대상자에게 치료를 해 본 후에 진단을 확정 지을 때가 많다. 이러한 접근이 최적이라고 할 수는 없지만 다음의 사실들을 생각하면 이유 있는 접근이다. (1) **어떤** 치료 접근법이라도 처음에는 다분히 실험적이다. (2) 대부분의 초기 치료 목표는 적절성 측면에서 일반적으로 매우 '대략적'이다(예: 말더듬 환자에게 음성치료를 하지 않는 정도이다). (3) 치료를 시작했기 때문에 대상자 문제의 변수를 알아보고 진단에 도달하려는 노력을 기울이지 않는 경우가 많다. 우리는 대상자의 문제와 능력에 대한 이해가 증가하면 언제든지 프로그램을 조정할 수 있다.

평가의 두 번째 목적은 대상자의 치료 진전을 모니터하여 의사소통장애의 변화를 기술하는 것이다. 이러한 평가 활동에서는 문제의 진단보다 치료 진전을 증명하고 치료 과정에서 나타날 수 있는 변화를 측정하는 데 더 많은 노력을 기울인다. 특정 장애를 다룬 장에서는 공식 검사 범주에 들지는 않지만 이러한 목적을 위해 사용되는 평가 과제들을 제시해 놓았다. 공식 검사는 대상자를 어떤 장애로 분류하기 위해 고안된 반면, 비표준화 평가 과제는 대상자의 특별한 능력을 통찰하고 치료 진전을 평가하기 위하여 사용한다. 이제부터 진단과 평가의 목적에 대해 좀 더 자세히 알아보자.

평가 개념의 확장

많은 사람이 진단과 치료를 두 개의 분리된 임상 절차로 생각하는 경향이 있다. 일단 대상자에게 '평가' 예약을 잡아 준 후에 평가를 통해 문제가 드러나면 '치료'를 받을 수 있도록 예약해 준다. 그러나 평가와 치료의 구분은 다소 자의적이며 학교 시스템, 병원 세팅, 보험회사가 만들어 낸 행정적 이분법에 지나지 않는다. 대상자와 처음 임상적 관계를 맺는 시점에서는 의사소통장애의 유무와 특성을 파악하기 위해 평가를 해야 하지만, 평가는 거기서 그치는 것이 아니다. [그림 1-1]의 진단 과정에서 보는 바와 같이 문제의 유무 파악은 평가의 첫 단계에 불과하다. 우리는 보통 표준화 검사와 비표준화 검사를 모두 이용하여 문제를 진단한다. 문제가 확인된 후에도 여러 추가적인 평가를 실시하여 특정 의사소통 영역에서 대상자의 기초 수행력을 판단해야 한다. 이를 위한 평가 과제는 첫 진단 회기 이후에 구상되고 치료 단계에서 측정된다. 특정 치료 목표, 기능적 의사소통, 자연스러운 환경에서 의사소통의 효과성에 대한 기초 수행 수준을 이해하기 위해 우리는 평가를 계속한다. 또한 우리는 치료의 진전을 모니

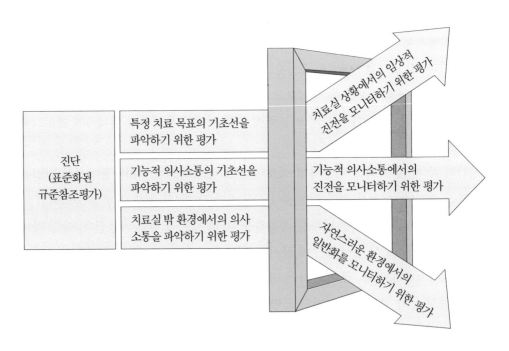

[그림 1-1] 문제의 유무 판단, 기초선 수행 자료의 수집, 치료 진전의 모니터링이 포함되는 진단평가 과정

터하기 위해 평가를 계속해야 한다. 즉, 치료가 진행된 지 몇 달 되지 않았다 하더라도 치료실에서 대상자의 수행 수준, 기능적 의사소통 능력에서의 변화, 다른 환경으로의 일반화에 대해 계속적으로 평가 자료를 수집해야 한다. 이러한 진단평가의 세 단계는 진단에서 시작하여, 기초선 수행 자료의 확보로 진행되고, 최종적으로 치료 진전의 측정으로 끝나는 하나의 연속체를 형성한다.

측정을 중시하는 추세

세 가지 중요한 개념의 영향으로 최근 의사소통장애 분야에는 첫 진단 회기 이후에 시행되는 평가 활동의 중요성이 부각되었다. 이 세 가지 개념은 근거기반실제(Evidence-Based Practice: EBP), 공교육에서 시작된 중재반응(Response To Intervention: RTI), 역동적 평가(dynamic assessment)로, 이론 및 실제 임상 영역에서 광범위한 영향력을 행사해 왔고 또 앞으로도 영향을 미치리라 생각한다. 이 세 분야는 서로 중복되며, 여러 면에서 치료 진전의 지속적 평가와 비공식적 측정이라는 동일한 측면을 강조하고 있다. 이 세 분야는 [그림 1-2]에 제시되어 있다. 이제부터 각 개념이 미친 영향을 간단하게 논의하고자 한다.

언어병리학에서의 근거기반실제

최근 미국 말언어청각협회(ASHA)의 근거기반실제 협력위원회(Joint Coordinating Committee on Evidence-Based Practice)가 입장을 밝혔다(American Speech-Language-Hearing Association, 2005). 다음은 언어치료전문가에게 필요한 능력 중 일부분이다.

- 비용 효율이 높은 방법으로 정보를 모아서 선별 및 평가 절차를 수행하는 능력이 필요하다. 그러므로 언어치료전문가는 평가뿐만 아니라 평가의 효능도 알아야 한다.
- 계속되는 치료뿐만 아니라 평가의 효능(efficacy), 효과성(effectiveness), 효율성(efficiency)을 평가하는 능력이 필요하다.

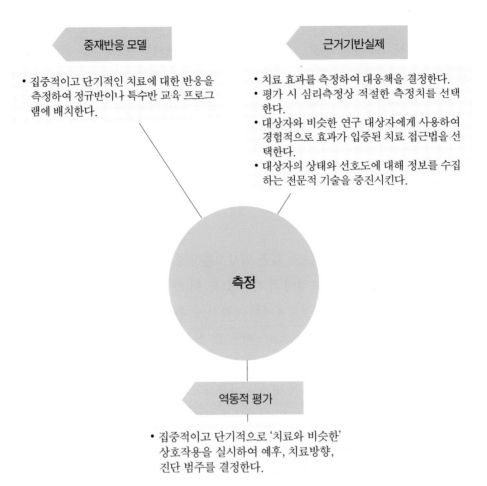

중재반응 모델

- 집중적이고 단기적인 치료에 대한 반응을 측정하여 정규반이나 특수반 교육 프로그램에 배치한다.

근거기반실제

- 치료 효과를 측정하여 대응책을 결정한다.
- 평가 시 심리측정상 적절한 측정치를 선택한다.
- 대상자와 비슷한 연구 대상자에게 사용하여 경험적으로 효과가 입증된 치료 접근법을 선택한다.
- 대상자의 상태와 선호도에 대해 정보를 수집하는 전문적 기술을 증진시킨다.

측정

역동적 평가

- 집중적이고 단기적으로 '치료와 비슷한' 상호작용을 실시하여 예후, 치료방향, 진단 범주를 결정한다.

[그림 1-2] 측정 기술을 강조하는 최근 문헌의 세 영역

이러한 능력은 근거기반실제와 관련하여 두 가지 중요한 시사점이 있다. 첫째, 진단 측정 방법을 선택할 때 과학적 증거가 가장 확실하고 심리측정적으로 적절한 것으로 골라야 한다는 것이다. 둘째, 평가는 계속되는 과정이므로 우리가 선택했던 목표에 대해 치료 진전을 모니터할 수 있도록 지속적으로 평가가 이루어져야 한다는 것이다. 요컨대, 근거기반실제에서 '근거'가 무엇인가? 이는 모두 어떤 유형의 측정을 할 것인가로 귀결된다.

근거기반실제는 의료직에서 '최고의 연구 근거를 임상 전문성과 환자의 가치 기준에 통합시키기'를 주창하면서 발전되었다(Sackett, Straus, Richardson, Rosenberg, & Haynes, 2000, p. 1). 이는 근거기반실제가 연구 근거, 임상 경험, 환자의 가치 기준이라

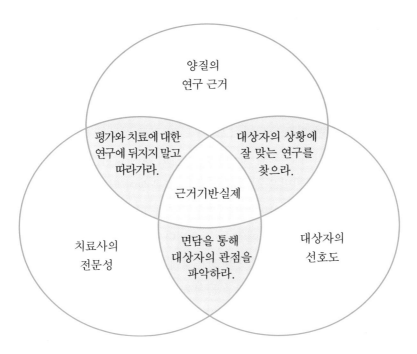

[그림 1-3] 근거기반실제의 전통적인 세 요소

는 세 부분으로 이루어진 모델이며, 각 부분이 의사결정에 매우 중요하게 기여함을 분명히 나타내고 있다. [그림 1-3]은 평가 과정과 연관하여 각 요소들의 관계를 보여 주고 있다. 최근 이 모델은 교육, 사회사업, 심리학, 의사소통장애를 포함한 다른 많은 전문 분야에 적용되고 있다.

[그림 1-3]에 제시된 모델의 세 부분이 의사소통장애 평가에 어떻게 적용되는지 논의해 보자. 연구 근거와 관련된 부분은 표준화된 평가도구와 비표준화 행동 측정법을 고를 때 결정적인 역할을 한다. 3장에서 논의하겠지만, 모든 표준화 검사는 신중하게 개발되어서 타당도와 신뢰도를 모두 갖추고 있는, 심리측정적으로 우수한 것이어야 한다. 또한 표준화 검사는 다양한 사회문화 집단을 포함한 표집군을 통해 규준이 만들어져야 한다. 표준화 검사는 정확한 심리측정 기준이 마련되어 있고 대상자에게 의사소통장애가 있는지를 과학적으로 보여 주는 것이므로 매우 조심스럽게 사용해야 한다. 임상가가 비표준화 방법을 선택하여 대상자의 의사소통 행동을 검사한다면 연구 근거는 더 중요해진다. 우리는 대상자에 대한 자료를 수집하기 위해 우리 자신만의 방법을 고안할 것이 아니라 연구를 통해 신뢰도와 타당도가 입증된 비표준화 방법을 사용해야 한다. 예를 들어, 평균발화길이, 어휘 다양도, 최대 발성지속시간, 비유창성 비

율은 많은 과학적 연구에서 그 정의, 수집과 계산 절차, 신뢰도와 타당도에 대한 자료가 잘 보고되어 있다. 경험적 증거가 없는 개인적 접근법을 개발하는 것보다는 연구에 사용한 기법을 이용하는 것이 훨씬 낫다.

연구 근거에 대한 지식은 치료 절차를 선택할 때도 필요하다. 치료법에 대한 설명서나 프로그램이 부족한 것은 아니다. 그러나 특정 치료 절차를 실시한 환자에게 치료 효과가 있었는지를 알려 주는 과학적 연구는 실제로 많지 않다. 그러므로 연구 문헌에 과학적 증거가 있는 치료 기법을 선택해야 하고, 효율성이 입증된 기법이 있다면 검증되지 않은 기법은 사용하지 말아야 한다. 연구 근거는 EBP에서 매우 중요한 요소이며, 이는 의사소통장애의 평가와 치료에 모두 적용된다.

EBP 모델의 두 번째 부분은 임상가의 전문성에 해당한다. 임상가의 전문성은 여러 측면에서 중요하다. 무엇보다 최근 연구 문헌을 잘 모르는 사람은 임상적으로 무능한 사람이다. 이것이 EBP 모델의 두 번째 부분이 첫 번째 부분인 연구 근거와 겹치는 지점이다. 능력 있는 임상가라면 최근에 개발된 평가와 치료에 익숙할 것이다. 그리고 임상가는 새로운 방법을 사용하기 전에 그것을 공부하고 연습하여 대상자에게 능숙하게 사용할 수 있어야 한다. 임상가는 적절한 평가 및 치료 방법을 선택하고, 그 사용 방법을 알아야 할 책임이 있다.

EBP 모델의 세 번째 부분은 우리가 담당하는 대상자의 가치 기준과 관점에 해당한다. 임상가는 대상자를 단지 의사소통장애인이 아닌 한 개인으로 평가해야 한다. 모든 사람에게는 개인적 견해, 가치 기준, 선호도가 있으므로 임상에서 이를 고려해야 한다. 예를 들어, 의학 분야에서 어떤 사람이 암으로 진단되었다면 그 사람은 수술에서부터 화학요법과 방사선치료에 이르기까지 여러 치료법 중에서 선택할 수 있다. 각각의 치료법과 연관된 연구 자료가 있으므로 의사는 이 연구 결과를 알려 주고 환자와 가족으로 하여금 가장 좋은 치료법을 선택하게 해야 한다. 환자는 단순히 선택된 치료법을 듣는 것이 아니라 선택을 하는 것이라는 점에 주목하자. 어떤 환자는 양질의 삶이 아닌 얼마간의 생명 연장의 기회를 선택할 수도 있다. 선택은 환자에게 달려 있다. 의사소통장애인의 선택이 이처럼 극적이지는 않지만, 말언어장애에 대처하는 데에도 다양한 방법이 있다. 예를 들어, 어떤 가족은 경제와 시간 부담 때문에 정기적으로 치료실을 방문하는 것보다 집중적인 부모훈련 프로그램을 선호할 수 있다. 다시 말하지만, 항상 환자의 관점이 고려되어야 한다. 좋은 임상가라면 가족의 가치 기준과 선호도를 평가하고 임상적 결정을 내릴 때 이를 고려할 것이다. 그러므로 EBP 모델의 이 부분은 임상가의 전문성과도 연관된다. 환자의 관심사를 알아내는 체계적 방법에 대해서는 2장에서 이야기하겠다. 그리고 환자의 관심과 연구 근거 사이에도 관계가 있다. 임상가가 평가와 치료 기술을 선택할 때 이 기술이 대상자의 프로파일에 맞고 이런 환자에게 효과적인지 알아야 한다. 즉, 우리에게 치료와 평가의 선택권이 주어진다면 우리는 대상자와 비슷한 환자에게 성공적이었던 치료와 평가를 선택해야 한다.

[그림 1-3]은 연구 근거, 임상적 전문성, 환자의 선호도가 개별적으로도 중요할 뿐만 아니라 임상가가 평가와 치료 업무를 수행하는 데 이들 요소가 어떻게 상호작용하는지도 잘 보여 주고 있다. 최근 ASHA는 언어치료전문가가 믿을 만한 증거와 자료를 찾아볼 수 있도록 업무 포털들을 개발하였다. 이 포털에는 여러 가지 전문적 이슈와 임상적 주제에 대한 정보가 들어 있다. 지금까지 포함된 전문적 이슈에는 이중언어 사용자에 대한 서비스, 담당사례/업무량, 교실 음향학, 문화적 역량, 언어치료전문가 보조 인력, 화상 언어치료가 있고, 임상적 주제에는 실어증, 자폐스펙트럼장애, 치매, 소아삼킴장애, 사회적 의사소통장애, 말소리장애가 있다. 업무 포털은 임상가를 근거 기반의 임상적 의사결정 과정으로 안내하고 있으며, 각각의 전문적 이슈 또는 임상적 주제마다 EBP의 세 영역이 강조되어 있다. 업무 포털들과 각 포털에 들어 있는 정보는 www.asha.org에서 찾아볼 수 있다.

중재반응 모델

최근 교육과 학습장애 분야의 권위자들은 장애 학생을 찾아내고 치료하는 데 **중재반응**(RTI)이라는 모델의 적용을 요구해 왔다. 전국 특수교육 주 국장연합(National Association of State Directors of Special Education, 2005)은 RTI를 "(1) 학생의 필요에 맞는 양질의 수업/중재를 제공하는 일, (2) 시간에 따른 학습률과 수행 수준을 이용하는 일, (3) 중요한 교육적 의사를 결정하는 일"로 정의한다. RTI를 위한 법적 토대인 장애인교육법 2004(공법 108-447)는 "지역 교육 당국은 아동에게 특정학습장애가 있는지 결정하기 위해 아동에게 과학적이고 연구에 기초한 중재를 실시하여 아동이 이에 반응하는지 알아보는 절차를 사용할 수 있다."라고 명시하고 있다. 「아동낙오방지법(No Child Left Behind: NCLB)」에도 과학적 연구의 사용이 명시되어 있는데, 과학적 연구란 "교육 활동 및 프로그램에 관한 신뢰성 있고 타당한 지식을 얻기 위해 엄격하고 체계적이며 객관적인 절차를 적용한 연구"라고 기술되어 있다. 이 두 법은 관점이 상당히 일치하는 것 같다. Justice(2006)와 Ukrainetz(2006)는 SLP가 이러한 접근 방식을 언어, 읽기, 문해 장애의 평가 및 중재에 어떻게 접목시킬 것인지를 열거하였다. 여기서는 대상자의 진전을 지속적으로 모니터하기 위해 계속되는 평가가 매우 중요한 역할을 한다는 일례로서 RTI를 논의하고자 한다.

RTI는 학생 평가의 새로운 접근법이다. 과거에는 대다수가 언어/문해 문제를 기반으로 하는 학습장애 학생은 특정학습장애가 있는 것으로 진단된 후에 특수교육 서비스를 받았다. 그 바탕에는 지능이나 적성 검사에서 측정된 학생의 잠재력과 읽기, 쓰기, 구어와 같은 특정 능력 검사에서 측정된 학생의 수행력이 일치하지 않는 경우가 많다는 생각이 깔려 있다. 이에 따라 2학년 말까지도 평가가 이루어지지 않았고, 그 시점에서는 치료도 어렵고 실패의 사회적/심리적 영향이 이미 시작된 경우가 많았다. 사람들은 이러한 과거의 시나리오를 실패 기다리기(wait-to-fail) 모델이라고 불렀다. 현재 대부분의 권위자는 진단에서 이러한 불일치 모델의 단독 사용을 지지하지 않는다.

선구자적인 교육자들은 검사 점수 외의 변수가 학습장애나 언어장애의 유무를 판단하는 데 사용될 수 있다고 주장하였다. 이런 변수 중 하나가 추가적인 도움으로 이득을 보는지 판단하기 위해 학생에게 단기 집중치료를 시행하는 것이다. RTI 옹호자들은 이 접근법을 더욱 세분화되고 집중적인 치료를 점진적으로 제공하는 일련의 단계로 특징지었다. 몇 단계까지 실시하는지는 고려한 RTI 모델이 무엇인지에 따라 다르다. [그림 1-4]는 RTI에서 제시하는 일반적인 단계를 나타내고 있다. 다음 단계로의 진행은 치료에 대한 학생의 반응을 지속적으로 평가하고 모니터함으로써 이루어진다. 도움으로 이득을 본 학생은 SLP의 권고로 일반학급에서 서비스를 받을 수 있다. 그러나 집중치료로 이득을 보지 못한 학생이라면 SLP는 특수교육 서비스를 받는 것이 적합하다고 결정할 수 있다. 이런 식으로 학생에게 특수교육 서비스를 제공할지 결정할 때 단순히 임의적인 구분 점수와 검사 점수만 이용하는 것이 아니라 학생의 실제적인 학습 반응을 중요하게 고려할 수 있다. 학생을 특수교육 서비스에 배치시키면 학생을 자주 교실 밖으로 빼내야 하는데, 이는 학생이 중요한 수업을 놓침으로써 더 큰 학업 문제를 야기할 수 있다. 만약 학생이 특수교육 프로그램이 필요 없는 단계 1~3에 해당되어 일반교육 서비스를 받을 수 있다면 부차적으로 발생하는 학업 문제를 피할 수 있을 것이다.

RTI에는 예방과 치료 목표가 포함된다. RTI가 성공하려면 부모, 교사, 특수교사, 행정가, 관련 서비스 제공자(예: SLP)가 포함된 팀 접근을 해야 한다. ASHA는 RTI에서

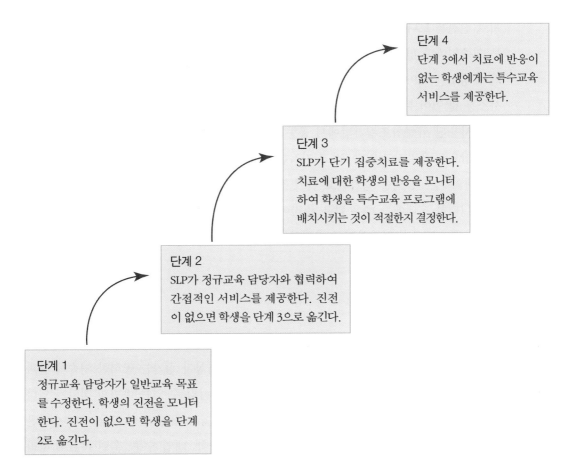

단계 4
단계 3에서 치료에 반응이 없는 학생에게는 특수교육 서비스를 제공한다.

단계 3
SLP가 단기 집중치료를 제공한다. 치료에 대한 학생의 반응을 모니터 하여 학생을 특수교육 프로그램에 배치시키는 것이 적절한지 결정한다.

단계 2
SLP가 정규교육 담당자와 협력하여 간접적인 서비스를 제공한다. 진전 이 없으면 학생을 단계 3으로 옮긴다.

단계 1
정규교육 담당자가 일반교육 목표 를 수정한다. 학생의 진전을 모니터 한다. 진전이 없으면 학생을 단계 2로 옮긴다.

[그림 1-4] 중재반응에서 모니터링의 중요성: 계속되는 평가로 더 집중적인 치료가 필요한지 결정한다.

SLP의 역할에 대한 지침을 개발하였다(Ehren, Montgomery, Rudebusch, & Whitmire, 2007). RTI에 대한 초창기 연구는 대부분 학습장애 아동에 관한 것이었으나, 최근에는 어린 시기에 서비스를 받는 모든 아동에게 적용되고 있다. Jackson, Pretti-Frontczak, Harjusola-Webb, Grisham-Brown과 Romani(2009, p. 425)에 따르면 "RTI의 기본 원 리에는 (1) 모든 아동에게 최대의 도움을 보장할 수 있는 세분화된 단계, (2) 양질의 교 수 이행, (3) 연구 기초를 망라한 핵심적인 교과과정, (4) 정보를 형성하고 누적할 수 있는 자료수집 체계, (5) 근거 기반의 중재, (6) 교수 업무의 선택과 수정을 확인할 수 있는 절차, (7) 이행의 충실도를 모니터하는 방법이 포함된다."고 한다. 이를 보면 거 의 모든 원칙이 평가 절차와 밀접하게 관련된다. Jackson 등(2009)은 추천업무형태에 자연스러운 관찰, 가족의 선호도, 기능적 결과가 포함되어야 한다고 계속 강조한다.

치료 진전을 모니터할 때 치료 전과 후의 측정만 참작할 것이 아니라, 더 자주 매일 또는 일주일마다 평가하여 프로그램을 수정할 필요가 있는지 결정해야 한다. 이러한 평가에 생소한 SLP에게는 적응이 필요할 수 있다. Jackson 등(2009, p. 429)은 "SLP는 의사소통 및 언어 분야에 특별한 지식이 있지만, 문제는 이들의 초점이 전통적으로 '임상에서 사용된' 규준참조평가법에서 공동 평가 업무에의 참여와 아동 발달 전 영역에 대한 초점으로 옮겨지고 있다."라고 지적한다.

학생의 기초 능력을 평가하고 단기 집중치료를 하는 동안 학생의 수행을 지속적으로 모니터하는 데에는 매우 많은 측정이 포함된다. RIT 모델에서의 이러한 평가는 학생에게 특수교육이 적합한지를 결정하는 과정에 사용될 수 있으므로 매우 중요하다.

역동적 평가

진단이 대상자에게 도움이 되려면 치료 목표를 제시해 주어야 한다. 진단이 치료에 대한 제언을 하지 못한다면 검사 시행, 자료 수집, 대상자 평가는 공허한 연습에 불과하다. 대부분의 임상가는 대상자의 의사소통을 향상시킬 수 있는 마법의 절차가 있다고 믿고 싶을 것이다. 그러나 거의 모든 장애 영역(유창성, 음성, 언어, 조음)마다 수많은 절차가 있고, 우리는 그중에서 선택을 해야 한다. 철학, 개입 수준, 훈련 목표에 따라 여러 유형의 치료가 있을 뿐만 아니라 전달체계(예: 고도로 구조화된 치료, 행동주의적 치료, 치료사 중심의 치료, 인지적 치료)에도 차이가 있다. 그러므로 SLP는 수많은 치료 방법 중 어떤 것을 권고할 것인지 선택하는 일에 직면하게 된다.

역동적 평가(dynamic assessment)란 치료 과제의 수행에 대한 통찰을 얻기 위해 진단 회기에 시간을 할애하는 개념으로 알려져 있다(Gutierrez-Clellen & Pena, 2001; Johns & Haynes, 2002; Lidz, 1991; Miller, Gillam, & Pena, 2001; Pena, 1996; Wade & Haynes, 1989). 역동적 평가로부터 치료의 방향이 나오기 때문에 이 평가는 진단에서 중요한 한 부분을 차지한다. 〈표 1-1〉은 역동적 평가와 정적 평가의 차이점을 분명히 보여 주고 있다. **정적 평가**(static assessment)는 주어진 순간에 아동의 수행을 찍은 스냅사진과 같다. 표준화 검사를 시행할 때 우리는 특정 시점에서 아동의 수행을 파악하고, 이 행동을 숫자나 점수로 특징짓는다. 그러나 정적 평가는 아동이 임상가나 변화된 환경의 도움으로 더 나은 수행이 가능한지를 알려 주지는 않는다. 역동적 평가는 Vygotsky(1978)의 근접발달영역 개념과 밀접하게 관련되어 있다. 근접발달영역(zone

| 표 1-1 | 정적 평가와 역동적 평가의 비교 |

정적 평가	역동적 평가
소극적 참여자 아동은 도움 없이 과제를 수행한다.	적극적 참여자 아동은 성인의 도움을 받으면서 참여한다. 질문을 하거나 피드백을 받을 수 있다.
관찰자인 검사자 점수를 기록한다. 일반적으로 정반응과 오반응으로 표시한다.	참여자인 검사자 피드백을 준다. 아동이 전략을 개발하도록 돕는다.
결함 판단 검사 결과는 결함, 아동이 할 수 있는 것과 할 수 없는 것을 나타내 준다.	변화의 가능성 기술 결과는 아동이 제공된 도움에 어떻게 반응하는지를 나타낸다. 전략을 기술한다.
표준화된 진행 표준화된 방식으로 진행된다. 표준화된 절차에서 벗어나면 안 된다.	절차의 유연성 비표준화된 절차로 진행된다. 검사자는 아동의 행동에 따라 다르게 반응한다.

출처: Pena, Quinn, & Iglesias (1992).

of proximal development)이란 아동이 성인이나 또래의 도움으로 달성할 수 있는 수행의 범위를 말한다. 표준화 검사에서는 임상가가 아동을 도와주거나 대상자에게 왜 그렇게 대답했는지 물어볼 수 없다. 그러나 역동적 평가에서는 임상가가 도움을 줌으로써 대상자의 수행 범위를 알 수 있고, 어떤 유형의 환경이 진전된 수행을 초래하는지 찾을 수 있다. 거의 모든 의사소통장애 영역에는 다양한 변수가 있으므로 진단 회기 중에 이를 실험해야 한다. 우리는 치료를 약간 단일대상 실험연구처럼 봐야 한다고 생각한다. 어떤 종류의 치료가 해당 대상자에게 효과적일지, 어떤 변수가 수행에 가장 큰 영향을 미칠지는 아무도 모른다. 일반적으로 임상가가 이를 알게 되는 시기는 치료 프로그램을 세부적으로 조정하는 치료 초반이다. 그러나 진단회기에서도 대상자의 경향과 선호도에 대한 몇 가지를 쉽게 통찰할 수 있다. 실어증 환자는 단어를 회상할 때 특정 단서 조합에 가장 잘 반응할 수 있다. 유창성장애 환자는 다른 방법보다 특정 기법으로 더 유창하게 될 수 있다. 어떤 언어장애 아동은 아동 중심의 과제보다 구조화된 과제에 더 잘 반응할 수도 있고 그 반대일 수도 있다. 어떤 무발화 아동은 진단 회기 중에 음성 산출이나 단어를 배우기보다 몇 가지 제스처를 배우려는 특이한 경향을 보일 수도 있다.

임상가가 진단회기의 일부를 치료 변수에 대한 대상자의 반응을 알아보는 데 이용할 수 있다는 예들은 아주 많다. 진단가는 절대로 육감에 따라 치료를 권고해서는 안

되지만, 평가 과제를 현명하게 사용하면 치료에 적절한 시작점을 얻을 수 있는 경우가 많다. 물론 이런 권고는 가설로 취급해야 하고, 진단보고서에도 그렇게 언급해야 한다. 처음 선택한 치료는 단지 지식에 근거한 하나의 가정일 뿐이고 대상자의 수행에 따라 언제든지 바뀔 수 있기 때문에 우리는 평가를 치료 내내 진행되는 과정으로 바라보아야 한다.

기능 측정의 중요성: 세계보건기구, 미국 교육부, 미국 말언어청각협회

세계보건기구(World Health Organization: WHO)는 수년에 걸쳐 질병과 장애가 초래하는 기능상의 결과에 초점을 맞춰 다양한 개념적 틀을 개발해 왔다. 기능, 장애 및 건강에 대한 국제분류(International Classification of Functioning, Disability and Health: ICF)에서는 개인의 건강이나 건강과 관련된 상태를 기술하는 표준 방식을 제공하고 있다(World Health Organization, 2002). ICF는 건강 관련 전문가들이 개인의 변화를 두 가지 방식으로 기술하도록 도와주는 다목적 분류체계이다. 첫 번째는 신체의 기능 및 구조와 관련된다. 이는 표준 환경에서 개인이 할 수 있는 것을 말한다. 이러한 능력 수준은 표준화 검사를 통해 평가된다. 두 번째는 개인이 일상 환경에서 실제로 할 수 있는 것을 말한다. 이러한 수행 수준은 일상생활 속에서 비표준화 검사를 통해 평가된다. ICF 분류체계는 건강과 관련된 진단 및 평가에 중요한 변화가 있음을 보여 준다. 즉, 개인의 장애를 강조하던 것에서 나아가 그들의 건강 수준으로 초점이 바뀐 것이다. 달리 말해, 초점이 원인에서 결과로 바뀐 것이다. 최근에는 이러한 변화가 반영된 임상 연구 문헌들이 나오고 있다. SLP도 더 이상 대상자의 의사소통장애에 대해서만 진단평가를 하지 않는다. 오히려 대상자의 생활환경에서 그들의 의사소통 기능을 평가하는 데 더 치중한다. 대상자는 무엇을 할 수 있는가? 대상자의 의사소통 능력은 그들의 사회생활에 어떤 영향을 미치는가? 그들의 심리상태에는? 그들의 교육에는? 그들의 직업에는? 분명 최신 교육을 받은 SLP는 ICF에서 지지하는 기능이라는 개념과 사회적 장애라는 개념을 고려할 것이다(World Health Organization, 2002). 이 책의 각 장에서는 이 ICF 모델을 제시하여 기능과 장애 모두에 대한 전문적 내용을 담았다.

2008년부터 미국 교육부는 장애가 심한 어린 아동에게 제공한 프로그램에 대해 수량화된 자료를 제출하도록 모든 주에 요구하였다. Hebbeler와 Rooney(2009, p. 451)는 "전문 기관마다 평가에 대한 추천사항으로 비슷한 내용을 담고 있다. 다양한 출처의 정보 사용하기, 아동과 가족에게 초점 맞추기, 프로그램 계획과 모니터링을 위해 평가 자료 사용하기를 강조하는 내용이 그것이다. ASHA에 의하면 균형 잡힌 평가에는 가족, 교사, 다른 서비스 제공자에게서 얻은 아동 중심의 맥락을 고려한, 수행에 근거한, 기술적이고 기능적인 정보가 들어 있다."라고 하였다. 특별한 관심 영역으로는 사회-정서적 기술, 지식/기술을 얻고 사용하기, 상대방의 요구를 알아내는 대상자의 능력이 있다. 미국 교육부에서 요구하는 기능적 결과의 평가는 주로 7점 척도의 형식을 취한다. 나이에 적절한 기술이면 7점, 과제 수행을 위한 기본적인 기술이 부족하면 1점을 준다. 일곱 개의 각 단계마다 조작적 정의가 있으며, 척도 점수로 치료에 의한 기능상의 효과를 나타낼 수 있다. 이런 척도체계는 보건의료 세팅과 ASHA의 국가적 효과 측정시스템(National Outcomes Measurement System: NOMS)에서 흔히 볼 수 있다. 이와 같이 여러 전문 기관과 정부 부서가 연령이나 장애에 상관없이 초기 및 계속되는 평가의 가치를 수렴하고 있는 듯하다.

SLP는 의사소통장애의 진단 및 평가를 위해 중요한 정보를 얻어야 하기 때문에 간략하게나마 ASHA의 평가 지침을 살펴볼 필요가 있겠다. ASHA는 의사소통장애의 평가와 치료에 받아들일 만한 임상적 접근이라고 정의되는 추천업무형태(Preferred Practice Patterns: PPP)를 개발하였다. 특히 PPP는 "ASHA와 관련 정책, 임상 현실, 전문가 의견, 현장에 있는 임상가의 종합적 판단과 경험 등 이용할 수 있는 모든 과학적 증거를 고려한 뒤 이끌어 낸 전문가들의 합의이다. 또한 연방 및 주 정부와 공신력 있는 관리 기관의 필요도 충분히 고려하였다."(American Speech-Language-Hearing Association, 2004b, p. 3) 당연히 이 지침은 언어병리학의 이론뿐만 아니라 실습 교육 프로그램과 현장에서의 임상 활동에 폭넓은 영향을 미쳤다. PPP에 대한 ASHA 보고서는 많은 부분이 앞에서 언급한 WHO 지침의 기초인 '기본 요소와 지도 원칙'을 강조하고 있다. 이 기본 지침에 따르면 평가는 무엇보다도 포괄적이어야 한다. 이는 여러 주요 영역이 모두 언급되어야 함을 의미한다.

- **신체 구조 및 기능**: 의학적 문제는 신체 구조(예: 신경계 문제, 구개열)에 명확히 나타난다. 기능에는 '능숙한 조음, 유창성, 구문과 같은 의사소통 요소뿐만 아니라 주의집중과 같은 정신 기능'도 포함된다(p. 4). 그러므로 첫 번째 부분에는 전문가

들이 건강 상태를 평가할 때처럼 면밀하게 진단하기와 의사소통 문제의 본질을 파악하기가 수반된다. 우리는 표준화 검사와 비표준화 검사를 통해 완벽한 진단을 할 수 있다.

- **활동 및 참여**: 이 부분은 일상적인 사회 활동, 의사소통 활동, 자립 활동에 참여하고 교육이나 직업 관련 기관에서 필요한 활동을 수행하는 능력을 말한다. 특히 이는 평가할 때 대상자가 사회, 직장, 교육이라는 실생활 영역에서 일을 해내는 데 의사소통장애가 어떠한 영향을 미치는지 반드시 살펴보아야 함을 의미한다. 검사로는 사회, 교육, 직업 환경에서 대상자의 일상 활동과 의사소통 기술에 대한 정보를 효과적으로 얻을 수 없다. 사례력 수집, 임상 관련 면담, 자연스러운 환경에서의 대상자 관찰, 의사소통과 그에 관련된 활동에서 대상자의 기능상의 능력을 척도로 나타내는 것이 필요하다.

- **맥락 요소**: 이 요소는 의사소통을 방해하거나 촉진할 수 있는 개인의 문화적·교육적·사회계층적·환경적 변수와 관련된다. 다시 말하지만, 표준화 검사는 문화적이고 환경적인 변수에 대한 정보를 얻는 데 효과적인 방법이 될 수 없다. 면담, 척도 점수, 자연스러운 상황에서의 관찰 등의 비표준화 접근이 매우 의미 있는 임상 자료를 제공할 수 있다.

ASHA의 PPP 보고서에도 더 일반적인 내용의 또 다른 진단 및 평가 지침이 제공되어 있다. 다음은 그중에 특히 이 책에서 강조하고 있는 원리를 뽑은 것이다.

- **결과 측정하기**: 지침에 의하면 "제공된 서비스의 양을 확인하고 질을 향상시키기 위하여 서비스의 결과를 계속 모니터하고 측정해야 한다."(p. 5) 앞에서도 언급한 바와 같이, 평가는 진단회기에만 행해지는 것이 아니라 치료 전 단계에 걸쳐 계속되는 것이다.

- **정적 평가에서 더 나아가기**: 이 책에서 강조하는 것 중 하나가 진단과 평가는 단순히 표준화 검사를 실시하는 것 이상이라는 점이다. 표준화 검사는 대상자에게 어떤 문제의 유무는 알려 줄 수 있지만 그 문제의 본질에 대해서는 거의 알려 주는 바가 없다. ASHA의 PPP 보고서에 따르면 "평가는 정적일 수도 있고(즉, 정해진 시점에서 관련 영역의 구조, 기능, 환경적 요구 및 지지 정도를 설명하도록 설계된 절차 사용하기), 역동적일 수도 있다(즉, 변화 가능성, 성공적인 치료와 지지의 요소를 알아내

기 위해 가설적 검사 절차 사용하기)."(p. 5) 이 책에서는 정적 평가와 역동적 평가를 모두 다룰 것이다.

- **과학적으로 평가에 접근하기**: ASHA의 PPP는 "각 개인을 배려하면서 과학적이고 임상적인 증거와 최대한 일치하는 서비스를 제공하라."고 권고한다(p. 5). 이 개념은 EBP의 핵심이고 요즘 ASHA와 함께 임상 활동을 연구하는 의학계 전문가들이 강조하는 것이다. 이 책 후반에서는 EBP 중에서 평가와 관련되는 측면만 골라서 논의할 것이다.

ASHA도 의사소통장애 치료의 기능상의 성과를 검토하는 데 열중해 왔다. ASHA의 여러 대책 위원회에서는 1994년부터 국가적 효과측정시스템(NOMS) 개발에 적극적으로 임하였다. 이 시스템에는 아동부터 성인까지 전 연령대에 걸쳐 말, 언어 및 삼킴장애를 위한 기능적 의사소통 측정(Functional Communication Measures: FCM)이 포함되어 있다. FCM은 7점 척도로 구성되어 있는데, 환자를 가장 낮은 기능(1단계)부터 가장 높은 기능(7단계)까지로 점수를 매긴다. 이 점수는 SLP의 임상 관찰에 근거하며 굳이 공식 검사 절차에 의존할 필요가 없다. 지금까지 성인 및 미취학아동을 위해 개발된 FCM은 조음/명료도, 무후두 의사소통, 주의집중, 보완대체 의사소통, 유창성, 기억, 운동구어, 화용, 읽기, 문제 해결, 구어 이해, 구어 표현, 삼킴, 음성, 기관절개술 후 음성, 쓰기 분야와 관계있다. 현재 ASHA는 NOMS에 관련해서만 FCM을 공개하고 있으며, 여기서 진행되는 연구에서는 주로 척도로 점수화하는 방법이 사용되었다. 언젠가는 FCM이 임상에서 널리 유용하게 사용될 것이다. 그러나 전 세계적으로 대부분의 건강관리 세팅에서는 언어병리, 물리치료, 작업치료 관련 영역의 전문가들이 재활 과정 중 대상자의 진전을 측정할 때 기능적 자립도 측정(Functional Independence Measurement: FIM)을 주로 사용해 왔다. 점수는 앞의 FCM처럼 7점 척도로 매겨진다. 전적으로 도움이 필요한 1단계부터 완전히 독립적인 7단계까지로 점수를 매기며 걷기, 의사소통, 우울, 목욕하기, 옷 입기, 기억, 사회적 상호작용과 같은 능력의 측정에 사용된다. FIM 점수는 퇴원을 결정하는 데부터 배상 지침을 결정하는 데까지 다양한 목적으로 폭넓게 사용된다. 병원 세팅에서 일하는 사람이라면 FIM 점수가 재활 프로그램의 효과성 및 효율을 결정하는 데 매우 중요하며, 보건의료 세팅의 관리자가 좋아하는 도구라는 것을 잘 알고 있을 것이다.

기능상의 성과 측정은 대상자의 초기 평가와 치료 중 진전의 모니터에서 중요한 부분이다. 우리는 대상자가 표준화 검사에서 그들의 능력이 진전되는 것뿐만 아니라 기능상의 능력을 습득하여 그들의 삶에 영향을 미치게 될 수 있기를 바란다. **일상생활 활동**(Activities of Daily Living: ADL)이라는 용어는 먹기, 의사소통하기, 움직이기와 같은 일반적인 행동과 관련된 것으로서 치료 목표로 자주 선택되거나 기능 증진을 측정하는 데 빈번히 사용된다. 따라서 평가는 검사에 대한 것만이 아니다. 평가에는 대상자의 수행에 대한 전문가의 임상 관찰과 기능 측정도 포함된다.

문제의 유무 파악을 위한 진단

진단의 기능 중 하나는 현재의 의사소통 패턴이 정말로 사회적으로 장애가 되는지 파악하는 것이다. 이것이 가능하려면 무엇이 의사소통장애를 성립시키는지에 대한 분명한 견해를 갖는 것이 필요하다. 말장애에 대한 Van Riper의 고전적 정의를 인용하자면, "비정상적인 말이란 다른 사람들의 말과 매우 달라서 주의를 끌고, 의사소통을 방해하고, 화자나 청자를 괴롭게 만드는 말이다."(Van Riper & Emerick, 1984, p. 34) [그림 1-5]는 의사소통장애를 판정할 때 고려해야 할 세 가지 요소를 나타낸 것이다.

1. 말의 차이   이것은 말소리 자체가 주의를 불러일으키는지, 언제 그러한지와 연관된다. 우리는 말소리의 물리적 특성을 녹음하고 측정하고 관찰하여 정량화할 수 있다.

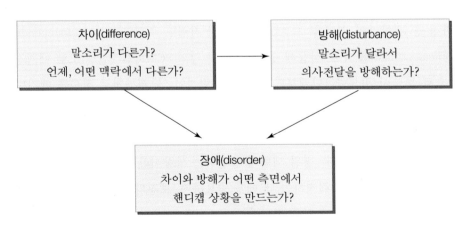

[그림 1-5] 말장애 정의에 포함된 세 요소

다르게 말하면, 우리는 말 신호의 물리적 특성을 자세히 조사하고 음질을 판단해야 한다. 그러나 이 자료를 통해 어떤 말소리 변수가 어떤 **차이**를 만들어 내는지 설명할 수 없다면 그 가치는 크지 않다.

대부분의 의사소통장애 영역에서는 단순히 양적 자료를 수집하고 그 자료와 숫자로 제시된 규준을 비교하여 말 샘플의 정상 여부를 결정하라고 하지 않는다. 진단가는 전문가로서 판단을 해야 하고 각자 개인적인 기준 틀을 개발해야 한다. 음질은 개인의 인상에 관한 것이므로 임상가가 대상자의 음성이 이상하다고 **알아차리더라도** 첨단 기계가 이런 차이를 밝히지 못하기도 한다. 현재 보이는 말 차이가 염려할 만큼 충분히 달라서 듣는 사람이 문제가 된다고 판단할 수 있는지가 관건이다. 이런 판단을 하려면 임상가에게 들어온 정보를 성향과 경험으로 만들어진 수많은 시냅스 연결에 여과시켜야 한다. 그러므로 과도하게 민감하거나 둔감한 귀는 매우 큰 위험 요소이다.

무엇이 정상 행동인가? 다양한 정의가 가능하겠지만, 임상가라면 정상이라는 개념에 꼭 포함시켜야 하는 두 가지 상반되는 원리를 언급하고자 한다. 하나는 **문화적 규준**이라고 불리는 개념이다. 여기서는 사회가 집단 특성에서 벗어난 것으로 간주하는 행동이 있다고 가정한다. 이 모델에서는 어떤 행동을 실제적 또는 이론적 표준에 위배된다고 판단한다. 다른 하나는 **개인적 규준**이라고 불리는 개념이다. 이 모델에서는 개인이 이전 경험, 신체적 한계, 환경에 대한 반응에 근거하여 각자 자신의 삶을 조정한다고 가정한다. 그러므로 어떤 행동을 정상이라고 판단하려면 나이, 지능, 경험과 같은 개인 특성을 고려해야 한다. 물론 이 모델에서는 극단적으로 모든 사람을 정상이라고 볼 수도 있다. 왜냐하면 행동이란 개인에게 영향을 미치는 모든 것의 결과물이기 때문이다. 그러므로 이론적으로는 개인적 규준이 의미가 없다. 그러나 실제로는 어떤 사례에 대한 견해를 밝히고 의견을 제시하는 데 개인적 규준이 도움이 될 수 있다.

70세 대상자의 청력을 검사해서 전형적인 노인성 난청의 청력도를 얻었다면 청각사는 이 대상자를 '정상' 청력자로 판단할 수 있다. 문화적 규준을 따르면 이 사람의 청력 수준은 전 인구의 평균 이하에 해당하지만, 개인적 규준을 따르면 이 사람의 청력 수준은 70세의 평균이거나 정상이다. 어떤 규준을 따르는지에 따라 치료 방향은 달라진다. 그러므로 진단에서 판단을 해야 하거나 재활 프로그램을 만들 때는 문화적 규준과 개인적 규준을 모두 고려해야 한다. 심한 지적장애를 동반한 10세 아동이 자극반응도 없이 음소 /r/를 왜곡했다면 이 아동에게 심한 조음장애가 있다고 판단하지는 않을 것이다. 그러나 같은 발음 문제가 있으나 지적 능력이 좋은 8세 아동이라면 치료를 권고할 것이다. 어떻게 판단할지는 사례마다 다르다. 진단가는 정상과 관련하여 말소리의 물리적 차이와 개인적 변수 사이의 불일치를 조정해야 한다. 진단 시 임상가는 정상에 대한 두 가지 개념을 계속 고려해야 한다.

말 신호가 주의를 끌지만 아주 적절한 경우도 많다. 예를 들어, 아프리카계 미국영어(African American English: AAE)는 말-언어의 양상이 다를 수 있다. 비록 표준 미국영어(Standard American English: SAE)와 아프리카계 미국영어에 차이가 있지만, 분명히 이런 차이를 의사소통장애의 증거로 간주하지는 않는다. 또 말하는 사람이 재미있는 이야기를 하거나 특정 경험을 극적으로 나타내기 위해 말속도, 강도, 음질을 변화시키는 것도 의사소통장애가 아니다. 나이도 또 다른 변수이다. 조음에 대치와 생략이 많은 2세 아동이라면 이런 차이가 문제가 되는가? 답을 얻으려면 이런 오류를 정상 2세 아동의 의사소통과 비교하여 검사해야 한다. 차이가 있더라도 맥락상 정상이라고 생각되면 의사소통장애로 판단할 수 없다. 차이는 의사소통장애의 구성 요건으로 충분하지 않다. 이는 SLP가 의사소통에서 맥락의 효과, 나이의 영향, 문화와 종교와 지역 방언에 따른 말 신호의 다양성에 대해 알고 있는 것이 얼마나 중요한지 보여 준다.

2. 메시지의 명료도 의사소통장애를 결정하는 두 번째 요소는 신호의 전달을 방해하는가이다. 신호가 왜곡되어 명료도에 영향을 미치는가? 만약 메시지 전달에 부정적 영향을 미친다면 문제가 있을 가능성이 매우 높다. 신호를 부호화하고 해독하는 과정에는 아주 많은 요인이 관여하므로 듣고 판단할 때 진단가는 사회의 표준을 대표할 수 있어야 한다.

우리는 주로 임상가의 통찰과 직관적 평가로 말의 차이가 명료도에 미치는 영향을 판단해 왔다. 오류 음소 수를 세고 문장당 반복이나 비유창성의 수를 세며 언어 능력을 다양한 지표로 나타내지만, 여전히 진단가는 전달된 메시지의 명료도를 신뢰성 있게 평가할 수 없다. 대부분의 임상가는 명료도가 장애에 미치는 영향을 나타내기 위해 주로 척도로 점수 매기는 방법을 이용하며, 말이나 언어의 여러 요소 중 구체적으로 어떤 것이 전반적인 신호 왜곡에 기여했는지는 잘 알지 못한다. 분명 심한 비유창성은 의사전달을 방해할 수 있고, 간헐적인 발성 중단과 나쁜 음질도 메시지 전달을 방해할 수 있다. 그리고 부적절한 음소 선택이나 산출이 불명료한 말의 원인이 될 수 있고, 모호한 어휘나 문장구조가 메시지를 잘못 이해하게 만들 수 있다. 의사소통 실패의 원인이 무엇이든 간에, 우리는 실패가 일어났다는 것을 보고해야 한다. 그러나 현재 의사소통장애 대부분의 영역에서 널리 받아들여지고 있는 보고체계는 아직 없다.

3. 핸디캡 상황   장애를 결정하는 마지막 요소는 의사소통장애가 대상자의 삶에 장애가 되는지 알아보는 것이다. Emerick(1984)은 다음과 같이 말하였다.

> 마지막 분석에서 이 세 번째 측면이 우리의 전문성을 입증해 준다. 만약 말의 차이가 아동의 행동, 궁극적으로 아동의 조정 능력과 학습 잠재력에 미치는 영향을 찾아낼 수 없다면 언어치료전문가 입장에서 염려할 이유는 없다. 의사소통의 차이가 장애가 될 수 있는 모든 상황을 목록으로 작성하는 것은 불가능하지만, 일반적으로 다음 상황에서의 의사소통 차이가 장애로 간주될 수 있다. (1) 메시지 전달이나 인식에 실패한다. (2) 그 사람이 경제적으로 불리해진다. (3) 그 사람이 학습 면에서 불리해진다. (4) 그 사람이 사회적으로 불리해진다. (5) 그 사람의 정서 성장에 부정적 영향을 미친다. (6) 문제가 신체적 손상을 야기하거나 그 사람의 건강을 위협한다.

세상에는 의사소통장애가 있어도 아주 성공적이고 만족하는 삶을 사는 유명인이 많다. 어떤 사람은 SLP가 장애가 있다고 진단했음에도 행복하고 성취감 넘치는 삶을 살고 있다. 반대로 교사나 사업가라면 상대방에게 신뢰를 주거나 직업 수행을 평가받아야 할 때 사소한 문제라도 큰 장애가 될 수 있다. 어떤 사람이 자신의 의사소통 문제를 장애로 여기지 않는다면 임상 활동을 정당화하거나 의사소통 기술을 증진시키기 위해 대상자에게 동기를 부여하는 것이 쉽지 않다.

문제의 원인 파악을 위한 진단

너무나 많은 임상가가 진단이 단순히 진단명을 붙이는 과정이라고 생각한다. 그러나 진단명을 붙이거나 유형을 분류하는 것은 전체 평가 과정 중 아주 작은 일부분일 뿐이다. 우리 분야에서의 분류체계는 개인의 차이점보다 집단의 유사성을 강조하는 경향이 있어서(예: 유창성장애) 최고 또는 높은 수준으로 분류하기에는 충분치 않다. 예리한 진단가는 의사소통의 편의를 위해 분류를 한다고 의심한다. 분명 편의도 중요하다. 문제의 실체를 알아내고자 하는 임상가라면 그 문제에 이름을 붙이는 것이 당연하다. 그러나 이름을 붙이는 것은 장애의 특성을 잘 정리하여 설명하면서 저절로 따라 오는 것이다. 그러므로 진단가가 어떤 경로를 거쳐 최종 분류에 도달했는지 명확히 할 수 있어야 한다. 문제의 특성만 설명하고 그 유형을 판단하지 않는 진단은 결론이 없 는 것이다. Nelson(2010, p. 102)은 유형 분류의 세 가지 주요 문제로 "(1) 인간의 차이 점이 복잡하다는 인식의 부족, (2) 불필요한 낙인, (3) 제한점을 무색하게 할 만한 장점 이 없음"을 꼽았다. 그러나 특별한 서비스를 받을 아동을 선발하고, 재정을 지원하고, 주와 연방 정부가 운영할 특별 프로그램을 승인하는 데에는 유형 분류가 도움이 되기 때문에 현실에서는 유형 분류를 할 수밖에 없다고도 언급하였다.

진단 절차의 순서를 반대로 하는 것은 위험하다. 평가할 때 문제에 이름을 붙이는 것부터 시작하는 진단가는 정보를 얻는 순서를 거꾸로 한 것이고, 뒤에서 말할 다양한 요인에 귀를 기울이지 않아서 성급한 진단을 내릴 수 있다. Nelson(2010)은 한 비유를 들어 진단 절차를 설명하였다. 임상가가 진단 시 대상자에게 진단명 붙이기와 같은 거 시적 수준에만 초점을 맞추면, 숲만 보고 나무는 보지 못하는 것과 같다. 반대로 기억 이나 청각 처리와 같은 미시적 수준에만 초점을 맞추면, 나무만 보고 숲은 보지 못하 는 것과 같다. 이는 우리가 진단과 평가를 할 때 기억해야 할 개념이다. 우리가 거시적 수준에만 집중하면 대상자의 개인적 필요를 잘 파악하지 못할 것이고, 미시적 수준에 만 집중하면 대상자의 능력이나 장애가 어떻게 한 증후군을 대표하는지 보지 못할 것 이다.

'원인'이라는 개념은 문제가 발생한 시점에 따라 의미가 다르다. 진단 회기에서 임상 가는 현재 나타나고 있는 행동의 원인을 찾고자 한다. 그러나 원인이 과거에 묻혀 있어 서 이를 밝히려면 엄청난 노력을 해야 하고, 원인과 결과가 복잡한 패턴으로 얽혀 있는 경우가 많다. 우리는 현재의 행동을 야기한 사건을 밝혀내기 위해 대상자의 과거 경험 을 면밀히 조사해야 하지만, 또한 행동의 한 측면에서만 원인을 찾으려는 것도 경계해 야 한다. 앞서 말했듯이 의사소통은 복잡한 인간의 기능이라서 사회, 학습, 동기, 그 밖 의 다른 요인이 전 과정에 개입하기 때문에 어떤 아동에게서 뇌손상이 발견되더라도 그것만이 원인 요인이 아닐 수 있다. Paul(2001)은 산모의 임신 중 약물 복용으로 코카 인에 노출된 아기의 예를 들어 원인 판단이 얼마나 복잡한지 보여 주고 있다.

일반적으로 코카인만이 위험 인자가 되는 것은 아니었다. 임신 중 코카인을 남용한 엄마는 알코올과 같은 다른 약물도 남용하는 경향이 있었다. 알코올도 심각한 기형 유발물질로 알려져 있으므로 다른 물질 남용을 고려하지 않더라도 알코올이 이 아기에게 나타난 많은 문제의 원인일 수 있다. 게다가 임신 중에 코카인이나 다른 약물을 남용했던 엄마는 아기가 태어난 후에도 계속 약물을 남용했다. 그러므로 이 엄마는 아기에게 기본적 보살핌이나 사회적 상호작용을 제공하지 못했을 것이다. …… 마지막으로, 코카인이나 다른 약물을 남용한 엄마는 가난하게 사는 경향이 있다. 가난한 아이는 작고 미숙하게 태어나고 영양 상태가 부실하며 의학적 처치나 예방접종이 잘 이루어지지 않는 경향이 있기 때문에 가난도 전반적인 발달과 의사소통 발달에 영향을 미친다. (p. 99)

그러므로 문제의 원인을 파악하는 일은 늘 간단한 문제가 아니며, 특정 사건이나 요인을 장애의 원인으로 간주하는 데 아주 신중해야 한다. 전통적으로 원인은 사전 요인, 촉발 요인, 지속 요인으로 세분되어 왔다. 사전 요인은 지속 요인과의 연관성 때문에 중요하게 다루어진다. 사전 요인의 일반적인 예가 말더듬의 유전 소인이다. 말더듬은 유전되는 경향이 있다고 알려져 있다. 그러나 표면적으로는 환경 요인이 말더듬을 일으켰을 수 있다. 신중한 진단가라면 특정 의사소통장애와 관련하여 예외 없이 나타나는 요인을 살펴봐야 한다. 이런 정보는 궁극적으로 장애의 특성과 관련된 기본 정보를 밝히는 방편이 될 수 있기 때문이다.

촉발 요인은 대체로 더 이상 작용하지 않는 것이므로 찾아낼 수도 있지만 찾아내지 못할 수도 있다. 예를 들어, 언어 습득 시기에 중이염이 계속 재발하였는데 그 시기부터 언어 발달이 늦기 시작하여 언어장애가 왔을 수 있다. 중이염이 오래전에 사라졌고 언어장애만 남아 있다면 진단가는 언어장애의 진짜 원인을 알아내거나 꼭 집어 말하기가 어렵다. 더구나 아동이 중이염으로 여러 차례 치료를 받았더라도 실제로 이 감염이 언어장애를 촉발했거나 언어장애에 어떤 역할을 했다는 것은 결코 입증할 수 없다. 왜냐하면 중이염을 자주 경험한 많은 아동이 정상적인 언어 발달을 하기 때문이다. 촉발 요인은 뇌졸중, 성대 남용, 구조적 장애, 어떤 선천적 문제처럼 명백한 경우가 많다.

지속 요인은 그 사람에게 현재 작용하고 있는 것이다. 대상자는 인지/언어 전략과 운동 조정과 같은 다양한 보상 전략을 만들어 왔기 때문에 예외 없이 습관이라는 힘이 많은 장애에서 주된 지속 요인으로 작용한다. 그러나 진단가는 습관 외에 장애를 강화하고 지속시키는 환경 요인과 신체 요인을 밝혀내야 한다. 청각장애는 아동 언어지체의 촉발 요인이자 지속 요인이 될 수 있다. 이 아동에게는 정밀한 청력검사와 보청기 처방이 필요한데, 그렇지 않으면 문제가 지속될 수밖에 없다. 우리는 항상 의사소통장애를 지속시키는 요인을 찾아서 가능하다면 제거하고 감소시켜야 한다.

임상적 조언 제공을 위한 진단

진단을 통해 장애의 원인을 파악하는 것도 중요하지만, 실질적으로는 대상자의 의사소통을 증진시킬 수 있는 방법에 대한 통찰을 얻는 것이 더 중요하다. 진단과 치료가 겹치는 부분이 바로 이 지점이다. 또한 이것이 진단할 때 평가 기술을 많이 알고 있는 것이 중요한 이유이다. 진단가가 반드시 던져 봐야 할 일련의 질문은 다음과 같다. 얼마나 많은 질문이 앞에서 논의한 근거기반실제의 요소에 부합하는지 주목하기 바란다.

- 이 질병에 대한 지식
  - 일반적인 원인은?
  - 일반적이고 효과적인 치료 절차는?
  - 전형적인 진단은?
- 이 사람에 대한 정보
  - 이 질병이 이 사람에게 미치는 영향은?
  - 이 사람의 강점과 필요는?
  - 내가 전에 치료했던 사람과 비슷한 점은?
  - 내가 전에 치료했던 사람과 다른 점은?
- 이 장애가 있는 이런 유형의 사람에게 내가 했던 치료 기술
  - 비슷한 문제에 효과적이었던 치료법은?
  - 비슷한 사람에게 효과적이었던 치료법은?
- 이 사람이 이용할 수 있는 다른 전문가의 서비스
  - 어떤 의뢰가 필요한가?
  - 어떤 협진이 필요한가?
- 더 좋은 예후를 위해 제거되거나 변경되거나 추가될 필요가 있는 요인
  - 방해가 되는 환경 요인은?

　　– 치료할 필요가 있는 신체 요인은?

　　– 이 사람의 동기를 높여 줄 수 있는 방법은?

　　– 가족을 치료에 참여시킬 방안은?

 ## 진단: 과학과 예술

　진단은 과학과 예술의 독특한 결합이다(Silverman, 1984). 진단가는 진단 절차나 평가 태도에 과학적 방법을 적용해야 한다. 진단 절차에서 진단가는 먼저 관찰 가능한 모든 요인을 관찰하고, 분명하고 대답 가능한 질문을 통해 입증 가능한 가설을 세우고, 그 타당성을 알아보기 위해 가설을 입증하고, 입증된 가설에 근거하여 결론을 내리는 과학적 방법을 사용해야 한다. 이 방법은 표준화된 절차를 엄격히 고수하며 객관성, 수량화, 구조화라는 특징을 갖는다. 과학적인 진단가는 검사, 검사 자료, 수량화 절차를 믿는 경향이 있다. 진단가는 평가 결과를 예측하는 태도를 가져서는 안 되고, 가설을 입증하거나 기각하는 증거를 찾는 데 어떠한 편견도 가져서는 안 된다. 진단가는 가설을 변호할 것이 아니라 입증해야 한다.

　자기 예언(self-fulfilling prophecy)은 치명적이지만 거의 보편적인 인간 특성이기 때문에 검사할 때 과학적 접근으로 균형을 잡아야 한다. 우리는 언어지체로 진단받은 이유를 알기 위해 전국을 돌아다니는 언어장애 아동의 부모를 자주 경험한다. 이런 아동의 사례 서류철은 여러 권위자와 치료실에서 작성한 보고서가 쌓여서 두툼하다. 각각의 보고서에는 원인과 관련하여 진단가의 전문 영역에 부합되는 사실이 언급되기 때문에 아동보다 검사자가 더 많이 드러나 있다. 예를 들어, 똑같은 대상자인데도 청각사는 청각처리장애라고 하고, 자폐 전문가는 자폐스펙트럼장애라고 하고, 심리학자는 주의력결핍장애라고 하고, 언어치료전문가는 언어장애라고 한다. 보고 싶은 것만 보는 것은 과학적 방법이 아니다.

　그러나 완전히 과학적인 방법만 고수하다 보면 한계에 부딪히게 된다. 이것은 우리가 진단할 때 예술적 행위를 자주 하는 이유이다. 예술적 접근은 여러 특징을 갖는다. 예술가는 가설을 세울 때 특정한 관찰보다 평상시 구조화되지 않은 조사에 더 의존한다. 이런 유형의 임상가는 공식 검사 결과나 표준화 검사 절차를 완전히 무시하고 임상가의 경험이나 판단으로 알게 되는 사실을 중요시한다. 이런 평가에서는 예감이나 임상적 직관이 중요한 역할을 한다. 이 진단가는 다양한 방향에서 사실에 접근할 수 있고, 표준화되지 않은 평가 과제를 통해서도 공식 검사에서처럼 행동을 평가할 수 있다고 주장한다. 이런 논쟁은 공식적 절차를 통해서만 타당한 정보를 얻을 수 있다고 생각하는 사람을 당황하게 한다. 이 책에서 강조하는 것 중 하나는 대상자의 문제를 명확히 하고 치료에 대한 잠재력을 알아보는 데 이런 비공식적이고 표준화되지 않은 평가 절차가 정말 가치 있다는 것이다. 어떤 면에서 이런 절차는 공식 검사보다 더 타당할 수 있다는 것을 3장에서 논의할 것이다.

분명 양극단의 두 접근법 모두 취약점이 있다. 과학자는 객관적 측정 도구에 의존하는 경향 때문에 백분위수와 표준 점수로 대상자를 바라볼 우려가 있다. 그러나 전체는 부분의 합 이상이다. 그러므로 모든 진단가는 그 사람의 전체 그림을 얻지 못하고 단지 부분적 특성만 측정하지 않도록 조심해야 한다. 한편, 평가 시 덜 과학적인 접근법을 사용할 경우 개인의 편견이 적정량 이상으로 많이 개입될 가능성이 높다. 임상가의 직관은 종종 임상적 편견일 뿐이며, 새로운 증거를 기존 편견에 짜 맞추는 것은 아주 쉬운 일이다. 진단가는 평가 절차를 수립할 때 두 철학의 적절한 조합점을 찾아야 한다.

진단과 수혜 자격

우리의 법체제, 병원 세팅, 공립학교 체제가 점점 복잡해짐에 따라 임상가가 처한 행정 시스템 안에서 소신껏 임상 업무를 수행하는 것이 점점 어려워지고 있다. 그래서 사례 선택을 위한 절차 결정, 검사하기, 서비스 수혜 자격 결정에서 이상적인 기준에 미치지 못하는 경우가 많다.

행정적으로 의사결정을 하면 진단이라는 측면과 수혜 자격의 결정이라는 측면이 달라지는 결과를 낳는다. 업무 환경에 제한이 있기 때문에 우리가 대상자의 모든 일에 최선을 다할 수는 없다. 능률적으로 서비스를 제공해야 하면서도 행정 편의적으로 임의적 판단을 해서 우리 직업의 이미지를 실추시키는 일이 없도록 아주 신중을 기하여 의사결정을 해야 한다. 예를 들어, 분명히 언어/조음장애가 있는 아동이 개인 치료사나 지역 치료실에서는 서비스를 제공받지만 지방 학교체제에서는 서비스 수혜 대상이 아닌 경우가 아주 흔하다. 또한 병원에 있는 환자가 보험회사에서는 더 이상 치료비를 지급받을 수 없지만 개인 치료사나 대학부속 치료실에서 서비스를 제공받는 경우도 아주 흔하다. Ehren(1993)은 업무량이 수혜 자격에 어떻게 영향을 미치는지를 잘 기술하였다. 그리고 수혜 자격의 결정 과정에는 본질적으로 진단의 예술적인 측면이 필요하다. 아동의 의사소통에서 무엇이 필요한지를 평가하고 기술하는 절차는 없어진 지 오래되었다. 그녀는 우리 사회가 진단을 한 후에 진단이나 서비스 권고를 하는 전통적인 절차로 돌아갈 것을 촉구하였다. 반드시 진단과 서비스 권고를 한 후에 수혜 자격이 결정되어야 한다.

진단가 요인

홀륭한 진단가가 되기 위해 발전시켜야 할 기술은 무엇인가? 이 질문에 답하기는 쉽지 않다. 진단 과정에서 경험은 꼭 필요하다. 그러나 진단 사례가 많다고 해서 충분한 것은 아니다. 어떤 거만한 임상가가 한번은 "나의 임상 경험은 20년이 넘는다."라고 자랑하였다. 그러나 불행히도 이 사람은 첫 일 년간의 경험을 19년 동안 반복하였다. 진단가는 새로운 경험을 통해 배울 수 있어야 하는데, 이것은 **유연성**을 필요로 한다. 획일적이고 변화가 없는 진단가는 사람을 만나고 새로운 상황에 노출되어도 배우는 게 별로 없다. 그러나 진단가가 새로운 경험을 기존의 틀에 맞추지 않고 비교하고 대조할 보기로 이용한다면 계속 성장하고 배울 것이다. 진단가는 검사 중에 대상자가 예상을 벗어난 행동을 보였을 때 미리 짜 놓은 계획에서 새로운 모드로 전환할 수 있도록 충분히 유연해야 한다. 대상자가 어떤 흥미롭고 새로운 행동을 보이고 있거나 검사 상황이 아닐 때 타당도가 높은 의사소통 능력을 보이고 있음에도 확고부동하게 일련의 검사를 계획대로만 쭉 진행하는 진단가는 문제에 대한 통찰을 얻는 중요한 기회를 놓치게 된다. 초보 임상가는 예상치 못한 반응이나 행동을 대상자가 보일 때 어찌할지 모르는 것이 당연하고, 익숙한 진행이 편하기 때문에 비타협적인 태도로 일련의 공식 검사를 수행하려는 것이 당연하다. 진단 경험이 계속 쌓이면 유연성이 생겨 정보를 얻기 위해 다른 길로 자유롭게 옮겨 다닐 수 있게 될 것이다.

홀륭한 진단가의 또 다른 특성은 **건전하되 회의적인 태도를 갖고** 새로운 임상 기술을 **비판적으로 평가**하는 능력이다. 현장의 진단가는 손에 넣을 수 있는 새로운 기술을 열심히 받아들인다. 그러나 새로운 기술은 그 유용성을 꼼꼼히 따져 봐야 한다. 초보 학생은 '최신 논문' 혹은 '새로운 검사' 행동양식을 보이기 쉽다. '최신 논문' 행동양식의 전형적 증상은 어떤 증후군을 소개하고 장애의 특성을 설명하는 한 논문을 읽은 후 모든 아동이 그 논문에서 설명한 패턴을 보이는 것처럼 생각하는 것이다. 이를 극복하는 방법은 이런 증상이 있을 수 있음을 인식하는 것이다. '새로운 검사' 행동양식을 보이는 임상가는 단지 새로운 검사라는 이유만으로 최근에 나온 인기 있는 검사를 사용한다. 하지만 많은 평가도구는 오랜 시간에 걸쳐 증명된 것이므로 오래되었다거나 겉포장이 촌스럽다고 무시해서는 안 된다.

임상가는 중요한 **대인관계 특성**이 있어야 한다. 공감, 일치감, 무조건적인 긍정적 존중을 보이는 것이 임상가의 특성이고, 진단 과정에서도 이런 특성이 분명히 작용한다. 임상 수행과 관련된 많은 연구에서 언어병리 임상 감독자와 성인 대상자가 성공적인 치료에 기여하는 가장 중요한 요소로 꼽은 것이 바로 대인관계였다((Norcross & Wampold, 2011). 일반적으로 이런 특성은 임상 감독자의 분석과 훈련 중인 임상가의 회기 녹화 및 검토를 통해서, 즉 훈련 프로그램에서의 끊임없는 노력과 적절한 지도에 의해서 길러진다.

평가적 태도와 **민감성**의 개발은 초보 임상가에게 상당히 어려운 과제이다. 넓게 보면 우리는 경험의 지배를 받는다. 임상가는 검사 상황에서 각자 특정한 사회적 태도를 취하려고 한다. 평가 진행 과정에서 대상자의 의미 있는 수행을 해석하기보다 오고 가는 대화에서 자신의 반응을 참고하고 자신만의 관점을 만들어 낸다. 임상가는 내가 예상한 행동이 나타나는지 살펴보기보다 나타난 행동의 의미가 무엇인지 살펴봐야 한다. 사회적 상호작용은 표면적인 것이며, 그 행동 안에 숨겨진 의미는 계획된 진단적 상호작용이다. 유능한 진단가는 행동의 표면 타당도에 의문을 갖고 쉽게 드러나지 않는 동기, 설명, 해석을 살핀다. 민감성이란 감각의 예리함이나 유입되는 감각 정보에 대한 높은 인식으로 정의된다. 임상가는 대상자의 행동에서 미세하게 나타나는 신체적·심리적·사회적 변화를 감지할 수 있어야 한다. 이러한 작은 변화가 진단 과정에서 중요한 의미를 가질 수 있기 때문이다.

평가적 태도와 민감성은 **지속적인 호기심**과 밀접하게 연관된다. 진단가는 행동의 이유를 설명하기 위해 끊임없이 호기심을 발휘해야 한다. 처음부터 명백한 답이 나오는 경우가 드물기 때문에 계속 노력해야 한다. 호기심 많은 진단가는 계속하여 대상자를 부가적인 조사 상황에 놓는다. 학생에게 다양한 임상 경험을 주기 위해 한 학기마다 대상자를 바꿔 가며 임상 수행을 하도록 하는 경우가 많은데, 기관에서도 진단이나 치료 과정이 이런 식으로 운영되어서는 안 된다는 것을 안다. 실현되기는 어렵겠지만,

학생이 대상자를 오랜 시간 보면서 대상자가 변화됨에 따라 어떻게 진단이 계속되고 어떻게 진단이 치료에 통합되는지 살펴보도록 하는 것이 바람직하다.

객관성이란 말려들지 않게 조절하는 기술을 연습함으로써 생긴다. 모든 인간은 실수를 하기 때문에 진단가는 객관성을 키워야 한다. 우리는 한편으로 다정하고 이해심 많고 수용적인 태도를 가져야 하지만, 다른 한편으로는 객관적이고 비판적이고 공정해야 한다. 이 양극단 사이에서 어느 정도 균형을 맞추지 않는다면 진단가는 대상자와의 상호작용을 심각하게 왜곡하여 가치 있는 정보를 거의 얻을 수 없게 된다. 객관성은 단지 지나친 감정 개입을 막는 것 이상을 의미한다. 진단가로 성장하기 위하여 검사자는 자신의 기술, 지식, 개인 특성에 대해서 객관적이어야 하고, 대상자에 대해서도 객관적인 태도를 취해야 한다.

라포(rapport) 형성이란 상호 존중, 믿음, 신뢰를 바탕으로 어떤 일에 필요한 관계를 확립하는 것으로 정의될 수 있으며, 대상자와 임상가 모두에게 최적의 수행력을 독려하는 역할을 한다. 라포 형성에는 오랜 시간이 필요하다. 한 회기나 첫 진단의 처음 몇 분 만에 형성되기는 어렵다. 그리고 라포는 발전되고 유지되어야 하기 때문에 지속적인 노력을 해야 한다. 잘 알고 있듯이, 특히 아동의 경우는 임상가에 대한 친숙도에 따라 공식 검사의 수행력이 달라질 수 있다(Fuchs, Fuchs, Dailey, & Power, 1985). 아동은 검사자와 친숙해질 기회가 있었던 경우에 더 나은 수행을 보이는 경향이 있다. 아직 이러한 현상의 이유가 완전히 밝혀지지는 않았지만 라포라는 개념이 그 이유 중 하나임에는 틀림없다.

우리의 **초점**을 진단가의 수행력이나 심적 상태와 상관없이 가능한 한 대상자에게 두는 것이 중요하다. 진단가도 사람인지라 때로 안 좋은 날도 있다. 진단가도 개인적인 문제가 있거나 몸이 힘들어지면 집에 가서 침대에 누워 있어야 할 것 같은 느낌이 들 수 있다. 만약 전문가가 노력을 지속하는 데 필요한 호기심이 부족하거나 최대한의 잠재력을 이끌어 내고자 하는 욕구가 없다면 아주 식견이 높고 기술이 좋은 진단가라도 적절한 결과를 얻어 낼 수 없다. 우리는 모두 일상생활에서 개인적인 변화(신체적 문제, 우울, 스트레스 등)를 겪으며, 그 변화가 수행에 직접적인 영향을 미칠 수도 있다. 그러나 전문가는 모든 대상자에게 최상의 서비스를 제공하기 위하여 이러한 변화를 조절할 의무가 있다.

대상자-임상가 관계

표준화를 위해서는 검사 절차를 엄격히 지켜야 하지만, 진단평가에서 공통분모는 검사자이다. 검사 결과는 검사받는 사람, 검사하는 사람, 검사, 검사환경의 산물이며, 각각은 서로에게 영향을 미친다. 예를 들어, 검사는 검사자의 경험과 성향에 따라 선택된다. 우리가 질문해서 얻은 대답은 부분적으로 우리의 질문과 질문 방식의 영향을 받기 때문에 우리가 얻은 진단 소견은 부분적으로 우리가 실시한 검사와 검사 실시 방식의 영향을 받는다. 그러므로 어떤 의사소통장애 패턴은 부분적으로 문제가 있는 검사 방식이나 검사자 때문일 수 있다.

성공적인 진단 회기를 이끄는 데 가장 중요한 요인은 대상자-임상가 관계이다. 사람이 다른 사람과 일할 때는 늘 인간적인 영향을 받는다. 검사자가 아무리 잘 준비하고 연습했어도 검사자가 사람에게 다가가는 능력이 부족하거나 검사자의 접근이 대상자와 맞지 않는다면 실패는 불 보듯 뻔한 일이다. 모든 검사, 소위 객관적이라고 하는 진단 절차도 개인 대 개인의 접촉에 의해 이루어진다.

진단과 치료에 명확한 경계가 없기 때문에 인간적인 면 없이 검사 중심으로만 진행된 임상 검사 회기는 평가를 더 어렵게 만들 수 있다. 대상자와의 첫 만남은 평가로 시작된다. 진단 회기 동안 대상자는 임상가 및 전체적인 임상 상황에 대해 의견을 가지게 된다. 모든 대상자가 이러한 대인관계 영역을 요구하지는 않는다. 어떤 사람은 단지 무엇이 잘못되었는지 알아서 상황을 개선하기만을 바란다. 중요한 것은 임상가가 대상자의 필요가 무엇인지 고려하여 대상자의 스타일에 적절히 맞출 수 있어야 한다는 것이다.

대상자 요인: 아동, 청소년, 노인

모든 연령대가 동일한 진단 문제를 나타내는 것은 아니지만, 특히 아동, 청소년, 성인 및 노인이라는 세 집단은 각기 다른 노력과 전문 지식을 요구한다. 이 장에서는 연령집단별로 진단평가와 관련된 일반적인 사항을 이야기할 것이다. 이어지는 장에서는 특정 장애의 평가 시 서로 다른 연령대를 다루는 제언을 추가로 제시할 것이다. 이 책을 읽는 많은 독자는 SLP가 되고자 훈련받고 있는 학생이다. 젊은 사람이 다양한 연령대의 사람을 대하는 지침을 파악하기란 쉽지 않다. '자연스럽게 행동하는 것'이나 아동과 성인에게 말하는 방식을 달리하는 일도 그리 간단하지 않다. 우리는 학생들이 자주 범하는 잘못을 알려 경각심을 일깨우도록 할 것이다. 다음 사항은 저자가 경험을 통해 얻은 것이므로 당연히 이 외에도 더 많은 지침이 추가될 수 있다.

아동

학령전 아동과 유치원 아동은 검사하기 어려운 경우가 자주 있다. 이들은 나이 든 아동이나 성인과 달리 질문 또는 자극의 핵심을 알지 못한다. 임상 상황을 두려워하는 아동을 다루게 되는 경우도 많다. 이 두려움은 다음의 요소 중 하나 이상에 기인했을 수 있다. (1) 검사에 대한 부모의 부적절한 대비, (2) 임상가가 아동에게 무엇을 하라고 할지, 아동과 무엇을 할지에 대한 불확실성, (3) 치과나 소아과를 방문했을 때의 끔찍한 기억, (4) 부모에게서 전이된 불안과 불확실성, (5) 의사소통장애에 대한 청자의 반응에서 야기된 스트레스와 갈등이다. 아동은 다양한 방식으로 임상 검사에 대응하는데, 가장 신경 써야 할 반응 중 하나는 수줍음과 무관심이고, 또 다른 하나는 공격성과 과잉행동이다.

아주 어린 아동의 경우 부모를 상호작용에 참여시킴으로써 아동의 분리불안을 피할 수 있다. 부모는 대개 자진해서 협조하고, 아동은 곧 안정되며, 부모는 임상가가 해내려면 여러 회기에 걸친 라포 형성이 필요했을 여러 방식으로 아동을 참여시킬 수 있다. 부모는 공식 검사를 할 때 도움이 되기도 한다. 임상가가 아동의 반응을 적는 동안 부모에게 그림판을 넘기고 그림 뒤에 적힌 문구를 읽으라고 할 수도 있다. 통제가 안되는 아동과 싸우면서 진단 회기를 진행하면 대부분 만족할 만한 결과를 얻지 못하므로 아동과 대결을 벌이는 것에 아주 신중해야 한다. 0~2세 아동의 경우 타당한 정보의 **대부분**을 부모 면담과 부모-아동 상호작용의 관찰을 통해 얻는다. 1세 아동은 대부분 친숙하지 않은 임상가에게 협조하지 않을뿐더러 또 어차피 치료에 온 가족을 참여시킬 것이므로 우리는 부모-아동의 활동에 초점을 두어야 한다.

논의할 수 있는 다른 고려사항이 많을 수 있다. 추가 의견은 각 장애 영역을 다루는 장에서 제시하고, 여기서는 임상 검사에서 학령전 아동을 다루는 몇 가지 기본 지침에 대해 언급하겠다.

- 진단회기 동안 아동이 안심할 수 있도록 부모가 도와주어야 한다. 부모는 아동에게 앞으로 벌어질 일을 말해 줄 수도 있고, 아동이 좋아하는 물건(장난감, 사진, 책등)을 가져올 수도 있다.

- 아동에게는 말보다 놀이가 자연스러운 표현이다. 이것은 장애 가능성이 있는 어린 아동을 다룰 때 아주 중요하다. 3~5세의 일반 아동은 대화가 가능하지만, 의사소통장애로 의뢰된 아동은 대부분 대화가 불가능하다. 이 점을 명심하고 진단과제를 조정해야 한다.

- 질문은 적게 하고 관찰을 많이 하라는 것이 일반적인 원칙이다. 아동은 자신의 문제를 논리적이고 객관적으로 분석하는 데 필요한 통찰과 협조가 부족하다. 그러므로 자연스러운 관찰, 즉 자연스러운 환경에서 아동의 행동을 평가할 때 더 유용한 정보를 얻을 수 있다.

- 관찰을 통해 문제를 보이는 어린 아동의 기초선을 알려면 정상 아동에 대해 가능한 한 모든 것을 공부해야 한다. 이런 내용은 교과과정이나 관련 규준을 공부하여 얻을 수도 있지만, 놀이방이나 학령전 보육시설에 있는 아동을 집중적으로 관찰하고 그들과 상호작용하는 경험을 통해 많은 것을 얻을 수 있다. 여러분은 다양한 연령대 아동의 전형적 행동에 대해 잘 알고 있어야 한다.

- 여러분이 아동에게 주는 선택권을 제한해야 한다. 아동에게 이거 하고 싶으냐고 묻지 말라. 아동이 계속 "싫어!"라고 말할 수 있기 때문이다. 대체 방안이 검사자의 목적에서 벗어나지 않는다면 '이거 하라' 또는 '저거 하라'고 명령하라. 또한 말끝마다 "알았지?"라고 말하지 말라("이 그림이 뭔지 말해 줘, 알았지?"). 이런 식의 질문은 다른 선택이 가능함을 함축하고 있다.

- 검사할 때 유연성을 가져야 한다. 만약 여러분이 검사 진행에 표준화된 방식을 엄격하게 적용할 수 없다면 다른 방법으로 데이터를 얻어야 한다. 예를 들어, 아동이 공식 검사의 그림이나 사물의 이름대기를 거부한다면 다른 도구로 언어 샘플을 얻을 수도 있다. 또한 검사 진행에 표준화된 순서가 없다면 아동이 특정 시점에 관심을 보이는 항목부터 실시한다. 예를 들어, 아동이 다른 검사에 포함되어 있는 물건에 관심을 보이면 그 검사를 회기 후반부에 하기로 계획하였더라도 그것부터 시작한다.

- 아동과 활동할 때는 정직이 매우 중요하다. 여러분이 지킬 수 없는 약속을 하면 안 된다.

- 한 회기에 모든 평가를 마쳐야 할 필요는 없다. 한 번에 길게 진단하는 것은 오히려 역효과를 낼 수도 있다. 한 시점에서 우리가 얻고자 하는 것은 아동 행동의 한 샘플임을 기억하라. 아동이 피곤하거나 흥분할 때까지 비생산적인 회기를 지속하는 것보다는 진단을 마치는 것(되도록 즐겁고 성공적인 첫 회기로 마치는 것)이 더 낫다.
- 아동에게 말할 때 여러분의 언어 복잡성을 살펴봐야 한다. 검사자는 비꼬는 말, 관용 표현, 모호한 설명, 간접 요구를 피해야 한다.

청소년

경험이 많은 임상가의 경우에도 10대, 특히 중학교 1학년부터 고등학교 3학년까지의 청소년을 검사하고 다루기는 쉽지 않다. 주문제는 개인에 따라 다른 것 같다. 청소년 대상자를 위한 마법의 공식은 없지만 그들을 검사하는 데 도움이 되는 몇 가지 조언을 제시하겠다.

- 10대가 겪고 있는 각양각색의 압박과 변화를 이해해야 한다. 그들은 빠른 신체 성장, 성적 성숙, 의존과 독립 사이에서의 갈등, 의사결정에 필요한 자기확신과 대인 기술의 발달, 정체성과 평생 직업의 탐색, 소수집단에 대한 충성과 동일시 등을 겪는다. 이 시기에는 무절제하고 지나친 행동을 보이며 거칠고 화를 잘 낸다. 10대는 개인의 일도 버거워서 임상적 도움이 필요하다는 제안을 반기지 않는다고 생각해야 한다. 이해에서 나오는 공감이 관계 정립에 큰 도움이 된다.
- 다른 사람과 똑같기를 바라는 욕구가 강하므로 속한 집단과 달라 약점으로 작용할 수 있는 그 어떤 것도 원하지 않는다. 그래서 비록 도움이 절실하다 해도 청소년이 자신의 의사소통장애를 드러내는 것은 매우 어려운 일이다. 청소년은 부모가 보내서 평가나 치료를 받으러 오는 경우가 많다. 만성적 문제가 있는 청소년이 오랫동안 치료를 받아 왔다면 치료를 더 받아야 한다는 생각에 진저리를 치는 경우도 있다. 많은 청소년은 무뚝뚝함이나 '상관없어요.'라는 단단한 껍질 속에 자신의 속내를 숨기려고 한다. 무시하기가 그들의 특기이다. 이때 '평정심을 잃지 않는 것'이 매우 중요하다. 여러분이 그런 태도를 없앨 수도 없지만 그렇다고 침묵하는 것이 청소년의 반항을 다루는 데 특별히 효과적인 방법도 아니기 때문에

어깨를 으쓱이며 그냥 넘겨서도 안 된다. 우리는 정면 돌파 방식을 권한다. 각 개인에게 영향을 주고 있는 핵심 사항을 알아내어 다른 사람들이 밟아 온 과정을 객관적으로 제시하고, 의사소통장애가 있는 사람이 겪는 경제적이고 사회적인 불이익에 대한 정보를 세공해야 한다. 근본적으로 여러분의 태도와 말로 여러분이 상대방에게 마음을 쓰고 있음을 나타내려고 노력해야 한다. 개인의 성장에는 많은 영양분이 필요하며 개인적인 참여와 실행이 핵심 요소이다.

- 여러분은 10대에게 전문가로서의 역할을 남용하지 말아야 한다. 자연스럽게 행동해야 한다. Will Rogers가 지적했듯이, 그들이 여러분의 있는 모습 그대로를 좋아하지 않는다면 여러분이 하려고 하는 방식을 결코 좋아하지 않을 것이다.

- 청소년에게 인내심을 가지고 좋은 기분으로 접근해야 한다. 그들의 허풍과 과장된 말에 충격을 받거나 불쾌해하지 말라. 적개심을 표현하거나 다른 감정을 내보이더라도 과도한 반응을 하지 말라. 때로 청소년은 그들의 보호 장구를 단단히 하기 위해 임상가를 당황하게 만들거나 무너뜨리려 하거나 화나게 만드는 전략을 사용하기도 한다. 이때는 웃어넘기고 부드럽게 유머를 사용하거나 지나쳐 버리는 것이 좋다. 그러나 청소년을 항상 성실하고 점잖게 대해야 한다. 그들의 감정적이거나 이상주의적 사고를 놀려서는 안 된다.

- 우리가 무엇을 하려는지, 다양한 검사를 왜 하는지, 얻은 정보를 어떻게 사용할지 등 진단 과정에 대해 가능한 한 자세하게 설명해야 한다. 대상자에게 지금 무엇을 하고 있는지 질문할 수 있도록 분위기를 만들어 주어야 한다. 또한 우리는 치료를 시작하거나 몇 가지 시험적 치료 활동을 시행할 때 어떤 방법으로 할 것인지에 대한 치료사의 생각을 미리 대상자에게 전달해 주어야 한다.

- 대상자가 부모나 학교 관계자에 대해 매우 비판적일 경우 사적인 비밀을 지켜야 하고 판단하는 태도를 취해서는 안 된다. 대상자의 편에서 다른 사람을 함께 비판해서도 안 되고 기관을 옹호하거나 도덕성을 강조해서도 안 된다.

- 평가 결과에 대해 부모나 교사와 이야기하기 전에 대상자와 먼저 의논하는 것이 좋다. 여러분이 부모나 교사에게 말하려고 하는 것을 대상자도 정확히 알 수 있도록 해야 하며, 치료사의 제언에 대해 대상자가 어떻게 느끼는지 알아봐야 한다.

이상의 조언은 우리의 임상 경험에서 중요한 것만 뽑은 것이다. 모든 진단가나 모든 대상자에게 적용되는 표준을 제시한 것도 아니고, 10대 대상자와의 성공적인 상호작용을 위해 필요한 모든 조언을 제시한 것도 아니다. 제시된 조언은 임상가가 자신의 임상 경험을 일반화시키는 데 도움이 될 것이다.

노인

노인은 진단가에게 특별히 더 문제가 될 수도 있고, 다른 연령대의 대상자와 특별히 다르게 다룰 필요가 없을 수도 있다. '노인'이라는 개념은 상대적이지만 여기서는 60세 이상으로 규정하기로 한다. 일반적인 내용이 평가를 계획하고 실행하는 데 도움이 되지만, 노인도 아동이나 청소년 못지않게 '모두 비슷하지' 않다.

임상가는 대상자의 피로, 혼란, 시력 저하, 청력 손실에 주의해야 한다. 나이가 많아지면 과제에 지속적으로 집중하기가 어려워지고, 일반적으로 단기기억의 저하로 지시문을 기억하기가 힘들 수 있다. 신경손상을 경험한 상당수의 노인이 이러한 문제를 보일 가능성이 더 높아진다. 그러므로 임상 절차를 진행하는 매 단계에서 더 자세히 설명하고 대상자가 이해했다고 확신할 때까지 지시를 반복해야 한다. 우리는 대상자의 능력에 맞게, 필요하다면 더 느린 속도로 보조를 맞추어야 한다. 산만함, 소음, 방해 요소가 감소되도록 신중하게 검사 진행 순서를 계획해야 한다. 노인에게는 자주 더 주의를 기울이고, 그들이 반응하기 전에 더 많이 확인하면서 대상자에 맞게 과제를 바꿀 필요도 있다. 표준화된 절차를 따르는 것이 적절히 수행할 수 있는 환경을 제공하는 것만큼 중요하지 않을 수 있다.

노인은 젊은 사람 중심의 문화에서 자신이 쓸모없고 버림받았다고 느끼고 마음과 달리 몸이 따라 주지 않는 것에 화를 내는 경향이 있으므로, 대상자의 과거 성공 시절에 대한 회상을 듣는 데 약간의 시간을 할애하는 것이 중요할 수 있다. 노인은 항상 존중받아야 하고 존칭 없이 이름이 불리는 일은 없어야 한다. 임상가는 어린아이에게 말할 때처럼 크고 높은 음성을 사용하는 것을 경계해야 한다. 성인 대상자를 어린아이처럼 취급하는 것은 무례한 일이다. 노인은 많은 경우 신경학적 장애, 심각한 음성장애, 그 밖에 내과적 문제가 있다. 그들의 문제가 거기서 비롯되었기 때문에 대상자는 우리에게 의학적 문제를 말하는 경향이 있다. 검사에 방해가 될 정도로 의학적 문제에 대해 말하는 것을 허용해서는 안 되겠지만, 인내심을 가지고 그들의 걱정거리에 귀를 기울이는 것도 중요하다.

대부분의 임상가는 노인은 유머가 있고 사회적 기술이 많으며 정중하게 대접받고 존경받아야 한다는 것을 알게 될 것이다. 60세 이상의 사람이 인구의 상당 부분을 차지하는 만큼, 더 이상 노인이 가치가 없다거나 무위도식한다고 생각하면 안 된다. 진단가는 아동과 청소년과 마찬가지로 노화에 대해 가능한 한 많은 것을 알아야 한다. 노화에 대한 정보는 많은 의사소통장애 관련 책에서 쉽게 접할 수 있다(Kirkwood, 2000; Morrison, 1998; Shadden & Toner, 2011; Sheehy, 1996).

💬 진단 활동

진단의 여정 중 가장 힘든 것은 아마도 문제 특성에 대해 통일된 진술로 조사 결과를 종합해 내는 일일 것이다. 능숙한 임상가는 수집한 자료, 과거 경험, 지식, 직관을 이용하여 현 상태에 대한 전체적인 그림을 그려 낸다. 이 시점에서 이를 성공적으로 수행하려면 교과서, 연구 결과, 학술 강의만으로는 부족하다. 이 기술은 지식을 갖춘 진단가의 밀착 지도하에서만 개발될 수 있다. 종합 과정의 핵심은 조사 결과를 정상 과정에 대한 우리의 지식과 비교하는 것이다. 관찰한 내용과 정상 간의 불일치는 그림을 완성하는 데 필요한 구성요소가 된다. [그림 1-6]은 결과를 종합하는 진단 모델을 도식화한 것으로, 종합을 이끌어 내기 위한 수많은 과정을 보여 주고 있다.

[그림 1-6]은 여러 중요한 개념을 나타내고 있다. 첫째, 그림의 맨 아래는 임상가의 지식과 기술이 바탕이 된다. 적절한 훈련과 경험 없이 검사와 과제를 실시하는 것은 의미가 없다.

이 그림에서 두 번째로 중요한 것은 임상가의 지식과 기술의 바탕 바로 위에 있는 여섯 개의 상자이다. 이 상자들은 진단가가 중요한 판단을 하기 위해 수집해야 할 대상자의 장애에 대한 다양한 정보(사례력, 이전 보고서, 관찰, 면담, 비공식 검사, 공식 검사)를 강조하고 있다. 이전 보고서와 검사 중 하나가 빠져 있는 경우, 평가 전에 수집했어야 할 사례 정보를 평가할 때 수집하는 경우, 사례 정보 용지가 다 채워지지 않았거나 없어진 경우, 시간관계상 면담이 10분의 대화로 중단되는 경우가 흔하다. 의미 있는 상황에서 대상자에 대한 비공식 검사나 관찰 기회 없이 공식 검사에 전체 평가 시간을 모두 사용하는 경우도 많다. 앞의 모델에 적힌 여섯 가지 방법 모두를 동원하여 정보를 얻는 것이 쉽지는 않지만, 우리는 이상에 가까워지려고 노력해야 한다. 대상자가 관련 정보를 모두 제출하기 전까지 또는 다른 기관의 보고서가 도착하기 전까지 평가

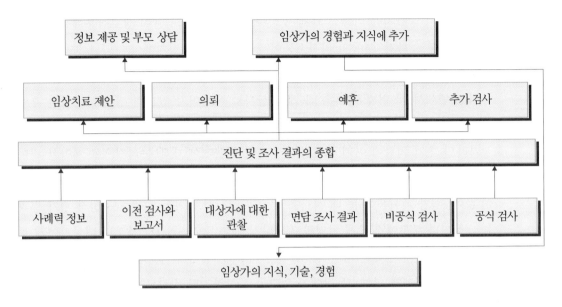

[그림 1-6] 효율적인 진단평가의 구성 요소

를 실시하지 않는 세팅도 많다. 다른 전문 분야(의사, 심리학자 등)에서도 분명 그럴 것이다. 우리는 불완전한 정보로 행해진 진단평가의 질에 대해 자문해 봐야 한다. 만약 중요한 정보를 얻지 못했고 면담과 비공식 검사와 임상 관찰에 충분한 시간을 할애하지 않았다면 평가 수행이 무슨 의미가 있겠는가? 다시 말하지만, 근거기반실제에서 중요한 부분은 대상자의 장애를 이해하고 가능한 한 전체적으로 살펴보는 것임을 기억하기 바란다.

이 모델의 중간에 위치한 세 번째 영역은 조사 결과의 종합이다. 여기서는 사례력, 면담, 보고서, 관찰, 검사 결과로부터 얻은 정보에서 서로 겹치는 부분을 발견해야 한다. 우리는 모든 정보 자료 중에서 공통된 맥락을 찾고 그것을 종합하여 진단해야 한다. 서로 불일치하는 정보 또한 중요하다. 예를 들어, 사례력 조사와 면담에서 부모는 아이의 발음을 많이 걱정하지만, 아이가 임상적으로 특별한 문제를 보이지 않는다는 이전 보고서가 많으며, 여러분이 직접 실시한 검사와 비공식 과제의 수행 및 관찰에서도 아동이 정상 범주의 수행을 보인다면 다른 정보와 부모의 생각 사이에 불일치가 있음이 명백하다. 이때 부모를 상담하고 부모의 생각이 전문가의 의견과 차이가 있음을 알려 주는 데 이전 보고서들이 매우 중요하게 작용한다. 또 다른 예로 정보원과 연관된 문제를 지적할 수 있다. 한 아이가 언어 능력에 대한 공식 검사에서 정상 범주의 수행을 보이지 않았지만 비공식 과제 및 양육자나 또래와의 놀이 상호작용에서 의사소통을 잘했다고 하자. 아동의 의사소통이 공식 검사의 측정치에서 나타난 능력을 능가한다면 임상가는 공식 검사 결과를 의심해 봐야 한다.

이 모델에서 네 번째 영역은 네 개의 상자로 이루어져 있으며 정보를 종합한 후에 당면하는 진단평가의 중요한 부분을 보여 주고 있다. 이미 언급한 것처럼, 유능한 임상가라면 초기 치료에 어떤 목표를 선정해야 하는지에 대해 논리적으로 제안할 것이다. 그리고 평가 결과를 부모와 상담하고 부모가 표명하는 문제나 느낌을 다루어 주어야 한다. 평가 계획을 짜는 데 시간을 들이고 열심히 평가를 수행해도 정작 평가 결과는 대상자나 부모에게 짧게 설명하고 지나갈 때가 많다. 우리가 부모나 대상자에게 보고하는 대부분의 결과는 정서적으로 아주 무거운 짐이 된다. 예를 들어, 부모는 보통 속으로는 아이에게 의사소통장애가 있다고 생각하지만 정말로는 장애가 아닐 거라는 희망을 품는다. 부모에게 아이가 정말 장애가 있다고 말하는 것은 부모에게 아이의 문제를 억지로 받아들이도록 하는 것이다. 평가 회기 마지막에 진단가가 장애에 대한 생각을 확인시켜 주는 말을 하거나 재활에 얼마가 될지 모르는 많은 시간이 걸릴 거라고 말할 때 우는 부모나 대상자를 자주 보게 된다. 그들은 화를 내거나 부정의 감정을 나타낼 수도 있는데, 이러한 감정은 진단회기 마지막에 꼭 다루어 주어야 한다. 감정은 제처 두고라도 복잡한 평가 결과를 부모의 다양한 교육 수준과 능력에 맞게 전달하는 것도 도전이 되기에 충분하다. 능숙한 진단가에게는 다양한 부모와 보호자에 맞게 평가 결과와 제언을 요약하는 능력이 있다. 종합 후에 다루게 되는 또 다른 부분은 의뢰 가능성이다. 많은 경우 청각사, 후두전문 의사, 신경과 의사, 특수교사, 심리학자 등 다른 분야 전문가와의 협진이 필요하다. 평가를 통해 해답을 얻기보다 더 많은 의문이 생기는 경우가 많다. 우리는 부모의 문제라는 변수를 알고 있어야 하며, 많은 경우 우리가 전혀 모르는 분야의 전문가에게서 이에 대한 통찰을 얻기도 한다.

[그림 1-6]에 제시된 또 다른 변수는 예후이다. **예후**란 대상자에게 권고한 치료 과정이 이루어졌을 때 치료가 얼마나 효과적일지, 얼마나 지나야 대상자의 진전을 기대할 수 있는지, 얼마나 오랫동안 치료를 받아야 하는지에 대한 예측을 의미한다. 진단은 계속되는 과정이기 때문에 예후도 치료 계획처럼 장기적인 측면과 즉각적인 측면 모두를 가지고 있다. 즉각적인 예후는 그 사람이 지금 무엇을 할 수 있는지, 어떤 단계의 치료가 가능한지, 무엇이 최선의 방법인지와 관련된다. 특정 의사소통장애에 대한 예후는 이후의 장에서 논의할 것이고, 여기서는 치료에 대한 대상자 반응을 예측할 때

고려해야 할 일반적인 문제 및 주의점을 제시하겠다.

환자와 가족은 진전을 얼마나 기대해도 되는지 알고 싶어 한다. 임상가가 예후를 생각할 때 고려해야 할 일반적 요소는 다음과 같다.

1. 연령   대상자의 생활연령은 치료 성공의 대략적인 예측 요인이다. 일반적으로 대상자의 나이가 적을수록 치료 효과가 더 좋다. 예를 들어, 아동기 장애에 대해 더 일찍 중재를 시작하면 아동은 학교 입학 전에 많은 진전을 보일 수 있다. 아동을 조기에 치료할수록 사회적·심리적·교육적 불이익 등의 이차적 문제 형성을 더 많이 예방하는 것 같다(Shine, 1980; Starkweather, Gottwald, & Halfond, 1990). 성인의 경우 젊은 나이(40~60세)에 신경학적 장애가 생긴 환자가 늦은 나이(70~90세)에 이러한 문제가 생긴 환자보다 일반적으로 예후가 더 좋다(Rosenbek, LaPointe, & Wertz, 1989). 연령은 분명 심리, 동기, 신체 측면 등 다양한 요인을 내포한다. 그러므로 나이는 본래 그 자체가 유력한 변수가 아니라 예후에 영향을 미치는 많은 요인을 포함한 대략적 변수이다.

2. 장애의 지속 기간   대상자에게 의사소통장애가 있었던 기간은 예후에 영향을 미칠 수 있다. 장애 때문에 습관화된 행동(운동 패턴, 처리 전략 등)이 있다면 분명히 대상자를 변화시키기가 더 어렵다. 습관적 패턴이 오랜 기간 발전되어 왔을 뿐만 아니라, 사회적·심리적·운동적 활동에서 나타나는 의사소통장애를 보상하기 위해 대상자는 이차적으로 복잡한 조정 패턴을 학습하여 왔을 것이다. 말을 더듬는 사람이 조작적 행동(고개 젖히기, 속도조절 책략 등)을 학습한 경우에서처럼 이러한 보상 패턴은 문제의 소지가 되므로 제거되어야 한다.

3. 다른 문제의 동반 여부   대상자에게 문제가 많을수록 장애를 다루기가 어려워지는 것은 당연하다. 실어증과 청각장애가 있는 사람은 언어장애만 있는 사람보다 치료하기가 더 어렵다. 구개열과 조음문제가 있는 아동은 조음문제만 있는 아동보다 치료하기가 더 어렵다. 언어장애와 정신지체가 있는 아동은 언어장애만 있는 아동과는 다르다.

4. 보호자의 반응   의사소통장애가 있는 아동의 부모가 치료에 적극적이면 치료에서 더 많은 진전을 보일 것이다. 많은 부모는 치료 참여에 흥미를 가지고 가정 프로그램을 꾸준히 해낼 것이다. 그러나 사회사업가가 치료실에 데리고 오고 부모가 치료에 관

심이 없는 아동이라면 아마 치료에 성공하기까지 더 많은 시간이 걸릴 것이다. 실어증 환자의 배우자가 의사소통 촉진에 관심이 없다면 이 대상자의 진전은 더딜 것이다. 교사, 간병인, 형제, 또래 친구, 그 밖에 대상자와 의미 있는 접촉을 하거나 치료를 도와주는 입장에 있는 사람의 협력도 마찬가지이다. 일반적으로 의미 있는 다른 사람의 보조가 많을수록 예후는 더 좋다.

5. 대상자의 동기　대상자의 동기를 측정할 때 신뢰할 만한 방법은 없지만, 대부분의 진단가는 대상자가 동기를 나타낼 때 이를 알아차릴 수 있다. 대상자가 치료를 시작할 때 열정적이고 흥미를 보이고 기대하는 것이 있다면 분명 이득이 된다. 대상자가 성인이라면, 대상자가 스스로 왔는가가 중요하다. 고용주나 교사가 의뢰하였거나 주도권을 쥔 배우자가 평가에 끌고 온 게 아니라 대상자가 스스로 치료실을 찾았다면, 이는 긍정적 지표이다. 또한 대상자가 성공적인 치료로부터 얻을 것이 있는 경우라면(더 나은 사회생활, 더 높은 보수의 직업 등) 긍정적인 예후에 어느 정도 기여한다. 동기를 수량화하기는 어렵지만 그 중요성을 무시할 수 없다.

정확한 예후는 다른 전문가의 신뢰를 쌓는 데에도 도움이 된다. 상당히 정확하게 예측하는 능력은 과학적 성취의 최고봉일 것이다. 그러나 이러한 예측은 임상적 직관 이상의 무엇인가에 근거해야 한다. 경험 많은 사람이 인상에 근거하여 내린 결론은 처음에는 정확한 경우가 많지만 인상에 근거한 것이라는 딱지가 붙는다. 예후는 상당한 양의 정보에 의해 뒷받침되어야 한다. 우리는 어떤 근거도 없이 "예후가 괜찮아요."라고 말해서는 안 된다. "아동이 모든 오류 말소리에 자극반응도가 있고, 시도치료 시 잘 집중하고 협조적인 태도를 보였으며, 부모님이 가정 프로그램에 등록하셨고, 아동 스스로 말소리를 변화시키기 원하고, 청력이 정상이고 언어 문제가 분명하지 않기 때문에 예후가 좋습니다."라고 말해야 한다.

예후는 어떤 의미에서 위험할 수도 있다. 첫째, 미래는 아무도 알 수 없다. 대상자의 예후와 관련된 변수 상황은 예고 없이 변할 수 있다(예: 전에는 관심이 없던 부모가 치료에 참여하기 시작하는 경우, 대상자의 동기가 커진 경우, 대상자가 어떤 기능을 수행하는 능력에 돌파구가 생긴 경우). 이는 예후가 정해진 것이 아니라 변하는 것임을 의미한다. 두 번째 위험성은 예후가 대상자의 수행과 인식에 지대한 영향을 미칠 수 있다는 점이다. 임상가가 대상자의 잠재 능력에 대해 기대를 나타낸다면 대상자나 가족이 태만해지고 치료 과정에 부정적 영향을 미칠 수 있다. 또한 임상가가 보이는 노력의 정도도 영향을 미칠 수 있다. 자기 예언은 여기서도 적용된다. 우리는 항상 새로운 정보가 생기면 그에 따라 예후 판단을 변화시킬 수 있어야 한다. 그리고 더 중요한 것은 우리가 잘 알지 못하는 것에 대해 예후를 언급하는 일은 절대로 삼가야 한다는 것이다. 차라리 "치료가 얼마나 효과 있을지 잘 모르겠습니다. 한번 두고 보지요."라고 말하는 것이 낫다. 실제 근거도 없는 부정적 예후로 계획 전체에 편견을 가지게 하거나 결코 나타나지 않을 긍정적 예후로 모두를 실망시켜서는 안 된다. 이것은 정확한 과학이 **아니다**!

💬 결론 및 자기평가

이 장에서 우리는 일반적인 진단회기 수행과 관련하여 몇 가지 제언을 하였다. 우리는 진단에 있어서 정해진 공식을 싫어한다. 우리의 목적은 우리의 비법을 전수하려는 것이 아니라 다양한 문제에 접근하는 몇 가지 방법을 기술하는 것이다. 다음은 진단검사와 관련하여 서로 관련되고 중복되는 행동수칙이다.

- 우리는 의사소통 문제가 아닌 사람을 검사한다. 우리의 첫 번째 관심사는 의사소통이 아닌 의사소통하는 사람이다.
- 임상 검사는 사람과 사람 사이에서 행해진다. 진단회기의 촉매제는 임상가와 대상자 사이의 사람 대 사람 관계이다.
- 사람 사이의 모든 교류에는 마술 같은 요소가 있다. 때에 따라서 진단회기가 대상자에게 희망을 줌으로써 문제 상황을 개선시킬 수도 있고, 검사가 문제를 해결해 주리라 믿었던 대상자에게 깊은 실망감을 안겨 줄 수도 있다.
- 임상 검사를 할 때 가장 중요한 준비사항은 정상에 대한 충분한 이해이다.
- 진단은 치료의 첫 단계이다. 대상자와의 첫 만남, 즉 진단검사 중 대상자를 다루는 방식은 이후 치료 반응에서 중요하고 결정적 요소가 된다.
- 진단은 결코 한 회기로 제한되지 않는다.
- 치료는 진단적이 되기도 한다. 우리는 치료의 초기 단계에서 대상자 문제의 특성을 발견하는 경우가 많다.
- 대상자 개인의 실제 이미지를 얻어야 한다. 면담, 조사, 평가, 검사를 통해 이를

얻을 수 있다.

- 개인의 실제 이미지를 얻을 때 그 사람의 자기인식과 상황을 검토하는 것이 중요하다.

- 개인은 문제에 대해 어떤 조정(문제를 해결하려는 시도)을 하며, 여기에는 방어와 같은 보호막도 포함된다. 이러한 방어는 문제의 다른 측면이 될 수 있으나 근본적인 문제와 혼돈해서는 안 된다.

- 행동은 개인과 상황이 상호작용한 결과이다. 우리는 검사 결과가 대상자의 능력을 반영한다고 간단하게 생각할 것이 아니라 자연스러운 상황이 아닌 진단 세팅에서의 수행임을 명심해야 한다.

- 우리의 진단 활동은 대상자가 속한 더 큰 사회(가정, 가족, 또래, 직업, 학교 등) 안에서의 평가를 포함한다.

- 검사는 우리가 체계적으로 관찰하도록 도와주는 하나의 도구일 뿐이다. 검사는 대상자를 구조화된 방식에서만 살펴볼 수 있다.

- 검사 상황은 검사자에게 아주 익숙하고 일상적이지만 대상자에게는 새로운 경험이다.

- 검사가 문제일 수도 있다. 검사가 대상자에게 이전에는 생각지 않았던 문제를 야기할 수 있다.

- 검사 도구가 엄격하게 구조화된 방식으로 진행되고 채점 방식이 정밀하게 규정된 일련의 과제로 구성되어 있다고 해서, 대상자의 반응도 똑같이 정밀하다는 뜻은 아니다.

- 검사가 진행되는 동안 대상자가 몇 점을 받는지만큼 **어떻게** 반응하는지를 관찰하는 것이 중요하다. 비공식 평가 과제는 공식적이고 표준화된 절차만큼, 아니 그보다 더 중요하다.

- 임상가가 일하고 있는 세팅의 필요가 아닌 대상자의 필요에 따라 진단 활동의 범위를 결정해야 한다. 유능한 진단가는 대상자에 대한 충분한 정보를 얻은 후에 진단을 마치며, 관료적 형식주의, 기관의 임의적 지침, 정부 규제를 이유로 진단을 짧게 끝내지 않는다. 훌륭한 임상가라면 중요한 임상 정보를 얻기 위해 치료 시간을 이용해서라도 평가를 할 것이다.

이 장에서는 진단과 평가의 일반적 개요를 다루었다. 이어지는 장에서는 특정 의사소통장애 영역에서 중요한 변수에 좀 더 집중할 것이다. 학생들이 진단이란 검사 도구와 대인관계, 검사와 대화, 측정과 인간적 매력이 결합된 흥미로운 모험이라는 것을 볼 수 있기 바란다. 평가 과정은 문제가 있는 사람이 우리에게 도움을 청하러 옴으로써 시작된다. 우리는 그들에게 인간적으로뿐만 아니라 과학적으로도 최선의 것을 제공해야 한다.

여러분은 이 장을 읽은 후 다음 질문에 답할 수 있어야 한다.

- **진단**과 **평가**라는 용어는 어떻게 다른가?
- 평가를 해야 하는 두 가지 주된 이유는 무엇인가?
- 진단과 평가의 세 단계는 무엇인가?
- 근거기반실제의 세 부분은 무엇이고, 이것이 임상적 의사결정 과정에 어떻게 기여하는가?
- 중재반응이 무엇이고, 이것이 평가 과정에 어떻게 이용되는가?
- 역동적 평가와 정적 평가는 어떻게 다른가?
- 세계보건기구가 미국 말언어청각협회의 추천업무형태 개발에 어떻게 영향을 미쳤는가?
- 의사소통장애의 유무를 결정할 때 고려해야 할 세 가지 요소는 무엇인가?
- 원인을 고려할 때 사전 요인, 촉발 요인, 지속 요인의 차이는 무엇인가?
- 평가 과정에서 진단가가 어떻게 영향을 미치는가?
- 진단가가 예후를 추정할 때 고려해야 할 요소는 무엇인가?

제2장
면담

이 장을 읽고 나면 다음을 설명할 수 있다.

- 지필 기법에만 의존하여 대상자의 정보를 수집할 때 발생할 수 있는 제한점
- 면담 시 흔히 맞닥뜨리는 세 가지 장벽
- 어떤 진단 회기에서도 유용한 일곱 가지 일반적인 질문 주제 혹은 영역
- 진단 면담의 세 가지 기본 목표
- 면담에서 피해야 하는 행동 및 질문 유형
- 면담에서 흔히 하는 질문 유형
- 경청 유형의 구분
- 임상 면담 시 자주 사용하는 세 가지 기법

언어치료전문가(Speech-Language Pathologist: SLP)를 처음 만나는 그 순간부터 대상자의 회복 과정이 시작된다. 이 과정은 말, 즉 초기 면담 혹은 접수 면담이라는 방법으로 이루어진다. 접수 면담을 통하여 대상자가 치료 과정으로 안내되기 때문에 접수 면담은 평가 과정의 핵심 연결고리가 된다. 의사소통장애가 있는 사람을 평가하고 치료하려면 어떻게 말하여 우리의 전문 능력을 드러내고, 대상자에게 자신감을 불어넣고, 신뢰감을 조성하고, 생산적으로 작업동맹을 맺는 단계를 마련할 수 있는지에 대해 아는 것이 중요하다.

면담의 중요성

면담보다는 임상 평가에서 진단가의 숙달된 능력이 더 필요하겠지만, 진단가의 역할 중 면담도 중요하다. 면담에서는 대화를 통하여 특정 개인에 대한 자료를 얻고, 정보를 전달하며, 관계를 형성하고 유지한다. 또한 이는 치료가 이루어지는 수단이기 때문에 그 자체가 도구 및 관계의 역할을 한다([그림 2-1] 참조). SLP에게는 면담이 아주 중요한 활동이다(Burrus & Willis, 2013).

면담은 SLP가 널리 사용하고 있지만 잘 이해되지 못하는 측면 중 하나이다. SLP라면 면담 지식을 많이 갖추고 있을 것이라고 생각하기 쉽다. 하지만 이는 대상자와 효과적으로 의사소통하는 방법을 안다고 전제될 때의 이야기이다. 면담에 정통하려면 학습과 임상 경험이 어느 정도 축적되어야 한다.

어떤 임상가는 면담이 SLP에게 부차적인 것이라고 생각한다. 그들은 면대면 상호작용 대신에 면담지를 이용한다. 과하게 많은 질문을 담고 있는 복잡한 면담지를 대상자에게 보내고, 그것을 작성하여 약속한 진단 시간에 가지고 오도록 한다. 이렇게 하는 이유는 임상가가 시간을 절약하고 개인 면담에서 살펴봐야 하는 문제들을 미리 알 수 있다는 점 때문이다. 물론, 임상가는 진단 검사 전에 문제와 관련하여 필요한 정보를 얻어야 하지만, 면담지 작성으로 심층면담을 대체할 수는 없다. 단순히 면담지를 작성하는 방식은 다음의 제한점이 있다.

- 면담지에 있는 질문들은 흔히 포괄적인 것—모든 대상자에게 적용될 수 있는 것—이기 때문에 특정 대상자에게는 모호하거나 적절하지 않을 수 있다. 따라서 어떤 부모는 질문과 아이의 말 문제 사이의 관계를 이해하지 못할 수 있다. 직접 면

[그림 2-1] 언어병리학에서 면담의 중요성

담을 하면 훨씬 융통성 있게 정확하고 적절하게 질문할 수 있다.

- 대상자가 어떤 질문을 무시할 수도 있고, 중요한 정보를 말하는 것을 잊을 수도 있고, 중요한 정보를 누락할 수도 있다. 대상자나 양육자가 요청한 특정 정보를 기억하지 못할 수도 있고, 물어본 질문들의 관련성을 이해하지 못할 수도 있다.
- 응답자가 질문을 잘못 해석하거나, 공격적으로 여기거나, 죄책감을 갖는 경우 임상가가 응답자의 반응을 관찰하여 대답하는 동안 설명하고, 지지하고, 도움을 줄 수 없다. 우리의 의사소통 중 많은 부분이 시각적이므로 직접 면담을 통하면 서류로는 얻을 수 없는 제스처와 시각적 단서를 얻게 된다.
- 하나의 설문으로 모든 영향 변인을 설명하는 것이 불가능하기 때문에 설문을 통해 인과관계를 결정짓기 어렵다.
- 우편으로 질문지를 발송하는 경우 대상자가 자신을 방어할 계획을 세우도록 시간적 여유를 주지 않을까? 대상자가 원하는 대로 우리가 쉽게 결론을 내리게 되지 않을까? 직접 면담을 하면 앞선 질문과 관련된 부차적인 질문을 할 수 있으므로 보다 완벽한 정보를 얻을 수 있다.

이러한 제한점을 열거하였다고 해서 대상자에게 **잘 고안된** 사례면담지를 작성하게 하여 얻은 정보를 이 책의 저자가 반대한다고 생각하지는 말라. 사례면담지의 정보는 대상자의 견지를 이해하는 데 아주 중요하다. 우리가 강조하고자 하는 바는 평가 시 사례면담지 자료에**만** 의존해서는 안 된다는 점이다. 4장의 중요한 평가 계획 부분으로서 사전평가 관련 절을 살펴보라.

면담의 특성

면담은 어떤 실체가 있다기보다 훈련받은 전문가와 서비스를 원하는 대상자 간의 구어 및 비구어 상호교류의 과정이다. 조금 더 자세히 말하면, 임상 및 진단 차원에서 **면담**이라고 하는 것은 **의도적으로** 두 사람이 의사를 교환하고, 자료를 얻고 특정한 정보를 전달하며, 조언을 제공하기 위하여 규칙에 맞게 진행하는 의도적인 대화를 말한다. 전문가는 자신의 위치와 임상 경험을 바탕으로 구어 상호교류를 위한 방향을 제시하리라 예상된다(대체적으로 그렇다). 따라서 면담은 단편적으로 견해와 생각을 교환하는 일상적인 대화가 아니라, 특정한 목적과 내용을 목표로 하는 특별한 구어 교환의 양식이다. 전문적인 면담 과정에서는 면담자와 대상자의 역할이 대화에서보다 더 구체적이다. **임상가**는 면담이 독특하고 특별한 말의 교환이라는 것을 안다. 그러나 **대상자**가 이를 알 필요가 있을까? 아마도 그렇지 않을 것이다. 사실, 우리는 특히 학생들에게 대상자나 부모와 약속 시간을 잡으려고 연락할 때 하는 말이나 정보를 공유할 기회가 면담이라고 조언한다. 면담은 불길하고 두려운 것이라기보다는 안전한 것일 수 있다.

면담은 시간과 장소를 공식적으로 지정하고, 질문이 한 방향으로 진행된다는 점에서 사회적인 대화와 차이가 있다. 즉, 임상가가 아동과 부모 사이의 관계를 묻지만 대상자가 임상가의 아이에 대해 질문하지 않는다. 또한 임상가는 사회적인 통념상 유쾌하지 않은 주제도 마주할 수 있다. 처음에는 응답자가 비판이나 훈계를 받지 않고 자유롭게 말할 수 있도록 한다.

훌륭한 진단 면담이 되기 위해서는 SLP와 대상자가 동료가 되려고 서로 협력한다고 느껴야 노력이 배가 될 수 있다. 작업동맹(alliance)이라는 용어는 '대상자와 치료사 간의 협력적인 관계의 질적 측면과 강도'를 말한다(Norcross, 2011, p. 120). 단순한 질문과 간단한 대답은 좋지 않다. 진단 면담이 바람직하고 작업동맹 관계가 잘 확립되기 위해서는 질문하고 답변을 기록하는 것만이 아니라 면담에 지속적으로 참여해야 한다. 또한 개인적인 문화와 인간의 성격 요소를 기술적으로 탐색해야 한다. Egan(2014)은 대상자에게 공감하고 존중을 표하는 것이 작업동맹 관계를 맺고 유지하는 능력에 기초가 된다고 하였다. 공감은 "자신의 관점에서 대상자를 이해하고, 대상자와 이러한 이해를 소통하는 능력"이다(p. 48). 반면, 존중은 우리가 다른 사람을 바라보는 방식으로 보고 귀하게 대하는 것을 말한다.

요컨대, **진단 면담**은 목적이 있는 대화이며 사실 발견, 정보 제공, 태도 및 의견의 변경과 같은 특정한 목적을 가지고 진행된다. 임상가는 의사소통 문제를 이해하고 해결하기 위해 서로 존중하고 한 팀으로 노력하게끔 애써야 한다.

 면담을 방해하는 요소

SLP와 대상자 사이의 효과적인 의사소통과 작업동맹을 방해하는 요소들이 몇 가지 있다. 더 자세히 구분하여 볼 수도 있겠지만, 여기서는 임상 경험상 가장 일반적으로

면담을 방해한다고 보이는 측면을 몇 가지만 간추린다. 그것은 임상가의 두려움, 구체적인 목적의 결여, 대상자의 문화적 배경 고려 실패이다. 다음에서 하나씩 논의하겠다.

임상가의 두려움

임상가에게 불안감이 극도로 증가되는 두 번의 시점이 있다. 처음 대상자와 대면할 때, 그리고 첫 번째 진단 면담을 할 때이다. 다른 한 인간의 전문적인 치료를 맡는 책임은 두려운 것이며 또 그러해야 한다. 도움을 제공할 때는 언제나 위험 요소가 있다.

초보 임상가는 아마도 젊기 때문에 자신의 전문적인 역할을 대상자가 받아들이지 않을까 흔히 두려워한다. 특히 부모와 상대할 때 연령차의 문제를 극복할 수 있을지 불안해한다. '대상자가 나보다 나이가 많거나 경험이 많은데 내가 뭐라고 대상자에게 질문을 하고 제안을 하는가?' '내가 아이가 없어서 무시하지 않을까?' 그 대부분은 임상가에게 그대로 투사된다(Haynes & Oratio, 1978). 그러나 임상가가 아동의 복지에 대해 깊은 관심을 표명한다면, 부모는 임상가의 주름과 흰머리를 유심히 살펴보거나 혹은 임상가의 책상에 놓인 아이 사진을 찾지 않고도 대부분 긍정적으로 반응할 것이다. 물론 SLP는 불확실하다고 여겨지는 것을 말해서는 안 된다. 그러면 전문적인 능력을 확립할 수 없고 신뢰감을 형성할 수 없을 것이다.

초보 임상가는 질문하는 동안 대상자가 방어적이 되거나 화를 낼지도 몰라 두려워한다. 대상자, 특히 부모가 무례하게 반응하거나 다소 불쾌감을 보이면, 당황하여 중요한 질문을 빠트리는 경우가 종종 있다. 부모는 자녀가 의사소통장애를 보이는 것에 대해 자신이 잘못하여 그렇게 된 결과라고 생각해서 부끄럽게 여기는 경우가 많다. 그렇지만 임상 경험상 SLP가 문제의 본질을 알기 위해 진심으로 노력하는 데 분개하거나 방어적이 되는 경우는 거의 없다. 재차 말하지만, 중요한 점은 대상자와 그 가족이 임상가가 최선을 다하였다고 느끼고 또 임상가의 도움으로 자신이 더 잘할 수 있다고 느끼는 데 있다. 임상가는 임상 업무를 할 때 **항상 위협적이지 않은 자세를 유지해야 한다**.

많은 초보 임상가는 자신을 향한 질문에 조심스러워한다. '대상자가 **당신에게** 질문할 때 어떻게 합니까?' '나는 대상자가 필요로 하는 것을 적절하게 설명할 수 있는가? 대상자가 저쪽에 앉아서 그저 고개만 끄덕인다면 내가 적절하게 의사소통하고 있는지 어떻게 알 수 있을까?' 대상자의 질문과 관련된 중요한 이 주제는 이 장의 뒷부분에서 다시 다룰 것이다.

구체적인 목적의 결여

많은 초보 임상가가 너무 광범위하고 일반적이거나 모호한 면담 목표를 세운다. 대상자를 만나기 진에 면담의 목적을 자세하게 적어 보는 것이 중요하다. **왜** 우리가 그 질문의 답변을 원하는지 알아야 한다. 면담의 목적을 구체화하는 것은 면담자의 불확실성이나 불안감을 감소시키는 데에도 효과적이다. Kadushin(1972)은 다음과 같이 계획의 중요성을 요약하였다. "아는 것이 곧 준비다. 준비를 하면 불안이 줄어든다. 불안이 줄어들면 면담을 받는 대상자에게 응답할 수 있는 면담자의 자유가 증가한다."(p. 2) 그러나 임상가는 계획한다는 것이 융통성 없이 틀에 박힌 절차를 적용하는 것은 아니라는 점을 명심해야 한다.

대상자의 문화적 배경 고려 실패

임상가와 대상자가 문화적·인종적 배경이 서로 다르다면 부차적으로 극복해야 할 잠재적인 문제가 있다. 어떤 대상자는 낯선 사람에게 특정 정보를 공개해야 할 때 불편해할 수 있고, 이런 불편함은 임상가가 인종이나 문화가 다른 경우 더욱 증폭될 수 있다. 대상자와 임상가가 문화적으로 동일한지 확인하는 것이 해결책은 아니다. 우리 사회는 다양하므로 틀에 박힌 견지에서 바라보는 것은 현명하지 않다. 최적의 방법은 임상가로서 문화적 다양성에 민감한지, 평가 및 치료에서 다문화에 대한 지식을 갖추었는지 확인하는 것이다. 미국 말언어청각협회(American Speech-Language-Hearing Association: ASHA)가 공인한 모든 의사소통장애에 관한 교육 및 임상 실습 훈련 프로그램에서는 다문화에 대한 정보 제공을 의무화하고 있다. 다문화 문제에서 중요한 시사점 중 하나는 문화집단마다 장애와 의사소통에 대해 다양한 신념체계를 가지고 있다는 것이다. 어떤 문화에서는 장애를 아무것도 할 수 없거나 혹은 아무것도 해서는 안 되는 상황으로 여기며, 임상보다는 영적인 것이 장애를 돕는다고 믿는다(Cheng, 1989). 임상가가 대상자와 초기 면담을 하고 치료에 대한 문화적 태도를 살펴보지 않고 제언할 경우, 임상가의 제안이 매몰차게 거절되거나 대상자가 상처를 받아 치료에 참여하지 않을 수 있다.

면담 접근법

여기서는 면담 접근법에 대하여 다루고자 한다. 우리는 임상 경험과 집중적인 관련 자료 조사 중 어느 하나에만 얽매이지 않고 이 둘을 절충하였다. 독자들은 이 접근법을 각자의 세팅에 적용하기 위해 수정하고자 할 수 있다. 비판적인 자기평가를 통해 수정하는 것이 바람직하며, 어떤 임상가든 수정하여 개인적으로 독특한 면담 절차를 취할 수 있다.

진단 면담의 기본적인 목표는 정보를 얻는 것, 정보를 주는 것 그리고 상담하는 것의 세 가지이다. 논의를 위하여 각각의 목표를 개별적으로 살펴보겠다.

첫 번째 목표: 정보 얻기

진부한 말이지만 SLP는 말하기 전에 들어야 한다는 것을 재차 반복하고자 한다. 이에는 근본적으로 다음의 세 가지 이유가 있다. (1) 대상자에게 자신의 문제를 말하고 두려움이나 감정을 자유롭게 표현할 기회를 제공하여 SLP가 제공하는 지시나 조언에서 더 많은 이득을 얻게 한다. (2) 대상자는 자신이 필요로 하는 정보의 특성과 범위에 대하여 SLP에게 아이디어를 제공한다. (3) SLP가 각각의 의사소통장애와 관련된 가정을 할 수 있다.

적절한 분위기 만들기

첫 번째로 중요한 SLP의 과업은 면담 분위기를 잘 형성하여 적절한 방향으로 구조화된 대화가 시작되고 진행되도록 하는 것이다. 어떻게 그렇게 할 수 있을까? 상호 역할 규정이 효과적인 절차일 것이다.

Taylor 부인, 평가를 시작하기에 앞서 우선 Larry에 대하여 함께 이야기를 나누고 싶네요. 저희가 보내 드린 면담지를 작성하셨는데, 거기에 중요한 정보를 많이 적어 주셨습니다. Larry의 초기 발달 과정에 대하여 어머님에게 몇 가지 질문을 드렸고, 아동이 집에서 사용하는 말-언어에 대해서도 몇 가지 질문을 드렸어요. 그런데 서면으로 적어 주신 정보만으로는 아동에 대해 정확한 그림을 그리기가 어렵네요. 어머님과

직접 Larry에 대하여 이야기를 나누면서 아동의 의사소통에 대한 예를 알 수 있게 된
다면 보다 효과적인 평가에 도움이 될 것 같습니다.

면담은 일종의 역할놀이 상황이라고 생각하는 것이 도움이 된다. SLP로서 여러분
은 대상자의 역할을 규정하고 적절한 규칙과 책임을 알려 주어야 한다. 여러분이 누구
이며, 무엇을 하고자 하고, 대상자에게 무엇을 기대하는지 알려 준다. 면담의 목적, 즉
왜 그러한 정보가 필요하고 그 정보로 무엇을 하는지 설명함으로써 상황을 구조화하
는 것이다. 물론 상황의 본질상 그리고 대상자의 지위라는 공식적인 제약상 대상자가
처음에는 응답자가 된다. 공감 및 임상 경험을 보여 주어 추후의 협력을 이끌어 내는
것은 여러분에게 달렸다.

여기서 간혹 두 가지 문제점이 나타난다. 첫 번째, 어떤 대상자는 이러한 명시적인
역할 규정 때문에 제한을 받기도 한다. 사회적인 지위가 중하위나 하위에 속하는 대
상자는 이러한 목적 있는 대화를 거의 경험하지 못했을 것이다. 이 경우 SLP는 일상적
인 대화를 늘리고, 수다와 같은 면담의 특성을 강조하며, 관계가 나아짐에 따라 점차
적으로 구조화된 상황으로 넘어가도록 한다. 면담의 목적이 심각한 경우일지라도 사
회적이고 가벼운 대화는 지속적인 상호작용에 어느 정도 긍정적인 태도를 촉진하는
것 같다.

두 번째, 많은 문화적 변인과 사회경제학적 변인의 임상적 상호작용과의 관련성에
대해서도 고려해야 한다. 앞서 지적하였듯이 임상 면담에서 교환되는 많은 정보는 매
우 개인적인 특성을 가지고 있으며 감정과 상당히 관련된다. 많은 문화권(예: 미국 원
주민과 특정 아시아 집단)에서는 낯선 사람과 개인 정보를 공유하기 어려워한다. 따라
서 그들은 면담에서 어떤 정보는 공개하기를 꺼릴 수 있다. 임상가는 이러한 문화적
신념에 민감해야 하며 지나치게 빨리 정보를 얻으려고 대상자를 압박하지 말아야 한
다. 어떤 경우에는 수차례 면담을 진행하여 확고한 관계가 수립된 후에 대상자가 정보
를 제공하고 치료에 대한 임상가의 제안을 받아들이게 할 필요가 있다. 이는 평가가
한두 시간 내에 끝나야 하고 개별 교육계획(Individualized Education Plan: IEP) 목표가
일정 시간 안에 작성되어야 한다는 경직된 방침과는 일치하지 않는다. 다양한 문화 배
경을 가진 대상자에게 최적의 서비스를 제공하기 위해 방법을 변화시킬 필요가 있다.

다문화 요인의 영향으로 인하여 면담에서 다양한 이중언어 환경의 아동 및 성인을
다루게 될 가능성이 높아졌다. 임상가가 이중언어를 사용하거나 그렇지 않다면 면담

시 통역자가 있어야 한다. 그러나 통역은 매우 특별한 작업이기 때문에 임상가는 통역자가 이러한 특수한 일을 할 수 있는 지식과 경험을 갖추고 있는지 확인해야 한다. 이 중언어 사용자를 만날 가능성이 높은 지역의 SLP는 대상자가 평가 및 치료에서 적절한 서비스를 제공받을 수 있는 방법에 대하여 숙고해야 한다. 다문화 문제에 대한 지식과 민감성이 있어야 대상자에게 적절한 서비스를 제공할 수 있다. Lynch(1998)는 이상적인 통역자에 대하여 다음과 같이 기술하였다. (1) 중재자와 가족의 언어(특정 방언 포함)에 모두 능숙한 사람, (2) 통역자로서의 서비스 원칙(그리고 역동성)과 문화 상호적인 의사소통에 훈련이 되어 있고 경험이 있는 사람, (3) 가족-중재자 상호작용 관련 전문 분야에서 훈련을 받은 사람, (4) 양측의 문화를 이해하고 기지와 민감성으로 미묘한 각 문화의 뉘앙스를 전달할 수 있는 사람이다. Lynch(1998)는 가족을 통역자로 활용하는 것에 대하여 조심스러워하였다. 이 기준에 충족되는 가족이 거의 없으며, 편견 및 가족의 어려움이 면담에 반영될 수 있기 때문이다. 대부분의 전문가는 통역자를 이용하는 경우 임상 시작 전에 평가 목표 및 목적, 예상되는 민감한 임상 문제 및 가족 간의 문제, 면담 양식, 그리고 사용될 수 있는 기술적인 용어 및 서류 작업에 관해 충분히 준비하는 것이 중요하다고 강조한다. 참여하는 모든 사람을 소개하고, 면담의 목적 및 목표를 명료화하여, 가족이 앞으로 일어날 일을 예상할 수 있어야 한다. 임상가가 부지런하다면 가족의 언어 중 몇 가지 사회적인 표현을 배워서 만나고 헤어질 때 대상자에게 편하게 인사와 감사의 표현을 할 수도 있다. 이는 가족에게 존경심을 표시하며, 임상가가 문화적인 차이를 이해하고 인정하려고 노력하고 있음을 나타낸다. 면담 중에 임상가는 통역자가 아니라 가족에게 말하고 질문해야 한다. 그러므로 가족의 말을 듣는 동안 통역자가 아닌 말하는 사람을 바라보는 것이 옳다. 통역의 어려움뿐만 아니라 대상자에게 주는 혼란을 고려하여 전문 용어나 비유적인 언어의 사용은 피하는 것이 좋다. 면담이 진행됨에 따라, 특히 대상자에게 정보를 제공하는 부분에서 가족이 임상가의 정보 및 제언을 잘 이해하는지 정기적으로 확인하는 것이 좋다. 마지막으로, 통역자 이용 시 임상가와 통역자가 사후 보고 시간을 갖고, 수집한 정보, 어려웠던 점, 통역 과정 중의 문제, 그리고 대상자의 발화를 문자 그대로 번역하는 것을 넘어서는 미묘한 표현들(예: 분노, 적대심, 두려움)에 관하여 논의하기를 권한다. 이는 통역자의 입장에서 본 주관적인 것이지만 가족이 문제를 어떻게 받아들이고 임상 상황을 어떻게 지각하며 치료 프로그램에 얼마나 협조할 것인지를 가늠하는 데 중요한 정보가 될 수 있다. 여러분도 대상자처럼 그 상황에 진심으로 관심을 가지는 것이 매우 중요하다. 무엇이 문제이고, 그 문제가 대상자에게 개인적으로 어떤 의미를 갖는지 진심으로 이해하고자 한다는 것을 대상자에게 보여 주라. 대상자에게 정성껏 주의를 기울임으로써 관심을 보여 주라.

적절한 분위기 만들기는 라포를 확립하고 작업동맹을 형성하는 것이다. 물론 라포는 여러분이 한 회기 동안에 쏟아부을 수 있는 분리된 실체가 아니다. 그것은 상호 존중과 신뢰이자 여러분의 입장에서는 자신감, 서로에 대한 깊은 이해를 말한다. 공감, 온정, 수용이 핵심적인 측면이다. 대상자의 상황을 예민하고 정확하게 이해하는 능력을 갖도록 애쓰라. 또한 전문적이고 진실한 태도를 갖되 인위적이지 않도록 노력하라. 면담은 말만으로 구성되지 않는다. 예를 들어, 세팅과 참여자의 옷, 태도, 비구어 표현도 분위기에 영향을 미치거나 면담의 특성에 영향을 준다. 전문적인 면담의 목표는 대상자와 SLP 사이의 의사소통을 촉진하는 분위기를 제공하는 것이다.

질문하기

미리 준비한 질문을 읽기보다는 면담 지침서를 사용하여야 한다. 개인의 상황을 이해하고 보조를 맞춰 질문을 해야 한다. 그러면 더 자발적이고 의미 있는 면담이 될 것이다. 대부분의 경우 공식적인 설문지를 사용하면 면담에 방해가 되기도 하나 불안한 면담자에게는 그것이 버팀목이 되기도 한다.

대상자별 질문 내용은 대상자의 연령, 문제의 특성, 면담의 목적에 따라 다르다. 많은 SLP는 평가받는 대상자가 어릴수록 부모 면담이 중요하다고 여긴다. 이 장에서는 면담 방식에 초점을 맞추고자 하기 때문에 특정 의사소통장애별 질문 목록을 포함하지는 않을 것이다. 이후 여러 장에서 특정 의사소통장애 영역별 예들이 많이 제시될 것이다. 그러나 모든 진단 회기에 유용한 일반적인 질문 주제 및 영역에는 다음의 일곱 가지가 있다.

- **장애에 대한 반응자의 인식은 어떠한가?** 의사소통장애에 대하여 전반적으로 설명하도록 요구한다. 예를 들어, 부모 면담에서 개방형 질문으로 회기를 시작한다. "Jamie가 왜 치료실에 오게 되었는지 말씀해 주세요." 혹은 "Jamie의 어떤 점을 염려하시나요?"
- **의사소통장애가 어떻게 발생하였는가?** 이 질문의 목적은 문제의 출현 및 경과에 대한 이력을 알아보고자 하는 것이다. 특히 원인 파악이 중요한 예로 음성장애의 경

과를 들 수 있다(발증이 점진적이었는지 급성이었는지, 음성 남용 행동이 있었는지, 복용하는 약으로 변화가 있었는지).

- **발증 이후 의사소통장애가 어떻게 변화되어 왔는가?** 이 질문의 목적은 발증 이후 증세가 감소되었는지, 악화되었는지, 아니면 변했는지 밝히는 것이다. 예를 들어, 임상가는 말더듬의 초기 징후를 보이는 아동의 부모를 면담할 때 말더듬이 처음 나타난 후 어떻게 변화되어 왔는지에 관심을 갖는다.

- **문제의 영향(핸디캡을 유발하는 상황)은 무엇인가?** 사회적으로, 교육적으로, 직업적으로 의사소통장애가 개인의 삶에 영향을 미치는가? 어떠한 방식으로 장애에 적응해 왔는가?

- **대상자와 가족이 어떻게 문제에 대처해 왔는가?** 대상자와 가족은 문제를 해결하기 위해 어떠한 비전문적인 치료법을 사용해 왔는가? 대상자는 문제를 해결하기 위한 가족의 노력에 어떻게 반응하였는가?

- **대상자의 의사소통장애가 다른 가족에게 어떠한 영향을 미쳤는가?** 아동에게 장애가 있을 때 가족 간에 갈등이 생기기 쉽다(Featherstone, 1980). 아동의 행동을 묘사한 자료를 얻고 가족의 치료 요법에 아동이 어떻게 맞추어 가는지 정보를 얻기 위하여 부모에게 아이가 일어나서 잠들기까지 전형적인 하루의 일상을 묘사하도록 요청하라.

- **진단에 대한 대상자(혹은 부모)의 기대는 어떠한가?** 대상자 혹은 보호자는 문제와 함께 기대도 가지고 전문가를 찾는다. 어떤 경우에는 수개월 동안 궁금해해 왔기 때문에 문제의 진단을 원할 수 있다. 또 이미 자녀의 의사소통 문제를 알고 있기 때문에 치료 권고를 원할 수도 있다. 혹은 관련 문제("아이가 혀가 짧아요." 혹은 "발달이 늦되는 것 같아 걱정이에요.")로 의사소통장애가 진행되었을 것 같아 괴로웠기 때문에 SLP가 이 문제에 대하여 말하는 것이 가장 큰 관심사일지도 모른다. 대상자의 기대가 무엇이든 간에 그 기대를 알아내고, 해결 지향적인 방식으로 이 문제를 다루고, 긍정적인 작업동맹 관계를 지속하도록 최선을 다하라. 기대를 다룬다는 것이 항상 모든 것을 답해 주고 대상자의 의사소통 문제에 해결안을 제시한다는 것을 의미하는 것은 아니다. 처음부터 대상자에게 솔직할 필요가 있다. 어떤 문제들은 고칠 수 없고, 어떤 것은 쉽게 해결되지 않는다. 일반적으로 너무 요인이 많으면 거창한 약속을 하게 된다.

좋은 진단 면담이 되기 위해서는 질문 방식을 변화시켜야 한다. 질문 방식에는 특정한 것을 묻는 객관적인 질문, 느낌이나 태도를 다루는 주관적인 질문, "더 말해 주세요."와 같이 반응을 지속하도록 하는 무정형(indeterminate) 질문이 있다. 면담자는 구체성이 높은 객관적인 질문처럼 불안감을 최소화하는 질문부터 시작해야 하며, 관계가 발전함에 따라 보다 주관적인 질문으로 진행해 가야 한다. 그러나 진단 면담 과정동안에 반대의 순서로 질문하는 것이 유용한 경우도 많다. 즉, 광범위한 개방형 질문에서 시작하여 점차 구체적인 혹은 한정된 질문으로 진행한다. 이러한 뒤집어진 깔때기(inverted funnel) 방식의 질문은 자주 사용되지는 않는다. 구체적인 질문으로 시작해서 보다 광범위하고 개방형의 질문으로 이어 간다. 시간이 얼마나 있는지에 따라 어떤 접근법을 사용할지의 여부가 달라진다. 시간이 많다면 깔때기 방식을 사용한다. 그러나 시간이 한정적이면 뒤집어진 깔때기 방식으로 면담을 할 필요가 있다. 부모 면담에서 이러한 질문 순서의 예는 다음과 같다.

- Jimmy는 가정에서 어떻게 지내나요?
- 형제들과는 어떻게 어울려 지내나요?
- 누나가 Jimmy의 의사소통을 도와주나요?
- 누나가 Jimmy에게 한 말의 예를 들어 주시겠어요?

반면에, 모든 질문이 구체적인 수준의 정보를 요하며 비슷한 방식으로 진행되는 터널식의 질문이나 체크리스트는 피한다(예: "아이에게 귀의 질환, 열, 뇌손상이 있습니까?").

이야기 꺼내기

전문가를 방문하려고 기다려 왔던 사람은 대부분 자신이 말하고자 하는 것을 머릿속으로 연습한다. 종종 회기 이전에 일어난 사건, 예를 들어 차에 시동이 걸리지 않았다든가, 아침에 음식이 타 버렸다든가, 주차장에 자리가 없다든가 하는 사건과 씨름했을지도 모른다. 대상자의 정신없는 일화에 대하여 여러분이 이해한다고 말해 주면 대상자가 면담 주제로 전환하는 데 도움이 될 것이다. 어떤 대상자는 방문하기 전에 여러분과 가상으로 대화하기도 한다. 자신의 증상을 어떻게 설명할지 연습한다. 병원에 가면서 어떻게 자신의 증상을 묘사할 것인지 되뇌었을 것이다. 우리는 이와 같은 이야기보따리를 풀게 해야 한다. 그렇지 않으면 대상자가 좌절하게 될 것이다. 보통 "무슨 문제로 오셨어요?" 혹은 "왜 오늘 여기에 오셨어요?"와 같은 질문으로 대화를 시작한다. 대상자의 묘사에는 **대상자**가 문제를 인식하는 방식, 즉 상황을 바라보는 독특한 방식이 나타난다. 대상자의 묘사가 총체적으로 부정확하더라도, 여러분은 그것을 들어야 한다. 면담자가 대상자의 견해가 어이없거나 혹은 잘못되었다고 말하거나 행동하면 그 순간 대상자는 옆길로 빠지게 된다. 이야기 꺼내기는 면담 과정 동안에 반복되는 모티프가 된다.

이것은 면담에서 매우 중요하다. 대상자는 조심스럽게 자신의 문제 일부분을 이야기하고, 면담자의 반응을 살피며, 그런 후에야 전부 이야기할지의 여부를 결정한다. 심지어 대상자는 면담자가 어떻게 반응하는지 보고자 속마음을 숨길 수도 있다.

아직은 대상자와 문제를 논쟁하기에 적절한 시점이 아니다. 초반에는 감정 수준에서 이야기를 나누며, 면담의 후반부에 관계 형성이 확고해졌을 때 문제를 좀 더 깊게 논의할 수 있다. 우리는 이러한 초기의 이야기와 이론이 대상자에게 최상의 답변으로서 가치가 있다고 굳게 믿는다. 이는 여러분이 대상자의 결론에 동의해야 함을 의미하는 것은 아니다. 여러분이 이후의 의사소통을 위한 기초를 만들기 위해 이해심을 가지고 대상자의 판단을 받아들여야 한다.

사실 이야기에 들어 있는 정보는 면담 과정 동안에 파악해야 하는 임상 가정에 매우 풍부한 자원이 될 수 있다. 대상자와 부모는 자기 자신을 어떻게 표현하는가? 참을성이 있다, 초조해한다, 혹은 소심하다? 그들은 생각이나 정보의 항목을 어떤 순서로 연합하는가? 어떤 우선순위로 문제를 제기하는가? 진단회기와 치료에 대한 기대는 현실적인가? 진단 및 치료 회기 동안 피해야 할 것 혹은 이용되는 것에 대하여 좋고 싫음을 표현하는가?

비구어 메시지

임상가와 대상자는 말로만 의사소통하지 않는다. 통찰력이 있는 SLP라면 면담 동안에 구어뿐만 아니라 신체 언어에도 주의를 기울인다. 자세, 눈맞춤 정도, 얼굴 표정, 겉모습에 담긴 비구어 메시지는 말이 없는 동안 혹은 구어 메시지와 함께 조합되어 중요한 의미를 가질 수 있다. 어떤 관찰자들은 전체 메시지 중 상당 부분이, 특히 강한 감정과 관련된 메시지는 비구어 단서를 통하여 전달된다고 한다. 비구어 메시지는 의식적으로 조절되어 보이는 경우가 드물기 때문에 숨기기가 어렵다. 그러나 대상자의 매순간의 움직임을 억지로 해석하지는 말라. 개별 비구어 행동의 순간은 구어 메시지의 내용 그리고 그것이 나타나는 맥락과 관련되어야 한다.

만약 아동의 어머니가 코트를 입은 채 면담을 한다면 이는 상처받기 쉽다는 것을 의미하며 이 옷이 스스로를 보호하는 무기임을 의미할 수 있다. 어쩌면 옷이 꼭 맞아서일 수도 있고, 건망증이 있는 학생이 대기실에 있는 옷걸이를 사용해 버렸기 때문일 수도 있고, 방이 춥기 때문일 수도 있다. 만약 어머니가 SLP로부터 의자를 멀리 옮기고, 팔다리를 꼬고 있으며, 눈맞춤을 피하고, 단답형으로 응답한다면 임상 세팅에 대해 방어적인 것으로 결론 내릴 수 있다.

여기서의 논점은 하나의 비구어 행동 항목을 단일한 의미로만 해석하지 말아야 한다는 것이다. 경향성을 살펴봐야 한다. 대상자의 구어와 비구어 메시지가 일치하지 않는 경우가 있는지 살펴보는 것이 중요하다. 이 경우 일반적으로 신체 언어가 그 사람이 문제에 대하여 어떻게 느끼고 있는가를 보다 정확하게 보여 준다. 비구어 행동은 대상자가 말하지는 않아도 가지고 있는 생각이나 느낌에 대해 알게 해 준다.

문화배경이 다른 대상자를 면담할 때는 비구어 행동을 주의 깊게 살펴야 한다. 비구어 행동은 문화에 따라 상당히 다르기 때문에 한 문화권에서는 적절하고 바람직한 것으로 간주되는 것이 다른 문화권에서는 부적절하고 불손한 것으로 여겨질 수 있다. 다음에 몇 가지 예를 제시하였다.

- **신체 접촉**: 미국에서 아이의 머리를 만지는 것은 애정을 보이거나 혹은 친절을 표하는 제스처로 여겨진다. 그러나 아시아 문화에서는 신성한 신체 부위라서 부적절한 것으로 여긴다. 이슬람 문화에서는 이성 간의 신체 접촉은 일반적으로 부적절하다.
- **눈맞춤**: 주류의 미국 문화에서는 눈맞춤이 바람직하며 주의를 기울이는 행위로 해석된다. 그러나 스페인, 아시아, 중동, 미국 원주민 문화의 경우 무례하고 불손한 행동으로 여겨진다.
- **물리적인 공간**: 사람들 사이에서 허용 가능한 물리적인 공간은 문화마다 매우 다르다. 라틴아메리카와 중동 문화에서 허용 가능한 거리는 일반적으로 유럽이나 미국 문화에서보다는 더 가깝다.

면담에서 피해야 할 것

초보 면담자들이 흔히 범하는 몇 가지 오류가 있다. 세세한 것까지 모두 다룰 수는 없지만 다음은 가장 눈에 띄는 실수들이다.

1. '예' 혹은 '아니요'로 간단하게 대답할 수 있는 질문은 피하라 개방형 질문을 해야 응답이 더 길어지고, 대상자가 말을 시작하도록 격려하여 더 자세한 정보를 얻을 수 있다. 이러한 질문은 '무엇, 왜, 어떻게'와 같은 말로 시작한다. 폐쇄형 질문으로 면담하면 대답의 수와 유형이 제한된다. 그러나 드물게 사용하면 폐쇄형 질문도 사실 확인에 유용하다.

2. 이중 질문은 피하라 대상자에게 반응할 기회도 주기 전에 둘 이상의 질문을 한 번에 하는 방식으로 질문하면 문제가 생긴다. 일반적으로 대상자에게 하나 이상의 질문을 하면 하나의 질문에만 대답할 것이다. 대상자는 가장 쉬운 것에 답하거나 마지막 질문에 답하게 된다.

3. 반응의 자유를 제한하는 방식으로 질문하지 말라 유도 심문은 이미 정해진 결론이나 생각을 이끌어 낸다. "귀가 울리지는 않으신가요?" 혹은 "Billy에게 멈췄다가 다시 말해 보라고 이야기를 하시지는 않지요?"와 같이 말하지 말라. 이러한 유도 심문은 효과적인 면담이 아니며 조작되고, 판단적이고, 솔직하지 않은 것일 수 있다. 초보 면담자는 개방형으로 질문하기를 두려워한다. 면담자는 침묵이 대상자와의 관계에 영향을 미칠까 두려워한다. 그래서 면담자는 다음과 같이 개방형 질문을 하고 유도 심문으로 마무리할 것이다. 예를 들어, "David의 말더듬에 대해서 어떻게 생각하시나요? 신경 쓰이시나요?"라고 말할 수 있다. 개방해 둔 채로 놔두라! 개방형 질문은 시간을 더 많이 필요로 하고 두서없고 무관한 반응을 유발하지만 장점도 많다.

4. 질문을 갑자기 바꾸거나 주제를 전환하지 말라 질문의 종류를 갑자기 바꾸지 않도록 노력하라. 예를 들어, 여러분이 특정 문제에 관하여 대상자의 느낌이나 태도를 탐색하는 중에(주관적인 질문) 갑자기 객관적인 질문을 하지 말라. 경험이 부족한 면담자는 이것저것 주제를 옮겨 다니는 경향이 있다. 만약 아동의 놀이에 관심이 있다면 아동의 놀이에 관한 질문을 하라. 놀이에서 언어로, 책 읽기로, 의학적 사례력 등으로 넘나들

지 말라. 질문들이 논리적으로 연결되어 다음 질문으로 흘러가야 한다. 대상자로 인해 인터뷰가 산만해질 때 원래의 논점으로 갑자기 돌아가려고 하지 말라. 대다수의 대상자는 직접적이고 순서에 맞게 대화한 경험이 거의 없다. 뜻밖의 연관성을 따라 헤매게 된다. 숙련된 면담자는 부드럽게 연결시키는 능력이 있다. 면담을 원래대로 돌리는 가장 좋은 방법은 대상자의 이전 반응에 연결하는 것이다. 예를 들어, "Davis 부인, 흥미롭네요. 조금 있다가 다시 이야기할 수 있을 것 같습니다. 아이가 갑자기 청력을 잃었다고 말씀하셨는데요, 지금……." 여기서 목표는 대상자의 이전 반응, 즉 대상자가 면담 시 이전에 말했던 것을 이용하는 것이다.

5. 말을 너무 많이 하지 말라   이는 초보 면담자가 가장 흔히 범하는 실수일 것이다. 초보 면담자는 침묵을 모두 말로 채워야 한다고 느낀다. 하지만 대상자가 말한 것을 다른 표현으로 재구성하거나 "그렇군요." "조금 더 이야기해 보세요." 혹은 "그 외에는요?"와 같이 말하는 것이 훨씬 낫다. 대상자가 말할 것이 더 남아 있어 보이기는 하지만 생각을 끄집어내는 데 침묵이라는 시간이 필요한 경우라면 간혹 미소나 알아듣는다는 의미로 고개를 끄덕이는 것도 효과적이다. 이러한 격려를 통해 대상자가 긍정적인 태도—좋은 관계 형성—를 보이고 상황을 편안하게 느낀다면 대상자의 반응이 길어지게 된다. 만약 주제나 상황이 중립적이라면 이러한 언급으로 메시지가 확장되는 경향이 있다. 대략 어림잡아 이야기의 80%가 대상자가 하는 말이어야 한다.

6. 대상자의 느낌이나 태도를 무시한 채 신체 증상과 원인 요인에만 집중하지 말라   우리 안에는 작은 의사가 있어 전지전능한 치료자의 역할을 하고자 애를 쓴다. 면담자는 단순히 관심이 가는 정보와 정말로 중요한 배경 정보를 구별해야 한다.

7. 너무 성급하게 정보를 제공하지 말라   나중에 대상자나 부모가 잘못 알고 있는 내용을 해결할 수 있는 시간은 많다. 부모의 말을 막으면 정보의 흐름이 중단된다. 예컨대, 부모가 "저는 Michael에게 멈추었다가 숨 한 번 깊게 쉬고 다시 말하라고 해요."라고 말하는 경우 임상가가 부모의 말을 가로막고 비유창성에 대한 반응을 상담해 주면 안 된다. 명확히 할 필요가 있다고 보이는 부분이나 정보를 제공해야 할 부분이 있으면 기록해 놓는 것이 가장 좋다.

8. 질문할 때 머뭇거리거나 막히지 않도록 하라　눈맞춤을 하면서 직접적으로 질문하라. "음, 그러니까, 그때, 어, 말하자면…… 아이에게 곤란한 경험을 하셨나요?" 대신에 "임신 중에 특별한 일이 있었습니까?"라고 질문한다. "음, 제 말은, 어, 아버지가, 어, 돌아가신 다음에 말더듬 문제가 증가하였나요?" 대신에 "아버지의 죽음이 당신의 말에 어떠한 영향을 미쳤나요?"라고 질문하라. 에둘러 표현하거나 지나치게 제한하는 질문을 하면 불편하게 느껴지거나 자신감이 결여된 것처럼 보인다.

9. 대상자의 진술에 대해 구어나 비구어로 도덕적인 판단을 하거나 부정적인 반응을 하지 말라　만약 우리가 그 사람의 행동을 싫어한다고 느끼게 되면 그 순간 정보의 흐름이 끊기고 관계는 심각하게 손상된다. 우리가 그 사람의 상황에 대해 이해하고 측은히 여긴다는 점을 표현하고자 개인의 가치나 행동양식에 찬성할 필요도 없다. '왜……?'라는 질문으로 시작하는 것도 자제하라. '왜'라는 질문은 어렵고 두렵게 여겨질 수 있고 혼나는 상황을 많이 연상시킨다("왜 수업에 늦었어?" "왜 똑바로 행동하지 못하니?"). 임상에서 우리의 가치 때문에 대상자의 시각을 파악하지 못하게 되지 않도록 해야 한다. 면담은 SLP의 개인적인 견해를 밀어붙이기 위한 것이 아니다. 대상자의 견해를 공유하지 않는다면 대상자를 고립시키거나 공격하는 것이 될 수 있다.

10. 피상적인 답변만 만들어 내는 면담은 피하라　대상자로부터 보다 심층적이고 중요한 반응을 얻는 방식이 필요하다. 프로브(probe)라는 몇몇 면담 전략이 SLP에게 도움이 될 것이다. 프로브를 잘하면 유도하거나 억지로 하지 않고도 대상자가 정보를 제공하도록 자극할 수 있다.

　　교차해칭(crosshatch), **연결**(interlocking)은 얼버무린 주제에 대하여 보다 상세한 반응을 유도하고자 할 때 유용하다. 이는 여러 면담 시점에서 근본적으로 같은 것을 다른 방식으로 묻는 것이다. 차이가 있는 것은 해결이 되어야 한다. 보다 자세한 정보를 유도하기 위해서 면담 동안 같은 질문을 서로 다른 시점에서 서로 다른 방식으로 해야 한다. 예를 들어, 말을 더듬는 어린 자녀를 둔 한 아버지는 아동과의 관계에 대한 질문에 피상적인 방식으로 응답하였다. 아버지는 우리에게 아동과 '사랑하는 관계'에 있다고 확신하였고, 자신의 근무 조건에 대하여 장시간 불평을 하였다. 이후 우리가 아동과 함께하는 것을 묘사하도록 하였는데, 아동의 아버지는 하나도 말하지 못하였다. 대상자가 거짓말을 하고 있기 때문에 SLP가 그것을 설명하게끔 요구해야 한다는 의미가 아니다. SLP는 문제를 보다 정확하게 이해하기 위하여 불일치하는 면담내용을 확인해야 한다. 그것이 치료 방식에 영향을 줄 수 있기 때문이다.

쉼, 즉 침묵 프로브도 매우 유용한 전략이다. 면담 중에 잠시 잠잠해지는 경우는 대상자가 자신의 정보가 고갈되었거나, 기억이 잘 나지 않거나, SLP의 이해가 부족하다고 느꼈거나 하는 것들을 의미할 수 있다. 또한 다루기에 예민한 문제임을 의미할 수도 있다. 침묵이 면담을 방해한다고 생각하지 말라. 우리가 말없이 미소 짓거나 혹은 고개를 끄덕이면서 무엇인가 더 기대하고 있음을 표시한다면 훨씬 중요한 정보가 나올 수도 있다.

요약 프로브는 면담이 부드럽게 진행되도록 하는 가장 좋은 전략 중 하나이다. SLP는 주기적으로 대상자의 말을 요약하고, 명료화나 추가 정보를 요구하면서 마무리 짓는다. 또한 부차적으로 대상자에게 면담자가 경청하여 이전의 문제를 이해하기 위해 애씀을 보여 줄 수도 있다. 우리는 일반적으로 면담 전반에 걸쳐 '간이 요약 프로브(반향 질문)'를 사용한다. 예를 들면, 다음과 같다.

> 대상자: 남편의 뇌졸중이 있고 나서 세상이 무너졌어요.
> 면담자: 삶이 급격하게 변화해서 당황하셨군요.
> 대상자: 네, 행복한 마음으로 새니벨섬으로의 여행을 계획하고 있었어요. …… 그리고 바로 그 순간 마비가 오고 말할 수 없게 되었지요. 이제 계획은 수포로 돌아갔죠. …… 새 차, 예금 계좌, 남편이 이 모든 것을 관리했었어요.

머뭇거림 프로브는 요약 프로브의 변이 형태이다. 이 방식은 특히 말수가 거의 없는 대상자에게 도움이 된다. 면담자는 대상자의 말을 다른 말로 바꾸고, 이에 대해서 해석하고 조언을 시도하면서 망설이고 주저하는 시늉을 한다. 예를 들어, 더듬기 시작한 아이를 둔 어머니를 면담할 때 SLP는 "Bruce가 손가락이 차에 끼고 난 다음에 처음으로 반복하고 머뭇거리기 시작하였군요. 이런 상황에서 어머니가…… 어……."라고 말한다. 대상자는 말을 끝마쳐야 할 필요성 때문에 또 다른 중요한 정보, 아마도 더 중요한 견해를 표현하도록 자극받는다.

마지막으로 면담자는 **추측 프로브**를 이용할 수 있다. 만약 대상자가 말이나 청력 문제에 관련된 사항과 그 문제가 미친 영향 등 많은 중요한 부분을 말하지 않는다면 면담자가 먼저 문제를 끄집어내라. 자신의 말더듬 문제에 대한 걱정을 강하게 부인해 왔던 한 청소년 남학생은 우리가 "그게 너한테 너무나도 큰 걱정거리여서 누구도 그걸 알지 않았으면 좋겠지?"라고 말해 주자 마음의 짐을 내려놓게 되었다. 추측 프로브는 매우 강력할 수 있다. 대상자를 공격하거나 방해할 수 있어 가끔 조심스럽게 사용해야 한다.

11. 대상자가 한 번의 면담에서 너무 많은 것을 드러내지 않게 하라   간혹 초보 면담자는 한 번에 모든 정보를 얻으려고 하는 실수를 범한다. 대상자는 처음으로 자신을 정말로 이해해 주는 사람을 만났다고 느낄 수 있기 때문에 필요 이상으로 개인적인 세부사항을 말하고자 할 수 있다. 그러나 시간이 지나면 대상자는 낯선 사람에게 너무 많은 정보를 준 것에 대해 창피하고 바보가 된 듯한 느낌, 심지어 노출감과 죄의식까지 느낄 수 있다.

12. 기억을 신뢰하지 말라   면담을 하면서 정보를 기록하라. 대상자에게 면담하는 동안 메모를 하면 보다 효과적으로 치료를 계획하고 다른 서비스로 의뢰할 수 있다고 말하라. 이렇게 메모를 하는 것, 더 나아가 오디오 같은 기록 장치를 사용하는 것은 거의 문제가 되지 않는다. 우리는 사실 대상자가 자신이 제공하는 정보를 여러분이 적기를 기대한다고 본다. 대상자는 여러분이 자신의 대답을 모두 기억할 수 있는지 미심쩍어 한다. 그러나 대상자가 민감한 정보를 제공하고 있는데 여러분이 맹렬하게 적고 있다면 관계를 잃을 수도 있다. 또한 대상자를 존중하는 것이 당연하지만, 이를 대상자에게 표면적으로 언급하지는 않는다. SLP는 모든 정보를 철저히 비밀에 부친다는 태도를 나타내어야 한다.

면담 보고서는 가능한 한 빨리 준비하라. 대상자와의 만남을 생생하게 기억할 수 있을 때 본 것을 기록하라(보고서 작성에 관한 정보는 14장을 참조하기 바란다).

두 번째 목표: 정보 주기

불확실한 것을 좋아하는 사람은 없다. 전문가가 아닌 다른 출처에서 얻은 정보는 너무도 자주 왜곡된다. 훌륭하게 평가하였지만 결과를 말할 때 실수를 범한다면 성공적이라고 할 수 없다. 정확하게 정보를 제공하지 않으면 부모는 잘못된 정보를 얻게 되며, 이는 혼동 및 오해를 야기하고, 더 나아가 문제를 복잡하게 만든다. 따라서 우리는 정확하게, 감정적이지 않게, 객관적으로 대상자의 문제 상태에 대해 정보를 제공할 책임이 있다. 이러한 정보 전달은 일반적으로 진단 후 회의 중에 이루어진다.

간단하고 전문적이지 않은 말로 대상자에게 적절한 용어를 사용하여 임상 평가 결과를 요약해 주라. 가능하면 정상 기능을 보이는 결과부터 말하며, 부족한 점을 설명하기 전에 좋은 점이 시사하는 바를 살피는 것이 좋다. 가능하다면 규준 수치와 조언이 서로 관련되도록 하라. 질문에 답할 때는 예나 간단한 비유를 들어 명확히 하고 이해를 도우라. 만약 대상자가 진단 자료를 이해하는지 확신이 들지 않는다면(대상자는 모르더라도 거의 묻지 않는다) 보다 천천히 말하고, 충분히 설명하고, 예를 많이 들어 주고, 반복하여 말하라.

대상자가 묻는 질문

면담은 SLP가 질문하고 대상자의 대답을 기록하는 것 이상이다. 면담은 **교환**을 위한 중요한 공개 토론으로서, 진단자와 정보 제공자 사이에 반사적이고도 역동적인 경험을 공유한다. 사실 면담 대상자—특히 평가를 받은 아동의 부모—는 SLP의 전문성을 살피고자 애쓴다. 대상자의 질문에는 숨겨진 의도나 목적이 있을 수 있다. SLP는 정보 제공자의 질문에 대해 평가해야 하고, 그 사람이 **실제** 묻고자 하는 것이 무엇이며, 질문 이면에 말하지 않은 관심사가 있는지 살펴봐야 한다. Luterman(1979)은 대상자가 묻는 질문의 범주를 **내용, 의견, 감정**의 세 가지로 나누었다. 아이가 말을 더듬기 시작하여 치료실에 내원한 만 3세 아동의 어머니와의 면담 예를 인용하여 이 세 유형의 질문을 설명하겠다.

1. 정보 혹은 내용을 다루는 질문　이 경우 대상자는 SLP로부터 정보적이거나 사실적인 반응을 구하고자 한다. 질문은 대체적으로 "알고 싶은 것이 있는데요, 정확한 정보를 주셨으면 합니다."와 같은 형식을 취하게 된다.

> Bell 부인: Jesse가 보이는 유창하지 못한 말(비유창성)의 형태가 또래 다른 아동에게서도 흔한가요?
>
> SLP: 네, 그렇습니다. 2세 반에서 5세 사이의 아동이 많은 경우 반복하고 머뭇거리지요.

2. 이미 견해가 결정된 질문　대상자가 특정 주제에 대하여 이미 의견을 가지고 있지

만 SLP가 그에 동의하는지 알고자 한다. SLP는 **왜** 대상자가 그러한 견해를 가지게 되었고 **얼마나 강력하게** 그렇게 생각하는지 이해하기 전까지는 대상자의 의견을 부정하지 않도록 주의해야 한다.

> Bell 부인: 음, TV에서 몇 번인가 더듬는 사람한테 기류 기법(airflow technique)을 사용하는 것을 본 적이 있거든요. 이에 대해 어떻게 생각하세요?
>
> SLP: 예를 보니까 아주 극적으로 치료가 되지요? Jesse한테 그 기법을 적용하는 것에 대해 어떻게 생각하세요?

　3. **'문 뒤에 숨어 두드려 보는' 질문**　대상자는 정보나 의견을 묻지 않으며 그보다는 감정적인 지지와 위안을 구한다. 이러한 질문에서는 대상자가 알지 못하거나 혹은 밝히기 꺼리는 자신의 감정을 감추고 있다.

> Bell 부인: 제가 이혼하고 재혼한 것이 Jesse의 말 문제와 관련이 있다고 생각하세요?
>
> SLP: 부모님은 자신의 행동 때문에 아동이 더듬게 되었다고 죄의식을 갖기 쉽지요.

여러분은 이미 이 세 가지 질문 범주의 경계가 모호함을 감지했을 것이다. 표면적으로 Bell 부인이 물은 세 가지 질문은 세 범주 모두에 해당될 수 있다. SLP는 대상자가 말한 **의미**를 어떻게 알 수 있을까? 모든 경우를 다 알지는 못하지만 대상자의 질문 **방식**(음성 억양과 몸짓 언어)과 질문이 나타나는 맥락을 면밀히 살펴서 그 목적을 파악해야 한다. SLP가 **이해하려고 노력하는 한** 대상자의 말이 부정확하게 해석되는 일은 없을 것이다.

　우리의 경험상 초보 임상가는 정보에 초점을 두는 훈련을 많이 받기 때문에 내용 질문에는 잘 반응한다. 그러나 대상자의 정서 표현에 적절하게 반응하는 것은 어려워한다. 피상적으로 안심시키는 진술은 하지 말라. 대상자의 불안이나 불확실성은 일단 자신의 특정 말 문제를 이해하기 시작해야 더 잘 해소될 것이다. 두려움과 불확실성에 대한 가장 좋은 해독제는 지식이다. 대상자에게 스트레스를 유발시키는 용어를 사용하거나 결과를 제시하지 말라. 대상자에게서 부정적인 치료 결과를 예상하지 말라. 이러한 말은 치료에서 대상자의 수행에 영향을 미칠 가능성이 있다.

　초보 임상가를 위한 여섯 가지 기본 원칙을 다음에 제시하고자 한다. 이 원칙은 대상자에게 정보를 제공하는 데 유용하다.

- 대상자가 감정이 앞서면 여러분이 무엇을 말하려고 하는지 머리로 이해하기 어려울 수 있다. 여러분이 일단 치료 단계를 설명하였다고 해서 대상자가 그 중요성을 파악했으리라 예상할 수 없다.
- 설교하지 말라. 대상자에게 강의하지 말라. 충고하기보다는 기회를 공유하는 데 초점을 맞추라.
- 예시와 일례를 많이 사용하면서 단순한 언어를 사용하라. 잘못 하더라도 복잡하기보다는 단순한 방향으로 하라. 중요한 점은 반복하고, 반복하고, 또 반복하는 것이다. 매번 바꾸어서 반복하라.
- 대상자, 특히 부모가 할 수 있는 것을 제시하도록 노력하라. 행동을 하면 가치가 없다든가 불안하다는 느낌이 경감된다. 활동은 목표가 뚜렷하고 단순해야 하며 SLP에게 보고되어야 한다.
- 말할 필요가 있는 것은 기꺼이 말하라. 그러나 솔직하라. 여러분은 대상자가 감당할 수 없거나 거부할 수 있는 것도 말해야 한다. 사람은 종종 어려운 상황에서 놀라운 용기를 낸다.
- 그러나 대상자는 매우 듣기 두려워하는 것을 최종적으로 말한 사람에게 미움과 악의를 품게 된다. 만약 여러분이 두려운 내용을 말해야 하는 첫 번째 사람이라면 그로 인한 모든 적개심과 부정적인 감정의 초점이 될 수도 있다. 전문가로서 이러한 감정에 피뢰침이 될 수 있을 정도로 강해져야 한다.

대상자와 부모는 SLP로부터 도움을 기대하지만 간혹 변화는 거부하는 경우가 있다. 객관적으로 보았을 때 대상자에게 부적응 행동이 보이는 것 같아도 그 상태가 대상자에게는 최대의 해결책인 것이다. 사실 대상자는 자신을 변화시키려는 시도에 종종 저항할 것이다. 변화는 스트레스를 준다. 그러나 진단과 치료는 변화를 포함한다. 따라서 평가와 치료는 고통스럽다.

우리는 대상자의 말에서 **인지적인** 면(내용)과 **정서적인** 면(감정)의 두 가지 측면을 경청해야 한다. 진정한 이해를 위해서는 대상자의 진술에 대한 면담자의 반응에 이 두 가지가 모두 포함되어야 한다. 반응할 때 두 가지 측면을 잘 구체화하면 **상호교환의 기초**가 마련되고, 면담을 통하여 직접적인 실행을 하도록 돕는 단계로 나아가게 된다.

다음은 진단 면담에서 발췌한 예다.

> 대상자: (자신의 결혼 상태에 관련된 질문에 답하면서) 아니요, 미혼이에요. …… 저처럼 더듬는 사람하고 누가 결혼하고 싶겠어요?
>
> SLP: 말 문제 때문에 거부당한다는 느낌을 가지시는 거군요, 그렇죠?
>
> 부모: 좋은 부모가 되려고 노력했어요, 실제로 그랬고……. 그렇지만 아무튼 Peter가 말을 배우도록 돕는 점에서는 엉망이 되었지요.
>
> SLP: 아이의 말 문제에 대하여 실패감, 더 나아가 아마도 죄책감이 있으신 것 같군요.
>
> 대상자: 말을 너무 심하게 더듬어서 제 삶이 가치가 없어요. …… 직업을 가질 수도 없어요. …… 생활비를 맞추기가 어려워요.
>
> SLP: 말 문제로 인하여 불리하다고 여기고 좌절감을 느끼시는군요. 가끔은 살아갈 수 있을지 의심되기도 하지요.

여기서 SLP의 반응에 주목하라. SLP는 대상자의 언급을 단순하게 반복하지 않고 명료화된 방식으로 재진술을 시도하고 있다. 면담자는 2인칭 시점을 사용하여 대상자의 감정을 언급하고 있다. 내용보다 감정이 더 중요하기 때문에 일반적으로 감정을 먼저 언급한다. 간혹 부가의문문("그렇죠?")을 이용하여 대상자가 우리의 반응을 받아들이는지 점검한다.

세 번째 목표: 상담하기

SLP는 면담이 끝날 때까지 대상자의 좌절이나 공포를 해결하지 않은 채 놔두지 않는다. 앞서 언급한 면담의 대부분이 이 목적에 할애된다. SLP는 대상자가 자신의 문제를 말하도록 도와 우울한 기분에서 잘 벗어날 수 있도록 기회를 제공한다. 우리의 목적은 단지 불편함을 없애는 것이 아니라 편안하고 행복한 상태가 되도록 촉진하는 것이다.

대상자가 특별한 조치를 취하고 특정한 방향으로 나아가도록 도우려면 면담 동안에 충고 이상이 필요하다. 대상자가 선택할 수 있는 것을 정리하고, 그 당시에는 생각하지 못한 기회를 인식할 수 있도록 도와주어야 한다. 우리는 대상자의 실제 강점을 지지해 주기 위하여 대상자에게 상황이 의미하는 바를 이해하고 무비판적으로 대상자의 감정과 태도에 공감해 줄 필요가 있다. 개인으로서 대상자에게 관심을 보이고 대상자의 중요성을 수용하는 태도를 확실히 보여 준다면 대상자의 자존감과 더 적절하게 기능하는 능력을 회복시켜 줄 수 있다.

대상자를 상담할 때 '아름답고 우아하게'라는 잘못된 전통이 있다. 문제를 가진 사람이 있다. 그 사람이 슬프고 우울하기 때문에 우리는 기분 좋게 해 주려고 노력한다. 때로는 이 때문에 면담자는 그 사람이 비참한 생각이 들지 않게 설득해야 하는지 고민하기도 한다. 우울하고 불안하고 두렵다고 느끼는 사람은 자신이 얼마나 축복받고 있는지를 생각하지 않는다. 그 사람은 여러분 또한 비참하게 느끼기를 바라며, 자신의 수준에서 자신과 공유하고 동일시하기를 바란다. 따라서 그 사람과 의사소통하기 위한 기초를 얻으려면 그 사람이 있는 지점에서부터 시작해야 하고, 그것이 모두를 슬프고 우울하게 만드는 슬픈 사건임에 동의해야 한다. 의사소통에 기초가 되는 유대감을 이용하여 문제를 해결하도록 도울 수 있다. 주요인은 공감이며, 이는 다른 사람의 감정과 행동을 동일시할 수 있는 능력을 말한다. 대상자의 견해를 이해하려고 노력하고 있다는 점을 가장 잘 보여 줄 수 있는 방법은 주의 깊게 경청하는 것이다. 효과적인 면담을 위한 기법 중에서 가장 중요한 것이 주의 깊게 그리고 공감하며 경청하는 능력이다. 초보 임상가는 대상자의 말을 경청하고 대상자의 감정 표현을 촉진시켜 주는 방식으로 반응하는 것이 어렵다고 느낀다. 하지만 이러한 능력은 배울 수 있다. 적극적으로 경청하는 기술을 증진시켜 줄 수 있는 가장 좋은 방법은 잘 경청하지 않을 때를 인식하는 것이다. Egan(2014)은 네 가지 형태의 잘못된 경청에 대해 설명하였다.

- **경청하지 않기**는 딴생각을 할 때의 상태이다. 듣고 있지만 완전히 몰두하지 않는다. 제시된 정보를 정확히 재진술하지 못하기도 한다.
- **부분 경청**은 메시지의 일부분은 알아듣지만 핵심은 놓칠 때의 상태이다. Egan은 이를 가짜 경청(phony listening)으로 설명하였다.
- **녹음기 같은 경청**은 대상자의 말을 따라 할 수 있기 때문에 표면적으로는 듣고 있는 것 같지만 심리적이고 감정적인 측면에서는 실체가 결여된 상태이다. 이 경우 임상가는 메시지의 내용을 중계할 수 있지만 관련된 의미나 사항들을 확인하고 깨닫는 데는 실패한다.
- **리허설**은 임상가가 적극적인 경청 상태에 있기보다는 대상자에게 어떻게 반응할지 준비할 때의 상태이다.

감정을 표출하는 장면에는 어떻게 대처해야 하는가? 여러분은 언젠가 반드시 이런 면담 상황을 경험할 것이다. 어떤 임상가는 잠시 밖에 나가서 혼자 감정을 추스르고 오라고 한다. 어떤 임상가는 기분을 바꿔 주려고 노력한다. 그러나 이런 방식이 어떤 대상자에게는 자신의 감정이 무시된다고 느끼게 할 수 있다. 지금 그 감정을 이해한다고 알려 주고 인간으로서 보일 수 있는 당연한 반응이라고 받아들이는 것이 더 효과적이다. 예를 들어, "Cobb 부인, 감정을 밖으로 표출하셔도 돼요. 너무 오랫동안 참으셨어요. 감정 가는 대로 표출하시는 게 더 도움이 될 때도 있어요."라고 말할 수 있다.

SLP를 찾는 모든 대상자가 오랜 기간의 지지적인 면담을 원하는 것은 아니며, 심지어 대상자가 원하지 않을 수도 있다. 어떤 경우에는 여기서 논의한 절차들이 모두 부적절할 수도 있다. 감정과 태도 같은 정서적인 측면부터 목표나 조언 같은 객관적인 문제까지의 연장선상을 따라 범위를 확장해 가면서 면담 과정을 시각화하라. 객관적인 정보를 원하는 대상자에게는 자신의 행동을 확인하고 수정할 수 있게 하면 된다. 어떤 경우에는 면담에서 SLP가 하는 역할이 단순히 대상자의 말을 경청하고 지지해 주는 것일 수도 있다. 좋은 면담이 되기 위해서는 좋은 관계가 **필요**하지만 그것만으로는 **충분**하지 않다. 진부한 말일 수 있지만 대상자를 배려하는 비법은 대상자를 좋아하는 것이다. SLP가 자신을 이해해 주고 있다는 느낌은 대상자의 성장에 강력한 자극제가 된다.

진단평가 이외의 면담 기술 사용

1장에서 언급했듯이 평가는 대학에서 2시간, 학교에서 1시간처럼 한 회기 동안만으로 한정되지 않는다. SLP는 치료를 진행하면서 치료가 성공적인지, 목표를 수정해야 하는지 결정하기 위해 지속적으로 대상자에 관한 정보를 수집한다. 많은 경우 임상가, 부모, 가족, 관련 전문가들이 함께 치료를 계획한다. 임상가와 가족의 견해 모두를 반영하는 의미 있는 치료 계획을 세우기 위해서는 진단평가에서 얻은 정보만으로 충분하지 않다. 따라서 보다 광범위한 면담을 통해 가족의 강점, 관심, 필요에 관한 정보를 얻어야 한다. 대상자가 어떻게 다양한 맥락에서 수행하고 있는지 알기 위해 관련 전문가와의 많은 면담이 필요하다. 널리 쓰이는 세 가지 임상 기법으로 이 개념을 간단히 설명하겠다.

1. 민족지적 면담   다양한 배경을 갖고 있는 가족은 임상가와 매우 다를 수 있기 때문에 임상가는 면담하는 동안 문화적 편향을 유발하는 잠재적인 요소에 주의를 기울일 필요가 있다. 즉, 현재 임상가에게 보이는 문제를 이해해야 할 뿐만 아니라, 대상자의 시선을 통해 보이는 문제 또한 이해할 필요가 있다. 민족지적 면담(ethonigraphic interview)을 통해 그렇게 할 수 있다. 임상가는 다른 사람과 관계를 맺고 익숙하지 않는 것을 포용하는 능력이 필요하다. 이는 대상자의 가족이 살아가는 방식의 차이를 공감적으로 이해하고 진실된 마음으로 호기심과 관심을 가질 때 가능하다(Schensul, Schensul, & LeCompte, 2013).

민족지적 면담은 세 가지 측면으로 이루어진다(Spradley, 1979). 첫째, 대상자에게 면담의 특정한 목적을 설명하고 정의하는 것이다. 둘째, 면담가로서 목적을 어떻게 얻을 것인지 설명하는 것이다. 즉, 면담 동안 다루게 되는 주제나 영역이 무엇인지, 반응을 기록하는 데 어떤 방법을 사용할 것인지, 어떻게 진행해 갈지 대상자에게 설명한다. 마지막으로, 본격적으로 면담이 시작되면 대상자를 상담하기 위해 다양한 민족지적 질문을 한다. 민족지적 질문에는 거시적 측면(grand-tour), 국소적 측면(mini-tour), 구조적 측면, 구체적 측면의 질문들이 포함된다. **거시적 측면의 질문**은 면담 목적과 관련된 필수사항을 파악하고자 할 때 사용한다. 이러한 질문을 통해 대상자로부터 문제의 경험, 매일의 일상, 일상생활에서 상호작용하는 사람과 같은 정보를 얻게 된다. 전형적인 **거시적 측면의 질문**에는 "일반적인 하루의 일상을 따라가 봅시다."와 같은 것이 있다. 국소적 측면의 질문은 거시적 측면의 질문에서 얻은 정보를 보다 상세화하고자 할 때 사용한다. "전형적인 학교생활 일과에 대해 말해 주세요."와 같은 것이 있다. **구조적 질문**은 얻은 정보의 조직을 이해하고자 할 때 물을 수 있다. **구체적 질문**은 사건이나 설명을 따로 떼어 내어 구별할 필요가 있을 때 사용한다.

특히 영유아나 취학전 아동을 다루는 SLP는 치료 계획이나 모니터에 가족이 통합되도록 해야 한다. 임상가는 다른 전문가나 가족과 함께 개별 가족서비스계획(Individualized Family Service Plan: IFSP)을 세워 치료 프로그램과 관련된 구체적인 정보를 진술해야 한다(4장에 보다 자세히 나와 있다; Nelson, 2010). 민족지적 면담을 한다면 부모에게 초점을 두어야 하고, 문제점, 목표, 치료 접근법에 대한 부모의 견해에 관해 정보를 얻어야 한다. 임상가는 광범위한 거시적인 질문과 더불어 보다 구체적인 국소적 질문을 하지만, 그렇다고 해서 부모가 대화를 주도하고 문제를 분석하도록 해야 한다는 의미는 아니다. 목표는 부모에게 무엇이 중요한지 알아내도록 면담 방향을 설정하는 것이다. 이상적으로는 부모가 주로 이야기하고, 임상가는 그럴 수 있도록 틀을 제공하고 격려해야 한다. 이렇게 심층면담을 하여 가족의 상황을 이해하고 의사소통장애 아동을 위한 목표와 염원을 알게 된다. 어떤 목표가 부모에게 가장 중요하며, 치료 계획 시 어떤 목표를 첫 번째로 통합할 것인지 말하도록 부모를 격려해야 한다. 이때 정보가 가능한 한 깊이 있고 풍부해지려면, 민족지적 면담을 효과적으로 완수하는데 수 시간 동안 대화해야 함에 놀라지 않아야 한다.

2. 동기화된 면담   동기화된 면담(motivational interviewing)은 변화에 대한 내재된 동기를 탐색하고 개발할 필요가 있을 때, 그리고 양가감정이 극복될 필요가 있을 때 이상적이다(Miller & Rollnick, 1991). 동기화된 면담은 대상자 중심이다. 공감 표명만으로도 대상자가 문제를 인식하고 해결하기 위한 조치를 취하게 할 수 있다. 임상가가 변화를 제시하기보다는 대상자 내면의 동기를 고무시켜 그 안에서 변화하도록 하는 것이 목표이다. 동기화된 면담은 조언을 하는 것이 아니다. 대상자가 현재의 상황이나 문제를 생각해 보고, 만약 변화에 협조하거나 협조하지 않을 경우 자신의 삶이 어떻게 될지 생각해 보도록 격려한다. 대상자는 찬반의 무게를 자신의 양가감정을 탐색하여 해소할 수 있다. Miller와 Rollnick(1991, 2002)은 동기화된 면담에 기본이 되는 다섯 가지 임상 원칙을 제공하고 있다.

- 반향적인 경청을 통해 **공감을 표명하는 것**이 동기화된 면담의 핵심 요소이다. 이 과정에서 양가감정은 정상적이라는 것을 인정하고 믿는 태도가 필요하다. 즉, 사람들이 변하고자 함에도 불구하고 변화에 저항한다는 개념을 이해하고 인내해야 한다.
- 임상가는 행동과 진술된 목표 사이의 차이를 극대화하여 대상자가 스스로 이 **차이를 확인**할 수 있는 기회를 주어야 한다. 반향적 경청과 객관적 피드백을 통해 대상자가 변화를 주장하게 한다.
- **설득적 주장은 피하고** 촉진적이고 상호적인 작업관계를 개발하도록 하라. 직접적인 주장과 설득하는 태도는 저항과 수동성을 증가시키므로 동기화된 면담 과정에서 보이는 부작용이 된다. 대상자는 말로 자신의 입장을 방어하고 주장하는 것이 많아질수록 자신의 행동을 변화시키지 않을 것이다. 대상자의 변화에 대한 책임과 결심이 중요하다.

- 저항에 맞서거나 반대하기보다는 **유연하게 대처하도록** 하라. 저항이 있는지 확인하고 탐색하라.
- 해결안을 찾는 과정에서 대상자는 중요한 자원이며 동시에 파트너이기 때문에 대상자의 **자기효율성을 지지하라**. 대상자의 긍정과 자신감의 정도를 높이는 것이 목표이며, 그러면 변화 과정 동안 적절하게 대처하고 성공할 수 있다.

동기화된 면담은 임상가가 아니라 대상자가 변화의 주장을 발달시키는 데 있어 최선의 방법이다. 다양한 건강 관련 문제의 치료에 있어 전통적인 방법으로 조언하는 것보다 동기화된 면담이 더 효과적이라고 밝혀져 왔다(Burke, Arkowitz, & Menchola, 2003; Rubak, Sandbaek, Lauritzen, & Christensen, 2005). 단독으로 사용할 때나 다른 형태의 면담과 함께 사용할 때 모두 효과적으로 보인다.

3. 교육과정 기반 평가　　학령기 아동의 언어장애를 다루는 경우, 진단평가와 치료 계획 시 많은 것을 고려해야 한다. 교육과정 기반 평가(curriculum-based assessment)는 구어와 문어 기술을 사용해야 하는 교육 환경에서 요구되는 바를 알아내어 자신이 처한 교육 환경 내에서 성공을 경험하도록 계획하는 데 관심을 둔다(Nelson, 2010; Paul, 2007). 평가 시 일반 교육과정 내에서 성공할 수 있는 교수 기능 수준을 알아본다. 교사에게 교수 배치 정보를 주는데, 실패감이나 좌절감을 감소시킬 수 있는 방식으로 아동의 능력을 고취시킨다. 학교 환경에서 할 수 있는 의사소통, 구어, 문어의 기술 유형을 알아보기 위해 SLP는 교사를 면담하고 교육과정 자료를 검토해야 한다. 다시 말하지만, 치료 프로그램을 고안하고, 치료 중 초점이 되는 기술의 일반화와 진전을 모니터하기 위해 다른 전문가들과 대화를 해야 한다.

원격치료

많은 지역에서 SLP를 쉽게 만나지 못한다. 거리, 이동성 문제, SLP나 기타 전문가의 부족으로 서비스 접근이 어렵다. 치료 접근성의 장벽을 극복하기 위해 **원격치료**(ASHA에서 이렇게 부르기를 선호한다)가 평가, 진단, 치료 제공의 적절한 서비스 전달 모델로 받아들여지고 있다(American Speech-Language-Hearing Association, 2004a, 2004b). 원격치료는 실시간 오디오나 비디오로 대상자와 연결하는 원격커뮤니케이션을 사용하여 전통적인 면대면 만남을 대신하게 된다. 안전한 비디오 콘퍼런스 플랫폼, 인터넷

접속, 헤드폰, 스캐너와 프린터 같은 기기장치가 필요하다.

 면담 기술의 향상 전략

임상관계의 처음부터 끝까지 면담이 끊이지 않는다. 치료부터 종결까지 정보를 주고받을 때 초기 면담에서 우리가 사용한 그 기법을 그대로 혹은 변형하여 사용한다. 대상자나 그 가족과 말하는 경험을 많이 하고 임상을 많이 할수록 임상 기술은 더 나아질 것이다. 여러분이 임상을 하는 데 도움이 되도록 일련의 활동과 프로젝트를 제시하였다. 이것이 면담 능력의 향상을 향한 지속적인 학습 노력의 첫걸음이 되기를 바란다. 자, 이제 어떻게 하면 여러분의 면담 기술을 향상시킬 수 있을지 생각해 보자.

1. 다양한 자료를 많이 읽으라 사회학, 심리학, 인류학, 철학 관련 자료를 통해 인간이 어떠한지 알아보라. 물론 이는 일생에 걸친 프로젝트이며, 언제나 우리가 탐구하고자 하는 것에 대해 새로운 지평을 연 개척자가 있기 때문에 흥미를 느낄 것이다.

2. 다양한 사람의 말에 주의를 기울이라 사람들의 꿈, 논리, 통찰력(혹은 통찰력의 부족), 불만을 주의 깊게 들으라. 다른 사람의 예를 따라 해 봄으로써 사람들이 생각하고 말하는 방식에 익숙해지라(Least-Heat-Moon, 1982; Terkel, 1980, 1986, 1993, 2001).

3. 언어병리학과 청각학을 전공하는 이질적인 소규모의 학생 그룹을 형성하라 특히 여러분의 자아개념, 장점과 약점, 사람에 대한 반응, 부모나 여타 어른과의 관계와 관련하여 민감도 및 가치의 명료화 훈련을 시행하라(Kaplan & Dreyer, 1974). 다른 사람을 도우려면 먼저 자신의 약점과 잠재적인 맹점을 알아야 하며, 이를 합리적으로 조절할 수 있어야 한다.

4. 자기인식의 정도를 평가하라 자신의 행동방식이 본인이 돕고자 하는 사람에게 영향을 끼치므로 이를 이해하고 자기인식 능력을 가질 필요가 있다. 자기인식이란 자신의 개인적인 사고, 행동, 행위들이 다른 사람에게 미치는 영향을 스스로 이해하도록 돕는 상호작용에 대한 태도이다. 자기인식을 통해서 다리를 태워 버리기보다는 건설

하여 대상자들과 더 나은 관계를 만들 수 있다. 자기인식은 개방적인 마음과 자아성찰을 통해 개발될 수 있다(기술이므로). 이를 위해서는 의식적인 노력이 있어야 할 것이다. 자신을 알고 다른 사람에게 어떤 영향을 미치는지를 이해하여 이를 바탕으로 다른 사람들과의 상호작용을 끌어가는 이면에 힘과 용기가 필요하다는 것을 간과해서는 안 된다.

    5. 면담 준비를 위해 역할극을 하라   전형적인 몇몇 면담 상황, 예를 들어 내켜 하지 않는 부모, 실어증 환자의 배우자, 적대적인 아버지를 설정하고 동료 앞에서 역할극을 해 보라. 다른 역할도 가정하여 상호작용에 대하여 논의하고 상황을 재연해 보라. 역할극 이전에 면담의 목적을 적고, 면담자가 목적을 얼마나 효율적으로 달성하였는지 스스로 혹은 동료들이 판단하게 하라. 면담이 잘못되었다든가, 반응이 효율적이지 않았다고 느낄 때마다 면담에서 사용할 수 있는 다양한 다른 방법이 있는지 찾아보라. 이러한 과정에서 초보 면담자의 적절한 반응 목록이 늘어나게 된다. 쉬는 시간에도 혼자서 여러 가지로 역할극을 할 수 있다. 수업 시작을 기다리거나, 불이 꺼지거나 기다리는 동안에 자주 다양한 면담 상황에 있는 우리 자신을 상상하며 다양한 말과 프로브 등을 탐색할 수 있다.

    6. 여러분의 첫 면담을 기록하고 임상 감독자나 동료와 함께 그 과정을 주의 깊게 분석하라   면담능력 체크리스트(checklist of interviewing competencies; [그림 2-2] 참조)를 사용하여 여러분의 진단 면담을 평가하라. 체크리스트에 기술된 모든 상세한 내용을 기억하는 초보 임상가는 분명 없다. 한 번에 한두 가지만 연습하고 서로에게 건설적인 피드백을 주라.

    도전 과제와 함께 이 장을 마무리하고자 한다. 앞에 제시한 면담 접근법을 활용하고 오류, 즉 여러분이 적용하지 않은 것을 찾으며 여러분 자신의 방법을 발전시키라. 우리는 여러분에게 초석을 제공했다. 그것을 이용하여 디딤돌을 만들 수 있겠는가?

면담자: _____　날짜: _____

대상자/응답자: _____

I. 대상자 안내
　A. 편안한 응대(코트, 의자 등)
　B. 적절하게 대화를 이어 가는 말
　C. 목적 및 절차 설명
　D. 역할 구조화

II. 대화 시작
　A. 행동에 대한 주의(수용적 태도 보여 주기)
　　1. 편안하고 자연스러운 자세
　　2. 적절한 눈 맞춤
　　3. 대상자의 언급에 대한 반응(재진술, 대상자의 메시지 재확인)
　B. 대화 환영의 표시(개방형 질문)
　C. 말을 이어 가는 데 방해되지 않는 정도의 격려
　　1. 구어("예." "그렇군요." 등)
　　2. 비구어(고개 끄덕이기, 대상자 쪽으로 몸 기울이기)
　D. 현재 문제에 대한 개괄적인 정보 수집

III. 질문 및 기록
　A. 순서에 맞는 순차적 질문
　B. 면담을 방해하지 않을 정도의 기록

IV. 능동적 경청
　A. 감정 반영(공감적인 진술)
　　1. 감정 확인
　　2. 내용 확인
　B. 감정 및 전달 내용의 정기적인 요약

V. 비구어 단서 모니터링
　A. 진단자의 단서
　B. 대상자의 단서

VI. 정보 제공 기술의 사용
　A. 정보 전달
　　1. 내용
　　2. 방식 및 언어
　B. 질문에 대한 적절한 반응
　C. 적절한 유머나 대화를 이어 가는 말

VII. 면담 종료
　A. 결과 요약 및 재검토
　B. 권고
　C. 지지하는 말

VIII. 정보 분석
　A. 대상자의 표현, 생각의 연합, 불일치 및 생략으로부터 얻은 주요 주제
　B. 보고서 쓰기

[그림 2-2] 면담능력 체크리스트

주의: 이 체크리스트는 초보 면담자의 수행을 모니터링하는 것을 돕도록 고안되었다. 자가평정 방법으로 사용하거나 감독 피드백 양식으로 사용할 수 있다.

결론 및 자기평가

이 장의 내용이 언어병리학을 전공하는 학생과 다양한 세팅에서 일하는 동료들에게 도움이 되기를 바란다. 그러나 책만 읽어서는 면담에 능숙해지지 않는다. 또한 의사소통 관련 지식으로 면담 능력이 강화되는 것도 아니다. 제시한 면담 접근법을 지속적으로 탐구하고 실험하는 데에는 수년이 걸린다. 대상자와 부모 덕에 더 나은 방법을 계속 탐색하게 된다.

이 장을 읽은 후 다음의 질문에 답할 수 있어야 한다.

- 대상자 정보 수집에 지필 기법만 이용할 때 어떤 제한점이 있을 수 있는가?
- 진단 면담이란 무엇인가?
- 효과적인 진단 면담을 방해하는 세 가지 요인은 무엇인가?
- 진단 면담 시 세 가지 주요한 목표는 무엇인가?
- 면담 동안 흔히 묻는 질문 유형은 무엇인가?
- 진단 면담 동안 하지 말아야 할 것은 무엇인가?
- 임상 면담에서 흔히 사용하는 세 가지 기법은 무엇인가? 이것들이 서로 어떻게 다른가?

제3장
진단평가와 심리측정

이 장을 읽고 나면 다음을 설명할 수 있다.

- 규준참조검사와 준거참조검사의 차이
- 타당도의 정의 및 유형
- 신뢰도의 정의 및 유형
- 중앙집중 경향
- 공식 검사에서 측정되는 측정치의 종류
- 표준화 검사의 민감도와 특이도 평가
- 표준화 검사를 사용할 때 흔히 하는 실수
- 다른 문화권의 대상자를 평가할 때 고려해야 할 요인

　　다음을 고려하라. 의사소통장애의 평가를 위해 사용할 표준화 검사의 구입에 관심을 돌려 보자. 표준화 검사는 다음과 같은 문제가 있을 수 있다.

- 검사자 간에 정반응과 오반응에 대한 의견 일치가 어렵다.
- 검사를 할 때마다 대상자의 수행이 다른 것 같다.
- 치료나 진단의 의사결정에 필요한 의사소통 측면에는 정작 초점을 두지 않는다.
- 어떻게 검사를 진행하고 결과를 해석하는지 검사 설명서가 모호하다.
- 정작 평가하고자 하는 그 과정은 검사하지 않는다.
- 특정 지역, 특정 계급, 적은 수의 정상 아동으로 규준이 만들어졌다.

• 장애가 있는 사람과 그렇지 않은 사람을 적절하게 구분하지 못한다.

이런 도구라면 타당도와 신뢰도가 거의 없으므로 아무도 구매하려 하지 않을 것이다.

의사소통장애 검사가 이렇게 많은 단점이 있단 말인가? 불행히도 우리 분야의 **많은** 검사가 앞에서 열거한 문제를 안고 있다(Huang, Hopkins, & Nippold, 1997; McCauley & Swisher, 1984a, 1984b; McFadden, 1996; Muma, 1983, 1984, 2002; Muma, Lubinski, & Pierce, 1982; Plante & Vance, 1994; Spaulding, Plante, & Farinella, 2006)! 검사 개발자는 분명 유용한 도구를 만들겠다는 생각으로 시작한다. 그러나 검사 개발자는 개념상 그리고 심리측정상 한계에 부딪히더라도 일반적으로 전체 계획을 버리지 못한다. 검사가 부적절하더라도 개발에 들인 엄청난 노력 때문에 문제가 있어도 출판사에 넘긴다. 그러므로 어떤 도구이든 간에 구매 전에 소비자가 심리측정적 적절성을 철저하게 평가해야 한다. 부적절한 검사의 구매는 돈 낭비일 뿐만 아니라 더 중요한 것은 시간 낭비이기 때문에 우리는 검사도구를 평가할 수 있도록 교육받아야 한다. 부적절한 검사의 구매와 사용은 임상가뿐만 아니라 대상자에게도 영향을 미친다. 대상자도 이 검사를 받는 데 돈을 지불하고 시간을 할애해야 한다. 게다가 심리측정적으로 나쁜 도구로 검사하면 대상자를 잘못된 진단, 진단명, 치료로 인도할 수 있다. 표준화 검사의 심리측정적 적절성은 중요한 문제이고, 진단평가 교재에서 꼭 다루어져야 할 내용이다.

대상자가 말-언어평가를 받으러 왔을 때 가장 중요한 평가 목적은 중재를 통해 문제가 경감될 수 있을지의 여부라는 점을 기억해야 한다. 따라서 우리가 선택하는 공식 혹은 비공식 검사가 대상자가 문제라고 하는 점을 측정하는지, 그리고 제시된 문제 영역에서 강약점을 확인할 수 있는지 살펴볼 필요가 있다. 평가 과정 동안의 대상자 행동만을 평가하고 표집하고 있다는 것을 기억하는 것 또한 중요하다. 평가는 체계적인 일련의 절차를 사용하여 관심 있는 행동을 표집하거나 관찰하는 과정이다(Anastasi, 1997). 행동 전체를 모든 주어진 맥락에서 평가하는 것은 거의 불가능하다. 따라서 우리의 평가는 특정한 행동, 기술, 능력을 관찰하거나 표집하는 것이다. 언어치료전문가(Speech-Language Pathologist: SLP)로서 우리가 할 일은 평가 과정 동안 얻은 관찰과 표본이 대표적인지 확인하는 것이다. 예를 들어, 치료실에서 대상자가 300발화 동안 유창하였던 것이 모든 사람과 모든 상황에서 대상자가 유창하다는 것을 대표한다고 볼 수 있을까? 실제로 의사소통 상황에 따라 극적으로 다를 수도 있기 때문에 아주 일부분만 살짝 본 것일 수 있다.

일반적인 검사의 유형

행동을 표집하기 위해 흔히 우리가 시도하는 방법은 표준화 검사와 비표준화 검사를 실시하는 것이다. 같은 방식으로 모든 대상자를 평가하고 채점하는 경우 표준화 검사로, 평가된 사람들 간에 평가되는 방식이나 채점이 다를 때 비표준화 검사로 간주한다. 표준화의 장점은 실시 및 채점 절차가 일치하기 때문에 대상자들 간의 비교가 보다 신뢰롭다는 것이다. 표준화 검사에서 대상자들의 수행차는 채점과 평가 절차로 인한 차이보다는 관찰된 행동의 차이를 반영할 가능성이 높다.

표준화 검사에는 두 가지 유형이 있다. 규준참조검사와 준거참조검사이다. 심리측정적 문제를 다룬 대부분의 교재는 규준참조검사(norm-referenced tests)에 초점을 둔다. 규준참조검사는 개발자의 선호에 따라 표준화 검사 또는 공식 검사라고도 불린다. 그러나 검사가 표준화되었다는 말이 규준을 참조한다는 의미는 아니다. 표준화란 검사 시행의 **절차**에 표준이 있다는 의미일 뿐이지 규준이 제공되었다는 말이 아니다. 규준참조검사를 개발할 때, 개발자는 그들이 중요하다(타당하다)고 생각하는 어떤 과제를 만든 후 검사가 사용될 인구를 대표하는 사람 중 많은 사람에게 그 과제를 시행한다. 이 대단위 시행을 통해 개발자는 대단위 표본 집단의 수행을 반영하는 규준 자료를 계산할 수 있다. 누군가에게 이 검사를 실시한다면 그 사람의 점수를 가지고 대단위 표본 집단의 수행에 비해 그 사람의 수행이 어떠한지 알아본다. **규준참조검사**의 목적은 어떤 사람이 집단 평균과 비슷한 점수를 얻는지, 그렇지 못하다면 점수가 평균에서 얼마나 떨어져 있는지 알아보는 것이다. 일반적으로 평균에서 표준편차 1.5나 2 이내에 속하면 '정상 범주'의 수행을 보인다고 할 수 있다. 만약 점수가 평균에서 표준편차 2 이하에 속하면 규준 인구 중 약 5%만이 비슷한 수행을 보이므로 예외적이라고 할 수 있다. 결국 규준참조검사의 주된 목적은 문제가 있는지, 표준 수행과 많이 달라서 정상임을 의심해야 하는지 알아보는 것이다. 언어병리학에서 자주 언급되는 규준참조검사에는 Goldman-Fristoe Test of Articulation-2nd ed(Goldman & Fristoe, 2000); Clinical Evaluation of Language Fundamentals-5th ed(Semel, Wiig, & Secord, 2013), Western Aphasia Battery-Revised(Kretesz, 2006) 등이 있다. 이후 절에서는 이러한 목적을 고려할 때 살펴봐야 할 표준화 검사의 몇 가지 조건을 다루겠다.

심리측정 관련 교재에서 언급되는 또 다른 유형의 검사는 준거참조검사(criterion-referenced instruments)다. **준거참조검사**는 전문 검사, 영역 검사, 객관적 검사, 능력 검사 등 다양한 이름으로 불리기도 한다. 이는 특정 영역에서 대상자의 수행 수준을 알아보기 위해 고안된다. 규준 집단과 비교하여 개인의 점수가 어디에 위치하는지 알아보는 것이 목적이 아니라, 특별한 표준 수행을 할 수 있는지 알아보는 것이 목적이므로 대상자의 수행을 원점수로 해석한다. 어떤 사람이 중재 전에 무엇을 할 수 없었는데 치료 후에는 무엇을 할 수 있는지 서술하는 기능상의 결과가 준거참조의 행동이 되기도 한다. 기능상의 결과는 1장에서 실제 세상에서 환자의 진전을 반영하는 측정치를 개발하기 위한 미국 말언어청각협회(ASHA)와 세계보건기구(WHO)의 계획을 언급할 때 다루었다.

준거참조검사는 규준참조검사와 목적이 다르다. 준거참조검사는 평가 및 치료에서 특정 기술 알아보기와 연관되고 개인의 수행을 강조하는 반면, 규준참조검사는 집단의 유사성에 초점을 둔다. McCauley(1996)는 의사소통장애에서 비공식 준거참조검사의 평가, 선택, 개발을 위한 지침을 제공하였다. 불행히도 우리 분야에는 좋은 준거참조검사가 많지 않다. Rossetti Infant-Toddler Language Scale(Rossetti, 2006), Hodson Assessment of Phonological Patterns-3rd ed(Hodson, 2004), Functional Communication Profile-Revised(Kleiman, 2003)이 그 예이다. 최근 근거기반실제와 기능상의 결과 측정이 강조되고 있으므로 가까운 미래에 준거참조검사가 더 많이 개발되리라 기대한다. 공식 검사의 대부분이 규준을 참조하고 있기에 이 장의 나머지는 이 유형의 검사에 대해 이야기할 것이다.

검사 및 측정의 기초

어떤 검사가 적절하게 규준화되고 표준화되었다고 해서 그것이 반드시 적절하고 적합한 심리측정도구라는 것을 의미하는 것은 아님을 알아야 한다. 아주 완전한 평가 절차와 규준을 가진 검사라도 질이 매우 낮을 수 있다. 그렇다면 검사가 가치가 있는지 혹은 우리가 표집하고자 하는 행동을 '온전하게 측정하는지' 어떻게 판단할 것인가? 검사의 타당도와 신뢰도를 고려할 필요가 있다. 표준화 검사도구만 심리측정의 적절성을 측정하는 것은 아니라는 점을 지적하고 싶다. 많은 임상가가 심리측정의 원칙을 표준화된 규준참조검사에만 관련짓지만, 우리는 의사소통장애에서 사용하는 비공식 측정 혹은 기술 측정의 대부분에도 상당한 오류가 있다고 생각한다. 표준화 검사를 사용하지 않는다고 타당도와 신뢰도를 점검할 책임이 줄어드는 것은 아니다. 심리측정의 엄격함은 표준화 검사만큼 비공식 평가 절차에도 적용될 수 있다. 비공식 절차 또한 타당하고 신뢰할 만한 정도에 따라 다양할 수 있다.

타당도

타당도(validity)란 측정하고자 계획한 것을 실제 측정하는 정도를 말한다. 타당도는 검사 목적과 관련이 높기 때문에 같은 검사라도 어떤 목적으로는 타당하지만 다른 목적으로는 타당하지 않을 수 있다. 우리가 아동의 언어 이해력을 검사한다면 그 목적을 수행하는 검사를 선택해야 한다. 그러나 언어 이해력이 아닌 다른 것을 측정한다면 그 검사는 타당하지 않다. 의사소통장애 분야에서 평가하는 수많은 행동은 매우 복잡하고 다양한 체계를 포함하고 있다. 예를 들어, 언어는 많은 영역(의미, 구문, 형태, 음운, 화용)을 포함하고 다양한 체계(인지, 사회성, 심리, 신경언어 등)에 영향을 받는다. 그런데 '언어 능력' 검사에서 20분 동안 모방, 그림 이름 대기, 사진 고르기의 과제를 시행하고 채점하였다고 진정한 언어 능력의 전체를 파악한 것은 아니다. 아주 복잡한 언어체계를 파악하는 데 몇 개의 과제, 그것도 온통 부자연스럽고 정상적인 언어 사용과는 무관한 과제로 아동의 능력을 판단해야 한다. 이것은 심장전문의가 환자의 심박에 대한 느낌만으로 심장 상태에 대한 임상적 판단을 내리는 것과 같다. 이러한 판단은 타당하지 않으며, 만약 심장 기능을 자세히 평가할 수 있는 기술이 있다면 더욱 그러하다. 여기서 중요한 것은 복잡한 행동을 관찰할 때 검사의 타당도가 없다면 우리는 웃음거리가 된다는 사실이다. 검사 항목이 신뢰도가 있다 하더라도 이는 관련 없는 측면을 신뢰할 만한 방식으로 살펴보는 방법만을 개발한 것이기 때문에 타당도의 문제와는 관련이 없다. 여러 저자가 타당도가 부족한 검사의 실시는 도덕적 문제를 야기한다고 밝힌 바 있다(Messick, 1980; Muma, 1984). 이런 검사를 사용한다면 우리는 시간과 돈만 낭비하는 것이 아니라 대상자에 대해 잘못된 판단을 내릴 수 있고, 그 결과 잘못된 목표를 선정하거나 더 심각하게는 부적절한 프로그램에 대상자를 배치할 수 있다.

타당도를 논할 때 구성 타당도, 내용 타당도, 준거 타당도라는 세 가지 유형에 초점을 둔다. **구성 타당도**(construct validity)는 검사가 이론적인 구성요소나 특징을 측정하는 정도를 말한다(Anastasi, 1997, p. 126). 이 유형의 타당도를 얻으려면 "간접적인 증거와 추론에 근거하여 검사를 만들어야 한다."(Salvia, Ysseldyke, & Bolt, 2010, p. 68) 그러므로 어떤 의사소통장애 영역의 검사라도 이론적으로 검사하려는 근본적인 구조를 반영해야 한다.

두 번째 유형은 **내용 타당도**(content validity)다. 일반적으로 내용 타당도는 "검사 내용을 자세히 살펴봄으로써 얻어진다. 본질상 이런 종류의 검사는 판단에 근거하며 내용이 무엇이 되어야 하는지 분명히 정의하도록 요구한다. 내용 타당도에서는 포함된 항목 유형의 적절성, 항목 표본의 완벽성, 항목이 내용을 평가하는 방식이라는 세 가지 요인을 알아본다."(Salvia & Ysseldyke, 1981, p. 102) 일반적으로는 내용 타당도를 알아보기 위해 검사 내용에 대한 전문가의 판단을 포함시킨다.

마지막 유형의 타당도는 **준거 타당도**(criterion-related validity)이며, 이는 같은 행동을 측정하는 다른 검사(즉, 준거)와 관련되는 정도를 말한다. 준거 타당도에는 공인 타당도(concurrent validity)와 예측 타당도(predictive validity)의 두 유형이 있다. **공인 타당도**는 한 검사의 개인 점수가 현재의 다른 검사 점수, 즉 일반적으로 관련 분야의 다른 검사 점수의 예측에 사용될 수 있는지 측정한다. **예측 타당도**는 한 검사의 개인 점수가 미래의 다른 검사 점수를 예측할 수 있는지 측정한다. 그러나 또 다른 중요한 변수는 준거 타당도 측정에 사용한 검사의 타당도와 신뢰도이다.

검사도구의 전체적인 타당도 측정을 위해서는 이 세 가지 타당도를 모두 사용하는 것이 이상적이다. 그러나 어떤 검사 개발자는 세 유형의 타당도가 똑같은 가치가 있어서 서로 대체 가능하므로 하나 또는 두 유형의 타당도만으로도 검사의 타당도를 알아보는 데 충분하다고 믿는 경향이 있다. 그러나 그렇지 않다. 제일 중요한 타당도는 구성 타당도다. 권위자들은 구성 타당도가 검사 개발의 **핵심**이라고 말한다(Messick, 1975, 1980; Muma, 1985). Muma(2002)는 구성 타당도를 아주 훌륭하게 요약하면서 지금 사용되고 있는 언어 검사를 검토하였을 때 대부분이 구성 타당도가 부족하다는 점을 밝혔다. 우리는 이것이 우리 분야의 표준화 검사의 심각한 문제라는 데 동감한다(특히 언어와 음운). 다시 한 번 말하지만, 실제 의사소통에 대한 자세한 분석을 대체할 것은 아무것도 없다. 심리측정의 적절성에서 가장 중요한 문제가 타당도이므로 이 장에서 심리측정적 배경과 분리하여 제일 먼저 살펴보았다. 검사가 얼마나 인기가 있고, 얼마나 실시하기가 쉽고, 얼마나 통계가 대단한지는 전혀 중요하지 않다. 검사의 타당도가 결여되어 있다면 그것은 쓸모없는 빈껍데기에 불과하다.

타당도는 비공식 절차에서도 고려할 필요가 있다. 예를 들어, 연인두부전을 보기 위해 호루라기를 불어 시간을 측정하여 연인두 폐쇄의 지표를 얻을 수 있다. 이렇게 측정하면 두 명의 임상가가 초시계로 호루라기 분 시간을 측정하였을 때 일치하여 신뢰도가 높을 수 있다. 대상자가 같은 방식으로 여러 번 불었을 때 각 시도의 불기 시간이 꽤 일치하여 신뢰할 만할 수도 있다. 그러나 문제는 타당도이다. 우리는 호루라기 불기가 말하는 동안 연인두 폐쇄의 유지를 위해 필요한 모든 능력과 관련되지는 않는다는 것을 알고 있다. 검사가 타당하지 않다면 신뢰도는 쓸모가 없다.

💬 신뢰도

신뢰도(reliability)는 공식 및 비공식 측정에서 중요한 개념이다. 누군가 타당한 규준 참조검사를 개발했을 때, 서로 다른 검사자가 비슷하게 사용하고 대상자가 어떤 때라도 일관되게 수행하는지를 검사 개발자가 나타내지 못한다면 그 검사는 쓸모없는 것이다. 우리가 비공식적으로 관찰하고, 수량화하고, 시간을 재는 많은 행동은 명확하게 정의되지 않아 종종 신뢰도가 결여된다. 두 검사자가 같은 행동을 관찰하고 유사한 방식으로 부호화해야 일치도가 높아진다. 우리가 평가하는 많은 행동이 순간적인 것들이고(음소, 비유창성, 얼굴 찡그림, 후두의 긴장도, 경미한 고개 돌림 등), 혹은 잘 정의되지 않아 주관적이어서(음도 변화, 주제 전환, 응결성 부족, 음질 변화, 강세 변화, 명료도, 중증도 등) 비공식 절차로 평가하는 것이 어렵다. 비공식 절차를 이용할 때 이러한 문제에 주의를 기울여야 한다. 그래야 시간이 지나도 해당 측정이 치료 목표의 지표로서 재현될 수 있다. 비공식 절차에 타당도와 신뢰도가 없다면, 이는 대상자의 행동에 대해 거의 말해 줄 것이 없는 사람이 주관적으로 판단한 것에 지나지 않는다. 다음에서 신뢰도의 유형에 대하여 논의하도록 하겠다.

판단자간 신뢰도

판단자간 신뢰도(interjudge reliability)는 대상자의 반응 빈도나 유형에 대한 두 명의 독립된 판단자의 일치를 의미한다. 거의 모든 임상가가 어려운 사례에 대해 다른 SLP에게 물어본 경험이 있을 것이다. 또한 이상 특질을 제대로 판단했는지 묻기도 한다. 음질 요인, 명료도, 혹은 화용 능력에 대해 다른 사람의 의견을 구하기도 한다. 말더듬 대상자가 다양한 복합 회피 행동을 보일 때 자신이 맞게 평가했는지 동료에게 자세히 봐 달라고 한다. 어떤 경우에는 표준화 검사에서도 설명서에 자세히 나와 있지 않아서 자신이 임의적으로 사용해 온 채점 방법에 대해 다른 사람의 의견을 묻는다. 이 모든 것이 판단자간 신뢰도와 관련된다.

진단평가에서 아동과 성인에게 요구하는 반응의 유형도 다양하다. 어떤 반응은 비교적 간단하여 두 명의 판단자가 쉽게 동의한다. 예를 들어, 청각적 모델을 들려주고 4개의 그림 중 하나를 짚어 보라고 하면(예: "'뛰어요' 짚어 봐.") 모든 판단자가 대상자의 반응이 맞았는지 틀렸는지에 대해 판단하는 것이 일치할 것이다. 그러나 어떤 반응은 분명치 않을 수 있다. 예를 들어, 왜곡된 /s/나 /r/ 음소의 빈도는 일치하기 쉽지 않다.

대상자가 처음에 틀리게 반응했다가 자가수정할 때 그 반응을 맞았다고 할지 결정하기가 어려울 수 있다. 검사에 자가수정 반응을 정반응으로 받아들이는지에 대한 지침이 제공되어 있는가? 비공식 과제에서는 상징놀이를 한 시간처럼 어떤 행동에 대해 일치된 판단이 어려운 경우가 많다. 이에 대해 두 판단자가 일치하려면 상징놀이에 대한 적절한 조작적 정의가 필요하고, 이 놀이의 시작과 끝 지점에 대한 기준이 필요하다. 관찰 가능성, 정의, 주관성에 따라 판단자 간의 일치 정도는 달라질 수 있다. 판단자의 관찰이 일치되지 않는다면 검사나 절차를 신뢰할 수는 없다. 판단자간 신뢰도를 감소시키는 요인은 다음과 같다.

- **불완전하거나 모호한 정의**: 횟수를 세고, 시간을 재고, 관찰하고, 해석해야 하는 행동이라면 그 행동이 적절하게 정의되어 있어야 일치된 판단을 할 수 있다. 예를 들어, 언어장애 대상자의 치료 목표가 문제 행동의 감소라면 문제 행동에 대한 구체적인 정의가 필요하다. 성질부리는 것만 문제 행동에 포함시키는가 혹은 물건 던지기, 울기, 반복적인 소리 내기, 과제 참여 거부하기도 문제 행동에 포함시키는가? 아주 자세한 정의가 없다면 두 검사자는 큰 불일치를 경험할 것이다. 때로는 검사자가 선택한 조작적 정의가 보편적이지 않을 수 있는데, 이는 측정의 **타당도**에 영향을 미친다. 그러나 다소 정의가 불완전해도 조사할 행동을 제한하면 신뢰도를 높일 수 있다. 측정이 공식적인 표준화 검사이든, 비공식적인 평가 측정이든 상관없이 판단자간 신뢰도는 검사의 심리측정적 적합성에 결정적 요인이다. 공식 검사에는 판단자간 신뢰도에 대한 자료가 있어야 한다. 검사 설명서는 채점할 행동에 대한 자세한 정의를 포함해야 하고, 검사자가 정반응인지 오반응인지

해석하기 어려울 만한 반응에 대해 가능한 한 충분한 지침을 제공해야 한다. 어떤 검사(Porch, 1981)는 검사자의 반응을 단지 정확성만으로 판단하지 않고 반응이 나타난 방법과 수용 가능성 수준으로 판단하는 다차원 채점체계를 취한다. 채점 체계가 복잡한 경우, 검사 개발자는 검사 시행을 위한 훈련 과정을 밟도록 권하기도 한다. 대상자 반응에 대해 많은 판단과 판단의 일관성이 요구되는 지능검사의 경우 이런 훈련 과정이 정기적으로 열린다.

- **훈련 부족**: 어떤 절차가 신뢰성이 있으려면 판단자는 자료의 관찰, 코딩, 해석에 대해 비슷한 훈련을 받아야 한다. 대부분의 연구자는 신뢰도 점수를 계산하기 전에 때로는 수 시간에 걸친 훈련을 받고 신뢰도를 판단한다. 어떤 절차를 사용하기 전에 바른 검사 방법을 배우고 이를 연습하는 것이 바람직하다.

- **연습 부족**: 신뢰도는 연습과 함수관계에 있다. 공식 검사와 비공식 평가 측정을 효과적으로 실시하고 채점하려면 연습이 필요하다. 특정 검사나 측정에 경험이 많은 판단자와 그렇지 못한 판단자 사이에는 신뢰도가 낮게 나타난다. 연습을 많이 할수록 우리의 의사결정은 더 체계적이고 일관적이 된다.

- **반응의 복잡성**: 일반적으로 반응이 복잡할수록 신뢰도가 떨어진다. 낮은 신뢰도를 보이는 전형적인 예로 정밀 전사를 들 수 있다. 섬세한 작업일수록 적절한 신뢰도 확보가 어려워진다. 아동의 자발화 표본으로 음운 분석을 할 때 두 임상가 사이에 얼마나 많은 불일치가 일어날 수 있는지 상상해 보자. 첫째, 표본의 전사에 불일치 오류를 보일 가능성이 있다. 둘째, 전사 자료에서 특정 오류의 확인에 불일치 오류가 있을 수 있다. 셋째, 아동의 표본을 설명하는 음운 변동이나 특이한 규칙의 목록 작성에 오류가 있을 수 있다. 마지막으로, 표본에 나타난 각 규칙의 출현 빈도나 출현율 계산에 오류가 있을 수 있다. 분석 결과는 혼란 투성이일 수 있다. 임상가가 의사를 결정할 때 충분한 지침이 제공되어야 신뢰도가 높아지며, 결정이 덜 복잡할수록 신뢰도가 높아진다. 이러한 이유로 음운 분석을 위한 특별한 지침과 정의가 개발되기도 하였다(Ingram, 1981; Shriberg & Kwiatkowski, 1980).

- **실시간 채점 대 녹음자료 분석**: 검사를 하면서 하는 채점은 녹음이나 녹화 자료를 재생하여 행동을 재차, 삼차 확인할 수 있는 채점보다 더 어렵다. 녹화 자료를 이용한 채점이 더 신뢰성 있을 수 있다. 빠르게 지나가는 행동은 정확히 관찰하기가 어렵고 또 관찰했더라도 기록지에 적을 시간이 없기 때문이다(그러다 보면 정확히 관찰하기 어렵게 된다).

신뢰도를 계산하는 방법에는 여러 가지가 있다. 하나는 신뢰도 계수 또는 상관계수라고 불리는 통계적 절차를 이용한다(Hegde, 1987; Salvia, Ysseldyke, & Bolt, 2010). 일반적으로 공식 검사에서는 이 상관계수를 계산하여 측정치가 높아지고 낮아지는 것이 대체로 일치하는지 알아본다. 표준화 검사에서 검사자 간에 높은 일치도를 나타내려면 판단자간 상관계수가 .90 이상은 되어야 한다. 예를 들어, 4명의 대상자에게 판단자 A가 89, 62, 53, 36의 점수를 주고, 판단자 B가 90, 60, 50, 35의 점수를 줬다면 대체적으로 점수가 일치하며 상관계수는 .99로 계산된다. 신뢰도 계수가 1.0에 가까울수록 신뢰도가 높다. 어떤 신뢰도 계수는 검사자 판단의 변화를 계산한다(예: 급내 상관, Winer의 신뢰도 계수).

어떤 경우에는 단순상관계수(예: Pearson 상관계수)가 신뢰도 평가에 효과적이지 않다(Bartko, 1976). 앞의 예에서는 A와 B 판단자의 점수가 높고 낮은 경향이 일치하고 점수 차도 크지 않지만(3점 이내) 어떤 대상자에 대해서도 일치된 점수를 보이지 않았다. 일반적 반응의 경우 이런 신뢰도 유형을 받아들일 수 있지만, 특별한 행동에 대한 통찰을 얻는 데에는 너무 일반적인 측정법이다.

특정 조음 오류를 계산한다고 해 보자. 여기서는 오류 유형에 대한 일치가 중요하다. 그리고 똑같은 조음에 오류가 있다고 판단하는 것이 중요하다. 다음과 같은 시나리오가 있을 수 있다. 어떤 아동에게 10개 단어를 산출하도록 하고 두 판단자가 오조음을 세었다. 두 판단자 모두 5개를 오조음했다고 채점했다. 두 판단자가 많은 대상자에 대해 이런 식으로 동일한 결과를 얻었다면 완벽한 일치(상관계수 1.0)를 보인 것이 된다. 그러나 자세히 살펴보니 판단자 A는 첫 5개 단어에 오류가 있다고 했고, 판단자 B는 마지막 5개 단어에 오류가 있다고 했다면 **어떤** 오조음에서도 일치된 판단을 하지 않은 것이다. 단지 오조음의 총 개수만 일치했을 뿐이다.

이 예를 볼 때 **일대일**(point by point) 또는 **정확 일치도**(percent exact agreement)라는 신뢰도 측정 방법이 중요하다는 것을 알 수 있다. 이 신뢰도 산출 방법은 다음과 같다.

$$\chi = \frac{\text{일치한 항목 수}}{\text{(일치+불일치)한 항목 수}} \times 100$$

즉, 정확히 일치한 항목 수를 세고 이 수를 전체 항목 수(일치 및 불일치 항목 수의 합)로 나눈 후 100을 곱하여 정확 일치도를 구한다. 이렇게 하면 정확히 똑같이 판단한 행동이 얼마나 되는지 알 수 있다. 어떤 임상가라도 이 간단한 공식을 이용하여 진단이나 치료에서 임상적으로 중요한 행동에 대해 판단자간 신뢰도를 구할 수 있다. 대상자의 행동 빈도를 제대로 인식하고 있는지 아니면 자신이 속고 있는지 한 번씩 점검하는 것이 바람직하다. 이 유형의 신뢰도는 주관성 때문에 오류를 보이기 쉬운 행동에 유용하다. 불행히도 의사소통장애에서는 이런 행동을 중요하게 측정해야 하는 경우가 많다.

검사-재검사 신뢰도

어떤 행동은 시간이 흘러도 변함이 없다. 대상자에게 언어 이해를 검사할 때 오늘의 수행이 내일의 수행과 비슷하다고 가정한다. 이번 주의 음성이 다음 주에도 지속되리라 예상한다. 만약 행동에 일관성이 없다면 치료의 정당성을 주장하기 힘들 것이다. 분명 어떤 장애에서는 행동의 변동 폭이 크다(예: 유창성장애, 피로 정도에 따라 달라지는 음성 문제). 그러나 어떤 장애에서는 상당히 일관된 출현을 기대할 수 있다(예: 조음 오류, 언어 오류). 대상자의 의사소통에 지속적인 어려움이 있다는 가정하에 특정 오류에 대한 검사가 개발될 수 있을 것이다. 실어증 환자가 매주 극적으로 다른 수행을 보인다면 목표가 계속 바뀔 것이므로 치료 프로그램을 만들 수 없다. 암의 조직 검사 결과가 매일 다르다면 이 결과는 무용지물이다. 검사-재검사 신뢰도(test-retest reliability)는 하나의 검사를 서로 다른 두 시점에 실시하여 일치도를 측정하는 것이다. 이로써 검사 득점과 재검사 득점의 안정성을 평가한다. 두 득점이 유사할수록 검사는 더 신뢰할 만해진다. 1.0에 가까운 신뢰도 계수는 특정 과제에서 안정된 수행이 나타남을 의미한다. 일대일 절차를 사용하여 어느 날 보인 오류가 다른 날 보인 오류와 비슷함을 알아볼 수도 있다. 검사-재검사 신뢰도의 단점은 **연습효과**가 있다는 점이다. 평가 받는 사람이 검사에 익숙해져 과거에 실시했던 검사의 답을 기억하여 대답할 수 있다. 어떤 방법을 사용할지는 대상자의 수행을 얼마나 자세히 평가하는지에 달려 있다.

반분 신뢰도(split-half reliability)

많은 공식 검사 개발자는 검사 항목 간의 내적 일관성을 평가하고자 한다. 이것은 전체 검사 항목을 반으로 나누어 구할 수 있다. 각각의 점수가 일치하고 신뢰할 만한 경향이 있는지 알아본다.

검사 해석을 위한 배경지식

표준화 검사를 검토하려면 측정에 대한 몇 가지 기본 개념을 알아야 한다. 우리가 사용하는 검사에 거의 나타나지 않는 개념(예: 최빈치, 중앙치, 사분위수 범위, 그래프 종류, 첨도, 왜도)은 여기서 다루지 않을 것이다. 그렇다고 해서 이런 개념의 가치를 과소평가하라는 뜻은 아니다. 단지 의사소통장애와 관련된 검사를 해석하는 데 유용한 측면을 논의하고자 한다. 이 개념에 대한 더 자세한 설명은 다른 출처를 찾아보기 바란다(Anastasi, 1997; Salvia, Ysseldyke, & Bolt, 2010).

중앙집중 경향, 분산 및 정규분포곡선

검사를 하면 하나 이상의 점수를 얻는다. 이 점수는 같은 검사를 받았던 다른 사람과의 비교를 통해 해석된다. 공식 검사에서 가장 많이 사용되는 중앙집중 경향은 규준집단의 **평균** 또는 산술 평균이다. 이는 표준화 표본의 모든 점수를 더한 후 표본의 수로 나누어 계산한다. 공식 검사에는 연령집단별로 평균이 계산되어 있어서 이를 기준으로 검사한 아동이나 성인의 점수를 비교한다. 예를 들어, 4세 아동에게 어휘 검사를 실시했다면 이 아동의 점수를 표준화된 절차에 의해 같은 검사를 받았던 4세 아동의 규준 표본과 비교한다. 어떤 검사는 다른 중앙집중 경향(예: 최빈치, 중앙치) 자료를 제시하지만, 가장 많이 보고되는 점수가 평균이고 평균이 임상가에게 가장 의미 있다.

이 외에 규준 자료에서 의미 있게 다루어야 하는 중요한 점수는 규준 표본의 변산성(분산)이다. **분산**(variance)이란 '점수들이 평균으로부터 흩어진 정도를 나타내는 수치'이다(Salvia, Ysseldyke, & Bolt, 2010, p. 35). 분산을 계산하기 위해 먼저 각 사람의 점수가 표본 평균에서 떨어진 정도를 계산한다(예: 점수가 70점이고 평균이 60이면 편차는 10이다). 그리고 이 점수들을 모두 제곱하여 더한 후 대상자의 총수에서 1을 뺀 값으로 나눈 수치가 분산이다. 검사 해석 시 분산은 특별한 의미가 없다. 그 제곱근인 **표준편차**가 해석 가능한 수치이다. 예를 들어, 분산이 25라면 표준편차는 25의 제곱근인 5가 된다. 제곱한 값인 분산 대신 평균과 같은 단위인 표준편차가 해석 가능한 수치이다.

대단위 표본에서 특정 수행에 대한 자료를 얻으면 그 점수들은 통계학자들이 **정규분포곡선**(normal curve)이라고 부르는 형태를 취하는 경향이 있다. 이는 많은 점수가 평균 주변에 모여 있고, 몇몇 점수만이 평균에서 멀리 떨어진 아주 높거나 낮은 양극단에 위치하는 경향을 의미한다. 20~40세 성인 2천 명을 무작위로 뽑아 몸무게를 재서 평균을 구했다면, 대부분의 사람은 평균 주변에 모여 있고 평균에서 극히 떨어진 매우 뚱뚱하거나 매우 마른 사람의 수는 훨씬 적을 것이다. 이러한 상황에서는 해당 인구의 수행을 기술할 때 평균과 표준편차가 유용하다.

[그림 3-1]은 어떤 변수에 대한 사람들의 수행을 이론적으로 나타낸 종 모양의 정규분포곡선이다. 이 곡선이 어휘 검사의 점수를 나타낸다고 가정해 보자. 주목해야 할 중요한 것이 있다. 첫째, 정규분포곡선의 중앙에 위치한 45점은 이 분포에서 평균 수행 또는 평균 점수를 나타낸다. 45점에 가장 긴 선이 그어졌는데, 이는 이 점수를 받은 사람이 가장 많았음(9명)을 나타낸다. 평균의 바로 옆 선은 평균보다 짧은데, 이는 이 점수(40점과 50점)를 받은 사람 수가 평균보다 적었음(8명)을 의미한다. 선이 짧아질수록 그 점수를 받은 사람이 적음을 의미하고, 평균인 45점보다 높거나 낮아질수록 선은 점차 짧아진다. 정규분포곡선의 양 끝에 있는 10점과 80점을 받은 사람은 각각 2명인데 이들을 예외(outlier)라 부른다.

어휘 점수를 나타낸 [그림 3-1]을 다시 보자. 앞에서 45점이 평균이라고 했다. 만약 표준편차가 10이라면 +1 표준편차는 55점, -1 표준편차는 35점에 해당한다. 그리

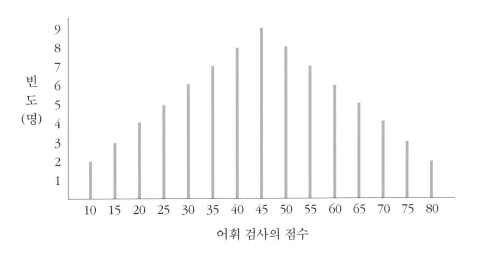

[그림 3-1] 정규분포 자료의 예

고 +2 표준편차는 65점, -2 표준편차는 25점에 해당한다. 이제 정규분포곡선 부분마다 포함되는 사례 비율과 표준편차를 표시한 [그림 3-2]를 보자. 표본 중 약 68%가 표준편차 ±1 내의 점수에 속함을 알 수 있다. 이는 어휘 검사에서 68%의 대상자가 35~55 사이의 점수를 받음을 의미한다. 표준편차 ±2 내의 점수, 즉 25~65의 점수를 받은 사례는 약 96%이고, 표준편차 ±3 내의 점수, 즉 15~75의 점수를 받은 사례는 약 99%다.

이렇듯 특정 인구집단의 특징적인 점수 패턴을 알아보는 데 평균과 표준편차가 사용된다. 평가 관련 문헌에서는 표준편차 -1.5 또는 -2.0 이하에 속하는 점수가 임상적으로 의미 있는 비정상 점수로 간주되는 경우가 많다(Ludlow, 1983; McCauley & Swisher, 1984b). 이 점수는 표준 집단의 95% 이하에 해당한다. 우리는 표준화 검사에서 대상자의 점수를 비교하기 위하여 규준 표본의 평균과 표준편차를 이용할 수 있다. 대상자의 점수가 특정 표준편차(예: -2.0)보다 아래에 위치하면 수행의 정상성이 결여된다고 판단할 수 있다. 이러한 예를 통해서 살펴볼 때 평균과 표준편차에 대한 기본적인 사실을 이해하는 것이 중요하다. 많은 권위자가 앞에 언급한 기준 점수의 사용을 옹호하지만, 어떤 이들(Plante & Vance, 1995; Spaulding, Plante, & Farinella, 2006)은 이런 임의적 지침을 사용하지 말고 임상가가 경험적으로 검사마다 그 지역에서 사용할 기준 점수를 세울 것을 권하기도 한다. 이는 검사마다 정상발달 아동과 장애 아동을 구분하는 능력이 다르다는 연구 때문이다(Plante & Vance, 1995). 아동에게 문제가 있

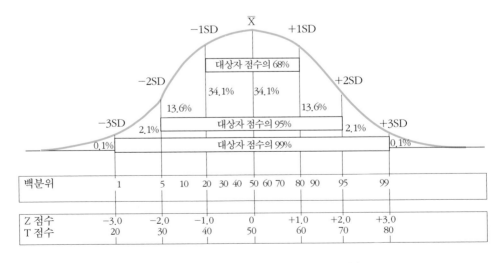

[그림 3-2] 정규분포에서의 백분위와 표준점수

는지 알아보기 위한 검사라면 반드시 변별 타당도(discriminant validity)를 제시해야 한다. 그러나 모든 분포가 정규분포는 아니다. 어떤 분포는 우측으로 편향되거나(높은 점수가 많음) 좌측으로 편향된다(낮은 점수가 많음). 어떤 분포는 편차가 매우 심하거나(첨도가 낮음) 편차가 거의 없다(첨도가 높음). 표준화 검사에 통계적 분석을 적용하려면 표준화 표본의 정규분포 경향이 중요하다. 비정규분포를 보이는 자료를 다루는 데 특별한 논쟁이 많으나 이 책에서는 다루지 않겠다. 여기서는 정규분포 자료와 이 분포의 기술 방법을 분명히 하는 정도에서 그치겠다.

공식 검사에서 보이는 점수 유형

임상가는 표준화된 규준참조검사에서 다양한 점수를 만나게 된다. 첫 번째 유형의 점수는 **원점수**(raw score)이다. 원점수는 여러분이 검사를 채점할 때 얻는 실제 값이다. 원점수는 대상자가 맞힌 문항의 개수인 경우가 대부분이다. 예를 들어, 검사에 75개의 문항이 있는데 대상자가 50개의 문항을 맞히면 원점수는 50이 된다. 어떤 검사에서는 원점수가 맞힌 문항의 개수가 아닌 다른 값일 수도 있다(예: 한 항목이 2점인 경우도 있다). 원점수를 얻으려면 해당 검사의 기초선과 천정점 규칙을 지켜야 한다. **기초선**은 검사를 시작하는 지점으로서, 대상자가 기초선 이전의 항목을 모두 올바르게 반응할 것이라고 가정한다. 그렇기 때문에 기초선 이전의 항목은 실시하지 않고 모두 정반응으로 취급한다. 일단 기초선이 결정되면, 천정점에 도달할 때까지 검사를 실시한다. **천정점**은 대상자가 일정 수의 오반응을 보이는 지점으로서, 검사의 중지점이 된다. 대상자가 천정점 이후의 항목을 모두 오반응을 할 것이라고 가정한다. 예를 들어, 어떤 검사의 경우 정해진 시작점에서 시작하여 연속적으로 두 문항을 올바르게 반응하면 기초선이 확립될 수 있다. 만약 기초선이 정해진 시작점에서 확립되지 않으면, 기초선이 잡힐 때까지 시작점 이전의 문항들을 실시해야 한다. 천정점을 얻으려면 검사 중지 이전에 연속적으로 세 문항에서 오반응을 보여야 한다. 검사마다 기초선과 천정점의 규칙이 다르므로 검사 매뉴얼에서 확인해야 한다. 일단 기초선과 천정점이 결정되면 채점을 하여 원점수를 얻게 된다.

대부분의 표준화된 규준참조검사는 검사 결과 해석과 채점에 사용되는 설명서를 포함하고 있다. 검사 설명서는 보편적으로 원점수를 해석 가능한 점수로 변환한 여러 가지 표를 제공한다. 원점수 자체는 의미가 없다. 예를 들어, 75개 중 50이라는 원점수는 대상자의 점수를 규준 표본의 점수와 비교하는 데 전혀 도움이 되지 않는다. 그 원점수는 대상자가 속한 연령집단의 정상 수행에 해당할 수도 있고 아닐 수도 있다. 그러므로 우리는 반드시 대상자의 원점수를 규준 표본과 비교할 수 있는 값으로 변환해야한다. 원점수를 다른 종류의 점수로 바꿔야 하는 또 다른 이유는 두 개의 다른 검사에서 나온 원점수는 서로 비교가 불가능하다는 점이다. 예를 들어, 한 아동이 어휘 검사에서 75개 중 50개를 맞혀 원점수 50을 얻고 상위언어 검사에서 200개 중 125개를 맞혀 원점수 125를 얻었다면 이 두 검사 결과를 비교하기 어렵다. 그러나 원점수를 어떤 점수로 변환하면 다른 두 점수를 비교할 수 있다.

첫 번째 변환 점수는 **백분위수**(percentile rank)이다. 백분위수는 특정 원점수 이하에 속한 대상자 또는 점수의 백분율을 반영한다. 예를 들어, 어떤 아동이 백분위수 20을 얻었다면 이 점수는 이 아동이 같은 연령집단의 규준 표본 중 20% 이상에 해당하는 점수를 얻었다는 뜻이다. 마찬가지로 어떤 아동이 백분위수 90에 해당한다면 같은 검사를 받은 아동 중 90% 이상에 해당하는 점수를 얻었다는 뜻이다. 다르게 말하면, 규준 표본 중 오직 10%의 아동만이 이 아동보다 더 높은 점수를 받았다는 뜻이다. [그림 3-2]를 보면 백분위수가 정규분포곡선하에 있다고 가정할 때, 백분위수 50은 기본적으로 규준 표본에서 중간 수준의 수행을 나타낸다. 백분위수 10은 평균에서 −1 표준편차보다 약간 낮은 값이다. 앞서 말한 바와 같이, 어떤 권위자는 −1.5 또는 −2 표준편차보다 낮은 수행을 임상적 의의를 지닌 것으로 또는 비정상으로 간주한다. 또 다른 권위자는 아동이 일관되게 −1과 −2 표준편차 사이에 있는 백분위수 10 이하의 수행을 보이면 임상적으로 문제가 된다고 제안한다(예: Lee, 1974). 이와 같이 원점수를 백분위수로 변환하면 각 대상자의 수행을 규준 표본의 맥락으로 바꿀 수 있다. 대상자가 90점의 원점수를 받았다고 하는 것은 의미가 없으나, 백분위수 90에 속한 점수를 받았다고 하는 것은 매우 가치 있는 결과다.

대상자의 원점수를 해석 가능한 자료로 변환하는 또 다른 방법은 **표준점수**(standard score)이다. 임상가가 공식 검사를 실시할 때 알아야 하는 표준점수에는 많은 종류가 있다. 그러나 여기서는 가장 보편적인 **z점수**와 **T점수**만 언급하려고 한다. 표준점수는 원점수를 같은 평균과 표준편차인 점수 세트로 변환한 점수다. z점수의 평균은 0이고 표준편차는 1이다. [그림 3-2]를 보면 z점수가 정규분포곡선에 있는 표준편차와 정확히 일치하는 것을 알 수 있다. 그러므로 −1의 z점수는 정규분포곡선에서 −1표준편차와 같은 곳에 위치한다. z점수는 원점수를 규준 표본의 평균에서 그 점수만큼 빼고 그 결과를 규준 표본의 표준편차로 나누어 구할 수 있다. 일반적으로 검사 설명서에는 임상가가 이런 수학적 계산을 하지 않아도 되게끔 원점수를 z점수로 변환한 표가 포함되어 있다. 대상자의 원점수가 z점수로 변환되면 해석하기가 훨씬 쉬워진다. 예를 들어, 원점수는 규준 표본과 관련되어 있지 않으므로 대상자가 검사에서 59점의 원점수를 받았다고 하는 것은 의미가 없다. 하지만 대상자가 z점수로 −2를 받았다고 하면 [그림 3-2]를 보고 이 점수가 임상적으로 중요한 비정상 수치인 −2 표준편차의 수행과 동일함을 알 수 있다. T점수는 평균이 50이고 표준편차가 10이라는 사실만 제외하면 기본적으로 z점수와 같은 방법으로 작용한다. 그러므로 T점수 30에 해당하는 대상자의 수행은 −2 표준편차와 동일하다.

　마지막 종류의 변환 점수는 **스테나인**(stanine)이다. 표준화 검사에서 원점수를 스테나인으로 변환한 표가 자주 사용되지는 않는다. 스테나인은 범위가 1~9, 평균이 5, 표준편차가 2인 점수이다. 스테나인 점수는 정규 분포가 아홉 부분으로 나뉜 것이다. 1 스테나인은 −1.75 표준편차 이하, 하위 4%에 해당한다. 9 스테나인은 +1.75 표준편차 이상이다. 2에서 9 스테나인까지는 0.5 표준편차 간격이다. 5 스테나인이 평균이며, −0.25~+0.25 표준편차까지이다.

　앞서 언급했듯이, 표준화된 규준참조검사는 임상가에게 특정 대상자의 수행을 해석할 때 사용하는 다양한 점수를 제공한다. 그러나 비록 표준점수가 임상가에게 도움이 된다고 해도 규준 표본 점수의 분포가 정상일 때만 유효함을 기억해야 한다. 백분위수는 정규분포를 필요로 하지 않고 모든 분포에 적용 가능하다. 그러므로 정확하게 이용하고 해석하고자 할 때는 백분위수가 표준점수보다 덜 까다롭다.

연령 및 학년 점수의 함정

　많은 공식 검사는 원점수를 등가연령 또는 등가학년 점수로 변환한 표를 포함한다. 즉, 원점수 50을 받은 9세 아동이 7.5(7세 5개월)의 등가연령 점수를 받을 수 있다. 4학년 아동이 2.2(2학년 2개월째)의 등가학년 점수를 받을 수도 있다. 이 점수들은 발달과 연관 있어 보이기 때문에 자주 현혹된다. 표면적으로 등가연령 및 등가학년은 아동을 그 검사를 받은 또래와 같은 발달 맥락에 놓는 것처럼 보인다. 앞서 말한 9세 아동이 실제로 7.5세 수준이라고 말하거나 4학년 아동이 2.2학년 수준의 수행을 한다고 말하기 쉽다. 그러나 이런 가정은 모두 틀렸을 수 있다. 심리측정적 해석을 다루는 많은 권위자는 등가연령 및 등가학년 점수가 대상자의 수행에 대해 엄청난 오해를 불러일으킬 수 있기 때문에 표준화 검사에서 얻을 수 있는 **가장 쓸모없고 가장 위험한** 점수라고 말한다(Lawrence, 1992; McCauley & Swisher, 1984b; Salvia, Ysseldyke, & Bolt, 2010). 기본적으로 등가연령은 대상자의 원점수를 특정 연령집단의 평균 수행으로 어림한 것이다. 앞서 언급한 예시에서는 9세 아동이 7세 반 아동의 규준 표본 평균과 같은 원점수를 얻은 것이다. 비슷한 관계가 등가학년 점수에도 적용된다.

McCauley와 Swisher(1984b)는 등가연령 및 등가학년 연령에서 일반적으로 보이는 두 가지 문제점에 대하여 말하였다. 첫째, 연령이 증가함에 따라 원점수의 차이가 작아져 신뢰도가 의심스럽다. 생활연령보다 1년 정도 느린 두 아이가 있다고 치자. 둘 다 1년 지체를 보이지만, 어린아이는 10개 항목을 더 틀렸기 때문에, 큰 아이는 3개 항목을 더 틀렸기 때문에 이런 결과가 나왔을 수 있다. 둘째, 등가연령 점수는 동일 생활 연령에 해당하는 아이들에게서 직접 얻어진 것이 아니라 간접적인 방식으로 결정된다. 등가연령은 표본집단에서 연령집단 사이에 내삽(inperpolation)하거나 외삽(extrapolation)하여 간접적으로 결정되기도 한다. 그래서 표본집단의 누구도 아동이 받은 등가연령 점수를 보이지 않았을 수 있다. 이와 같은 심리측정상의 문제는 등가연령에 대한 많은 오해를 가져온다. 무엇보다도, Salvia, Ysseldyke와 Bolt(2010)가 언급한 바와 같이, 등가연령은 '유형학적 사고(typological thinking)'를 가져온다. 그들에 따르면 "평균 12세 아동이란 존재하지 않는다. 아동은 12세 전체 아동 중 백분위수 50에 해당하는 아이이다."(p. 41)

또 다른 오해는 일반인 또는 어떤 전문가조차 등가연령이 7세라고 하면 7세**처럼 행동한다**고 생각하는 것이다. 이는 사실이 아니다. 9세 아동이 7세 평균 점수를 얻었지만, 대상자는 정반응과 오반응을 보인 검사 항목에서 규준 표본 7세 아동과는 완전히 다를 수 있다. McCauley와 Swisher(1984b)는 이렇게 말했다. "실어증이 있는 60세 노인이 어휘 검사에서 10세 평균에 해당하는 점수를 수행한다고 하자. 그러나 이 대상자가 10세 아동과 똑같은 오류를 보이거나 비슷한 의사소통 기술을 나타낸다고 생각할 수 없다."(p. 341)

마지막으로, 등가연령 점수로 대상자의 장애 유무를 판단하는 것은 위험하다. 아동의 등가연령 점수가 생활연령보다 낮으면(예: 4세 아동이 3세의 등가연령 점수를 얻음) 장애가 있다고 가정한다. 그러나 등가연령 점수는 특정 연령집단에서 예상되는 수행의 변이를 고려하지 않는다. 아동이 또래 평균 점수보다 낮은 수행을 보였어도 그 연령집단에서 정상 범주에 속하여 전혀 장애가 아닐 수 있다(McCauley & Swisher, 1984b).

여기서 언급한 등가연령이나 등가학년 점수가 가장 쓸모없고 가장 위험한 점수라는 사실에 거의 모두가 동의한다. 이 점수는 대상자의 수행을 왜곡하고 일반인이나 전문가를 오해하게 만드는 경향이 있다. 그러나 아직도 많은 주에서는 언어치료 서비스의 수혜 대상자 결정에 등가연령 점수의 이용을 의무화하고 있다(Lawrence, 1992). 많은 권위자가 발달 점수와 관련하여 앞에서 언급한 문제가 없는 백분위수 또는 표준점수의 사용을 권한다. 더욱이 백분위수의 개념은 누구나 쉽게 이해할 수 있으므로 부모나 배우자와 이야기를 나눌 때 쉽게 이용할 수 있다. 표준화 공식 검사의 소비자라면 표준점수와 백분위는 제시하지 않으면서 등가연령과 등가학년 점수만을 제시한 검사는 구입하지 않는 것이 현명하다.

측정의 표준오차 및 신뢰구간

표준화 검사와 관련하여 마지막으로 다룰 개념은 **측정의 표준오차**(standard error of measurement: SEM)와 **신뢰구간**(confidence intervals)이다. 이 수치는 앞에서 논의한 다른 개념(평균, 표준편차, 표준점수)과 함께 제시될 때 검사 수행력 평가에 강력한 양적 도구가 된다.

표준화 검사가 아무리 신중하게 개발되어도, 검사 항목에 대한 대상자의 반응은 대상자의 실제 능력을 다 반영하지 못한다. 통계학자는 **어떤** 측정이라도 오차가 있음을 깨달았다. 오류는 도처에 깔려 있다. 우리가 측정하는 모든 것, 특히 인간의 수행을 측정하는 것에는 오류가 있다. 그러므로 완벽하게 신뢰성 있는(1.0) 검사는 없으며, 어떤 측정 도구이든 왜곡이 존재한다. 몇몇 통계학자는 **관찰 점수**(observed score)와 **진점수**(true score)라는 용어를 사용하여 검사 응시자가 받은 실제 원점수와 측정의 오류가 없다고 가정할 때 받을 **이상적인 점수**를 구분하였다. 그러므로 진점수는 실제로 존재하지 않는 값이다. 이것은 단지 가정된 점수이다. 신뢰도가 높은 검사를 사용하는 경우 관찰 점수와 진점수가 비슷하지만, 검사의 신뢰도가 떨어질수록 진점수와 관찰 점수의 차이는 커진다.

측정의 표준오차(SEM)는 관찰 점수의 예상 변이 지표로서, 통계학에서 관찰 점수가 진점수와 충분히 가까운지 정확히 알아보기 위해 개발되었다. SEM은 표준편차 단위로 나타낸다. 대부분의 검사는 통계 공식을 이용하여 SEM이나 이와 관련된 신뢰구간을 계산하여 표로 제공하고 있다. 검사 설명서에는 SEM이 있어야 하고, 환자의 진점수에 대한 신뢰구간을 나타내는 표가 있어야 한다. 신뢰구간은 측정치가 진점수들의 범위에 있게 될 가능성에 대한 추정이다. 신뢰 수준은 백분율로 나타낸다(예: 68%, 90%, 95%). 만약 대상자의 관찰 점수가 50이고 진점수를 추산했더니 53이라고 가정해 보자. 검사 설명서에 포함된 표에 95% 신뢰구간이 5라고 적혀 있다면 대상자의 진점수를 중심으로 여기서 5를 뺀 48과 5를 더한 58, 즉 48~58의 범위를 얻는데, 이는 우리가 100번의 검사 시행 중 95번에서 대상자의 진점수가 이 범위에 속한다는 의미이다.

McCauley와 Swisher(1984b)는 신뢰구간 사용의 중요성을 지적하였다. 특히 어떤 기준 점수로 정상과 비정상을 구분하고 싶을 때는 더욱 그러하다. 이 문제는 심리측정학자가 아동이 인지 손상이 있는지 판단하고 싶을 때 특히 중요하다. IQ가 70 이하일 때 유의한 손상이 있다고 보는데, 대상자의 IQ가 정말로 70 이하인지 판단할 때 진점수 **그리고** 신뢰구간이 중요한 역할을 한다. 신뢰구간이 기준 점수와 겹친다면 비록 관찰 점수가 기준 점수 밑에 있어도 진점수는 기준 점수보다 높을 수 있다. 우리는 장애 유무에 관한 중요한 결정을 가볍게 다루어서는 안 되며, 만약 치료가 필요한지 결정해야 한다면 대상자에게 유리하게 판단해야 한다.

민감도 및 특이도: 근거기반실제에서의 주요 개념

진단검사를 개발할 때는 그 도구가 장애가 없는 사람으로부터 장애가 있는 사람을 구별해 내느냐가 중요하다. 검사 개발 과정에서 장애가 있는 사람은 '탈락시키고' 장애가 없는 사람은 '통과시키는' 도구의 능력을 나타내기 위해 **민감도**(sensitivity)와 **특이도**(specificity)라는 개념을 사용해 왔다. 1장에서 근거기반실제(Evidence-Based Practice: EBP)와 과학적 평가 도구의 사용을 중요하게 언급했다. 특이도와 민감도는 근거기반실제에서 중요한 개념이다. 83명이 있는데, 그중 21명은 의사소통장애가 있고 62명은 정상적 의사소통이 가능하다고 가정해 보자. 이상적으로 21명의 장애가 있는 사람은 표준화 검사를 통과하지 못하고 62명의 정상인은 검사를 통과해야 한다. 그러나 모든 검사는 이상적이지 않다. [그림 3-3]의 네 칸에 검사 시행 시 가능한 네 가지 시나리오를 나타내었다.

첫 번째 결과는 도구가 장애가 있는 사람을 정확히 구별해 내는 것으로, 장애가 있

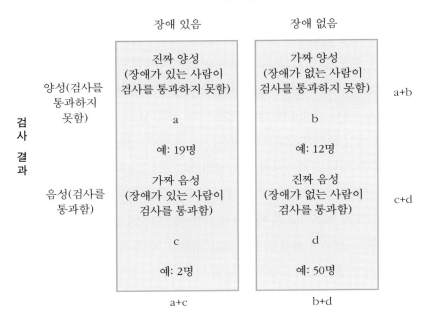

장애 유무

	장애 있음	장애 없음	
양성(검사를 통과하지 못함)	진짜 양성 (장애가 있는 사람이 검사를 통과하지 못함) a 예: 19명	가짜 양성 (장애가 없는 사람이 검사를 통과하지 못함) b 예: 12명	a+b
음성(검사를 통과함)	가짜 음성 (장애가 있는 사람이 검사를 통과함) c 예: 2명	진짜 음성 (장애가 없는 사람이 검사를 통과함) d 예: 50명	c+d
	a+c	b+d	

검사 결과

- 민감도 = a/(a+c), 장애가 있는 사람 중 검사를 통과하지 못한 사람의 비율
- 특이도 = d/(b+d), 장애가 없는 사람 중 검사를 통과한 사람의 비율
- 예에서의 민감도: 19/(19+2) = 90%
- 예에서의 특이도: 50/(50+12) = 80%

[그림 3-3] 표준화 검사의 민감도 및 특이도 수치: 그 개념과 예

는 사람이 검사를 통과하지 못하거나 장애에 양성을 보이는 경우다(a: **진짜 양성**). 두 번째 결과는 장애가 없는 사람이 검사를 통과하지 못하는 것이다(b: **가짜 양성**). 이 경우는 문제가 없는 사람이라고 판단했어야 하므로 궁극적으로 추가 평가에 시간을 들여 그들이 우리의 임상 사례에 추가되지 않도록 해야 한다. 세 번째 시나리오는 장애가 있는 사람 중 일부가 검사를 통과하거나 장애에 음성을 보이는 경우다(c: **가짜 음성**). 이 경우는 여러분이 장애를 지닌 사람 중 일부를 놓쳤으므로 대상자는 서비스를 받지 못할 것이다. 마지막 결과는 장애가 없는 사람이 검사를 통과하는 것이다(d: **진짜 음성**). 이는 당연히 우리가 원하는 결과로서 정상이 실제로 그렇게 판별되는 경우이다. 오류가 없는 진단 검사는 없으므로 검사 시행 시 이러한 네 가지 시나리오가 다 나타난다. 검사 개발자와 임상가는 특정 도구와 관련된 진짜 양성, 가짜 양성, 진짜 음성, 가짜 음성의 비율에 관심을 가져야 한다. 그러므로 **민감도**와 **특이도**라는 용어는 두 가지

의 가장 중요한 시나리오, 즉 진짜 양성과 진짜 음성의 비율을 나타낼 때 사용한다.

검사도구에서 장애가 있는 사람과 정상 의사소통자의 수행의 경계가 명확하다면 민감도와 특이도 개념은 정말 간단할 것이다. [그림 3-4]의 위쪽 그래프 예는 장애가 있는 사람의 검사 점수 분포가 정상 의사소통자와 전혀 겹치지 않는 '이상적인' 상황이다. 이 경우는 장애가 있는 사람과 장애가 없는 사람을 구분하기 위한 기준 점수를 아주 쉽게 끌어낼 수 있다. 그러나 실제로는 그 분포가 어느 정도 서로 겹치므로 하나의 기준 점수를 선택하면 앞에서 논의한 오류(가짜 양성, 가짜 음성)가 생긴다. 그리고 민감도와 특이도는 기준 점수를 어디로 하느냐에 따라 달라진다. [그림 3-4]에서 아래쪽 그래프의 예는 기준 점수 선택으로 가짜 양성과 가짜 음성의 오류를 범한 결과를 보여 준다.

[그림 3-3]은 민감도가 90%이고 특이도가 80%인 예이다. 이 검사는 정상 의사소통자의 확인에 좋지 못하고(80%) 실제보다 더 많은 사람을 '탈락'시키는 경향이 있다. 그러나 이 검사는 장애가 있는 사람을 90% 구별해 낼 수 있다. 검사 개발자가 진단 도구를 구상할 때는 장애가 있는 사람을 처음부터 구분하기 위한 어떤 기준 표준을 사용해야 한다. 개발 중인 검사가 어떤 것이든 기준 표준은 특정 장애의 변별에 황금 표준을 가정한다. 그러므로 민감도와 특이도는 항상 기준 표준과 함께 제시된다. 대부분의 권

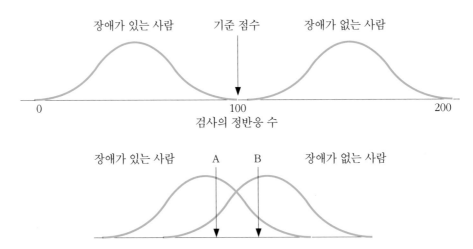

- 기준 점수를 'A'로 하면 장애가 없는 사람이 대부분 통과하지만 장애가 있는 많은 사람도 놓친다(민감도가 낮다).
- 기준 점수를 'B'로 하면 장애가 있는 사람을 대부분 가려내지만 장애가 없는 많은 사람도 검사를 통과하지 못한다(특이도가 낮다).

[그림 3-4] 정상과 비정상 인구가 서로 겹치지 않는 '이상적' 분포(위)와 서로 겹치는 '전형적' 분포(아래)

위자는 임상에서 사용할 검사라면 보통 85% 이상의 민감도와 특이도를 기대하고, 대부분의 검사 개발자는 90% 이상의 민감도와 특이도를 얻고자 노력한다. 여러분이 어떤 검사를 구매할 예정이라면 검사 설명서에서 도구의 민감도 및 특이도와 관련된 자료를 찾아보는 것이 중요하다.

표준화 검사의 평가 기준

이 절은 표준화 검사의 구매자를 위한 것이다. 운이 좋은 임상가는 매년 새로운 도구를 구입할 예산을 배정받는다. 그리고 그중 일부는 표준화 검사이다. 만약 여러분이 최근에 새로운 표준화 검사의 카탈로그를 살펴본 일이 있다면 검사들이 상당히 고가임을 알 것이다. 100달러 이하의 검사는 매우 드물고, 많은 표준화 검사의 가격이 200~500달러 사이이다. 심지어 매년 새로운 반응 기록지를 구매하는 비용도 만만치 않다. 그러므로 예산이 500달러라면 하나의 검사밖에는 못 살 것이다. 이런 경제적인 이유만으로도 임상가는 표준화 검사를 살 때 신중히 고려하고 검토해 봐야 하며 절대 가볍게 결정해서는 안 된다.

하지만 비용 문제는 검사도구를 살 때 고려해야 할 사항 중 하나일 뿐이다. 또 다른 중요한 고려사항은 그 검사가 엄격하고 과학적인 기준에 근거하여 개발되었는지의 여부이다. 검사는 충분한 신뢰성과 타당성을 지녔는가? 정상적으로 대화가 가능한 일반인으로부터 장애가 있는 대상자를 적절히 구별해 낼 수 있는가? 양질의 심리측정적 요소를 지니지 않은 검사도구를 사는 것은 돈 낭비일 뿐이다. 질 낮은 심리측정적 요소를 보이는 검사의 사용은 여러분의 돈과 대상자의 시간을 낭비하는 지름길이며, 나아가 윤리적 문제도 일으킬 수 있다. 우리도 여러분에게 출판사에서 판매하는 검사들이 질이 높다고 말하고 싶다. 그러나 불행히도 시중에서 판매되는 검사들은 심리측정적 타당성에서 굉장한 차이가 있다. 어떤 회사는 체계적이고 과학적으로 심혈을 기울여 검사를 개발하는 반면, 어떤 회사는 여전히 심리측정적으로 적절치 않은 검사를 시중에 판매하고 있다. 그러므로 소비자는 표준화 검사를 사기 전에 그 검사가 신중하고 과학적인 과정을 통해 개발되었는지 살펴봐야 한다. 1장에서 우리는 근거기반실제의 중요성을 언급했다. 근거기반실제에서는 알맞은 과학적 방법을 통해 개발된 도구의 사용을 중시한다. 우리는 개발자가 검사 설명서에 적어 놓은 것을 확인해야 한다.

표준화 검사를 평가할 때 고려해야 할 중요한 심리측정적 요소는 무엇인가? 많은 사람이 이 기준을 보고하였지만(Andersson, 2005; Hutchinson, 1996; McCauley & Swisher, 1984a; Salvia, Ysseldyke, & Bolt, 2010), 기본적으로 미국심리학회(American Psychological Associataion: APA)에서 만든 교육 및 심리 검사의 표준(Standards for Educational and Psychological Tests)을 기초로 작성하였다. [그림 3-5]에 표준화 검사와 관련된 일반적인 심리측정적 특성을 추려 놓았다. 여기서는 이 고려사항을 간단히 살펴보겠지만 실제 미국심리학회 표준은 더 자세하다.

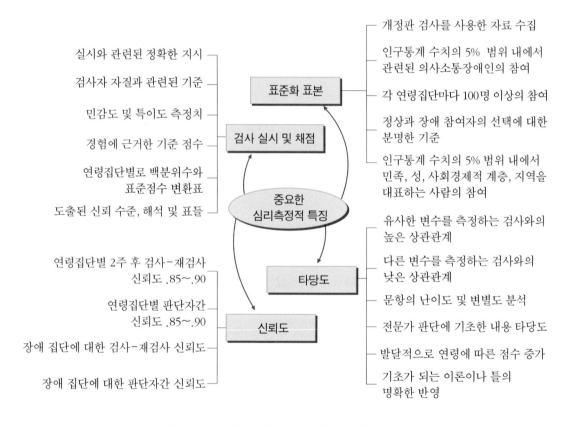

[그림 3-5] 표준화 검사에서 중요한 심리측정적 특징

출처: Andersson (2005); McCauley & Swisher (1984b); Salvia & Ysseldyke (2004).

검사 시행 및 채점

어떤 임상가는 왜 모든 검사 설명서에서 (1) 검사에 숨겨진 이론적 근거, (2) 도구의 심리측정적 개발 과정, (3) 검사의 구체적인 사용 목적, (4) 검사 실시자의 자질, (5) 검사의 실시, 채점, 해석에 관해 자세히 설명하고 있는지 의아해한다. 많은 학생과 초보 임상가는 검사도구의 개발과 관련한 세부사항을 대부분 그냥 지나치는 경향이 있다. 어떤 학생은 그저 검사를 시행할 수 있을 정도로만 설명서를 읽고 나중에 채점할 때 다시 설명서를 읽는다.

설명서가 자세한 이유는 여러 가지이다. 특히 검사의 심리측정적 특징을 다룬 부분은 검사를 구매하기 전에 꼼꼼히 읽어야 한다. 바로 이 부분에서 여러분이 그 도구의 신뢰도, 타당도, 민감도, 특이도, 규준 자료, 그 밖의 다른 중요한 정보를 얻을 수 있다. 심리측정적으로 적절하지 않은 검사를 구매하는 것은 의미가 없다. 검사의 합리성과 목적을 설명하는 부분은 도구가 장애에 대한 최신 이론에 기초하여 개발되었는지 알려 준다. 어떤 경우에는 검사자에게 검사의 시행 및 해석을 위한 특별한 훈련이나 교육적 배경지식을 요구하기도 한다. 예를 들어, 심리학의 경우 어떤 검사를 시행하고 해석하기 위해 임상가는 훈련을 받아야 한다. 검사가 표준화되었으므로 규준 표본에 시행되었던 것과 동일한 방식으로 대상자에게 검사를 시행하는 것이 중요하다. 여러분이 설명서를 제대로 숙지하지 않은 채 검사를 시행했다면, 엄밀히 말해서 대상자의 점수를 검사의 규준과 비교할 수 없다. 설명서를 숙지했음에도 불구하고 검사 시행 방법에 대한 많은 질문이 생긴다면 임상가는 각자 나름대로 판단해야 한다. 예를 들어, 여러분이 대상자에게 특정 사진을 보고 이것저것 물었을 때 대상자가 여러분에게 "네?"라고 되물었다고 가정하자. 여러분은 그 대상자에게 똑같은 질문을 반복해 줄 수 있는가? 설명서에 이런 소소한 문제까지 언급되어 있어야 검사 방식의 오류를 피할 수 있다.

정반응과 오반응을 임상가 개인의 기준에 따라 결정하면 안 되므로 설명서에 자세한 채점 방식이 적혀 있어야 한다. 설명서는 채점 방식을 하나하나 가능한 한 세밀하게 알려 주어야 한다. 그리고 원점수를 백분위수와 표준점수로 바꿀 때 사용하는 규준표도 제공해야 한다. 이 규준표에는 신뢰구간을 포함하여야 한다. 임상가가 원점수를 공식에 넣고 숫자를 합산하여 표준점수를 내는 과정에서 얼마나 많은 오차가 있는지 모른다. 규준표를 이용한다고 해도 임상가는 손가락으로 엉뚱한 칸을 찾거나 다른 연령집단의 변환표를 보는 것과 같은 실수를 한다. 그러나 규준표는 그러한 오류를 어느 정도까지 줄여 주므로 좋은 검사도구에서 절대로 빼놓을 수 없는 중요한 요소이다.

좋은 검사의 설명서는 임상가가 점수를 해석할 때 필요한 정보를 제공해 주어야 한다. 만약 문제의 여부를 알려 주는 기준 점수가 있다면 검사 설명서에 언급되어야 한다. 검사가 장애를 지닌 사람과 일반인을 구별할 수 있음을 보여 주려면 민감도와 특이도가 측정되어 있어야 한다. 앞에서 우리는 이 두 측정이 90% 이상인 경우가 이상적이라고 언급한 바 있다.

신뢰도

우리는 표준화 검사를 개발할 때 신뢰도의 중요성을 강조하였다. 검사 설명서에는 규준 표본에서의 검사-재검사 신뢰도 및 판단자간 신뢰도를 반드시 제시하여야 한다. 연령집단마다 2주 후의 검사-재검사 신뢰도는 .85~.90여야 한다. 판단자간 신뢰도 계수 역시 .90에 가까운 것이 좋다. 재미있게도 일부 검사 개발자는 규준 인구의 전체 연령을 통틀어 신뢰도를 보고한다. 규준 표본을 5~10세 아동으로 했어도 오직 하나의 신뢰도 계수만 보고한다. 신뢰도 계수는 각 연령집단마다 따로 보고하는 것이 이상적이며, 더욱이 언어장애가 있는 집단은 별도로 보고하는 것이 바람직하다. 연령 및 장애 유무에 의해 신뢰도가 달라질 가능성이 있기 때문이다.

표준화 표본

대상자를 표준화 검사의 규준과 비교하려면 임상가는 규준 표본의 구성을 알아야 한다. 얼마 전까지만 해도 검사 개발자는 백인, 중산층, 표준 영어 사용자를 대상으로 표준화 검사를 실시한 후 몇 집단으로 나누어 규준을 정하였다. 당연히 다른 민족적·문화적 배경의 방언 사용자는 검사를 '통과하지 못하였고', 실제로 의사소통장애가 없는 대상자가 임상 사례가 되는 결과를 낳았다. 그러나 최근 검사 개발자는 비교 대상이 될 규준 표본의 참가자를 고를 때 사회경제적 및 민족적 사항을 고려하려고 노력하고 있다. 일반적으로 참가자는 인구통계 수치의 5% 범위 안에서 인종, 성별, 사회경제적 지위, 지역을 대표해야 한다. 아프리카계 미국 흑인이 인구의 15%를 차지한다면 규준 표본에서도 그들이 표본의 15%(±5%)를 차지해야 한다. 규준 표본에서 문화 이외에 고려해야 할 또 다른 사항은 연령집단의 크기다. 과거의 규준 표본에는 50명이 채 안 되는 참가자가 각각의 연령집단을 대표하는 경우가 흔하였다. 그러나 이제 우리는 참가자의 수가 규준 표본의 안정성과 영향력을 더해 주는 중요한 요소라는 사실을 알고 있다. 최근의 도구는 연령집단별로 최소 100명의 참가자를 포함하고 있다. 의사소통 장애에 중점을 두고 있는 검사라면 인구조사 결과의 5% 범위 안에서 관련된 의사소통 장애가 있는 사람도 규준 표본에 포함해야 한다. 그리고 정상과 장애를 대표하는 참가자를 선택하는 명확한 기준도 필요하다. 이것이 앞서 말한 기준 표준이다.

타당도

우리는 검사의 타당도와 이를 확인하기 위해 검사 개발자가 사용하는 몇 가지 공통된 측정치의 중요성을 논의하였다. 첫째, 검사 설명서는 검사의 기초가 되는 이론이나 개념의 틀을 상세히 기술해야 한다. 둘째, 전문가 집단이 판단한 내용 타당도의 측정이 있어야 한다. 만약 검사에서 Piaget의 감각운동 단계로 인지 발달을 측정하고자 했다면, 판단자는 그 검사 항목을 살펴보고 이를 타당한 인지 발달의 이론에 연결시킬 수 있어야 한다. 셋째, 같은 구성의 다른 검사와 얼마나 연관되는지 보여 주어야 한다. 그러므로 새로운 도구는 비슷한 변수를 측정하는 검사와 높은 상관관계를, 다른 변수를 측정하는 검사와는 낮은 상관관계를 나타내야 한다. 예를 들어, 수용어휘 검사는 다른 수용어휘 검사와 높은 연관을 나타내야 하지만 구문이나 음운 검사와는 낮은 연관을 보여야 한다. 그 밖에 검사 개발자는 검사 항목을 난이도에 따라 통계적으로 분석한 문항 분석, 연령에 따른 점수 변화, 장애가 있는 사람과 없는 사람을 구분하는 검사 항목의 능력도 설명서에 포함시켜야 한다.

표준화 규준참조검사의 선정은 그저 진단가의 임의적 결정이어서는 안 된다. 그중 어떤 도구를 구매할지 결정하는 데에는 가격과 더불어 대상자에게 도움이 되는가가 중요하다. 학회와 협회에서 실제로 검사를 살펴보고, 전문 학술지에 나온 검토를 읽어 보고, 『뷰로스 정신측정연감(Buros Mental Measurements Yearbook)』에 나와 있는 비판적인 논평을 살펴보라(Spies, 2010). 많은 도서관에서 『뷰로스 정신측정연감』의 온라인 접속을 허용하고 있다. 비록 이 연보가 매년 출판되지는 않지만, 온라인 데이터베이스에 최근 논쟁에 대한 비평이 포함되어 있다.

검사의 책자와 카탈로그만으로 올바른 결정을 내리기는 역부족일 수 있다. 가능하면 마음에 들면 산다는 조건으로 검사를 주문하라. 검사의 심리측정적 타당성과 그 검사가 사실상 대상자에 대해 무엇을 알려 주는지 보고, 마음에 들면 돈을 지불하라. 좋은 출판사라면 구매자가 검사에 만족하지 않을 경우 환불해 줄 것이다.

규준참조검사의 잘못된 사용

규준참조검사는 대상자가 특정 행동을 정상 범주로 수행하는지 알아보기 위해 설계된다. 개인의 점수를 규준 자료와 비교하여 대상자의 장애 유무를 판단한다. Muma(1973b)는 공식 검사의 목적이 '문제 유무' 논쟁을 해결하는 데 있다고 하였다. 종종 임상가의 관찰만으로 이 논쟁이 해결되기도 하지만, 많은 기관(예: 학교)이 임상적 판단의 근거가 아닌 대상자의 기록을 포함한 공식 검사 점수를 요구한다. 「장애인교육법(Individuals with Disabilities Education Act: IDEA)」은 평가에서 표준화 검사를 사용할 것을 요구한다. 어쨌든 시행 및 채점에 걸리는 시간을 고려할 때 표준화 검사로 문제 유무의 논쟁만 해결하는 것은 아깝다고 생각할 수 있다. 그래서 어떤 임상가는 표준화 검사에 대해 필요 이상으로 많은 결과를 제시하려고 한다. 공식 검사는 단지 정해진 용도로만 사용하도록 설계되었다. 이 자료로 대상자에 대해 그 이상의 판단을 내린다면 우리는 검사의 가정을 위반하는 것이다. 다음은 임상가가 표준화 검사를 잘못 사용하는 일반적인 예이다.

1. 규준참조검사로 치료 경과를 측정하는 행위 앞서 말한 대로, 규준참조검사의 목적은 환자가 대규모 표준화 표본과 유사한 방식으로 검사를 수행하는지 여부를 판정하는 것이다. 이 검사는 치료 경과를 측정할 목적으로 설계된 것이 아니다. 임상가가 일정 기간의 치료 후에 치료 시작 시 사용한 공식 검사를 다시 실시한다면(다른 검사로 대체한다 해도) 잘못된 해석을 초래할 수 있다. 무엇보다 공식 검사는 다양한 범위의 행동을 검사하므로 치료에서 훈련한 행동은 몇 번의 시도밖에 수집할 수 없다. 즉, 검사 실시 시 대부분의 시간을 치료와 무관한 행동을 평가하는 데 할애하게 된다. 이 경우 특정 관심 행동에만 온전히 초점을 맞춘 비공식 검사를 사용하여 훈련한 행동을 자세히 검사하는 것이 더 타당하다. 둘째, 첫 검사에서 비정상적으로 낮은 점수를 보인 아동이 똑같은 검사를 나중에 실시하면 더 높은 점수를 보이는 경향이 있다. 이처럼 극

단의 점수를 얻은 사람이 다음 검사에서 표본의 평균으로 돌아가는 경향을 **통계적 회귀**(statistical regression)라 부른다. 그러므로 대상자의 점수가 오른 것은 치료 효과가 아닌 통계적 회귀 때문일 수 있다. 셋째, 임상가는 무의식적으로 '검사를 가르칠' 수 있으며, 공식 검사와 비슷한 형식의 항목을 연습함으로써 무의식중에 대상자가 두 번째 검사에서 잘할 수 있도록 준비시킬 수 있다. 넷째, 완전히 신뢰성 있는 검사는 없다. 공식 검사에서 전체 점수의 상승은 단지 우연한 결과일 수 있다. 우리는 진전 평가에 표준화된 규준참조검사를 사용하면 절대 안 된다고 본다. 준거참조검사나 비공식 검사 과제가 치료 진전 측정에 가장 좋은 방법이다.

2. 치료 목표 행동을 선정하기 위해 개개 검사 항목을 분석하는 행위　규준참조검사를 실시한 후, 특정 검사 항목에 대한 대상자의 수행을 분석하여 문제 패턴을 결정하려는 경향이 있다. 예를 들어, 수용어휘 검사에서 특정 전치사에 오류가 있음을 발견했다고 하자. 이 경우 공식 검사 수행의 분석에 기초하여 치료 프로그램에 전치사를 포함시키는 것이 자연스러워 보인다. 그러나 여기에는 여러 문제가 있다. 대상자는 긴 시간 동안 검사를 받기 원하지 않기 때문에 공식 검사는 짧은 시간에 마치는 것이 보통이다. 그럼에도 불구하고 대부분의 공식 검사는 많은 영역(예: 구문, 형태소, 어휘)이나 한 영역의 여러 측면(예: 모든 경계 형태소의 평가)을 망라하기 때문에 상당히 광범위하다. 이는 검사 개발자를 딜레마에 빠뜨린다. 검사 개발자는 모든 관심 영역이나 한 영역의 모든 측면을 망라하기 위해서 몇 개의 항목을 포함시키고 각 행동을 몇 번 수집할지 선택해야 한다. 예를 들어, 형태소 평가에서 검사 개발자는 관심 있는 각 형태소를 몇 번 그리고 어떤 문맥에서 수집할지 결정해야 한다. 검사 시간을 고려하여 특정 형태를 두세 번만 검사하기도 한다. 검사 시간을 적당히 하려면 각 관심 행동을 적게 수집해야 한다. 그러나 두세 번의 기회에 근거하여 특정 문법 형태소(예: 복수형)에 대해 판단하기는 어렵다. 특히 공식 검사에서는 대상자 반응이 다양한 요인에 영향을 받을 수 있기 때문에 더욱 그러하다. 검사 개발자는 부정확한 반응이 특정 항목에서의 능력 부족을 나타내고 정확한 반응이 특정 항목에 숙달되었음을 나타낸다고 믿고 싶을 것이다. 하지만 대상자는 사람이다. 대상자는 우연히 맞혔거나, 검사 진행 중 방해를 받았거나, 지시를 온전히 이해하지 못했거나, 다양한 심리 상태(피곤함, 지루함, 어디가 아픔, 화장실 가고 싶음 등)를 경험해서 검사 수행에 영향을 받았을 수 있다. 많은 연구에서 치료 계획을 세우기 위해 하나의 표준화 검사를 사용하는 것은 바람직하지 못

하다고 분명히 지적하고 있다(McCauley & Swisher, 1984b; Merrell & Plante, 1997; Plante & Vance, 1994). 규준참조검사에서 치료 목표를 선택하는 것은 경계해야 한다.

3. 공식 검사는 검사하고자 하는 것을 거의 항상 왜곡한다는 사실을 잊는 행위 의사소통장애에서 측정하고자 하는 구조는 대부분 매우 복잡하다. 우리가 복잡한 행동을 하나의 점수로 나타내려다 보면 상당한 양의 정보가 손실된다. 아동이 한 검사에서 74점을 얻었으면 아동의 어휘가 74라고 하는 것이 타당할까? 이 점수로 얼마나 많은 단어가 아동의 머릿속 어휘집에 들어 있고 이해되는지 알 수 있을까? 이 점수로 어떻게 단어가 인출되는지 알 수 있을까? 단어에 대한 아동의 내적 정의가 어른과 동일한지 알 수 있을까? 단어가 의사소통에 어떻게 사용되는지 알 수 있을까? 단어가 문장이나 글에서 어떻게 사용되는지 알 수 있을까? 공식 검사 점수로 아동의 어휘를 깊이 있게 평가할 수 있는가에 대해 더 많은 의문을 제기할 수 있지만, 이 정도만 해도 이러한 점수가 매우 피상적이라는 생각이 들 것이다. 검사 개발자는 검사 개발의 목표가 상충되어 완벽한 도구를 만드는 것이 불가능하다는 딜레마에 빠진다. [그림 3-6]은 이를 잘 나타내고 있다. 검사는 구체적으로 잘 조정될수록 더 부자연스러워진다. 자연스러운 평가가 될수록 자극, 과제, 반응을 통제할 수 없게 된다. 표준화 검사는 평가하려고 하는 구성요소를 다양한 방식으로 왜곡하는 경향이 있다.

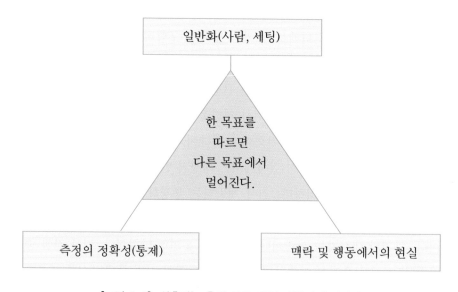

[그림 3-6] 상충되는 측정 목표: 검사 개발자의 딜레마

출처: Sabers (1996).

첫 번째 왜곡 이유는 거의 모든 표준화 검사가 제한된 방식으로 진행된다는 점이다. 검사는 반드시 특정 세팅에서 이루어져야 하고, 특정한 지시가 제공되어야 하며, 반드시 특정 순서에 따라 검사 항목이 진행되어야 한다. 게다가 대상자의 반응은 반드시 개발자가 정한 기준에 근거하여 성공 또는 실패로 채점되어야 한다(어떤 검사는 대상자의 반응을 성공이나 실패로 나누지 않지만 이런 검사는 얼마 되지 않는다). 대부분의 공식적인 시나리오는 수행력 평가에 매우 인위적이고 통제된 방법을 사용한다.

두 번째 왜곡 이유는 의사소통을 평가하기 위해 개발된 검사인데도 진정 의사소통 노력은 거의 검사하지 않는다는 점이다. 상호작용은 아주 인위적이다. 대상자의 의사소통 의도는 없고, 사소한 주제로 의사소통하며(예: 대상자와 진단가가 함께 그림을 보면서 그림에서 일어나고 있는 것을 말하기), 그림판을 넘길 때마다 계속 주제가 바뀐다. 따라서 우리는 자연스러운 상황에서 대상자의 의사소통을 분석하기 전까지는 실제 의사소통을 평가하는 것이 아님을 항상 명심해야 한다.

세 번째 왜곡 이유는 공식 검사에서는 의사소통이라는 통합된 체계를 조각내는 경우가 많다는 점이다. Muma(1973b)가 지적했듯이, 의사소통에는 여러 체계가 상호작용하므로 특정 분야를 따로 떼어 분석하는 것은 여러모로 우스운 일이다. 예를 들어, 인지와 의미, 의미와 구문, 형태소와 구문, 구문과 음운, 언어와 구어 운동 기술, 의미와 억양, 화용과 언어 구조를 어떻게 분리할 수 있는가? 이런 일은 공식 평가 수준에서는 일어날 수 있지만 구성 타당도 수준에서는 절대 일어날 수 없다. 만약 그렇게 한다면 우리는 평가하고자 하는 체계를 정말로 평가하는 것이 아니다. 대부분의 공식 검사에서 실시하는 인위적 과제를 사용하면 의사소통 실체의 조사에서는 멀어진다는 점을 항상 명심해야 한다.

💬 다문화 고려사항

출생률과 이민의 추세가 예상대로 진행된다면 미국의 인구 구성은 21세기 중반까지 점점 더 다양해질 것이다. 특히 아프리카계, 스페인계, 동양계의 증가세가 뚜렷이 나타날 것이며, 유럽계는 비슷하거나 다소 감소할 것이다. 2050년이 되면 조상이 유럽계인 백인계 미국인은 더 이상 인구의 주요 구성원이 아닐 것으로 예상된다. 스페인계 및 동양계 시민이 많은 일부 주(예: 텍사스, 캘리포니아)에서는 이미 주요 인구 구성원이

	전체 인구	인구 비율
백인	223,553,265	72.4
아프리카계 미국인	38,929,319	12.6
아메리칸 인디언/알래스카 원주민	2,932,248	0.9
아시아인	14,674,252	4.8
하와이 원주민/태평양 섬 주민	540,013	0.2
기타	19,107,368	6.2
혼혈	9,009,073	2.9
라틴계 히스패닉	50,477,594	16.3
전체 인구	308,745,538	100.0

[그림 3-7] 미국 인종별 인구

출처: 2010 U.S. Census.

바뀌었다. 이러한 변화의 추세는 대략적 예측이나 이론이 아닌 노동 통계청의 자료에 근거한 것이다. [그림 3-7]에는 2010년 미국 인구조사 결과 미국 인구를 이루는 다양한 문화 집단이 나와 있다.

표준화 검사는 다양한 언어 집단에 속한 아동을 평가하는 데 심각한 위협이 되는 것으로 알려져 있다(Kamhi, Pollock, & Harris, 1996; Taylor & Payne, 1983; Vaughn-Cooke, 1986). 다양한 언어 및 문화 배경을 가진 아동은 표준화 검사에서 낮은 점수를 받는 경향이 있으며, 이 때문에 비주류 문화권의 아동 중 많은 수가 특수교육 프로그램의 대상이 되는 결과를 낳았다. 많은 편향 요인과 유형이 표준화 검사에서 자료의 수집과 해석에 부정적인 영향을 미칠 수 있으므로 이를 살필 필요가 있다(Fagundes, Haynes, Haak, & Moran, 1998; Wyatt, 1998). 흔히 볼 수 있는 편향 유형에는 상황 편향, 지시 편향, 가치 편향, 언어 편향, 형식 편향, 자극 편향, 문화적 오해석이 있다. **상황 편향**은 대상자와 임상가가 의사소통 스타일이나 화용적인 예상에서 일치하지 않을 때 발생한다. 누가 누구에게 말하는가의 규칙, 적절한 유도 절차, 적절한 언어 행동, 의사소통 행동 규칙, 산출과 해석 규칙과 관련되어 불일치할 수 있다(Taylor & Payne, 1994, p. 97). **가치 편향**은 대상자에게 자기가 가지고 있는 가치와 다른 가치 판단이 필요한 평가 항목에 반응하도록 할 때 나타난다. 예를 들어, '……할 때 당신은 무엇을 해야 하는가?' 혹은 '……할 때 당신은 왜 그래야 하는가?'로 묻는 문제 해결 관련 질문들은 가치 편향에 더 취약하다. 가치 편향과 상황 편향 때문에 **문화적으로 잘못 해석하여(문**

화적 오해석) 대상자의 행동이 해당 문화 내에서는 적절하지만 부적절한 행동으로 해석된다.

　지시 편향은 임상가가 제시한 지시를 아동이 잘못 해석할 때 나타날 수 있다. **언어 편향**은 대상자가 자신의 언어와는 다른 언어로 검사할 때 나타난다. 최근 대다수의 표준화 검사는 표준 미국 영어 방언에 근거한다. 그 결과, 우리가 다른 영어 방언(예: 아프리카계 미국 영어)이나 다른 언어(예: 스페인어)를 말하는 대상자를 검사할 때 이러한 편향이 종종 나타날 수 있다. **형식 편향** 및 **자극 편향**은 임상가가 대상자의 인지 스타일에 일치하지 않거나 익숙하지 않은 절차, 자극, 어휘, 주제로 평가할 때 나타날 수 있다.

　표준화 언어 평가 영역에서 표준화의 대상이 된 인구집단은 매우 중요하다. 다른 문화권 아동이 평가 자극에 어떻게 반응하는지 살펴보는 것뿐만 아니라 획득 점수가 이러한 인구집단의 표준화된 표본이나 '규준'에 근거한다는 점도 중요하다. 심리측정 문헌의 통칙상, 평가한 지역 인구의 표본과 표준화된 표본이 유의하게 다르다면 규준은 맞지 않다. 현재 사용되는 많은 평가 도구가 표본 집단에 여러 문화 집단의 아동을 포함하고는 있지만, 여러 지역의 인구 구성을 반영하지는 않았을 것이다. 예를 들어, 미국의 일반적인 인구 구성에는 아프리카계 미국인이 대략 13%이지만, 많은 도시나 주에서는 그 비율이 몇 배 더 높을 수 있다. [그림 3-8]에서 보면 미국의 주와 아프리카계 미국인과 스페인계 거주자('기타' 범주에는 미국 원주민, 폴리네시아인, 아시아인이 포함된다)가 차지하는 비율이 나와 있다. 많은 주에서 아프리카계 미국인의 비율이 전국 평균보다 매우 높다(예: 조지아, 메릴랜드). 좀 더 자세히 미국 도시에 초점을 맞추어 살펴보면([그림 3-9] 참조), 문화권별 비율이 매우 다르다. 2010년도 인구 조사 통계에 따르면 미국 인구의 절반 이상은 39개의 대도시 지역에 거주하고 있다. 일하고 있는 지역에서 아프리카계 미국인이 60% 이상을 차지하고 있다면 표준화된 표본에 그들이 9%만 포함된 것은 이상할 것이다. 문화적 차이를 반영하는 표준화된 표본에서의 또 다른 문제는 규준 표본 집단에 대한 상세한 설명이 부족하다는 것이다. 예를 들어, 120명의 아프리카계 미국인 아동이 규준 표본에 포함되었다는 말로는 그들의 사회경제적 지위나 아프리카계 미국 영어를 실제로 사용하고 있는지의 여부를 알 수 없다. 방언 사용자가 아니라면 채점 시 언어 편향을 보완하거나 방언 사용 인구집단의 점수와 비교할 필요가 없다. 임상가가 방언 사용자에게 표준화 검사를 사용하고 규준 표본과는 다른 절차로 채점한다면, 검사 개발 시와는 다른 방식으로 채점되었기 때문에 규준을 사용해서는 안 된다.

주	아프리카계 미국인	기타 유색인종	히스패닉
앨라배마	26.2	3.8	3.9
애리조나	4.1	19.5	29.6
아칸소	15.4	5.6	6.4
캘리포니아	6.2	31.4	37.6
콜로라도	4.0	14.6	20.7
플로리다	16.0	7.4	22.5
조지아	30.5	7.6	8.8
하와이	1.6	50.1	8.9
일리노이	14.5	11.6	15.8
루이지애나	32.0	3.7	4.2
메릴랜드	29.4	9.6	8.2
미시간	14.2	4.5	4.4
미시시피	37.0	2.7	2.7
몬태나	0.4	7.6	2.9
뉴욕	15.9	15.3	17.6
노스 캐롤라이나	21.5	7.9	8.4
사우스 캐롤라이나	27.9	4.3	5.1
텍사스	11.8	15.1	37.6
와이오밍	0.8	6.3	8.9

[그림 3-8] 선택 주 및 문화 구성(백분율)

출처: 2010 U.S. Census.

그러나 어떤 경우에는 다르게 채점하는 것이 차이를 만드는 것은 아닌지 의문이 든다. 예를 들어, Rhyner, Kelly, Brantley와 Krueger(1999)는 Bankson Language Screening Test 2와 Structured Photographic Expressive Language Test-Preschool을 사용하여 저소득 계층을 대표하는 취학전 아동 99명을 평가하였다. 그들은 "현재 표준화된 언어 선별 검사 중 아프리카계 미국 영어나 표준 미국 영어가 아닌 다른 사회 계층 아동에 대한 규준 자료를 포함하는 검사는 없다."라고 말하였다. 이 연구에서 아동들은 실패율이 매우 높았으며 아프리카계 미국 영어 방언을 고려하여 채점을 수정하였을 때조차 그러하였다. 대체 채점법이 있는 표준화 검사도 문화적 편향에 대한 궁극적인 해결책은 아니다. 그러나 최근에 새로운 표준화된 평가 절차가 개발되었다(Seymour, Roeper, DeVilliers, & DeVilliers, 2005). 예비 연구 결과에 따르면, 이는 아프리카계 미국 영어 사용 아동과 표준 미국 영어 사용 아동에게 모두 적절하고 편향되지

도시	아프리카계 미국인	기타 유색인종	히스패닉
앨버커키	3.3	22.3	46.7
애틀랜타	54.0	5.5	5.2
볼티모어	63.7	4.5	4.2
보스턴	24.4	17.7	17.5
샬럿	35.0	12.3	13.1
시카고	32.9	19.4	28.9
클리블랜드	53.3	6.5	10.0
댈러스	25.0	21.7	42.4
덴버	10.2	16.8	31.8
디트로이트	82.7	4.5	6.8
엘패소	3.4	13.0	80.7
프레즈노	8.3	37.1	46.9
휴스턴	23.7	22.5	43.8
로스앤젤레스	9.6	35.9	48.5
멤피스	63.3	5.8	6.5
마이애미	19.2	5.5	70.0
뉴올리언스	60.2	5.1	5.2
뉴욕	25.5	26.5	28.6
필라델피아	43.4	12.7	12.3
샌프란시스코	6.1	40.8	15.1
투손	5.0	21.0	41.6
워싱턴 DC	50.7	8.0	9.1

[그림 3-9] 선택 도시 및 문화 구성(백분율)

출처: 2010 U.S. Census.

않으면서도 정상 아동과 언어장애 아프리카계 미국인 아동을 변별할 수 있었다. 이 검사는 Diagnostic Evaluation of Language Variation(DELV)이라고 부르는데, 선별검사, 준거참조 방식과 규준참조 방식이 모두 포함되어 있다. 규준은 미국 인구 통계 수치에 근거하였으며 4~9세 아동을 대상으로 지역적으로 조정되었다. 검사에서는 구문, 음운, 의미, 화용을 평가하고 있다. 아프리카계 미국 영어와 표준 미국 영어에서 보이는 음운 발달 경로가 서로 다르기 때문에 두 언어집단 간에 유사한 발달 패턴을 공유하는 특징만을 언어 장애 진단에 사용하기를 권고한다.

지역 규준(local norms)의 개념은 이미 4년 전부터 논의되어 오고 있다(Adler, 1990; Evard & Sabers, 1979; Omark, 1981; Popham, 1981; Seymour, 1992). Owens(2004)는 다음

과 같이 밝혔다.

> 표준화된 표본은 종종 SLP가 검사하는 인구집단을 대표하지 못한다. 이 상황에서의 규준은 부적절하므로 사용해서는 안 된다. 소수집단이나 시골에 사는 아동 혹은 낮은 사회계층 아동에게 이러한 상황이 자주 일어난다. 이런 경우 검사 매뉴얼의 표준화 절차에 따라 지역 규준을 준비해야 한다. Test of Language Development-Intermediate(TOLD-I)와 Clinical Evaluation of Language Fundamentals(CELF) 같은 일부 검사에는 이러한 절차가 상세히 나와 있다.

대상자를 평가할 때 지역 규준을 만들어 사용한다고 해서 전국 규준을 무시할 수 있다는 것은 아니다. 검사 편향을 확인하고 장애와 문화적 차이를 구별하여 확인하는데 가장 변별적인 규준 유형을 발견하기 위해서는 전국 규준과 지역 규준을 모두 사용하는 것이 유용하다. 최근 임상 연구에 따르면 장애와 언어 차이를 구별하는 데 다양한 도구와 표준 점수의 준거 수준을 사용하는 것이 좋을 수 있다. Oetting, Cleveland와 Cope(2008)에 따르면, 언어 이해에 관한 표준화된 하위 검사를 사용하면 −1 표준편차 준거 수준을 사용할 때는 언어장애 아동의 56%를 진단할 수 있지만, −0.5 표준편차 준거 수준을 사용할 때는 그 비율이 81%로 늘어난다. 분류 도식에 무의미 낱말 반복 과제를 더하면 정확도가 90%로 증가한다. 이러한 결과에 근거할 때 1.5 표준편차 같은 모호한 일반적인 준거 수준 대신 보다 엄격한 준거 수준을 사용하면 진단의 효율성이 증가한다. Stockman(2010)의 아프리카계 미국 인구 평가에 관한 고찰에서도 다양한 도구와 비편향적인 검사 절차를 사용하도록 권고하고 있다.

 결론 및 자기평가

학생 또는 임상가는 이 장의 내용을 접하고 좌절할지도 모르겠다. 특히 임상가가 진단평가에서 공식 검사를 강조했다면 더욱 그러할 것이다. 정상 규준 검사를 잘못 사용했거나 타당도와 신뢰도에 대한 확신 없이 무비판적으로 어떤 도구나 기술을 사용해 왔다면 좌절감이 더 크게 느껴질 수 있다. 그러나 이런 활동은 예외 없이 관행처럼 이루어져 왔다. 만약 전통적인 검사도구들이 갑자기 사라진다면 어찌할 바를 모르며 "검사도구 없이 뭘 해야 하죠?"라고 질문할 것이다. 여기에 간단히 답할 수는 없다. 분명한 것은 제시된 사용 목적에 따라 검사를 사용해도 되지만, 검사를 선택하고 활용하고 해석하는 기준은 엄격히 할 필요가 있다는 점이다. 또한 대상자의 문제 특성과 치료 방법에 대한 통찰력을 제공해 주는 비공식적인 진단평가 방법을 개발하고 사용할 필요가 있다는 점이다. 많은 의사소통장애 분야에서 우리는 **문제의 유무**라는 기본적인 질문 이상을 다룬다. 대상자의 수행력을 기술하고 개인차, 역동성, 생태적 관련성, 행동 패턴에 대한 통찰을 얻을 방법이 필요하다(Bates, Bretherton, & Snyder, 1988; Bronfenbrenner, 1979; Chafe, 1970; Donaldson, 1978; Muma, 1978, 1981, 1983, 1984, 2002). 의사소통장애 영역에서의 초점은 규준참조적인 검사에서 서술적이고 준거참조적인 측정으로 점차 옮겨 가고 있다. 그러나 비공식적 측정도 철저히 과학적인 원리에 부합해야 하므로 이러한 경향 때문에 우리의 궁극적인 책임이 없어지는 것은 아니다. 대상자의 행동을 기술하기 위해 사용되는 비공식 조사나 과제도 규준참조 과제만큼 심리측정 오류와 검사자 오류를 보이기 쉽다. 학생, 교수, 치료사는 측정에 대해 높은 기준을 적용해야 하고, 효과적으로 반복할 수 없는 부적절한 도구나 기술 절차의 사용을 멈추어야 한다.

이 장을 읽은 후 다음의 질문에 답할 수 있어야 한다.

- 규준참조검사와 준거참조검사는 어떻게 다른가?
- 타당도가 무엇이며, 타당도의 유형에는 무엇이 있는가?
- 신뢰도가 무엇이며, 신뢰도의 유형에는 무엇이 있는가?
- 중앙집중 경향 측정은 무엇인가?
- 공식 검사에는 어떤 점수의 유형이 있으며, 수행을 해석하는 데 그것을 어떻게 사용하는가?
- 표준화 검사의 민감도와 특이도를 고려하는 것은 왜 중요한가?
- 표준화 검사를 사용할 때 흔히 하는 실수 네 가지는 무엇인가?
- 다른 문화권의 대상자를 평가할 때 어떤 요인을 고려해야 하는가?

제4장
제한된 언어를 사용하는 아동의 평가

이 장을 읽고 나면 다음을 설명할 수 있다.

- 아동이 효과적인 의사소통자가 되기까지의 발달 과정
- 제한된 언어를 사용하는 아동의 일반적인 범주와 각 범주에 해당하는 평가 변수
- 언어평가가 도전적이고 어려운 이유
- 언어평가 접근법에 영향을 미치는 여섯 가지 진단 지침
- 제한된 언어를 사용하는 아동의 사전 평가와 과거력 정보를 얻는 과정
- 양육자–아동 상호작용 수집의 중요성과 이 상호작용에서 평가해야 하는 변수
- 아동의 적응행동을 평가할 때 고려해야 하는 변수
- 놀이 평가의 중요성과 놀이 평가에서 고려해야 하는 요인
- 의사소통 의도 및 기능의 평가 방법
- 단단어 발화의 평가에서 사용되는 방법
- 다단어 발화의 평가에서 사용되는 평가 방법과 평가 형태
- 언어 이해를 평가할 때의 교란 요인
- 발화 길이의 측정을 사용하는 방법과 시기
- 문화적·언어적 배경이 다른 아동의 언어를 평가할 때 고려해야 하는 요인

우리는 아동 언어장애의 평가를 두 장으로 나누어 논의할 것이다. 이 장에서는 언어 수준이 간단한 다단어 조합을 넘지 않는 아동을 다룬다. 그리고 5장에서는 긴 문장을 사용하는 학령기나 그 이상의 아동에게 초점을 맞출 것이다.

의사소통자가 되는 과정: 큰 그림 그리기

MacDonald와 Carroll(1992)은 아동이 효과적인 의사소통자가 되기까지의 발달 과정에 대해 유용한 개념을 제시하였다. 이 단계는 믿기 어려울 정도로 간단하지만 잘 정리되어 있어서 기억하기 쉬울 것이다. 다음의 단계는 발달, 평가, 치료에서 중요하게 고려된다.

- **놀이 상대(play partners, 관련 평가: 인지 평가)**: 아동은 물건을 가지고 적절하게 노는가? 놀이는 사물, 사건, 관계에 대한 아동의 개념을 말해 준다. 사물에 대해 원시적인 놀이 전략(예: 입으로 빨기, 부딪히기, 감각운동 탐색)을 나타내는 아동은 사물의 기능적 사용이나 상징놀이를 나타내는 아동과는 매우 다른 인지 능력을 가지고 있을 것이다. 사물을 가지고 어떻게 놀아야 하는지 모르는 아동은 사물 및 사건에 대한 의사소통을 배우기 어렵다.
- **주고받기 상대(turntaking partners, 관련 평가: 사회성 평가)**: 아동은 사물을 가지고 노는 적절한 전략을 배운 후 자신의 놀이 상호작용에 성인을 개입시키기 시작한다. 이러한 사회성 발달은 의사소통의 중요한 선행요건 중 하나이다. 의사소통은 상대방과의 사회적 주고받기를 포함하기 때문에 상호교환의 발달이 중요하다.
- **의사소통 상대(communication partners, 관련 평가: 의사소통 의도 및 제스처 체계의 평가)**: 아동의 초기 의사소통은 제스처이다. 아동은 성인과 사물을 쳐다보면서 가리키고, 밀고, 당기고, 뻗는다. 성인의 행동과 주의를 조정하기 위한 이러한 초기 비구어 의사소통은 단어를 사용하기 이전부터 나타난다. 서술 또는 명령 같은 비구어 의사소통 의도나 기능이 이에 속한다. 이러한 의사소통 행동에는 발성이 동반될 수도 있고 아닐 수도 있다.
- **언어 상대(language partners, 관련 평가: 언어 양식 및 구조의 분석)**: 제스처 사용을 통해 의사소통의 흐름이 확립되면 아동은 양육자가 모델링해 주는 단어를 비슷하게 산출하기 시작한다.
- **대화 상대(conversational partners, 관련 평가: 화용 분석)**: 언어의 사용이 확고히 정립되면 아동은 점차 화용 규칙을 배워서 대화에 참여할 때 청자의 관점을 고려하고 주제를 운용하고 사회적 맥락을 파악할 수 있게 된다.

보다시피 이 다섯 영역은 서로 잘 연결되어 있고, 평가 시 이 연속선상에서 아동을 파악할 수 있다. 각 단계마다 평가의 초점도 다르고 관련된 치료도 다르다.

언어 수준의 파악: 비구어, 단단어, 초기 다단어

언어장애 아동을 말할 때 권위자들은 보통 아동의 언어 발달 수준을 언급한다(Carrow-Woolfolk & Lynch, 1982; Paul, 2007). 언어병리학 전공 프로그램 중에는 영유아 언어장애를 다루는 과정과 학령기 아동 및 청소년 언어장애를 다루는 과정을 따로 제공하는 경우가 많다. 그러나 어떤 연령대에도 제한된 언어를 구사하는 대상자가 있을 수 있기 때문에(예: 지적장애를 동반한 비구어 수준의 10대나 성인) 중요한 것은 생활연령이 아니다. 즉, 고급 문법을 사용하는 4세 아동도 있고 비구어 의사소통을 하는 4세 아동도 있기 때문에 하나의 평가 절차가 모든 4세 아동에게 적절할 수는 없다. 그러므로 아동의 생활연령 대신 단단어 수준 또는 초기 단어 조합 수준으로 의사소통하는 대상자를 논의하는 것이 더 의미가 있다. 예를 들어, Tager-Flusberg 등(2009)은 자폐 아동의 구어 수준 규정에 대한 제언을 하였다.

> 그들은 구어 수준 규정 시 자연스러운 언어 샘플, 부모 보고, 표준화된 측정을 포함한 다양한 정보원을 이용해야 한다고 제언하고 있다. 또한 12~48개월의 발달 수준에 해당하는 아동의 구어 표현을 세 가지 주요 단계로 나누기 위한 지침과 객관적인 기준을 제공하고 있다. (p. 643)

이러한 제언은 이 책에서 평가를 위한 발달 단계를 나눌 때 언어 발달 수준(비구어, 단단어, 초기 다단어, 구문)에 근거하는 것과 비슷하다. 이렇게 아동을 발달 수준으로 나누는 것은 치료 시 임상적 진전을 추적하는 데 사용될 수 있고, 실증 연구 시 대상을 나눌 때 표준화된 검사만 이용하는 것보다 더 나을 수 있다.

평가가 목적일 때, 제한된 언어를 사용하는 아동은 일반적으로 세 부류로 나누는 것이 유용하다. 첫 번째는 비구어 수준의 아동이다. 양육자 보고에 의하면 이들은 환경을 조정하기 위해 발성과 제스처를 사용하지만 실제로 언어를 사용하지는 않는다. 이들에게 언어 능력 검사를 하기는 너무 이르다. 따라서 임상가는 비공식 평가 절차에 더 많이 집중해야 한다. McCathren, Warren과 Yoder(1996)는 언어전 단계 아동의 이후 언어 발달과 관련하여 네 개의 예측 인자를 증명해 내었다. (1) 옹알이의 사용, (2) 화용 기능의 발달, (3) 어휘 이해, (4) 조합/상징놀이 기술의 발달이 그것이다. 그러나 불행 히도 Communication and Symbolic Behavior Scale(CSBS; Wetherby & Prizant, 2002a) 과 Assessing Prelinguistic and Early Linguistic Behaviors in Developmentally Young Children(ALB; Olswang et al., 1987)을 제외하고는 사용 가능한 대부분의 공식적인 평 가도구는 이러한 변수를 적절하게 측정하지 못한다.

두 번째 아동 집단은 단단어 수준으로 말하는 아동이다(Nelson, 1973). 권위자들은 아동이 50여 개의 어휘 목록이 생긴 후에 단어 조합을 사용한다고 한다. 세 번째 유형 의 아동은 초기 다단어 조합을 사용하는 아동이다. 이 유형의 아동은 이미 언어라는 상징체계를 사용하고 있으므로 상징체계 사용을 위한 몇 가지 기초적인 인지 능력을 가지고 있다. 초기 다단어 아동의 연구에서는 아동이 발화에 사용한 단어 조합의 유형 및 기능에 주목한다. 또한 아동의 구어는 듣는 사람에게 명료해야 기능할 수 있기 때 문에 이 유형에 속하는 사례에게는 음운 목록 및 음운 변동 분석도 중요하다. 그러므 로 초기 다단어 발화를 사용하는 아동에게 실시하는 언어 검사가 긴 발화를 사용하는 아동의 언어 검사와 똑같은 방식일 필요는 없다.

임상가가 첫 번째로 할 일은 대상자의 주된 의사소통 행동에 근거할 때 대상자가 어 느 범주에 속하는지 결정하는 것이다. 다음 단계는 그 범주와 관련된 진단 영역 중 대 상자에게 검사가 가능한 영역을 알아보는 것이다. 〈표 4-1〉에는 비구어, 단단어, 다 단어 의사소통자의 평가 시 특별히 중요하게 고려해야 할 평가 영역의 목록이 나열되 어 있다. 단단어나 다단어 아동의 평가는 비구어 아동의 평가와 비슷한 점도 있고 다 른 점도 있다. 여전히 일반적인 발달 수준, 생리적 선행요건, 사례력, 양육자-아동의 상호작용, 의사소통 의도, 음소 목록, 인지 발달, 의미 요소의 이해에 관심을 두는 것은 비슷한 점이다. 그러나 단단어와 다단어 수준에서는 다른 평가 영역도 고려되어야 한 다. 마지막으로, 임상가는 해당 영역의 평가를 위해 이 장의 뒷부분에서 제시하는 몇 가지 구체적인 절차를 사용할 수 있다.

이 영역들은 대부분 공식 검사를 사용하여 평가할 수 없다(Wetherby & Prizant, 1992). Crais와 Roberts(1991)는 평가 질문 만들기, 절차 선택하기, 치료 제언에 절차 연 결하기와 관련하여 임상가에게 유용한 개념 틀을 제공하였다. Nelson(2010)은 초기 평 가를 하고 그 후에 목표를 설정하고 마지막으로 진전을 모니터하는 동안 임상가가 생

표 4-1	비구어, 단단어, 다단어 수준에서 고려해야 할 평가 영역

비구어 아동의 평가

- 전반적인 발달 수준
- 적응 행동
- 생리적 선행요건
- 사례력
- 양육자-아동의 상호작용 분석
- 의사소통 의도의 목록
- 발성 분석
- 제스처 분석
- 인지 분석
- 어휘 이해

단단어 아동에게 추가되는 평가

- 자발화 샘플의 길이 측정
- 단단어 산출의 형태 및 기능 분석
- 구문전 장치의 분석
- 산출 어휘의 분석
- 음운 변동 분석

다단어 아동에게 추가되는 평가

- 의미관계의 분석
- 공식적인 언어 발달 검사
- 간단한 지시의 이해
- 초기 문해력의 평가

각해 봐야 할 임상적 질문에 대해 유용한 흐름도를 제공하고 있다.

 원인의 고려

　우리는 언어장애 아동을 전반적인 언어 발달 수준으로 특징지었지만 어떤 사람은 원인으로 장애를 기술한다(예: 자폐스펙트럼장애, 지적장애, 청각장애). 우리는 언어장애를 원인으로 분류하는 것이 큰 도움이 되지 못한다는 주장에 동의한다(Lahey, 1988; Nelson, 2010; Newhoff & Leonard, 1983; Paul, 2007). 한 원인 집단에 속한 각 개인은 매

우 이질적이므로 '지적장애' 아동이 어떨 거라고 예상하는 것은 거의 의미가 없다. 게다가 서로 다른 집단에서 나타나는 언어장애가 그리 다르지 않을 수도 있다. 즉, 청각장애, 정신지체, 학습장애, 자폐스펙트럼장애, 정상 지능을 가진 언어지체 아동에게서 수집한 언어 샘플은 아주 비슷할 수 있다. 그러므로 이런 식의 집단 나누기는 언어 기술을 평가하기 위한 타당한 지침이 되지 못한다. 오히려 한 아동의 언어장애에 초점을 맞추는 것이 임상가가 의사소통의 장단점을 이해하고 치료 목표를 개발하는 데 도움이 된다.

초기 언어 평가가 어려운 이유

아동의 언어 평가는 언어치료전문가(speech-language pathologist: SLP)에게 가장 어렵고 도전적인 과제 중 하나이고, 많은 임상가가 자신의 진단을 자신 없어 한다.

1. 집단의 이질성   진단이 복잡한 이유 중 하나는 언어장애가 있는 집단이 매우 이질적이기 때문이다(Wolfus, Moscovitch, & Kinsbourne, 1980). 게다가 언어장애의 원인이 매우 다양하기 때문에 일선에서 일하는 임상가는 지적장애, 자폐스펙트럼장애, 청각장애, 학습장애, 다양한 구조적 문제가 있는 아동을 만나게 된다. 이러한 이질성은 진단을 아주 어렵게 만드는데, 특히 언어장애에 대해 한 가지 접근법밖에 모르는 임상가라면 더욱 그럴 것이다.

2. 매우 다양한 중증도 수준   언어 진단을 어렵게 만드는 두 번째 변수는 언어장애가 있는 집단 내에서 중증도가 매우 다르다는 점이다. 언어를 사용하기 위한 사회적 혹은 인지적 기초조차 없는 비구어 아동부터 문법 형태소를 일관되게 잘못 사용하거나 미세한 화용 문제만을 보이는 아동까지 중증도는 매우 다양하다. 그러므로 임상가는 매 평가 시 언어 표현뿐만 아니라 언어전 행동도 평가할 준비가 되어 있어야 한다.

3. 언어는 복잡한 현상이다   언어 평가를 혼란스럽게 하는 세 번째 변수는 언어 자체의 복잡한 특성이다. 많은 기초 과목에서 언어는 다양한 영역으로 구성되어 있다고 설명한다. 실제로 많은 교과서에서 언어 영역을 의미론, 통사론, 형태론, 음운론, 화용론

으로 구성하고 있다. 이 영역들 중 하나 또는 모두가 언어장애에 영향을 미칠 수 있다. 대부분의 이론가는 이 영역들이 각자 독립된 것이 아니며, 언어과정이 복잡하게 상호작용한다는 데 동의한다. 더 복잡한 문제는 심리언어 분야의 권위자들조차 자발적 의사소통에서 언어 영역이 어떻게 상호 영향을 미치는지 완전히 일치된 설명을 하지 못하고 있다는 사실이다.

4. 수많은 평가도구와 절차   언어 평가가 무엇을 하는 것인지 파악하기 어렵게 만드는 또 다른 변수는 시장에서 구할 수 있는 평가도구와 절차의 급증이다. 전단지와 카탈로그가 넘쳐 나고 '최고의 언어 평가도구'라고 평가된 것도 많다. 어떤 검사를 선택할까? 하나의 검사로 정말 충분할까? 아주 포괄적인 제목의 아동용 언어 검사는 마치 그 검사 하나로 필요한 모든 것을 알 수 있을 것처럼 보인다. 그러나 불행히도 매뉴얼에 검사의 제한점이 언급되지 않았다는 사실은 잊혀지고 지나치게 거창한 제목만 임상가와 부모의 마음속에 남게 된다. 또한 검사들은 서로 다른 이론적 관점이나 모델에 근거한다. 서로 다른 이론적 토대는 완전히 다른 종류의 과제를 만들어 내고 검사에서 강조하는 영역도 다르다. 그러므로 과도하게 많은 검사는 임상가를 혼란시키는 원인 중 하나이다.

5. 다양한 과정과 영역이 언어에 큰 영향을 미친다   언어 평가에서 무엇을 하는지 알기 어려운 또 다른 이유는 언어 발달과 장애가 언어 능력 이외에 정말 많은 것에 둘러싸여 있기 때문이다. 예를 들어, 언어 습득 문헌을 보면 매번 인지 발달, 신경언어학, 언어학 이론, 적응 행동, 놀이 발달, 사회성 발달, 자조 기술, 음운론, 운동 능력, 양육자-아동 관계, 그 밖에 언어와 직접적으로 관련되지 않는 것 같은데 언어 발달에서 중요하게 다루는 영역들을 읽게 된다. 언어 자체에도 많은 영역(의미론, 통사론, 음운론, 형태론, 화용론 등)이 있는데, 앞서 언급한 것처럼 관련 영역도 수없이 많기 때문에 평가 초점에 따라 언어 평가는 아주 다른 양상을 띨 수 있다. 분명 이러한 복잡성은 임상가를 혼란스럽게 하고 임상가에게 매우 광범위한 기초 지식과 기술을 요구하는 이유이다.

진단가는 아마도 앞에서 언급한 어려움들 때문에 언어 평가를 자신 없어 할 것이다. 다음에서 설명할 모형들은 진단가가 어떤 영역을 이해하고 임상 절차를 개발하는 데 도움을 줄 것이다.

언어 평가 시 고려할 모델

누군가 SLP가 아동을 평가하는 것을 엿듣는다면 언어 평가라는 이름하에 수행되는 활동이 정신없는 일이라고 생각할 것이다. 몇 가지 예를 들어 보자.

임상가는 아동에게 문장을 따라 하라고 한다.
아동이 조용히 노는 동안 임상가가 뭔가를 적는다.
아동은 장난감을 가지려고 하고, 임상가는 못하게 한다.
임상가가 아동에게 그림 세 개 중 하나를 가리키라고 한다.
임상가가 아동에게 인형으로 어떤 장면을 연출하라고 지시한다.
임상가가 아동과 부모의 놀이를 관찰한다.
아동이 임상가가 제시한 미완성 구문을 완성하려고 한다.

이것은 모두 무슨 의미가 있는가? 임상가가 정말로 이 모든 언어 평가를 수행한다는 말인가? 어떤 아동에게 어떤 평가를 해야 하는지 임상가는 어떻게 아는가? 한 가지 분명한 사실은 언어 평가를 위하여 임상가는 어느 때보다 다양한 교육과 기술 배경이 있어야 한다는 점이다.

언어 평가를 하는 임상가는 자료를 수집하고 체계화하기 위한 어떤 틀을 가지고 있어야 한다. 임상가에게 평가와 치료에 사용하는 어떤 지도 원리가 있을 때, 관련되는 임상적 개념이 모델인 것 같다. 어떤 체계적인 틀을 가지고 있지 않다면 효과적으로 일할 수가 없다. 그러므로 모델은 임상가를 더 논리 정연하게 만들어 주는 원리 체계화하기이다. 임상가가 언어와 의사소통을 어떻게 개념화하는지에 따라 언어장애를 평가하고 치료하는 방법이 달라진다. 예를 들어, 엄격한 행동주의 모델에서는 언어와 의사소통에서 인지 및 사회성 같은 선행요건을 고려하지 않을 것이다. 이 모델에서는 의도나 다른 관찰 불가능한 현상을 다루지 않기 때문이다. 임상가가 이 모델에만 동의한다면 앞에서 언급한 여러 영역을 평가할 필요가 없다. Kirk와 Kirk(1971)의 모델처럼 입력과 출력 모드를 강조하는 모델에서는 구문론, 형태론, 화용론 같은 언어 측면에 특별히 초점을 맞추지 않는다. 선행요건 영역(인지, 사회성, 신체) 역시 무시된다. 그 밖에 임상가가 받아들인 언어 모형이 임상가의 생각과 행동을 어떻게 제한할 수 있는지를 보여 주는 예는 많다. 그러므로 어떤 모델이든 언어 과정의 어떤 중요한 측면을 간과할 수 있다.

언어 평가 모델에서 몇 가지 주의사항이 있다. 첫째, 일반적인 의미론자는 오랫동안 "지도는 그 땅과 다르다."라고 말해 왔다. 모델은 지도에 해당한다. 모델은 그것이 나타내는 지식이나 행동이 아니다. 어떤 모델을 받아들이든지 진단가는 자신이 중요하다고 알고 있는 것을 잊어서는 안 된다. 모델은 임상 자료를 체계화하기 위한 관점이고 안내자일 뿐 그 이상이 아니다. 모델 예측에 위배되는 행동을 하는 아동을 만난다면 임상가는 아동 행동의 타당성을 의심할 것이 아니라 그 모델의 적용을 의심해야 한다. 둘째, 현재로서는 언어가 어떻게 발달하고, 언어 과정이 어떻게 일어나며, 언어를 가장 효과적으로 평가하는 방법이 무엇인지 세세한 모든 것을 정확히 아는 사람은 아무도 없다. 어떤 모델도 정확하지 않거나 적어도 불완전한 것 같다. 이론가도 마찬가지이지만, 진단가는 자신이 갖고 있는 언어 개념과 평가에서의 변화를 받아들일 준비가 되어 있어야 한다.

언어 평가 시 이론적으로 고려할 사항

Muma(1973b, 1978, 1983)의 생각을 바탕으로 언어 평가의 토대가 되는 기본적인 진단 지침을 밝히고자 한다. 첫 번째로, 가장 좋은 언어 평가 장치는 Siegel(1975)이 말한 것처럼 현재의 흐름을 따라가는 잘 훈련된 임상가이다. 이상적인 언어치료 프로그램이 없는 것처럼 '최고의' 언어 평가도 없다.

두 번째로, 언어는 다양한 측면의 구조와 사용이 있는 다차원적 과정이다. 또한 앞서 논의한 선행요건 영역(인지, 사회성 등)도 평가 시 고려되어야 한다. 언어는 다차원적 과정이기 때문에 구조와 기능을 분리하거나 의미론이나 화용론에서 구문론을 분리하는 것은 비현실적이다. 언어 과정을 분석하기 위해 학문적으로 가장 타당한 방법을 써야 한다. 의사소통 과정을 여러 측면으로 나누어서 본다면 더 이상 실제로 의사소통을 보는 게 아니다. 아동의 의사소통 능력에 관심이 있다면 언어 능력을 추론해야 하는 어떤 인공적인 과제가 아닌 실제 의사소통을 살펴봐야 한다.

세 번째로, Muma(1978)는 평가에서 우리가 하는 것이 무엇이든지 언어장애를 위한 치료에 평가 내용이 적용되어야 한다고 상기시켰다. 우리가 검사를 하고 나서 그 결과를 치료 계획에 고려하지 않는다면 평가에서 시간만 낭비한 셈이다. 또한 평가와 치료 과정은 의사소통 과정에 대한 비슷한 가정에 근거하여 진행되어야 한다.

네 번째 중요한 개념 또한 Muma가 언급하였다. 그는 진단 패러다임에는 두 수준 또는 두 쟁점이 있는 것 같다고 하였다. 가장 기본적인 쟁점은 문제의 유무이다. 표준화 검사는 아동의 검사 수행을 다른 아동의 검사 수행과 비교함으로써 문제의 유무 쟁점을 해결하는 데 도움을 준다. 이런 유형의 검사는 집단의 공통점을 강조하며 개인의 차이는 대수롭지 않게 생각한다. 그러나 각 아동의 의사소통 수행을 서술함으로써 문제의 특성도 반드시 언급하여야 한다. 이 평가는 표준화되지 않은 서술하기 테크닉을 통해 가장 잘 수행된다. 사실 부모가 자녀를 평가에 의뢰했을 때 문제의 유무 쟁점은 이미 해결된 것이나 마찬가지이다. 일반적으로 부모는 자녀의 의사소통이 또래에 비해 무엇인가 문제가 있다는 것을 이미 알고 있다. 공식 검사는 이 사실을 확인시켜 줄 수는 있지만 치료 목표를 구체화하는 데에는 거의 도움이 되지 않는다(Millen & Prutting, 1979).

다섯 번째로 중요한 생각은 표집에 관한 것이다. 진단평가에서 우리가 하는 일은 모두 의사소통 행동의 샘플을 얻는 것이다. 표집과 관련하여 여러 중요한 시사점이 있다. 첫째, 우리가 얻은 샘플은 아동의 의사소통 수행을 대표해야 한다. 대표성은 우리에게 중요한 개념으로, 우리는 수집한 샘플이 아동의 전형적 또는 최고의 수행을 대표할 수 있는지 항상 생각해야 한다. 둘째, 임상가는 정해진 한두 시간 내에 평가를 수행할 수 있고 또 수행해야 한다는 생각을 버려야 한다. 이러한 생각은 정해진 시간에 필요한 자료를 얻지 못했거나 아동이 비협조적일 때 임상가를 당황하게 만들 수 있다. 평가는 계속되는 과정이므로 제한된 시간 틀 안에 알아내야 할 모든 것을 조사해야 한다는 압박을 가질 필요가 없다. 의사는 제한된 시간 내에 진단해야 한다고 느끼지 않는다. 의사는 필요하다고 생각하는 검사를 지시하고 필요한 경우 진단 과정을 여러 번 반복하기도 한다. 의사의 긴 검사 과정을 따르라는 말은 아니다. 그러나 패스트푸드를 전해 주는 사람처럼 되어서도 안 된다. 셋째, 가능하면 임상가는 여러 개의 샘플을 얻고자 시도해야 한다. 치료실에서의 행동이 집이나 유치원에서의 행동과 다른 아동도 많기 때문이다.

언어 평가에서 여섯 번째 기초가 되는 전제는 임상가가 사용하는 모든 기법이나 검사가 아동 언어에 대한 어떤 가정을 내포하고 있다는 점이다. 어떤 도구를 사용한다는 것은 그 밑에 깔려 있는 가정을 받아들인다는 것이다. 새로운 언어 평가도구에 대한 전단지나 광고를 받을 때마다 우리는 모든 도구가 어떤 가정에 근거했다는 것을 명심해야 한다. 우리는 '이 도구를 사용하기 위해 내가 언어에 대해 어떤 가정을 믿어야 하는가'를 자문해 봐야 한다.

　우리가 이러한 제안을 했다고 해서 표준화 검사의 사용을 반대한다는 의미는 아니다. 사실 우리는 어떤 아동이 또래와 비슷하게 수행하는지 파악하기 위한 목적으로 표준화 검사의 사용을 권장한다. 그러나 표준화 검사가 임상적 판단을 할 수는 없다. 의사결정은 임상가의 몫이다. 평가에는 예술과 과학의 두 가지 측면이 있다(Allen, Bliss, & Timmons, 1981). 우리는 표준 측정뿐만 아니라 비표준화 과제와 의사소통 행동에

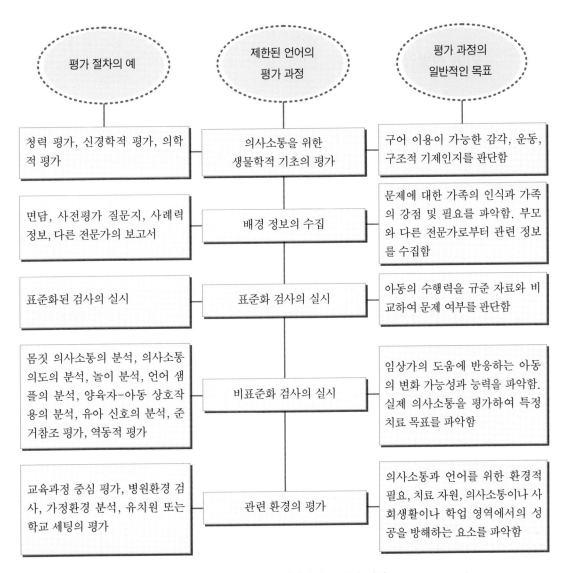

[그림 4-1]　제한된 언어의 주요 평가 과정

대한 좀 더 자연스러운 샘플을 함께 사용하라고 권한다(Lund & Duchan, 1988; Nelson, 2010; Paul, 2007). 아동 수행에 대한 완벽한 그림을 제공하려면 한 유형의 절차만 사용하지 말고 두 유형의 절차를 모두 사용해야 한다. 학교체계와 그 밖의 임상 세팅에서는 일반적으로 표준화된 검사의 양식을 요구한다. [그림 4-1]에는 제한된 언어 구사자의 평가를 위해 권고되는 구성 요소, 목표, 예시 절차가 제시되어 있다. 비표준화 검사의 영역과 환경과 관련된 평가는 1장에서 제시한 세계보건기구(World Health Organization: WHO)의 기능, 장애 및 건강에 대한 국제분류(International Classification of Functioning, Disability and Health: ICF) 모델을 참고하였다.

언어 선별검사

SLP가 언어 선별검사를 하는 목적은 두 가지이다. 아동에게 대략적으로 문제가 있는지 없는지를 알아보고(대략적으로 문제의 유무 질문에 답하기), 자세하거나 좀 더 깊은 언어 평가가 필요한지를 알아보는 것이다. 선별검사의 형식은 다양하다. 그러나 경험상 선별검사는 비공식적 접근을 하는 게 더 일반적이다. 무엇을 어떻게 선별할지, 어떤 방법이나 어떤 검사를 사용할지에 대한 결정은 선별검사의 목적에 따라 다르고 얼마나 효과적으로 빠르게 선별 프로토콜을 완성할 수 있는가에 좌우된다. 보통 선별검사는 30분 이내로 마치게 된다. 일반적인 선별검사는 다양한 범위의 언어 능력을 수집해야 하고 검사의 초점을 너무 좁히면 안 된다. 예를 들어, 아동의 수용 언어만 선별하고 표현 언어의 결함 가능성을 놓치면 안 된다. 대략적인 기준에 근거한 발달 이정표를 이용하여 다양한 발달 영역이 어떤 수준에 도달했는지를 증명하기도 한다(〈부록 B〉의 발달 이정표 참조). 이러한 선별 형식은 아동이 선별되어야 할 연령에 해당하는 기술이나 능력에 대한 체크리스트의 사용을 수반하며, 이를 통해 선별 시점에 어떤 기술이나 능력이 있는지 없는지를 보고하게 된다. 다음의 목록은 결코 완전한 것은 아니지만, 발달을 선별하는 데 사용되는 구입 가능한 선별검사 도구들이다.

- Clinical Evaluation of Language Fundamentals Screening Test-5th ed(Wiig, Semel, & Secord, 2013)
- Preschool Language Scale-5 Screening Test(Zimmerman, Steiner, & Pond, 2011)
- Fluharty Preschool Speech and Language Screening Test-2nd ed(Fluharty, 2000)

- Early Language Milestone Scale-2nd ed(Coplan, 1993)
- Ward Infant Language Screening Test, Assessment, Acceleration and Remediation(Ward & Birkett, 1994)
- MacArthur-Bates Communicative Development Inventories(Fenson, Marchman, Thal, Dale, Reznick, & Bates, 2007)
- Ages and Stages Questionnaire-3rd ed(Squires & Bricker, 2009)
- Language Development Survey(Rescorla, 1989)
- Clinical Linguistic and Auditory Milestone Scale(Accardo et al., 2005)

선별검사를 하는 중에 중요한 임상적 판단을 시작하는 것을 주의해야 한다. 선별검사의 민감도와 특이도는 의심스러운 경우가 많다. 다음은 언어 선별검사의 수행 및 해석 시 몇 가지 일반적인 권고사항이다.

- 많은 아동에게 선별검사를 실시한다면, 다양한 언어 영역을 조사할 수 있는 저렴하면서도 효율적인 선별검사를 선택한다. 한 아동에게 선별검사를 실시한다면, 양육자가 염려하는 영역이 포함된 선별검사를 선택한다. 예를 들어, 양육자의 염려가 아동의 화용언어 능력과 관련된다면, 모든 검사도구가 화용 영역을 검사하지 않기 때문에 화용 영역이 포함된 선별검사를 선택해야 한다.
- 언어장애가 의심된다면, 언어장애의 유무를 알아보고 진단하기 위해 추가적인 평가를 해야 한다. 선별검사 결과를 확대 해석해서는 안 된다. 선별검사 결과에 근거하여 아동을 진단하고 치료하는 것은 아주 경솔한 일이다.
- 언어장애가 의심되지는 않지만 보호자의 염려가 있다면, 아동에게 양육자의 염려와 관련된 다른 발달 문제가 있는지 평가하는 것이 여전히 중요하다. 선별검사는 모든 언어 및 발달 영역을 조사하지 않기 때문에 부족한 부분이 있을 수 있다.
- 선별검사가 모든 언어장애 아동을 걸러 낼 수는 **없다**. 아동이 어려움을 겪는 시점과 증상의 중증도가 다를 수 있으므로 자세한 평가를 통해 양육자의 염려가 맞는지를 확인해야 한다.
- 부모에게 선별검사의 제한점을 설명해 줘야 한다. 언어장애가 있지만 선별검사를 통과하는 아동도 있고, 선별검사를 통과하지 못하였지만 언어장애가 꼭 있다고 할 수 없는 아동도 있다.

초기 의사소통의 평가 및 언어 발달의 예측 변수

Wetherby와 Prizant(1992)는 초기 의사소통 능력 평가에 하나의 새로운 지평을 열었다. 그들은 CSBS를 개발하여 초기 의사소통 사용에 의미 있는 특징을 파악하고자 하였다. Wetherby와 Prizant는 초기 평가에 중요하다고 여겨지는 특징을 다음과 같이 나열하였다. (1) 의사소통 기능 평가하기, (2) 구어전 의사소통 분석하기, (3) 사회적-정서적 신호 평가하기, (4) 사회성, 의사소통 및 상징 능력 프로파일하기, (5) 평가에 정보 제공자 및 적극적인 참여자로서 양육자 이용하기, (6) 아동이 자발적으로 시작한 상호작용을 통해 직접적으로 아동의 의사소통 평가하기이다. 그들은 가장 빈번하게 사용되는 표준화 검사도구 열 개를 이용하여 제한된 언어 구사자를 검사했으나, 흥미롭게도 거의 모든 도구가 의미 있는 특징에 역점을 두지 않거나 제한된 방식만을 사용하였다. 가장 중요한 변수에 초점을 맞춘 표준화 검사가 없다 보니, 의사소통 의도, 놀이, 사회적 행동, 정서 상태, 제스처 의사소통, 양육자-아동 상호작용 같은 영역을 평가하기 위해서는 대부분 비표준화 접근에 의존해야 했다.

Wetherby와 Prizant가 CSBS를 개발한 후, 여러 연구에서 앞에 제시한 많은 변수가 의사소통 발달의 예측에 가치가 있음이 밝혀졌다. 예를 들어, McCathren, Warren과 Yoder(1996)는 언어전 아동에게 어떤 변수가 언어 발달의 효율적인 예측 인자인지 살펴본 문헌을 정리하여 네 가지 주요 영역을 발견하였다. 첫째, 옹알이 발성의 양과 그 음성 산출에 사용된 자음 수가 중요한 예측 인자였다. 둘째, 행동 규제(원시 명령), 공동 주목(원시 서술), 사회적 상호작용(예: 자랑하기, 차례 지키기, 사회적 교환) 같은 화용 기능의 사용이 언어 발달에 또 다른 좋은 예측 인자였다. 언어 발달을 예측할 수 있는 세 번째 영역은 MacArthur-Bates Communicative Development Inventories(CDI) (Fenson et al., 2006)로 측정한 어휘 이해였다. 마지막으로, 조합 및 상징놀이 기술이 후기 언어 발달의 예측 인자였다. Yoder, Warren과 McCathren(1998)은 58명의 발달 지체 아동을 대상으로 의사소통의 기초 샘플을 수집하였다. 그리고 일 년 후 표현 언어를 기준으로 언어 샘플에서 자발적 표현 언어가 다섯 개를 넘지 않은 전기능적 화자와 다섯 개 이상인 기능적 화자의 두 집단으로 그들을 나누었다. 이 두 집단을 83% 예측할 수 있는 세 가지 변수는 (1) 표준 구어(CVCV 조합)를 이용한 의사소통 행동의 수, (2) CDI에서의 점수 차이(표현 어휘 수를 이해 및 표현 어휘 수로 나눈 값), (3) 원시 서술의 산출 비율이었다. 이와 유사하게, Calandrella와 Wilcox(2000)도 아동의 언어전 의사소통과 일 년 후 언어 능력 사이의 관계를 검토하였다. 그들은 의도적 제스처 의사소통과 사회적 상호작용 신호를 포함한 비구어 의사소통 행동이 일 년 후의 수용 및 표현 언어를 예측함을 발견하였다. Brady, Marquis, Fleming과 McLean(2004)은 18명의 3~6세 발달장애 아동을 대상으로 2년간 종단 연구를 시행하였다. 그 결과, Sequenced Inventory of Communication Development-Revised(SICD-R)에 나타난 언어 산출의 가장 유력한 세 가지 예측 인자는 초기 제스처 습득의 수준, 의사소통 비율, 부모 반응의 우연성이었다. 말이 늦는 아이(late talkers)의 언어 예후에 대한 다른 많은 연구에서도 언어 발달의 예측에서 앞의 변수들이 가치가 있다고 밝혔다. CDI는 최근 발달지체나 자폐스펙트럼장애 아동의 언어 발달을 예측하는 데에도 사용되고 있다(Luyster, Qiu, Lopez, & Lord, 2007). **언어전 기술**은 다양한 아동군에서 언어 발달의 예측 인자로 중요하다. 예를 들면, 어휘 수, 구어 모방 능력, 사물을 이용한 기능 놀이, 공동주목 유도를 위한 제스처의 사용과 같은 특정 기술들이 자폐 아동의 어휘 발달의 중요한 예측 인자로 보고되었다(Smith, Mirenda, & Zaidman-Zait, 2007).

제한된 언어의 아동을 위한 예측 변수는 평가에 두 가지 중요한 시사점을 갖는다. 첫째, Wetherby와 Prizant(1992)가 지적한 대로 이 집단에게 표준화 검사만을 사용한다면 평가나 예후와 관련된 중요한 행동 대부분을 놓치게 된다는 점이다. McCathren, Warren과 Yoder(1996)는 가장 대중적인 언어전 평가도구를 조사하였는데, Wetherby와 Prizant와 마찬가지로 이 도구들이 관련 영역을 간과하거나 제한된 방식으로만 검사한다는 점을 발견하였다. McCathren, Warren과 Yoder는 옹알이, 화용 기능, 어휘이해, 조합/상징놀이라는 네 가지 중요한 예측 영역에 역점을 둔 평가 절차는 현 시점에서 단 두 개뿐이라고 하였다. 하나는 CSBS(Wetherby & Prizant, 1998)이고, 다른 하나는 ALB(Olswang, Stoel-Gammon, Coggins, & Carpenter, 1987)이다.

예측 변수에 대한 연구가 보여 주는 두 번째 시사점은 제한된 언어의 경우에 의사소통 샘플, 놀이 평가, 양육자 참여, 제스처 의사소통, 의사소통 의도의 평가를 대체할 수 있는 것은 없다는 점이다. 이러한 샘플과 평가는 CSBS 또는 ALB와 같은 출판된 검사를 이용하거나 특정 영역에 초점을 맞춘 많은 비표준화 절차를 이용하여 수행할 수 있다. 다음에서 이러한 비표준화 접근 몇 가지를 언급하겠다.

특정 영역의 평가: 절차, 고려사항, 연구방향

이제부터 제한된 언어를 구사하는 아동의 의사소통과 관련하여 주요 영역을 평가하기 위한 특정 기술을 논의하겠다. 우리는 임상가들이 다양한 측면의 언어 평가에 대해 공부할 수 있도록 지침과 출처를 제공하고자 한다. 어떤 절차를 충분히 요약할 수 없는 경우(대부분이 그러하지만) 임상적으로 유용한 기술이 무엇인지 비평하고 다양한 기술을 배우게 되기를 희망하며 주된 출처를 제시하고자 한다.

각 평가의 앞부분에서는 연구에 보고된 중요한 발달 경향을 간단하게 살펴볼 것이다. 평가 기술이 의사소통 발달 연구에 기초한 것이기에 이는 불가피한 내용이다. 특정 측면의 언어 습득에 대한 자세한 논의는 이 책의 범위를 넘어선 것이지만, 언어 평가와 관련된 중요한 요점을 간단하게라도 언급하지 않으면 뭔가 빠진 것이 될 것이다. 많은 좋은 교과서에 언어 습득에 대한 연구가 요약되어 있으므로 여러분은 언어 평가를 시작하기 전에 반드시 이 정보에 익숙해져야 한다.

사전평가 및 사례력 수집

사전평가

대부분의 임상 세팅에서는 예비 대상자에게 질문지를 주고 SLP나 다른 전문가를 만나기 전에 적어 오라고 한다. 완성된 사례력 정보를 받지 못한 상태에서 대상자를 처음 만난다면 평가 준비가 불가능하기 때문에 매우 허둥댈 것이다. 특히 언어장애 영역은 대상자가 전혀 말하지 못하는 비구어 수준부터 약간의 언어 문제만 있는 문장 수준까지 그 범위가 다양하다. 그러므로 어디에서 일하든지 SLP는 중요한 사례력 정보를 얻지 못한 채 평가를 수행하지 않도록 해야 한다. 사례력 정보를 미리 알고 있으면 임상가가 평가 계획을 짤 수 있으므로 아동과 부모를 처음 만났을 때 시간과 자원의 사용을 극대화할 수 있다.

Gallagher(1983)는 언어 문제가 있는 사례에서 사용하는 사전평가 절차를 제시하고, 이 과정이 평가를 계획하고 수행하는 데 어떤 도움이 되는지 설명하였다. 사전평가는 부모에게 사례력 용지를 채우게 하는 과정 그 이상이다. 사전평가를 통해 초기 평가의 수행 방식에 반영할 수 있는 임상적으로 유용한 자료를 찾아내어야 한다. 우리의 대학 세팅에서는 대상자에게 평가 예약을 잡기 전에 질문지를 완성해서 가져오게 한다. 부모가 읽지 못하거나 질문지를 완성하기 어려운 경우에는 아동을 만나기 전에 부모에게 사전평가에 나와 있는 각 항목을 물어보는 면담 회기를 따로 예약하게 한다. 중요한 것은 평가 회기 전에 아동의 인지, 사회성, 놀이, 의사소통 행동에 대한 대략적인 그림을 그리고 있어야 한다는 것이다. 운동 기술, 자조 기술, 대인/사회적 능력에 초점을 맞춘 간단한 적응행동 척도를 사전평가에 포함시켜서 인지, 사회성, 언어의 발달과 관련된 비의사소통 행동에 대한 추가 정보를 얻을 수도 있다.

평가일 이전에 아동의 선호도나 언어가 촉진되는 상황을 알아볼 필요가 있다. 임상가는 미리 계획을 짜서 대상자의 의사소통 능력을 가장 잘 나타낼 수 있는 샘플을 얻을 수 있도록 가족에게 특별한 물건이나 장난감을 가져오거나 상호작용자를 데려오도록 할 수도 있다.

부모 면담

사전평가지에는 부모에게 던지는 많은 질문이 있다. 면담은 빠진 정보를 채우거나 모순된 답변을 명확히 하기에 좋은 자리이다. 제한된 언어의 아동에게는 양육자로부터 얻은 정보가 매우 중요한데, 그 이유는 다음과 같다. 첫째, 이런 아동의 대부분은 자신을 잘 표현할 수 있는 언어적 수단이나 인지적 발달이 이루어지지 않았기 때문에 부모나 보호자가 제공하는 자세한 배경 정보와 현재 기술 수준의 추정 의견에 의존해야 한다. 둘째, 최근 연구는 표현언어장애가 유전되는 경향이 있음을 암시하고 있으며 (Lahey & Edwards, 1995), 다른 가족 구성원의 장애와 관련된 증상, 치료, 치료 결과에 대한 정보는 면담을 통해 가장 쉽게 얻을 수 있다. 셋째, 2004년도에 제정된 미국 장애인교육법(IDEA)에는 의사소통장애가 있는 아동을 평가하고 치료할 때 가족이 중요한 팀 구성원이고 전문가는 가족과 긴밀한 협조하에 일해야 한다고 명시되어 있다. 우리는 잠시 후 이에 대해 더 자세하게 논의할 것이다. 부모 면담은 이런 점에서 중요한 정보 수집 방법이다.

2장에서 우리는 평가 전에 구체적인 질문을 적어 놓지 말도록 조언하였다. 〈부록 C〉에는 제한된 언어의 아동을 평가하기 위한 면담 프로토콜이 제시되어 있다. 이 면담 프로토콜은 몇 개의 큰 영역으로 나뉘어 있고, 언어 습득의 선행요건부터 언어 발달의 시작까지를 망라하고 있다. 사전평가지에 적힌 답변을 통해 상세한 정보의 대부분을 얻을 수 있으므로 면담에서는 임상가에게 흥미로운 영역만 더 알아보면 된다. 그러나 면담가가 하위 영역에 대한 정보를 얻고자 할 때는 상위 영역의 질문에서부터 시작해야 한다. 면담 상황이 다르기 때문에 질문에 사용할 구체적인 단어는 제시하지 않았다. 부모의 교육, 지능, 사회경제적 지위, 경험이 서로 다르므로 각 사람에게 맞는 면담 질문을 만들어야 한다. 이 면담 프로토콜은 임상가가 질문할 주제 영역을 대략적으로 상기하도록 설계되었다. 어떤 영역에서 중요한 정보가 보고되면 그 영역을 정확히 알아보기 위해 사례마다 면담가가 적절한 후속 질문을 만들어야 한다. 주된 면담 영역으로 언어 수준뿐만 아니라 언어의 신체적·사회적·인지적 선행요건을 포함시켰고, 아동의 언어 습득과 언어장애와 관련된 다양한 출처로부터 자료를 수집하여 하위 내용을 만들었다. 면담가는 프로토콜 중에서 가장 필요한 부분에 면담의 초점을 맞추어야 하고 불필요한 질문은 하지 말아야 한다. 예를 들어, 아동이 다양한 단어 조합 발화를 사용하고 있고 그 상황에서 효과적으로 의사소통하고 있다면 인지적 또는 사회적 달성 여부에 과도한 시간을 할애하는 것은 부적절하다.

면담 프로토콜 중에서 아동의 가정환경을 가장 잘 드러내는 질문은 부모에게 아동의 평소 하루 일과를 묘사하도록 한 항목이다. 이 질문의 답에 얼마나 많은 중요한 정보가 숨겨 있는지 놀라는 경우가 많다. 예를 들어, 아동이 대부분의 시간을 텔레비전을 보거나 밖에서 혼자 놀거나 자기 자극 활동—생산성이 부족함에도 불구하고 계속하도록 방치되어 온 활동—에 몰두한다고 보고될 수 있다. 때로는 부모가 의미 있는 사회적 상호작용을 할 시간이 거의 없음을 보여 주는 패턴이 나타나기도 한다. 또 다른 패턴은 집안에 일과표나 규칙이 부족한 경우로서 아동에게 문제 행동이 많이 나타난다. 한 어머니는 비구어 수준의 3세 자녀가 보통 늦은 밤 11시 30분에 잠자리에 들고 아침 9시 30분에 일어난다고 보고하였다. 아동은 집 안을 돌아다니면서 밥을 먹고, 잠옷을 입지 않으려고 하고, 갑자기 화를 낼 때가 많고, 벽에다 낙서를 한다고 하였다. 이러한 내용은 부모와 아동에게 행동 조절과 관련된 어떤 조언이 필요한 상태임을 알려 준다. 사전평가 질문이나 공식 검사에 이 정보가 빠져 있는 경우가 많지만, 이는 치료와 관련해 조언을 할 때도 매우 중요한 정보가 된다. 예를 들어, 우리는 이 부모에게 의사소통 기회를 만들어 주기 위하여 아동이 원하는 물건을 주지 말라고 조언하고 싶어도, 집안에 규칙이 없다면 부모가 이를 시행하기는 매우 어려울 것이다. 당연히 아동은 화를 더 낼 것이고, 부모는 치료를 중단할 가능성이 아주 높다.

사회적 선행요건 및 양육자-아동 상호작용의 평가

언어 발달은 사회적 맥락에서 이루어진다. 아동은 태어나면서부터 양육자와 상호작용하고 이 관계를 통해 수많은 시각적 · 청각적 · 촉각적 자극을 받는다. 앞서 언급한 바와 같이 IDEA는 평가와 치료 모두에서 가족 참여를 의무화하고 있다. 특히 비구어, 단단어, 초기 다단어 수준의 아동은 두 가지 이유에서 양육자와 상호작용할 때 그들을 관찰하는 것이 더욱 중요하다.

첫째, 우리는 아동이 편안하게 느끼는 상황에서 친숙한 누군가와 있을 때의 아동을 관찰해야 한다. 이때 아동의 의사소통에 대해 최고의 샘플을 얻는 경우가 많기 때문이다. 낯선 임상가가 낯선 상황에서 아동과 관계를 형성하고자 하면 자연스러운 의사소통의 관찰이 매우 어려울 수 있으며, 시간 제약이 있는 경우에는 더욱 그러하다. 이따금 우리는 평가 시간에 우리와 상호작용하기를 거부하는 아동도 만나게 된다. 이 경우 양육자-아동 상호작용만이 기본 자료를 제공해 줄 수 있다. 우리 분야의 초창기에는 평가 시 아동을 부모와 분리시키라고 했었다. 그러나 이것은 아동에게 긴장 반응을 일으켜 결국 평가로부터 얻는 정보가 거의 없게 된다(엄마와 잘 분리되는 아동도 거의 없다). 우리의 목표는 말과 놀이를 통하여 아동의 의사소통과 언어전 기술을 관찰하는 것임을 잊지 말아야 한다. 양육자가 임상가보다 더 훌륭한 시범을 보일 때 우리는 임상가로서 실패했다는 느낌을 가지기보다 오히려 이 기회를 이용해야 한다. 아동과의 관계는 시간 제약이 없는 초기 치료 회기 때 만들면 된다. 그리고 임상가 또는 양육자와의 의사소통 샘플을 얻은 후에는 항상 양육자에게 아동의 의사소통 행동이 전형적인 상호작용을 대표하는지 물어봐야 한다.

양육자-아동 상호작용의 두 번째 목표는 부모가 제공하는 언어 모델의 질을 관찰하는 것이다. 연구에 의하면 양육자는 여러 측면에서 그들의 의사소통 행동을 변화시킨다. 음성의 기본주파수를 높이고, 음도 범위를 넓히고, 더 천천히 말하고, 첫 번째 강세를 두 배로 키우는 패턴을 사용한다. 양육자는 나이 든 아이와 이야기할 때보다 덜 유창하게 말하며 언어적 구성 성분의 주된 경계에 쉼을 둔다. 언어적 측면에서 평균발화 길이는 줄이고 어휘와 구문 복잡성은 단순화한다. 양육자는 언어 모델을 단순화하는 대신 의사소통의 상호교환을 알려 주고자 한다. Snow(1977)는 3개월 된 신생아의 엄마는 주고받는 교환 행동에 열중한다고 하였다. 아동의 '차례'는 웃기, 재채기하기, 트림하기와 같이 생리적인 비구어 행동이다. 엄마는 단순히 그 행동에 언어적으로 반응하고 아동이 차례를 넘겨받도록 언어적으로 독려할 때가 많다. 아동이 발달함에 따라 양육자는 아동에게 성인의 정확한 모델에 더 근접할 것을 요구한다.

모델 자체만큼 모델이 전달되는 상황도 중요하다. 어린 아기는 양육자와 상호작용함으로써 인지적으로 성장한다. 엄마와 아빠는 물건이나 신체 부위의 기능적 사용, 사물의 속성, 상황에 대한 다양한 개념을 나타내 줌으로써 아이에게 '세상이 어떻게 돌아가는지'를 보여 준다. 발달 초기에 아동이 양육자의 시선을 따라가는 것(부모가 집중하고 있는 사물을 처다보면서)을 볼 수 있다(McLean & Snyder-McLean, 1978). 어른은 아동에게 다양한 사물을 가지고 어떻게 노는지 보여 줄 수도 있고 상징놀이를 하도록 자극할 수도 있다. 그러므로 우리는 양육자의 언어 구조, 언어 사용, 개념, 의사소통의 상호교환을 살펴봐야 한다. 아동은 사회적 환경에 매우 민감하므로 언어가 다양한 사회적 및 비사회적 목적에 사용되는 도구라는 것을 배운다(Dore, 1975; Halliday, 1975). 언어와 언어의 사용에 대한 어린 아동의 초기 노출은 분명히 매우 사회적이다.

양육자-아동 상호작용의 중요한 활동 중 하나는 함께 책 보기이다. 부모는 아이가 어릴 때부터 함께 책을 본다. 이 활동에서는 언어 자극의 주고받기가 반복된다. 아동의 언어와 인지 능력이 발달함에 따라 부모와 아동의 역할은 점차 바뀐다. 처음에 아동은 단지 양육자와 함께 책을 처다보고 양육자가 가리키는 것을 시각적으로 따라간다. 이후에 아동의 언어 이해가 발달하면, 양육자가 책 속의 그림에 대해 질문을 할 때(예: "고양이 어디 있어?") 아동은 '가리키는' 역할을 수행한다. 그러면서 아동은 책장 넘기기, 책 꽂기, 글자와 그림 간의 차이 같은 문자 활동의 특성에도 주목한다. 아이가 단단어 시기에 도달하면 양육자가 질문을 하고 아동은 책에 있는 그림의 이름을 말한다. 이후에 아동이 연결된 말을 하게 되면 양육자는 그다음에 어떤 일이 벌어질지, 주인공이 어떻게 느끼는지 등 좀 더 어려운 질문을 한다. 많은 권위자는 양육자-아동 상호작용 전략을 알아보기 위해 함께 책 읽는 샘플을 평가에 포함시킬 것을 권한다. 부모와 아동의 함께 책 읽기 행동과 전략을 평가하기 위해 평가의 일부분으로 Kaderavek과 Sulzby(1998)가 개발한 프로토콜을 유용하게 사용할 수 있을 것이다. 그리고 Rabidoux와 MacDonald(2000)는 양육자와 아동이 함께 책을 보는 동안의 상호작용 변수를 의사소통 스타일, 아동 역할/스타일, 상호작용 유지 전략으로 설명하였다. 이러한 분류도 아동의 초기 문자 환경을 평가하는 데 유용하다. 아동의 언어장애 특성이 초기 문해력에 대한 가장 좋은 예측 인자라고 생각하기 쉽다. 그러나 McGinty와 Justice(2009)는 언어 능력의 차이가 언어장애 아동이 보이는 활자 지식의 다양성을 특별히 잘 설명해 주는 건 아니라고 하였다. 대신에 특히 집중력 문제가 있는 언어장애 아동에게는 가정 문해 경험의 질이 활자 지식의 가장 좋은 예측 인자라고 밝혔다. 책 읽기 활동에서의 정서적 지지도, 민감성, 반응성, 엄마가 아동에게 관여하는 방식과 같은 요인은 활동 참여 정도를 예견하는 것으로 밝혀졌다(Kaderavek & Sulzby, 1998; Skibbe, Moody, Justice, & McGinty, 2010). 이는 우리가 초기 문해력을 검사할 때 가정 에서 아동의 문해 경험과 기회를 검사해야 함을 강조한다. 교사도 학령전 문해 기술에 대한 중요 정보를 제공할 수 있으므로 아동이 어떤 기술에 장점이 있는지를 알아보기 위해 그들에게 정보를 요청하는 것이 현명하다. 그러나 교사가 문해 영역에서 문제를 보일 위험이 높은 아동을 찾아내거나 진단하는 데 효과적이지는 않았다(Cabell, Justice, Zucker, & Kilday, 2009).

　임상가는 양육자-아동 상호작용에 대한 많은 의문사항에 해답을 얻어야 한다. 양육 자가 '지금 여기(here and now)'(Holland, 1975)에 대해 말하는가, 아니면 지금 이곳에 없는 물건을 말하는가? 상호작용에서 주로 어떤 종류의 공동 참조가 일어나는가? 양 육자는 아동이 관심을 표명하는 물건에 대해 이야기하는가? 부모가 아동 지시에 참여 하는 경우와 아동이 부모 지시에 참여하는 경우의 균형이 맞는가? 언어 사용과 관련하 여 부모가 아동의 의사소통을 제한하거나 반응하는 식의 의사소통을 하게 하는가? 우 리는 초기 언어장애 아동에게 끝없이 질문을 하거나(예: "이게 뭐야?" "이거 무슨 색깔이 야?") 계속 따라 하라고 하는(예: "공, 따라 해 봐.") 부모를 흔히 만나게 된다. 우리는 부 모의 어떤 상호작용 스타일이 아동 언어장애의 원인과 관련된다고 말하지 않는다. 사 실 아동에게 말하는 부모의 방식은 장애의 원인이기보다 결과일 수 있다. 그 관계가 어떠하든 간에 이 양육자의 모델은 언어 발달에 도움이 되지 않으므로 바꾸어야 한다. 이 관계의 질을 알아볼 수 있는 유일한 방법은 양육자-아동 상호작용의 관찰이다. 양 육자-아동 상호작용의 평가는 특히 언어장애의 '위험이 높은' 유아나 아동을 다룰 때 중요하다. 그들에게 좋은 자극을 제공하면 언어장애의 예방에 효과가 있고, 적어도 나 타날지 모를 언어장애의 중증도를 감소시킬 수 있다. 〈표 4-2〉는 평가 회기에서 임상 가가 양육자의 상호작용 행동을 평가하는 데 사용할 수 있는 체크리스트의 한 예이다. 양육자에 대한 임상가의 인상은 상호작용 패턴과 관련된 치료 권고사항에 영향을 미 칠 수 있다.

　양육자-아동 상호작용에서 아동의 사회적 행동 중 특별한 측면도 검사해야 한다. 사회적으로 아동에게서 눈 맞춤과 비구어적 교환 활동에 참여하고자 하는 의지가 관

표 4-2 양육자-아동 상호작용의 특성

아동: _____ 날짜: _____ 연령: _____

장난감, 장소, 상호작용자: _____ _____

일반 변수	아니요	예
1. 처다보고 기다림으로써 의사소통을 촉진한다.	_____	_____
2. 행동이나 발화로 반응함으로써 의사소통을 강화한다.	_____	_____
3. 아동과 공동으로 참조한다.	_____	_____
4. 공동으로 참조할 때 성인과 아동이 번갈아서 지시를 한다.	_____	_____
5. 현재 맥락(지금 여기)에 대해 이야기한다.	_____	_____
6. 공동 참조에 상응하는 모델을 제때 제시한다.	_____	_____
7. 아동의 눈높이에서 말한다.	_____	_____
8. 아동의 발화나 의사소통 의도에 대해 올바른 해석을 한다.	_____	_____
9. 방해를 하거나 시간을 끌어서 의사소통 기회를 만들어 낸다.	_____	_____
10. 아동의 요구를 미리 예상하여 의사소통 시도를 감소시키지 않는다.	_____	_____

언어 모델 변수		
1. 문장의 길이를 줄인다.	_____	_____
2. 문장의 복잡성을 감소시킨다.	_____	_____
3. 발화를 자주 반복한다.	_____	_____
4. 발화를 변형시킨다(“공 던져, 그거 던져.”).	_____	_____
5. 과장된 억양 패턴을 사용한다.	_____	_____
6. 주요 단어에 강세를 둔다.	_____	_____
7. 구체적인 고빈도 어휘를 사용한다.	_____	_____
8. 말을 너무 많이 하거나 대화를 주도하지 않는다.	_____	_____
9. 질문이나 지시를 지나치게 많이 하지 않는다.	_____	_____
10. 느린 말속도를 사용한다.	_____	_____

가르치는 기술의 사용		
1. 혼잣말하기	_____	_____
2. 병행 말하기	_____	_____
3. 확장하기	_____	_____
4. 의미 넓히기	_____	_____
5. 분리하고 합성하기	_____	_____
6. 문장 변형하기	_____	_____

찰되어야 한다. 다른 사람의 참여를 참지 못하거나 다른 사람을 찾지 않는 아동은 의사소통 체계가 아무 소용이 없다. 아마 이런 아동은 언어 발달 이전에 언어전 사회적 기술의 습득이 필요할 것이다. 아동은 의사소통 상대가 되기 전에 먼저 놀이 상대와 상호작용 상대가 되어야 한다는 MacDonald와 Carroll(1992)의 말을 기억하기 바란다. 언어는 무엇보다도 사회적 도구이므로 '사회적'이지 않은 아동은 주변 사람을 이용하기 위한 어떤 수단의 필요성을 거의 느끼지 못하고 비언어적으로라도 주변 사람과 의사소통하지 않는다. 자폐스펙트럼장애 아동의 진단 및 치료 모니터링에는 사회적 기술이 중요한 역할을 하므로 이를 자세하게 검사해야 한다. 부모와 교사는 아동과 많은 시간을 보내고 상호작용을 하기 때문에 사회적 행동에 대한 정보가 많다. 그러나 부모와 교사의 정보가 서로 다를 수 있다. 예를 들어, Murray, Ruble, Willis와 Molloy(2009)가 발견한 바에 따르면, 일반적으로 두 집단 간에 전반적인 사회적 기술에 대한 척도 점수는 일치하는 반면, 개별적인 사회적 행동에 대해서는 일치도가 낮았다. 한 집단이 다른 집단보다 더 정확하다는 말은 아니지만, 아동의 행동에는 맥락적인 차이가 있을 수 있으므로 한 가지 정보원에 근거할 때보다 다양한 정보원에 근거할 때 좀 더 완벽한 그림을 그릴 수 있음을 시사한다. Bopp, Mirenda와 Zumbo(2009)는 자폐 아동을 2년 동안 추적 관찰하여 초기 행동 샘플로부터 어휘 산출과 이해를 예측하고자 하였다. 환경에 주의를 기울이지 않음, 산만함, 지시를 듣지 못함, 공동 과제에서 눈을 돌림과 같이 주의를 기울이지 않는 행동이 특히 어휘 산출과 이해의 진전을 더디게 하는 경향이 있음을 발견하였다. 눈을 맞추지 않거나, 이름에 반응하지 않거나, 거의 웃지 않는 것과 같이 사회적으로 반응이 없는 아동은 그 정도가 심할수록 언어 진전이 더 더뎠다. 이러한 결과는 SLP가 언어 기술뿐만 아니라 사회적 능력과 관련되는 보조적 행동도 검사해야 함을 다시 보여 준다. 과거의 몇몇 조사에서는 언어장애 아동의 약 50%가 행동 문제를 보인다고 하였다.

그러나 최근 몇몇 연구는 언어장애 아동을 단순언어장애 아동으로 한정하지 않았을 수 있다. 예를 들면, 발달지체나 전반적 발달장애 아동이 포함되었을 수 있다. Rescorla, Ross와 McClure(2007)에 의하면 언어지체 아동은 행동 문제 총점이 높았고 언어 점수와 유의미한 상관이 있었다. 그러나 연구에서 신경발달장애와 전반적 발달장애 아동을 제외했을 때는 행동 문제 총점과 언어 점수가 더 이상 유의미한 상관이 없었다. Harrison과 McLeod(2010)는 언어장애의 위험 요인과 보호 요인을 알아보기 위해 거의 5천 명의 호주 아동을 대상으로 자료를 수집하였다. 변수로 아동, 가족,

부모, 공동체가 모두 고려되었다. 위험 요인에는 남자, 지속적인 청력 문제, 기질상 더 반응적인 것이 포함되었다. 주요 보호 요인은 사회적인 기질과 어머니의 높은 행복 점수였다. 이 연구는 우리가 예후 인자를 이해하기 위해서는 언어 측정에서 아동의 수행을 넘어서 사회석/정서적 그리고 가족의 맥락을 봐야 함을 시사한다.

적응행동 척도

적응행동 척도는 일반적으로 운동 기술, 사회적 행동, 자조 기술, 언어 능력에 대한 아동 발달을 점수로 나타낸다. 아동에게 어떤 행동을 하라고 과제를 주거나, 부모에게 면담 프로토콜에 나와 있는 항목에 답하라고 한다. 이러한 척도는 SLP의 관점을 넓히는 데 도움이 된다. 사회성과 인지 발달이 언어 발달과 관련이 있지만 많은 적응 행동도 인지적 및 사회적 달성에 좌우된다. 적응행동 척도를 통해 우리는 아동의 기능 수준에 대한 더 큰 그림을 얻을 수 있고, 이 정보가 다른 평가 자료와 일치한다면 유용한 정보가 될 것이다. 게다가 다양한 질환(예: 지적장애)이 있는 아동의 경우, 일반적으로 대부분의 영역에서 기능이 떨어지므로 언어는 단지 문제의 일부분이라는 점을 보여 줄 수도 있다. 적응 행동에 대한 지식은 임상가가 의뢰를 결정할 때도 중요하다. 언어치료 활동이 운동, 사회성, 자조 영역에 맞게 설계되면 언어뿐만 아니라 필요한 여러 기술을 함께 배울 수도 있다. 여러 적응행동 척도가 사용 가능하다. Adaptive Behavior Assessment System-2(Harrison & Oakland, 2003), Adaptive Behavior Scale-School-2nd ed(Lambert, Nihira, & Leland, 1993), Vineland Adaptive Behavior Scales-2nd ed(Sparrow, Cicchetti, & Balla, 2005)가 있다. 공립학교와 병원 등 대부분의 임상 세팅에서 SLP는 다양한 분야의 전문가가 포함된 팀의 일원이다. 심리학자, 작업치료사, 물리치료사, 특수교육 교사, 의사 같은 다른 전문가들이 자조, 운동 기술, 사회 적응 같은 행동 척도를 포함하여 비의사소통 영역에 대한 유용한 정보를 제공해 줄 수 있다(Haynes, Moran, & Pindzola, 2012). 이러한 팀 접근법은 평가 결과의 해석뿐만 아니라 다양한 영역을 아우르는 치료 목표 선정에도 이점이 있다.

의사소통과 연관된 인지 달성 및 놀이 평가

이 장의 시작 부분에서 언급한 MacDonald와 Carroll(1992)의 언어 습득의 큰 그림에서처럼, 아동은 우선 놀이 상대 그리고 주고받기 상대가 되어야 한다. 이것은 아동이 사물을 탐색하고 기능적으로 사용할 때 어떻게 양육자와 함께 참조하고 조작하는지 배우는 것을 포함한다. 놀이 평가는 아동이 생산적인 놀이 상대나 사회적 참여자가 될 능력이 있는지 알아보는 데 도움이 된다. 인지 달성에 대한 평가는 간단하지만 쉽지는 않다. 우선 인지 기술과 언어 기술 사이의 관계는 발달 수준에 따라 변한다. 어떤 나이에서는 특정 인지 달성이 의사소통 기술과 매우 밀접하게 연관되지만 아동이 발달하면서 이런 관계가 없어질 수도 있다. 인지와 언어 사이에 특별한 관계가 있음에 반대하는 의견도 있다. 그러나 우리는 언어전 아동을 평가할 때 아동이 세상의 사물, 사건, 행동을 이해하는 것처럼 보이는지 알려고 할 것이다. 분명 비구어 아동은 언어나 말로 이 정보를 전달할 수 없다. 많은 권위자는 아동의 놀이 전략이 세상에 대한 아동의 개념과 이해를 어느 정도 반영한다고 말해 왔다. 아동은 주로 놀이를 하므로 임상가는 일상적인 아동의 놀이를 조사하여 아동의 세계관을 대략적으로 추론할 수 있다. 사물을 감각운동적으로 탐색하기, 흔들기, 던지기, 빨기와 같이 주로 원시적인 놀이를 하는 아동은 사물과 사건에 대한 이해가 부족하므로 그것을 언어체계로 부호화하기 어려울 것이다. 사물의 기능적 사용(장난감 차를 미는 것과 같이 사물을 적절하게 사용하는 것)에 대한 개념이 없는 아동은 그 사물의 이름(예: 차)이나 그 사물이 개입된 관계(예: 밀다, 가다, 크다)를 언어로 부호화할 필요를 못 느낄 것이다.

개념 파악하기는 여러 이유에서 언어 습득에 중요하다고 여겨진다. 첫째, 언어는 표상적 행위이다. 언어는 실재를 나타내거나 사물 및 관계를 상징한다. 둘째, 언어는 추상적 상징체계이다. 추상적 상징을 이해하려면 정신적으로 상징을 표상할 수 있어야 한다. 셋째, 언어는 사회적 상호작용을 위한 도구이다. 도구의 사용은 수단-목적 관계의 이해처럼 어떤 개념적 토대가 있어야 한다. 넷째, 언어의 사용은 세상의 사물, 사건, 관계에 대해 이야기하는 것을 포함한다. 사물 및 관계를 적절하게 이야기하려면 그 전에 그것의 특성을 알아야 한다. Nelson(1974)의 말대로 우리는 우리의 개념에 **이름을 붙이기** 위해 단어를 사용한다.

아동의 인지 발달과 관련하여 가장 잘 알려진 학자는 아마도 Jean Piaget일 것이다. 태어나서부터 만 2세까지는 언어 발달에 가장 중요한 시기이다(Beard, 1969; Ginsburg & Opper, 1969; Morehead & Morehead, 1974). 아동은 2세가 되면 다단어 조합 문장을 사용하기 시작하고 언어를 다루는 상징 능력을 분명히 드러낸다. Piaget는 이 시기의 학습 대부분이 아동의 적극적인 감각운동 탐색을 통해 이루어진다고 보고, 이 시기를 **인지 발달에서의 감각운동기**라고 불렀다. 그리고 Piaget는 감각운동기를 다시 여섯 개의 하위 단계로 나누었다(〈표 4-3〉 참조). 전형적인 발달에서 분명한 제스처 의사소통을 나타내려면 적어도 4단계에 도달해야 하고, 단단어와 초기 다단어 구조를 표현하려면 적어도 5단계나 6단계에 도달해야 한다고 하였다. 그러나 권위자들이 인지 발달 문헌에서 인지평가 척도에 포함된 기술 중 잠재적으로 언어와 연관된다고 밝힌 것은 다음과 같다.

표 4-3 Piaget가 말한 감각운동기의 하위 여섯 단계

감각운동기의 하위 단계	연령	설명	예
1. 반사	출생~ 1개월	자극에 대한 자동적 반응을 나타내는 생득적인 반사가 포함된 행동을 함	젖꼭지 빨기
2. 1차 순환 반응	1~4개월	자신의 신체에 집중하고(1차) 우연히 나타난 행동을 반복함(순환)	손을 폈다가 오므리기 반복하기, 엄지손가락 빨기
3. 2차 순환 반응	4~8개월	외부 세계에 더 반응하고(2차) 대상 지향적이 됨. 수단과 목적을 구분함	손으로 장난감을 집었다가 떨어뜨리기 반복하기
4. 2차 순환 반응의 협응	8~12개월	목적 지향적 행동, 대상영속성, 원인-결과 관계를 확립함	손-눈의 협응, 숨겨진 장난감을 찾고 목적을 달성하기 위해 여러 행동을 조합하기
5. 3차 순환 반응	12~18개월	학습된 반응으로 새로운 행동에 적응함(3차)	사물의 새로운 가능성을 발견하기
6. 정신적 표상	18~24개월	상징적 사고와 지연된 모방이 발달함	정신적으로 예측하고 계획하기, 회상과 다른 사람의 과거 행동을 모방하기

출처: Piaget, J.(1952). *The Origins of Intelligence in Children*. New York: International Universities press.

사물의 기능적 사용은 의사소통 발달과 연관이 있다고 알려져 왔다(Steckol & Leonard, 1981). 사물을 본래 목적에 맞게 사용하려면(예: 빗으로 머리 빗기) 사물과 그 사용의 정신적 표상이 있어야 한다. 그리고 아동이 주변의 기초적인 관계를 말하기 시작할 때의 발화는 주로 사물, 사물의 기능, 사물에 포함된 관계와 연관된다(Nelson, 1974).

모방 및 지연 모방 또한 언어 발달과 관련이 있다고 간주되어 왔다(Bates, 1979). 모방

은 짧은 기간에 어떤 행위에 대한 정신적 표상을 요구하며 지연 모방은 더 긴 기간에 사건 기억을 요구한다. 둘 다 일정 기간에 실체를 표상하는 능력과 즉각적인 자극에 의존하지 않는 능력이 있어야 한다.

상징놀이(가상 행동)는 아동의 일반적인 상징 능력의 증거로 간주되어 왔다. 상징놀이는 실제 물건과 비슷한 모양의 견본을 가지고 놀이하는 것(예: 상자를 자동차라고 함)부터 실제 물건과 다른 모양의 견본을 가지고 노는 것(예: 빗을 자동차라고 함), 물건 없이 노는 것(팬터마임)까지 다양한 놀이를 생각할 수 있다. 무엇을 상징하기 위해 물건을 사용하는 것은 세상에 있는 물건을 표상하기 위해 단어를 사용하는 것과 비슷하다. 일상적으로 상징놀이를 하려면 기초적인 상징 능력이 있어야 하므로 아동이 상징놀이를 주로 한다면 상징 능력이 증가하고 있다는 긍정적인 신호임을 알아차려야 한다.

인지 수준을 평가하는 첫 번째 이유는 실체를 표상하고 상징을 다루는 아동의 능력을 알아보기 위함이다. 인지 달성을 평가할 때 기억해야 할 중요한 개념은 우리가 아동의 행동을 보고 그 개념을 **추론**해야 한다는 점이다. 우리는 아동의 일상적인 놀이와 사물의 사용에 대해 가능한 한 많은 정보를 얻어야 한다. 이때 사전평가 질문지와 부모 면담이 매우 유용하다. 아동은 집에서 더 복잡한 놀이를 하지만 임상 세팅에서는 안 할 수도 있다. 특정 인지 달성을 평가하기 위해 우리가 준비한 과제를 아동이 수행하지 못했다고 해서 아동의 개념이 부족하다고 생각하면 안 된다. 아동은 무집중, 무관심, 그 밖의 다른 이유로 과제 수행에 실패할 수 있으며, 이것은 아동의 인지 상태와 아무 관련이 없다.

놀이 평가는 어떤 아동에게 어떻게 실시하는 게 좋을까? 비구어 아동과 단단어 수준의 아동에게 인지 달성 여부를 평가하면 많은 정보를 얻을 수 있다. 그러나 현재 이미 다단어 발화를 생산적으로 사용하고 있는 아동이라면 정상적으로 언어를 사용하는 것 자체가 어떤 표상 능력과 상징 능력을 증명하고 있다. 그러므로 처음부터 무조건 길고 복잡한 종합적 인지 검사를 실시하는 것은 바람직하지 않다. 우리는 일반적인 분석에서 시작하여 더 구체적인 분석으로 들어갈 것을 권한다.

분석의 첫 번째 수준은 놀이에 몰두하고 있는 아동의 행동을 오랫동안 관찰하는 것이다. 경험상 인지 수준이 낮은 아동은 주로 원시적인 놀이와 고정적인 사물 사용을 나타낼 것이다. 놀이평가를 위해 여러 가지 척도를 사용할 수 있다. Westby(1980)는 인지, 언어, 놀이 사이의 발달관계를 평가하는 데 사용할 수 있는 유용한 단계를 개략적으로 설명하였다(〈표 4-4〉 참조). 임상가는 놀이 상황을 만들어 놓고 아동이 사물 및 사람과 상호작용하는 것을 관찰할 수 있다. 이때 잊지 말아야 할 것은 아동이 더 높은 수준의 놀이를 보여 줄 수 있는 장난감과 사물을 제시해야 한다는 점이다. Casby(2003)는 놀이 평가에서 사용할 놀잇감에 대해 제언하였다. 예를 들어, 아동에게 자동차, 공, 블록, 장난감 말을 제공한다면 아동은 조합적 상징놀이를 보여 주기가 어렵다. 그러나 아동에게 인형, 침대, 숟가락, 그릇, 작은 병, 앞치마를 제공한다면 아동은 이들을 조합하여 가상놀이를 할 수 있다.

표 4-4 Westby의 놀이 척도

단계	연령	놀이	언어
1	9~12개월	어떤 장난감을 적절하게 사용하고 장난감을 집으러 감. 숨겨진 사물을 찾을 수 있음	장난감을 적절히 사용하면서 말소리와 단어를 산출함
2	13~17개월	장난감을 탐색하고 장난감을 작동시킬 수 없으면 어른을 찾음	단단어를 사용하고 문맥 의존적으로 단어를 산출함
3	17~19개월	물건과 장난감을 적절히 사용하고 자동 상징놀이에 참여함	단어들이 기능적이고 의미적으로 관계를 맺기 시작함
4	19~22개월	자신뿐만 아니라 다른 사람이나 사물을 포함시키는 상징놀이로 확대함	단어 조합이 시작됨. 현장에 없는 사람이나 사물을 언급함
5	24개월	일상적인 경험을 나타내는 놀이를 시작함	구나 짧은 문장을 표현함. 복수형, 현재진행형, 소유격이 나타나기 시작함
6	30개월	병원에 가기처럼 가끔 경험하는 도식으로 놀이를 확대함	누구, 무엇, 어디 질문에 답하고 질문함. 왜 질문은 아직 어려움
7	3세	놀이 활동을 연결하기 시작하고 연합 놀이에 참여함	과거와 미래 시제를 사용하기 시작함
8	3세~3세 6개월	상상놀이에 참여하기 시작하고 하나의 사물을 다른 것을 표현하는 데 사용함	서술하는 어휘가 확대되고, 대화에 참여하며, 초언어적 언어를 사용함
9	3세 6개월~4세	사건을 미리 계획하기 시작하고 3차원의 구조를 발전시킬 수 있음	의도와 미래 사건에 대해 의사소통함
10	5세	가상 사건의 연결을 포함한 완전한 협동놀이가 가능함. 상상을 매우 잘함	문법적 관계를 나타내는 용어가 사용됨

출처: Westby (1980).

Carpenter(1987)의 **놀이 척도**(play scale)는 비구어 아동의 상징 행동을 평가하기 위해 고안되었지만 언어가 출현한 아동에게도 유용하다. 이 척도를 적용하려면, 양육자에게 아동과 놀이를 하라고 하고, 장난감을 주며 티 파티, 농장, 탈것, 아기 보살피기라는 네 가지의 놀이 시나리오에 참여하라고 한다. 양육자는 아동의 주도를 따라가며 자연스럽게 아동에게 반응한다. 대략적으로 검사되는 행동은 장난감의 사용, 내포, 놀이 에피소드의 유형이다. McCune(1995)은 놀이 행동을 분석하는 방법도 제시하였다. 이 체계에는 정해진 장난감과 물품 세트를 사용하는 놀이에서 양육자가 어떻게 참여하는지도 분석하도록 되어 있다. 그리고 놀이 단계를 알아보기 위해 행동을 분석하는 기준도 제공하였다. 놀이의 다섯 단계와 그에 대한 설명은 〈표 4-5〉에 요약되어 있다.

표 4-5 McCune 척도

단계	연령	설명	예
1. 전상징적 놀이 도식	18개월 이전	사물의 특징/기능과 그와 연관된 행동 사이의 관계를 깨닫는다.	컵으로 마시기나 빗으로 머리 빗기
2. 자신을 향한 가상 놀이	18~24 개월	아동은 놀기를 좋아하며 의식적으로 노는 척을 한다. 실제 행동과 놀이 행동을 구분할 수 있다.	과장된 제스처로 소리를 내며 숟가락으로 떠먹는 척하거나 장난감 컵으로 마시는 척하기
3. 외부를 향한 가상 놀이	2~3세	다른 행위자나 사물의 활동을 포함시키는 놀이를 한다. 다른 사람에게서 관찰되는 행동을 흉내 낸다.	청소와 같이 엄마가 하는 행동 흉내 내기, 다른 사람에게 책 읽어 주는 척하기, 인형에게 음식 먹이기
4. 조합적 가상놀이	2~3세	하나의 도식에서 한 행동의 주체나 객체에 여러 명이 개입된다. 여러 도식이 결합되기도 한다.	아동이 컵으로 마시는 흉내를 낸 후 양육자에게 컵으로 마시는 흉내를 내라고 요구하기, 인형에게 옷을 입히고 머리를 빗기고 나서 먹이기와 같은 일과 수행하기
5. 위계적 가상놀이	2~3세	여러 가상 행동과 다양한 도식 행동을 계획하기 위한 내적 표상이 있다.	일과를 수행하기 전에 필요한 모든 물건을 찾아 놓는 준비 행동하기, 소꿉놀이에 필요한 모든 물건을 찾아 놓아 놀이를 마칠 수 있도록 준비하기

출처: McCune (1995).

어떤 척도를 사용하든지 간에 가장 중요하게 살펴봐야 할 것은 가장 빈번하게 나타나는 상호작용 유형인 아동의 **놀이 양식 수준**(modal level of play)이다. 검사자는 사물의 기능적 사용, 상징놀이, 수단-목적, 조합놀이, 감각운동 탐색, 모방, 숨겨진 물건 찾기 행동이 나타나는지 자세히 살펴봐야 한다. 나중에 구체적으로 분석하기 위해 놀이 상호작용을 녹화하는 것이 좋다(Lund & Duchan, 1988). 녹화 자료를 분석할 때는 다음의 일반적인 순서를 따를 것을 제안한다. 먼저 놀이 회기를 특정한 주제의 에피소드로 나눈다. 예를 들어, 아동이 농장 세트로 논다면 이 놀이 에피소드를 '농장'이라고 이름 붙인다. 그다음에 각 놀이 에피소드에서 아동이 사물 및 사람과 어떻게 상호작용하는지 관찰한다. 만약 아동이 소를 집어 자신의 입으로 가져간다면 입에 넣기 또는 감각운동 탐색이라고 기록한다. 만약 아동이 소를 뛰고 점프하게 만들어 트럭 뒤에 싣는다면 가상놀이가 포함되어 있기 때문에 상징놀이 행동으로 적는다. 만약 아동이 인형의 머리를 빗기고 침대에 뉘여 이불을 덮어 준다면 조합적 상징놀이가 될 수 있다. 하나의 놀이 에피소드에 나타난 행동은 감각운동 탐색, 사물의 기능적 사용, 상징놀이 중 하나로 쉽게 결론 내릴 수 있다. 그런데 모든 행동은 맥락과 함께 고려되어야 한다. 예를 들면, 블록을 자동차라고 한 가상 행동은 이전 회기에서 임상가가 이 행동을 보여 주지 않았을 경우에만 상징놀이로 볼 수 있다. 아동의 비구어 놀이 행동은 반드시 맥락과 함께 봐야 하므로 가능하다면 아동의 놀이 패턴에 대한 이전 자료를 얻어 놓는 것이 좋다.

놀이 패턴을 관찰한 후 관찰된 놀이의 질에 근거하여 인지지체가 있는지 생각한다. 아동의 생활연령, 언어 단계, 놀이 수준 간에 차이가 있는지 알아보기 위해, 수집된 정보로 '삼각측정'을 해야 한다. 예를 들어, 3세 아동이 3세의 놀이 수준을 나타내지만 언어는 1세 수준이라면, 이 아동의 언어 수준은 아동의 인지 발달보다 뒤떨어져 있고 인지 문제보다 언어 문제가 심각함을 나타낸다. 한편, 3세 아동이 언어와 인지 모두 1세 수준이면 치료에서 인지와 언어 모두가 목표가 될 수 있다. 어떤 때는 빈번하게 관찰된 놀이가 높은 수준이어서 보나마나 표상에 아무런 문제가 없을 수도 있다. 어떤 때는 매우 원시적인 표상 능력을 나타낼 수도 있다. 많은 경우는 이 양극단의 사이에 위치하므로 아동이 도달한 인지 발달 수준을 결정하기 위해 추가 검사가 필요할 수 있다.

분석의 마지막 수준은 Uzigiris-Hunt Ordinal Scales of Infant Development(Uzigiris & Hunt, 1975)와 같은 더 자세한 척도를 실시하는 것이다. Dunst(1980)는 임상가를 위

해 Uzigiris와 Hunt의 과제를 좀 더 간소화한 절차를 개발하였다. 이러한 긴 검사는 인지 결함이 강하게 의심되는 아동에게 실시해야 한다.

SLP는 언어와 관련된 인지 달성을 평가할 때, 다른 전문가나 부모가 이 평가 절차를 아동의 **지능**검사로 인식하지 않도록 조심해야 한다. 우리는 아이가 얼마나 '똑똑한지' 또는 아동의 인지 발달이 얼마나 가능한지에 대한 어떠한 판단도 해서는 안 된다. 놀이 행동과 인지 척도에서의 수행 정도를 볼 때 언어를 위한 몇몇 인지적 기초가 부족하다고 판단되면, 다른 전문가(예: 심리학자, 특수교사)에게 아동을 의뢰하여 인지, 사회성, 자조, 기술운동 능력 같은 아동 발달 전반을 아우르는 프로그램을 제시해야 한다. SLP가 이를 검사하는 이유는 이러한 달성이 추상적인 언어체계의 습득 및 사용과 관련되기 때문이다. 만약 언어라는 추상적이고 임의적인 상징체계를 습득하기 위한 인지 달성을 이루지 못했다고 판단되면, 인지와 관련된 목표를 훈련하거나(Kahn, 1984) 또는 단순한 표시나 구체적인 고빈도 활동을 나타낸 덜 추상적인 보완의사소통체계를 훈련할 수 있다. 인지 평가에서 얻은 정보는 임상에 유용하게 이용할 수 있다. 초기 언어 발달의 예측과 예후에 관한 절을 기억하기 바란다. 아동 언어 발달의 강력한 예측 인자는 놀이 수준, 상징놀이, 조합놀이의 사용이었다. 이는 언어 산출, 언어 이해, 의사소통 의도, 음운론, 사회적 행동이라는 다른 측정치들과 함께 말이 늦는 아동인지 언어장애 아동인지 판명하기 위한 잠재적 예측 인자였다. 아동의 놀이를 살펴보는 또 다른 측면의 유용성은 놀이가 사회적 행동과 관계가 있다는 점이다. 몇몇 연구는 언어장애 아동이 사회적 결함을 나타낸다고 보고하였다. 적절하게 노는 아동은 다른 사람과 사회적 관계를 형성할 수 있지만, 감각운동 탐색만 하는 아동은 또래에 의해 받아들여지기 어려울 것이다. 언어치료에 놀이 및 인지 목표를 결합시키는 것은 어렵지 않으며 잠재적으로 아동의 사회적 상호작용 향상도 꾀할 수 있다.

Wetherby와 Prizant(2002a)의 CSBS는 인지, 사회성, 정서, 음운 및 언어 영역이라는 다양한 측면에 초점을 맞추고 있기 때문에 많은 임상가와 연구자가 초기 언어 발달에 유용한 도구로 인정하고 있다. CSBS는 의사소통과 놀이를 위해 비교적 자연스러운 표집 절차를 이용하며 검사한 모든 영역에 대한 규준 자료를 제공하고 있다. 또한 CSBS는 인지 평가의 첫 단계로 적절하다. CSBS에는 전체 검사보다 실시 및 채점에 시간이 적게 걸리는 축소된 절차도 포함되어 있다(Wetherby & Prizant, 1998).

의사소통 의도 및 기능의 평가

아동이 의사소통자가 되기 위한 세 번째 단계는 의사소통 상대로 양육자와 상호작용하는 것이다(MacDonald & Carroll, 1992). **의사소통**은 말 또는 언어와 동의어가 아님을 알아야 한다. 즉, 아동은 단어로 의사소통하기 전에 제스처로 의사소통을 한다. 초기 언어 평가에서는 아동이 의사소통 상대인지 알아보기 위해 아동의 제스처 의사소통을 자세히 분석해야 한다. 제스처는 의사소통 의도를 갖는 행동으로 손가락, 손, 팔, 얼굴 표정, 몸동작으로 표현된다(Iverson & Thal, 1998). 제스처의 발달은 표시 제스처, 지시 제스처, 표상 제스처라는 세 가지 주요 부류로 나눠 살펴볼 수 있다(Iverson & Thal, 1998). 표시 제스처란 의사소통 의도를 갖는 초기 징후로, 여기서 아동은 성인의 주목을 끌기 위해 반복적인 행동을 한다(Bates, Benigni, Bretherton, Camaioni, & Volterra, 1979). 지시 제스처는 접촉 제스처와 원거리 제스처로 나뉘는데, 일반적으로 10~12개월에 나타난다(McLean, McLean, Brady, & Etter, 1991). 접촉 제스처에는 사물이나 양육자와의 접촉이 있지만(예: 손을 뿌리친다), 원거리 제스처는 그렇지 않다(예: 가리키기). 표상 제스처는 사회적 행동(예: 손을 흔들며 인사하기)이나 물건의 특징(예: 마시기를 나타내기 위해 손을 입으로 가져가기)을 나타내는 데 사용되는 상징적 제스처이며 12개월경에 나타난다. Bruner(1981)는 이러한 초기 제스처 행동이 행동 통제, 사회적 상호작용, 공동 주목이라는 세 가지의 의사소통 기능을 갖는다고 하였다.

Crais, Douglas와 Campbell(2004)은 6~24개월의 정상 발달 아동 12명을 종단 관찰하였다. 그들은 제스처 발달을 자세히 요약하였고, 제스처 발달을 Bruner(1981)의 행동 통제하기, 공동 주목 끌기, 사회적 상호작용이라는 대략적인 범주와 관련지었다. 각 범주마다 방법과 변이 자료도 제공되어 있어서 제스처 의사소통의 평가에 유용할 것이다. Early Social Communication Scale(ESCS; Mundy, Hogan, & Doehring, 1996) 또한 Bruner의 이론적 틀에 기초하여 초기 사회적 의사소통 행동을 평가하기 위한 구조화된 방법을 제공하고 있다.

아동의 구어전 의사소통을 알아보는 것은 크게 어렵지 않다. 아동은 어른을 밀고, 어른을 당기고, 손으로 사물이나 사건을 가리키고, 물건을 향해 손을 뻗고, 어른에게 물건을 주고, 어른에게 물건을 보여 주는 등 풍부하게 의사소통한다. 구어전 의사소통의 매우 중요한 요소인 시선 이동을 사용하기도 한다. 아동은 물건을 가리킨 후 양육자와 사물을 번갈아 쳐다볼 것이다. 아동은 자신이 가리키거나 손을 뻗는 동안 양육자가 그들의 제스처 의사소통을 보는지 살피는 시각적 점검도 할 것이다. 초기 언어 사례의 평가에서 의사소통 의도의 분석이 중요하다는 사실은 아무리 강조해도 지나치지 않다. 이 생각에는 강력한 논리가 있다. 첫째, 의사소통 발달에서 기능/의도는 형태/구조에 선행한다. 아동은 단어를 산출하기 전에 이미 의도적 의사소통을 나타낸다. 둘째, 기능 없이 형태/구조를 훈련하는 것은 아무런 소용이 없다. 즉, 아동이 단어를 사용할 이유가 없는데 단어를 말하도록 훈련하는 것은 의미가 없다. 이런 아동에게는 단어를 가르치는 것보다 사회적 상호교환, 의사소통 의도, 제스처 의사소통을 훈련하는 데 초점을 맞추어야 한다. 치료할 때 다른 사람과 의도적 의사소통을 하지 않는 아동보다 조금이라도 밀거나 당기거나 가리키는 아동이 더 낫다. 다시 말하지만, 제스처 의사소통을 알아보는 표준화된 검사가 없으므로 임상가는 비표준화된 의사소통 샘플에 의존해야 한다. Stiegler(2007)는 대화 분석과 화행 분석을 사용하여 상호작용을 자세히 분석하면, 자폐아동의 의사소통 순서, 화행의 다양성, 응시하기, 미소 짓기, 시작하기, 의사소통 결과와 같은 변수에 대한 중요한 통찰을 얻을 수 있음을 보여 주었다. 이러한 측정은 표준화된 검사에서는 할 수 없어서, 대신에 실제 사회적 또는 임상적 상호작용에 치중하는 경우가 많다.

Capone과 McGregor(2004)는 일반 아동과 언어장애 아동의 어릴 적 의사소통 제스처의 발달에 대한 윤곽을 보여 주었다. 연구자들은 진단, 예후, 치료를 위해 제스처 발달을 검사해야 한다는 시사점을 논의하였다. 아동의 의미 표상을 알아보는 것은 늘 어려운 일이다. 특히 아동의 어휘가 제한적이면 더욱 그러하다. 어떤 권위자는 초기 언어장애 아동에게 흔한 증상이 언어 사용에서의 실패라고 지적했다(Fey, 1986; Lucas, 1980; Wetherby & Prutting, 1984). 앞서 언급했듯이, 언어전 또는 구어전 아동은 표현 언어가 없다. 그러나 그렇다고 그들이 의사소통을 하지 않는다는 의미는 아니다. 언어전 아동의 엄마는 아동이 자신의 욕구, 기분, 신체 상태의 좋고 나쁨에 대해 풍부하게 의사소통한다고 증언할 것이다. Bates(1976)는 어린 아동의 감각운동 수행을 연구한 결과, 아동이 성인을 이용하여 사물을 얻음으로써 원시적인 형태의 **명령**(imperatives)이나 지시를 수행한다고 하였다. 목적은 사물을 얻는 것이다. 처음에 아동은 열고 싶은 뚜껑에 어른의 손을 가져가는 것처럼 어른을 신체적으로 움직일 것이다. 이후에는 발성과 함께 가리키기를 이용하여 아동이 원하는 것을 성인에게 알려 줄 것이다. Bates는 아동이 어른의 관심을 얻기 위해 사물을 이용하는 원시적 형태의 **서술**(declarative)도 언급하였다. 아동이 성인에게 물건을 보여 주고 건네주는 것에서 시작한다. 궁극적으로 아동은 사물을 가리키면서 성인과 사물 사이를 번갈아 쳐다봄으로써 서술을 나타낸다. Bates(1979)는 이러한 제스처의 복합체가 부분적으로 언어 발달과 연관될 수 있다고 보고하였다. 이처럼 구어전 아동에게 의사소통은 아주 왕성하게 일어난다.

Halliday(1975)와 Dore(1975)도 언어의 기능과 관련된 언어진 행동의 증거를 언급하였다. 즉, 아동은 손을 흔들어서 인사를 하고, 의아한 눈초리를 보내서 질문을 하는 등 언어를 사용하기 전에도 자신의 목적에 따라 신체를 이용하여 어른을 조정한다. 구어전 아동의 의사소통 능력에 대한 증거는 주로 제스처, 표정, 발성에서 나타난다. 이 증거는 진단 회기에서 임상가가 직접 관찰할 수도 있고, 면담을 통해 아동이 자신의 필요를 알리기 위해 집과 학교에서 어떻게 하는지 양육자에게 물어볼 수도 있다.

의사소통 의도는 제스처, 발성, 또는 구어 수준으로 실현될 수 있다. Dore 등(1976)은 언어전 아동이 그저 '아무렇게나(jargon)' 발성을 하는 게 아니라고 하였다. Dore 등은 음성적으로 일관된 형태의 존재에 주목하고, 이를 아동 발달의 어떤 시점에 나타나는 전이 현상이라고 하였다. **일관된 음성형태**(Phonetically Consistent Forms: PCF)는 특정 상황에서 일관되게 나타나는 발성을 말한다. 이는 단어와 비슷하지 않지만 모음이나 자음-모음의 결합으로 이루어진 꽤 안정적인 음성 산출이다. 이는 감정 나타내기, 상황 가리키기, 사물을 얻고자 하는 욕구 표현하기 등의 특정 상황에서 반복적으로 사용된다. Dore 등은 특정 음성 요소가 특정 상황을 일관되게 지시한다는 점에서 PCF가 단어로의 전이로 작용하는 것 같다고 하였다. 그러므로 의사소통 기능 평가에서 기초적인 기능이 나타나는지 알아보는 것뿐만 아니라 그것이 제스처, 음성, 구어 중 어떤 수준으로 나타나는지 알아보는 것도 중요하다. Stark, Bernstein과 Demorest(1993), Proctor(1989)는 다양한 의사소통 기능으로 산출된 발성에 대해 유용한 자료를 제시하였고 첫 18개월에 나타나는 음성적 의사소통의 발달 단계를 순서적으로 제시하였다.

Chapman(1981)에 따르면, 임상가는 현존 분류체계를 받아들이거나 현재 사용 가능한 체계를 변형시켜 의사소통 기능을 부호화할 수 있어야 한다. 임상에 유용한 체계가 여럿 있다(Coggins & Carpenter, 1978; Dore, 1975; Folger & Chapman, 1978; Halliday, 1975; Tough, 1977). 각 체계에 따라 범주를 나누다 보면 분명 연구자들이 기술한 기능에 관하여 여러 용어가 겹친다. McLean과 Snyder-McLean(1978)은 언어 기능이 결국 두 개의 기초적인 사용으로 귀결된다고 하였다. 하나의 사용은 공동 주목(joint attention)에 영향을 미치는 것이고, 다른 하나의 사용은 공동 활동(joint activity)에 영향을 미치는 것이다. 기본적으로 이 기능은 각각 영어의 서술문과 명령문에 해당한다.

임상가는 적어도 서술과 명령이라는 기초적인 작용을 포함하는 체계 하나를 골라 아동의 의사소통 시도를 부호화할 수 있어야 한다.

　몇 가지 추가적인 지침을 논의해야겠다. 의사소통 기능의 평가는 자연스러운 상황에서 수행해야 한다. 때로는 아동이 진정한 의사소통 의도를 나타내기 어려운 상황도 있을 수 있다. 임상가의 방에는 다양한 요구나 서술 표현을 유발할 수 있는 여러 가지 장난감과 자극물이 있어야 한다. 만약 그 상황에 다른 아동이나 성인이 있었다면, 임상가는 아동이 표현한 기능이 대화 참여자의 행동 및 발화와 연관됨을 잊지 말아야 한다. 이뿐만 아니라 기능은 비구어적 의사소통 맥락에 의해서만 해석될 수 있다.

　어떤 저자는 기초적인 의사소통 기능을 검사하기 위해 표준화된 유도 과제를 사용하라고 권하였다. 명령과 서술을 유도하기 위한 과제는 있지만(Dale, 1980; Snyder, 1978, 1981; Staab, 1983; Wetherby & Prizant, 1992; Wetherby & Rodriguez, 1992), 보다 구체적인 특정 의사소통 기능을 유도하기 위한 과제는 많지 않다. 일반적으로 서술은 표집 상황에서 새롭거나 이상한 사건 및 사물이 제시될 때 가장 효과적으로 유도되는 것 같다. 아동이 새로운 자극물에 대해 무엇이라고 설명할 것이기 때문이다. 예를 들어, 아동에게 속이 안 보이는 가방 안에서 물건을 하나씩 꺼내라고 하면 물건을 꺼낼 때마다 설명을 하거나 사물의 이름을 말할 것이다. 명령은 임상가가 어떤 자극이나 활동을 못하게 하는 표집 상황에서 쉽게 얻을 수 있다. 이 경우 아동은 장난감을 달라고 요구하거나 어떤 것(예: 장난감의 태엽 감기)을 도와달라고 할 것이기 때문이다. 의사소통 의도의 수집에는 자발적인 놀이와 유도 과제의 사용을 결합하는 것이 이상적이다.

　Wetherby 등(1988)은 임상 현장에서 유용하다고 생각되는 연구에 기여하였다. 그들은 의도적 의사소통을 기술하기 위해 구어전, 단단어, 초기 다단어의 발달 단계에서 정상발달 아동을 연구하였다. 그 결과, 아동의 평균발화 길이가 증가함에 따라 의사소통 활동의 비율이 예측 가능하게 증가하였다. 아동은 언어전 단계의 제스처 양식에서 초기 다단어 단계의 구어 양식으로 옮겨 가는 경향이 있었다. Wetherby, Yonclas와 Bryan(1989)은 언어장애 아동, 다운증후군 아동, 자폐 아동에게도 비슷한 절차를 사용하여, 이들 집단을 기술할 때 이런 측정치(예: 의도적 의사소통의 비율)가 임상적으로 유용한 가치를 지닐 수 있다고 밝혔다. 분당 약 1회의 의사소통 활동은 단단어 발화의 시작 시기와 관련이 있는 것 같다(Wetherby et al., 1988).

　CSBS와 CDI라는 두 개의 표준화된 도구는 어느 정도 제스처 의사소통을 다루고 있다. Rossetti Infant-Toddler Language Scale(Rossetti, 1990)에도 다수의 제스처 항목이 있지만 규준 자료가 부족하므로 발달적 적합성에 대해서는 임상가가 판단해야 한다. Preschool Language Scale-5th ed(Zimmerman, Steiner, & Pond, 2011), Bayley Scales of Infant and Toddler Development-3rd ed(Bayley, 2006), Receptive-Expressive Emergent Language Test-3rd ed(Bzoch, League, & Brown, 2003)에도 약간의 제스처 항목이 포함되어 있다.

제스처 의사소통의 평가를 시작할 때 이러한 도구를 이용하는 것도 좋다. 그러나 평가에서 덜 공식적인 측정도 고려해 볼 것을 권한다. 예를 들면, Crais, Watson과 Baranek(2009)는 제스처 사용의 빈도를 측정하라고 하였다. 12개월, 18개월, 24개월 아동의 의사소통 빈도 자료에 의하면 그들은 각각 분당 한 번, 두 번, 다섯 번의 의사소통을 하였다(Wetherby, Cain, Yonclas, & Walker, 1988). 특정 제스처 유형(예: 원거리 지시, 뻗기, 보이기, 주기)의 사용과 같은 것의 측정도 각 제스처의 의사소통 기능(예: 지시, 서술)처럼 요약되어야 한다. Crais, Watson과 Baranek(2009)도 제스처가 사람과 사물을 향한 눈맞춤과 함께 사용되는지 그리고 제스처가 구어 산출과 함께 사용되는지를 검사하라고 권하였다.

더 광범위한 규준 자료는 CSBS에 나와 있다(Wetherby & Prizant, 1992). 이 척도는 의사소통 기능, 제스처 의사소통, 발성 의사소통, 구어 의사소통, 상호교환, 사회적-감정적 신호 보내기, 상징 행동 영역을 검사한다. 이 측정을 위해 양육자 질문지, 직접적인 표집, 몇몇 구조화된 유도 과제를 통해 자료를 수집한다. 그리고 수백 명을 대상으로 표준화된 규준이 제시되어 있다. CSBS는 유용한 행동을 평가하고 그것을 규준적 발달 틀에 넣은 아주 좋은 검사이다. 표준화된 검사가 꼭 인공적일 필요는 없다. CSBS에서 사용된 **의사소통 유혹**은 앞서 언급한 Wetherby의 초기 연구에 소개되어 있다. CSBS 실시와 채점 방법을 보여 주는 비디오도 있다. 이는 절차상의 신뢰도를 높이는 데 도움이 된다. Autism Diagnostic Observation Schedule(ADOS)-2nd ed(Lord, Rutter, DiLavore, Risi, Gotham, & Bishop, 2012)도 의사소통 유혹을 이용하여 자폐스펙트럼장애 진단에 필요한 의사소통, 사회적 상호작용 기술, 놀이, 행동을 평가하는 표준화된 도구이다.

아동이 비구어나 단단어 수준이라면 의사소통 기능을 분석해야 하며 이를 치료 목표에 넣어야 한다(Wilcox, 1984). 예를 들면, 임상가는 아동에게 요구 시도의 횟수를 증가시키거나 조정을 위한 구어적 실현을 증가시키는 치료를 시도할 수 있다. Brunson과 Haynes(1991)는 자연스러운 활동에서 의사소통 기능의 사용을 모니터하기 위해 교실 맥락에서 사용할 수 있는 시간 교대 표집 절차의 예를 제공하였다. 이 체계를 이용하면 교사의 의도적 의사소통을 추적하여 치료 프로그램에 포함시킬 수도 있다.

제한된 언어의 아동을 위한 검사나 공식 절차의 사용

20년 전만 해도, 제한된 언어의 아동에게 SLP가 적용할 수 있는 평가도구가 거의 없었다. SLP가 학령전 아동에게 무관심하여 학령기 아동만 다루어 왔기 때문은 아니다(SLP는 항상 그 시대의 어린 아동을 다루어 왔다). 학령전 또는 제한된 언어 구사자 집단에게 적절한 도구의 개발이 증가하게 된 데에는 몇 가지 영향이 있었다. 무엇보다 IDEA에 공립학교 세팅에서 일하는 임상가가 3~5세의 학령전 아동을 맡아야 한다고 명시된 점이다. 현재 많은 학교에서는 임상가가 0~3세 아동도 책임지고 있다. 연방법이 제정됨에 따라 검사 개발자들이 학령전 아동을 위한 검사도구의 고안에 노력을 기울여 온 것이다. 검사의 개발에 영향을 미친 두 번째 요인은 의사소통 발달에 대한 과거 20년간의 연구에 의미 있는 진전이 있었던 점이다.

우리는 의사소통을 다루는 학령전 검사를 여러 범주로 나눌 수 있다. 첫째, 언어나 의사소통을 평가의 한 부분으로 포함시킨 종합검사이다. 표준화된 종합 검사는 운동 기술, 인지, 대인-사회적 행동, 적응 행동, 의사소통 부문을 모두 포함한다. 종합 검사는 아주 많은 영역을 검사해야 하므로 의사소통을 다루는 부분은 불완전하고 표면적일 수밖에 없다. 그래서 이런 검사는 임상가에게 지체가 있는 구체적인 의사소통 영역이나 치료 목표를 결코 알려 줄 수 없다. 그러나 종합검사는 아동의 의사소통 발달이 규준 샘플과 비교하여 지체되는지 알려 줄 수 있으며, 이 검사의 가치가 바로 여기에 있다(문제의 유무). 많은 종합검사에는 언어가 하위 영역으로 포함되어 있다.

다른 범주로 특별히 언어와 의사소통에만 초점을 맞춘 검사가 있다. 이 검사는 SLP에게 비표준화 정밀조사가 요구되는 영역이 무엇인지 방향을 제시해 준다. 이 검사에는 표준화된 규준참조검사도 있고 준거참조검사도 있다. 이 측정은 평가에서 얻은 점수로 일하는 세팅에서의 행정적 요구를 충족시켜 줄 것이다. 그리고 자연스러운 평가 과제를 위한 시작점으로도 유용할 것이다. Crais(1995)는 이와 관련된 많은 도구를 검토하고 관련 쟁점을 논의하였다.

일반적으로 사용되고 구입 가능한 어린 언어장애 아동을 위한 표준화 검사의 목록을 〈표 4-6〉에 제시하였다. 언어장애 분야에는 말 그대로 수백 개의 표준화 검사가 있다. 그러므로 이 목록은 결코 완전한 것이 아니다. 표준화된 평가에 대한 문헌과 설명이 Paul(2012), Shipley와 McAfee(2009), Stein-Rubin과 Fabus(2012)에도 나와 있다. 우리는 이러한 요약이 아동 언어 평가에 적합할 수 있는 특정 검사를 찾는 시작점으로만 사용되어야 한다고 생각한다. 여러분은 소비자로서 이 검사들을 구입하기 전에 학술대회나 세미나에서 이를 자세히 살펴봐야 한다. 검사를 제대로 이해하려면 검사의 자세하고도 긴 개요를 읽고, 검사 매뉴얼을 철저히 조사하고, 검사도구를 요모조모 살피는 수밖에 없다. Buros Mental Measurements Yearbook Online(http://buros.unl.edu)에는 거의 모든 검사의 자세한 리뷰가 나와 있지만, 정보에 접근하려면 돈을 내야 한다. 많은 도서관에는 『뷰로스 정신측정연감(Buros Mental Measurements Yearbook)』이 있으므로 무료로 볼 수 있다. 마지막으로 검사에 대한 많은 정보는 출판사의 웹사이트와 여러분이 우편으로 받는 수많은 브로슈어를 통해 얻을 수 있다.

　이 장의 앞부분에서도 말했듯이, 표준화 검사는 아동의 언어체계를 이해하는 데 아주 작은 일부분에 지나지 않는다. 표준화 검사는 규준 집단에 속한 또래와 비교하여 아동이 문제가 있는지 없는지를 확인한다. 이는 진단에서 제일 단순한 수준이다. 심리측정의 이슈에 관한 3장에서 표준화 검사에서 치료 목표를 고르지 말라고 주의시킨 것과 표준화 검사로 치료 진전을 측정하지 말라고 한 것을 기억하기 바란다. 공식 검사는 평가의 한 부분으로 평가 과정 중 아주 작은 일부분일 뿐이다.

표 4-6 | 어린 아동의 평가를 위한 검사도구

검사명	저자	출판연도	연령 범위	부모보고	언어	설명
Ages and Stages Questionnaire-3rd ed	Squires & Bricker	2008	1~66개월	예	영어, 불어, 한국어, 스페인어	부모가 완성하는 질문지로 아동에게 발달지체가 있는지 알아본다. 의사소통, 대근육, 소근육, 문제 해결, 개인-사회성 영역의 발달을 선별한다.
Assessing Prelinguistic and Early Linguistic Behaviors in Developmentally Young Children	Olswang, Stoel-Gammon, Coggins, & Carpenter	1987	출생~24개월	예	영어	가족 중심의 언어 진단도구로 아동의 언어전 의사소통을 평가한다. 평가에는 관찰 척도와 구조화된 척도가 모두 포함되어 있다. 이 척도에서는 아동의 놀이, 의사소통 의도, 언어 산출, 언어 이해를 기술하도록 되어 있다.
Assessment, Evaluation, and Programming System for Infants and Children(AEPS)	Bricker	2002	출생~6세	예	영어	교육과정 중심 평가이자 준거참조평가로, 장애가 있거나 발달 지체의 위험이 있는 아동을 대상으로 한다. 소근육, 대근육, 인지, 적응행동, 사회성-의사소통, 사회적 발달 영역의 발달을 선별한다.
Battelle Developmental Inventory-2nd ed(BDI-2)	Newborg	2004	출생~7세 11개월	아니요	영어, 스페인어	아동이 초기 발달 이정표에 도달했는지 평가하는 발달 평가이다. 개인-사회성, 적응행동, 운동, 의사소통, 인지 능력 영역의 발달을 선별한다.
Bayley Scales of Infant and Toddler Development-3rd ed(Bayley-III)	Bayley	2005	1~42개월	예	영어	준거참조 척도로 아동 발달을 평가한다. 5점 척도로 세 가지 영역(인지, 운동, 언어)을 비교하고, 두 가지 영역(사회성-정서, 적응행동)은 부모 설문지로 실시한다.
Birth to Three Assessment and Intervention System-2nd ed(BTAIS-2)	Ammer & Bangs	2000	출생~3세	아니요	영어	준거참조 평가로 언어 이해, 언어 표현, 비구어 사고, 사회성/개인 발달, 운동 발달 영역에서 아동을 평가하도록 개발되었다.

표 4-6 어린 아동의 평가를 위한 검사도구(계속)

검사명	저자	출판 연도	연령 범위	부모 보고	언어	설명
The Carolina Curriculum for Infants and Toddlers with Special Needs–3rd ed	Johnson-Martin, Attermeier, & Hacker	2004	출생~3세	예	영어, 스페인어	준거참조평가로 경도에서 최중도의 발달장애가 있는 어린 아동에게 사용된다. 개인-사회성, 인지, 의사소통, 소근육, 대근육의 다섯 영역에서 아동의 진전을 평가한다.
The Capute Scales: Cognitive Adaptive Test and Clinical Linguistic and Auditory Milestone Scale(CAT/CLAMS)	Accardo & Capute	2005	1~36개월	아니요	영어, 스페인어, 러시아어	규준참조 선별평가로 아동의 발달지체를 판단하는 데 도움이 된다. CAT은 시각-운동 기능을 평가하는 반면, CLAMS는 표현 및 수용 언어발달을 평가한다.
Child Development Review-Parent Questionnaire	Ireton	1990	18개월~5세	예	영어, 스페인어	부모 설문지로 아동의 건강과 발달에 대한 정보를 제공한다. 사회성, 자조능력, 자조, 대근육 기술, 소근육 기술, 언어의 다섯 영역에 대한 발달 차트가 들어 있다.
Communication and Symbolic Behavior Scales-Developmental Profile(CSBS-DP)	Wetherby & Prizant	2002a	6~24개월 (지체가 있다면 72개월까지)	예	영어	규준참조 선별검사로 아동의 의사소통 능력을 평가한다. 상징놀이, 비구어 의사소통, 표현 및 수용 언어의 평가가 들어 있다. 영아/유아 체크리스트, 양육자 질문지, 행동 표집이 포함되어 있다.
Early Language Milestones Scale–2nd ed(ELM-2)	Coplan	1993	출생~3세	아니요	영어	유아 및 초기 아동기의 말소리 및 언어 발달을 평가한다. 청각적 표현, 청각적 수용, 시각 영역을 평가한다.
Early Learning Accomplishment Profile(E-LAP)	Glover, Preminger, & Sanford	1995	출생~3세	아니요	영어, 스페인어	준거참조검사로 대근육, 소근육, 인지, 언어, 자조, 사회성/개인의 여섯 영역에서 전반적인 발달 상황을 알 수 있게 해 준다.
Early Screening Profile(ESP)	Harrison et al.	1990	2세~6세 11개월	아니요	영어	선별검사로 아동이 이후에 학습 문제를 보일 위험이 있는지 알아보는 데 사용된다. 인지, 언어, 운동, 자조/사회성, 조음, 가정환경 영역을 평가한다.

표 4-6 어린 아동의 평가를 위한 검사도구(계속)

검사명	저자	출판연도	연령범위	부모보고	언어	설명
Expressive One-Word Picture Vocabulary Test-4th ed(EOWPVT-4)	Brownell	2000	2~80세 이상	아니요	영어, 스페인어	표현 언어를 평가하는 표준화된 검사이다. 단어와 그림을 연결하도록 한다.
Hawaii Early Learning Profile(HELP)	Furuno et al.	1988	출생~36개월	아니요	영어, 스페인어	가족 중심 및 교육과정 중심 평가로 아동의 발달 기술과 행동을 평가한다. 인지, 언어, 대근육, 사회성-정서, 자조 영역을 평가한다.
Infant-Toddler Checklist	Wetherby & Prizant	2002b	6~24개월	예	영어, 중국어, 스페인어, 독일어, 슬로베니아어, 스웨덴어	CSBS의 선별검사에 해당한다. 이 검사는 아동이 의사소통 발달에 장애의 위험이 있는지를 조기 발견하기 위해 고안되었다. 정서와 눈맞춤의 사용, 의사소통의 사용, 제스처의 사용, 말소리의 사용, 언어의 사용, 언어의 이해, 사물의 사용의 일곱 가지 언어 예측 인자를 측정한다.
Infant-Toddler Developmental Assessment(IDA)	Provence, Erikson, Vater, & Palmeri	1995	출생~3세	예	영어, 스페인어 부모보고 양식	광범위하고 다차원적인 평가로 발달적으로 위험이 있는 아동을 조기에 판단하기 위해 만들어졌다. 의뢰 및 사전 면담을 통한 자료 수집, 초기 부모 면담, 건강 체크, 발달 관찰과 평가, 통합 및 종합, 결과 보고의 6단계로 구성되어 있다.
Language Development Survey(LDS)	Rescorla	1989	18~35개월	예	영어, 스페인어	어휘 체크리스트로 어린 아동에게 언어지체가 있는지를 판단하기 위한 선별검사로 고안되었다. 부모가 체크리스트를 완성하고 총 어휘 점수를 보고한다.

표 4-6 어린 아동의 평가를 위한 검사도구(계속)

검사명	저자	출판연도	연령 범위	부모 보고	언어	설명
MacArthur–Bates Communicative Development Inventories-2nd ed	Fenson et al.	2007	8~30개월	예	50개 이상 언어 가능	어린 아동이 표현 및 수용 어휘와 초기 문법 산출을 평가하는 진단도구이다. 단어 및 제스처(8~18개월 아동용)와 단어 및 문장(16~30개월 아동용)의 두 가지 양식이 있다.
Mullen Scales of Early Learning: AGS ed	Mullen	1995	출생~5세 8개월	아니요	영어	표준화된 평가로 어린 아동의 인지 기능을 측정한다. 수용 언어, 표현 언어, 대근육, 소근육, 시각적 수용의 영역을 평가한다.
The Ounce Scale	Meisels, Dombro, Marsden, Weston, & Jewkes	2003	출생~3세 6개월	예	영어, 스페인어	준거참조검사로 아동의 발달과 행동을 평가한다. 인먹, 자신에 대한 느낌, 다른 아동과의 관계, 이해와 의사소통, 탐험과 문제해결, 운동과 조정의 여섯 가지 주요 발달 영역 척도로 구성되어 있다.
Parents' Evaluation of Developmental Status	Glascoe	2006	출생~8세	예	영어, 스페인어, 베트남어	아동에게 발달 및 행동 문제가 있는지 알아보는 발달 선별 검사도구이다. 부모 설문지를 통해 아동의 언어, 운동, 자조, 초기 학습 능력, 행동, 사회적/감성적/정신적 건강에 대한 염려사항을 물어본다.
Peabody Picture Vocabulary Test-4th ed	Dunn & Dunn	2007	2세 6개월~90세 이상	아니요	영어, 스페인어	규준참조 언어 평가로 아동과 성인의 수용 어휘를 평가한다.
Preschool Language Scale-5th ed(PLS-5)	Zimmerman, Steiner, & Pond	2011	출생~7세 11개월	아니요	영어, 스페인어	표준화된 자세한 언어발달 평가이다. 놀이기반 평가로 수용 및 표현 언어 기술의 범위를 평가한다. 언어 기술이 순차적, 발달적 순서로 제시되어 있다.

표 4-6 어린 아동의 평가를 위한 검사도구(계속)

검사명	저자	출판연도	연령 범위	부모 보고	언어	설명
Receptive One-Word Picture Vocabulary Test-4th ed (ROWPVT-4)	Brownell	2010	2~80세 이상	아니요	영어, 스페인어	규준참조검사로 개인의 수용 어휘 발달을 평가한다.
Receptive-Expressive Emergent Language Test-3rd ed(REEL-3)	Bzoch, League, & Brown	2003	출생~3세	부모 면담	영어	영아 및 유아에게 언어발달장애가 있는지 알아본다. 하위 검사로 이해 언어, 표현 언어, 보조 하위검사(어휘 목록)가 있다.
Reynell Developmental Language Scale-4th ed	Edwards, Letts, & Sinka	2011	2세~7세 5개월	아니요	영어	어린 아동에게 말소리 및 언어에 지체 및 장애가 있는지 알아보기 위한 검사도구이다. 평가에는 이해 척도와 산출 척도가 포함되어 있다.
Rossetti Infant-Toddler Language Scale	Rossetti	2006	출생~3세	예	영어, 스페인어	준거참조검사로 어린 아동에게 의사소통과 상호작용의 비구어 및 구어 양상을 평가한다. 평가 영역으로 상호작용-애착, 화용, 제스처, 놀이, 언어 이해, 언어 표현 영역이 포함되어 있다.
Sequences Inventory of Communication Development-Revised(SICD-R)	Prather & Tobin	1995	4~48개월	예	영어	어린 아동의 의사소통 기술을 평가하는 진단도구이다. 부모 보고와 의사소통 행동이 관찰을 모두 사용하여 평가한다. 평가 영역으로 수용 언어와 표현 언어가 포함되어 있다.
Symbolic Play Test-2nd ed	Lowe & Costello	1988	1~3세	아니요	영어	표준화 검사로 놀이를 통해 언어 발달에 필요한 초기 기술이 있는지 알아본다.

표 4-6　어린 아동의 평가를 위한 검사도구(계속)

검사명	저자	출판연도	연령 범위	부모 보고	언어	설명
Test of Early Communication and Emerging Language (TECEL)	Huer & Miller	2011	2주~24개월	부모 면담	영어 비구어 AAC	준거참조 진단도구로 영아와 유아에게 언어 능력이 출현했는지뿐만 아니라 초기 의사소통의 강점과 약점도 평가한다.
Test of Early Language Development-3rd ed (TELD-3)	Hresko, Reid, & Hammill	1999	3세 0개월~7세 11개월	아니요	영어, 스페인어	언어발달장애를 평가하는 표준화된 검사이다. 특히 의미, 구문, 형태소 영역에 중점을 두고 있으며, 하위검사로 수용 언어와 표현 언어가 포함되어 있다.
Test of Pretend Play(ToPP)	Lewls & Boucher	1998	1~6세	아니요	영어	상징 행동, 개념 발달, 상징의 사용을 평가하도록 구성되어 있다. 평가하는 세 가지 상징놀이 유형은 어떤 사물을 다른 사물이나 사람으로 대치하기, 사물이나 사람의 상상된 특성을 생각하기, 추상적 사물이나 사람을 참조하기다.
Trandisciplinary Play-Based Assessment-2nd ed	Linder	2008	출생~6세	예	영어	아동을 구조화된 놀이 및 비구조화된 놀이 상황에 참여시켜 발달을 관찰한다.
Vineland Adaptive Behavior Scales-2nd ed	Sparrow, Cicchetti, & Balla	2005	출생~90세	예	영어, 스페인어	규준참조 진단도구로 적응행동을 측정하기 위해 고안되어 있다. 면담 조사 양식, 부모/양육자 양식, 확장된 면담 양식, 교사의 척도측정 양식으로 구성되어 있다. 의사소통, 일상생활 기술, 사회화, 운동기술의 네 가지 영역을 평가한다.

초기 발화의 구조 및 기능 평가

지금까지 우리는 언어의 선행요건으로 인지와 사회성 발달을 간략하게 언급하였다. 이제부터는 의사소통 발달에서 언어적 부호의 형성을 다룬다. 크게 단단어와 초기 다단어의 두 단계로 나누어 논의할 것이다. 이러한 구분은 발화 길이(Miller & Chapman, 1981)와 언어적 달성(Brown, 1973; Lund & Duchan, 1988)에 기초한 것이다. 각 단계마다 특정 습득이 이루어지고, 이 습득은 아동이 다음 단계로 옮겨 갈 준비가 되었음을 나타낸다.

단단어 발화

실제 단어의 사용이 없었던 기간이 지나 제스처와 함께 발성의 사용이 좀 더 일관되게 나타나면, 아동은 사물과 사건을 부호화하기 위해 단어를 사용하기 시작한다. 단어는 성인의 산출과 똑같지 않지만 일반적으로 성인의 산출에 가까운 CV나 CVCV 형태이다(Nelson, 1973). Nelson은 아동의 초기 어휘가 특정 범주로 대표된다는 것을 발견하였다. 그리고 정상 및 언어장애 아동은 **참조적**(referential, 단어와 사물 지향적)이거나 **표현적**(expressive, 사교적이고 대화 지향적)인 하위 집단으로 나눌 수 있다고 하였다. 즉, 참조적 아동은 대부분 명사를 사용하여 사물과 사건을 나타낸다. 또한 그들은 사물을 가지고 노는 것을 좋아하고 혼자 노는 데 더 많은 시간을 보낸다. 반면에, 표현적 아동은 사람과 이야기하고 노는 것을 즐기고 개인적-사회적 단어를 더 많이 사용한다(Weiss et al., 1983). 아마 초기 단어 산출을 특징짓는 다른 방법도 있을 것이다. 그러나 Lois Bloom(1973)이 말했듯이 아동이 말하는 시기로 옮겨 가서 '한 번에 한 단어'를 사용한다는 것이 중요하다. Nelson(1973)은 단단어 시기가 끝날 무렵의 아동은 약 50여 개의 어휘를 사용하고 단어 조합의 시도가 시작된다고 하였다.

단단어 시기 아동의 경우에는 그들이 사용하는 단어의 유형과 단어를 사용한 이유를 모두 검사해야 한다. 가족과 밀접하게 지내는 이 시기에는 부모보고를 통한 측정이 필수불가결하다. O'Neill(2007)은 언어사용목록(Language Use Inventory: LUI)을 개발하여 다양한 의사소통 기능을 갖는 제스처, 어휘, 긴 어휘의 사용을 분석하고 학령전 아동의 화용 기술을 평가하였다. 대부분의 항목은 부모가 예/아니요로 응답하거나 '결코 안 함, 드물게 함, 때때로 함, 자주 함' 중 하나를 선택해야 한다. 이 검사는 90%를 넘는 민감도와 특이도로 임상을 찾는 집단과 전형적인 발달 아동을 구분할 수 있다.

많은 권위자가 단단어 발화의 형태를 다양한 방식으로 조사하였다. Nelson(1973)
은 단단어를 〈표 4-7〉의 부류로 범주화하였다. 다른 연구도 비슷한 결과를 얻었다
(Benedict, 1975). Lahey(1988)는 초기 발화의 분석체계에 대해 긴 논의와 실례를 제
공하였다. 단단어는 앞에서 논의했던 기능과 함께 짝지어지는 것이 이상적이다. 부
모 체크리스트는 어휘 수와 내용에 대한 자료를 수집할 때 특히 유용하다. Fenson 등
(2006)은 MacArthur-Bates Communicative Development Inventories(CDI)를 개발
하고 제스처, 단어, 다단어 발화에 대해 8~30개월 아동의 규준 자료를 제공하였다.
Heilmann, Weismer, Evans와 Hollar(2005)는 38명의 30개월 된 말이 늦는 아동을 연
구하여 MacArthur-Bates CDI와 직접 실시한 언어 측정 간에 유의미한 상관을 발견
하였다. 100명의 샘플(38명의 말 늦는 아동과 62명의 정상 언어 발달 아동)에서 낮은 언
어 기술을 보인 아동은 CDI에서 백분위 11 이하, 정상 언어기술을 보인 아동은 CDI에
서 백분위 49 이상으로 확인되었다. Skarakis-Doyle, Campbell과 Dempsey(2009)의
연구에서는 생활연령에 해당하는 CDI 총점이 96%의 정확도로 연구대상 아동을 전형
적 발달 아동과 언어장애 아동으로 효과적으로 구분하였다. 또한 비록 생활연령은 높
았지만 인공와우를 한 언어 발달 초기 아동에게도 CDI의 타당도는 매우 높았다(Thal,
DesJardin, & Eisenberg, 2007). 문헌에는 다양한 집단의 아동을 대상으로 표준화된 검
사 수행에 대한 기준점이 제시되어 있다. 예를 들면, Nicholas와 Gees(2008)는 PLS,
Peabody Picture Voacabulary Test III(PPVTIII), MacArthur-Bates CDI 척도에서 인공
와우 아동의 기준 점수를 제공하였다. 이 세 측정치는 유의미하게 상관이 있었으며,
비록 규준 자료는 아니지만 연구 대상과 비슷한 과거력의 인공와우 아동을 다른 아동
과 비교하는 기준으로 사용할 수 있다고 밝혔다.

　Rice, Sell과 Hadley(1990)는 자연스러운 교실 세팅에서 아동의 구어 시작과 반응을

표 4-7   첫 50단어의 문법 범주 비율에 대한 두 개의 주요 연구

범주	Nelson (1973)	Benedict (1975)	예
일반명사	50	51	chair, kitty
고유명사	11	14	사람의 이름
동작 단어	19	14	go, eat
수식어	10	9	dirty, big
대인적-사회적 단어	10	9	hi, no, please
기능어	0	4	that, for

그 자리에서 부호화하는 체계를 제시하였다. 이 체계는 아동이 사용하는 단어 유형을 보여 주지는 못하지만, 아동이 단단어, 다단어, 또는 제스처 의사소통을 사용하는지 나타내 준다. Rescorla(1989)는 단단어/초기 다단어 수준에서 아동을 선별하기 위해 Language Development Survey(LDS)를 개발하였다. LDS는 부모가 완성하는 의사소통 행동 및 어휘 항목의 체크리스트이다. Rescorla는 공식 검사를 추천해야 하는 아동을 결정할 때 '세 가지 지체 기준'을 제안하였다. 이 기준은 26개월에, 50개 이하의 단어를 사용하거나, 단어 조합이 없는 것으로, LDS를 이용하면 이러한 언어지체 위험이 있는 아동을 쉽게 찾아낼 수 있다. Rescorla와 Alley(2001)는 LDS가 2세 아동에게 표현 언어지체가 있는지 알아보는 선별 도구로서 신뢰도, 타당도, 임상적 유용성이 매우 뛰어난 것을 발견하였다. Rescorla, Alley와 Christine(2001)은 LDS에 보고된 아동 어휘와 다양한 상황의 자발화 샘플에서의 단어 빈도를 조사하였다. 그들은 LDS에 보고된 어휘, 자발화 샘플에서 사용된 어휘, 일기 연구에 보고된 초기 어휘 사이에 높은 일관성을 발견하였다. Klee, Pearce와 Carson(2000)은 지체에 대한 세 가지 기준에 두 개의 추가 질문(아동 언어 능력에 대한 부모의 걱정, 6개월 이상의 중이염 병력)을 보완하면 LDS의 민감도가 유지되면서도 특이도와 예측값이 증가한다고 하였다. Rescorla, Ratner, Jusczyk와 Jusczyk(2005)는 33~35개월의 아동 239명을 연구하여 LDS와 CDI가 높은 상관($> .90$)을 나타내었고 부모 보고에 근거한 이 두 도구는 어휘 양과 구의 길이라는 변수에 대해 유아의 순위 매기기에 사용될 수 있다고 하였다.

Dore 등(1976)은 첫 단어 조합 전에 구문전 장치로 알려진 전이 현상이 있음을 지적하였다. Dore는 구문을 갖춘 발화란 의미관계를 갖는 두 개의 단어가 동일한 억양 패턴으로 조합된 것이라고 하였다(예: "Mommy go."). **구문전 장치**(presyntactic device: PSD)로는 하나의 억양 곡선에 있는 두 요소 중 한 요소가 실제 단어가 아니거나 혹은 단어 조합이 동일한 단어의 반복이나 고도로 학습된 외워진 산출을 들 수 있다. 예를 들면, 어떤 아동은 실제 단어인 /KITI/(kitty)를 비단어 /WI/와 결합시켜 /WI KITI/라고 말한다. 또 다른 구문전 전이 요소는 비단어처럼 보이는 무의미한 형태를 일관되게 산출하는 것이다(예: 'wida' 'gocking')(Bloom, 1973; Leonard, 1975). Bloom(1973)은 의미관계를 갖는 두 개의 단어가 두 요소 사이에 쉼을 두고 표현된 형태를 보고하였다(예: 'car … go'). 이러한 구문전 장치를 통해 아동은 두 개의 의미 있는 언어 요소를 하나의 억양 패턴에 결합시킨다는 초기 다단어 조합의 핵심을 준비한다. McEachern과 Haynes(2004)는 단단어 발화를 사용하는 10명의 정상 발달 아동을 종단 연구하였다. 연구에서는 15개월 때부터 초기 다단어 조합으로 발달할 때까지 한 달에 한 번씩 아동 행동을 수집하였다. 이 연구는 단어 조합 발화의 산출 전에 어떤 유형의 제스처-말 조합 행동이 전이 현상으로 나타나는지 알아보기 위해 설계되었다. 동시에 나타나는 제스처와 말의 조합이 하나의 의미관계를 나타내는지(자동차를 가리키면서 'car'라고 말하는 것), 아니면 두 개의 의미관계를 나타내는지(자동차를 가리키면서 'big'이라고 말하는 것) 알아보기 위해 6개월 넘게 조합 행동을 분석하였다. 그 결과, 6개월 동안 두 의미 요소를 담은 제스처-말 조합이 유의하게 증가하였는데, 이 조합의 시작은 다단어 발화의 첫 번째 산출보다 먼저 또는 동시에 나타났다. 이런 결과는 두 요소를 담은 제스처-말 조합이 단단어와 초기 두 단어 조합의 시작 사이의 전이 현상이 될 수 있다는 생각을 뒷받침한다. Bain과 Olswang(1995)은 초기 다단어 발화의 학습 준비도를 검사하기 위해 역동적 평가 접근이 유용하다고 하였다. 이상의 정보는 단단어 의사소통자의 평가에 의미 있는 일면으로 추가될 수 있다.

말이 늦는 사례

인지, 청력, 구조, 언어 이해 능력이 정상임에도 불구하고 언어 표현이 유의하게 지체되는 2세 아동은 많은 연구의 관심 대상이 되어 왔다. 그 아동들은 보통 2세까지 50개 이하의 어휘를 사용하고 다단어 조합의 증거가 없다. 권위자들은 그들 중 50%가 만 3세 이후에 언어지체가 지속될 위험이 있다고 한다. 나머지 집단은 늦게 말이 트이는 또는 말이 늦는 아이로 불려 왔다. 진단가의 도전 과제 중 하나는 단순히 말이 늦는 아동과 언어장애가 지속될 아동을 구분하는 것이다. 이 구분에 사용되는 변수를 제시한 일련의 연구들이 있다(Paul & Jennings, 1992; Rescorla & Goossens, 1992; Thal & Tobias, 1992; Weismer, Branch, & Miller, 1994). Olswang, Rodriguez와 Timler(1998)는 이 분야의 문헌을 조사하여 말이 늦는 아이와 관련된 예측 변수를 제공하였다. 다음은 3세 이후에 언어장애가 지속될 아동과 늦게 말이 트이는 아동을 구분하는 데 유용하다고 제안된 징후들이다.

- 장애가 지속되는 아동은 말장애와 언어장애의 가족력이 있을 수 있다.
- 늦게 말이 트이는 아동은 의사소통 행동의 빈도가 더 높은 경향이 있다.
- 장애가 지속되는 아동은 덜 발달된 음절 구조, 예를 들어 음성 목록에 자음이 더 적게 나타나는 경향이 있다.

- 늦게 말이 트이는 아동은 MacArthur-Bates CDI 같은 측정에서 언어 이해 점수가 더 높은 경향이 있다.
- 늦게 말이 트이는 아동은 장애가 지속되는 아동에 비해 상징놀이 수준이 더 높고 조합놀이의 증거가 더 많이 나타난다.

최근 한 연구는 아동의 언어장애가 저절로 해결되는지 그렇지 않은지 예측하는 데 양육자 변수와 문화적 변수가 있음을 보여 주었다. LaParo, Justice, Skibbe와 Pianta(2004)는 3세 언어장애 아동 73명의 전국적인 데이터베이스를 연구하였다. 4.5세 때의 공식 평가에서, 33명은 정상 범주였고 40명은 언어장애가 지속되었다. 집단 예측에는 어머니의 예민함과 우울이 유의미하게 기여하였다. 이해 결함이 더 심했던 아동도 언어 문제가 해결되지 못한 집단에 있었다. 어머니의 우울과 예민함 점수가 낮은 미국 백인 아동은 그렇지 않은 흑인 아동보다 해결된 집단에 13배나 더 많았다.

임상가는 하나의 징후에만 기초해서 판단하면 안 된다. 징후의 **패턴**을 조사해야 한다. 그러나 초기 언어에 대한 표준화 검사 중에는 앞의 증상에 중점을 둔 것이 별로 없다. 그러므로 지식이 많은 임상가라면 비표준화 과제를 통해 중요한 정보를 얻을 것이다.

초기 다단어 발화

가장 많이 연구되고 보고된 언어 습득 기간은 아마도 의미관계를 형성하기 위해 아동이 어휘 항목을 결합하기 시작하는 때일 것이다. 오랫동안 이 초기 발화는 전통적인 품사(예: 명사, 동사), 전보식 말(Brown & Fraser, 1963), 주축어-개방어(Braine, 1963), 변형 문법의 심층 구조(McNeill, 1970)로 해석되어 왔다. 그러나 현재 권위자들은 초기 다단어 발화에 대해 의미적 관점을 지지하고(Fillmore, 1968) 초기 발화를 의미관계로 해석한다(Bloom, 1970; Bloom & Lahey, 1978; Bowerman, 1973; Brown, 1973; Leonard, 1976; Schlesinger, 1974). 〈표 4-8〉에서와 같이 기본적인 초기 다단어 구조는 의미의 결합으로 구성된다(Brown, 1973). 아동은 감각운동의 인지 발달 기간 중에 배우는 세상 모습을 기본적인 의미관계로 부호화하며, 그렇기에 권위자들이 지적한 대로 초기 발화는 여러 문화에 걸쳐 매우 유사하다. 아동의 초기 다단어 발화에 대한 더 자세한 분석이 많으나(Bloom, Lightbrown, & Hood, 1975; Braine, 1976; Leonard, 1976) 기본적인 관계 유형을 〈표 4-8〉에 제시하였다.

표 4-8	Brown(1973)이 보고한 의미관계	
의미관계	**예**	**유사한 한국어 예**
지시+X	This ball	이거 차
재발+X	More milk	우유 또
부재+X	Allgone egg	차 없어
행위자+행위	Mammy run	엄마 가
행위+대상	Hit ball	공 던져
행위자+대상	Mommy shoe	엄마 신발 (신어)
행위+장소	Go outside	밖에 나가
실체+장소	Ball kitchen	공 여기
소유자+소유물	Mommy skirt	엄마(의) 치마
실체+속성	Ball red	엄마 이뻐
행위자+행위+사물	Mommy hit ball	엄마 공 던져
행위자+행위+장소	Mommy run outside	엄마 밖에 가

의미관계는 항상 발화의 비구어적 맥락에 비추어 해석되어야 한다. 여기서의 요점은 아동이 그들의 환경에서 관찰되는 다양한 기본적인 관계를 부호화하기 위해 단어 조합을 사용하기 시작한다는 점이다. 우리가 이 발화를 단지 성인의 구문 범주(예: 명사, 동사)로만 해석한다면 감각운동 기간에 인지적으로 이해되어야 하는 다소 미묘한 관계를 부호화하는 아동의 기술을 놓치게 된다. Brown(1973)은 이 기술을 '풍부한 해석'이라고 불렀는데, 이 기술은 아동이 통사적 기반 없이도 다양한 관계를 이야기하는 능력이 있음을 의미한다. 단단어 시기에서와 같이 의미관계는 다양한 기능으로 사용된다. 즉, 행위자+행위는 서술하기/명명하기(예: "Mommy run.": 조깅하는 엄마를 가리키며 말할 때) 또는 요구하기(예: "Mommy push.": 엄마한테 마차를 밀어 달라고 말할 때)로 사용될 수 있다. 권위자들은 초기 다단어 발화는 항상 구조(형태)와 사용(기능)을 모두 고려하는 것이 현명하다고 하였다(Bloom & Lahey, 1978; McLean & Snyder-McLean, 1978). 최근에는 다단어 발화에 무조건 의미관계 범주를 적용하지 않고 아동이 '생산성(productivity)' 있는 사용을 나타내어야 다단어 발화로 인정하는 경향이 있다(Howe, 1976; Leonard, Steckol, & Panther, 1983; Lund & Duchan, 1988).

이처럼 아동의 초기 발화는 의미관계로 분석할 수 있다(Bloom, 1973; Braine, 1976; Brown, 1973; Leonard, 1976; Retherford, 2000). 또한 앞서 논의한 것처럼 다양한 체계를 이용하여 아동의 의사소통 기능을 검사할 수 있다(Dore, 1975; Halliday, 1975). 그러나 초기 발화의 구조와 기능을 상호적으로 분석하는 체계는 거의 없다. Lahey(1988)는 구조와 기능을 모두 고려한 분석체계를 논의하였다. 이 체계에서는 임상가에게 아동 발화, 성인 발화, 그리고 의사소통과 관련된 비구어적 의사소통 맥락을 모두 전사하라고 한다. Lahey(1988)는 모든 언어 및 맥락 정보를 다시 볼 수 있도록 분석에 사용할 샘플을 녹화한 후, 녹화된 회기를 보고 특정 코딩 분류법으로 자세히 채점하는 연습을 하라고 권하였다. 전사하는 속도가 빨라지고 신뢰도가 증가하면 손으로 전사하는 것이 차츰 더 쉽고 더 정확해질 것이다. 문법 유형의 발달을 분석하는 Lee(1966, 1974)의 방법도 초기 다단어 발달 수준의 말 샘플을 분석하기 위한 또 다른 문법 기반 체계이다.

임상가가 아동 발화를 전사하고 의사소통 맥락을 적으려면 양육자, 교사, 또는 다른 아동과의 상호작용을 녹화하라고 권하는 바이다. 그리고 기초적인 초기 다단어 평가에서 다음의 가정이 중요하다고 생각한다.

- 아동에게 '기본적인' 의미관계가 나타나는지, 소수의 의미관계만 나타나는지 알아봐야 한다(Lahey, 1988; McLean & Snyder-McLean, 1978).
- 아동은 주위 환경의 많은 관계와 양상을 구어로 부호화할 수 있어야 한다.
- 임상가는 '기본적인' 언어 사용이 있는지 알아보기 위해 아동이 사용하는 의사소통 기능의 목록을 얻어야 한다(Wetherby et al., 1988).
- 구조와 기능은 상호적으로 해석되어야 한다(Bloom & Lahey, 1978; Lahey, 1988; Muma, 1978).
- 아동이 시작한 발화와 어른이 시작한 발화의 비율에 대해 감을 잡는 것이 임상가에게 유용할 수 있다(Bloom & Lahey, 1978; Wetherby et al., 1988).
- 임상가는 한 단어에서 네 단어까지의 발화를 분석할 수 있어야 한다.
- 초기 다단어 발화는 후기 구문 분석과 다른 방식으로, 특히 의미 문법을 사용하는 방식으로 분석되어야 한다(Bloom & Lahey, 1978; Bowerman, 1973; Brown, 1973; Leonard et al., 1983).
- 임상가는 후기 단계의 발달을 추정하기 위하여 초기 다단어 발화에 나타난 후기 발달 형태(예: 어미 변화, 기능어)에 민감해야 한다(Lahey, 1988; Miller, 1981).

〈부록 D〉에는 분석에 사용할 수 있는 전사 용지의 예가 제시되어 있다. 임상가는 우선 음성적으로든 맞춤법상으로든 아동 발화를 받아 적어야 한다. 그리고 전사 후에 곧바로 의미관계와 기능의 해석이 뒤따라야 한다. 그러면 각 발화마다 처음 세 칸이 채워질 수 있다. 비디오를 이용하여 문제가 되는 발화를 재생하여 확인할 수 있다. 이 절차는 아동의 의사소통에서 기초적인 의미관계와 기능을 찾기 위한 평가의 준비 단계에 해당하며, 치료 진전을 모니터하는 방법도 될 수도 있다. 이 자료를 통해 아동이 시작한 발화와 성인이 시작한 발화의 비율도 알아볼 수 있다. 〈부록 E〉에는 요약지가 제시되어 있다. 전사 용지의 나머지 칸(4~6칸)은 평가 회기 이후에 채워서 요약지를 완성할 수 있다. 아동이 초기 다단어 시기를 넘어섰을 때 아동의 평균발화 길이는 보통 2.25 이상에 도달한다고 한다. 이 시점에는 다양한 구문 규칙의 습득이 나타나기 시작한다.

초기 언어 이해의 평가

교란 요인: 비언어적 맥락

언어에 대한 아동의 반응은 다양한 요인에 의해 결정된다. 즉, 아동의 올바른 반응은 일차적으로 상황의 비구어적 맥락에 대한 반응이다. 다음은 전형적인 시나리오이다.

엄마가 "아이는 우리가 하는 말을 다 이해해요. 단지 말만 못 해요."라고 말한다. 그러면 임상가는 "어머님이 아이가 이해한다는 것을 어떻게 아는지 예를 보여 주실 수 있나요?"라고 말한다. 엄마는 의자에서 몸을 비틀어 전등 스위치와 천장에 달린 등을 번갈아 가리키면서 "불 끄고 와."라고 말한다. 아동은 불을 끈다. 그러나 엄마가 제스처 없이 구어 자극만으로 지시하면 아동은 한 단계나 두 단계의 지시를 수행할 수 없다.

즉, 아동이든 성인이든 우리가 한 말을 해석하기 위해 언어가 사용된 맥락의 도움을 받는다.

교란 요인: 이해 전략

Chapman(1978)은 아동에게 나타나는 **이해 전략**의 개념을 논의하였다. Chapman에 따르면 이해 전략이란 "문장에 대한 모든 정보를 정렬하지 않고도 문장 의미에 도달할 수 있는 지름길, 발견법, 알고리즘이다. 그러므로 이해한 척만 해도 정확한 대답일 때가 있다."(p. 310) 초기 언어 이해를 평가하려는 임상가는 아동의 정확한 반응이 문맥에 대한 주의집중이나 이해 전략 때문은 아닌지 주의 깊게 살펴봐야 한다. 예를 들면, 많은 아동은 사물의 이름을 처리한 후 그 사물의 일상적 방식을 좇아 행동하는 전략을 사용한다. 실제로 아동은 'ball'이라는 단어만 이해하고 평소 했던 대로 공을 던졌지만 이 행동은 'Throw the ball.'이라는 전체 문장을 이해한 것처럼 보인다. Chapman은 다른 이해 전략도 많이 제시하여 임상가가 이러한 전략 패턴에 익숙해지도록 하였다.

우리는 맥락의 영향과 이해 전략을 배제하고 이해 능력을 검사하기 어렵다고 생각한다. 어린 아동의 단어 이해 검사가 가장 쉽다. 임상가는 검사자가 사물의 이름을 말할 때 아동이 어떤 항목으로 향하는지 명확히 알 수 있도록 사물들을 최대한 떨어뜨려 놓는다. 그리고 아동이 검사자가 말한 항목의 이름에 주의 집중하거나 그 항목을 가져오면(문맥 단서를 적절히 통제하면서) 아동이 그 어휘 항목을 인식한 것으로 간주한다. 그러나 단어 조합 발화와 긴 문장을 검사하려고 하면 문제가 생긴다. Edmonston과 Thane(1992)은 이해 전략 때문에 관련된 단어들의 평가가 어렵다고 하였다. 그래서 문맥과 이해 전략의 효과를 제거하기 위해 이상한 지시로 아동을 검사하는 시도가 이루어졌다(Kramer, 1977). 이 기법은 아동에게 경험상 예상할 수 없는 지시를 하는 것이다. 예를 들어, 아동에게 "Sit on the ball(공에 앉아)."이나 "Kiss the phone(전화에 뽀뽀해)." 같은 지시를 한다. 아동이 지시대로 수행하면 그에 포함된 모든 요소를 이해했다고 간주한다. 그러나 아동이 지시대로 수행하지 않는다고 해서 지시를 이해하지 못한 것이라고 단정 지을 수 있을까? 지시가 이상해서 아동이 무시한 것인지도 모른다. 검사자, 지시, 사물의 전형적 사용에 대한 아동의 지식 사이에 인지적 불일치가 일어났을 수도 있다. 여하간 이상한 지시를 수행하지 못한 것이 진정 이해 능력의 부족을 의미하는 것 같지는 않다. 우리는 아동을 놀이와 대화에 참여시켜 구어 및 비구어 반응의 적절성을 평가하는 자연스러운 평가 방법을 배제할 필요가 없다. 3세 이하 아동의 수용 언어를 평가하도록 고안된 표준화된 평가는 매우 적다. 예를 들면, Peabody Picture Vocabulary Test-4th ed(PPVT-4; Dunn & Dunn, 2007), Receptive One-Word Picture Vocabulary Test-4th ed(ROWPVT-4; Martin & Brownell, 2010), CSBS가 수용 어휘를 평가한다. 대중적인 여러 도구가 수용 어휘 수의 측정에 부모 보고를 이용한다. 예를 들면, MacArthur-Bates CDI(Fenson et al., 1993)에는 부모 보고에 기초한 어휘 이해에 대해 규준 자료가 제시되어 있다. 그러나 이 장의 앞에서 언급한 이유로 (Dale, 1991; Thal, O'Hanlon, Clemmons, & Franklin, 1999), 부모 체크리스트는 표현 어휘 평가보다 수용 어휘 평가에서 신뢰성이 덜할 수 있다. 연령이 높은 아동의 언어 이해 평가에 필요한 고려사항은 5장에서 살펴보겠다.

길이 측정을 이용한 발화의 평가

언어 평가에 사용하라고 권고되는 가장 일반적인 측정치 중 하나는 **평균발화길이**(Mean Length of Utterance: MLU)이다(Miller, 1981). 길이 측정은 언어병리학에서 새로운 것이 아니며 역사적으로 임상 자료의 대들보로 사용되어 왔다. 처음에는 평균반응길이(Mean Length of Response: MLR)라고 하였다. 거기서는 언어 샘플을 발화로 나누고, 각 발화의 단어 수를 센 후에 샘플의 발화 수로 나눈다. 이후에 MLU를 사용하기 시작하였는데, 이는 발화당 형태소 수(자립 형태소, 문법 형태소)의 평균을 나타낸다. MLU는 아동에게 복수, 소유격, 진행형, 과거형 등의 문법 형태소 숙달에 점수를 준다.

권위자들이 언어 샘플의 발화 길이를 계산하라고 권하는 데에는 몇 가지 이유가 있다. 첫째, 4세 아동 집단까지는 MLU와 생활연령 간에 일반적인 상관이 있다(Miller, 1981). 임상가가 단지 길이 측정에만 의존하여 언어 발달을 분석해서는 안 되겠지만, MLU는 4세까지 아동의 언어 발달에 매우 대략적인 지표로 사용될 수 있다. MLU를 계산하는 두 번째 중요한 이유는 Brown(1973)이 언어 발달 5단계를 구분할 때 이 길이 측정을 사용했기 때문이다. 그는 언어 발달의 예측 인자로 생활연령보다 MLU가 더 낫다고 주장하였다. Brown(1973)은 만약 두 아동의 MLU가 같다면 그들 언어의 구조적 복잡성도 비슷할 것이라고 예측할 수 있다고 주장하였다. Brown(1973)과 Miller(1981)는 MLU의 계산법도 제안하였다. Miller(1981)는 MLU가 정상 분포를 나타내는지 알아보는 분포 분석을 추천하였다. 이 분석은 각 형태소 수준(예: 1, 2, 3, 4……)에 해당하는 발화 수를 단순히 나열하는 것이다. 만약 분포 분석에서 발화 길이의 편차가 작으면 기질적 문제 또는 표집 오류가 발화 길이에 영향을 미쳤을 수 있다. Johnston 등(1993)은 정상 언어 발달 아동과 비교하여 언어장애 아동이 질문에 대답하는 발화와 무엇인가 생략된 발화를 높은 비율로 산출하는 경향이 있음을 발견하였다. 이 발견은 MLU 측정이 표집 오류에 영향받을 수 있음을 보여 준다. 〈표 4-9〉는 Miller와 Chapman(1981)이 조사한 Brown의 단계, 생활연령, MLU 자료 사이의 일반적 관계를 보여 주고 있다. 이 자료에서 분명한 요점은 연령이 증가함에 따라 표준편차가 증가한다는 점이다. 나이 든 아동의 시간에 따른 신뢰도에 대한 연구도 보고되어 있다(Chabon, Udolf, & Egolf, 1982). 그 연구에 따르면 연령이 높은 아동의 경우 MLU의 시

표 4-9　언어 발달, 생활연령, 평균발화길이(MLU) 사이의 관계

Brown의 단계	생활연령 (±1개월)	예상 MLU (편차)
1단계: 짧은 문장 내에서의 관계(MLU 1.75)	18개월	1.31 (0.325)
	21개월	1.62 (0.386)
	24개월	1.92 (0.448)
2단계: 짧은 문장 내에서의 의미 조정(MLU 2.25)	27개월	2.23 (0.510)
	30개월	2.54 (0.571)
3단계: 여러 형식의 짧은 문장(MLU 2.75)	33개월	2.85 (0.633)
	36개월	3.16 (0.694)
4단계: 한 문장이 다른 문장에 안김(MLU 3.50)	39개월	3.47 (0.756)
	42개월	3.78 (0.817)
5단계: 짧은 문장들의 조화	45개월	4.09 (0.879)
	48개월	4.40 (0.940)
	51개월	4.71 (1.002)
	54개월	5.02 (1.064)
	57개월	5.32 (1.125)
	60개월	5.63 (1.187)

출처: Brown (1973); Miller & Chapman (1981).

간에 따른 신뢰도가 낮으므로 MLU가 생각했던 것보다 언어 수준의 예측에 덜 민감할 수 있다.

　Miller와 Chapman(1981)의 자료는 위스콘신 매디슨 지역에서 상당히 작은 샘플을 통해 얻은 것이다. 우리가 얻은 자료는 검사받은 사람들의 샘플 특성을 반영하는 게 당연하다. 그러므로 MLU에 대한 모든 연구 결과가 완전히 일치할 것이라고 기대할 수 없다. 최근에는 임상적으로 사용할 수 있는 MLU 규준을 제공하려는 시도가 있었다. 임상가들이 임상 현장에서 사용하는 MLU 자료의 대부분은 30년 전에 상당히 작은 샘플에서 얻은 것이다. 최신 자료의 출처는 Systematic Analysis of Language Transcription(SALT) 데이터베이스이다(Miller & Chapman, 2008). 이 데이터베이스는 1980년대부터 개발되어 왔고 매년 새로운 버전의 분석 소프트웨어로 업데이트되었다. 가장 최신 MLU 자료는 306명 아동에 대한 Rice, Smolik, Perpich, Thompson,

Rytting과 Bloosom(2010)의 것으로, 언어장애 아동과 전형적 발달 아동이 상당히 고르게 나뉘어 있다. 자료는 매우 신중하게 수집되었고 집단은 자세하게 기술되었다. 전형적 발달 아동은 이전 연구에서처럼 연령에 따라 MLU가 체계적으로 증가하였고, 언어장애 아동도 결코 전형적 발달 아동을 따라잡을 수는 없지만 나이가 듦에 따라 MLU가 증가하였다. Rice 등(2010)은 MLU가 나이 든 아동에서도 상당히 신뢰성 있게 변함을 보여 주었다. 이러한 새로운 자료는 매우 흥미롭고 임상에서 유용할 것이다.

우리는 MLU가 키나 몸무게처럼 객관적인 측정치가 아님을 늘 기억해야 한다. 불행히도 임상가가 얻은 샘플 유형에 따라 수치가 상당히 달라진다. Muma(1998)는 전형적인 언어 샘플의 크기가 50~100발화이지만 200~400발화의 샘플을 분석할 때도 표집 오류의 비율이 매우 높게 나타난다고 하였다. 분명 샘플의 크기가 클수록 계산된 문법 및 길이에 대한 수치는 더 안정적일 것이다. 앞에 제시한 MLU 규준은 매우 작은 집단에 근거한 것이므로 앞으로 다양한 사회경제 및 문화 집단의 자료가 수집되어야 한다. MLU의 사용은 현재 과도기에 있지만, 더 결정적인 자료와 실용적인 대안이 나올 때까지는 제한된 언어의 아동 평가에서 MLU 계산이 반드시 필요할 것으로 보인다. 형태소를 세는 규칙은 〈표 4-10〉에 제시되어 있다.

표 4-10 발화의 형태소를 세는 규칙

1. 아동의 언어 능력을 대표하는 연속 100발화를 분석해야 한다.
   a. 발화들은 연속되어야 한다. 발화를 선택적으로 고르면 MLU를 부풀릴 수 있다.
   b. 예-아니요의 대답이 많이 포함된 발화의 선택은 피한다. 질문에 대한 단단어 대답도 MLU를 낮추게 된다.
2. 명료한 발화의 형태소만 센다.
   a. 반복되거나, 부분적으로 불명료하거나, 불명료하거나, 중단된 발화의 형태소는 제외한다.
3. 말더듬이나 잘못된 시작이 있을 때는 유창하게 말한 완전한 부분의 형태소를 센다(예: 'Her, her cat is black'은 'her cat is black'으로 분석한다)
   a. 강조나 명료화를 위해 반복했을 때는 모든 단어를 센다(예: 'her cat is really, really big').
4. hi와 yes 같은 짧은 단어도 형태소로 센다.
   a. 간투사는 형태소로 세지 않는다(예: um, uh).
5. 복합어(mailman, baseball, good-bye)는 단어나 형태소 하나로 센다.
   a. 부정사나 재귀대명사도 한 형태소로 센다(예: something, nobady, himself).
6. 고유명사(예: the Statue of Liberty, Mr. Johnes) 및 반복되는 의성어/의태어(예: choo-choo, night-night)는 단어 하나로 센다.

7. 지소적 접사가 붙은 단어(예: kitty, daddy, Willy)는 한 형태소로 센다.

8. 조동사(예: will, have, may)는 한 형태소로 센다.

9. 줄임말(예: y'all = you all, wanna = want to)은 한 형태소로 센다.

10. 단어에 포함된 굴절 접사는 독립된 형태소로 센다(예: 복수형 -s, 소유격 -s, 3인칭 단수 -s, 과 거형 -ed, 과거 분사형 -ed와 -en, 현재진행형 -ing, 비교급 -er, 최상급 -est).

    a. 굴절어가 부적절하게 사용된 경우에는 독립된 형태소로 세지 않는다(예: wented).

11. 동명사 및 서술형용사를 나타내는 접사가 들어간 단어는 한 형태소로 센다(예: 'jumping is hard' 'I am tired'). 이들을 시제 접미사로 간주하여 따로 세지 않는다.

12. 불규칙 과거형 및 과거분사형(예: done, rung)은 한 형태소로 센다. 전사 자료 중에 단축형(예: can't, isn't, haven't)이 각각 독립적으로 사용된 적이 있다면(예: can과 not) 두 형태소로 센다.

    a. 각각이 독립적으로 사용된 적이 없다면 한 형태소로 센다.

13. 부정어가 아닌 단축형은 두 형태소로 센다(예: I'm, we've, you'll).

14. 파생 접사는 독립된 형태소로 센다(예: re-, un-, -non, -ly, -ful, -ness).

출처: Brown (1973); Retherford (2000).

영아, 유아 및 가족의 평가

2004년의 IDEA는 학교 SLP가 3~5세 아동을 평가하고 치료하도록 명시하였다. 많은 주의 SLP가 현재 0~5세 아동에게도 서비스를 제공하고 있으며 점차 그렇게 될 것이 분명하다. 여기서는 영유아 평가를 담당하는 SLP를 위해 몇 가지 참고사항을 제안하고자 한다.

의사소통장애의 위험에 노출되어 있는 영아와 아동 범주는 아주 많다. 말, 언어, 청각 문제와 관련된 수많은 증후군이 있다(예: 터너, 18Q, 다운, 헐러, 모르키오, 골덴하르, 모어, 트레처-콜린스 등; Clark, 1989). 그리고 의사소통장애는 환경적 유해 물질(수은, 납, 카드뮴, 태내 알코올 노출), 출생 전 감염(매독, 풍진, 선천성 거대세포 바이러스), 출생 후 감염(헤르페스, 중이염, 연쇄상구균 감염) 같은 다른 원인에 의해 생길 수도 있다. 조산아 집단 그리고 조기 호흡 곤란증이나 뇌 내 출혈로 고생하는 집단 또한 의사소통장애의 위험에 놓여 있다. 많은 경우 어떤 증후군이 반드시 의사소통 기술에 직접적인 문제를 야기하지는 않지만, 청력이나 인지 발달에 영향을 주는 상황은 많다(Paul, 2012). 특히 학령전기에 잘못된 치료를 받았거나 태내에서 알코올에 노출되었던 아동은 여러 분야에 걸쳐 발달지체를 보일 가능성이 높다. 말, 언어, 청각이 서로 영향을 주고받으므로 의사소통장애 전문가가 그런 아동과 그 가족을 다룰 때는 다영역 팀의 중요한 일원이 될 때가 많을 것이다.

조기 중재의 장점은 태어나고 얼마 되지 않아 판명되므로 그때부터 전문가와 부모 간의 대화가 시작된다는 것이다. 지금은 대부분의 주에서 출생 일주일 이내에 신생아 청력 선별검사를 실시하도록 하고 있다. 말/언어 발달이 지체된 채 2~3세에 청각장애로 판명되었던 아동이 이제는 태어나자마자 발견되고 있다. 조기 중재가 효과적으로 수행된다면 많은 경우 말/언어 문제와 같은 이차적 장애의 발생을 예방하거나 줄일 수 있을 것이다. SLP는 이전에 비해 고위험군 아동 및 그 부모의 평가와 치료에 더 자주 관여하고 있다. 그러나 영유아 서비스 경험이 없는 임상가라면 그들이 두려움의 대상이다.

영유아 평가는 (1) 영아에 대한 평가, (2) 가족 상황에 대한 평가, (3) 주 양육자에 대한 평가, (4) 양육자-아동 상호작용 패턴에 대한 평가를 모두 포함한다. Sparks(1989)는 영아 평가에 대한 일반적인 지침을 제시하였다. 첫째, SLP는 아동의 출생 전후의 과거력을 상세하게 알아야 한다. 어떤 증후군이나 신체 상태가 어떤 유형의 의사소통 장애와 연관될 수 있는지 예상하려면 아동의 의학적 상태를 알아야 한다. 그래야 SLP가 다양한 이차적 장애에 대비한 예방적인 검사를 할 수 있다. 둘째, 우리는 항상성을 유지하는 영아의 능력에 대해 전반적인 평가를 할 수 있어야 한다. 영아가 조절력을 잃었을 때 그들이 호흡을 유지하고 체온을 조절하고 적절한 영양 섭취가 가능하도록 어떻게 다루어야 하는지 배울 필요가 있다(Sparks, 1989). 자주 사용되는 이 영역의 검사로는 Neonatal Behavioral Assessment Scale-4th ed(Brazelton & Nugent, 2011), Assessment of Preterm Infant Behavior(Als, Lester, Tronick, & Brazelton, 1982)가 있다. 셋째, 영아의 구어 운동 능력도 우리가 평가해야 할 중요한 기술 중 하나이다. 그들은 섭식에 어려움을 겪는 경우가 빈번한데, 섭식장애를 평가하고 치료할 때 부모와 함께 주도적으로 참여하는 사람이 SLP다. Paul(2012)은 SLP에게 유용한 섭식 평가 및 치료 절차의 윤곽을 제시하였다. Proctor(1989)는 성대 발달을 아주 잘 서술하였고 아동의 구어/음성 기술의 평가에 사용할 프로토콜을 제시하였다. Proctor의 프로토콜에 기초한 음성 발달 평가는 Paul(2012) 또는 ASHA 웹사이트를 통해 찾을 수 있다. 마지막으로, 영아의 병원환경이 의사소통 자극을 주고 의사소통 기회를 제공하는지 검사해야 한다. 이러한 아동은 신생아 집중치료실이나 어떤 병동에 격리된 경우가 많아서 병원이 아동에게 유일한 의사소통 노출 환경이 되기 때문이다.

양육자-아동 상호작용의 평가에도 다양한 계획이 가능하다(Cole & St. Clair-

Stokes, 1984; Duchan & Weitzner-Lin, 1987; Klein & Briggs, 1987; Lifter, Edwards, Avery, Anderson, & Sulzer-Azaroff, 1988; McCollum & Stayton, 1985; Wetherby, Cain, Yonclas, & Walker, 1988). 우리는 양육자가 있는지, 의사소통에 대한 양육자의 기대가 있는지와 같은 기본적인 문제에도 관심을 갖는다. 양육자-아동 상호작용의 실제적인 분석은 이 장 초반에 논의된 수많은 행동 속에 구체적으로 들어 있다. 특정 절차는 앞에 열거한 참고문헌들을 살펴보기 바란다.

팀원 중 SLP가 팀 운영자라면 아마도 SLP가 가족의 강점과 필요를 평가하게 된다. Bailey와 Simeonsson(1988)은 가족 평가를 위한 절차와 제언을 내놓았다. 영유아의 가족 상태와 상호작용 패턴에 대한 평가는 아동의 평가만큼 중요하고 아동의 평가보다 더 의미 있다. 적절한 역할을 해 주는 가족 없이는 치료를 위한 계획과 수행이 이루어질 수 없다. 또한 IDEA는 개별 가족서비스계획(Individualized Family Service Plan: IFSP)을 요구하여, 아동을 위한 목표뿐만 아니라 가족을 위한 목표도 구체적으로 제시하도록 하고 있다. 많은 경우 SLP는 발달지체의 위험이 있는 아동 평가 시 가족을 다루는 전문가 팀의 중요한 일원이 된다. IDEA, 특히 이 법의 파트 C에 따르면 주정부는 만성적 위험(예: 청각장애), 환경적 위험(예: 학대, 방치), 생리적 위험(예: 조산, 호흡 문제)이 있는 아동에게 조기 치료 서비스가 필요한지 알아보고 서비스를 제공해야 한다. 가족을 가까이에서 대하는 전문가는 다음의 여러 주요 영역에 대한 정보를 보고하여 IFSP의 개발에 협조해야 한다. (1) 신체, 인지, 의사소통, 사회성, 감성을 포함하는 영역에서 현 기능 수준에 대한 아동의 상태, (2) 가족의 강점, 필요, 염려사항에 대한 정보, (3) 아동과 가족에게 기대되는 측정 가능한 결과들, (4) 조기 치료 서비스의 빈도, 강도, 방법, 제공자 등을 포함하는 자세한 기술, (5) 의학적 치료와 같은 다른 서비스의 설명, (6) 서비스의 예상 기간에 대한 언급, (7) 계획에 대한 서비스 코디네이터의 명시, (8) IFSP의 파트 C 부분 서비스에서 학교 시스템의 개별 교육계획(Individualized Education Plan: IEP)에서 제공하는 IDEA 서비스로의 전환 계획이 그것이다. 우리가 여기서 IFSP를 언급하는 것은 분명히 이 과정에 진단평가가 통합되기 때문이다. 이 과정의 시작은 부모의 걱정과 부모가 원하는 목표를 듣는 가족과의 면밀한 면담이다. 그리고 SLP는 표준화 및 비표준화 평가 모두를 실시하여 인지와 의사소통에서 아동의 현 기능 수준을 알아내야 한다. 측정 가능한 결과라고 명시된 것은 치료 진전이 있는지 그리고 목표를 수정해야 하는지를 알아보기 위해 치료 과정 중에도 평가가 계속되어야 함을 내포한다. 즉, 조기 평가/치료에서 무엇을 해야 하는지는 임상가가 임의적으로 선택하는 게 아니라, 법적인 요구사항에 의해 관리된다.

그러므로 영유아 평가는 일반적으로 사회사업가, 심리학자, 의사, 영유아기 특수교사 등 SLP와 가깝게 일하는 전문가와의 팀 접근으로 진행된다. 다른 장애에서와 마찬가지로 가족과 많은 시간을 보내는 SLP가 조언자 역할을 하게 되는 경우가 많다. 고위험 아기의 부모는 충격, 슬픔, 죄책감, 혼란, 과도한 정보, 분노, 두려움, 불확실성, 재정적 문제, 너무 많은 전문가의 조언 등 수많은 도전에 직면하게 된다. 때로는 SLP가 인생에서 가장 어려운 시기를 보내고 있는 가족에게 큰 버팀목이 되기도 한다.

SLP에게 가장 큰 도전 중 하나는 아동의 다양한 상태를 인식하면서 의사소통 자극을 제시하도록 부모를 훈련시키는 것이다. 계속 잠만 자거나 너무 흥분된(예: 우는) 아동에게 언어 자극을 주려고 하면 부모와 아동 모두 혼란에 빠질 것이다. Paul(2012)은 영아 행동의 다양한 상태를 (1) 깊은 수면 상태부터, (2) 얕은 수면 상태, (3) 졸린 상태, (4) 잘 각성된 상태, (5) 너무 각성된 상태, (6) 우는 상태까지의 연속선으로 묘사하였다. 부모와 간호사는 언어와 의사소통에 가장 적절한 때가 잘 각성된 상태이고, 부드러운 자극은 졸린 상태의 영아를 잘 각성된 상태로 만들 수 있고, 껴안거나 위로하는 행동은 너무 각성된 상태의 영아를 잘 각성된 상태로 만들 수 있음을 알고 있어야 한다.

생애 첫 6개월 동안의 목표는 6개월 이후의 목표와 다를 것이므로, 아동이 성숙함에 따라 평가도 계속되어야 한다. 시간이 흐름에 따라 목표는 섭식에서 인지, 사회성, 언어로 바뀔 것이다. 그러므로 IFSP는 일정한 간격을 두고 평가되고 수정되어야 한다. Polmanteer와 Turbiville(2000), Paul(2012)은 가족이 이해하기 쉬운 언어로 IFSP를 쓰는 방법과 가족에게 의미 있으면서도 가족이 이해하기 쉬운 목표들을 제공하고 있다.

특수집단의 평가

주된 초점은 의사소통

의사소통과 언어의 특성 그리고 우리가 따르는 모델은 대상자에 따라 바뀌는 것이 아니므로 특수집단의 평가라고 해서 언어장애가 있는 다른 아동과 크게 다를 필요는 없다. 즉, 우리는 여전히 의사소통 체계(인지, 언어, 사회성, 화용)를 통합적으로 평가해야 하고 장애의 원인에 상관없이 의사소통 과정이 우리의 초점이 되어야 한다. 우리는 다른 사람들이 생각했던 것처럼(Bloom & Lahey, 1978; Lahey, 1988; Paul, 2007) 한 아동을 어떤 진단 집단의 한 사람이라고 여기면 그 아동의 언어장애에 대한 통찰을 제한

한다고 생각한다. 그러나 특수집단을 평가할 때 고려해야 할 중요한 특성도 분명 존재한다. Paul(2012)과 Nelson(2010)은 지적장애, 감각 결함(시각장애, 청각장애), 정신질환, 단순언어장애, 부모의 학대, 주의력결핍장애(Attention Deficit Disorder: ADD), 주의력결핍 과잉행동장애(Attention Deficit Hyperactivity Disorder: ADHD), 전반적 발달장애(Pervasive Developmental Disorders: PDD), 자폐, 외상성 뇌손상, 후천성 실어증의 의사소통 기술에 대한 연구를 아주 잘 개괄하였다. 이 정보를 잘 알면 평가 시 일어날 상황을 예측할 수 있을 뿐만 아니라 부모 상담에도 도움이 된다. 아동의 장애 원인이 무엇이든 간에 임상가의 주된 일은 여전히 아동의 언어 능력 및 인지/사회성/신체 능력을 알아보고 자연스러운 환경에서 아동의 언어 사용을 살펴보는 것이다.

의사소통 이전 영역의 평가에 초점을 맞추어야 할 가능성 증가

특수집단을 다루다 보면 언어에 대한 신체적·사회적·인지적 선행요건을 평가해야 할 가능성이 높아진다. 제한된 언어를 사용하는 지적장애 아동은 정의상 분명 인지적으로 결함이 있다(Cosby & Ruder, 1983; Kamhi & Johnston, 1982; Rogers, 1977; Weisz & Zigler, 1979). 그러므로 임상가는 아동이 상징체계(사물, 그림, 단어, 제스처 등)를 배우기 위한 인지 능력이 있는지 확인해야 한다. 자폐 아동도 인지 문제가 있다고 보고되어 왔으므로 임상가는 평가에서 이 영역에 대한 통찰을 얻기 위해 노력해야 한다(Clune, Paolella, & Foley, 1979; Curcio, 1978; Rutter, 1978). 자폐 아동은 흔히 사회적으로 고립된다고 보고되므로, 그들이 기능적 의사소통을 사용하기 바란다면 그들의 일반적인 비언어 사회적 의사소통을 치료 프로그램의 한 부분으로 조정해야 할 것이다(Baltaxe & Simmons, 1975; Opitz, 1982). 자폐의 조기 신호 중 하나는 가리키기와 같이 어른의 주의를 조정하기 위한 원시 명령의 제스처가 나타나지 않거나 제한적으로 나타나는 것이다. 최근 연구에 따르면 자폐스펙트럼장애(autism spectrum disorder: ASD)의 진단은 24개월에 확실해질 수 있다(Woods & Wetherby, 2003). 많은 변수를 예측할 수 있겠지만 사회적 상호작용에서의 장애와 의사소통에서의 장애라는 초기 증상이 24개월경에 나타난다. 제한되고 반복적인 활동/관심은 보통 36개월경에 나타난다. Klinger과 Dawson(1992)은 ASD 아동이 가리키기, 사물 보여 주기, 다른 사람의 얼굴 쳐다보기, 이름 부르면 돌아보기의 네 가지 중요한 행동에 결함이 있음을 발견하였다. Woods와 Wetherby(2003)는 12개월까지 옹알이가 없거나, 12개월까지 제스처 의사소통이 없거나, 16개월까지 단어 산출이 없거나, 24개월까지 자발적인 단어 조합이 없거나, 어떤 연령이든 언어나 사회적 기술에 어떤 손상이 발견되면 정밀검사를 하라고 제안하였다. 이러한 신호는 ASD뿐만 아니라 다른 발달장애에도 나타난다. Prizant와 Wetherby(1988)는 자폐 아동의 평가 영역이 앞에서 주장한 다른 언어장애 아동의 평가 영역과 거의 비슷하다고 조언하였다. 즉, 특수집단 아동을 위해 임상가는 가족의 협력을 통해 환경을 자세히 분석하고 아동이 나타낸 의사소통 행동뿐만 아니라 의사소통 이전 행동까지 더 많은 영역을 분석해야 한다(Prelock, Beatson, Bitner, Broder, & Ducker, 2003).

보완대체 의사소통 양식을 제언해야 할 가능성 증가

특수집단을 다룰 때 포함되는 또 다른 측면은 임상가가 비구어/비음성 반응 양식이나 보완의사소통장치를 권할 가능성이 높아지는 점이다. 최근 연구는 정신지체나 자폐 아동이 비구어 의사소통 양식의 도움을 받을 수 있으며, 보완대체의사소통(Augmentative and Alternative Communication: AAC) 시스템이 의사소통 의도와 말소리 산출까지 증가시킬 수 있음을 보여 주었다(Bondy & Frost, 1998; Silverman, 1995). 그러나 최근에 Schlosser와 Wendt(2008)가 체계적으로 검토한 결과를 보면, 비록 AAC 말소리 치료가 더 많은 말소리 산출을 가져올 수는 있지만 그 효과는 '미미'하였으므로 큰 기대는 말아야 한다.

그러므로 대상자가 비구어 체계를 배울 수 있는 잠재력이 있는지 알아보는 것이 진단가의 의무일지 모른다. Beukelman과 Mirenda(1992)는 보완대체 의사소통 기법과 관련하여 평가와 치료에서 고려해야 할 요인을 아주 잘 설명하였다. 보완 의사소통 영역의 공식 검사를 실시하는 임상가라면 먼저 이 분야에서의 전문적인 훈련과 경험을 쌓은 후에 대상자에게 비구어 양식을 권고해야 한다.

예후에 대한 인상

전체적으로 특수집단은 복합된 장애가 없는 언어장애 아동보다 보통 예후가 좋지 못하다. 아동에게 동반된 문제(청각장애, 신경운동 문제, 지적장애, 양육자 부재 등)가 많을수록 예후는 더 나쁘다. 또한 동반 문제가 많을수록 평가에 더 많은 분야가 포함된 팀이 참여할 가능성이 높아진다. 임상가가 특수집단 아동을 위한 치료 권고사항을 결정할 때는 특수교사, 청각사, 심리학자, 의사의 도움이 필요하며 그 가치도 매우 높다. 연방법에 명시되었듯이, SLP는 언어장애 아동의 평가와 치료를 논의하기 위해 팀원으로서 다른 전문가와 협력할 기회가 많다. 거의 모든 사례에서 이러한 협력이 증가하고 있으며 초기 언어 사례에서는 더욱 그러하다.

특이한 행동의 기록

어떤 아동의 경우에는 치료 프로그램에서 수정되어야 할 독특한 행동의 목록을 작성해야 한다. 예를 들어, 자폐나 지적장애 아동은 자기자극 행동(팔 돌리기, 자위 행위, 흔들기 등)에 몰두한다고 보고되어 왔다. 권위자들은 아동이 자기자극 상태에 있는 동안에는 효과적으로 새로운 학습이 이루어지지 못한다고 믿는다. 그러므로 자기자극의 빈도를 줄이는 것이 하나의 치료 목표가 되어야 하며, 진단가는 이러한 행동의 목록을 작성해야 한다. 이러한 집단은 자기학대 행동도 많이 한다고 보고되어 왔다. 이러한 행동도 치료 계획 시 고려할 사항으로 적어 놓아야 한다. Bopp, Brown과 Mirenda(2004)는 행동의 기능적 평가 과정을 설명하였다. 기능적 평가의 첫 번째 부분은 임상가가 면담을 통해 문제 행동, 그 행동이 나타나는 맥락과 선행 요소, 그리고 문제 행동에 뒤따르는 결과에 대해 설명을 듣는 것이다. 기능적 평가의 두 번째 부분은 직접 관찰이다. 그리고 기능적 평가의 마지막 부분은 행동 분석을 통해서 행동에 뒤따르는 다양한 결과의 영향을 알아보는 것이다. 행동의 기능적 평가는 역사적으로 심리학자나 다른 전문가들의 분야였지만 요즘은 보통 교사, 부모, SLP가 관여한다.

다른 문화 및 언어 배경의 아동 평가

이중언어 환경에서 언어를 배우는 것은 정상 지능의 아동이나(Owens, 2012) 다운증후군 아동에게조차(Bird, Cleave, Trudeau, Thordardottir, Sutton, & Thorpe, 2005) 모국어 학습에 부정적인 영향을 미친다. SLP는 국제 입양을 통해 미국에 온 아동을 평가해야 할 때가 있다. 그들은 다른 언어와 문화에 속해 있다가 영아나 유아기에 이 나라에 온다. CSBS와 MacArthur-Bates CDI와 같은 검사로 평가한 언어전 의사소통과 어휘 이해는 2세의 언어 수행을 신뢰할 만하게 예측하였다(Glennen, 2007). 연구에 의하면 해외에서 입양된 많은 아동이 궁극적으로 학령기에는 수행을 잘한다. 예를 들면, 중국에서 입양된 아동 집단은 초등학교 저학년 때 읽기와 쓰기 평가에서 평균이나 평균 이상 수준의 수행을 보였다.

Brown(1973)은 여러 문화권의 아동이 언어 습득 초기에 놀랄 만한 유사성이 있음에 주목하였다. 즉, 다양한 문화권의 아동이 동일한 유형의 단어 조합을 발달시켜 나가는 경향을 보이는데, 이 시기의 의미관계가 인지 발달 단계에서 감각운동기에 발달하는 개념에 근거하기 때문인 것 같다. 다양한 집단에서 문화권 간 단어 조합에서는 차이가 없을지라도 언어전 단계 및 단단어 단계에서는 차이가 있을 수 있다. 그러나 양육자-아동 상호작용에 관한 문화권 간 연구에서는 상호작용 형태, 놀이, 말 사용역(register), 공동 참조 중 사물의 사용, 양육, 가족의 가치/믿음, 일반적인 상호작용의 기회에서 문화적 차이가 있음을 설명해 왔다(Bornstein, Tal, & Tamis-Lemonda, 1991; Bornstein et al., 1991; Fogel, Toda, & Kawai, 1988; Heath, 1983, 1989; Saville-Troike, 1986; Schieffelin, 1985; Watson-Gegeo & Gegeo, 1986).

임상가는 문화적이고 언어적으로 소임을 다할 수 있어야 하고, 모든 문화 집단에는 차이점과 유사점이 있음을 이해해야 한다. 임상가는 임상 환경에서 부모와 아동을 살필 때 양육자-아동 상호작용에서 이런 문화적 차이의 잠재성을 고려해야 한다. 그리고 가정환경에서 공동 참조를 위한 사회적 상호작용과 활동의 선택이 매우 다를 수 있기 때문에 임상 세팅에서 제공하는 주된 장난감과 물건 사용 시 모든 사람이 같은 방식으로 상호작용할 것이라고 기대해서는 안 된다. 임상가는 다른 문화권에 속한 아동의 양육과 상호작용에 대해 더 많이 배우려고 노력해야 하고, 우리가 서비스를 제공하는 가족에게 자민족 우월주의의 관점을 강요해서는 안 된다.

언어 차이인지 언어장애인지를 파악하는 도전에 직면할 때면, 우세 언어나 주된 언어가 결정되어야 한다. IDEA의 파트 B에 개괄되어 있는 **최소 편향 평가**(least biased assessment)의 정신을 지키려면, 아동에게 가장 능숙한 언어로 검사가 제공되어야 한다. 여기에는 표준화 및 비표준화 평가 형태가 모두 포함될 수 있다. 우세 언어는 다양한 세팅(예: 집 또는 유치원)에서의 의사소통 행동 관찰이나 구조화된 설문지를 통해 알아볼 수 있다(Kayser, 1995). 만약 관찰된 언어의 대부분이 가정에서 사용하는 언어이거나 영어가 필요할 때 제스처에 많이 의존한다면, 영어가 우세 언어가 아니라고 판단하는 게 적절할 것이다. 다양한 구조화된 설문지도 우세 언어를 알아보는 데 사용할 수 있다. 예를 들면, Assessment Instrument For Multicultural Clients(Adler, 1991)와 Bilingual Language Proficiency Questionnaire(Mattes & Santiago, 1985)가 있으며 ASHA 웹사이트를 통해 추가적인 자료를 알아볼 수 있다.

가장 이상적인 상황은 대상자의 우세 언어로 말하는 임상가가 대상자의 우세 언어로 제작되었고 규준이나 준거 참조 정보가 제공된 표준화 및 비표준화 측정을 이용하여 대상자를 평가하는 것이다. 최근에 영어가 아닌 다른 언어, 대체로 스페인어로 된 검사를 개발하는 데 큰 진전이 시작되었다. 〈표 4-6〉에 영어가 아닌 다른 언어로도 사용 가능한 몇몇 표준화된 평가와 준거참조 평가의 목록을 볼 수 있다. 그러나 대상자의 모국어로 검사할 수 없을 때도 있다. Brice(2002), Goldstein(2000), Kayser(1995)와 Wyatt(2002)는 표준화 검사의 수정, 각색, 번역을 위한 제안을 하고 있다. 그러나 임상가는 검사를 번역하거나 수정할 때 생길 수 있는 검사 동질성 이슈를 조심할 필요가 있다(Kwan, Gong, & Maestas, 2010).

자료의 통합 및 제언

진단가가 언어에 대해 통합된 모델을 고수한다 할지라도 평가 과정은 어느 정도 아동 및 평가에서 얻은 정보를 조각조각 나누는 경향이 있다. 그러므로 치료 권고, 정밀 검사 제안, 의뢰 결정을 하기 전에 잠시 멈추고 평가 과정에서 행해진 것을 전체적으로 살펴보길 권한다. 다음의 요약이 여러분에게 유용할 것이다(〈부록 F〉 참조).

평가에 사용된 자료

이 부분은 평가 중 관찰된 실제 행동 및 아동에게 행해진 절차와 관련된다. 자료에 대한 다양한 분석, 예를 들어 자발적 언어 샘플의 다양한 분석(평균발화 길이, 형태-기능 분석, 음운 분석 등)은 포함하지 않는다. 평가를 다 하고 난 후에 추가 자료가 필요함을 알게 되어 치료 시작 단계에 이를 수집하는 경우가 종종 있다. 우리가 아동 언어의 어떤 측면에 대해 임상적 판단을 할 수 없는 이유를 생각해 보면, 의사결정에 필요한 모든 자료를 수집하지 않은 경우가 많다. 〈부록 F〉에는 수집된 자료를 개괄할 때 사용하는 임상가의 체크리스트가 제시되어 있다.

자료에 수행된 분석

이 부분은 수집된 자료에 대해 임상가가 행한 분석 절차를 요약하는 것이다. 표면적으로 이 절차는 다소 간단해 보일 수 있다. 그러나 중요하게 평가해야 할 언어 측면이 워낙 많기 때문에 특정 자료의 수집이나 특정 분석의 수행을 빠뜨리기 쉽다.

강한 영역과 염려되는 영역

이 부분은 자료를 검토하고 의사소통 과정과 언어 발달 단계를 분석함으로써 대상자의 정상 영역, 강한 영역, 염려되는 영역에 대한 인상을 얻는 것이다. 임상가가 전체적인 판단을 할 때는 자료에 나타나는 패턴을 잘 살펴봐야 한다. 예를 들어, 아동이 운동 협응이 떨어지고 특이한 출생 및 발달력을 보였다면 임상가는 신체적 선행요건을 염려할 수 있다. 이 아동이 인지 과제도 잘 수행하지 못했다면 아동에게 언어 발달을 위한 인지적 기초가 있는지 의심해 봐야 한다. 게다가 이 아동이 사회성 영역에서도 또래와 어울리지 않고 의사소통을 위한 적절한 사회적 선행요건을 나타내지 않으며, 적응행동 척도에서 모든 발달 영역에 지체를 보이고, 언어 발달 영역에서 비구어 수준으로 밝혀졌다고 하자. 그러면 임상가는 강한 영역과 염려되는 영역을 체크할 때 신체적 선행요건 중 신경 영역에 마이너스(-)를 표시하고, 사회성 영역 중 상호성과 놀이 상대에 마이너스를 표시할 것이다. 그리고 인지적 선행요건 중 놀이 수준, 감각운동 하위 단계, 상징놀이에 마이너스를 표시할 것이다. 마지막으로 단단어, 음운, 초기 다단어 조합 영역에 포함된 대부분의 항목에 마이너스를 표시할 것이다. 임상가는 요약지를 보면서 각 사례에 대해 강한 영역과 염려되는 영역을 프로파일로 발전시킬 수 있다. 만약 염려되거나 강한 영역에 대해 분명한 의견을 밝힐 수 없다면 수집된 자료와 행해진 분석을 살펴보아 충분한 정보를 수집했는지 점검해 봐야 한다. 각 영역에 대해 일반적인 언급을 할 수 없는 이유는 대부분 불충분한 정보, 좋지 못한 정보, 또는 불충분한 분석 때문이다.

제언

제언 부분에서 다루어야 할 주제 영역은 세 가지이다. 첫째, 더 많은 정보를 얻기 위해 다른 전문가에게 의뢰해야 하는가이다. 예를 들어, 학습을 위한 아동의 지적 능력과 잠재력에 대한 확신을 얻기 위해 심리학자나 특수교사에게 의뢰할 수 있다. 일반적으로 필요한 또 다른 의뢰는 청력 검사이다. 둘째, 특정 치료를 권고하기 전에 얻어야 할 자료가 더 있는가이다. 시간 부족이나 아동의 협조 부족으로 어떤 검사나 분석을 수행할 수 없었을 수 있다. 수집된 자료와 행해진 분석을 조사함으로써 이러한 제언이 필요한지 결정해야 한다.

셋째, 충분한 자료가 얻어졌고 충분한 분석이 이루어졌다면 이제 임상가는 치료 제언을 할 수 있다. 임상가는 아동의 강점 및 약점 영역을 조사하여 가장 적절한 치료 목표를 생각해야 한다. 예를 들어, 아동이 신체, 인지, 사회성 측면에서 의사소통 발달을 위한 준비가 되어 있고 아동이 언어 발달 과정 중 어디에 위치해 있는지 알았다면, 습득 문헌과 의사소통에 대한 아동의 필요에 따라 그다음에 발달시켜야 할 언어 형식을 중심으로 치료를 시작하면 된다. 만약 아동이 대부분의 측면에서 정상이고 주된 염려 사항이 명료도라면 음운치료가 우선되어야 할 것이다. 만약 아동이 언어지체뿐만 아니라 인지와 사회성에도 문제가 있다면 치료 목표의 몇몇은 인지 발달 촉진시키기, 사회적 비구어 기술 증진시키기 등과 같은 영역을 포함할 수 있다. 염려되는 영역과 강한 영역은 예후에 대한 인상에도 영향을 미친다. 현재까지 언어치료 성공에 대한 예후를 계산해 내는 방법은 없다. 아동의 능력, 기술, 동기, 환경, 양육자 참여, 치료 기간 등 너무나 많은 변수가 작용하기 때문이다. 예후를 알아보는 현실적인 방법 중 하나는 염려되는 영역이 적게 체크된 아동이 많이 체크된 아동보다 예후가 더 좋다고 보는 것이다.

결론 및 자기평가

우리는 제한된 언어를 사용하는 아동의 평가가 단순하지 않다는 것을 보여 주려고 하였다. 임상가가 그들의 평가를 완전하게 수행하려면 수많은 기술을 배우고 여러 분야의 문헌을 읽어야 한다. 언어장애의 진단은 검사 하나 또는 절차 하나 이상을 요구한다. 임상가는 다양한 의사소통 수준과 문화를 가진 아동에게 각기 다른 방식으로 의사소통 과정을 평가하는 것이 필요하다.

여러분은 이 장을 읽은 후 다음 질문에 답할 수 있어야 한다.

- 아동은 어떤 발달 단계를 거쳐 효과적인 의사소통자로 발전하는가?
- 제한된 언어를 사용하는 아동의 일반적인 세 범주는 무엇인가? 그리고 각 범주마다 어떤 평가 변수를 고려해야 하는가?
- 언어평가 과정을 시작하는 SLP가 직면하게 되는 도전과 어려움에는 어떤 유형이 있는가?
- SLP의 언어평가 접근법에 영향을 미치는 Muma의 여섯 가지 진단 지침은 무엇인가?

- 사전 평가가 왜 중요하고, 이 평가에서 어떤 유형의 정보를 얻어야 하는가?
- 양육자-아동 상호작용의 평가가 왜 중요하고, 이 관찰에서 어떤 변수를 고려해야 하는가?
- 아동의 적응행동이 언어 발달의 이해에 어떻게 영향을 미치고, 이 영역을 평가할 때 어떤 변수를 고려해야 하는가?
- 놀이 평가에서 어떤 정보를 얻을 수 있으며, 놀이의 변수를 어떻게 평가하는가?
- 의사소통 의도 및 기능의 고려가 왜 중요한가? 이 부분을 평가하는 동안 어떤 요인을 고려해야 하는가?
- 단단어 발화의 평가에서는 어떤 평가 방법을 고려해야 하는가?
- 다단어 발화의 평가에서는 어떤 평가 방법을 고려해야 하는가?
- 언어 이해를 평가할 때 고려해야 할 교란 요인은 무엇인가?
- 발화 길이의 측정은 언제 언어평가에 포함되어야 하고, 언어 발달을 이해하는 데 어떻게 사용되는가?
- 문화적 또는 언어적으로 다른 배경을 가진 아동의 언어를 평가할 때 어떤 요인을 고려해야 하는가?

제5장
학령기 및 청소년기 언어장애의 평가

이 장을 읽고 나면 다음을 설명할 수 있다.

- 언어장애로 진단될 가능성이 높은 학령기 학생 네 집단과 그 특성
- 학령기 아동 선별 시 언어치료전문가의 역할
- 주요과목 학업기준(Common Core State Standards: CCSS)의 목적과 평가에서의 시사점
- 언어 샘플을 얻을 때 고려해야 할 변수
- 언어 샘플을 얻는 과정과 언어 샘플을 통해 얻을 수 있는 정보의 유형
- 언어 발달이 지체된 아동의 언어 샘플을 분석할 때 고려해야 할 측정치
- 아동의 언어 이해를 평가할 때 고려해야 할 변수, 그리고 이해에 문제가 생기는 지점
- 언어 이해를 평가하는 네 가지 방법
- 몇 가지 구문 분석 패키지의 개요와 패키지 분석 절차를 이용할 때 검토해야 할 요소
- 화용 영역을 평가하는 방법과 평가할 때 검토해야 할 요소
- 이야기 샘플을 얻는 절차와 이야기 산출의 분석 방법
- 이야기의 미시구조 평가와 거시구조 평가의 차이점
- 대화 담화 평가 시 검토할 수 있는 요소
- 기억과 집행기능이 언어 평가와 진단에 미치는 영향
- 읽기장애 평가 시 언어치료전문가의 역할과 읽기장애가 의심될 때 필요한 평가 영역
- 문어(written language)를 평가할 때 검토해야 할 요소

4장에서는 MacDonald와 Carroll(1992)의 모델을 이용하여 의사소통 발달에 필요한 특정 능력을 다루었다. 특히 **놀이 상대** 및 **주고받기 상대**가 되기를 이야기하였고, 의사소통 의도와 단단어와 초기 다단어 발화를 통해 **의사소통 상대**의 역할을 발달시키기

시작한다고 이야기하였다. 이 장에서는 이 모델의 마지막 두 단계를 다룬다. 즉, 의미 및 문법 규칙의 사용을 통해 아동이 **언어 상대**가 되는 시기를 논의하고, 궁극적으로 대화 맥락에서 언어의 사회적 사용을 조절하는 화용 규칙을 발달시킴으로써 아동이 **대화 상대**가 되는 시기를 살펴본다.

이 장에서는 문장 수준으로 말하지만 구문 규칙에 오류가 많고 의미론, 화용론, 상위언어, 형태론, 읽기, 쓰기, 인지 능력, 전반적인 언어 과정에 어려움이 있을 수 있는 아동에게 초점을 맞추었다. 즉, 이 장에서 논의할 평가 목표, 과제, 측정은 4장에서 언급했던 것과 아주 다르다. 그러나 [그림 5-1]에서처럼 평가 과정은 동일하다. 우리는 여전히 의사소통을 위한 신체적인 기초 평가하기, 배경 정보 얻기, 표준화 및 비표준화 검사 수행하기 그리고 의사소통과 관련된 아동의 환경 평가하기에 관심을 갖는다. 비표준화 검사 및 관련 환경 평가에 대해서는 1장에서 제시한 WHO의 기능, 장애 및 건강에 대한 국제분류(International Classification of Functioning, Disability and Health: ICF) 모델을 따랐다.

〈표 5-1〉에는 학령기 및 청소년기 언어장애의 일반적인 증상을 나열하였다. 증상이 모든 언어 영역에 걸쳐 나타나고 표현 문제뿐만 아니라 이해 문제까지 포함하는 것을 볼 수 있다. 또한 그중에는 6장에서 더 자세히 다루게 될 음운장애가 있는 경우도 있다. 형태음운 발달을 평가할 때는 언어 기술뿐만 아니라 음운 능력의 면밀한 평가를 수행하는 것이 중요하다. 종성 자음군의 산출 능력은 분명 경계 형태소 붙이기와 관련이 있다. 그러나 언어장애와 음운장애가 함께 있는 아동은 종성 자음군의 산출 여부와 상관없이 형태음운적 어려움이 있을 위험이 있다고 한다(Haskill & Tyler, 2007).

〈표 5-1〉의 증상 중 몇몇은 대화 중에 쉽게 드러날 수 있는 큰 실수인 반면(예: 구문 규칙의 위배), 어떤 증상은 특정 의사소통 샘플에서만 나타나서 알아차리기가 다소 힘든 실수이다. 표준화 검사로는 학령기 아동에게 나타나는 이러한 미묘한 언어장애를 밝히지 못한다(Plante & Vance, 1995). 초등학교 수준의 학생은 많은 공식적인 언어 검사는 통과하지만 중요한 언어 문제를 동반한 의사소통장애를 나타내는 경우가 많다. 몇몇 표준화된 언어 선별 검사에서도 비슷한 문제가 발견된다(Sturner, Heller, Funk, & Layton, 1993). 조사 결과, 다행히도 대부분의 공립학교 언어치료전문가(SLP)는 의례적으로 공식(표준화된) 및 비공식(비표준화된) 평가 방법을 모두 사용하였다(Hux, Morris-Friehe, & Sanger, 1993; Wilson, Blackmon, Hall, & Elcholtz, 1991).

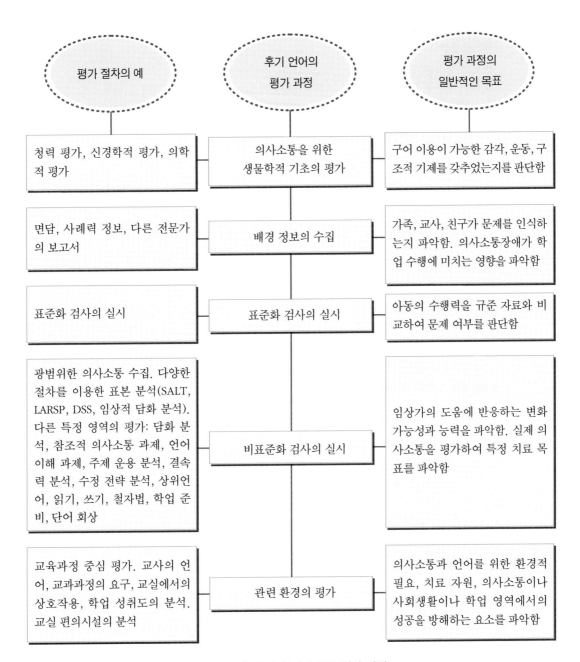

[그림 5-1] 후기 언어의 주요 평가 과정

표 5-1	고학년 학생에게 나타나는 언어장애의 일반적인 증상

의미론 증상

- 단어 찾기/회상의 어려움
- 어떤 개념을 설명하려고 할 때 이름이 생각나지 않아서 많은 단어를 사용함(에두르기)
- 한정된 어휘의 과도한 사용
- 범주(예: 동물, 음식)에 속한 항목의 이름을 회상하기 어려움
- 반대말을 회상하기 어려움
- 어휘 수가 적음
- 구체성이 결여된 단어(예: thing, junk, stuff)의 사용(한국어의 경우 '이거, 이렇게, 하다'의 사용이 많음—역자 주)
- 부적절한 단어의 사용(잘못된 단어의 선택)
- 단어 정의하기의 어려움
- 복합어의 이해 부족
- 동음이의어의 의미 파악 실패(예: can, file)
- 비유적 언어의 어려움

구문론/형태론 증상

- 문법적으로 잘못된 문장 구조의 사용
- 복잡하지 않은 단순한 문장의 사용
- 복잡한 문법 구조의 이해 부족
- 문장 중간에서의 긴 쉼
- 무의미한 간투어(예: 쉼 삽입, '어'나 '으'의 사용)
- 많은 언어 기술을 요구하지 않는 정형화된 구의 사용
- '시작어'의 사용(예: "있잖아요……")

화용론 증상

- 청자가 이미 들어서 알고 있는 표현 및 정보의 과다한 사용
- 구체적이지 않은 어휘를 사용해서 이전 대화나 눈에 보이는 맥락에서 화자가 무엇을 언급한 것인지 청자가 파악할 수 없음
- 청자에게 분명하게 설명하는 기술의 부족(구체성의 결여)
- 적절한 순서로 설명하는 기술의 부족
- 주제의 시작, 유지 및 변경이라는 대화 조절의 부족(대화에서 벗어난 엉뚱한 말을 하고 눈치없이 새로운 주제를 시작함)
- 확인 질문의 사용이 거의 없음(예: "이해 못했어요." "뭐라고 했어요?")
- 다른 의사소통 상황에서 대화 스타일 바꾸기의 어려움(예: 또래 대 교사, 아동 대 성인)
- 이야기나 교재에서 주제 파악의 어려움(관련되지 않은 상세한 것에 집착)
- 구체적인 언급이 없는 자료에서 추론하기의 어려움(예: "영수가 밖에 나갔어. 우산을 써야 했어." 추론: 비가 온다)

언어 문제가 있는 학생: 고위험군

언어장애로 진단될 확률이 높은 학령기 아동 집단은 다음과 같다.

1. 학령전의 언어장애 병력　학령전 언어지체 아동의 종단 연구에 따르면, 그들은 나이가 들면서 학업과 언어 문제를 나타내는 경향이 매우 높다(Aram & Nation, 1980; Bashir et al., 1983; Hall & Tomblin, 1978; King, Jones, & Lasky, 1982). 대부분의 연구에서 학령전에 언어 문제를 경험한 아동의 50% 이상은 학업 및 언어 문제를 보일 위험이 있다고 밝혔다. 이것은 단지 그들의 언어 능력이 '약하기' 때문만은 아니다. 아동의 학년이 높아질수록 학업의 난이도와 교사의 언어 복잡성이 증가하기 때문이기도 하다. [그림 5-2]는 아동의 언어 능력, 교사의 언어 복잡성, 학년 상승에 따른 교육과정상의 요구 증가 사이의 상호작용을 나타내었다. 우리는 언어치료를 받고 있는 학령전 아동의 치료가 끝나면 그 부모에게 아동이 학교 입학 후 국어, 쓰기, 읽기, 철자법, 수학 영역에서 학업 및 언어 복잡성의 증가에 직면하여 언어로 인한 문제가 다시 발생할 수 있음을 반드시 설명해 주어야 한다.

최근 Young 등(2002)은 아동기 언어장애와 관련한 학업 성취를 평가하기 위해 말소리장애만 있는 아동, 말소리 및 언어 장애가 있는 아동, 언어장애만 있는 아동을 청년기에 추적하였다. 그 결과, 19세가 되었을 때 말소리장애만 있었던 아동은 말소리 및 언어 장애가 없었던 통제 집단과 성취가 비슷하였다. 그러나 언어장애가 있었던 집단은 여러 학습 성취 영역에서 통제 집단보다 낮은 수행을 보였다. 학습장애로 분류될 만한 학습적 어려움을 경험한 아동이 비언어장애 또래에 비해 언어장애 집단에 다섯 배나 많았다. Conti-Ramsden Durkin(2008)은 118명의 전형적 발달 아동과 120명의 단순언어장애(specific language impairment: SLI) 아동을 청소년기에 추적하여, 부모 및 자가 측정을 이용하여 일상생활 기능의 자립성에 관한 자료를 얻었다. 16세가 되었을 때 단순언어장애 과거력이 있었던 집단은 전형적 발달 집단에 비해 덜 자립적이었고, 이는 어린 시절의 언어지체와 이후의 좋지 못한 문해 기술에 기인한다고 하였다.

Johnson, Beitchman과 Brownlie(2010)는 5세에 언어장애로 판명된 많은 아동을 20대까지 추적하였고, 연구 기간 중 총 4회에 걸쳐 가족, 교육, 직업, 삶의 질에 대한 자료를 수집하였다. 그 결과, 25세가 되었을 때 언어장애 집단은 전형적 발달 집단에 비해

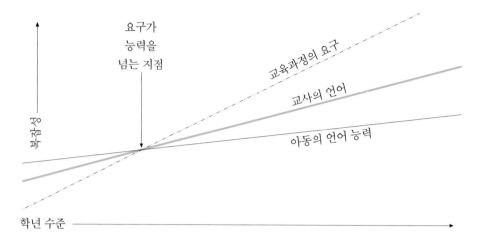

[그림 5-2] 학년 증가에 따른 아동의 언어 능력, 교사의 언어, 교육과정상의 요구 간 상호작용

의사소통, 인지, 학업, 교육적 성취, 직업 상태에서 좋지 못한 결과를 보였다. 이러한 정보는 이 이슈와 관련한 치료 목표를 계획할 때 그리고 대상자 및 아동과 상담을 할 때 유용할 것이라고 하였다.

2. 학습 및 읽기 장애가 있는 학생　　학습장애 문헌을 보면 읽기 및 학습 장애로 진단된 학생 중에는 언어장애 과거력이 있거나 현재 언어 문제가 있는 학생의 비율이 높다는 의견이 일관되게 나타난다(Beitchman, Wilson, Brownlie, Walters, & Lancee, 1996; Catts, Fey, Tomblin, & Zhang, 2002; Maxwell & Wallach, 1984). 최근 많은 문헌에서는 그들을 언어학습장애(Language-Learning Disabled: LLD)라고 부르면서 이 장애에서 언어의 중심 역할을 강조하고 있다. 어떤 학생이 읽기나 학습 문제로 치료를 받고 있다면 언어장애가 나타날 위험도 증가한다(Pennington & Bishop, 2009). Peterson, Pennington, Shriberg와 Boada(2009)는 123명의 아동을 5~6세부터 7~9세까지 종단적으로 관찰하여 언어기술과 말소리장애가 문해력에 미치는 영향을 평가하였다. 그 결과, 언어장애는 이후의 읽기장애를 예측하였으며, Test of Language Development Primary(TOLD-P:3)의 구문 종합점수가 의미 종합점수보다 더 큰 예측 변수였다. 최근 결과에 의하면 말소리장애와 언어장애가 함께 있는 아동은 읽기장애가 될 가능성이 매우 높다고 한다(Pennington & Bishop, 2009).

3. 행동, 정서, 사회성 문제가 있는 학생   행동, 정서, 사회성 문제(Behavioral, Emotional, and Social Difficulties: BESD)가 있는 아동에 대한 연구가 증가하고 있고, 그들을 특수교육이 필요한 아동의 범주로 생각하고 있다(Lindsay & Dockrell, 2013). 행동 문제에는 표면적으로 주의력결핍장애(Attention Deficit Disorder: ADD), 과잉행동을 동반한 주의력결핍장애(ADD with Hyperacticity: ADHD), 품행장애와 같은 행동 유형이 포함된다. 정서 문제에는 내면적으로 불안과 우울 같은 행동 유형이 포함된다. 사회성 문제에는 또래관계의 발전 및 유지의 어려움이 포함된다. 연구에 의하면 언어장애 아동은 언어장애가 없는 아동에 비해 높은 수준으로 BESD를 경험하는 것 같다(Conti-Ramsden, Mok, Pickles, & Durkin, 2013; Durkin & Conti-Ramsden, 2007; Goh & O'Kearney, 2012; St. Clair, Pickles, Durkin, & Conti-Ramsden, 2011).

4. 학업상 위험한 학생   Simon(1989)은 교육체계에서 '경계선에 있는' 아동 집단을 언급하였다. 그들은 언어 문제가 있다고 진단된 적은 없지만 학업상 어려움을 겪고 있는 학생이다. Simon은 그들 중 상당한 비율, 아마도 50% 정도의 학생이 학업 문제와 언어 문제를 모두 나타낼 것으로 내다보았다. Simms-Hill과 Haynes(1992)는 교사가 학업적으로 위험하다고 밝힌 4학년 학생을 연구하였다. 그들은 지속적으로 C 이하의 성적을 받아 왔다. 그리고 말/언어나 다른 영역에서 어떠한 치료 서비스도 받은 적이 없었고 언어지체 이력도 없었다. 그러나 50%가 넘는 학생이 세 개의 언어 검사에서 충분히 낮은 점수를 보여 임상적으로 고려해야 하는 상황이었다.

그러므로 언어장애가 있는 학령기 아동을 알아내는 하나의 방법은 앞에 언급한 네 유형의 고위험군 학생을 자세히 조사하는 것이다. 이 조사는 교사의 의뢰, 선별 검사, 그리고 고위험군 아동에 대한 팀 평가의 한 부분으로 진행되는 공식검사를 통해 이루어질 수 있다.

학령기 및 청소년 언어장애의 선별

4장에서 말한 대로 선별의 목적은 언어 문제의 가능성이 있는지 그리고 더 자세한 언어 평가가 유용할지를 알아보는 것이다. Sturner 등(1994)은 학교에서 실시되는 선별에는 대규모의 선별과 보조적 선별의 두 유형이 있다고 하였다. 대규모 선별은 일 반인을 대상으로 실시하는 것이고, 보조적 선별은 말소리와 같은 다른 문제로 의뢰되 었을 때 실시하는 것이다. 즉, 보조적 선별은 이미 확인된 장애 영역에 동반될 수 있는 다른 의사소통 문제가 있는지를 점검하고 확인하는 것이다. 어떤 임상가는 학령기 아 동과 청소년의 언어 선별을 위해 국지적으로 개발되었거나 비공식적인 선별 방법을 사용할 것이다. 이러한 비공식적 방법의 사용이 특이한 것은 아니지만 이상적이라고 생각하지도 않는다. 다른 평가와 마찬가지로 선별 평가도 공정하게 실시되어야 하고 확실한 심리측정적 특성이 있어야 한다. 비공식적이거나 국지적으로 개발된 선별 방 법은 특히 다양한 문화적/언어적 집단에 대하여 신뢰도, 타당도, 민감도, 특이도가 의 심스럽거나 불공정할 수 있다. 규준 없이 단지 임상가의 직관이나 주관적 기준으로 수 행된 선별은 본질적으로 잘못된 결론을 야기할 수 있다.

어떤 임상가는 표준화된 방법이나 검사를 사용한다. The Adolescent Language Screening Test(ALST; Morgan & Guilford, 1984)는 11~17세 아동을 선별하는 도구이 다. 이 검사는 화용, 수용 어휘, 개념, 표현 어휘, 문장 표현, 형태, 음운의 일곱 개 하 위 검사를 통해 언어의 사용, 내용, 형식을 선별한다. Screening Test of Adolescent Language-Revised(STAL-R; Prather, Van Ausdal Breecher, Stafford, & Wallace, 1980)도 사용할 수 있다. 이 검사는 11~18세 학생의 수용 및 표현 어휘, 청각적 기억, 언어 처 리, 속담 설명을 측정하여 언어 기술에 문제가 있는지를 확인한다. Clinical Evaluation of Language Fundamentals-Screening Test, 5th ed.(Semel, Wiig, & Secord, 2013)은 5세 아동부터 21세까지의 표현 형태소, 구문, 수용 개념, 의미, 청각적 이해, 화용 영역을 검사한다.

어떤 선별 검사를 사용하든 간에 언어장애를 선별하기 위해서는 언어의 여러 영역 을 광범위하게 평가할 수 있어야 한다. 선별 검사 수행의 효율성은 또 다른 고려사항 이다. 750명의 초등학생을 대상으로 대규모 선별을 할 때 아동당 15~20분이 걸리는 선별 검사를 실시할 수 있을지 의문이다. 그렇기 때문에 어떤 임상가는 경솔한 일임 에도 불구하고 국지적으로 개발되었고 빨리 끝나는 선별 방법에 의지하게 된다. 여기 서 교사는 매우 효율적인 선별 방편이다. 교사는 교실에서 아이들과 많은 시간을 보 내기 때문에 아동이 어떤 영역에서 어려움을 겪는지 알아볼 때 아주 유용하다. 또한 대부분의 학교에는 교육과정 중심 평가를 담당하는 교사가 있어서 학교 전체 생활에 대하여 학생의 진전을 추적한다. 이 중 하나에서의 좋지 못한 수행은 초기 위험 신호나 좀 더 자세한 평가를 위한 출발점으로 여겨진다. 예를 들어, 어떤 학교는 Dynamic Indicators of Basic Early Literacy Skills(DIBELS)를 사용하여 유치원부터 6학년까지 문해 기술의 습득을 평가한다. 이 평가는 다양한 하위검사를 통해 음운 인식, 철자 지식, 읽기 유창성, 어휘, 읽기 이해를 평가한다. 이 평가는 아동이 하나 또는 여러 부분에서 어떻게 실패하는지를 쉽게 알 수 있어서 잠재된 언어장애를 평가할 필요가 있는지 알려 주는 지표가 될 수 있다. 최근에는 주요과목 학업기준(Common Core State Standards: CCSS)과 관련된 필수사항을 평가하기 위하여 학교에서 사용하는 자세한 평가가 만들어지고 있으며, 이는 언어장애 아동의 선별에 관한 의사결정에 지침이 될 수 있다. 이 평가는 언어, 읽기, 쓰기뿐만 아니라 수학 같은 다른 필수과목 분야에서도 학생의 진전을 평가하고 모니터하도록 고안되었다. 주에서 채택한 평가를 이용하면 자세한 언어평가를 의뢰할 필요가 있는지에 대한 선별과 의사결정이 용이하다.

대부분의 선별검사는 통과/실패 기준이 있다. 아동이 일반적인 대규모 선별을 통과했고 부모나 선생님의 염려도 없다면, 임상가는 그 좋은 결과를 꽤 신뢰할 수 있다. 아동이 선별을 통과하였으나 아동의 언어능력에 염려가 보고되었다면, 치료사는 다음 사항을 고려해 봐야 한다. (1) 선별검사가 문제가 있는 언어 영역을 평가하였는가? (2) 좀 더 자세한 평가가 권고되는가? (3) 진전이나 퇴행을 모니터하기 위해 추후에 다시 선별하도록 권고해야 하는가? (4) 다른 전문가(예: 심리학자, 상담사, 청각사)에게 의뢰하는 게 좋은가? 아동이 선별은 통과하지 못했지만 부모나 선생님의 염려가 없다면, SLP는 아동이 선별을 통과하지 못할 만한 문화적 또는 언어적 변수가 있는지 생각해 보고, 아동을 언어장애에서 배제시키기 위한 추가적 평가를 권고해야 한다. 아동이 선별을 통과하지 못했고 부모나 선생님의 염려도 있다면, 아동에게 자세한 언어 평가가 의뢰되어야 한다.

주요과목 학업기준의 이해

주(state)마다 법집행과 관련하여 기준이 다르다는 문제로 인하여, **주요과목 학업기준**(Common Core State Standards: CCSS)이라는 국가 기준이 개발되었다. 전국 교육감위원회(Council of Chief State School Officers)와 전국 주지사연합(National Governors Association)의 노력으로 학습 목표가 제공되었고, 대학과 직업의 기대에 맞게 학생을 더 잘 준비시킬 수 있게 되었다. 특히 CCSS 기준은 비판적 사고, 문제 해결, 분석적 사고의 증진에 중점을 두고 개발되었다. CCSS는 2010년에 발표되었다. 2014년에는 45개 주, 위싱턴 DC 및 미국령 세 지역에서 CCSS에 포함된 두 영역인 '영어 및 역사/사회, 과학, 기술 과목의 문해력'(2010a) 그리고 '수학'(2010b)을 채택하였다. CCSS는 각 영역마다 유치원부터 12학년까지 아동이 매 학년을 마칠 때 알아야 할 지식과 기술의 위계를 포함하고 있다. 주요과목과 학업기준에 대한 정보는 www.corestandards.org에서 볼 수 있다.

CCSS 기준은 평가에 몇 가지 시사하는 바가 있다. 첫째, 기준이 평가를 만들어야 하고, 각 주에는 두 영역에 대해 종합 평가와 프로그램 평가를 할 수 있는 기구가 있어야 한다. K-12학년의 각 기준은 학년 말의 기대와 누적 경과로 정의한다. 둘째, 매 학년 말과 K-12학년을 걸쳐 장기적 결과에 중점을 두어야 한다. 셋째, 매 학년 말의 장기적 결과와 종합적 평가를 위해 노력하는 기준점이 세워져야 한다. CCSS에서 아동의 성취는 의사소통 능력에 영향을 받기 때문에 SLP는 CCSS의 수행에 역할을 한다. Ehren, Blosser, Roth, Paul과 Nelson(2012)은 SLP가 CCSS의 수행에 어떻게 적극적으로 관여되는지 다음과 같이 설명하였다.

- SLP는 일반 및 특수 교육 아동에게 언어적 및 초언어적 기초를 알려 주어서 교육과정을 마치는 데 도움을 준다.
- SLP는 아동에게 CCSS에 도달하기 위해 필요한 기초적인 언어와 초기 문해 기술을 확인하도록 요청받을 것이다.
- SLP는 CCSS에 도달하지 못한 아동에게 잠재적 언어 문제가 있는지를 평가하고 진단하도록 요청받을 것이다.
- SLP는 아동에게 CCSS에 도달할 수 있는 언어 기술과 전략이 있는지를 평가하고 확인하도록 요청받을 것이다.

 구문 수준의 아동을 위한 표준화 검사

3장에서 지적했듯이, 공식 검사는 특정 측정의 수행력을 비슷한 조건하에서 검사받은 또래의 수행력과 비교하는 데 가장 적합하다. 공식 검사는 문제의 유무에 초점을 맞춘다. 이러한 측정은 문제의 성격 규명이나 치료 목표의 선택에는 도움이 되지 않는다. 우리는 임상가가 언어장애의 유무를 보고하려면 항상 표준화 검사를 사용하라고 권한다. 대부분 현장에서 치료의 수혜자격을 결정하기 위한 근거로 공식 검사의 사용을 요구하기 때문이다. 그러나 아동이 표준화 검사를 '통과해도' 언어에 기초한 의사소통장애가 있을 수 있다. 이 시기 아동의 언어 문제는 임상가가 대화 샘플을 유도하고 난 후 또는 난이도 높은 학업 과제, 이야기 과제, 의사소통을 강조한 다른 활동에서 아동의 언어 능력을 검사하고 난 후에 드러나는 경우가 많다. 일반적으로 언어장애의 증상은 나이가 들수록 잘 드러나지 않는다. 그러므로 우리의 평가 기술 또한 더 세밀해져야 한다.

　의사소통장애의 영역 중 구문 수준의 언어장애만큼 표준화 검사도구가 많은 영역도 없다. 4장에서와 마찬가지로 여기서 이 집단에게 사용할 수 있는 수백 개의 검사를 요약하지는 않을 것이다. 우리는 평가 과정에 초점을 두고 일반적으로 사용되는 몇몇 평가도구의 목록을 제시할 것이다(⟨표 5-2⟩ 참조). Nelson(2010)과 Paul(2012)도 수많은 도구에 대한 일반적인 설명을 제공하고 있다.

　Eickhoff, Betz와 Ristow(2010)는 SLP가 SLI를 진단하기 위해 사용하는 임상 절차를 전국적으로 조사하였다. 표준화 검사와 언어 표집이 가장 빈번하게 보고되었다. 50%의 SLP가 진단 프로토콜에서 표준화 검사를 가장 중요한 측정으로 평가하였고, 거의 100%의 SLP가 진단 프로토콜에서 표준화 검사를 가장 중요한 다섯 개의 평가 측정 중 하나로 평가하였다. 이와 비슷하게, Wilson 등(1991)은 공립학교에서 가장 많이 사용하는 평가 양식을 알아보기 위해 캘리포니아 주의 임상가에게 설문 조사를 하였다. 거의 모든 임상가가 표준화된 측정을 사용하였지만, Eickhoff 등(2010)과 같이 대부분의 임상가는 공립학교 학생의 이해와 표현 검사를 위해 표준화된 방법과 비표준화된 방법을 조합하여 사용하였다. 1장에서 말했듯이, 평가는 예술과 과학의 두 요소를 모두 포함한다. 임상가가 아동의 언어체계에 대한 적절한 통찰을 얻으려면 공식적인 표준화 검사를 넘어 비공식적인 방법으로 행동을 조사하는 것이 현명하다. 예를 들면, 예전에 우리는 의미 결함을 검사하기 위해 수용 및 표현 어휘의 양만 측정하였다. 그러나 의미 영역에 결함이 있는 아동은 (1) 간접 문맥에서 새로운 단어 배우기, (2) 새로운 단어의 음운 형태를 저장하기 위해 단기기억 사용하기, (3) 정교한 어휘 표상을 만들고 저장하기, (4) 단어를 회상하면서 언어를 표현하기 위해 알고 있는 어휘 항목 이용하기 등 다른 많은 영역에 어려움이 있다(Brackenbury & Pye, 2005). 이 영역의 대부분은 비

표 5-2 학령기 및 청소년기 아동 평가를 위한 검사도구

검사명	저자	출판연도	연령 범위(세;개월)	언어	설명
Adolescent Language Screening Test(ALST)	Morgan & Guilford	1984	11;0~17;0	영어	청소년기 언어 영역의 선별 검사도구로 형태, 내용, 사용 능력을 평가한다. 하위 검사로 화용, 수용어휘, 개념, 표현어휘, 구문 구조, 형태론, 음운론이 있다.
Assessment of Literacy and Language(ALL)	Lombardio, Lieberman, & Brown	2005	학령전~1학년	영어	읽기장애에 위험군 아동의 조기 선별을 위한 언어 검사이다.
Auditory Discrimination and Lip Reading Skills Inventory(ALDR)	McFadin	2006	유아~성인	영어	단어 및 문장 수준에서의 말소리 변별 능력을 평가한다. 여섯 가지의 하위 검사로 음절구조, 비슷한 자질, 배치 특성, 발성, 모음, 문장이 있다.
Auditory Processing Abilities Test(APAT)	Swain & Long	2004	5;0~12;11	영어	청각처리장애를 동반한 아동을 대상으로 하는 표준화 검사이다. 하위 검사로 음소 인지, 단어 배열, 의미 관계, 문장 기억, 내용 기억, 복잡한 문장, 틀린 문장, 지시 따르기, 단락 이해가 있다.
Bilingual Classroom Communication Profile	Roseberry-McKibbin	1994	4;0~11;0	영어	교사가 이중언어 아동의 의사소통 차이와 의사소통 장애를 구분하도록 도와주는 설문지 평가이다. 의사소통의 구조와 기능 측면을 검사한다.
Boehm Test of Basic Concepts-3rd ed(Boehm-3)	Boehm	2000	5;0~7;11	영어, 스페인어	성공적인 학교생활에 필요한 기본 개념을 평가하는 규준참조검사이다.
Clinical Evaluation of Language Fundamentals-5th ed(CELF-5)	Semel, Wiig, & Secord	2013	5;0~21;0	영어, 스페인어 (CELF-4)	언어장애의 유무를 판별하는 자세한 언어 검사이다. 하위 검사로 문장 완성, 언어적 개념, 단어 구조, 구어 문단 이해, 단어 종류, 지시 수행, 문장 형성, 문장 회상, 문장 조합, 의미관계, 읽고 이해하기, 구조화된 글쓰기가 있다. 화용 체크리스트와 반응적 관찰도 포함되어 있다.

표 5-2 학령기 및 청소년기 아동 평가를 위한 검사도구(계속)

검사명	저자	출판연도	연령 범위(세;개월)	언어	설명
Comprehensive Assessment of Spoken Language(CASL)	Carrow-Woolfolk	1999	3;0~21;11	영어	어휘/의미, 구문, 조어어, 화용이라는 네 가지의 언어 구조 범주에서 언어 처리 기술과 구조적 지식을 측정하는 자세한 구어 언어 검사이다.
Comprehensive Receptive and Expressive Vocabulary Test-3rd ed(CREVT-3)	Wallace & Hammill	2013	5;0~89;0	영어	또래보다 구어 어휘(표현 및 수용) 효율이 낮은 학생을 판별하는 규준참조검사이다.
Emerging Literacy & Language Assessment(ELLA)	Wiig & Secord	2006	4;6~9;11	영어	초기 문해력과 언어를 평가하는 검사도구이다. 음운 인식, 표시와 상징의 인식, 빠른 이름 대기, 단어 연결, 이야기 다시 말하기 영역을 검사한다.
Expressive One-Word Picture Vocabulary Test-4th ed (EOWPVT-4)	Brownell	2000	2;0~80;0	영어, 스페인어	표현 어휘에 대한 표준화 검사이다. 아동에게 단어와 그림을 연결하도록 지시한다.
Language Processing Test 3: Elementary(LPT 3: Elementary)	Richard & Hanner	2005	5;0~11;11	영어	언어처리장애를 진단하는 데 사용되는 검사이다. 이미와 수용된 정보를 연결하고 표현 반응을 산출하는 아동의 능력을 평가한다. 하위 검사로 연합, 범주화, 유사점과 차이점, 다양한 의미, 속성이 있다.
Montgomery Assessment of Vocabulary Acquisition(MAVA)	Montgomery	2008	3;0~12;11	영어	수용 및 표현 어휘를 평가하는 규준참조검사이다. 어휘 단어의 세 가지 층위를 인식하고 있어내는 학생의 능력을 평가한다.
Oral and Written Language Scales-2nd ed(OWLS-2)	Carrow-Woolfolk	2011	3;0~21;11 (LC와 OE), 5;0~21;11 (RC와 WE)	영어	언어와 글쓰기 기술에 대한 자세한 평가이다. 구어 표현, 듣고 이해하기, 읽고 이해하기, 글로 표현하기라는 네 가지의 다른 척도가 있으며, 각 척도마다 어휘/의미, 구문, 화용, 조어이라는 네 가지 언어 구조를 평가한다.
Peabody Picture Vocabulary Test-4th ed(PPVT-4)	Dunn & Dunn	2007	2;6~90;0 이상	영어, 스페인어	성인과 아동의 수용 어휘를 평가하는 규준참조 언어 평가도구이다.

표 5-2 학령기 및 청소년기 아동 평가를 위한 검사도구(계속)

검사명	저자	출판 연도	연령 범위(세;개월)	언어	설명
The Phonological Awareness Test	Robertson & Salter	1997	5;0~9;11	영어	성공적인 읽기의 지표인 읽기전 기술을 평가하는 표준화 검사이다. 하위 검사로 음운 인식, 음소-자소 대응, 음소 해독 기술이 있다.
Pragmatic Language Skills Inventory(PLSI)	Gilliam & Miller	2006	5;0~12;11	영어	화용 언어 기술을 평가하는 규준참조 평정척도이다. 세 가지 하위 척도로 개인적 상호작용 기술, 사회적 상호작용 기술, 교실 상호작용 기술이 있다.
Rapid Automatized Naming and Rapid Alternating Stimulus Tests(RAN/RAS)	Wolf & Denckla	2005	5;0~18;11	영어	시각적 상징을 인식하고 그것을 정확하고 빠르게 이름 대는 능력을 평가하는 데 사용되는 진단 검사이다. 읽기장애의 위험이 있을 수 있는 학생을 판별한다.
Receptive One-Word Picture Vocabulary Test-4th ed (ROWPVT4)	Brownell	2010	2;0~80;0	영어, 스페인어	개인이 이해 어휘 발달을 평가하는 규준참조검사이다.
Screening Test of Adolescent Language-Revised(STAL-R)	Prather, Breecher, Stafford, & Wallace	1980	11;0~18;0	영어	언어장애의 위험이 있는 청소년 학생을 판별하는 빠른 선별 검사이다. 어휘, 청각적 기억 범위, 언어 처리, 속담 설명을 통해 수용 및 표현 언어를 평가한다.
Social Language Development Test Adolescent	Browers, Huisingh, & LoGiudice	2010	12;0~17;11	영어	사회적 기술에 대한 표준화 검사이다. 사회적 상황에서 학생의 반응을 평가하고 비전형적인 사회적 언어 행동이 있는지를 판별한다. 하위 검사로 추론, 사회적 언어 해석, 문제 해결, 사회적 상호작용, 반어적인 표현 해석이 있다.
Social Language Development Test Elementary	Browers, Huisingh, & LoGiudice	2008	6;0~11;11	영어	사회적 기술에 대한 표준화 검사이다. 사회적 상호작용을 위한 언어 기반 기술을 평가하고 비전형적인 사회적 언어 행동이 있는지를 판별한다. 하위 검사로 추론, 개인 간 협상, 다양한 해석, 또래 지지가 있다.

표 5-2 학령기 및 청소년기 아동 평가를 위한 검사도구(계속)

검사명	저자	출판연도	연령 범위(세;개월)	언어	설명
Spelling Performance Evaluation for Language and Literacy(SPELL-2)	Masterson, Apel, & Wasowicz	2006	7;0~성인	영어	철자별 오류를 분석하여 학생의 읽기 및 쓰기 능력에 개입되는 기저의 언어 처리를 판별하는 진단도구이다.
The Strong Narrative Assessment Procedure(SNAP)	Strong	1998	7;0~12;0	영어	이야기 기술을 평가하는 준거참조검사이다.
Structured Photographic Expressive Language Test-3rd ed(SPELT-3)	Dawson, Stout, & Eyer	2005	4;0~9;11	영어, 스페인어	자발화 언어 샘플에서 나타나지 않을 수 있는 특정 언어 구조에 대한 규준참조검사이다. 검사 항목으로 형태론, 동사 형태, 대명사 사용, 구문을 평가한다.
Test for Auditory Comprehension of Language-3rd ed(TACL-3)	Carrow-Woolfolk	1998	3;0~9;11	영어	수용 구어 어휘, 문법, 구문을 평가하는 표준화 검사이다. 하위 검사로 어휘, 문법 형태소, 정교한 구어 문장이 있다.
Test of Adolescent and Adult Language-3rd ed (TOAL-3)	Hammill, Brown, Larsen, & Wiederholt	1994	12;0~24;11	영어	구어 문어 능력을 측정하기 위해 고안된 진단 검사이다. 하위 검사로 반대되는 단어, 파생되는 단어, 단어 유사성, 문장 결합, 철자별 사용이 있다.
Test of Auditory Processing Skills-3rd ed(TAPS-3)	Martin & Brownell	2005	4;0~18;11	영어	아동과 청소년을 판별하는 표준화 검사이다. 하위 검사로 단어 변별, 단어 기억, 음운 분절, 음운 합성, 숫자 기억, 역순 숫자 기억, 문장 기억, 청각적 이해, 청각적 추론, 청각적 전경-배경이 있다.
Test of Auditory Reasoning and Processing Skills-3rd ed(TARPS-3)	Martin, Brownell, & Novato	1993	5;0~13;11	영어	청각 자극에 대한 아동의 이해, 해석, 결론, 추론 능력을 평가하는 검사이다.
Test of Early Written Language-2nd ed(TEWL-2)	Herron, Hresko, & Peak	1996	3;0~11;0	영어	초기 쓰기 기술을 평가하는 규준참조검사이다. 하위 검사로 기본적 쓰기, 문맥적 쓰기, 전체적 쓰기가 있다.

표 5-2 학령기 및 청소년기 아동 평가를 위한 검사도구(계속)

검사명	저자	출판 연도	연령 범위(세;개월)	언어	설명
Test of Language Competence-Expanded(TLC-Expanded)	Wiig & Secord	1989	5;0~18;11	영어	준언어적 고급 언어 기능을 평가하는 진단 검사이다. 하위 검사도 모호한 문장, 듣고 이해하기, 추론하기, 구어적 표현, 화행 재창조하기, 비유적 언어, 보조적 기억이 있다.
Test of Language Development-Primary, 4th ed(TOLD-P:4)	Newcomer & Hammill	2008	4;0~8;11	영어	구어를 평가하는 표준화 검사이다. 하위 검사도 그림 어휘, 관계된 어휘, 구어 어휘, 구문 이해, 문장 모방, 형태소 완성, 단어 변별, 단어 분석, 단어 조음이 있다.
Test of Language Development-Intermediate, 4th ed(TOLD-I:4)	Hammill & Newcomer	2008	8;0~17;11	영어	의미 및 문법 기술을 측정하는 검사이다. 여섯 가지의 하위 검사도 문장 결합, 그림 어휘, 단어 순서, 관계된 어휘, 형태소 이해, 다양한 의미가 있다.
Test of Narrative Language(TNL)	Gillam & Pearson	2004	5;0~11;11	영어	이야기 대화에서의 언어 사용 능력을 평가하는 검사이다. 그림 단서 없음, 연속 그림 단서, 단일 그림 단서라는 세 가지 이야기 포맷을 사용한다.
Test of Pragmatic Language-2nd ed(TOPL-2)	Phelps-Terasaki & Phelps-Gunn	2007	6;0~18;11	영어	사회적 의사소통에 대한 자세한 분석을 제공하는 진단 검사이다. 자연스러운 의사소통과 사회적 상호작용을 포함하는 이야기와 이야기 맥락을 사용한다.
Test of Problem Solving-3 Elementary(TOPS-3: Elementary)	Bowers, Barrett, Huisingh, Orman, & LoGiudice	2005	6;0~12;11	영어	학생이 언어에 근거하여 비판적으로 생각해야 하는 문제에 대해 어떻게 반응하는지를 평가하는 규준참조검사이다. 하위 검사도 추론하기, 차례로 배열하기, 반대 질문하기, 문제 해결하기, 예측하기, 이유 알아내기가 있다.
Test of Problem Solving-2 Adolescent(TOPS-2)	Bowers, Barrett, Huisingh, Orman, & LoGiudice	2007	12;0~17;11	영어	문제 해결 및 비판적 사고에 대한 진단 검사도, 논리와 경험을 통한 언어기반 비판적 사고 기술을 평가한다. 하위 검사도 추론하기, 해결책 알아내기, 문제 해결하기, 관점 해석하기, 통찰 옮기기가 있다.

표 5-2   학령기 및 청소년기 아동 평가를 위한 검사도구(계속)

검사명	저자	출판연도	연령 범위(세;개월)	언어	설명
Test of Semantic Skills–Primary (TOSS–P)	Bowers, Huisingh, LoGiudice, & Orman	2002	4;0~8;11	영어	아동의 수용 및 표현 의미 기술을 평가하는 검사도구이다. 하위 검사로 이름 맞히기, 범주 맞히기, 기능 맞히기, 특성 맞히기, 정의 맞히기, 이름 말하기, 범주 말하기, 특성 말하기, 기능 말하기, 정의 말하기가 있다.
Test of Semantic Skills–Intermediate(TOSS–I)	Huisingh, Bowers, LoGiudice, & Orman	2003	9;0~13;11	영어	초등학교 고학년 아동의 수용 및 표현 의미 기술을 평가하는 검사도구이다. 하위 검사로 이름 맞히기, 범주 맞히기, 특성 맞히기, 기능 맞히기, 정의 맞히기, 이름 말하기, 범주 말하기, 특성 말하기, 기능 말하기, 정의 말하기가 있다.
Test of Word Knowledge	Wiig & Secord	1992	5;0~17;0	영어	어휘 기술을 평가하는 진단 검사이다. 정의하기, 동의어, 반의어, 중의어, 비유적 언어가 포함된다.
Test of Written Language–4th ed(TOWL–4)	Hammill & Larsen	2009	9;0~17;11	영어	쓰기에서의 구조적 요소를 평가하는 규준참조검사이다. 하위검사로 어휘, 철자법, 구두점, 논리적 문장, 문장 결합, 맥락참조 대화, 이야기 구성이 있다.
Token Test of Children–2nd ed(TTFC–2)	McGhee, Ehrler, & DiSimoni	2007	3;0~12;11	영어	20개의 토큰(다양한 크기, 모양, 색깔)을 사용하여 아동의 수용 언어 기술을 평가하는 규준참조검사이다. 아동은 지시에 따라 토큰을 조작한다.
Wiig Assessment of Basic Concepts(WABC)	Wiig	2004	2;6~7;11	영어, 스페인어	기본 개념에 대한 아동의 수용 및 표현 이해를 평가하는 규준참조검사이다.

표준화 검사와 기존 검사의 하위 검사를 사용하여 알아봐야 한다.

현존하는 대부분의 검사는 비록 다른 영역(예: 화용론, 상위언어, 개념)도 다루고 있지만 주로 언어의 구조적 영역(구문론, 의미론, 쓰인 문장의 의미)에 중점을 두고 있다. SLP는 특정 언어 측면의 수행에 대한 **사전** 통찰을 얻기 위해 공식 검사를 사용할 수 있으며, 이는 공식적인 점수를 제공하므로 기관의 요구를 충족시킬 수 있을 것이다. 심리 측정적 특징이 우수한 검사 중 하나가 Structured Photographic Expressive Language Test: Preschool-3rd ed이다. 이 검사의 2판은 전형적 언어 발달 아동 집단과 언어장애 아동 집단에게 실시했을 때 집단을 구분하는 능력이 매우 높아서 구분 점수를 87로 했을 때 특이도가 100%, 민감도가 90.6%나 되었다(Greenslade, Plante, & Vance, 2009).

비표준화 검사

종종 임상가는 아동에게 표준화 검사 전체의 실시보다 특정 구문 구조의 유도에 관심을 갖는다. 자발적인 말을 통해 의문사 형태와 같은 특정 구조의 사용을 정밀 조사하고자 할 때가 그런 경우에 속한다. Mulac, Prutting과 Tomlinson(1978)은 다양한 과제를 통해 특정 구조를 유도할 수 있다고 하였다. 'is 의문문'을 유도하려면, 질문 의도가 요구되고 맥락상 참조물이 있으며 구조화되어 있는 활동이라야 효과적이었다. 아동이 가방에 들어 있는 것을 추측하는 알아맞히기 게임을 예로 들 수 있다[예: "Is it a __?(__인가요?)"]. 다른 연구들도 특정 구문 구조의 평가에 다양한 비공식 유도 과제를 사용하라는 의견을 뒷받침하였다(Eisenberg, 2005; Gazella & Stockman, 2003; Leonard et al., 1978; Lund & Duchan, 1993; Musselwhite & Barrie-Blackley, 1980; Paul, 2012).

수용 및 표현 언어의 표집 방법이 한정되어 있기 때문에 표준화된 과제는 차이점보다 공통점이 많다. 비록 많은 언어 공식검사가 언어 능력을 표현과 수용으로 나누고 있지만, 어떤 사람들은 순수한 '표현' 언어장애라는 개념에 의문을 갖는다. 예를 들면, Leonard(2009)는 연구를 통해 표현언어장애가 언어입력 과정에서의 어려움을 동반한다고 언급하면서 임상가가 표현언어지체 범주를 사용할 때는 주의를 기울여야 한다고 하였다.

검사가 아니라 그 검사가 언어를 표집할 때 사용한 **과제**를 생각하면 도움이 된다. 예를 들어, 많은 검사는 임상가가 질문을 하면(예: "하늘을 나는 비행기를 짚어 봐.") 아동이 그림을 보고 가리키도록 하는 과제를 포함하고 있다. 언어 이해와 표현을 평가하기 위해 사용하는 과제 유형만 보면 모든 검사가 매우 비슷해 보인다. 수십 년 전 Leonard 등(1978)은 아동 언어에 대한 통찰을 위해 어떤 유형의 과제가 사용되는지 알아볼 목적으로 공식 검사와 연구 프로토콜을 조사하였다. 〈표 5-3〉에는 그들이 검사와 연구 프로젝트를 통해 많이 접할 수 있었던 공통적인 절차가 제시되어 있다. 비공식적으로 아동의 언어 이해와 표현을 정밀 조사하는 방법은 비교적 한정되어 있다. 이것은 다행스럽기도 하지만 혼란스럽기도 하다. 임상가가 언어 평가를 위해 비표준화 방법을 사용할 때는 공식 검사가 제공하는 정보 이상을 얻을 수 있도록 자극과 과제를 고안해야 한다. 이해와 표현 과제 모두 '자연스러움'의 연속선상에서 생각해 볼 수 있다. 예를 들어, 표현 측면에서 모방 유도와 문장 완성 과제는 대화와 자유놀이보다 실제 의사소통에서 더 벗어나 있다. 특정 언어 형태에 대한 아동의 능력을 정밀 조사하기 위해 과제들을 조합하여 사용하는 것은 문제가 되지 않는다. 덜 자연스러운 과제를 사용하면 얼마나 많은 맥락이나 단서가 필요한지에 대한 통찰을 얻을 수 있다. 그러나 3장에서 언급했듯이 비표준화 방법을 사용하기 때문에 자료 수집 방식이 체계적이지 않아도 된다는 것은 아니다.

표 5-3   **비표준화 평가에서 사용되는 유도 절차**

이해	표현
• 변별(가리키기, 만지기) • 시연(지시 따르기) • 판단(맞다, 틀리다, 이상하다, 공손하다) • 대화(수정 요구하기)	• 즉각 모방 유도 • 지연 모방 유도 • 문장 완성 과제(전달구) • 자발적인 말 유도 과제(이름 대기, 그림 묘사하기, 장벽 게임) • 다시 이야기하기(바꿔 말하기) • 이야기하기 • 대화(정해진 형식) • 자유놀이

언어 표집: 일반적인 과정

지금까지 이 책 전체에 흐르는 공통된 맥락은 타당성이라는 개념이었다. 자발적인 대화로 적절하게 수집한 언어 샘플은 실제적인 의사소통 평가의 시발점이다. Miller(1981)가 말했듯이, 우리는 표집의 의미가 무엇인지 그 정의를 명확히 해야 한다. 화용장애가 있는 아동이라면 효율적인 의사소통은 불가능해도 완벽한 구문은 구사할 수 있기 때문에 이 과정을 **언어 표집**이 아닌 **의사소통 표집**이라고 부르는 것이 나을지도 모르겠다. 자발적인 표집은 내용, 형식, 사용을 모두 담고 있는 유일한 방식이고 우리의 가장 강력한 도구 중 하나이다.

SLP라면 아동과 작은 방에 앉아서 녹음기에 아동의 대표적인 언어 샘플을 담으려고 노력했던 적이 있을 것이다. 그러나 우리는 계속되는 단단어 발화와 간결한 반응에 절망하고 창피했던(관찰자가 있었다면) 경험이 있을 것이다. 이렇게 되면 우리는 아동에게 더 긴 발화를 말하도록 압력을 행사하고 빤한 것을 질문하기 시작한다. 아동과 임상가 모두 그 답을 알고 있는데도 "이 그림이 뭐야?"라고 묻는다. 우리가 "오늘 학교에서 뭐했는지 말해 줘."라고 유도해도 아동은 어깨를 으쓱이며 "그냥 그랬어요."라고 말한다. Hubbell(1981)은 어린 아동의 자발적인 이야기를 연구한 후 재미있는 관찰 결과를 제시하였는데, 아동은 질문이나 말해야 한다는 압박을 받으면 오히려 입을 다무는 경향이 있다고 한다. 아동은 편안하게 느껴야 하고 부모나 임상가에게 말해야 한다는 압박이 없어야 한다. 임상가도 학령기 아동에게 '질문하고' 싶은 강한 충동을 억제해야 하고 무엇보다도 빤한 것을 질문하지 말아야 한다. 앞에서도 언급했듯이, 모든 의사소통은 맥락에 영향을 받고 언어 표집도 다르지 않다. 교실 상황에서도 의사소통 수행이 다를 수 있으므로(예: 또래와의 놀이, 모둠 학습, 휴식 시간) 아동의 의사소통에 대한 좀 더 사실적인 견해를 얻으려면 다양한 맥락에서의 여러 가지 표집을 하라고 권한다. 매 표집 회기는 특정 아동, 임상가, 의사소통 환경의 산물이므로 모든 사례에 적용할 지침을 제공하는 것은 불가능하다. 우리가 할 수 있는 일은 가능성을 따져서 많은 사례에서 자발적인 이야기를 촉진할 수 있는 몇 가지 방안을 제시하는 것뿐이다.

언어 표집 절차의 구체적인 방안에 대해서는 이 주제를 다루고 있는 방대한 출처를 참고하기 바란다(Barrie-Blackley, Musselwhite, & Rogister, 1978; Miller, 1981; Nippold, 2014). 기억해야 할 몇 가지 일반적인 사항은 다음과 같다.

1. 샘플은 항상 녹음하라　　표집하면서 전사할 경우 완성하지 못한 발화를 자기 생각 대로 채워 넣으려는 경향이 있다. 종이에 갈겨쓰는 동안에도 대화를 계속해야 하므로 정신이 없다. 우리는 실제 의사소통에 참여해야 한다. 일반적으로 회기가 끝나고 의사 소통 샘플을 전사하므로 나중에 비교하기 위해 녹음을 이용할 수 있다. Paul(2012)은 짧은 시간에 몇 가지 분석을 할 수 있는 방법으로 녹음된 샘플을 들으면서 오류가 있 는 특정 자료만 적는 것을 제안하였다. 그리고 녹음을 하면 대상자의 산출이 명료하지 않은 경우에 재생해서 들을 수 있어서 유용하다.

2. 좋은 디지털 녹음기를 사용하고 녹음이 잘되는 곳에 놓으라　　이는 언어 표집 시 간과하 기 쉬운 측면 중 하나이다. 임상가가 능숙하게 자연스러운 대화를 유도했는데 녹음 상 태가 나빠서 아동의 말이 명확하게 들리지 않는다면 정말 속상할 것이다. 좋은 디지털 녹음기는 샘플 추출률과 양자화 비트 수가 적절하다. Finan(2010)은 임상 목적으로 디 지털 녹음기를 구매할 때 고려해야 할 원칙을 잘 개괄하였다.

3. 예/아니요 질문의 사용을 최소화하라　　이런 질문을 받으면 아동은 '예' '아니요' 또는 '몰라요'로 답한다. 보통 초보 임상가는 아동에게 예/아니요 질문을 많이 한다. 샘플에 단단어 발화가 많아지면 잘못된 표집으로 인해 아동의 평균발화길이(Mean Length of Utterance: MLU)가 심각하게 과소평가될 수 있다(Miller, 1981).

4. 단단어로 대답할 수 있는 질문을 최소화하라　　"너희 집 강아지는 무슨 색이야?"를 예 로 들 수 있다. 자연스러운 대화의 흐름상 이러한 질문이 불가피한 경우도 있지만, 이 러한 질문은 단단어 반응밖에는 이끌어 내지 못한다.

5. 광범위한 질문을 하도록 노력하라　　"무슨 일이 일어났어?" "그래서 어떻게 됐어?" "이거 이야기해 줄래?" "왜?" "어떻게?" 등을 예로 들 수 있다.

6. 대화에 참여하는 것을 두려워하지 말라　　초보 임상가의 가장 흔한 실수 중 하나는 아 동이 수다를 떨어 주기 바라는 것이다. 이것은 자연스러운 대화 상황이 아니다. 그리 고 아동은 주로 대답 역할을 하는 경우가 많다. 그러므로 여러분이 수집한 언어 표집 에서 아동에게 질문만 하지 않고 아동이 대화를 시작할 수 있도록 기회를 주었는지 자

문해 보라. 또한 여러분이 좋은 대화 참여자였는지 생각해 보기 바란다. 여러분도 아동에게 자신의 느낌과 경험을 이야기했는가? 여러분이 주로 뻔한 것을 이야기하지는 않았는가? 경험에 의하면 우리가 질문 공세를 멈추고 이 회기에서 일어나고 있는 일을 살필 때 아동의 대화 참여가 시작되는 경우가 많았다.

7. Miller(1981)의 말처럼 언어 표집을 할 때, 특히 연령이 높은 아동과 대화할 때는 '바보 같은 말과 행동'을 하지 말라   우리는 "선생님이 이 그림이 뭔지 잘 모르겠어. 선생님한테 이야기해 줄래?" 또는 "샌드위치를 어떻게 만드는지 설명해 봐. 선생님은 잘 모르거든."이라는 임상가의 말을 듣곤 한다. 아동은 여러분이 쉽게 그림을 설명할 수 있고 샌드위치 만들기와 같은 단순하고 일상적인 일을 할 수 있음을 이미 알고 있다.

8. 침묵 또는 쉼의 시간을 견디도록 연습하라   초보 임상가는 의사소통에 공백이 생기면 자신이 말을 하여 채워야 한다고 느끼는 것 같다. 아동에게 대화를 시작할 기회를 주라. 아동에게 다시 질문하기 전에 약 5초간 기다리라는 것이 일반적인 규칙이다.

9. 한 주제에 대해 충분히 길게 이야기하라   아동이 어떤 주제에 대해 한 발화를 말하고 난 후 금방 주제를 다른 것으로 바꾸는 것을 삼가라. 이런 식으로 대화하면 임상가는 매번 질문을 해야 할 위치에 놓인다. 또한 주제 유지 같은 대화 메커니즘 분석에 적절한 샘플을 수집할 수 없게 된다.

10. 여러분이 질문할 때 아동의 인지 수준을 고려하라   임상가는 아동이 성인과는 다른 개념 틀을 가지고 있음을 명심해야 한다. 어떤 임상가가 3세 아동에게 "트럭이 왜 이렇게 빨리 갈까?"라고 질문하는 것을 들은 적이 있다. 반대로 고학년 학생에게 인지적으로 너무 단순한 것을 질문하지도 말아야 한다.

연구자나 검사자가 수집한 언어 샘플의 길이와 복잡성에는 다음 변수들이 영향을 미친다. 우선, 참여자의 인종적/문화적 배경이 아동 대화에 영향을 미칠 수 있다. 많은 연구에서 아프리카계 미국 아동이 유럽계 미국 성인 검사자를 만나면 대화 스타일이 바뀌었다(Cazden, 1970; Hester, 1996). Cazden은 아프리카계 미국 아동이 교사 및 검사자에게는 학교 언어로 말하고 또래 및 가족에게는 거리 언어로 말한다고 하였다. 학교 언어는 거리 언어와 내용도 다르고 거리 언어보다 MLU가 짧고 복잡성도 떨어지며 덜 유창하였다. 물론 모든 사람은 사회, 문화, 교육, 경제적 배경이 다른 사람과 대화할 때 언어 스타일이 어느 정도 바뀐다. 이는 분명 언어 표집에도 중요한 시사점을 갖는다. 즉, 임상가는 자신의 문화와 다른 문화집단의 어린 아동에게서 수집한 샘플일 때 아동의 언어 능력을 과소평가할 수 있음을 알아야 한다.

그리고 검사자의 말도 언어 표집에 영향을 미칠 수 있다. Lee(1974)는 아동 언어를 수집할 때 다양한 구문 구조로 말하라고 하였다. 아동은 의사소통 상황이라는 화용 측면에도 민감하다. 만약 아동이 더 어린 아동과 놀이하는 상황이라면 성인과 대화할 때보다 더 단순한 언어가 많아진다(Sachs & Devin, 1976). 또한 전제도 아동에게서 수집한 샘플의 길이와 복잡성에 영향을 미칠 수 있다. 아동도 성인처럼 현재 의사소통 상황에 없는 사물이나 사건을 언어적으로 자세히 더 설명할 것이다(Strandberg & Griffith, 1969). 아동이 자극물을 임상가와 함께 볼 수 없다면 언어적으로 더 높은 수준으로 말할 것이다(Haynes, Purcell, & Haynes, 1979).

과제 유형도 언어 표집에 영향을 미칠 수 있다. 많은 연구에 따르면 아동은 그림 묘사 과제보다 대화에 참여하고 있을 때 더 길고 복잡한 언어 샘플을 제공한다(Haynes, Purcell, & Haynes, 1979; Longhurst & File, 1977; Longhurst & Grubb, 1974). 그림 묘사는 임상가가 모르는 어떤 주제에 대해 언어적으로 설명하기보다 그림에 나와 있는 요소의 이름을 말하게 만드는 경향이 있으므로 단단어 반응이나 반사적 대답이 나타난다. 결국 임상가가 아동과 함께 그림을 보는 과제는 그림의 이름 대기 측면을 벗어나지 못할 것이다. 그러나 어떤 아동에게는 그림 설명이 현실적인 언어 표집 방법이 되기도 한다. 아직 대화에 참여할 준비가 안 된 아동에게는 그림 묘사를 통해 분석할 언어를 유도할 필요가 있다(Atkins & Cartwright, 1982).

대화 주제도 언어 표집의 생산성과 구문 복잡성에 영향을 미칠 수 있다. Nippold(2009)는 체스 게임을 하는 학령기 아동에게 일상적인 대화하기, 체스 게임에 대해 대화하기, 체스 설명하기의 세 가지 과제를 실시하였다. 그 결과, 다른 과제보다 체스 설명하기에서 발화가 더 길고 복잡하였다. 이 연구는 대화 주제의 흥미도와 복잡성이 수집된 언어 샘플의 생산성 및 복잡성에 영향을 미칠 수 있음을 강조하고 있다.

언어 샘플을 얻는 것은 언어 평가에서 아주 중요한 부분이다. 검사자가 얻은 샘플의 양과 질에는 많은 변수가 영향을 미칠 수 있다. 표집 크기 또한 언어 샘플에 대한 임상가의 해석에 중요한 영향을 미치므로 대상자의 의사소통 능력을 분석할 때 반드시 고려하여야 한다. 언어 표집이 키나 몸무게 같은 신체 측정처럼 신뢰도와 타당도가 있다면 좋을 것이다. 그러나 불행히도 그렇지 않다. 많은 연구에서 언어 표집의 크기가 표집 오류 비율에 중요한 영향을 미친다고 보고하였다. Muma(1998)는 표집 오류 비율이 50발화 샘플에서는 55%이지만 400발화 샘플에서는 15%로 떨어졌다고 밝혔다.

역사적으로 언어 분석을 위하여 최소한 50개의 이해 가능한 발화가 권고되었고, 일반적으로 더 많은 발화여야 한다고 생각해 왔다. Heilmann, Nockerts와 Miller(2010)는 2.8세에서 13.3세 아동을 대상으로 언어 샘플의 안정성을 평가하였다. 그들은 샘플 길이(1분, 3분, 7분), 아동 연령, 샘플 맥락(이야기, 대화)의 차이가 언어 측정에 영향을 미치는지를 조사하였다. 그 결과 샘플 길이는 언어 측정에 영향을 미치지 않았지만, 아동 연령이나 샘플 유형은 언어 측정에 영향을 미쳤다. Casby(2011)도 언어장애 아동을 대상으로 샘플 크기가 MLU에 미치는 영향을 평가하였다. Casby도 Heilman, Nockerts와 Miller와 마찬가지로 샘플 크기에 따라 MLU에 유의한 차이가 없음을 발견하였다. 이러한 결과는 짧은 샘플도 언어 분석에 효율성이 있음을 보여 준다. 그러나 이 주제에 대하여 확정적인 결론에 도달하려면 더 많은 연구가 필요하겠다.

Eisenberg, Fersko와 Lundgren(2001)은 언어 표집에서 얻은 MLU의 사용을 고찰하면서 언어장애의 결정 요인으로 MLU의 사용을 경고하였다. 첫째, 이것은 구문 발달을 측정하는 것이 아니라 단지 발화 길이를 측정하는 한 방법일 뿐이다. 아동은 정상 범주의 MLU를 나타내지만 여전히 구문이나 화용에서 언어 문제를 보일 수 있다. 둘째, MLU의 규준 자료가 현재로서는 제한적이다. 특히 연령이 높은 아동의 경우 측정의 검사-재검사 신뢰도가 낮다. 마지막으로, 앞서 언급했듯이 MLU는 상호작용 과제 및 유형뿐만 아니라 수집한 샘플 크기에 따라서도 크게 달라진다. Eisenberg, Fersko와 Lundgren은 낮은 MLU가 언어장애에 대한 증거 중 하나로 사용될 수 있지만 결코 유일한 증거로 사용되어서는 안 된다고 결론지었다.

Johnston(2001)은 MLU가 질문에 대답하기, 모방하기, 즉각적인 반응 같은 담화 변수에 영향을 받는다고 하였다. Johnston은 전통적인 방식으로 계산한 MLU와 담화 변수를 제거하고 계산한 MLU 간의 차이를 연구한 후, 어떤 아동은 다른 아동에 비해 담화 변수에 영향을 더 많이 받는다고 지적하였다. Johnston은 MLU의 복잡한 특성을 상기시키면서, 상당히 발전된 언어를 사용하는 아동과 심한 장애가 있는 아동이라면 MLU에 근거하여 임상적 결론을 내리는 것을 주의하라고 경고하였다.

Balason과 Dollaghan(2002)은 4세 아동 100명을 대상으로 양육자-아동 놀이에서 얻은 15분의 언어 샘플을 분석하여, 아동의 문법 형태소 표현이 크게 달라짐을 발견하였다. 이러한 변이성은 특히 상당히 적은 샘플 크기가 사용된 경우에 형태소 발달의 정상 여부를 판단할 수 있는지 그 신뢰도에 의문을 갖게 한다. 그러므로 자발화 샘플을 늘리기 위한 보충적 촉진 절차나 적은 시간 안에 언어 샘플을 분석하는 방식의 개발이 필요할 수 있다. 예를 들어, Furey와 Watkins(2002)는 22명의 학령전 아동을 대상으로 놀이를 통한 샘플 수집 절차를 이용하여 열 개의 동사를 목표로 언어를 수집하였다. 동사가 산출되면 검사자가 그 자리에서 전사하였고, 후에 녹음된 전체 언어 샘플과 비교하였다. 그 결과, 그 자리에서 전사한 동사와 전체 언어 샘플에서 얻은 동사의 목록 간에는 의미 있는 상관이 있었다. 이는 특정 문법 형태를 그 자리에서 표집하는 것이 정확한 평가 방법이 될 수 있음을 보여 준다. 이렇게 하면 비록 표집 시간은 전통적인 언어 표집과 똑같이 걸리지만 언어 샘플의 전사 시간은 상당히 줄어든다. 그러나 이 방법은 동사 외에 다른 문법 형태소에서는 타당하지 않았다.

후기 언어 발달: 신생 자료

산출이 많아지는 9~18세 아동은 언어 샘플의 구조 분석을 하여 규준 자료와 비교할 수 있다(Nippold, 2007). 문장의 길이(Klecan-Aker & Hedrick, 1985; Loban, 1976; Morris & Crump, 1982), 종속절의 사용(Scott, 1988), 결속 장치의 이해(Nippold, Schwarz, & Undlin, 1992), 문어체 어휘와 비유적 언어의 사용(Nippold, 1993)의 측정에서 초등학교 후반부터 고등학교까지 느리지만 체계적인 변화가 나타난다.

Scott과 Stokes(1995)는 고학년 학생과 관련된 문법 측정의 필요성을 말하였다. 어린 아동에게 사용하는 측정은 연령이 높은 아동에게는 적절하지 않다. 연령이 높은 아동의 평가에는 문장 길이(구어 및 문어), 절의 비율(학생이 종속절을 사용하는 정도), 단어 구조의 측정(파생어), 구 및 절의 구조, 복합문의 사용, 수준 높은 연결어의 사용(예: '그러므로, 그러나, 게다가, 예를 들어')과 같은 양적 측정이 필요하다. 그러나 이러한 복잡한 구조에 대한 규준은 기본적인 것만 입증되어 있다. 또한 화용에 대한 규준 자료가 매우 제한되어 있다(Norris, 1995). 아동 및 청소년은 교실, 집, 사회적 환경 등 다양한 상황에서 원활한 의사소통이 이루어지기 원한다. 그러나 아동이 더 탈맥락적인 상황에 들어가고 더 추상적인 담화와 의미 맥락에 참여하는 경우 우리는 '정상'에 대해 아는 바가 거의 없다. 그리고 우리는 학생에게 더 복잡한 문장 구조를 촉진하기 위한 참신한 방법을 개발할 필요가 있다. 예를 들어, Gummersall과 Strong(1999)은 임상가가 복잡한 특정 언어 구조를 모델링하는 방식으로 아동을 도와준 후에 이 연습이 아동의 복잡한 언어의 표현에 미치는 영향을 연구하였다. 이 평가 프로토콜은 이야기 문맥에서 복잡한 구문 구조를 많이 그리고 다양하게 촉진하는 데 유용하였다. 그러나 대화 샘플은 더 복잡한 구문 발달을 알아보는 데 가장 좋은 방법이 아닐 수 있다. Nippold, Mansfield, Billow와 Tomblin(2008)의 연구에 따르면, 전형적 발달 및 언어장애 청소년 모두 대화 문맥보다 설명 과제에서 T-단위 평균 길이와 종속절의 사용 측면에서 더 복잡한 언어를 표현하였다. 이 책에서 우리는 이야기하기가 언어 능력의 많은 복잡한 측면을 포함하기 때문에, 이야기 샘플의 수집이 언어평가에서 중요한 한 부분임을 강조해 왔다. 나이 든 대상자의 평가에서는 대화만으로는 발견할 수 없는 복잡한 언어의 사용을 밝히기 위해 설명 과제도 포함시켜야 한다. Nippold, Mansfield, Billow와 Tomblin(2009)은 청소년을 전형적 언어 발달, 단순언어장애, 비단순언어장애 집단으로 나누어 연구하였다. 그들은 또래 갈등 해결(Peer Conflict Resolution: PCR) 과제를 이용하여 언어 수행을 표집하였다. 이 과제에는 연구자가 제시한 시나리오에서 묘사되는 갈등 해결하기가 포함되었다. 그 결과, 전형적 발달 집단은 T-단위 길이가 더 길었고 더 복잡한 언어를 사용하였다. PCR 과제는 청소년 대상자의 언어 샘플을 수집하는 데 아주 적합한 것 같다. 연구자들은 우리가 언어 표현의 특정 측면에 대한 수행을 발달적으로 비교할 수 있는 더 많은 데이터베이스를 개발하고 있다. 예를 들어, Eisenberg, Ukrainetz, Hsu, Kaderavek, Justice와 Gillam(2008)은 구어 이야기하기에서 명사구 표현 능력을 알아보기 위해 5세, 8세, 11세 아동에 대한 자료를 수집하였다. 그리고 임상가가 전형적 발달 아동의 기대치를 알아보는 데 사용할 수 있는 분명한 발달적 변화를 발견하였다. 5세는 단순한 명사구를, 8세는 단순한 서술적 명사구를, 11세는 후치 수식의 명사구를 사용하였다,

앞에서 우리는 아동의 언어 능력, 교사의 언어, 교과과정의 요구가 상호작용함을 도식화한 바 있다. 본질적으로 학년이 증가하면 학생은 사고뿐만 아니라 언어도 점차 더 추상적이고 복잡한 것을 하도록 요구된다. 연결어, 종속절, 부정사를 더 많이 사용하여 구문 복잡성이 증가한다. 학년 수준이 높아지면 어휘도 점차 더 복잡하고 전문적이 되며, 강의와 교과서에 비유적 언어의 사용이 증가한다.

교육자들은 Bloom의 단계에 익숙하다(Paul, 2012). Bloom의 단계에서는 학생이 더

복잡한 교재를 배우고 더 많은 지식을 나타내려면 더 많은 언어와 사고의 상호작용이 요구된다고 한다. 이 단계 중 가장 단순한 과제 수준은 나열하기와 확인하기이다. 그 다음으로는 관련된 것 설명하기, 묘사하기, 고쳐 말하기를 통해 개념의 파악 여부를 나타내야 한다. 이후에는 학습한 정보를 문제 해결, 새로운 상황 분석, 입장 고수/반박에 적용하는 방법을 보여 주어야 한다. 마지막으로는 다른 관점을 이용하여 정보를 비교/대조하고 비판적으로 평가할 수 있어야 한다. 언어장애 학생 중에는 Bloom의 단계 중 초기 수준(명명하기, 나열하기, 확인하기)의 수행에 만족해야 하는 경우가 많다. 그러나 학생은 앞의 단계 중 높은 수준을 수행하도록 언어 및 인지 체제에 더 많은 압력을 받을 것이다. 학년 수준이 높아지면 학생에게 학습한 정보를 비교/대조하고 분류하고 설명하고 적용하는 과제가 주어진다. 그러므로 다양한 수준에서 언어 평가가 이루어져서, 학생이 인지와 관련된 언어의 사용 중 어떤 단계에서 어려움을 겪는지 알아보아야 한다. 학생이 높은 수준의 사고와 언어를 다룰 수 없다면 반드시 이를 치료 프로그램에 반영해야 한다. 그래야 학생이 학업뿐만 아니라 의사소통에서도 결실을 맺을 수 있다. 이를 위해 우리는 교사에게 학생의 언어 및 사고와 관련된 기대치를 알아봐야 한다. 이것이 소위 교육과정 중심 평가라고 하는 부분이다.

언어 이해의 검사

Bransford와 Nitsch(1978)는 이해에는 언어 입력뿐만 아니라 상황이 함께 관여한다고 하였다. 인간 유기체는 정적인 시스템이 아니며 현재의 자극 상태, 과거사, 배경지식으로 이루어져 있다. 유입된 언어 입력은 비구어적 의사소통 맥락과 함께 상황에 따라 해석된다. 입력된 언어의 이해에는 개인의 배경은 물론이고 언어적 및 비언어적 맥락 등의 많은 변수가 영향을 미친다. Rees와 Shulman(1978)은 한 논문에서 대부분의 언어 이해 검사가 단지 발화의 문자적 의미만 측정한다고 하였다. 예를 들어, 아동에게 뛰고 있는 남자 그림과 서 있는 남자 그림을 제시하면서 뛰고 있는 남자를 가리키라고 한다. 이 경우 아동이 '남자'와 '뛰다'라는 개념을 '서 있다'와 구분할 수 있다면 정확히 반응할 수 있을 것이다. 그러나 이해에는 발화의 문자적 의미 외에 많은 것이 포함된다. Miller와 Paul(1995)은 이해와 관련된 다양한 지식의 예를 〈표 5-4〉와 같이 제시하였다. 그중 추론 기술은 거의 모든 상호작용과 학교생활에서 사용된다. "오늘 비

표 5-4	이해와 관련된 지식 유형

- 문자적 의미에 대한 지식: "원숭이 그림을 가리켜 보세요."

  원숭이 그림을 가리키기 위하여 주어진 항목의 문자적 지식이 필요하다.

- 사회적 지식: "저녁 못 먹고 방에 들어가고 싶니?"

  이는 엄마가 아이에게 질문하는 것이 아니고 실제로는 협박이다. 이를 적절하게 해석하려면 상황에 대한 지식이 필요하다.

- 당연한 사실에 대한 지식: "로마 교황은 가톨릭이지?"

  어떤 사람이 이러한 질문을 했다면 대화에서 "당연하지."에 해당하는 다른 표현 방식이지 교황의 종교를 묻는 질문이 아니다.

- 결속 장치에 대한 지식: "그가 그 차를 고쳤어요."

  발화 외의 정보가 제공되지 않는다면 이 문장을 해석할 수 없다. 청자는 '그'가 누구이고 누구의 차를 고쳤는지 알 수 있어야 한다.

- 전제에 대한 지식: "그들은 간신히 집을 팔았다."

  청자는 사람들이 집을 팔려고 했다는 사실뿐만 아니라 '간신히'라는 단어를 보고 집을 파는 데 어려움이 있었음을 알아야 한다.

- 일반 세상사 지식: "비가 온다."

  Miller와 Paul(1995)이 예로 든 이 말은 비가 오면 투표율이 낮다는 것을 아는 투표 관계자의 말이다. 이 발화는 단순히 날씨에 대한 이야기를 넘어서 특별한 의미를 담고 있다.

- 특정 배경지식: "나는 축구계의 마이클 조던이다."

  청자가 이 유명한 농구 선수의 실력을 모른다면 이 발화가 엄청나게 축구를 잘한다는 의미임을 이해하기 어렵다.

출처: Miller, J., & Paul, R. (1995). *The Clinical Assessment of Language Comprehension*. Baltimore, MD: Brookes.

가 올 거라고 생각했는데 우산을 안 가지고 왔어."라는 발화를 완전히 이해하려면, 특별한 언급이 없더라도 그 사람이 비를 맞아 젖었을 수도 있음을 추론해야 한다. 이해에 대한 또 다른 개념은 이야기, 강의, 또는 대화에서 주요 핵심 알아차리기이다. 만약 어떤 학생이 강의에서 주요 핵심을 파악하지 못한다면 분명 문자적 의미를 이해하지 못하는 것만큼 큰 문제가 될 것이다. 관용어와 은유 같은 비유적 언어의 이해는 문자적 이해 이상을 포함한다. 교사가 "이번 과학 프로젝트는 빛이 나게 잘해야 해요(This science project should really shine)."라고 말했다면 아동은 교사 말의 의미가 프로젝트에 빛이 필요하다는 것이 아님을 알아야 한다(Simon, 1987).

이해를 평가할 때는 문자적 의미를 평가한다는 생각을 버려야 한다. 자연스러운 상황에서의 언어 이해에 비하면 대부분의 이해 검사는 너무 인위적이다. 전형적인 이해 검사 상황은 아동에게 그림이 그려져 있는 검사판을 제시하는 것이다. 그리고 검사자의 말을 가장 잘 나타내는 그림을 고르라고 한다. 그림은 대부분 선으로 그려져 있고, 언어 자극은 서로 어떤 연관도 없다(예를 들어, 아동에게 '원숭이'를 짚어 보라고 한 후의 그다음 그림판은 '쇼핑'에 관한 것이다). 이런 검사에서는 사건 간의 시간적 연관이 없기 때문에 아동이 실제 언어 이해에서처럼 다음에 무슨 말이 나올지 예측할 수 없다. 또한 자연스러운 상황에서는 아동이 정보를 놓쳤을 때 명료화를 하거나 반복하여 질문할 기회가 있다. 이해 모니터링이란 개념에는 우리가 상대방의 말을 이해했는지 확인하기 위해 항상 살펴본다는 의미가 담겨 있다. 그래서 이해하지 못했다면 정보를 명확히 하기 위해 수정을 위한 대화를 시작한다. Skarakis-Doyle과 Dempsey(2008)의 연구에 따르면, 언어장애 아동은 수용 어휘를 일치시킨 전형적 발달 아동에 비해 이해 모니터링 과제에서 유의하게 낮은 수행을 보였다. 그러나 우리는 아동에게 이런 이해를 검사할 기회가 없다. 실제로 아동이 반복해 달라고 요청해도 검사 매뉴얼의 지시 때문에 자극을 두 번 제공할 수 없다! 이러한 논의는 실제 언어 이해는 매우 복잡한 현상이라서 쉽게 평가할 수 없다는 생각을 할 수밖에 없게 한다.

　Millen과 Prutting(1979)은 특정 문법 요소에 대한 반응의 일관성을 알아보기 위해 세 가지의 언어 이해 검사를 연구하였다. Northwestern Syntax Screening Test(NSST), Assessment of Children's Language Comprehension(ACLC), Bellugi Comprehension Test(BCT)에서 측정된 전체 점수는 대체로 일치하였다. 그러나 특정 문법 요소에서는 반 이상이 검사 간에 유의한 차이가 있었다. 연구자들은 이를 근거로 검사들이 동등하지도 않고 임상적으로 특정 치료 목표를 세우는 데 충분하지도 않다고 주장하였다. 이해 검사에서 자극, 과제, 대상자의 변수에 대해서도 연구되었다. Haynes와 McCallion(1981)은 심사숙고하거나 결정에 오랜 시간이 걸리는 아동은 결정에 시간이 걸리지 않는 충동적 아동보다 Test of Auditory Comprehension of Language(TACL)에서 유의하게 더 나은 수행을 보였다고 하였다. 게다가 그들은 TACL에서 두 개의 자극을 제시하거나 모방시키면서 검사를 진행하면 매뉴얼대로 검사를 진행할 때보다 유의하게 점수가 향상된다고 하였다. Skarakis-Doyle, Dempsey와 Lee(2008)는 학령전의 전형적 발달 및 언어장애 아동을 대상으로 세 가지의 이해 측정(이야기 다시 말하기에 참여하기, 기대 위배 탐지 과제, 이해 질문)의 개별적 및 조합적 영향을 연구하였다. 각각의 측정치도 아동을 각 집단으로 분류하였지만, 세 측정의 조합은 집단을 가장 효과적으로 예측하는(96%) 지표로 입증되었다. 이 연구는 20분 정도의 자연스러운 과제를 이용하여 학령전기 아동의 이해 문제를 효과적으로 발견할 수 있음을 보여 주고 있다.

아동이 언어 이해 검사를 잘 수행하지 못한 것은 언어 이해보다 다른 변수가 검사 수행에 관여했기 때문으로 설명할 수도 있다. 주의집중력, 청각장애, 모호한 그림, 검사 진행 절차(Shorr, 1983), 인지 스타일, 자극들의 무관함 등 모든 것이 표준화 언어 이해 검사에서 낮은 수행에 영향을 미칠 수 있다. 게다가 Gowie와 Powers(1979)는 검사자가 무슨 문장을 말할지에 대한 아동의 예측이 이해 검사에서의 수행에 유의하게 영향을 미친다고 하였다. 그들은 "단어를 안다는 것은 대상물에 대한 예측과 단어가 나올 것 같은 메시지 유형에 대한 예측을 모두 포함한다."(p. 40)는 점을 관찰하였다.

우리는 제한된 언어를 구사하는 사례에서 이해 능력을 검사할 때 문맥의 영향과 아동의 이해 전략 사용을 배제하기 어렵다고 하였다. 그리고 이해 검사를 잘 수행하지 못한 것이 반드시 이해 문제를 나타내는 것은 아니라고 하였다. 요즘 문헌들에 근거하여 어느 정도 확실하게 말할 수 있는 것은 아동이 어떤 표준화 언어 이해 검사에서 적절한 수행을 했다는 것은 아동이 매우 인위적인 상황에서 어떤 언어를 이해할 수 있음을 의미한다는 것이다. 이것이 꼭 자연스러운 상황에서의 이해 능력을 대표하지는 않는다. 바꾸어 생각하면, 이해 검사에서의 실패가 꼭 인위적인 검사 상황 혹은 자연스러운 환경에서 아동이 언어를 이해할 수 없음을 의미하지는 않는다.

현재 SLP가 언어 이해를 검사하는 방법은 네 가지로 요약할 수 있다. 첫째, 표준화 이해 검사이다. 둘째, 몇몇 연구자는 아동에게 지시를 주고 실행하게 하여 이해를 검사한다(Leonard et al., 1978). 셋째, 여러 연구자는 아동에게 '맞다' 또는 '틀리다'를 판단하게 하는 결정 과제나 두 문장 중에 어떤 것이 더 좋은지 말하게 하는 선호 과제를 사용한다. 마지막으로, 임상가는 표준화 검사와 비슷하게 아동에게 그림이나 물건을 제시하고 가리키기 과제를 수행하도록 한다. Miller와 Paul(1995)은 12개월 이하 또는 10세 이상의 대상자에게 사용할 수 있는 인상에 남는 일련의 비표준화 이해 평가 과제를 개발하였다. 각 과제는 발달 단계와 직접적으로 연관되며 각 과제마다 검사 절차, 채점, 해석을 위한 구체적인 지시가 제시되어 있다. 아마도 '최상의' 이해 평가 방법은 여러 가지 공식적 방법과 비공식적 방법을 동원하는 것일 것이다. 임상가는 아동을 놀이나 대화에 참여시키고 구어 및 비구어 반응의 적절성을 평가하는 좀 더 자연스러운 평가 방법을 사용해야 한다. 교사 및 부모와의 면담과 교실에서의 관찰도 일상 상황에서의 이해에 대해 유용한 통찰을 줄 수 있다. 또한 아동이 대화에서 명료화나 반복을 요구하는지를 기록해야 한다. 연구에 의하면 이러한 명료화/반복 요구는 임상가의 비공식 정밀조사를 통해 쉽게 유도될 수 있다(Brinton & Fujiki, 1989). Gillam, Fargo와 Robertson(2009)은 표준화 검사에서의 전형적 과제 이상의 언어 이해를 평가하기 위해 이해 질문과 독백 과제의 사용을 설명하였다. 독백 과제에서 임상가는 한 번에 한 문장씩 읽어 주고, 아동에게 이야기에 대해 알고 있는 것을 물어본다. 그리고 이야기에 대한 이해 질문도 한다.

아동이 어떤 발화를 이해하지 못할 때 임상가는 이해 과정 중 어디서부터 문제가 발생했는지 체계적으로 따져 봐야 한다. 불행히도 이 문제를 해결해 주는 검사는 현재까지 하나도 없다. 그러나 많은 연구자가 이 분야에서 진전을 보였다(Miller & Paul, 1995). 연령이 높은 아동의 경우 임상가는 어디에서 이해 문제가 발생했는지 알아보기 위해 〈표 5-5〉에 나열된 변수를 체계적으로 검사할 수 있다.

표 5-5 이해 문제의 원인을 알아보기 위한 평가 영역

입력 변수
- 어휘 복잡성(의미론): 어휘의 복잡성이 증가할 때 이해 문제가 생기는가? 아동에게 단어의 문자적 의미에 대한 지식이 부족한가?
- 구문 복잡성: 구문이 복잡해질 때 이해 문제가 생기는가?
- 구문 길이: 구문이 길어질 때 이해 문제가 생기는가?
- 맥락: 발화를 뒷받침하는 눈에 보이는 맥락이 분명할 때 이해가 향상되는가? 탈맥락적 발화에서 이해 문제가 생기는가?

내적 변수
- 청각적 예민함: 청각장애 때문에 이해 문제가 생기는가?
- 주의집중 문제: 아동에게 주의집중할 수 있는 '장치'가 주어지거나 맥락상 덜 혼돈스러울 때 이해가 향상되는가?
- 이해 모니터링: 이해했는지 계속 판단하게 하고 되묻기를 요구할 때 이해가 향상되는가?

특별한 문제
- 문장 간 연관성: 여러 문장으로부터 의미를 끌어내야 할 때 이해 문제가 생기는가?
- 결속력: 청자가 이전 담화에서 결속 장치(예: 대명사)의 의미를 찾아야 할 때 이해 문제가 생기는가?
- 세상사 또는 특정 지식: 주제가 일반 상식이나 특정 세상사 지식을 요구할 때 이해 문제가 생기는가?

분석 패키지를 이용한 구문 평가

SLP는 언어 샘플을 수집한 후 아동의 구문 발달을 판단해야 한다. 구문 분석은 연속선상에서 개념을 세울 수 있다. 연속선의 왼쪽 끝은 공식 검사 절차이다. 이 측정은 임상가에게 전반적인 구문 발달에 대한 통찰을 줄 수 있다. 연속선의 중간은 임상가가 언어 샘플을 특정 패키지 평가 절차에 따라 분석하여(Lee, 1974) 공식 검사보다 좀 더 자세한 정보를 얻는 것이다. 마지막으로, 연속선의 오른쪽 끝은 임상가가 언어학과 언어 발달의 지식을 사용하여 샘플을 분석하는 것이다. 이때 임상가는 특별히 제작된 단계적인 분석 절차에 의존할 필요가 없다(Hubbell, 1988; Kahn & James, 1980; Lund & Duchan, 1993; Muma, 1973b; Retherford, 2000). 연속선의 왼쪽 끝은 오른쪽 끝에 비해 임상 경험과 훈련 측면에서 전문 기술이 덜 필요하고 분석 시간도 적게 걸리지만 의미 있는 임상 정보는 적다. 그러므로 임상가는 분석에 드는 시간, 언어학에 대한 훈련과 숙련, 원하는 정보의 깊이에 따라 의사결정을 해야 한다.

아동 구문 분석을 수행하도록 임상가를 훈련시키는 것은 이 장의 범위를 넘어선다. 분석체계를 배우는 최상의 방법은 샘플을 수집하고 저자가 제시한 지침에 따라 연습하는 것이다. 일반적으로 저자들은 발화 샘플을 얻고 구분하고 분석하는 구체적인 방법을 제시하고 있다. 초보 임상가가 어떤 구문 분석 방법을 효과적으로 사용하려면 연습이 필요하다. 가장 널리 알려진 분석 절차를 〈표 5-6〉에 나열하였다.

표 5-6 **선별된 언어 표본 분석 절차**

- Assessing Children's Language in Naturalistic Context(Lund & Duchan, 1993)
- Assessing Structural Stage(Miller, 1981)
- Co-Occurring and Restricted Structures Analysis(Muma, 1973b)
- Developmental Sentence Analysis(Lee, 1974)
- Language Assessment, Remediation and Screening Procedure(Crystal, Fletcher, & Garman, 1976)
- Language Sampling, Analysis and Training (Tyack & Gottsleben, 1974)
- Linguistic Analysis of Speech Samples(Engler, Hannah, & Longhurst, 1973)
- Method of Assessing Use of Grammatical Structures(Kahn & James, 1980)

출처: Owens, R. (2014). *Language disorders: A functional approach to assessment and intervention.* Boston: Allyn & Bacon.

Muma(1978)는 기술식 절차가 개인 간 차이를 설명하도록 도와주기 때문에 표준화된 절차보다 더 강력한 힘이 있다고 하였다. 기술식 절차는 자발적인 발화 샘플에 근거하고 또 모방 검사나 표준화 검사처럼 내용-형식-사용을 나누지 않기 때문에 임상가에게 더 명확한 치료 목표를 제공할 수 있다. 패키지를 이용하면 분석을 위한 지침이 제공된다. 그러나 각 분석 절차는 저자의 특정 견해를 반영하고 있고, 대부분의 시스템은 언어 샘플을 단지 제한된 방법으로만 바라본다는 점을 잊지 말아야 한다.

분석 패키지를 이용하고자 하는 소비자는 분석 절차가 패키지마다 매우 다르다는 것을 알아야 한다. 임상가는 이런 차이를 파악하여 어떤 패키지를 사용하면 좋을지 결정해야 한다. 우리는 여기서 구문발달점수(Developmental Sentence Scoring: DSS)의 절차를 예로 들 것이다. 왜냐하면 그것이 오랫동안 사용되어 왔고(Lee, 1974), 문헌에서 유용한 절차로 제시되었으며(Hughes, Fey, & Long, 1992), 컴퓨터 언어 분석 프로그램이 포함되어 있기 때문이다(Long, Fey, & Channell, 2002). 이 절차를 논의한 것은 이 접근법을 비판하거나 선전하기 위한 것이 아님을 밝혀 둔다.

1. 어떤 패키지 체계는 분석할 언어를 선택하기 전에 특정 샘플 크기를 요구한다. 예를 들어, Lee(1974)는 DSS의 계산을 위하여 주어-서술어 발화 50개를 사용하라고 조언하였다. 그러나 이후 연구에서는 더 신뢰할 만한 점수를 얻으려면 150발화가 더 적절하다고 하였다. 그러므로 분석할 언어 샘플이 충분하지 않다면 다른 절차가 더 적절할 것이다.

2. 분석에 걸리는 시간은 패키지마다 상당히 다르다. 어떤 절차는 꽤 자세하고 길다(Bloom & Lahey, 1978; Crystal, Fletcher, & Garman, 1976). 어떤 절차는 임상가가 절차를 경제적으로 이용할 수 있도록 아주 특별한 용어와 어휘를 사용한다.

3. 발화의 분절 및 분리 방법은 절차마다 다르다. 예를 들어, DSS는 주어-서술어 발화만 분석하고 조각문은 점수에 넣지 않는다. 그러나 어떤 임상가는 조각문(예: 주요 문장 성분이 생략된 불완전한 대답)에도 분석할 만한 유용한 정보가 많다고 생각한다.

4. 어떤 체계에서는 특정 치료 접근법의 사용을 추천하였다. Lee, Koenigsknecht와 Mulhern(1975)은 DSS를 사용하여 상호적인 언어 교수 전략에 대해 입력하고, 이 체계를 이용하여 지속적으로 진전을 모니터하도록 한다.

5. 분석하는 구문과 분석하지 않는 구문도 평가체계마다 다르다. 예를 들어, DSS는

특별히 어떤 형태(예: 전치사 및 관사)는 분석에서 제외되어 있고 그것이 문법적일 때 발화에 '구문 점수'를 부여함으로써 그 형태의 존재 여부를 계산한다. 그러나 다른 체계는 그 구조가 임상가의 관심이 아닐지라도 대부분의 구조적 요소를 분석한다.

6. 분석 패키지는 규준 자료의 제공 여부도 다르다. DSS는 규준 자료가 있지만 다른 몇몇 패키지는 순전히 기술만 하고 정상 및 장애 아동에 대한 수치를 모으려는 노력을 하지 않는다.

7. 마지막으로, 분석 결과를 정상 언어 발달에 적용하는 절차는 패키지마다 다르다. 즉, 어떤 절차는 아동을 언어 발달의 연속선상에 위치시키지 않고 언어 요소를 검사하도록 설계되어 있다. 반면에, 어떤 절차는 아동의 결과를 정상 발달 과정에 적용시킨다(Crystal, Fletcher, & Garman, 1976; Lahey, 1988; Lee, 1974; Miller, 1981). 연구에 의하면, 언어장애 아동도 많은 측면의 구문 및 형태소 습득이 정상 아동과 비슷한 순서로 발달한다고 한다(Paul & Alforde, 1993).

여러 연구에 의하면, 몇몇 패키지 분석 절차는 대략적으로나마 아동의 언어 변화를 보여 줄 수 있다(Hughes, Fey, & Long, 1992; Longhurst & Schrandt, 1973; Sharf, 1972). 그러나 어떤 방법이든 효과적인 사용을 위해서는 특별한 훈련과 연습이 필요하다. 또한 어떤 방법이라도 얻어진 샘플의 질에 따라 의미 정도가 달라지고 일반적으로 화용과 상관없이 언어의 구조적 요소만 분석한다. 결국 어떤 분석 패키지 절차를 배우는 데 시간과 노력을 들이더라도 언어를 단지 특정 관점으로만 바라보게 된다(Miller, 1981).

우리는 만약 임상가가 언어의 구조 측면의 분석을 배우는 데 시간을 들일 생각이라면 모든 대상자에게 적절할 수는 없는 특정 분석 패키지 하나를 배우기보다 언어학과 언어 습득을 배우는 데 시간을 들이는 것이 더 낫다고 생각한다. 하나의 분석 패키지는 임상가의 언어 지식 보충을 위해 나중에라도 언제든지 배울 수 있고 언어학 지식이 있으면 더 쉽게 배울 수 있다. 언어학 지식이 있으면 샘플에 나타나는 구조, 나타나지 않는 구조, 비일관되게 나타나는 구조를 분석할 수 있고, 아동에게 '가장 잘 맞는' 패키지 분석 절차를 찾으려고 노력하지 않고도 중요한 치료 목표를 선정할 수 있다. 구문 구조에 대한 정보를 담은 좋은 책이 많이 있다(예: Hubbell, 1988). 궁극적으로 임상가는 (1) 아동이 습득한 것으로 보이는 구조가 무엇이고, (2) 반드시 써야 할 문맥에서 빠뜨린 구조가 무엇이며, (3) 비일관적으로 사용하기도 하고 사용하지 않기도 하는 구조가 무엇이고, (4) 그와 관련된 문맥이 무엇인지 알아야 한다. Muma(1973a), Kahn과 James(1980)는 앞과 같이 나타나는 구문, 나타나지 않는 구문, 비일관적인 구문 요소에 초점을 맞춘 서술 절차를 옹호하였다. 우리도 그것이 임상에 직접적으로 활용할 수 있는 분석의 상식적인 접근이라고 본다. 그것은 한두 개의 패키지 절차를 배우고 그 패키지만의 채점 체계를 배우는 데 임상가의 시간을 바치지 않아도 된다. 〈표 5-7〉과 〈표 5-8〉에 가상적인 샘플과 분석을 제시하였다.

최근 언어 샘플의 컴퓨터 분석 소프트웨어 프로그램의 등장으로 언어 샘플의 자세한 정보 제공이 가능해졌다. 그러나 전사를 컴퓨터에 코딩하려면 많은 시간이 걸린다. 임상가가 단지 치료 목표를 정할 목적이라면 종이에 적어 분석하는 것보다 시간이 더 많이 걸리기도 한다. 그리고 컴퓨터 분석은 프로그램에서 출력되는 정보가 외관상으로는 굉장하지만 임상가에게 필요 이상의 정보를 제공한다.

우리는 현재 사용되고 있고 언어 분석에 특별히 유용한 두 개의 컴퓨터 프로그램을 아주 간단히 살펴볼 것이다. 이 프로그램은 정말 훌륭하며 수년간 연구되고 발전되어 왔다. 프로그램에서 출력되는 것을 나열만 해도 많은 지면을 할애해야 하므로 한두 문

표 5-7 언어 샘플의 구문 분석에 대한 일반적인 지침

- 대화 샘플을 얻으라.
- 철자법에 맞게 샘플을 전사하라(대상자의 발음에 오류가 있다면 음성 전사를 하라).
- 샘플에서 오류를 표시하라.
  - 오류가 포함된 문장을 찾아서 형광펜으로 표시하라.
  - 형광펜으로 표시한 문장 중 오류 부분에 동그라미를 치라.
- 아동이 정확하게 사용하는 형태/구조의 목록을 만들라.
- 아동이 일관되게 잘못 사용하는(한 번도 맞은 적이 없는) 형태/구조의 목록을 만들라.
- 비일관되게 잘못 사용하는 형태/구조가 나타나는 문맥의 목록을 만들라.
  - 형태/구조가 정확히 사용된 문맥을 나열하라.
  - 형태/구조가 잘못 사용된 문맥을 나열하라.
- 문맥의 영향이라고 고려되는 일반적인 변수는 다음과 같다.
  - 문장의 구조적 복잡성
  - 문장에 사용된 어휘 항목의 의미적 복잡성
  - 문장 유형(예: 의문문, 감탄문)
  - 문장의 음운 복잡성
  - 화용적 변수(예: 청자의 불확실성, 이야기 상황)
- 앞의 변수들을 이용하여 언제 오류가 나타나고 나타나지 않는지 파악하고 패턴을 찾으라.

표 5-8	전사 자료의 분석 예

전사된 발화

1. Grant got one of them.
2. Him go flop flop.
3. It go like that.
4. They have a wagon.
5. Jay is my brother.
6. Somebody drop a glass on the floor.
7. Him live at that house.
8. Him the boy that live next door.
9. They are going to town.
10. Him riding a bike.
11. It is at home.
12. Her going fast.
13. I don't know.
14. Smudge is a boy cat.
15. I four years old and I live in Eufaula.
16. It brown and brick.
17. Him go to the hospital.
18. That's a hospital.
19. They are too big.
20. I running fast.
21. They boys are driving a car.
22. The cat is sleeping.
23. Her feed the baby.
24. Her have a cold.
25. We have to let him in car.
26. We ride in car and go fast.
27. A boy on the rocker and one in house.
28. They in parking lit while the boy sleep.
29. The cat is running up the drapes.
30. The girl is holding her ears.
31. Him carrying a box of apples.

사용된 형태

고유명사
불규칙 동사
기수
복수대명사
동사류
지시대명사(that)
방법과 관련된 부사
부정대명사(somebody)
동사 have
부정관사
명사류

계사
인칭대명사(my, I)
전치사
정관사
조동사(are)
현재 진행형
조동사(do)
형용사
접속사(and, while)
복수(boys)

오류	일관된 오류	비일관된 오류
him/he	him/he	계사 is 생략
go/goes, live/lives, feed/feeds, sleep/sleeps(3인칭 단수)	3인칭 -s	조동사 is 생략
	규칙 과거형 ed(1회)	정관사 생략
drop/dropped(규칙 과거형 ed)	계사 am 생략	계사 are 생략
	have/has	
계사 is 생략		
조동사 is 생략		
계사 am 생략		
have/has		
정관사 생략		
계사 are 생략		

비일관된 오류가 나타난 문맥	비일관된 오류가 나타나지 않는 문맥	
계사 is	계사 is	정관사
#8 복문, 안김, him/he 대치	#5 단문, Jay is…	#6 단문
#16 복문, 이어짐 및 생략	#11 단문, It is…	#17 단문
#27 복문, 이어짐	#14 단문, Smudg is…	#21 단문
조동사 is	#18 That is…	#22 단문
#10 him/he 대치	조동사 is	#23 단문
#12 her/she 대치	#22 단문, The cat is…	#27 복문, 이어짐
#31 him/he 대치	#29 단문, The cat is…	#28 복문, 이어짐
계사 are	#30 단문, The girl is…	#29 단문
#28 복문, 이어짐	계사 are	#30 단문
정관사	#9 단문, They are…	
#25 복문, 안김	#19 단문, They are…	
#26 복문, 안김	#21 단문, The boys are…	
#27 복문, 안김		
#28 복문, 안김		

단으로 그것을 제대로 소개하기는 불가능하다. 그러나 임상가가 언어 평가에 컴퓨터 분석을 사용하게 되었다는 점이 중요하다. 그렇다고 해도 언어 평가에서 가장 중요한 대상은 언어 샘플임을 분명히 하고자 한다. 어떤 임상가는 컴퓨터 프로그램을 완전히 수행하려면 시간이 많이 걸리고, 또한 어떤 판단을 하려면 언어학적 전문 지식이 필요하다는 것 때문에 컴퓨터 분석을 피해 왔다. 이 프로그램들은 어느 정도 이 두 가지 염려에 귀를 기울였고 현장에서 임상가가 접근하기 쉽게 언어 샘플 분석을 만들었다. 두 프로그램 모두 대학 교수와 학교 및 다른 세팅에서 일하는 임상가의 협력을 통해 개발되었다. 두 프로그램은 언어 샘플의 자료 입력과 분석에 다소 다른 접근을 보인다. 한 프로그램은 자료 인출 프로그램으로 특징지을 수 있다. 즉, 임상가는 이 프로그램에서 특별히 정한 기호로 발화, 경계, 분절, 오류 등을 부호화해야 한다. 그러므로 이 프로그램에서 자동화된 부분은 임상가가 이미 컴퓨터에 입력한 자료를 요약하는 것이다. 두 번째 프로그램은 컴퓨터 알고리듬을 이용하여 구문을 분석하고 문법 요소를 확인하여 그 결과를 요약해 준다. 여전히 언어 전사의 입력은 임상가의 몫이지만, 어떤 구문 구조와 문법 형태소가 나타나는지에 대한 문법적 판단, 구와 절의 확인 같은 것은 컴퓨터가 수행한다. Long과 Channell(2001)은 69개의 언어 샘플을 MLU, LARSP, IPSyn, DSS의 문법 분석으로 분석하여 사람의 코딩과 컴퓨터의 자동 분석의 결과가

일치하는지 알아보았다. 그들은 "자동적으로 산출된 네 개의 분석 결과는 손으로 산출한 평정자간 신뢰도와 견줄 만하다. 기준점과 생산성 자료에 근거하여 임상적 결정을 내릴 때, 수동 분석보다 자동 분석이 악영향을 더 적게 미쳤다. 이러한 결과는 미래의 임상 및 연구에 자동적 언어 분석 소프트웨어가 사용될 수 있다는 좋은 징조이다."(p. 180)라고 밝혔다.

언어 샘플을 분석하려는 임상가에게 자동 분석 프로그램과 자료 인출 프로그램은 모두 가치가 높다. 우리는 각 프로그램 유형의 예를 제시하고자 한다. 첫 번째 프로그램인 Computerized Profiling(Long, Fey, & Channell, 2002)은 자동적으로 발화를 분석해 주며 무료로 인터넷(www.computerizedprofilling.org)에서 내려받을 수 있으므로 세팅에 상관없이 모든 임상가의 접근이 가능하다. 이 프로그램에는 다양한 모듈이 있어서 다양한 언어 분야를 검사할 수 있다. 모든 분석에서 기본이 되는 모듈은 전사 파일을 만들 수 있는 자료뭉치(corpus) 모듈이다. 임상가는 이 모듈에서 샘플을 입력하고 편집하고 인쇄할 수 있고, 파일을 변환하여 SALT 프로그램(뒤에서 논의하겠다)으로 보낼 수도 있다. Computerized Profiling 중 음운 프로파일(Profile in Phonology: PROPH) 모듈은 전통적인 공식 검사나 대화 샘플을 사용하여 아동의 음운 목록, 음절 구조, 음운 변동, 자음정확도를 분석한다. 의미 프로파일(Profile in Semantics: PRISM) 모듈은 아동의 초기 및 후기 어휘 내용을 조사하고 의미론 분야에 근거한 매우 자세한 어휘 분석을 제공한다. 이 모듈에는 의미관계를 분석하는 하위 모듈도 있다. 언어 평가, 치료 및 선별 절차(Language Assessment, Remediation, and Screening Procedure: LARSP) 모듈은 나이 및 단계에 근거한 시스템을 제공하여 아동의 구문 발달을 프로파일링할 수 있다. LARSP의 하위 모듈인 대화행동 프로파일(Conversational Acts Profile: CAP)에서는 대화에서 아동의 주장하기와 반응하기를 알아볼 수 있다. Computerized Profiling에는 문법 구조에서의 억양 패턴을 분석할 수 있는 운율 프로파일(Prosody Profile: PROP)도 있다. 마지막으로 이 패키지에는 DSS가 포함되어 있다. Channell(2003)은 컴퓨터 프로파일의 DSS 점수와 손으로 코딩한 점수 사이에 78%의 일대일 일치가 있었고 두 방법 간에 .97의 상관이 있다고 하였다. 무료인데다 새로운 사용자를 위해 분석에 대한 도움 화면이 제공되므로 이 프로그램을 다운로드 할 것을 권한다.

두 번째 프로그램인 Systematic Analyses of Language Transcripts(SALT; Miller & Chapman, 2008)는 자료 인출 프로그램이다. Heilmann, Miller와 Nockerts(2010)는 SALT 데이터베이스 및 임상가가 이를 사용할 수 있는 방법을 잘 개괄하였다. 이 컴퓨

터 기반 절차가 오랫동안 이용되어 온 것은 공식 검사가 아닌 자연스러운 언어 샘플로 시간에 따른 임상적 진전을 보고하기 때문이다. 이 연구자들에 의하면 SALT를 이용한 언어 샘플 분석은 80~89%에 해당하는 민감도 및 특이도로 전형적 발달 아동과 언어 장애 아동을 구분할 수도 있다.

SALT 프로그램은 언어 전사를 직접 입력하거나 문서 작업 프로그램으로부터 언어 전사를 불러올 수 있다. 전사가 입력되면 임상가는 그것을 분절해야 하고, 무슨 대화 혹은 문법 범주(예: 분절 형태소, 반복 발화)인지 정하여 사선, 별표, 그 밖의 다른 기호 형태로 입력해야 한다. 코드가 입력되면 프로그램이 단어, 형태소, 발화, 담화 수준에서 일련의 표준적인 분석을 요약해 준다. SALT에서 특별히 유용한 측정은 대화 샘플에서 꼬인 말(mazing; 반복, 간투사 등의 사용)에 대한 자세한 분석이다. 또한 SALT에는 참고 자료로 350명의 3~13세 아동을 대상으로 한 규준 자료가 제공되어 있어서 매우 유용하다. 이 자료에는 대화와 이야기에 대한 규준이 모두 있다. 이 규준에는 아동의 점수가 평균으로부터 얼마나 멀리 떨어져 있는지 알 수 있는 표준편차도 제시되어 있다. 이 규준은 대화 샘플에 기초한 것이어서, 연결된 말에서 어떤 변수를 검사하고자 할 때 규준 자료의 출처로 애용된다. Miller와 Chapman(2008)은 SALT에 나타난 특별한 패턴이 언어장애의 특정 하위 유형과 관련이 있을 수도 있음을 보여 주었다.

컴퓨터의 장점은 샘플만 입력되면 수많은 분석이 수행된다는 것이다. 즉, 임상가가 샘플을 전사하여 입력하면 컴퓨터가 이를 분석하여 아동의 의미체계, 음운체계, 통사체계, 화행 빈도에 대한 통찰을 제공한다(적절하게 코드를 입력했다는 가정하에). 그런데 이러한 프로그램은 분석하고자 하는 언어 샘플의 코딩에 충실하다는 점을 강조해야겠다. 어떤 프로그램은 내부 알고리듬에 근거하여 자동적으로 어휘 항목이나 문법 형태를 분류해 준다. 그러나 대부분의 프로그램은 임상가가 이러한 사전 분류를 바꿀 수 있도록 하고 있다. 즉, 때때로 프로그램이 단어나 문법 구성을 정확히 판단하지 못한 경우 컴퓨터가 전사 항목을 어떻게 분류했는지 확인할 필요가 있다. 이런 프로그램을 사용할 때 임상가의 세밀한 모니터링을 대체할 수 있는 것은 없다. 컴퓨터가 순식간에 아동 수행에 대한 프로파일이나 요약을 해 준다고 하여 임상가가 정확성을 확인할 필요가 없다는 것은 아니다. 타당성에 대한 확인 없이 복잡한 요약에만 의존하는 실수를 범하지 않도록 주의해야 한다. Price, Hendricks와 Cook(2010)은 임상에서 초기 평가 및 치료 진전 측정 시 컴퓨터 보조 언어 샘플 분석의 사용 방법에 대해 몇 가지 훌륭한 예를 제시하고 있다.

앞으로 수십 년 동안 우리는 이러한 절차를 통해 언어장애의 오류 패턴과 하위 유형에 대해 많은 것을 배우게 될 것이 분명하다. 그러나 하나의 절차가 아동 언어에 대해 알아야 할 모든 것을 말해 주지는 못한다. 다시 말하지만, 어떤 패키지 분석체계를 고를지, 컴퓨터를 이용한 분석을 선택할지, 좀 더 서술적 언어 분석에만 초점을 둘지 등 어떤 결정을 하든 간에 궁극적으로 각 사례마다 임상가의 판단이 작용해야 한다.

화용 평가

많은 연구 보고는 언어장애 아동에게 화용적인 차이가 있음을 입증하고 있다. 어떤 연구자는 그들이 이야기를 조직하고 주제를 유지하는 데 어려움이 있다고 하였다(Johnston, 1982). Fey와 Leonard(1983)는 언어장애 아동의 경우 다양한 화용 문제를 나타내는 하위 집단이 있을 수 있다고 가정하였다. 청자의 관점 고려에 어려움이 있는 언어장애 아동도 보고되었다(Muma, 1975). 그러나 불행히도 대화의 화용과 관련된 모든 측면을 다루는 검사는 없다. 화용 능력의 특정 측면에 초점을 둔 공식 검사가 몇 가지 있을 뿐이다(Blagden & McConnell, 1983; Shulman, 1986). 화용 영역에 포함된 측면이 아주 다양하기 때문에 전반적인 평가도구를 개발하기는 쉽지 않다. 대화 능력은 인공적인 과제, 제한된 샘플, 또는 꾸며 낸 담화 주제를 이용하여 다루기도 어렵다. 임상가가 대화 능력에 관심이 있다면 적절한 대화를 대체할 만한 것은 없다. 임상가가 대화 담화에 초점을 둔다면 아동의 대화 수행의 샘플을 얻은 후 아동과 상호작용자의 발화를 모두 전사하는 수밖에 없다. 이러한 전사는 시간이 많이 걸리지만, 임상가가 아동의 대화 수행에 대한 자료를 얻으려면 대화 참여자를 무시할 수가 없다. 그리고 나서 관심 있는 담화 측면이 무엇인지에 따라 대화 분석에 사용할 측정치를 선택해야 한다. 측정치들은 어느 정도 서로 겹칠 것이다. 우리는 일반적인 수준에서 시작하여 점차 더 상세한 분석으로 진행할 것을 권한다.

일반적인 화용 변수의 평가: 문제 가능성의 발견

Damico와 Oller(1980)는 SLP에게 화용장애를 가장 잘 의뢰할 수 있는 사람이 교사라고 하였다. 사실 어떤 화용 문제는 형태소나 구문 문제보다 더 쉽게 드러난다. 그러므로 부적절한 정보, 청자의 관점 문제, 심한 말더듬 때문에 교실에서 대화를 이어 가는 데 매번 어려움을 겪는 아동이 있는지 교사에게 물어보라. 교사는 이런 아동을 복수 형태소를 생략하는 아동보다 더 쉽게 기억한다. 화용 문제는 사회적·정서적·의사소통 행동의 평가를 고려한 자연스러운 맥락에서 잘 관찰된다.

사용 가능한 화용 평가는 놀라울 정도로 적다. 오늘날 사용 가능한 대부분의 평가는 체크리스트나 질문지 사용을 통해 부모, 교사, 또는 임상가가 화용적 행동을 관찰하고 평가하는 것이다. 예를 들어, Children's Communication Checklist-2nd ed.(Bishop, 2006)은 양육자가 의사소통의 화용 측면을 평가하는 도구이다. Damico(1985)는 화용 언어장애가 있는 아동에게 특정 담화 오류를 분석하도록 하였다. 그는 대화에서 감지될 수 있는 아홉 가지의 담화 오류를 제시하고 화용 오류를 포함한 발화의 비율을 계산하도록 하였다. 그는 2회기에 걸쳐 가정이나 학교 활동에서의 대화 상호작용으로 180발화를 얻으라고 권한다. 분석의 목표는 상호작용에서 나타나는 특정 담화 오류를 기술하는 것이다. Damico는 많은 전형적 발달 아동과 언어장애 아동의 자료를 모았고, 담화 문제의 유무와 정도를 아주 대략적으로 알아볼 수 있는 오류 비율의 범위를 제시하고 있다.

현재로서는 단 두 개의 직접 관찰 화용 평가만이 심리측정적 특성을 보고하고 있다. 하나는 Prutting과 Kirchner(1987)가 개발한 Pragmatic Protocol로, 아동, 청소년, 성인을 위한 전반적인 의사소통 목록이 제시되어 있다. 이 목록에는 30개의 언어 화용 측면이 구어, 준언어, 비구어 기술이라는 큰 범주로 나뉘어 포함되어 있다. 이 프로토콜에는 변수마다 각각의 정의가 설명되어 있고, 정상과 언어장애의 아동 및 성인 모두에 대한 예비적 자료가 제공되어 있다. 아동의 화용 능력을 평가하는 이 접근법은 대화 수행을 미시적 관점에서 시작하여 임상가에게 특별히 잘 드러나는 오류 유형을 알아본다. Prutting과 Kirchner(1987)는 아동의 대화를 30개의 변수에 근거하여 채점하였다. 42명의 언어장애 아동에게서 발견된 가장 부적절한 화용 변수는 주고받기, 구체화/정확성, 응집력, 정정/수정, 주제 유지, 명료도였다. 좀 더 최근에 개발된 또 하나의 측정은 Pragmatics Observational Measure(POM; Cordier, Munro, Wilkes-Gillan, Speyer, & Pearce, 2014)이다. 여기서는 의사소통의 시작과 사회적 상호작용에 반응하기, 비구어 의사소통을 해석하고 사용하기, 또래의 의도를 사회적-정서적으로 이해하기, 집행하기, 또래와 상호작용 시 적절한 타협 전략 사용하기라는 5개의 화용 영역에 걸쳐 27개의 항목을 통해 자연스러운 맥락에서 5~11세 아동의 화용 언어를 평가한다. POM에 포함된 각 항목을 4점 척도로 평가하는데, 1점은 거의 관찰되지 않음에 해당하고 4점은 거의 항상 관찰됨에 해당한다. 이 프로토콜을 사용하면 적어도 임상가가 화용에 속한 변수를 생각하고 각각을 판단할 수 있다. 그리고 나서 더 구체적인 평가 과제를 적용하여 대화 오류의 특성을 상세하게 파악할 수 있다. Damico, Oller와 Tetnowski(1999)는 화용장애가 있는 아동을 알아내는 데 사용할 수 있는 Systematic Observation of Communicative Interaction(SOCI)이라는 도구를 개발하였다. 더 자세한 또 다른 평가로 Bedrosian(1985)이 권한 체계가 있다. 다시 말하지만, 고학년 학생의 언어 평가와 관련된 이런 종류의 접근법은 일반적인 것에서 구체적인 것으로 진행해야 한다. 자세한 분석은 어떤 학생이 일반적인 절차에서 문제를 보이면 시도하도록 한다.

화용과 밀접한 연관이 있는 또 다른 분야는 아동의 사회적 기술이다. 인간은 의사소통 능력을 이용하여 적절하고 효과적으로 다른 사람과의 사회적 관계를 발전시켜 나간다. 어떤 연구는 언어장애 아동이 정상 발달 또래와 비교할 때 사회성에 문제가 있다고 하였다. Fujiki 등(2001)은 8명의 SLI 아동과 또래 아동의 놀이터 행동을 연구하였는데, 전형적 발달 아동이 SLI 아동에 비해 놀이터에서 또래와의 상호작용에 더 많은 시간을 할애한다는 점을 발견하였다. 반대로 SLI 아동은 전형적 발달 아동에 비해 더 많이 뒤로 물러나는 반응을 나타내었다. 저자들은 SLI 아동을 위한 치료 프로그램에 사회적 상호작용 행동을 포함시키는 것이 바람직하다고 제안하였다. 이 연구는 SLP가 공식 검사를 넘어 평가를 확대하고, 의사소통장애가 환경에 미치는 영향을 알아보며, 언어를 넘어 기능적 결과를 평가해야 하는 이유를 다시 한 번 일깨워 준다. Fujiki, Brinton과 Todd(1996)는 19명의 초등학생 SLI 아동과 또래를 연구하였다. 그들은 교사와 또래에게 여러 가지 측정을 실시하여 일반적인 사회 기술의 측정과 또래관계의 양과 질을 살펴보았다. 그들은 SLI 아동이 또래 아동에 비해 사회성 기술이 약하고 또래관계가 적은 것을 발견하였다. 또한 SLI 아동은 전형적 발달 아동에 비해 또래관계에서의 만족도가 낮았다.

최근 연구에서 Conti-Ramsden 등(2013)은 139명의 언어장애 청소년이 경험한 행동, 정서, 사회성 문제(BESD)를 평가하였다. 언어장애 이력이 있는 청소년은 전형적 발달 집단에 비해 높은 수준의 BESD를 보고하였다. 사회적 어려움 또는 또래관계에서의 어려움은 가장 강력한 차별화 요인이었다. 특히 언어장애 아동의 25%가 16세까지 또래관계에 어려움이 있다고 보고하였다. 이는 전형적 발달 아동의 2.4%와 대조되는 수치였다. 그리고 언어장애 아동은 수용 언어 기술이 낮을수록 행동적 또는 정서적 어려움을 더 많이 경험하였다. 이러한 증거는 정신적 BESD와 잠재된 언어장애의 영향의 관계를 고려할 필요가 있다는 사실을 강조하고 있다. 이는 단지 언어만이 아니라 아동의 기능을 평가해야 하고, 정보 제공자로 교사와 또래를 이용하는 것이 중요함을 강조하고 있다.

초점 좁혀 가기: 이야기 산출의 평가

이야기란 줄거리 말하기와 같은 '사건에 대한 자세한 설명'으로, 산출에 있어서 어떤 제약이나 규칙이 적용된다(Liles, 1993). 교육 관련 연구에서는 그 구조가 쓰인 글과 비슷하기 때문에 이야기가 구두 언어와 문자 언어 사이의 다리 역할을 한다고 언급되어 왔다. 이야기하는 기술은 정상 아동뿐만 아니라 학습장애 아동과 단순언어장애 아동의 학업성취를 예견한다고 한다(Paul, 2012). 이야기는 우리의 일상적인 담화 중에 계속 나타난다. 우리가 다른 사람에게 주말에 있었던 일에 대해 말할 때, 우스운 상황을 말할 때, 교사에게 어떤 과정을 설명할 때, 유명한 일화를 설명할 때, 수다를 떨 때, 우리의 행동과 감정을 설명하여 듣는 사람에게 감동을 주려고 할 때 이야기를 한다. 그러므로 이야기는 학문적으로뿐만 아니라 사회적으로 그리고 의사소통적으로도 중요하다. 효과적으로 이야기하기 위해서는 다양한 능력이 통합되어야 하기 때문에 이야기는 과거 몇 십 년 동안 흥미로운 연구 주제였다. 예를 들어, 이야기하는 능력에는 순차적인 사건의 나열, 통일성 있는 단락의 창조, 맥락 도움으로부터의 독립, 이야기 산출을 조직하는 보편적인 이야기 문법의 이해가 필요하다. Liles(1993)는 다음과 같이 서술하였다.

어린 아동의 이야기에 구조적 제한이 있다는 연구와 5세경에 이야기 발달의 가속화가 분명해진다는 연구 사이에는 공통점이 있다. 연령이 높은 아동의 이야기 구조를 분석한 연구자들은 일반적으로 6세경이 되면 이상적인(예: 어른다운) 구조로 이야기를 산출할 수 있지만 9세나 10세까지도 이야기 발달이 계속된다는 데 동의한다. 연령이 높은 아동의 이야기 구조 발달은 에피소드의 수가 증가하고 다양한 방법으로 에피소드를 연결하는 능력(예: 하나의 에피소드를 다른 에피소드에 내포시킴)이 생김으로써 증명된다. 연령이 높은 아동의 이야기 구조를 조사한 최근 연구에서는 완전한 에피소

드의 수가 8세에서 18세까지 꾸준히 늘어난다고 하였다. (p. 875)

이야기 산출이 발달하고 더 복잡해짐에 따라 이야기 속에는 점차 더 많은 이야기 문법 요소가 포함된다(Applebee, 1978; Johnston, 1982; Paul, 2012). 예를 들어, Johnston(1982)은 이야기 문법에는 일반적으로 다음의 요소가 포함된다고 명시하였다.

- **배경**(setting): 여기에는 이야기의 주인공뿐만 아니라 사회적 · 물리적 · 환경적 맥락이 포함된다.
- **계기 사건**(initiating event): 주인공에게 영향을 주는 어떤 행동, 사건, 혹은 변화를 말한다. 어떤 종류의 '문제'(예: 화산 폭발)가 되기도 한다.
- **내적 반응**(internal response): 등장인물은 보통 계기 사건에 대해 감정, 목표, 생각, 의도 같은 내적 반응을 나타낸다.
- **계획**(plan): 주인공이 어떤 행동을 계획한다.
- **시도**(attempt): 이러한 행동 계획은 상황을 해결하거나 목적을 달성하기 위한 시도나 행동으로 이어진다.
- **결과**(consequence): 문제를 해결하거나 목적을 달성하거나 또는 상황을 적절하게 다루지 못한다.
- **반응**(reaction): 등장인물은 본인의 내적 상태(예: 느낌, 생각)와 일어난 사건에 대한 반응을 포함하여, 결과에 대해 어떤 반응을 나타낸다.

그리고 이야기가 복잡해질수록 아동은 이야기 산출에 더 많은 요소를 포함시킬 것이다.

연구에 의하면 단순언어장애 아동의 이야기에는 다음과 같은 특성이 나타난다(Merritt & Liles, 1989; Owens, 2004).

- 총 단어 수가 적다.
- 다른 단어 수가 적다.
- 이야기 문법 요소가 적다.
- 완전한 에피소드가 적다.
- 주인공의 계획과 내적 반응이 적다.

- 이야기의 시작과 끝에 이용되는 관습적인 말이 적다.
- 정보의 양이 부적절하다(너무 많거나 너무 적다).
- 성공적인 수정이 적다.
- 청자를 위한 조절이 적다.
- 완전한 결속장치가 적고 불완전하거나 부적절한 결속장치가 많다.

언어장애 아동의 이야기를 분석하고자 하는 임상가는 앞에 언급한 차이점을 찾아봐도 좋다. 연령이 높아질수록 아동의 언어장애는 포착하기가 어려운 특성을 나타내는 경우가 많다. 구조 수준이 아닌 화용-대화 수준에서 문제가 드러난다. Johnson(1995)은 학령기 아동과 성인을 대상으로 한 후기 이야기 발달에 대한 정보가 더 많이 필요하다고 지적하였다. 초기 발달에 대한 정보가 있긴 하지만, 연령이 높은 아동의 규준이 만들어진다면 진단에 매우 유용할 것이다. 또한 Johnson은 상황 변화와 문화의 다양성에 따른 정보도 검토하였다. Miller, Gillam과 Pena(2001)는 아동의 이야기 산출을 평가하기 위해 역동적 평가 원리를 적용한 절차를 개발하였다. 그리고 치료 프로그램을 이 평가 절차에 연계하였다. 그들의 평가는 산출된 이야기의 구조 측면만 살피지 않고 역동적 평가를 통해 아동의 반응과 수정 능력을 임상가의 판단으로 점수화한다. 이야기하기 자료로 예비 검사를 한 결과, 역동적 평가 중 수정 능력의 정도는 언어장애 아동의 분류에 좋은 지표가 될 것으로 보인다(Pena, Gillam, Malek, Ruiz-Felter, Resendiz, Fiestas, & Sabel, 2006).

Paul(2007)은 이야기 평가 시 고려사항으로 세 가지 주요 측면을 말하였다. 첫째, 이야기 속에는 기본구조와 문법 요소가 들어 있어야 한다. 앞에서 우리는 짧게나마 이야기 문법의 요소를 소개하였다. Applebee(1978)는 나이가 들수록 이야기에 점차 더 많은 문법 요소가 포함되고 구조가 뚜렷해진다고 하였다. 예를 들면, Applebee는 이야기 문법 요소와 구조에 따라 다섯 단계의 이야기 발달을 제안하였다. 이야기 문법 요소와 기본구조를 살펴봄으로써 아동 이야기의 전체적인 그림을 살펴볼 수 있기 때문에 이 요소를 이야기의 거시구조라고 부른다. 각 단계에 대한 설명과 예는 〈표 5-9〉를 참조하기 바란다.

Paul(2007)이 지적한 두 번째 평가 대상은 이야기의 결속력이다. 뒤에서 결속의 적절성에 대해 다시 다룰 것이기에 지금은 문장 밖에서 그 의미를 파악할 수 있는 발화의 요소 중 하나라는 정도로만 말해 두겠다. 예를 들어, 대화 중 "John이 그를 때렸어."

표 5-9 Applebee의 이야기 발달 6단계

단계	발달 연령	설명	예
무관한 나열 (heaps)	2세	아동은 이야기 요구에 관련된 일련의 진술을 하지만, 진술들은 서로 관련이 없다. 진술들은 조직적 패턴이 없고 대체로 사건이나 행동을 설명하거나 서술한 문장이다. 일반적으로 문장의 문법 구조는 갖춘 경우가 많다.	강아지가 짖고 있어요. 고양이가 귀여워요. 아빠가 요리하고 있어요. 아기가 자고 있어요. 끝.
연속체 (sequences)	3세	아동은 어떤 사건이나 속성으로 연결된 하나의 연속체를 말한다. 줄거리나 시간적 순서나 구성 요소들이 쉽게 변하는 경우가 많다.	엄마는 게임을 해요. Sissy도 게임을 해요. 아빠는 기타를 쳐요. 강아지는 장난감을 가지고 놀아요. 끝.
원시적 이야기 (primitive narratives)	4세	이야기가 하나의 주제를 둘러싸고 그 주제와 관련된 사건들로 조직된다.	나는 공원에 갔어요. 내 동생은 수영을 하고 싶었어요. 엄마가 나를 수영장으로 밀었어요. 나는 아주 높이 갔어요. 무서웠어요. 울었어요. 끝.
초점 없는 연쇄 (unfocused chains)	4~4.5세	일련의 사건이 연결되어 있지만 연쇄 중 속성들이 바뀐다. 주제가 없다.	나는 애완동물 가게에 갔어요. 물고기랑 거북이를 봤어요. 거북이한테 먹이를 줬어요. (바뀜) 거북이가 물에서 수영을 해요. 거북이는 빛을 좋아해요. 거북이가 바위로 올라가요. (바뀜) 바깥에 바위가 있어요. 어떤 건 크고 어떤 건 작아요.
초점 있는 시간적 연쇄 (focused temporal chains)	5세	주인공이 일련의 연결된 사건을 경험한다.	Sarah라는 여자아이가 동전을 발견했어요. Sarah의 엄마가 "소원을 빌어라." 라고 했어요. 그리고 Sarah는 소원을 빌었어요. 그리고 나서 Sarah는 매우 놀랐어요. 강아지 한 마리가 있었어요.
이야기 (narratives)	5세 이상	이야기 과정 중에 이야기의 주제가 발전한다. 이야기의 요소들이 주제를 보완한다. 요소들과 관계들은 구체적이기도 하고 추상적이기도 하며, 이야기의 결말을 향한 지속적인 움직임이 있고 절정이 있는 경우가 많다.	Lilly라는 공주가 있었어요. 공주는 동물들에게 노래 불러 주는 걸 좋아했어요. 동물들도 공주의 노래를 듣는 걸 좋아했어요. 하루는 공주가 병에 걸려 노래를 할 수 없었어요. 동물들은 매우 슬펐어요. 동물들은 공주를 낫게 해 줄 신비의 꽃을 찾아왔어요. 공주가 그 꽃을 먹자 목소리가 돌아왔어요. 그래서 모두 노래하며 즐거워했어요.

출처: Applebee (1978).

라는 문장에서 누가 John에게 맞았는지를 알려면 앞 문장 "Mark가 John을 밀었어."를 알고 있어야 한다. 담화에는 이전 발화에서 사람들에게 제시했어야만 사용할 수 있는 단어들이 있다. 만약 우리가 이를 잘 결속시켜 놓았다면 사람들은 발화 이외의 부분을 참고하여 해당 발화의 의미를 추론할 수 있다. 이것을 **완전한 결속**, 즉 발화의 모호한 부분을 담화의 다른 부분과 효과적으로 연결시키는 능력이라고 부른다. 만약 여러분이 '그'라는 단어를 말했는데 그가 누구인지 알 수 없다면 결속이 불완전한 것이다. Paul에 따르면 유치원 아동은 이야기에서의 완전 결속이 85%였지만 언어장애 아동은 60%에도 미치지 못한다고 하였다. 그리고 완전 결속 70%를 염려해야 하는 기준으로 제시하였다.

이야기 평가에서 고려해야 할 세 번째 측면은 **생동감**(sparkle)이다(Paul, 2007; Peterson & McCabe, 1983). 생동감이라는 말이 약간 모호한 듯하지만 어휘의 풍부함, 에피소드의 완벽함, 이야기 절정의 존재, 복잡한 문장 구조의 사용, 구어체의 사용, 대화의 사용 같은 중요한 요소가 관련된다. 이러한 요소가 많을수록 이야기에는 생동감이 돈다. Newman과 McGregor(2006)는 교사와 일반인이 SLI 아동과 전형적인 발달 아동의 짧은 이야기를 듣고 이 둘 사이의 차이를 알아차린다고 하였다. SLI 아동의 이야기는 질적인 면에서 빈약하다고 판단되었다. 발화 길이와 같은 양적 변수와 미숙한 이야기 주제뿐만 아니라, 일반인은 SLI의 이야기에 생동감이 없다고도 지적하였다. 이야기 분석은 Test of Narrative Language(Gillam & Pearson, 2004) 또는 Strong Narrative Assessment Procedure(Strong, 1998)와 같은 표준화된 방법부터 시작하는 것이 좋다. 이는 이야기 산출의 규준 자료를 제공하는 몇 안 되는 검사들이다.

이야기는 거시구조와 미시구조로 분석되어 왔다. **거시구조**는 이야기 문법 요소와 에피소드 구조의 복잡성과 관련된다. **미시구조** 분석 중 하나는 명사구 구문, 접속사의 사용, 종속절의 내포 같은 이야기의 언어 측면과 연관된다. 자세한 이야기 평가는 거시구조와 미시구조의 평가를 모두 포함한다. Justice, Bowles, Kaderavek, Ukrainetz, Eisenberg와 Gillam(2006)은 이야기 미시구조 지표(Index of Narrative Microstructure: INMIS)를 개발하고, 하나의 그림 자극을 보고 이야기를 산출하게 하여 4~12세 아동 250명의 예비적 규준 자료를 제공하였다. 그들은 미시구조가 생산성(산출된 단어, 어휘의 다양성, 산출된 T-단위의 수)과 복잡성(T-단위의 길이, 복잡한 T-단위의 비율)이라는 중요한 두 요소를 나타낸다고 하였다. 아동의 이야기 발달을 평가할 때 거시구조 분석과 함께 이 절차가 사용될 수 있다. Ukrainetz와 Gillam(2006)은 8세 아동을 대상으로 두 개의 상상 이야기 산출을 연구하였다. 연구 결과, 전형적 발달 아동과 언어장애 아동 모두 어릴수록 이야기의 방향성이 약하고 감정이 적으며 추상어와 끝맺음이 적었다. 언어 샘플에 포함된 이야기의 유형도 이야기 평가에서 중요한 요소가 될 수 있다. McCabe, Bliss, Berra와 Bennett(2008)는 7~9세의 언어장애 아동을 대상으로 가상의 이야기(글자 없는 그림책)와 개인적(경험에 근거한) 이야기 자료를 수집하였다. 연구결과, 개인적 이야기에는 가상의 이야기에 비해 적절한 이야기 산출에서 요구되는 요소들이 더 많이 포함되었다. 어떤 장르에서의 이야기 수행은 다른 장르에서의 수행과 다르게 나타났다. Heilmann, Miller, Nockerts와 Dunaway(2010)는 이야기 채점 도식(Narrative Scoring Scheme: NSS)을 개발하였다. 이 도식은 이야기의 거시구조를 다루지만 기본적인 이야기 문법 이외에 결속력, 등장인물의 변화, 갈등 해결과 같은 높은 수준의 요소도 포함하고 있다(〈표 5-10〉 참조). 임상가는 각각의 이야기 요소를 최소에서 능숙함까지의 5첨 척도로 채점하여, 아동의 '전반적인 이야기 구조'를 대표하는 총점수와 부분 점수를 얻을 수 있다. 또한 이야기를 SALT 프로그램에 입력하여 아동의 결과를 NSS 규준 자료와 비교할 수도 있다. 이 측정치는 이야기 산출에 대한 진단뿐만 아니라 치료 목표를 모니터링하는 데에도 의미 있게 사용될 수 있다.

　이야기 분석은 우리의 평가 목록에서 유용한 자료이며, 특히 요즘 많은 권위자가 진단에서 중요한 고려사항으로 생각한다(Owens, 2014; Paul, 2012; Swanson, Fey, Mills, & Hood, 2005). 그리고 우리는 이야기 산출이 개인의 문화에 따라 다를 수 있음을 기억해야 한다. Gutierrez-Clellen과 Quinn(1993)은 이야기가 아동의 정보와 조직 능력, 세상사 지식과 경험, 유도 과제의 유형, 상호작용 스타일, 준언어 제약의 사용에 영향을 받는다고 지적하였다. 어떤 장애 집단에서는 유도 과제가 이야기 샘플 수집에 영향을 미칠 수 있다. 예를 들면, 다운증후군 아동에게서 이야기를 유도하기 위해 그림을 사용하면 말로만 할 때보다 더 긴 발화를 이끌어 낼 수 있다(Miles, Chapman, & Sindberg, 2006).

| 표 5-10 | Heilman 등(2010)의 이야기 채점 도식 |

특성	능숙함	시작단계	최소/미숙함
시작/세팅	• 아동은 일반적인 장소를 말하거나 세팅에 대한 세부사항을 말한다(예: 시간과 관련하여 '낮에, 밤에, 어떤 계절에') • 세팅과 관련된 요소들이 이야기의 적절한 위치에 진술되어 있다.	• 아동은 전반적 세팅을 언급하지만 자세하지는 않다. • 이야기의 묘사나 구성요소가 이야기 중간에 제시된다. • 아동이 세팅의 특정 요소만을 묘사한다(예: 개구리가 병에 있어요).	• 아동은 세팅을 말하려는 시도 없이 이야기를 시작한다.
등장인물의 변화	• 주인공들이 설명이나 세부사항과 함께 소개된다. • 주인공(들)과 모든 조연이 모두 언급된다. • 이야기 전반에 걸쳐 아동은 주인공과 조연을 분명하게 구분한다[예: 주인공(들)을 더 설명하거나 더 강조함]. • 아동은 직접 화법으로 주인공 목소리를 흉내 내면서 이야기한다(예: 올빼미가 "너 내 나무에서 나가!"라고 말했어요.).	• 이야기의 등장인물들이 세부사항이나 설명 없이 언급된다. • 주인공들과 주된 조연들이 모두 언급된다. • 주인공들이 조연들과 분명하게 구분되지 않는다.	• 등장인물의 언급이 비일관적이다. • 줄거리 전개에 필요한 등장인물들이 없다.
내적 상태	• 줄거리 전개와 진행을 위해 필요할 때 주인공들과 조연들의 내적 상태가 표현된다. • 내적 상태와 관련된 다양한 단어가 사용된다.	• 등장인물(들)의 내적 상태를 나타내는 몇몇 단어가 사용된다. • 이야기 전반에 걸쳐 적은 수의 내적 상태 단어가 비일관적으로 사용된다.	• 등장인물들의 내적 상태를 나타내는 단어가 사용되지 않는다.
참조하기	• 아동은 대명사에 해당하는 선행사건을 진술한다. • 이야기 전반에 걸쳐 언급대상이 확실하다.	• 언급대상/선행사건의 사용이 비일관적이다.	• 대명사가 과도하게 사용된다. • 분명한 표현을 사용하지 않는다. • 아동은 청자가 혼돈하고 있다는 것을 알아차리지 못한다.

갈등 해결	• 아동은 이야기 줄거리의 진행에 중요한 모든 갈등과 해결을 분명하게 진술한다.	• 이야기 줄거리의 진행에 중요한 갈등과 해결의 설명이 충분하지 않다. 또는 • 줄거리 진행에 중요한 갈등과 해결이 모두 진술되어 있지 않다.	• 이유나 갈등에 대한 진술 없이 무작위로 해결이 진술된다. 또는 • 갈등은 진술되어 있지만 해결은 없다. 또는 • 줄거리 진행에 중요한 갈등과 해결이 많이 없다.
결속력	• 사건들이 논리적 순서를 따른다. • 중요한 사건들은 포함되지만, 사소한 사건들은 강조되지 않는다. • 사건들 간의 전환이 매끄럽다.	• 사건들이 논리적 순서를 따른다. • 사소한 사건들이 과도하게 자세하거나 강조되어서 청자를 혼란에 빠뜨린다. 또는 • 다음 사건으로의 전환이 분명하지 않다. 또는 • 중요한 사건들을 자세히 말하지 않는다. 또는 • 모든 사건을 똑같이 강조한다.	• 매끄러운 전환이 없다.
결말	• "그리고 행복하게 살았습니다."와 같이 일반적인 결말을 진술하여 분명하게 끝맺는다.	• 특정 사건에 대한 결말은 있지만 전체 이야기에 대한 결말이 될 만한 일반적인 진술은 없다.	• 아동은 이야기를 마쳤지만, 청자는 이야기가 끝났는지 알지 못한다.

채점: 모든 특성은 1~5점 척도로 채점한다. 능숙함은 5점, 시작단계는 3점, 최소/미숙함은 1점으로 채점한다. 중간 점수(즉, 2와 4)에 대한 특별한 기준은 없고 채점자의 판단으로 정한다. 특성 점수를 합하여 총점을 구한다. 그러므로 가장 높은 점수는 35점이다. 0점과 해당사항 없음은 다음과 같이 규정한다. 0점은 아동의 오류에 해당한다(엉뚱한 이야기, 검사자와 역할이 바뀌어 검사자에게 질문을 함, 과제를 완성하지 않거나 거부함, 잘못된 언어를 사용하거나 이야기를 이해하지 못한 인상을 줌, 쓸데없는 발화, 불명료한 발화, 낮은 수준의 수행, 발화 요소들이 모두 모방임). 해당사항 없음 점수는 기계/검사자/진행의 오류에 해당한다(배경 소음으로 방해 받음, 끊김이나 방해와 같은 녹음의 문제, 검사자가 먼저 중단함, 검사자가 프로토콜을 따르지 않음, 검사자가 개방형 질문이나 단서보다는 특정 질문이나 유도 질문을 함).

출처: Properties of the narrative scoring scheme using narrative retells in young children. Heilmann et al. (2010). *American Journal of Speech-Language Pathology*.

임상적 담화에서 주제 운용에 대한 평가

주제를 유지하려면 의사소통 파트너, 맥락상 눈에 보이는 정보, 이전에 나눈 담화와 공유된 일반적인 지식을 사용해야 한다. Keenan과 Schieffelin(1976)에 따르면, 많은 대화 공간은 어떤 주제를 다루려고 의사소통자들이 택한 곳이다. 일단 주제가 정해지면 상호작용자는 자신의 차례에 주제를 유지하거나(**연속 담화**) 주제를 바꾼다(**비연속 담화**). 화자가 연관된 말로 이전 발화를 보강하거나 화자의 말에 이전 발화의 정보를 통합시킴으로써 담화 주제를 이어 간다면 주제가 유지된다. 화자가 이전 발화와 무관한 주제를 제시하거나 이전 주제를 재도입한다면("아까 했던 이야기로 돌아가서…….") 담화 주제가 바뀐다. 그러므로 주제 유지 발화는 이전 발화를 보강하거나 주제와 관련된 새로운 말에 이전 정보를 통합하는 발화이다. 연령이 높아지면 연속 담화의 길이가 증가한다. 주제 운용 평가에서는 먼저 주제를 시작하기 위하여 화자가 청자의 주의를 끌 수 있는지(울기나 소리치기나 제스처나 잡아당기기, 음성 크기와 운율의 이용, '있잖아요' 같은 시작 문구) 알아봐야 한다. 그리고 주제당 대화를 주고받은 횟수로 주제 단위의 길이를 측정할 수 있다. 또한 아동이 사용한 주제 유지 발화 및 주제 변경 발화를 측정할 수 있다. 평가에서 중요한 것은 주제의 유지뿐만 아니라 주제를 시작하는 아동의 능력이다. 주제 운용에 대한 자세한 분석에 대한 괄목할 만한 연구는 Brinton과 Fujiki(1984, 1989)가 수행하였다. 그들은 임상에서 주제 운용과 관련된 모든 측면을 평가하기 위한 자세한 절차를 제공하였다. 그러나 우리는 정상 및 언어장애 아동 모두를 대상으로 주제 운용 발달을 더 자세하게 규정하는 연구가 필요하다. 몇몇 언어장애 아동은 분명 이 기술에 어려움이 있지만(Prutting & Kirchner, 1987) 언어장애 아동 중에서도 어떤 하위 집단은 정상적으로 주제를 운용하는 것으로 나타났다(Edmonds & Haynes, 1988; Ehlers & Cirrin, 1983). **연속성**(contingency), 즉 주제 유지에 대한 평가는 어떤 집단의 담화 문제를 알려 주는 중요한 요소일 수 있다. 예를 들면, 취약X증후군 (fragile X syndrome)은 자폐스펙트럼장애를 동반하기도 하는데, 연구에 의하면 이 두 장애가 함께 있는 남아는 취약X증후군만 있는 남아에 비해 담화에서의 연속성이 유의하게 떨어졌다(Roberts, Martin, Moskowitz, Harris, Foreman, & Nelson, 2007). 또한 연령대마다 주제 운용에 분명한 차이가 있으므로 정상인의 기술 변화를 알아보기 위해 전 생애에 걸쳐 주제 운용에 대해 더 많이 알아야 한다(Stover & Haynes, 1989).

수정에 대한 평가: 후속 질문

대화 능력 측정의 또 다른 주요 범주는 **후속 질문**(contingent query)이다. 수많은 연구 (Garvey, 1977a, 1977b)에서 성인과 아동이 대화의 결속을 위해 후속 질문을 한다고 하였다. 3세처럼 어린 아동도 후속 질문을 한다. 기본적으로 대화에서 질문은 다양한 기능을 수행하며 그중 많은 것이 대화를 계속하기 위한 수정 과정과 연관된다. 후속 질문으로는 단순한 반복 요구("어?"), 특정 부분의 반복 요구("어떤 거?"), 확인 요구("녹음기?"), 정교화 요구("어디로 가야 한다고?")를 사용한다. 질문은 대화 능력에 중요한 메커니즘이므로 어떻게 명료화를 요구하는지 모르는 아동은 상호작용 대상과 주제를 유지하는 데 어려움을 겪게 된다. 후속 질문과 연계되어 가장 많이 사용되는 용어는 **대화 수정**(conversational repair)이다. 임상적으로 아동이 대화 수정에 대응하고 대화 수정을 요구할 수 있는지 알아봐야 한다(Brinton & Fujiki, 1989). 예를 들어, 반복, 명료화, 정교화를 원하는 청자의 요구에 아동이 발화를 맞추어 갈 수 있는지, 반대로 임상가가 존재하지 않는 단어를 말하거나 특정 맥락에서 사실에 위배되는 말을 할 때 아동이 명료화를 요구할 수 있는지 알아봐야 한다. Brinton과 Fujiki(1989)는 대화 수정 메커니즘의 평가 및 치료에 도움이 되는 많은 조언을 제시하였다. Yont, Hewitt과 Miccio(2000)는 대화 중단 코딩 체계(Breakdown Coding System: BCS)를 소개하였다. BCS는 높은 판단자간 신뢰도를 보이므로 대화 중단 패턴의 프로파일링에 유용하다고 한다. 앞으로 언어장애 아동에 대한 연구가 계속되어야 하겠다.

결속의 적절성에 대한 평가

어떤 아동은 이야기나 대화 시 적절한 **결속**(cohesive), 즉 담화 내 요소들 간의 관계나 연결이 부족하다(Halliday & Hasan, 1976). Stover와 Haynes(1989)가 한 예를 제시하였다.

> "싱크대에 있는 더러운 접시를 씻어라. 그것이 다 마르면 정리대에 넣어라." 이 담화에서 두 번째 문장의 '그것'은 바로 더러운 접시를 가리키므로 결속력 있는 연결이 형성되어 있다. 물론 결속 표지는 대화에서 방금 산출한 발화의 바로 앞 문장보다 더 멀리까지 확대될 수 있다. …… **완전한 연결**에서는 앞의 예문에서처럼 결속 표지가 가

리키는 것을 어떤 모호함도 없이 이전 발화에서 바로 발견할 수 있다. 그러나 **불완전한 연결**에서는 결속 표지가 이전 발화에 언급되어 있지 않다. "나는 아이스크림이 좋아. 걔도 그랬어." 같은 예문에서 '걔'는 앞 문장의 어떤 사람과도 연관이 없기 때문에 불완전한 연결이다. 잘못된 연결에서는 지칭하는 것이 모호하거나 잘못 해석된다. 예를 들어, "Tom과 Jerry는 도시에 살아. 그는 그걸 좋아해."에서 우리는 '그'가 Tom인지 Jerry인지 알 수 없다. (p. 140)

Liles(1985)는 결속 분석을 위한 특별한 절차를 제시하였다. 이런 유형의 분석은 담화에서 청자의 관점을 고려하지 않는 사례 그리고 대화 규칙의 필요성을 자각하지 못하는 사례에 유용하다(Grice, 1975). 최근 몇몇 연구는 결속 문제를 보이는 하위 집단 아동이 있을 수 있다고 언급하였다. 예를 들어, Craig와 Evans(1993)는 수용 및 표현 언어장애 아동은 표현언어장애 아동에 비해 불완전한, 잘못된, 모호한 연결을 유의하게 더 많이 산출한다고 하였다. 완전한, 불완전한, 잘못된 연결의 백분율 측정은 치료 진전의 지표로 사용될 수 있다.

기억, 처리 부담, 집행 부담에 대한 이슈

임상가와 연구자는 언어장애 아동이 언어적 자료를 효과적으로 처리하지 못하는 것 같다는 점에 계속적으로 주목해 왔다. 이러한 사실은 의미적·구문적·음운적·인지적 복잡성의 추가로 인해 처리 부담을 관리하기 어려워질 때면 더욱 그러하다. 이는 우리가 앞에서 SLI 아동이 교육과정의 언어적 및 인지적 부담에 대처하는 것이 점점 더 어려워진다고 언급했던 현상을 아주 잘 설명한다. 이는 아동에게 두 가지 과제를 동시에 수행하도록 하는 이중 과제 패러다임을 사용한 연구에서 쉽게 관찰할 수 있다. Johnston(2006)은 이를 다음과 같이 요약하고 있다.

이중 과제 결과에 대한 또 다른 해석은 요구되는 노력의 협응을 강조한다. 그리고 낮은 수행은 지식의 비효율적인 적용이나 수행을 모니터링하는 능력의 저하나 다양한 반응을 관리하는 것의 어려움을 반영한다고 논하고 있다. 이러한 해석은 모두 인간의 정신이 제한된 용량의 시스템으로 작동한다는 가정을 기반으로 한다. 만약 한 순간에 사용할 수 있는 정신 에너지가 한정되어 있다면, 많은 집중이나 효율이 요구되는 과제에서는 이 용량의 대부분을 사용하기 때문에 다른 과제를 할 만큼의 용량이 거의 남아 있지 않다. 교통 체증이 심할 때 말하면서 운전하는 것은 힘든 일이다. (p. 54)

만약 SLI 아동이 언어 영역에 '약점'이 있다면, 발화를 이해하고 산출하는 데만도 그들의 처리 용량의 대부분을 사용하기 때문에, 추론이나 새로운 어휘의 선택이나 복잡한 구문의 구성과 같은 더 복잡한 활동을 위해 남아 있는 자원이 거의 없을 것이다. 그러므로 우리가 치료를 통해 아동의 언어 학습을 더 많이 도와줄수록, 사용할 수 있는 처리 용량은 더 많아지게 된다. 작업기억 사용과 같은 능력은 발화의 나머지를 처리하는 동안 문장의 앞부분이나 이전 문장의 중요한 정보를 기억하는 데 꼭 필요하다. 비단어 모방 과제(Nonword Repetition Tasks: NRT)에서도 SLI 아동은 자극어가 길어질수록 처리에 어려움을 겪는 것 같다. 우리는 임상가가 자세한 언어평가의 한 부분으로 이러한 능력을 평가하기를 바라기 때문에 여기서 특정 예를 언급하겠다. Montgomery와 Evans(2009)의 연구에 의하면, 언어장애 아동이 전형적 발달 아동에 비해 작업기억을 이용하도록 제작된 과제에서 더 낮은 수행을 보였다. 언어장애 집단의 경우 기억 과제 점수는 복잡한 문장의 이해를 나타내는 점수와 상관이 있었고, NRT 점수는 단순문장의 이해와 관련이 있었다. 그러나 전형적 발달 집단에서는 기억 과제와 언어 이해 사이에 유의한 상관이 없었다.

언어장애 아동에 대한 많은 연구에서 작업기억이 비효율적이라는 점이 밝혀져 왔고, 작업기억은 복잡한 문장의 이해가 요구되는 과제에서 특별히 필요한 기술이었다. 아동이 인지적 및 언어적 판단을 하는 동안 빠르게 제시되는 정보를 잡고 있으려고 노력한다면, 처리 부담이 유의하게 증가한다. 그러므로 전형적 발달 아동에 비해 언어장애 아동은 단순하든 복잡하든 간에 언어 처리에 더 많은 정신적 노력이 필요하다. 최근 요인 분석 결과를 보면, SLI가 있는 14세 학생은 속도와 작업기억에서 처리의 제한을 경험하는 것 같다(Leonard, Weismer, Miller, Frances, Tomblin, & Kail, 2007). Lum, Conti-Ramsden, Page와 Ulman(2012)은 SLI 및 전형적 발달의 초등학생을 대상으로 작업기억, 서술기억, 절차기억을 평가하고 비교하였다. 그 결과, SLI 아동은 시공간적 절차기억, 구어 단기기억, 구어 작업기억에서 어려움을 겪었다. 작업기억과 언어 사이에는 상관이 없었지만, 두 집단 모두에서 절차기억은 어휘 능력과 상관이 있었다. 또한 SLI 아동의 문법 능력도 구어 절차기억과 상관이 있었다. 전반적으로 SLI 아동은 절차기억과 구어 작업기억에서 어려움을 겪었다. Montgomery, Magimairaj와 Finney(2010)는 작업기억이 언어장애와 관련된다는 연구들과 함께 처리 속도, 집행기능, 작업기억 능력, 단기기억을 평가하기 위해 SLP가 사용한 검사와 측정치에 대한 출처 목록을 아주 잘 검토해 놓았다.

최근 메타분석으로 언어장애 아동의 비단어 모방 과제에 초점을 둔 20여 개 이상의 연구를 검토한 결과, 언어장애 집단이 전형적 발달 아동보다 유의미한 어려움을 나타내었고, 평균 1.27 표준편차 이하의 수행을 보였다고 하였다. 이 어려움은 짧은 비단어와 긴 비단어 모두에서 관찰되었으나, 긴 비단어에서의 어려움이 더 유의하였다. 또한 다른 비단어 자극 세트를 사용한 연구마다 효과 크기가 달랐는데, 이는 과제들이 동일하지 않을 수 있음을 시사하였다. Stokes와 Klee(2009)는 영국에서 학령전 아동을 위한 비단어 모방 과제를 개발하였다. 그들은 대부분의 비단어 과제가 그러하듯 음절이 긴 과제일수록 아동의 어려움이 증가하였고, 이 과제를 이용하여 민감도와 특이도 측면에서 수용할 만한 심리측정적 수치로 말이 늦는 아동과 전형적 발달 아동을 구분할 수 있었다. Chiat와 Roy(2007)도 학령전 아동을 위한 비단어 모방 과제를 개발하였다. 그들은 항목의 길이가 길어지고 운율 구조가 복잡해질수록 어려움이 증가한다는 일반적인 결과를 얻었다. 2~4세 아동은 연령이 증가할수록 수행을 더 잘하였고, 수행력은 성별이나 사회경제 수준의 영향을 받지 않았다. 또한 이 과제는 평가를 위해 치료실에 의뢰된 아동과 전형적 발달 아동을 높은 판단자간 신뢰도와 검사-재검사 신뢰도로 정확하게 구분할 수 있었다.

작업기억과 비단어 모방 과제를 포함한 대부분의 과제는 평가에 많은 시간이 걸리지 않으며, 언어 영역에서 아동의 전체 기능에 대한 그림에 한 조각을 더할 수 있다. 또한 비단어는 아동의 모국어 규칙의 영향을 받지 않기 때문에, NRT는 이중언어 아동이나 영어 방언을 사용하는 아동에게도 사용되어 왔다. 그러므로 이는 비편향적 평가에서 사용될 수 있는 과제인 것 같다.

집행기능(executive functioning)이란 작업기억, 계획, 사고와 행동의 유연성(전환능력), 구어 및 비구어 유창성, 억제가 요구되는 인지 능력 및 목표지향적 행동을 나타내는 용어이다(Huges, 2002; Miyake, Friedman, Emerson, Witzki, & Howerter, 2000). 이 기술들은 서로 다른 발달 과정을 거치는데, 억제가 전환능력과 작업기억보다 더 일찍 발달한다. 연구에 의하면 언어 발달과 집행기능 능력 사이에는 관련성이 나타난다고 한다(Carlson, Mandell, & Williams, 2004; Remine, Care, & Brown, 2008; Roebers &

Schneider, 2005; Spaulding, 2010). Henry, Messer와 Nash(2012)는 학령기 SLI 아동을 낮은 언어기능 아동 및 언어적 어려움이 없는 전형적 발달 아동과 비교했을 때 집행기능에 차이가 있는지를 평가하기 위하여 10개의 집행기능 측정치를 사용하였다. 그 결과, SLI 아동은 전형직 발달 아동에 비해 집행기능 측정치 열 개 중 여섯 개에서 더 많은 어려움을 보였다. 특히 SLI 아동은 구어 및 비구어 작업기억, 구어 및 비구어 유창성, 비구어 억제, 비구어 계획과 관련된 과제에서 더 낮은 수행을 보였다. 또한 SLI의 2/3는 평가한 집행기능에서 적어도 세 개에서 어려움을 나타내었다. SLI 아동과 낮은 언어기능 아동 사이에는 유의미한 차이가 없었는데, 이는 언어장애의 정도가 경도 및 중등도이더라도 집행기능 능력에 영향을 미칠 수 있음을 시사한다.

문해력 및 학교 교육과정의 평가

이 장의 서두에서 언급했듯이 몇몇 아동은 학령기에 언어장애로 발전할 위험이 높다. 첫째, 학령전에 언어지체 이력이 있었던 아동은 학령기에 경미한 언어장애를 경험하고 학업에 문제가 있을 위험이 높다(Aram & Nation, 1980; Bashir et al., 1983; Hall & Tomblin, 1978; King, Jones, & Lasky, 1982; Strominger & Bashir, 1977). 그들은 언어치료가 끝나고 나중에 읽기장애나 학습장애가 있는 아동으로 진단되기도 한다. 교육과정상 언어 및 의사소통의 요구는 매우 증가하지만 그들의 언어 능력은 이러한 도전을 맞이할 만큼 성장하지 못했기 때문에 대부분이 학령기 내내 낮은 학업성취도를 보인다. 두 번째 집단은 경미한 언어장애를 보일 수 있는 읽기장애 또는 학습장애로 진단된 아동이다. 학습장애 아동의 대부분이 언어지체를 경험했고 어떤 문제는 성인기까지 계속된다. 마지막으로, 낮은 학업 수행 때문에 학업상 위험에 처해 있는 아동으로, 언어 과제를 수행하는 능력에도 결함이 있으리라 생각된다(Simon, 1989). 지금으로서 분명한 것은 언어장애 아동은 읽기 이해에서도 낮은 수행을 보이는 경향이 있다는 것이다(Catts, 1993). 구어 기술은 읽기 성취와 직접적으로 관련된다(Wise, Sevcik, Morris, Lovett, & Wolf, 2007). SLP는 앞에 언급한 집단들을, 특히 교사가 의뢰한 경우에는 더 주의 깊게 평가해야 한다. 〈표 5-1〉에는 이들에게서 나타나는 특정 언어 증상의 대부분이 나열되어 있다. 그러나 언어나 의사소통 능력 검사에서 교실에서의 성취에 중요한 요소들이 그다지 강조되어 오지 못한 측면이 있다.

요즘 SLP는 과거 어느 때보다 문해력 문제에 열심이다. 어린 아동의 문해력 선별 프로그램이 나오다 보니 학령전이나 학령 초기부터 이러한 노력이 시작되는 것으로 생각된다. 자세한 언어 평가는 초기 문해력도 다루어야 한다. 아동의 문해력 발달이 늦다면 SLP는 치료에 문해 활동을 포함시킬 수 있다. 전형적 발달 아동에게도 문해력 이슈는 학습에 중요한 영향을 미칠 수 있다. 예를 들어, Foster와 Miller(2007)는 유치원 입학 시의 문해 발달 수준을 낮음, 중간, 높음의 집단으로 나누어 유치원부터 3학년까지 연구하였다. 자료는 12,000명 이상의 아동을 대상으로 한 초기 아동기 종단 연구(Early Childhood Longitudinal Study)에서 가져왔다. 그 결과, 중간과 높음 집단이었던 학생은 1학년말에 파닉스에서 좋은 점수를 받았다. 그러나 낮음 집단은 3학년까지 그러한 수준에 도달하지 못하였고, 문단 이해에 유의한 어려움을 보였다. 문해력 문제 때문에 학습 문제를 보이는 이러한 아동에 대한 정보는 추측만 할 뿐이다. 불행히도 낮은 수준의 수행력을 보이는 집단은 사회경제적 수준이 낮았고 아프리카계 미국인과 히스패닉계의 아동이 지나치게 많았다. Justice와 Ezell(2004)은 문자 언어의 인식에 도달하기까지의 발달 과정과 문자 인식을 평가하고 치료할 수 있는 인쇄 참조물을 제공하고 있다. Justice와 Kaderavek(2004), Kaderavek과 Justice(2004)는 음운인식, 인쇄물 개념, 알파벳 지식, 문자 언어를 포함하는 초기 문해력 발달을 위한 발달 모델을 개괄하였다. 아동은 자연스러운 환경과 학교 세팅에서 글자를 접할 기회가 많은 반면, SLP는 소집단, 교실, 개별 활동에서 문해력 문제에 접근하게 된다. 그러므로 평가 내용과 치료 목표를 선정하려면 발달 과정을 알아야 한다. Boudreau(2005)는 각운, 환경의 인쇄물 지식, 인쇄물 규약에 대한 지식, 글자 이름 지식, 글자 소리 지식, 이야기 능력의 측정이 이와 비슷한 영역을 묻는 부모 설문 결과와 매우 밀접한 관련이 있다고 하였다. 이는 검사자가 초기 문해력에 대한 대략적인 견해를 얻기 위해 이러한 질문지를 평가 과제에 포함시킬 수 있음을 시사한다. 우리는 부모와 교사가 평가에 기여하는 바를 과소평가하면 안 된다. 일반적으로 사용되는 공식적인 표준화 검사에는 Test of Early Reading Ability-3rd ed(Reid, Hresko, & Hammill, 2001), Gray Oral Reading Test-5th ed(Wiederholt & Bryant, 2012), Gray Diagnostic Resading Test-2nd ed(Bryant, Wiederholt, & Bryant, 2014), Gray Silent Reading Tests(Weiderholt & Blalock, 2000), Woodcock Reading Mastery Test-3rd ed(Woodcock, 2011)이 있다.

많은 문해력 측면(예: 읽기, 쓰기, 맞춤법, 적절한 이야기)이 아동의 구어 체계에 기초하기 때문에 언어장애가 있는 대상자가 문해력 기술에도 취약한 것은 당연하다. 이 장

초반에 언어장애 아동이 읽기장애를 나타낼 위험이 높고 학업성취도가 낮을 수 있음을 보여 주는 연구를 인용하였다. 최근 연구들은 언어와 상위언어 능력과 읽기의 관계에 관심을 갖는다. 예를 들어, Catts, Fey, Zhang과 Tomblin(2001)은 600명 이상의 유치원 아동을 검사한 후 그들이 2학년이 되었을 때의 읽기 능력을 재검사하였다. 연구자들은 아동의 글자 확인, 문장 따라 말하기, 음운 인식, 빨리 읽기, 어머니의 교육 정도가 2학년 때의 읽기 결과를 아주 잘 예측한다고 하였다. Gilbertson과 Bramlett (1998)는 비공식 음운인식 검사가 1학년 때의 읽기 능력을 예측하는지 알아보았다. 그들은 철자법, 범주화, 합성하기 과제가 1학년 말의 표준화된 읽기 측정을 가장 잘 예측한다고 하였다. 이 세 가지의 음운인식 과제는 92%의 정확도로 읽기장애 위험군 학생을 찾아내었다. 그들은 언어에 근거한 읽기장애 아동의 발견과 치료에 SLP가 중심적인 역할을 할 수 있다고 조언하였다.

　Catts(1997)는 읽기장애의 조기 발견을 위해 사용할 수 있는 SLP 및 교사를 위한 체크리스트를 개발하였다. 이 체크리스트에는 읽기 문제와 관련되기 쉬운 여러 언어 결함이 제시되어 있다. 유치원을 마쳤거나 1학년에 들어가는 아동에게 사용하도록 개발되었다. 체크리스트에 나열된 특징을 많이 보이는 아동에게는 자세한 평가를 고려해야 한다. 체크리스트는 말소리 인식, 단어 회상, 구어 기억, 말 산출/인식, 이해, 표현 언어, 기타의 7개 영역으로 구성되어 있고, 각 영역마다 5~7개의 항목이 포함되어 있다. Boudreau와 Hedberg(1999)는 5세의 SLI 아동과 정상 언어 발달 아동을 대상으로 수많은 초기 읽기 변수를 연구하였다. SLI 아동은 각운, 글자 이름, 인쇄물 개념 지식과 연관된 과제에서 정상 언어 발달 아동만큼 수행하지 못하였다. 또한 SLI 아동은 이야기에서 언어 구조, 정보 회상, 포함된 총 사건 수의 측정에서도 더 낮은 수행을 보였다. 다른 연구에서는 SLI 아동의 초기 읽기와 관련한 문해력을 연구하였다. 아직 제대로 읽지 못하는 아동에게 친근한 동화책 하나를 소리 내어 '읽으라고' 하여 아동이 산출한 말소리로 문어의 특징을 분석하였다. Kaderavek과 Sulzby(2000)는 SLI 아동과 정상 언어 발달 아동을 연구하여 SLI 아동이 문어와 관련된 언어 특징을 더 적게 산출하고 구어 이야기에 더 많은 어려움이 있음을 발견하였다. 그들은 초기 동화책 읽기가 언어장애와 읽기장애의 관계를 통찰해 줄 수 있으므로 언어 평가 프로토콜의 일부로 유용할 수 있다고 제안하였다.

　어떤 연구자는 비교적 정상적으로 언어가 발달하는 말 늦은 아동에게도 관심을 가져왔다. 예를 들어, Rescorla(2002)는 유아기 때 말이 늦다고 판단된 34명의 아동을 6~9세까지 추적하였다. 말 늦은 아동 대부분은 학교 입학 때 대부분의 언어 기술을 정상 범주로 수행하였고, 비교적 적은 수의 말 늦은 아동만이 읽기장애로 발전하였다. 그러나 저자는 겉으로 드러나지는 않아도 초기 표현언어지체가 언어 및 읽기와 관련된 기술에 약점으로 작용한다고 생각하였다. Rescorla는 단어 인출, 구어 기억, 음운 변별, 문법적 처리 과정을 강화하는 활동에 아동을 많이 노출시킬 것을 조언하였다. 문해력 문제가 언어장애 아동에게 나타날 수 있으므로 SLP는 이 문제의 조기 발견에 관여해야 한다. 우리는 언어지체의 장기적 영향에 대해 더 많이 알아가고 있다. Rescorla(2009)는 2세와 17세의 전형적 발달 아동과 이해력이 정상인 말 늦은 아동을 연구하였다. 말이 늦은 아동은 전형적 발달 아동에 비해 17세에 어휘, 문법, 구어 기억이 유의하게 낮았다. 중요하게 주목해야 할 점은 두 집단의 점수는 모두 정상 범주였지만, 말 늦은 아동의 점수가 유의하게 낮았다는 것이다. Justice, Invernizzi와 Meier(2002)는 문해력 문제의 위험이 높은 아동의 조기 진단을 위한 프로토콜을 개발하였다. 이 프로토콜은 학교에 있는 전문가 팀이 사용하도록 고안되었는데, 구어 인식, 음운 인식, 글자 이름 지식, 자소-음소 대응, 읽고 쓰기에 대한 동기, 집에서의 읽기 쓰기에 초점을 맞추었다. 그리고 초기 읽기 및 쓰기 선별 프로그램을 만들어서 실시하고 프로토콜의 해석 기준(통과 기준 등)을 개발하기 위한 지침을 제공하였다.

아동의 연령이 높아지면 SLP는 평가뿐만 아니라 치료에도 문해력 활동을 넣어야 한다. Apel(1999)은 읽기와 쓰기 장애의 평가 및 치료에 관한 전문 문헌과 ASHA에서 제공한 추천업무형태에 그 이론적 근거를 제공하였다. "……SLP는 문제가 있는 것으로 판단되면 구어 기술뿐만 아니라 읽기 및 쓰기 기술을 평가하고 촉진해야 한다."(p. 229) 이는 성인 사례에서도 중요할 수 있다. 또한 SLP는 철자법 및 글쓰기와 같은 다른 문해력 영역을 포함하는 평가에도 관여할 수 있다. Masterson과 Crede(1999)는 철자법 발달과 철자법 수행에 영향을 미치는 요인을 논의하였다. 그들은 철자법 문제에 대한 자세한 평가와 치료를 통해 공식 및 비공식 검사 모두에서 철자법 수행의 진전을 나타낸 사례를 제시하였다. 철자법을 평가하는 세 가지 맥락은 받아쓰기, 연결된 글쓰기, 알아맞히기이다. 받아쓰기에서는 치료사가 단어를 문장에 넣어서 말해 주고, 학생에게 그 단어의 철자를 맞춤법에 맞게 쓰거나 말하게 한다. 연결된 글쓰기에서는 학생이 쓴 글 샘플을 평가한다. 알아맞히기 과제에서는 학생에게 다중 선택 과제를 제시한다. Masterson과 Apel(2000)은 받아쓰기와 연결된 글쓰기를 모두 평가해야 한다고 하였다. Test of Written Spelling-5(Larsen, Hammill, & Moats, 2013)와 Test of Written

Language-4th ed(Hammill & Larsen, 2009)은 철자법 평가에 흔히 사용되는 표준화 검사이다. Masterson과 Apel(2010)은 철자법 민감도 체계(Spelling Sensitivity System: SSS)를 개발하여 철자법 정확도와 지식의 발달적 변화를 평가하였다. 이 체계에서는 단어를 구성요소로 나누도록 하고 학생의 철자법을 4점 적도로 평가한다. SSS 요소와 SSS 단어라는 두 가지 점수로 나뉘어 있으며, SSS 요소와 SSS 단어의 결과를 어떻게 채점하고 평가하는지에 대한 지침이 제공되어 있다.

Graham과 Harris(1999)는 쓰기 전략의 평가 및 치료 방법을 쓰기 전략의 조절, 쓰기 과정을 통한 학습, 쓰기 방해 행동의 제거를 위한 절차와 결부시켜서 설명하였다. 언어장애가 있는 학령기 아동을 자세하게 평가할 때, 모든 언어 양식이 학생의 능력과 필요에 대한 중요한 통찰을 제공한다는 점을 기억해야 한다. SLP는 학생에게 교과서 하나를 택해 여러 문단을 큰 소리로 읽게 하고는 실수, 이해 능력, 해독 전략에 주목하여 글자 정보 처리에 어려움을 보이는지 살펴봐야 한다. 또한 이야기 글쓰기 샘플은 계획할 시간까지 포함하여 보통 한 시간 안에 얻을 수 있다. 분명히 학생의 나이가 어릴수록 글쓰기의 완성도가 떨어질 수 있다. Nelson(2010)은 읽기 및 쓰기의 분석을 잘 개괄하였고 임상가를 위한 인터넷과 글 자료를 제공하였다. Puranik, Lombardino와 Altmann(2008)은 SLP에게 쓰기 능력을 수량화하는 방법을 제공하였다. 이 절차는 개별적으로 또는 집단으로 실시할 수 있다. 쓰기 샘플과 관련한 특정 측정치들이 설명되어 있고 3~6학년 학생의 자료가 제공되어 있다. 이 절차는 지속적으로 쓰기를 수량화하는 데에도 유용할 수 있다.

만약 학령기 아동이 미세한 언어장애가 있고 학업 수행도가 낮다면, 자세한 평가에는 다음과 같은 내용이 포함되어야 한다.

- 성공적인 학교생활을 위한 전략과 관련하여 아동의 지식 평가하기
- 아동을 가르칠 때 교사의 의사소통 평가하기
- 아동이 배워야 하는 교과과정 및 교재 평가하기
- 읽기 및 쓰기와 관련된 문해력 영역 평가하기

어떤 SLP는 아동 능력에서 그리 중요하지도 않은 이런 요소의 평가에까지 관심을 가져야 하는지 의아해할 수도 있다. 학령기 아동은 학업 수행의 기대치가 끊임없이 변하는 복잡한 체계에 속해 있다. 그들은 학교에 있는 동안 여러 종류의 교육 내용과 다

양한 교수 스타일을 대면해야 한다. 학령기 아동은 언어를 사용하여 복잡한 상위언어 능력 및 추상적인 개념이 요구되는 다양한 학업 과제를 이해하고 표현해야 한다. 교사와 SLP는 상위언어 능력이 일반적인 발달 순서로 습득됨을 기억해야 한다(Wallach & Miller, 1988).

또한 아동은 학교 문화가 무엇을 요구하는지 인식해야 하고 시험을 보게 될 교재를 어떻게 공부하고 암기하고 효과적으로 학습하는지 알아야 한다. 정보를 기억하고 이해하는 데 효과적인 학습 기술이나 전략이 없다면 아동은 실패할 것이다. 학업 성취를 위하여 자기훈련, 우선순위 결정, 조직, 시간 관리가 요구되며, 이들 영역은 모두 집행기능이라는 개념에 포함된다. **자기조절**에는 자기 모니터링, 자기평가, 행동 조절이 포함된다. 집행기능과 자기조절은 모두 궁극적으로 구어, 쓰기, 읽기 이해를 위한 전략을 배우고 이행하는 데 필요한 요소이다. Singer와 Bashir(1999)는 한 사례를 통해 비생산적인 반응을 억제하는 방법을 어떻게 배우는지 그리고 상황에 대한 체계적 분석, 의사소통을 위한 목표 설정, 자기 모니터링에 참여하는 방법을 어떻게 배우는지 보여주었다. 집행기능과 자기조절은 평가 및 치료 프로그램에 포함되어야 할 중요한 부분이다.

교사는 수업에서 빠른 말속도로 지시를 하거나 은유와 복잡한 문장 유형을 사용할 수 있다. 교사는 시청각 미디어를 보조 자료로 능숙하게 사용할 수도 있고 강연에만 의존할 수도 있다. 읽기 교과과정이 발음 중심의 교수법이나 다른 상위언어 과제를 강조한다면, 상위언어에 어려움이 있는 아동은 읽기 학습이 극히 어렵거나 불가능할 수 있다. 반대로 음운인식 치료가 몹시 필요한 아동에게 발음 중심의 교수법을 거의 강조하지 않고 언어 접근법을 강조할 수도 있다. 어떤 경우에는 대체 접근법이 특정 기술의 학습에 도움을 줄 수도 있다. 여기서 말하고 싶은 것은 아동의 학습 환경에 친숙하지 않은 진단가라면 언어장애 아동을 완전히 이해할 수 없다는 점이다. 때로는 가장 효과적인 치료를 조언할 때 교과과정, 교수, 학습 전략의 변형에 관한 내용을 포함시키기도 한다. 임상가는 이러한 영역에 대한 철저한 검사 없이 치료를 위한 효과적인 제언을 할 수 없다. 교사나 선배 아동에게서 정보를 얻는 것은 평가에서 중요한 요소이다. Larson과 McKinley(1995), Paul(2012)은 교사와 언어장애 아동에게 정보를 얻는 데 사용하는 프로토콜의 예를 제공하고 있다.

언어장애 아동의 평가 시 포트폴리오를 사용하는 것이 바람직하다. 아동의 의사소통 및 의사소통장애에 미치는 진정한 영향을 알아보기 위해서는 학생을 다양한 관점에서 검사해야 한다. 첫째, 포트폴리오는 법에서 요구하는 것으로서 전반적이고 교육적으로 의미 있는 평가 방법을 제공한다. 둘째, 전통적인 언어 평가는 진단명 붙이기나 교실 배치하기와는 연관이 높지만 치료 목표나 전략의 개발에는 적합하지 않다. 셋째, 포트폴리오는 다양한 양식과 주제 영역에 걸쳐 학생이 한 일을 모아 놓은 것이다. 넷째, 포트폴리오는 학교 세팅의 팀 구성원 사이의 협력을 촉진한다. 마지막으로, 이 정보의 대부분은 쉽게 얻을 수 있으며, 학교 세팅에서 일하고 있는 SLP라면 새로운 정보를 얻는 것도 가능하다. 포트폴리오에 담긴 정보는 단순히 무작위로 구성된 것이 아니라 임상가의 질문과 관심사에 의해 유도된 것이어야 한다. Kratcoski(1998)는 다음 네 단계의 과정을 따르라고 제안하였다. (1) 학생의 문제 파악하기, (2) 문제의 원인과 결과에 대한 가설 세우기, (3) 특정 평가 질문 개발하기, (4) 임상가가 갖는 의문과 관련하여 포트폴리오에 첨가될 특정 항목 정하기가 그것이다. Kratcoski는 포트폴리오에 포함할 수 있는 항목을 다음과 같이 나열하였다.

- 첫 의뢰서
- 언어 샘플
- 다시 이야기하기 샘플
- 참조적 의사소통 샘플
- 교실 참여, 수업 관찰, 사회적 상호작용에 대한 관찰 기록
- 검사, 시험지, 숙제, 발표 샘플
- 교사 면담
- 부모 면담
- 아동 면담
- 녹음, 녹화
- 쓰기 샘플, 일기 자료
- 또래 평가
- 검사 자료
- 회의 노트

포트폴리오 평가는 학령기 아동의 언어 평가에 사용될 수 있는 광범위하고 매우 귀중한 정보원이다.

또 다른 관심 영역은 아동이 교실에서 전형적으로 접하는 의사소통 및 언어 과제를 어떻게 다루는지를 평가하는 것이다. 고학년 아동의 교실 의사소통 능력이나 상위언어 지식에 초점을 둔 평가로는 Evaluating Communicative Competence (ECC; Simon, 1994), Classroom Communication Screening Procedure for Early Assessment(CCSPEA; Simon, 1989), Analysis of the Language of Learning(ALL; Blodgett & Cooper, 1987)이 유용하다. 이 검사들은 아동의 교실 과제 수행 능력에 대한 통찰을 제공하고 어디에 문제가 있는지 정확히 집어낼 수 있게 해 준다. 또한 임상가는 아동에게 어려운 과제를 좀 더 쉽게 완수할 수 있는 촉진 절차를 시도한 후에 이를 교사가 사용할 수 있도록 결과 보고서에 언급할 수도 있다.

결론 및 자기평가

학령기 및 청소년 대상자의 진단과 평가는 복잡한 활동이다. 이 사례를 성공적으로 다루려면 SLP는 교사, 부모, 다른 전문가와 긴밀하게 협력해야 한다. 언어, 상위언어, 대화, 학업 영역 사이의 상호 영향이 매우 크기 때문에, SLP가 하는 일은 잠재적으로 아동의 교육 수행에 이익을 줄 수 있다.

여러분은 이 장을 읽은 후 다음 질문에 대답할 수 있어야 한다.

- 언어장애로 진단되기 쉬운 학령기 학생의 네 집단은 무엇인가?
- 학령기 아동을 선별할 때 SLP의 역할은 무엇인가?
- 주요과목 학업기준(CCSS)이 무엇이고, 그것이 평가에 미치는 영향은 무엇인가?
- 대표적인 언어 샘플을 얻을 때 어떤 변수를 고려해야 하는가?
- SLP는 어떻게 대표적인 언어 샘플을 얻고 분석하는가?
- 언어 발달이 지체된 아동의 언어 샘플에 대해 어떤 유형의 측정을 수행할 수 있는가?
- 아동의 언어 이해를 평가할 때, 어디에서 이해에 문제가 생길 수 있는가?
- 언어 이해를 평가할 수 있는 네 가지 방법은 무엇인가?
- 사용할 수 있는 구문 분석 패키지는 무엇인가? 패키지 분석 절차를 이용할 때 어떤 요소를 검토해야 하는가?

- 화용 언어는 어떻게 평가될 수 있는가? 화용 영역을 평가할 때 어떤 변수를 고려해야 하는가?
- 이야기 샘플은 어떻게 얻을 수 있는가? 이야기 산출을 분석할 때 어떤 요소를 검토해야 하는가?
- 이야기의 미시구조와 거시구조를 평가할 때 어떤 요소를 검토해야 하는가?
- 대화 담화를 평가할 때 어떤 요소를 검토할 수 있는가?
- 기억과 집행기능이 언어 평가와 진단에 어떤 영향을 미칠 수 있는가?
- 읽기장애를 평가할 때 SLP는 어떤 역할을 하는가?
- 읽기장애가 의심될 때 읽기 문제는 어떻게 평가하며 어떤 영역을 평가하는가?
- 문어(written language)는 어떻게 평가하는가? 문어를 평가할 때 어떤 요소를 검토해야 하는가?

제6장
말소리장애의 평가

이 장을 읽고 나면 다음을 설명할 수 있다.

- 조음장애와 음운장애의 구분
- 말-언어를 또래와 다르게 산출하는 아동들에게서 자주 나타나는 음운 변동 4개 이상
- 말소리장애가 있는 어린 아동을 평가할 때 주로 다루는 영역
- 음운처리장애 아동의 평가(그리고 치료)가 중요한 이유

역사적으로 대부분의 연구자와 임상가는 조음을 운동 행위로 개념화하였다. 조음의 감각운동 측면에 대한 연구가 이루어지면서 도해(조음기 단면도), 시범, 근육운동의 반복연습에 주안점을 두며 전적으로 구강 근육계 운동을 강조하는 조음치료가 주로 이루어졌다. 초창기에는 정상에서 벗어난 말소리 산출 문제를 조음장애라 하였는데, 이 용어는 성도 내 조음기 운동의 중요성을 반영한다. 비구어 구강운동을 이용하여 말소리장애를 치료하는 접근법은 논쟁의 소지가 있을 뿐만 아니라 그 근거가 부족하다는 것이 최근 견해다.

1970년대 중반에 이르러 말소리 산출에서의 차이를 음운론적 관점에서 다루는 언어학자의 연구에 언어치료전문가(Speech-Language Pathologist: SLP)들이 지대한 관심을 보이기 시작하였다. 이처럼 언어학과 언어학의 한 가지인 음운론(말소리의 실제 사용에 관한 과학 및 연구 분야)에 대한 관심이 고조되면서 조음은 단순한 운동 행위에 그치는 것이 아니라 더 많은 요소로 이루어져 있음을 알게 되었다. 이제는 언어 활동이 조음 과정의 큰 원인으로 작용한다는 것이 널리 알려져 있다[아동의 음성 부호 해독의 증거

에 대한 개관을 위해서는 Kuhl(2004) 참조). 수십 년 동안 언어 이론에 대한 연구가 이루어지면서 조음장애 중에는 음운장애로 볼 수 있는 사례도 있음을 깨닫게 되었다. 이제 감각운동 요소와 언어 요소 둘 다 말장애에 기여한다는 것이 알려지면서 이 두 요소를 포괄하는 **말소리장애**(speech-sound disorders)라는 용어를 사용하기에 이르렀다(이후의 장에서 말운동장애도 다룰 것이다). 언어에 기반을 둔 장애와 근육운동에 기반을 둔 장애가 엄연히 다르지만 지금은 말소리장애가 조음장애와 음운장애 둘 다 포괄하는 용어라는 것만 알아두자.

말소리 산출에 관여하는 요인

조음이라는 운동 행위가 최종적으로 일어나기까지는 여러 과정이 관여한다. 첫째는 생리적 요소로, 성도와 조음기(articulators) 등 기본적인 조음 구조, 조절된 움직임에 필요한 감각(청각, 촉각, 근육 감각, 자기 위치 감각), 운동 기능의 수행에 관여하는 정상적인 신경계가 요구된다. 둘째는 인지-언어적 요소로, 이 과정에서 화자는 말할 것을 생각한다. 그리고 이 생각에 맞는 의미 요소를 선택하고, 통사적 순서에 맞게 단어를 배열하고, 화용 요소를 고려하여 의사소통 상황에 맞게 발화를 조절하는 등의 언어적 처리 과정을 거친다. 이후 모국어의 음운 규칙을 적용하여 음운 요소를 선택하고 음소를 순서에 맞게 배열한다. 한 번의 발화에 관여하는 언어적 처리 과정의 세부 내용은 아직 충분히 밝혀지지 않았다. 그러나 의미, 통사, 화용, 음운 영역은 발화 산출 전 어떤 시점에서든 반드시 거쳐야 하는 언어적 처리 과정이다. 셋째는 감각운동-음향적 요소로, 다양한 음성 맥락에서 일어나야 하는 일련의 실제적인 신체 움직임에 대한 운동 프로그램을 만들고 운동을 학습하는 과정에 관여한다. 성도의 운동을 통해 소리가 진동하고, 이것이 공기 중에 전파되어 청자의 귀에 도달하게 되는 것이다. 이러한 과정은 조음 과정을 아주 단순하게 묘사한 것이다.

조음 과정을 크게 생리적, 인지-언어적, 감각운동적 요소로 구분하는 것은 몇 가지 중요한 의미를 갖는다. 첫째, 진단가는 주어진 대상자에 대해 조음 과정의 모든 측면을 평가하고 치료할 준비가 되어 있어야 한다. Bernthal, Bankson과 Flipsen(2013)은 말소리장애가 근육운동과 관련된 오류(대상자의 근육운동 기술 목록 내에 목표음을 산출할 수 있는 능력이 없기 때문임)이거나 인지적 혹은 언어적 기반의 오류(대상자가 그 말소리를 산출할 수는 있으나 적절한 맥락에서 사용하지 않기 때문임)일 수 있다고 하였다. 운동 기반 장애와 언어 기반 장애를 분간하는 것은 쉽지 않다. 운동이나 음운(언어) 측면 중 하나와 연관되어 보이는 경우에도 치료 프로그램에는 대개 이 두 요소가 모두 포함된다. 대부분의 말소리장애를 운동/조음, 언어/음운 측면에서의 장애로 양분하는 것이 체계 정리에는 편리하지만, 정상적인 말소리 산출에는 운동 수준의 말소리 산출과 언어 규칙에 맞는 말소리의 사용 모두가 관여한다.

　조음 오류는 여러 방법으로 범주화할 수 있다. SLP는 말소리 오류를 (1) 대치('soup'을 'thoup'으로 산출함), (2) 생략('school'을 'kool'로 산출함), (3) 왜곡(표준 음소가 아닌 말소리로 산출함), (4) 첨가('please'를 'puhlease'로 산출함)로 구분하는 전통적인 분류체계를 오랫동안 사용해 왔다. 대부분의 조음 오류를 기술할 수 있기 때문에 전통적 분류체계가 꾸준히 사용되어 왔다. 문제점이 있다면 충분히 구체적이지 않다는 것이다. 진단가는 '아동의 말에서 대치와 생략 오류가 나타났다'는 표현보다 더 많은 것을 말해 줄 수 있어야 한다. 아동이 어떤 말소리를 대치하였다면, 실제로 어떤 말소리로 대치하였고, 얼마나 자주, 어떤 맥락에서 대치하는지도 알려 줄 수 있어야 한다. 왜곡, 생략, 첨가 오류도 마찬가지이다. 전통적 분류체계의 또 다른 문제점은 조음 과정 중 어디에 문제가 있는지 알려 주지 못한다는 것이다. 즉, 대치 오류가 감각운동 체계의 결함과 관련되어 나타나는지, 아니면 언어/음운 체계의 결함과 관련되어 나타나는지 분간할 수 없다. 그럼에도 불구하고 전통적 분류체계는 말소리장애 평가의 출발점으로 유용하다. 이후 추가적인 평가를 실시하여 특정 음성 맥락에 따라 조음 수행이 달라지는지, 발화의 언어적 복잡성에 따라 오조음이 어떻게 달라지는지 판단할 수 있다.

　조음 오류는 **기질적**(신체적 원인에 의함) 오류와 **기능적**(기질적 원인이 뚜렷하지 않음) 오류로도 구분할 수 있다. '기능적'이라는 용어는 '기본(자동) 진단'이라는 비판을 받고 있다. 기질적 원인에 의한 오류로 진단하려면 이를 확신할 만한 일부 명확한 증거가 필요한 반면, 기능적 원인에 의한 오류로 진단할 때는 명확한 증거가 없어도 된다. 기질적 오류로 판단할 근거가 부족할 때만 기능적 오류로 분류할 수 있다. 기능적 오류와 가장 빈번하게 연관되는 용어는 **학습된 오류** 또는 **습관적 오류**다. 기능적 오류로 분류하는 것이 비판을 받는 데에는 타당한 이유가 있기는 하지만, 조음장애의 대부분은 이를 지속시키는 뚜렷한 원인이나 기질적 문제가 없는데도 나타나며 치료 또한 행동적 특성을 띤다는 것이 일반적인 견해다. 향후의 연구로도 이들에게서 미묘하게 나타나는 기질적 또는 행동적 차이를 밝혀내지 못할 수 있다. 마비말장애와 말실행증 같은 기질적 원인에 의한 조음장애의 평가는 말운동장애에 관한 9장에서 다룰 것이다. 이 장에서는 기질적 요인이 뚜렷하지 않은 오조음에 역점을 둔다. 앞에서 언급한 것처럼 언어적 요인에 의해 여러 음소에서 오류를 보이는 기능적 말소리장애에 대해 **음운장애**라는 용어를 사용할 것이다. **조음장애**는 오랫동안 사용하여 습관으로 굳이진(학습된) 운동 패턴과 관련된 한두 개의 음소에서만 오류를 보이는 말소리장애를 지칭할 때 쓰고자 한다.

조음에 관여하는 요인이 여러 가지라는 표현의 이면에는 이렇게 복잡한 과정의 모든 측면을 제대로 평가할 수 있는 단일한 측정 방법이 아직 없다는 의미도 깔려 있다. 전통적 조음 검사와 구강-주변 기관 검사를 실시하였다고 조음 평가에 필요한 모든 것을 완벽하게 다 했다고 믿는 것은 어리석다. 조음 과정은 매우 복잡하고 조음장애도 매우 이질적인 장애이기 때문에 한두 개의 표준화 검사에만 의존할 수 없다. 아동의 음운체계에 대해 상호보완적인 시각을 갖기 위해서는 독립 분석과 관계 분석 둘 다 필요하다. 독립 분석은 아동의 말 샘플에서 나타난 자질, 분절음, 음절 구조를 단순히 기술하는 것을 말한다. 관계 분석은 아동이 산출한 말의 뜻을 해석하고 또래(또는 성인)의 정확한 말소리 산출 모델과 비교하는 것이다. 의사소통에 아직 언어를 사용하지 못하는 영유아를 담당하는 SLP는 대상 아동의 음성 산출에 대해 독립 분석을 주로 실시할 것이다. 연령이 증가하여 언어체계가 발달하면, 관계 분석을 통해 아동의 산출을 성인의 표준 산출과 비교하게 된다(Bernthal, Bankson, & Flipsen, 2013).

이 장에서는 첫 검사에서 문제의 가능성을 보인 대상자의 조음 측면을 이해하기 위해 어디로 가야 하고 또 무엇을 해야 하는지 아는 것이 중요함을 강조할 것이다. 다른 장애 영역도 마찬가지이겠지만, 한 개의 장 안에서 어떻게 하면 할 수 있는 모든 일을 잘 할 수 있는지 알려 주기란 불가능하다. 따라서 이 장에서는 말소리장애의 평가에 있어 임상가가 할 수 있는 일에 대해 간단히 알려 주는 것을 목표로 한다.

조음음운장애 평가의 7개 주요 지식 영역

　조음장애의 평가에 대해 논하기 전에 임상가가 숙지해야 할 지식 영역을 정리하고자 한다. 실제로는 더 많은 영역이 있겠지만, 여기에 제시하는 7개 영역은 말소리장애를 평가하여 진단하고자 할 때 반드시 갖춰야 할 지식이다.

　1. 말 기제의 해부 및 생리에 관한 지식　임상가는 조음 평가를 시작하기에 앞서 정상적인 구강 기제에 대해 잘 알고 있어야 한다. 대부분은 학부 과정에서 이러한 지식을 습득하게 된다.

　2. 음성학에 관한 지식　성도 기제의 해부와 생리에 대한 지식뿐만 아니라 이러한 구조들이 실제로 다양한 자음과 모음의 산출에 어떻게 관여하는지도 알고 있어야 한다. 조음음성학에 대한 지식 외에 음성전사 기술도 잘 개발하여야 한다. 이 전문 지식은 추후 분석을 위해 대상자의 산출을 정확히 기록하는 데 중요하다. 신뢰할 수 있는 음성전사 능력은 음운 분석에 특히 중요하다. 〈부록 B〉에 제시한 임상 자료 중에는 국제음성기호(International Phonetic Alphabet)로 말소리의 산출 위치와 방법에 따라 영어 자음과 모음을 제시한 도표도 있다.

　3. 음운 발달에 관한 지식　진단의 주된 목적은 한 아동의 조음 수행을 같은 연령대의 다른 아동의 수행과 비교하는 데 있다. 이를 통해 아동의 오조음이 본질적으로 발달적인 것인지, 아니면 임상적으로 의미 있는 것인지 판단할 수 있다. 평가를 실시하기에 앞서 임상가는 조음 발달에 대해 알아야 하는데, 이를 설명하는 방법에는 적어도 세 가지가 있다.

　적용할 수 있는 가장 풍부한 정상 규준 자료는 단어의 처음, 중간, 끝 위치에서 아동의 음운 산출을 검사하는 전통 지향적 연구에서 얻을 수 있다. 말소리 습득, 숙달, 완전 습득에 관한 연구는 설계 방법이 다르기는 하지만, 전통적 접근법을 적용한 연구는 부모, 소아과 의사, SLP에게 여전히 큰 도움이 된다. [그림 6-1]은 자음 발달 규준 자료의 예다. 음운장애 아동이 보이는 대부분의 오조음이 자음 오류이기 때문에 여기에는 자음 발달 자료만 제시하였다. 모음은 주로 3~3.5세 이전에 발달한다(Bernthal,

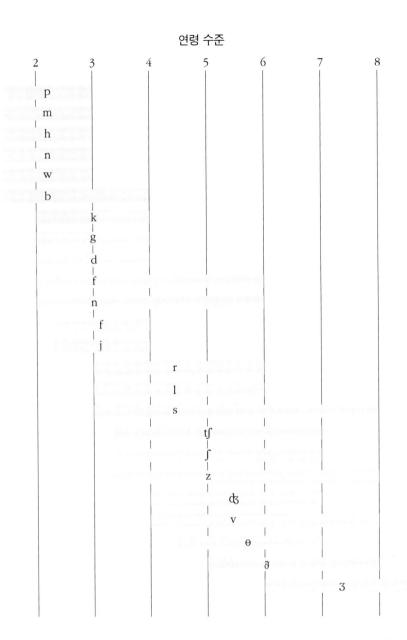

[그림 6-1] 자음 산출의 평균 연령과 상한 연령: 말소리가 표시된 가로 막대의 시작은 조음
숙달 연령의 중앙값이며, 끝은 전체 아동 중 90%가 숙달 수준에 도달하는 연령이다.

출처: Prather, E., Hedrick, D., & Kern, C. (1975). Articulation development in children aged 2 to 4 years. *Journal of Speech and Hearing Disorders*, 40, 179-191. American Speech-Language-Hearing Association, Rockville, MD의 허락하에 게재함.

Bankson, & Flipsen, 2013; McGowan, McGowan, Denny, & Nittrouer, 2014). 이는 음운장애 아동들이 모음 오류를 전혀 보이지 않는다거나 모음 습득이 쉽다는 말이 아니다.

SLP가 담당하는 대부분의 학령전 또는 학령기 아동들은 주로 자음의 산출에 문제를 보이며, 이는 대부분의 조음 검사 내용에 반영되어 있다. 그러나 대상 아동이 아주 어리거나 매우 심한 말소리장애를 갖고 있을 경우, 임상가는 모음체계의 평가에 관심을 둘 수 있다. 조기 중재 프로그램은 출생~2세 영유아를 대상으로 하며, 이 아동들이 산출하는 말소리에는 자음보다 모음이 더 많을 것이다. 이 경우 임상가는 모음 산출 장애의 여부 판단을 위해 모음 및 이중모음을 면밀히 평가할 수도 있다(Ball & Gibbon, 2012).

단일 자음 발달 자료뿐 아니라 자음군 습득을 다룬 연구도 있다. 예를 들면, McLeod, Van Doorn과 Reed(2001)는 과거 70년 동안 음소 습득에 관해 발표된 문헌을 검토하여 아동기의 자음군 습득에 대해 설명하였다. 저자들은 이 문헌을 요약하여 10개의 발달 진행 과정으로 개괄하였는데, 이는 평가와 치료 결정에 매우 유용하다.

두 번째 유형의 발달 자료는 변별자질 습득과 관련되어 있다. 언어학자들에 의하면, 말소리는 고유의 양분되는 특성으로 세분화할 수 있다. 어떤 말소리가 특정 자질(특성)을 갖고 있으면 그 자질의 양(+)의 값을 갖는다고 말한다. 그 자질이 없으면 음(-)의 값을 갖는 것으로 부호를 매긴다. 예를 들어, 대부분의 분류체계는 비음성 자질의 유무(/m/의 경우 [+비음성], /b/의 경우 [-비음성])를 구체적으로 제시한다. 유성성의 유무는 또 다른 변별자질로, /b/는 [+유성성]인 반면, /p/는 [-유성성]의 말소리다. 아동의 말소리장애를 (+), (-) 또는 (±)로 표시하는 변별자질 분석은 언어학적으로 효율적인 치료 계획을 세우는 데 이용할 수 있다.

마지막으로, 일반 아동에게서 나타나는 음운 단순화 변동이나 오류 패턴의 출현에 관한 자료도 있다(Grunwell, 1988; Shriberg & Kwiatkowski, 1994; Singleton & Shulman, 2014; Stoel-Gammon & Dunn, 1985). 이 자료는 특정 음운 변동의 상한 연령을 알려 주며, 전통적인 규준에서는 찾아볼 수 없는 오류 패턴에 대한 시각도 제공해 준다. 예를 들어, 임상가가 종성을 생략하는 아동을 평가할 경우 전통적인 규준으로는 정상 아동에게서 이 변동이 언제 사라지는지 판단할 수 없다. 대부분의 연구는 3~8세의 음운 발달에 초점을 맞추어 왔다. 보다 최근의 연구 중에는 조기 중재를 강조하는 시류에 맞추어 초기 정상 발달 과정에 대한 관심이 증가하면서 1~3세 아동에게 초점을 맞춘 연구도 있다(Dyson, 1988; Grunwell, 1988; Kahn & Lewis, 2002; Stoel-Gammon, 1987). 〈표

6-1)은 음운 변동의 관점에서 개발된 학령전 아동용 규준 자료의 예다. 여기서 강조하고 싶은 요점은 임상가는 여러 관점에서 말 표본을 분석하여야 한다는 것이다. 전통적인 규준과 음운적인 규준 모두 평가와 치료에 유용하다.

4. 조음장애 관련 요인에 관한 지식 말소리 평가를 실시하다 보면 부모가 문제의 원인을 질문해 오는 경우를 자주 접한다. 그러므로 임상가는 말소리장애 아동의 기술과 능력뿐만 아니라 원인 요인을 다루는 문헌에도 익숙해져야 한다. 언어 발달, 읽기, 철자법, 교육적 수행 수준, 치열, 구강 구조, 대근육 및 소근육 능력, 지능, 청력 등에 관한 질문에도 답할 수 있어야 한다. Bernthal, Bankson과 Flipsen(2013)이 이에 관한 연구를 간략하게 정리하였는데, 임상가가 부모에게서 받는 질문에 답할 때 도움이 될 것이다.

5. 방언 차이에 관한 지식 미국 말언어청각협회(ASHA, 2012)에 따르면, 말소리 평가를 담당하는 임상가는 의사소통장애와 방언 차이를 서로 구분할 수 있어야 한다. 최근 10년 동안 스페인어판 평가 자료가 개발되는 등 다양한 문화적 배경을 가진 사람들

표 6-1 초기 발달 과정에서 전형적으로 나타나는 음운 변동

음운 변동	설명
습득되었다가 3세에 억제되는 변동	
비강세 음절 생략	다음절 단어 내에서 비강세 음절이 탈락됨(telephone → tephone)
종성자음 생략	단어의 종성자음이 생략됨((/bæt → bæ/)
반복	이음절 단어의 첫음절을 반복하여 산출함(bottle → baba)
자음 동화(자음 조화)	한 음소의 조음방법이나 유성성(발성유형)이 다른 음소와 동일하게 변화됨(dog → gog)
연구개음 전방화	/k/와 /g/ 같은 연구개음이 /t/와 /d/ 같은 치조음으로 대치됨(go → do)
활음화	/r/와 /l/ 같은 유음이 /w/와 /j/ 같은 활음으로 대치됨(run → wun)
3세 이후에도 지속되는 변동	
자음군 축약	자음군이 대개는 단일자음으로 단순화됨(stop → top)
파열음화	주로 마찰음 같은 지속음이 파열음으로 대치됨(see → tee)

에게 유용한 정보에서 상당한 진보가 이루어졌다. ASHA의 웹사이트에서 아랍어, 광둥어, 영어, 한국어, 표준 중국어, 스페인어, 베트남어의 음성 목록을 찾아볼 수 있다(www.asha.org/; 각 언어별 음성 목록은 'template & tools'에서 검색할 것).

우리는 문화가 단일하지 않으며, 지역 방언도 매우 다양함을 익히 알고 있다. 그래도 몇 가지 '공통된' 음운 특성은 있다. 그 예로, 아프리카계 미국 방언(토착어)에는 종성 자음군 축약('presents'를 'presen'으로 실현하는 경우에서처럼), 'r' 생략('professor'를 'puhfessuh'로 실현하는 경우에서처럼), 다양한 위치에서 치간 마찰음의 파열음화('they'를 'dey'로 산출하는 경우에서처럼)가 나타날 수 있다. 스페인어가 모국어인 화자는 영어로 말할 때 유성음 'th'를 'd'로 산출하거나('they'를 'day'로), 'z'를 탈유성음화하여 산출하거나('lies'를 'lice'로), 'sh'를 파찰음화하는('shoe'를 'chew'로) 혼동을 보이기도 한다(Yavas & Goldstein, 1998). 임상가는 여러 다양한 문화의 음운 특성에 익숙해져야 하며, 다양한 문화적 배경을 가진 대상자가 보이는 오조음을 평가할 때 이를 참작할 수 있어야 한다.

6. 동시조음에 관한 지식 적어도 40년 동안 연구자들은 말소리가 순차적이고 개별적으로 산출되기보다는 병행 방식으로 산출된다고 생각해 왔다. 이는 말소리가 고립된 실체가 아니라 시간적 측면에서 운동적으로나 음향적으로 서로 겹친다는 것을 의미한다. 더 쉽게 말하면, 말소리는 주변에 있는 다른 음소의 영향을 받는다. 한 소리가 다른 소리에 미치는 영향을 동시조음(coarticulation)이라 하는데, 이는 조음 과정에서 일어나는 가장 기본적인 사실 중 하나이다. 말소리는 산출되는 음성 환경 또는 맥락의 영향을 받는다. 동시조음은 한 소리가 다른 소리에 영향을 미치는 방향에 따라 두 유형으로 구분할 수 있다. 왼쪽에서 오른쪽으로 이루어지는 동시조음은 앞에 오는 소리가 뒤따르는 소리에 영향을 미치는 경우를 말한다(boots의 't'는 앞에 오는 모음 /u/가 원순모음이기 때문에 입술을 약간 둥글게 하여 산출함). 이러한 유형의 동시조음은 앞소리의 움직임이 뒷소리에까지 남아 있는 경우이다. 그러므로 왼쪽에서 오른쪽으로 이루어지는 동시조음은 주로 기계적인 관성 작용의 결과로 볼 수 있다. 또 다른 유형의 동시조음은 오른쪽에서 왼쪽으로 일어나는 것이다. 이는 말소리의 순서상 뒤에 오는 소리가 앞에 오는 소리의 산출에 영향을 미치는 경우이다. 예를 들어, 단어 tea의 't' 소리는 too의 't'와는 다르게 산출된다. tea의 't'는 뒤에 오는 모음이 입술을 동그랗게 만들고 내는 소리가 아니다. 그러나 too의 't'는 뒤에 오는 모음이 원순모음이기 때문에 입

술을 동그랗게 만들어 산출한다. 이 두 경우 모두 't' 뒤에 오는 소리가 't' 에 영향을 미친다는 데 주목해야 한다. 연구자와 이론가는 오른쪽에서 왼쪽으로 일어나는 영향을 사전 조음 프로그래밍의 결과로 보았다. 즉, 순서상 먼저 오는 말소리를 산출할 때 아직 산출하지 않은 말소리를 예상하여 다르게 산출한다는 것이다. 이는 일종의 운동 계획을 의미한다.

말소리 평가에서 동시조음은 중요한 의미를 갖는다. 첫째, 말소리를 독립적으로 검사하는 것은 비현실적이고 인위적인 일이다. 한 아동이 특정 말소리를 독립음으로 산출할 수 있다 해도 연속발화에서 산출한 것과는 완전히 다를 수 있다. 또 다른 의미는 단어 검사와 관련된다. 우리는 말을 할 때 대개 단어 사이를 끊어 말하지 않는다. 말의 흐름은 분절할 수 없는 전체이며, 한 소리가 인접한 다른 소리에 미치는 동시조음의 영향은 음절과 단어의 경계를 넘어서도 일어난다. 연속발화는 단어 산출과는 다른 동시조음 효과를 갖기 때문에 단어 수준의 말소리 산출 검사는 연속발화에서의 말소리 산출을 대표하지 못할 수도 있다. 어떤 음소는 CV 맥락보다 자음군 맥락에서 오류를 덜 보이는 경우도 있다.

말소리 평가에서 동시조음이 갖는 또 다른 의미는 특정 목표음이 주변 음소에 의해 촉진되거나 방해받을 가능성과 관련된다. 예를 들어, 독립음으로 산출할 때는 오조음되던 /r/는 /k/가 앞에 오면(예: /kræk/) 정확하게 산출되기도 하는데, 이는 두 소리 모두 성도 내에서 비슷한 혀 위치에서 산출되기 때문일 것이다. 반면, /r/는 입술을 동그랗게 만들어야 하는 음소와 인접하면(예: /row/) /w/로 오조음되기도 한다. 그러므로 동시조음의 효과는 긍정적일 수도 있고 부정적일 수도 있으며, 촉진적일 수도 있고 방해가 될 수도 있다. 이러한 결과는 임상가가 평가와 치료를 위해 특별히 고려해야 할 사항이다.

동시조음의 가장 중요한 의미는 아마도 조음의 비일관성을 설명하는 데 있을 것이다. 대부분의 오조음은 매우 비일관적이어서 임상가가 그 산출을 분석해 보면 일관되게 '비일관성'이 나타남을 발견할 수 있다. 겉으로는 일관되지 않아 보이는 오류들 사이에도 공통되는 음성 맥락이 있는 경우가 많다. 음성 맥락을 순전히 운동 현상으로만 볼 필요는 없다. 음운 분석을 실시할 때도 맥락을 고려하는 것이 중요하다. 임상가는 동화 변동을 평가할 때, 단어의 끝이나 중간에 비음이 있을 경우 단어의 처음에 있는 구강음이 비음으로 변하는 것을 보게 되기도 한다.

7. 언어와 조음의 관련성에 대한 지식   조음 평가에 대한 논의에서 중요한 가정 중 하나는 언어와 조음 간의 밀접한 관련성이다. 이러한 관련성은 여러 문헌에서 다양한 방식으로 입증되었다.

- 음운론은 언어의 구성 요소 중 하나이다. 이론적으로 음운론은 언어 모델의 고전적 구성 요소 중 하나로 인정되어 왔다.
- 구문 복잡성은 오조음에 영향을 미친다. 몇몇 연구에 의하면 언어적 복잡성은 오조음에 영향을 미친다(Haynes, Haynes, & Jackson, 1982). 즉, 구문 복잡성이 증가하면 오조음도 증가한다. 조음과 언어는 분명 서로 연관되어 있다.
- 의미 복잡성은 오조음에 영향을 미친다. Shriberg와 Kwiatkowski(1994)는 단어의 통사적 부류도 말소리 산출에 영향을 미친다고 제안하였다. 예를 들면, 동일한 자음군이라도 명사에 포함되어 있을 때와 동사에 포함되어 있을 때 다소 다른 양상으로 축약될 수 있다. 초기 언어 발달의 첫 어휘집에서도 사물 단어에 비해 동작 단어에서 오조음이 더 많이 나타난다. 이는 음운장애 아동뿐만 아니라 일반 아동에게서도 관찰되는 현상이다.
- 화용론과 의사소통의 유용성은 오조음에 영향을 미친다. 타인이 자신의 말을 이해하지 못할수록 아동은 더 정확하게 조음하려 시도한다.
- 언어장애와 음운장애는 대개 같이 나타난다. 언어와 조음의 관련성은 아동에게서 두 장애가 함께 나타나는 출현율이 높다는 것으로도 알 수 있다. 일반적으로 말소리 문제를 보이는 아동이 언어장애도 보일 위험이 높으며, 반대의 경우도 마찬가지이다(Shriberg & Kwiatkowski, 1994).

이와 같은 조음과 언어의 관련성은 평가에서 중요한 의미가 있다. 첫째, 전적으로 감각운동 측면에 역점을 둔 의례적인 조음 평가는 부적절하다. 한 사람이 자발적으로 말할 때 언어와 조음은 어쩔 수 없이 서로 얽힌다. 둘째, SLP가 비일관된 음소 산출의 원인을 찾으려 하면 음성 맥락뿐만 아니라 의미, 구문, 화용 변인도 크게 작용하고 있음을 알게 될 것이다. 셋째, 단어 수준과 연속발화 수준에서의 수행력에는 상당한 차이가 있을 수 있기 때문에 단어 반응을 이용한 평가만을 임상적 판단 근거로 삼는 것은 불완전하다.

음운 평가를 실시할 때 자발적인 말 샘플을 수집하는 것은 몇 가지 이점이 있다. 먼저, 연속적인 말 샘플에는 실제로 발화를 산출하는 과정이 온전하게 들어 있다. 개별 단어가 문장 안에 들어 있기 때문에 강세, 억양, 말속도, 음절 구조가 말소리 산출에 영향을 미칠 수 있다. 다음으로, 이 장의 앞부분에서 언급하였지만 구문론, 의미론, 화용론이 음운론에 영향을 미칠 수 있음을 발견한 연구를 인용한 바 있음을 기억해 보자. 대화 중에는 모든 언어적 요소가 작용하기 때문에 언어적 복잡성이 말소리 체계에 영향을 미친다. 그러나 불행히도 대화 샘플을 수집하는 데에는 단점도 있다. 명료도가 낮은 발화를 산출하는 대상자의 경우 임상가가 아동이 산출한 발화를 정상 성인의 것과 비교하기 위해 단어나 구와 같은 더 짧은 샘플을 사용하는 것 외에는 선택의 여지가 없을 수도 있다. 또 낯선 사람과 대화하기를 주저하는 아동들도 있다. 또한 대상자가 산출한 대화 샘플 안에는 임상가가 관심을 갖는 특정 음소나 음절 구조가 없을 수도 있다. 그림 이름 대기를 통한 단어 반응 과제는 임상가가 분석할 목표음이 무엇인지 미리 알 수 있게 해 준다. 많은 단어 검사는 각자 점수 기록지에 맞춰 단어당 하나 또는 두 개의 음소만 분석하도록 되어 있다. 이 방법을 적용할 경우 잃게 되는 자료가 많다는 Bernthal, Bankson과 Flipsen(2013)의 주장에 동의한다. 임상가는 단어 샘플로부터 더 많은 분석 자료를 확보하기 위해 자음과 모음 모두를 포함해 전체 단어를 전사해야 한다. 단어 샘플 수집과 관련된 쟁점 중 하나는 단어 샘플이 연속 발화에서 나타나는 모든 영향을 포함하여 연속 발화를 대표할 수 있는가 하는 문제이다. 그러나 자발적인 연속 발화에서 오류가 많이 나타날수록 단어 수준에서도 오류가 더 많이 나타난다는 것도 잘 알려져 있다. 일반적으로, 대부분의 전문가는 음운 평가를 위한 자료를 수집할 때 단어와 연속 발화 샘플 모두를 수집할 것을 추천한다(Bernthal, Bankson, & Flipsen, 2013).

우리는 이 장에서 단어 검사가 아동의 연속 발화에서의 말소리 산출을 반영하지 못할 수도 있음을 지적한 바 있다. Klein과 Liu-Shea(2009)는 연속 발화 샘플에서 대치와 생략이 나타났다고 해서 단어 조음검사에서도 그러할 것이라 예측할 수 없다고 하였다. 단어 검사에서는 치료를 받을 필요가 없는 것으로 판단된 아동에게는 연속 발화 샘플(잘 개발된 자료 수집 방법과 함께)을 이용하여 치료 적격성을 결정해야 함을 제안하였다. 그들은 모든 면밀한 음운 평가에 연속 발화 샘플을 포함시켜야 한다는 생각을 지지하였다. 임상가는 평가 목록 내에 감각운동 및 언어적 요소 모두를 포함시키는 것이 훨씬 더 생산적임을 알아야 한다.

조음음운 평가 과정의 개요

[그림 6-2]는 조음음운 영역에서 중요한 평가체계를 보여 주고 있다. 면밀한 평가를 위해서는 생물학적/언어적 기초, 배경 정보, 공식 검사, 비공식 검사, 대상자의 환경에 대한 정보가 중요하다. 이 표는 1장에서 제시한 WHO의 ICF 모델에도 부합한다. 비공식 검사와 관련 환경에 대한 평가를 실시할 때는 장애가 초래하는 결과(미치는 영향)에 초점을 두어야 한다.

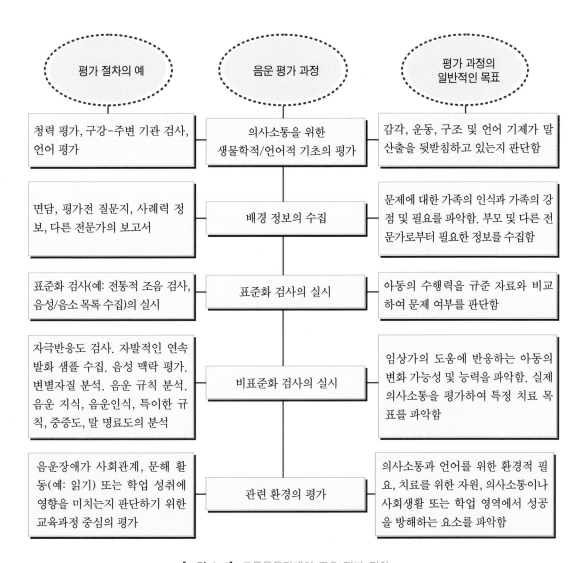

[그림 6-2] 조음음운장애의 주요 평가 절차

말소리장애의 선별

말소리장애의 선별은 SLP가 하는 일 중 하나이다. 선별의 목적은 어떤 대상자가 음운체계를 자세히 분석하는 공식적인 진단평가에 의뢰될 필요가 있는지 여부를 판단하는 데 있다. 선별은 대개 짧은 시간(5~10분 이하) 안에 끝나지만, 평가는 1시간 이상이 소요된다. 임상가가 선별 과정에서 한 대상자의 음운체계가 정상적이지 않음을 의심하게 되면, 대상자는 보다 면밀한 평가에 의뢰된다. 그러므로 어떤 아동이 선별 과정에서 말을 하지 않거나, 아동으로부터 충분한 크기의 말 샘플을 유도하지 못한 경우에는 해당 아동을 바로 평가하는 편이 더 낫다. Bernthal, Bankson과 Flipsen(2013)에 따르면, 선별은 학령전 아동을 위한 조기 중재 프로그램의 일환으로 적절하다. 일부 학교 환경에서는 SLP가 3학년 아동들을 대상으로 말소리 오류를 선별하기도 하는데, 이는 이 연령의 아동들이 대부분의 음소를 정확하게 산출하기 때문이다. 더 나이 든 대상자의 경우, 특정 학위 프로그램(예: 방송, 교육)에 입학하는 데 필요한 말소리 산출 능력을 갖추었는지 확인하기 위해 선별 검사를 실시하기도 한다. 물론 어떤 사람이 의사소통장애가 의심되어 클리닉과 학교 SLP에게 의뢰되면 선별 검사가 이루어진다. 선별은 그림, 대화 중의 말 샘플, 단락 읽기 등 임상가가 구성한 자료를 이용하여 비공식적으로 이루어진다. 비공식적 선별 검사에서는 숫자 세기, 요일 말하기나 그림 설명하기와 같은 과제도 자주 실시한다. 비공식적 선별의 제한점 중 하나는 규준 자료가 없고, 통과 또는 실패를 구분할 수 있게 해 주는 준거 점수가 없다는 것이다. 학교체계는 서비스가 필요한 아동을 확인하기 위해 보다 공식적인 방법의 선별을 요구한다. 시판 중인 공식적 선별 검사도구는 다음과 같다.

- Denver Articulation Screening Exam(DASE; Frankenburg & Drumwright, 1973)
- Diagnostic Evaluation of Articulation and Phonology(DEAP 선별 검사 부분; Dodd, Hua, Crosbie, Holm, & Ozanne, 2006)
- Fluharty Preschool Speech and Language Screening Test(Fluharty-2; Fluharty, 2000)
- Phonological Screening Assessment(PSA; Stevens & Isles, 2001)
- Slosson Articualtion, Language Test with Phonolgy(SALT-P, 선별 검사 포함; Tade

& Slosson, 1986)

- Speech-Ease Screening Inventory(K.1; Pigott, Barry, Hughes, Eastin, Titus, Stensil, Metcalf, & Porter, 1985)

이 검사 도구 대부분은 선별 절차 이후 결정을 내릴 때 사용할 수 있는 표준 점수나 준거 점수가 있다. 일부 조음음운 검사 중에는 선별 검사 대신 전체 검사를 효율적으로 실시할 수 있는 검사도 있다.

전통적 평가 절차

조음 평가에는 여러 종류가 있다. 각각 이론적 가정, 샘플 유도 방법, 수집 정보의 유형, 치료에의 적용이 모두 다르다. 가장 흔한 평가 유형은 이른바 '전통적' 평가일 것이다. 전통적 검사는 단어의 처음, 중간, 끝 위치에서 모든 자음을 평가해야 한다는 이론에 근거한다. 검사 단어는 대부분 그림, 단어 목록, 문장, 대화를 이용하여 수집한다. 전통적 관점에서 조음 검사를 실시한 여러 연구에 따르면 아동은 단어 수집 상황에서 자음을 더 정확히 산출하는 경향을 보인다. 반면, 음운 변동 관점에서 아동의 조음 수행을 검사하였을 때 단어와 연속발화 표본 간의 차이가 유의하지 않았음을 보고한 연구도 있다. Masterson, Berhnardt와 Hofheinz(2005)는 치료에 미치는 영향 측면에서 단어 샘플과 대화 샘플 간에 차이가 거의 없다고 보고하였다. 대화 샘플은 단어 샘플에 비해 샘플을 유도하고 전사하는 데 세 배 더 긴 시간이 소요되고, 중요한 목표 언어 도출에도 상대적으로 큰 도움이 되지 못하였다는 것이다. 단어는 제한된 샘플이지만 아동의 음운체계에 '맞춰져' 있다. 연구자들은 단어 샘플의 효율성과 완전성을 인정하면서도 말 명료도 및 운율을 평가하기 위해 대화 샘플을 수집하여 단어 샘플의 대표성을 확인할 것을 권한다.

분석 자료는 단어에서부터 연속발화에 이르기까지 다양할 수 있으나, 임상가는 그 어떤 자료를 분석하든지 단어 내의 여러 위치에서 음소가 생략, 대치, 왜곡되었는지 판단해야 한다. 많은 검사가 전통적 평가를 지향하는데, 이들 검사 중 일부는 아동용으로 그림 자극을 이용하거나 글을 읽을 수 있는 보다 높은 연령층의 대상자를 위해 구조화된 문장을 이용한다. 몇몇 검사는 검사 대상 아동을 비교할 수 있는 규준도 제공하고 있다. 아동이 산출할 수 있는 음소의 목록을 알려 주는 검사도 있다.

쉽게 적용할 수 있는 전통적 검사도구 중 일부는 다음과 같다.

- Arizona Articulation Proficiency Scale(Arizona-3; Fundala, 2000)
- Fisher-Logemann Test of Articulation Competence(FLTOAC; Fisher & Logemann, 1971)
- Goldman-Fristoe Test of Articulation(G-FTA-2; Goldman & Fristoe, 2000)
- LinguaSystems Articulation Test(LAT; Bowers & Huisingh, 2010)
- Photo Articualtion Test(PAT-3; Pendergast, Dickey, Selmar, & Soder, 1997)

또 다른 전통적 절차는 대상자의 자극반응도 또는 자극에 대한 반응 검사이다. 이는 검사자의 시범이 대상자의 산출에 미치는 영향을 평가한다. 아동의 조음은 정상을 향해 조절되는가? 아니면 조음 운동에 전혀 변화가 없는가? 자극반응도 검사는 진단 과정에서 매우 유용하다. 만약 대상자가 정상인의 시범을 모방하거나 독립음 또는 무의미 음절이나 단어 수준에서 오류음을 정확하게 산출할 수 있다면 그 말소리 습득에 결정적인 방해가 되는 심각한 구조적 장애는 없다고 볼 수 있다. 자극반응도는 예후 예측의 근거로도 유용하다. 검사자의 정상적인 산출을 모방하여 자신의 조음을 조절할 수 있는 대상자라면 치료에 잘 반응하리라고 기대할 수 있다. 자극반응도는 아동이 성숙의 효과로 정상적인 말을 발달시킬 것인지 예측하는 요인이 되기도 한다.

임상가와 학생을 훈련하는 과정에서 자극반응도를 아주 짧게 다루는 경우가 많다. 심지어는 완전히 생략하기도 한다. 학생이 자극반응도 검사를 실시할 때 잘못된 지시를 내리거나 다소 부정확한 시범을 보이는 등 서두르는 모습을 자주 보게 된다. 자극반응도 검사의 진의는 최대의 자극과 여러 방식의 자극을 제공해 줄 때 대상자가 어떻게 수행하는지 보는 것이다. 이는 대부분의 검사자가 대상자에게 강한 주의집중 장치를 제시한 후 2~3회 시범을 보일 것을 권고하는 이유이기도 하다. 학생들은 종종 검사를 대충 한 후에 대상자가 오류 음소에 대해 자극반응도를 보이지 않는다고 기록하기도 한다. 그러나 이후에 보다 강력한 자극을 주면서 자극반응도를 검사해 보면 실제로 목표음을 산출할 수 있는 경우도 있다. 임상가는 임상 보고서에 자극반응도에 대해 부정적으로 기술하기 전에 자극 과제를 효과적으로 실시하였는지 확신할 수 있어야 한다. 자극반응도 검사 중 대상자에게 제공해 줄 수 있는 체계적인 정보의 예는

Glaspey와 Gammon(2005)의 연구에 제시되어 있는데, 유도 단서와 음운 맥락이 다양하다.

　말소리 평가 시 전통적인 검사부터 시작하는 것이 좋다는 데에는 논쟁의 여지가 없다. 특히 대상자가 단 몇 개의 조음 오류만 보이고 자극반응도가 있는 경우에는 전통적인 검사만으로 충분한 경우가 많다. 이 경우 임상가는 전통적인 접근법으로 분석하여 대상자가 어떤 오류를 보이는지, 자발화에서 그러한 오류가 얼마나 자주 나타나는지 알 수 있다. 그리고 자극을 제공하였을 때 그 말소리를 정확하게 산출할 수 있는 소리부터 산출을 유도하면 된다. 추적 관리를 위한 검사로 특정 산출에 역점을 둔 정밀조사 과제를 이용할 수도 있다. 예를 들어, 자음군을 검사하기 위한 특수 정밀조사가 개발된 바 있다(Powell, 1995). 그러나 대부분의 경우 전통적인 검사는 큰 도움이 되지 않는다. 말소리는 상이한 음성 환경에 따라 다르게 산출되지만 대부분의 전통적인 검사는 제한된 음성 맥락에서만 검사한다. 만약 어떤 아동이나 성인이 자극반응도를 보이지 않으면 임상가는 촉진적인 맥락이 있는지 알아보기 위해 여러 가지로 동시조음 맥락을 변화시켜 보기 원한다. 그러나 대부분의 전통적인 검사로는 이를 알아볼 수 없다. 또 다른 예는 전통적인 검사 절차가 대상자의 말에서 나타나는 오류 양상을 알아낼 수 있도록 구성되지 않았다는 점이다. 오류 패턴을 규명하기 위해서는 음운 분석이 가장 효율적인 방법이다. 전통적인 분석으로는 강세, 음절 복잡성, 언어적 복잡성, 화용론이 오조음에 미치는 효과를 체계적으로 검사하지 못한다. 마지막으로, 전통적인 분석은 변별자질의 습득 및 사용과 같이 특정 사례와 관련된 변수에 초점을 맞출 수 없다. 요약하면, 모든 것을 다 할 수 있는 검사는 없으며, 이는 전통적인 접근을 적용할 때도 마찬가지이다. 그러나 전통적인 검사는 일반적으로 사용할 수 있는 실용적인 도구이다. 만약 다른 분석이 필요하면 그때 가서 실시하면 될 것이다.

　조음 검사는 실시하는 것보다 설명하는 것이 훨씬 더 쉽다. 학생이 처음 조음 검사를 시도할 때는 대개 주의 깊게 듣고, 시각적 단서에 집중하고, 환자의 반응을 적절하게 기록하고, 긍정적인 대상자-임상가 관계를 유지하는 것이 필요한데, 이는 매우 정신없게 만드는 상황이다. 초보 임상가의 경우 한 번에 한 소리만 들을 것을 권한다. 가능하면 아동에게 검사 단어를 여러 차례 반복하게 하라. 아동의 반응을 녹음하거나 녹화하는 것이 추후 검사 결과를 판정하는 데 도움이 된다. 숙련된 SLP는 동시에 두 개 이상의 소리를 검사하여 시간을 절약하기도 한다.

　실제로 조음 평가에서는 임상가가 그 '검사' 자체에 해당된다. 시판되는 조음 검사는 금속이나 플라스틱으로 서로 묶어 놓은 그림 카드에 불과하다. 조음 반응은 순간적으로 지나가기 때문에 임상가가 주의 깊게 여러 번 들어서 무엇보다도 판단의 신뢰도를 확보하는 것이 중요하다. 특정 단어 위치에서 여러 유형의 대치 특성을 판정하는 것처럼 보다 더 정교한 판단을 내려야 하는 경우에는 신뢰도가 낮아지는 경향을 보인다. 변별자질과 음운론에서 이용되는 것처럼 매우 복잡한 분석 절차를 사용할 때 판단 오류에 더 취약해지는 경우를 쉽게 볼 수 있다. 임상가는 항상 연습을 통해 그리고 결과를 다시 확인함으로써 자신이 실시한 검사의 신뢰도를 입증하려 애써야 한다. 임상가의 평가 결과는 대상자의 실제 반응을 제대로 지각한 것일 때에만 유용하다. 그 어느 누구도 완전무결한 지각 능력을 가질 수는 없다. 판단자간 신뢰도에 대해서는 3장에서 다루었으며, 그 산출 공식도 제시하였다.

 ## 음운 맥락 효과의 검사 절차

대상자가 전통적 평가에서 자극반응도가 없는 것으로 판단되면 촉진적인 음성 맥락이 있는지 판정하기 위한 검사를 실시해야 한다. 동시조음에 관한 절에서 언급하였듯이, 음소는 주변에 있는 다른 음소의 영향을 많이 받는다. 이러한 현상은 목표음의 정확한 산출을 독려하는 촉진적인 맥락이 있음을 알려 준다. 특정한 음성 환경이 정확한 산출을 촉진해 준다는 개념은 새로운 것이 아니다. 50년 전에 특정 음소가 보다 효과적으로 산출되는 단어를 '열쇠 낱말(key word)'이라 칭하였다. 자극반응도가 없는 대상자에게서 열쇠 낱말이 발견될 경우 그 맥락에서 치료를 시작하면 된다. 음소가 선행하거나 후행하는 소리에 따라 다르게 산출된다는 개념에 근거하여 검사가 개발되었다. 특정 음소의 앞과 뒤에 여러 자음을 체계적으로 배치시켜 정확한 산출이 유도되는 맥락을 찾으면 그것이 치료의 출발점이 된다는 것이다.

현재 음성 맥락의 효과를 체계적으로 평가할 수 있는 검사는 다음과 같다.

- Contextual Probes of Articulation Competence(CPAC; 영어판과 스페인어판 사용 가능; Goldstein & Iglesias, 2006)
- Secord Contextual Articulation Test(S-CAT; Secord & Shine, 1997)
- Contextual Test of Articulation(Aase, Hovre, Krause, Schelfhout, Smith, &

Carpenter, 2000)

아동과 성인에게서 음성 맥락의 효과를 검사할 수 있는 또 다른 방법은 문장 환경에서 음소를 검사하는 것이다(Haynes, Haynes, & Jackson, 1982). 성인에게는 스스로 문장을 읽게 하고, 아동에게는 따라 말하게 한다. 이 문장들은 대부분 특정 목표 자음(주로 /s/와 /r/)의 정조음 촉진 맥락을 찾기 위한 연구 프로젝트의 일환으로 개발된 것이다. 이러한 문장의 핵심은 임상가가 음성 맥락의 효과를 판단하기 위해 구성한 몇 개의 발화를 대상자에게 산출하게 하면 된다는 것이다. 예를 들어, 앞에 오는 /k/와 뒤따르는 /p/가 /s/의 산출에 미치는 영향(예: /ksp/)을 평가하고자 한다면 'The dress had a black spot'과 같은 문장을 구성하면 된다. 문장 대신 구를 이용해도 된다. 임상가는 동시조음에 대한 지식을 활용하여 대상자의 조음에 음성 맥락이 미치는 영향을 검사하기 위한 자극어를 고안하면 된다.

조기 중재에서의 말소리 평가

3세 이하 아동의 말소리 체계의 발달을 수량화하는 것은 오래된 도전 과제이다. 생후 첫 1년 동안 발달하는 자음, 모음, 음절 도표가 도움이 된다. 이 단계는 아동의 초기 말소리 발달의 특징을 파악하고 발달 과정을 추적하는 데 이용된다. 음성 및 음절 형태를 수량화하여 단일 점수를 제시해 줌으로써 시간의 경과에 따른 발달 상황을 모니터링하는 데 이용할 수 있는 방법도 여러 가지가 있다. 그러한 방법 중에는 평균 음절성 발성 수준(Mean Babbling Level: MBL)과 음절 구조 수준(Syllable Structure Level: SSL)이 있는데, Morris(2010)가 이 두 방법의 임상적 유용성을 검토한 바 있다. MBL은 아동의 발성 또는 비언어적 산출을 특정한 음성적 요소와 음절 구조의 출현에 따라 1~3점을 주는 방식으로 구하는 측정치이다. 아동이 산출한 발성에 자음이 많을수록, 음절 구조가 복잡할수록 더 높은 점수를 받게 된다. 최종적으로는 각 발성별로 평정한 점수의 평균(예: 1.54)을 구한다. 점수가 높으면 아동의 발성에서 나타난 음성적 복잡성과 음절 구조의 복잡성이 더 높음을 의미한다. MBL을 생산적 어휘 항목(productive lexical item)과 함께 사용할 수 있도록 확장하면 음절 구조 수준(SSL) 측정치가 된다. SSL은 실제 단어의 음성적 복잡성과 음절 복잡성을 수량화한 점수체계로 이용할 수 있기 때문에 단일 점수로 시간의 경과에 따른 발달 상황을 모니터링할 수 있다. Morris는 문헌을 검토한 후 MBL과 SSL이 초기 말소리 발달 과정에서의 변화 특성을 파악할 수 있을 정도로 임상적으로 유용하고 신뢰성 있는 정보를 제공해 준다는 결론을 내렸다. 자음, 모음, 음절 구조 목록으로 이루어진 독립적 음운 분석의 개념을 언급한 바 있다. 아직 언어로 의사소통할 수 있을 정도로 언어를 발달시키지 못한 아동들의 경우 우리가 그들의 음운체계에 관해 할 수 있는 작업이라고는 앞에서 말한 독립 분석밖에는 없을 것이다. 발성 샘플은 일상적으로 이루어지는 양육 활동과 놀이 중의 차례 주고받기를 통해 수집할 수 있으며, 이때 산출한 발성에 대해 독립 분석을 실시한다(Bernthal, Bankson, & Flipsen, 2013).

음성 및 음운 목록

음운장애 아동에 대해 가장 중요한 정보를 얻을 수 있는 출처는 음성 목록이다. 대표적인 샘플을 수집한 뒤 임상가가 수행해야 할 첫 번째 작업 중 하나는 대상자의 말소리 체계를 여러 방법으로 조사하는 것이다. 음성 목록이란 대상자의 말 샘플에서 정확하든 부정확하든 간에 대상자가 산출한 모든 말소리를 요약한 것으로, 그 사람이 물리적으로 산출할 수 있는 모든 말소리를 의미한다. 즉, 대상자가 성문파열음을 산출하였다면 그것은 음성 목록의 일부가 된다. 만약 대상자가 θ/s 대치를 보였고 필요한 상황에서 [θ]를 정확하게 산출한 적이 없는 경우라도, [θ]는 음성 목록 내에 포함된다. 반면, 음운 목록에는 대상자의 언어 내에서 의미 차이를 유발할 수 있을 정도로 대조적으로 산출된 소리만 포함된다. 그러므로 [θ]는 대상자의 음성 목록에는 포함되지만 음운 목록에는 포함되지 못한다.

나중에 다시 다루겠지만, 음성 목록과 음운 목록 조사는 아동이 음소의 변별자질을 얼마나 습득하여 사용하고 있는지 평가하는 데 중요한 부분이다. 아동의 음성 목록과 음운 목록에서 얻은 자료를 분석하는 또 다른 방법도 있다. 이 분야의 몇몇 권위자는 아동의 음운체계 내에서 작용하거나 작용하지 않는 여러 형태의 규칙 찾기를 권하였는데, 이 분석에서 음성/음운 목록은 중요한 부분이다. 예를 들어, **음소배열 제약**(phonotactic constraints)이라 불리는 정적인 규칙이 특정 말소리나 음소 결합의 출현을 제한하고 있을 수 있다. 음소배열 제약에는 세 가지 유형이 있는 것으로 알려져 있다. 첫째, **위치 제약**은 특정 맥락이나 단어의 특정 위치에서만 말소리가 산출되도록 허용하는 규칙이다. 둘째, **목록 제약**은 음소가 음운 목록 내에 포함되어 있지 않기 때문에 음소의 산출을 제한하는 규칙이다. 마지막으로, **순서 제약**은 아동이 말소리를 특정한 순서로 조합하여 산출하지 못하게 만드는 규칙이다(예: 아동이 독립음으로는 산출할 수 있으나 자음군에서는 산출하지 못하는 경우). 음성 목록과 음운 목록은 대상자의 음소 배열 규칙체계를 파악하는 데 매우 중요한 부분임을 알 수 있다.

　대상자의 음성 목록을 보고하는 체계에는 여러 가지가 있다. 음성 목록은 말소리의 감각운동 산출을 반영할 뿐만 아니라 그 요소를 적절히 또는 음운적으로 사용하고 있다는 표시도 일부 제공해 줄 수 있어야 한다. Natural Process Analysis(NPA; Shriberg & Kwiatkowski, 1980)의 음성 목록은 정확하게 산출된 음성, 말 샘플에 나타난 음성, 산출하지 않은 음성, 산출할 기회가 없었던 음성을 서로 구분하고 있다. 이 분석으로 산출된 음성이 음운적인지(어디에서든 정확하게 산출됨), 다른 말소리로 대치되었는지(어딘가에서 나타나기는 함), 목표 단어에는 나타났으나(해설이 붙여짐) 산출되지 못했는지, 말 샘플 내에서 산출될 기회가 없었던 소리인지 알 수 있다. 또 성도 내에서의 조음 위치를 왼쪽에서 오른쪽으로 표시하여 음성 목록 내에 포함되어 있는 말소리를 단순히 열거하는 체계도 있다(왼쪽=앞쪽, 오른쪽=뒷쪽). 아동의 음성/음운 목록의 또 다른 보고 방법은 차후에 논의하게 될 음운론적 지식의 연속선상에 음소를 배열하는 것이다.

　임상가가 어떤 방식으로 아동의 음운체계를 검사하기로 결정하였든 간에 음성/음운 목록은 아동의 음소배열 규칙(예: 목록 제약)과 말소리 체계에 대한 전반적인 지식에 중요한 직관을 제공해 주기 때문에 매우 좋은 출발점이다.

변별자질 분석

　앞에서 언급하였지만, 전통적인 분석이나 음성 맥락의 효과에 대한 조사를 모두 실시하여도 아동의 조음체계에 관련된 모든 측면을 검사하지는 못한다. 연구자들은 말의 가장 작은 기본 단위가 변별자질이며, 이 자질을 음향적·물리적 '실체'로 보았다. 즉, 사람들은 말소리 신호를 지각하고 산출할 때 특정 측면에 집중한다고 본다. 음소는 변별자질의 '묶음'으로 이루어져 있고, 이 변별자질들이 결합하여 서로 다른 다양한 자음과 모음이 산출된다. 아동은 음소를 하나씩 습득하는 것이 아니다. 오히려 말소리 산출과 변별 과제에서 여러 음소를 구별하기 위해 음소의 기초인 자질을 습득한다. 주어진 자질에 대한 지식과 산출 능력 없이는 그 자질을 갖고 있는 말소리를 산출할 수 없기 때문에 자질은 음소의 '선행 조건'이 된다. 예를 들어, 아동이 2개의 말소리를 구분하는 데 중요한 '무성성' 자질을 습득하지 못하였다면 [-유성성] 자질을 갖는 음소 (/s/, /f/, /p/, /k/ 등)를 산출하지 못할 것이다. 변별자질 이론은 한 말소리와 다른 말소리를 구분해 주거나 대조시켜 주는 자질의 있고(+) 없음(-)에 따라 음소의 특성을 구체화하려 시도하였다.

SLP가 대상자의 말 샘플에 나타난 변별자질을 분석하는 방법은 최근에 와서 그 인기가 시들해졌다. 분석체계가 너무 많고, 보편성이 부족하며, 도출 근거(음향 특성, 조음 특성, 지각 특성)도 다르다. 그나마 임상가에게 위안이 되는 것은 대부분의 체계에 공통점이 있다는 사실이다. 어떤 자질은 매우 중요하고 강력해서 대부분의 체계에 다 포함되어 있다. 특히 유성성 자질, 비음성 자질, 일부 길이 관련 자질, 조음위치 자질은 가장 많이 포함되어 있는 자질이다.

아동이 보이는 자질 오류는 적어도 두 가지 유형으로 구분할 수 있다. 음성자질 오류와 음운자질 오류가 그것이다. 변별자질 오류의 첫 번째 유형은 특정 자질을 전혀 습득하지 못한 아동을 예로 들 수 있다. 이 아동은 말소리를 구분해 주는 자질의 중요성을 인식하지 못하여 그 자질의 실현에 문제를 보인다. 아동은 자질의 한 측면, 즉 목표 자질의 반([+유성성])은 습득하였으나 나머지 반([-유성성])은 습득하지 못한 경우다. 자질은 전등의 스위치와 같아서 켤 줄도 알아야 하고 끌 줄도 알아야 쓸모가 있다. 그러므로 한 아동이 유성음과 무성음을 대조시켜 적절히 산출할 수 있게 되기 전까지는 실제로 유성성 자질을 습득한 것이 아니다. 정조음이든 오류이든 간에 한 아동의 음성 목록 내에 무성음이 포함되어 있지 않다면 그 아동은 유성성 자질을 대조적으로 사용하지 못하는 것이다. 두 번째 변별자질 오류 유형은 특정 자질을 습득하기는 하였으나 알맞게 사용하지 못하는 아동을 예로 들 수 있다. 자질의 제어 능력은 연속선상에서 이루어진다. 아동이 자질의 중요성을 인식하고 있고 그 자질의 양 측면(+와 -)을 모두 실현할 수 있다고 해도 그것을 적절히 사용하지 못하는 특수 맥락이 있을 수 있다. 반면, 어떤 맥락에서든 해당 자질의 양 측면을 실현하지 못하는 경우도 있다. 이 두 예는 서로 약간 다른 진단군을 대표하는 사례이다. 한 아동은 해당 자질을 습득하지 못한 경우이고, 다른 아동은 습득은 하였으나 특정 맥락에서 잘못 사용한 경우에 해당한다.

현재 대부분의 권위자는 음운 분석이라는 큰 과정의 일부로 변별자질 분석을 실시할 것을 추천하고 있다. 즉, 장애 아동의 음운체계 내에 작용하는 음운 규칙을 보다 구체적으로 기술하고, 여러 상이한 말소리 오류의 공통점을 찾는 데 변별자질을 이용할 수 있다. 〈표 6-2〉는 6개의 개별 말소리 오류가 근본적으로는 하나의 자질([+지속성])과 관련된 문제임을 추론하는 방법의 예이다. 오류에 대해 음운 변동 분석을 실시하면 '파열음화' 규칙이 도출되는데, 이는 근본적으로 [+지속성] 자질을 잘못 사용하여 나타나는 것이다. 이 경우 아동의 말 샘플에서 [+지속성] 자질을 실현한 적이 있는지 판단하는 것이 중요해진다. 변별자질의 사용 여부를 판단하는 것은 대상자의 오조음을 분석하는 또 다른 방법이며, 개별 말소리 오류들 간의 관련성을 파악할 뿐만 아니라 아동의 조음 오류를 보다 정교하게 기술할 수 있게 해 준다.

　앞에서 언급했듯이, 변별자질 분석 시 결정해야 할 주요 사항 중 하나는 대상 아동이 특정 자질을 습득하지 못한 것인지, 아니면 특정 자질을 잘못 사용하는 것인지의

표 6-2 변별자질 접근에 의한 조음 오류 분석의 예

오류 대치음/목표음	바르게 실현된 자질	오류 자질	
		목표음	대치음
d/s	모음성, 자음성, 고설성, 후설성, 저설성, 비음성	−유성성 +지속성 +치찰성	+유성성 −지속성 −치찰성
d/z	모음성, 자음성, 고설성, 후설성, 저설성, 비음성	+지속성 +치찰성	−지속성 −치찰성
d/sh	모음성, 자음성, 고설성, 후설성, 저설성, 비음성	−유성성 +지속성 +치찰성	+유성성 −지속성 −치찰성
b/f	모음성, 자음성, 고설성, 후설성, 저설성, 비음성	−유성성 +지속성 +치찰성	+유성성 −지속성 −치찰성
b/v	모음성, 자음성, 고설성, 후설성, 저설성, 비음성	+지속성 +치찰성	−지속성 −치찰성
d/th (think)	모음성, 자음성, 고설성, 후설성, 저설성, 비음성	−유성성 +지속성	+유성성 −지속성
d/th (that)	모음성, 자음성, 고설성, 후설성, 저설성, 비음성	+지속성	−지속성

주: 음소 관련 자질은 Chomsky와 Halle(1968)를 따랐다. 잘못 실현된 자질의 판정을 위해 목표음과 대치음의 자질 묶음을 비교해 보라. 가장 많이 오용된 자질은 유성성, 지속성, 치찰성 자질이다.

판단이다. 대상 아동에게서 특정 말소리 부류와 자질이 빠져 있는지 알아보기 위해 음성 목록을 조사한 이후라면 이러한 판단은 보다 쉬워진다. 숙련된 임상가는 아동의 말 샘플을 조사하여 어떤 자질에서 오류가 가장 많은지 정확하게 예측할 수 있다. 많은 경우 이 분석은 임상가가 아동의 음성 목록 내에 특정 자질의 습득을 목표로 치료해야 하는지, 아니면 이미 습득히였으나 비일관되게 사용하는 자질의 사용 변화를 목표로 치료해야 하는지 결정하는 데 큰 도움이 될 수 있다.

변별자질을 이용하여 오조음을 분석하는 데에는 네 가지의 장점이 있다.

- 많은 대상자의 경우 변별자질을 이용하면 오류를 설명할 수 있는 모델을 얻을 수 있다. 여러 음소가 공유하는 자질(예: 유성성)의 오류는 여러 음소에서 나타나는 오조음을 무작위적인 오류가 아닌 하나의 보다 단순한 패턴으로 축소시켜 설명해 준다.
- 변별자질은 말소리 대치의 중증도에 대한 판단 기준을 제공해 주는데, 목표음과 대치음 사이에 자질 차이가 많을수록 문제는 더 심각한 것이다.
- 치료를 위해 어떤 음소를 목표로 선정해야 하는지 그 근거를 제공해 준다. 임상가는 여러 오조음과 자질을 공유하는 음소를 목표로 선정하면 된다.
- 변별자질을 이용하면 직접 치료하지 않은 말소리에도 일반화가 촉진되므로 보다 효율적인 치료의 근거가 된다.

그러나 이러한 장점에도 불구하고 변별자질 이론을 임상에 적용하는 것을 제한하는 요인도 여러 가지가 있다. 특정 대상자의 변별자질을 임상가가 어떤 방식으로 분석하든 간에 다음에 제시하는 사항이 중요하다.

진단가는 여러 개의 조음 오류를 보이는 아동을 분석할 때 '자질'을 생각해야 한다. 즉, 최소한 모든 자질이 실현되는지, 아니면 특정 맥락에서 특정 자질을 일관되게 반복적으로 잘못 사용하는 오류 패턴이 나타나는지 판단할 수 있어야 한다.

임상가는 한 아동이 (1) 특정 자질을 습득하지 못한 것인지, (2) 특정 자질을 잘못 사용하고 있는 것인지 판단하여야 한다. 그 아동의 음성 목록 내에 특정 자질이 포함되어 있다는 증거를 발견할 수 없는 경우라면 우선적으로 그 자질을 아동의 음성 목록 내에 포함시킬 수 있게 치료 방향을 잡아야 한다. 만약 그 아동이 특정 자질을 잘못 사용하고 있는 경우라면 추가적인 음운 분석(자질 사용의 의미)이 필요하며, 임상가는 자질을 잘못 사용하고 있는 정도와 지점을 파악해야 한다. 음운 분석 기법을 적용하면 이를 더 잘 분석할 수 있다. 보다 최근의 비선형 음운 분석은 음운 분석 위계에 자질 수준을 포함시켰다.

특히 대치 오류에 대해서는 〈표 6-1〉처럼 목표음과 대치음의 자질 묶음을 비교하여 잘못 사용한 자질이 무엇인지 판정하는 변별자질 '대치 분석'을 실시해야 한다.

 음운 분석

아동의 조음 수행을 분석하는 또 다른 접근 방법은 음운 분석을 실시하는 것이다. 1976년 David Ingram의 대표적 저서 『아동의 음운장애(Phonological Disability in Children)』가 출판되면서 오조음을 분석할 때 언어적 접근방법을 적용하는 것에 대한 관심이 고조되었다. Ingram은 아동의 말에서 공통적으로 나타나는 조음 단순화 패턴이 있음을 보고한 여러 문헌을 인용하였다. 즉, 대부분의 아동은 조음 능력을 점진적으로 발달시켜 가며, 성인의 산출 수준에 이르기 전에는 단어의 복잡성을 독특한 방식으로 감소시킨다. 지면이 제한되어 있으므로 여러 문헌에서 보고된 음운 패턴 각각에 대한 예는 제시하지 않겠다. 현재 대부분의 교육과정에서 음운 변동 분석을 다룬다. 음운 변동의 예를 많이 다루고 있는 문헌이라면 그 어떤 문헌이든 참고하기 바란다.

음운적 접근은 특정한 가정에 근거한다. 첫째, 음운론 지지자들은 모든 아동의 말소리 체계에는 구조가 있고, 심지어 말 명료도가 아주 낮은 아동의 경우에도 음소 산출에 패턴이 있다고 가정한다. 말소리는 서로 아무렇게나 결합하지 않는다는 것이다. 둘째, 음운적 접근법은 우리가 아동에게서 듣고 관찰할 수 있는 말소리 조합이 가능하게끔 만들어 주는 기저체계가 있다고 가정한다. 음운 오류는 기저체계가 작용하여 표면의 말소리 조합을 만들어 낸 결과라고 본다.

이 장 초반에서 언어적 원인에 의한 오조음과 감각운동적 원인에 의한 오조음이 있음을 언급한 바 있다. 언어적 원인에 의해 나타나는 오류는 아동의 기저 음운체계에 의해 생성된 규칙의 산물로 해석할 수 있다. 규칙은 조음 수행에 어느 정도 패턴이 있음을 의미하고, 패턴을 간단하게 기술하여 적은 것이 음운 '규칙'이다. 그러므로 음운 규칙은 아동이 음소 부류에 적용하는 방법을 설명한 규칙이다. 많은 연구자는 아동이 발달 과정에서 성인의 모델에 비해 자신의 단어 산출을 단순화하는 경향이 흔히 관찰된다고 보고하였다. 이러한 단순화는 생리적으로 복잡한 말소리를 보다 쉬운 말소리로 산출하는 방식이 전형적이다. 아직 원인은 모르지만 일부 아동은 이러한 단순화 전략을 계속해서 사용하며, 많은 전략을 지속적으로 사용할 경우 아동의 말은 알아듣기 힘들어질 가능성이 높아진다. 여러 권위자에 의하면 장애 아동이 보이는 오류 패턴 중 대다수는 더 어린 연령의 일반 아동들에게서도 흔히 나타나는 것이다. 음운장애 아동은 일반 아동에게서는 좀처럼 나타나지 않는 특이한 규칙도 보일 수 있다. 음운 규칙은 이러한 단순화 전략을 설명해 줄 수 있으며, 각 규칙은 변별자질 사용에서의 변화를 함축한 것이다. 즉, 지속음을 폐쇄음으로 대치했다면 아동은 목표 음소의 중요한 변별자질을 변화시킨 것이다.

+지속성		−지속성
s	→	t
ʃ		t
f		p
θ		t

음운 변동에 대한 직관적 정보를 얻고자 하는 임상가들은 대개 시판용 검사를 적용하여 분석할 때 검사 매뉴얼의 도움을 받는다. 다음은 그러한 도구의 목록이다.

- Bankston-Bernthal Test of Phonology(BBTOP; Bankson & Bernthal, 1990)
- Comprehensive Test of Phonological Processing(CTOPP; Wagner, Torgesen, & Rashotte, 1990)
- Hodson Assessment of Phonological Patterns(HAPP-3; HCAPP는 컴퓨터 분석 프로그램; Hodson, 2004)
- Khan-Lewis Phonological Analysis(KLPA-2; Khan & Lewis, 2002)
- Spanish Articulation Measures(SAM; Mattes, 1994)

이러한 검사 도구는 그림이나 사물 자극을 제시한 뒤 아동에게 단어 또는 연속발화를 산출하도록 요구한다. 아동의 반응을 토대로 특정 음운 단순화의 출현 여부를 분석한다. 전통적인 검사 자극을 이용하여도 아동이 사용하고 있는 음운 변동을 대략적으로 분석할 수 있다.

앞에서 언급한 검사는 적당한 시간 내(대개는 1시간 이내)에 실시할 수 있으나, 채점에 소요되는 시간은 임상가가 그 검사 도구를 적용해 본 경험의 정도와 평가 대상자의 음운장애 중증도에 따라 달라질 수 있다. 대부분의 검사는 자발적인 연속발화 수준에서 검사하지 않기 때문에 파악된 음운 규칙은 아동이 대화 시 주로 사용하는 음운 변동의 근사치에 불과하다. 그러나 단어 검사와 연속발화 수준에서의 산출 사이에는 차이점보다 유사점이 더 많다고 보고한 연구도 있다. 임상가들은 정밀한 음운 분석을 위해서 말 샘플 수집 과정이 중요함을 알아야 한다. 말 샘플은 다양한 단어 형태(예: CVC, CCV, CVCVC)를 적절히 검사할 수 있어야 하며, 여러 음소 및 자질의 연쇄를 검사할 수 있어야 한다. 즉, 여러 음소 및 자질(예: 조음 위치, 조음 방법)이 서로 인접하여 나타나거나 상대적으로 서로 멀리 떨어져 있는 말 샘플이어야 한다. 자발화 샘플이 다양한 단어 형태, 음소, 음소 배열을 포함하는지 예측하기 어려운 경우, 음운 오류의 본질적 특성을 판단하기 위한 샘플을 추가로 수집한다. 아동의 음운체계를 효율적으로 기술하고 치료 시작에 적절한 맥락을 파악하려면 보다 구체적이고 전략적인 수집 방법이 필요하다.

Bernhardt와 Holdgrafer(2001b)는 음운 분석에 단어 수집법과 연속발화 수집법의 장점을 잘 개관한 논문을 발표한 바 있다. 이 논문은 비선형 음운론의 개념을 요약하여 제시하고 있으며, 단어 및 음절 구조, 분절음, 변별자질, 구 측면의 음운 분석에는 단어와 연속발화 수준 둘 다 필요함을 언급하고 있다.

음운 분석의 두 번째 수준은 자발화 샘플을 수집하여 국제음성기호로 전사한 뒤 자료에 나타난 오류(변동) 패턴을 찾는 것이다. 이 분석 수준은 앞서 언급한 분석 수준에 비해 분명히 더 많은 시간을 필요로 하지만, 대상자의 인지-언어 체계에 의해 생성된 실제 발화를 분석하기 때문에 보다 타당한 분석법이라 할 수 있다. 자발화 샘플 분석은 NPA에서 Shriberg와 Kwiatkowski(1980)가 추천하였다. 이 방법은 특별히 8개의 음운 변동 분석을 목표로 하고 있으며, 독특하고 유용한 음성 목록을 제공한다. 자연변동 분석은 검사자에게 유용한 정보를 제공해 주며 잘 계획된 검사 절차를 보여 준다.

Ingram(1981)은 Procedures for the Phonological Analysis of Children's Language (PPACL)를 개발하였는데, 음성 분석, 동음이의어 분석, 대치 분석, 음운 변동 분석이 가능하며, 음운 변동은 27개의 특정 음운 변동을 목표로 한다. 그러나 Ingram은 아동의 말에서 나타난 모든 대치를 설명할 수 있을 때까지 계속할 수 있다고 언급하였다.

음운장애 아동에게 어떤 음운 변동은 고위험 변동이라는 것에 대해 어느 정도 의견이 일치한다. 또 다른 권위자들은 평가 목표를 선정할 때 다른 음운 변동에 비해 더 중요한 음운 변동에 역점을 둔다. 보다 복잡하고 긴 검사(NPA, PPACL)를 사용하든 짧은 과제(APP)를 사용하든 유사한 음운 변동이 발견된다고 보고한 예비 연구도 있다. 물론 면밀한 심층 음운 분석과 보다 짧은 검사 절차가 동일하다는 뜻은 아니다. 이 두 절차 모두가 기본적인 음운 변동을 판정하는 데 이용될 수 있다는 것이다. 평가 기법마다 검사하는 변동의 수에 상당한 차이가 있지만, 말 명료도가 낮은 아동이 특별히 취약한 변동에 대해서는 의견이 상당히 일치하는 편이다. 평가 시 목표로 하는 실제 음운 변동 수는 임상가가 설정한 분석 목적과 관련되어 있다. 임상가가 한 대상자에 대해 비교적 완전한 생성 음운론을 기술하기 원할 경우에는 많은 수의 규칙에 집중해야 한다. 말 명료도를 가장 저해하는 주요 음운 변동을 판정하는 것이 목표인 경우에는 오조음의 80% 이상을 차지하는 6개의 음운 변동을 찾고, 말 명료도에 가장 큰 영향을 미치는 변동 중에서 치료 목표를 선정한다. 예를 들어, 한 아동이 비강세 음절 생략, 종성자음 생략, 파열음화 변동을 보인다면 이 변동이 초기 치료 목표가 될 것이며, 삽입, 유성음화, 활음화 등 말 명료도에 영향을 덜 미치는 변동은 우선적인 목표로 삼지는 않을 것이다. 앞에서 언급한 대부분의 평가 기법은 특별히 평가하라고 정한 변동이 아니더라도 검사자가 관찰한 다른 변동의 평가를 허용한다.

비선형 음운론 분야는 아동 발화에서 위계적 관계를 고려하는 것의 중요성과 유용성을 지적하였다. 단어, 음절, 분절음, 자질 간의 위계적 관계를 [그림 6-3]에 예시하였다. 한 음절의 시작 자음을 '두음'이라고 하고 초성 뒤에 오는 모음과 자음을 '각운'이라 한다. 영어의 모든 음절은 하나의 각운이 반드시 있어야 하지만, outside처럼 모음으로 시작되는 단어에서 두음은 수의적 성분이다. 이 모델에서 분절음이란 음소와 유사하며, 자질은 조음 위치-조음 방법-발성 유형과 같은 단순한 관점에서부터 앞서 언급한 또 다른 변별자질 체계와 같은 복잡한 관점에 이르기까지 다양하다. 위계 모델은 음절, 두음 및 각운, CV 구조, 분절음과 자질 수준에서 분석 가능하며 전통적 모델이나 음운 변동 분석 모델로는 쉽게 분석할 수 없는 오조음의 분석도 가능하다. Stoel-Gammon(1996)은 비선형 음운론을 이용한 음운 분석의 훌륭한 예를 보여 주었다.

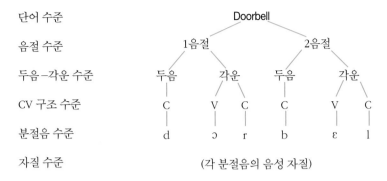

단어 수준	Doorbell
음절 수준	1음절　　2음절
두음–각운 수준	두음　각운　두음　각운
CV 구조 수준	C　V　C　C　V　C
분절음 수준	d　ɔ　r　b　ɛ　l
자질 수준	(각 분절음의 음성 자질)

[그림 6-3] 비선형 음운론의 위계 수준

음운과 어휘의 상호작용

Barlow(2002)는 음운과 어휘 간의 상호작용에 대해 논의하였는데, 평가에서 형태음운통사론과 형태음운론적 변화(예: pig/piggy)의 관련성을 다루었다. 음운 분석에 관한 최근의 이론과 임상 접근법은 '분절음'보다는 '단어'를 중심으로 한다. 즉, 아동의 음운 체계에서 음소와 어휘를 분리하는 것은 타당하지 않다.

Velleman과 Vihman(2002)은 아동이 처음에는 단어나 구의 관점에서 언어를 습득한다는 증거를 인용하였다. 예를 들어, 아동은 정형화된 구조로 유사 단어나 원시 단계의 단어 조합(예: '주스 더')을 산출한다. 그들에 따르면, 이후에 아동은 그러한 단위를 구조별로 분해하고 창의적으로 재구성하기 시작한다. 음운 발달이 통낱말 학습과 함께 시작된다고 보는 입장이다. 아동은 외현적 학습(의도적으로 성인의 패턴을 모방하려고 노력함)과 우연적이고 비의도적인 내현적 학습을 통해 음운론을 습득하게 되는데, 이는 단순히 언어에 노출되기만 하면 된다.

Ingram과 Ingram(2001)은 아동이 개별 음소가 아닌 단어를 습득한다고 보았기 때문에 통낱말 접근을 지지하였다. 초기에 아동은 분절음에 대해 거의 인식하지 못하며 습득 패턴과 음운 학습 전략에서도 차이를 보인다. 아동이 산출한 단어를 단순히 세는 대신 통낱말 정확률(Percentage of Whole Words Correct: PWW)을 구하기도 한다. 아동이 언어를 배워 감에 따라 음절 구조, 음소 수, 말소리 복잡성 등 단어의 복잡성이 증가한다. 발화의 평균음운길이(Phonological Mean Length of Utterance: PMLU)라고 하는 측정치도 개발되었는데, PMLU는 단어의 음소 수와 그 단어에서 정확하게 산출된 자음의 수에 주목한다. PMLU는 아동이 산출한 단어에 포함된 각 분절음(자음 및 모음)의 수를 세어 분절음마다 1점씩 준다. 그다음에는 정확하게 산출한 자음에 추가로 1점을 더 준다. 이후 분석 단어의 전체 점수를 더한 뒤에 단어 수로 나눈다. 그들은 논문에서 PMLU의 발달 단계를 제시하기도 하였다.

Ingram과 Ingram(2001)의 평가 접근법에는 중요한 측정치가 또 있다. 이 4개의 측정치는 통낱말 분석, 단어 형태 분석(음절), 분설음 분석(음소의 일치와 대치), 음운 분석(변별자질의 습득에 근거한 자질 대조의 완전 습득 여부 확인)이다.

임상가가 아동의 대화 샘플에 나타난 음운 규칙을 기술하고자 할 경우, 대부분의 절차에 공통적으로 존재하는 쟁점이 있다.

1. 해설 달기와 쪼개기 임상가는 아동이 말하려고 한 것이 무엇인지 해석을 하거나 해설을 달아야 한다. 아동이 의도한 발화가 무엇인지 모르면 음운 규칙체계를 찾기가 불가능하다. 자료를 쪼개거나 배열하는 몇 가지 방법이 보고되었다. 그중 하나는 아동이 정확하게 산출한 것과 부정확하게 산출한 것을 배열하고 쪼갠 단위(예: 단어)별로 음성 전사하여 해설을 다는 방법이다.

아동의 산출	성인의 해설
/ki/	/ki/
/bækI/	/bæskIt/
/pæ/	/fæn/
/go/	/go/

이렇게 하면 임상가는 아동의 산출을 성인 모델과 비교하여 음운 단순화 패턴(예: 'basket'과 'fan'에서 종성자음이 생략됨)의 가능성을 제기할 수 있다. 또 다른 분절법은 자발적 연속발화를 쪼개지 않고 발화별로 구분하는 방법이다.

아동의 산출	성인의 해설
/tidəgɔgi/	/siəədɔgi/

이러한 분절법은 종종 앞 단어에 있는 말소리의 영향으로 뒤 단어에서 음운 감소가 일어난 오류를 설명하는 데 도움이 되기도 한다. 해설을 단 분절음을 구조화하는 방

법에도 철자, 음절 유형, 자음 등을 기준으로 하는 방법이 있다. 이렇게 다양한 구조화 책략의 목적은 특정 음운 규칙이 적용되고 있음을 입증하고자 할 때 개별 단어 및 말소리를 찾아 비교할 수 있게 돕는 것이다.

2. 자연 음운 변동 가정하기   임상가는 아동의 말 샘플에서 얻은 자료를 정리한 후 특정 음운 감소 패턴을 가설로 설정하여 오류를 설명하려 한다. 예를 들어, 아동이 산출한 특정 단어와 성인의 해설을 비교한 결과, 종성자음 생략을 발견하였다고 가정해 보자. 임상가는 종성자음 생략 변동을 가설로 세울 수 있을 것이다. 〈표 6-1〉에 제시한 '고위험' 음운 변동 목록을 먼저 배제한 뒤에 '일탈된 변동'을 의심해 볼 수 있다.

3. 가정된 규칙의 지지 근거 찾기   한 아동의 말 샘플에서 종성자음 생략이 일어났다는 것을 상정하는 것만으로는 충분하지 않다. 해당 음운 변동이 실제로 일어났는지 판단하기 위해서는 발화에서 그 증거를 찾아야 한다. 예를 들어, 그 아동은 CVC 단어에서 종성자음을 생략한 것일 수 있다. 상정한 음운 감소의 출현 빈도를 구하기 위해서는 말 샘플 내에 단일 자음으로 끝나는 모든 단어를 살펴봐야 한다. 종성자음 생략의 증거가 많이 발견되면 그 규칙을 기술하면 된다. 다른 종성자음은 정상적으로 산출하는데 특정 종성자음만 생략하면, 특정 종류의 종성자음 생략(예: 파열음 및 비음 생략)이 일어남을 세부적으로 알려 주는 규칙으로 변경하여 기술해야 한다. 이때 변별자질을 이용하면 유용하다.

4. 출현 빈도 산출하기   권위자마다 특정 음운 규칙의 출현 빈도를 산출하는 방법이 다르다. 변동의 출현은 필연적(거의 매번 나타남)일 수도 있고 선택적일 수도 있다. 특정 음운 규칙의 출현 빈도를 '항상 나타남' '가끔 나타남' '전혀 나타나지 않음'의 3단계 체계를 이용하여 표시할 것을 추천한 저자도 있다(Shriberg & Kwiatkowski, 1994). 0~20%, 21~40%, 41~60%, 61~80%, 81~100%와 같이 백분율 범위를 사용할 것을 추천한 권위자도 있다(Ingram, 1981). 어떤 방법을 사용하든 그 변동이 얼마나 자주 일어나고 있는지 표시해 주는 것이 중요하다.

5. 규칙 기술하기   전사 자료에서 특정 규칙이 적용되고 있다는 증거를 수집한 후에는 목표 음소를 명시하는 규칙을 기술하고, 목표 음소가 어떻게 변화되는지, 목표 음

소가 어떤 맥락에서 변화되는지, 그 규칙이 얼마나 자주 일어나는지 기술하여야 한다. 종성자음 생략 규칙은 다음과 같이 기술할 수 있다.

$$
\left.\begin{matrix} p \\ b \\ t \\ d \\ k \\ g \end{matrix}\right\} \longrightarrow \emptyset \ / \ CV\_\# \ 80{\sim}100\%
$$

이 규칙은 자음 /p, b, t, d, k, g/가 CVC 단어의 종성에 올 경우 생략됨을 의미한다. 사선은 '~ 맥락에서'를 의미하며, 빈칸은 목표음의 위치를, # 표시는 단어의 경계를 의미한다. 음운 규칙 뒤에 그 출현 빈도가 표시되어 있다.

6. 1~4의 반복   각 음운 규칙을 기술하고 각 음운 감소의 증거를 수집한 후에 임상가는 오류 조사하기, 규칙의 지지 근거 찾기, 규칙 기술하기 과정을 반복하면 된다. 임상가는 곧 그 규칙이 설명하지 못하는 소수의 단어만 제외하고 아동의 전사 자료에 있는 대부분의 오류를 설명할 수 있게 된다. 이때 임상가는 정상적인 조음 발달 과정에서는 아동에게 나타나지 않는 음운 규칙을 가설로 상정하게 될 수도 있다. 예를 들어, 아동이 특정 유형의 초성자음을 생략한 것으로 볼 수도 있다. 임상가는 규칙을 기술하기에 앞서 그 규칙을 상정하고 그 근거를 찾아야 한다.

음운 단순화 패턴의 발견은 매우 강력한 도구가 될 수 있다. 서로 관련되지 않은 것처럼 보이는 많은 오조음을 몇 개의 음운 단순화 패턴으로 줄여 설명할 수 있다. 음운 변동을 임상에 적용할 때는 대상 아동이 오류를 보이는 개별 말소리를 치료할 필요 없이 오류 패턴에 전념하면 된다. 관찰되는 오류 패턴은 기저에 있는 규칙이 적용되어 나타나며, 그 규칙을 변화시키려면 여러 분절음에 영향을 미치고 있는 규칙을 목표로 해야 한다. 다시 말하지만, 오조음의 패턴을 발견하는 유일한 방법은 음운 분석 기법을 통해 찾는 것이다. 전통적인 검사로도 추후 분석의 필요성을 파악할 수 있을 뿐만 아니라 오류 패턴에 대한 단서도 얻을 수 있겠지만, 사실 전통적 검사는 이러한 목적을 위해 구성된 것이 아니다. 이러한 목적을 위해서는 Dawson과 Tattersall(2001)이 개발한 SPAT-DII를 융통성 있게 적용할 수 있다.

아동의 오조음에 대해 음운 분석을 실시할 때는 다음과 같은 사항에 신중을 기하여야 한다. 첫째, 음운 접근법을 적용할 때 임상가는 아동의 자발화에서 나타난 단어나 문장 또는 단어와 문장 모두 전사해야 한다. 대부분의 임상가가 학부 재학 시 음성학을 수강하였겠지만, 음성학 강의에서 다양한 남성 및 여성, 성인 및 아동 음운장애 화자의 말을 전사해 볼 기회는 별로 없다. 일부 임상가는 연속발화를 제대로 전사해 본 경험이 충분하지 않았을 수도 있다. Goldman-Fristoe 검사기록지의 빈칸을 채우는 정도로만 음성학 훈련을 경험한 임상가들도 있을 것이다. 이런 임상가에게 실제로 단어나 연속발화를 전사하는 것은 무리일 수도 있다. 둘째, 자료로부터 규칙을 수립해야하기 때문에 음운 오류의 채점 신뢰도가 낮으면 음운 전사와 분석의 신뢰도에 문제가 생길 수밖에 없다. 판단자간 신뢰도도 중요하지만, 검사-재검사 신뢰도도 고려해야 한다. 앞에서 아동의 음성 산출에 대한 독립 분석의 개념을 논한 바 있다. 독립 분석에서는 산출의 정확성이 아니라 음성 요소 및 음절 복잡성의 출현 여부를 판단함을 기억하자. 3장에서 논의한 것처럼, 신뢰도는 어떤 종류이든 임상 평가에 매우 중요한 변인이다. Morris(2009)는 유아의 말에 대한 독립 분석 측정치의 검사-재검사 신뢰도를 연구하여 음절 구조 수준과 음성적 복잡성 지표는 높은 검사-재검사 신뢰도를 얻은 반면, 낱말 종성 목록과 단어 형태 분석은 중간 정도이나 유의하지 않은 신뢰도를 보였다고 보고하였다. 그의 연구에서 낱말 종성 음성 목록은 신뢰도가 낮은 것으로 나타났다.

셋째, 음운 분석이 설득력 있고 매력적이라는 점은 오히려 우려가 된다. 음운 분석은 조음 평가를 다소 재미있는 퍼즐처럼 만들기 때문에 임상가가 문제의 '해결책'을 알아내어 음운 규칙을 예측할 때 아동의 문제를 언어적-음운적 견지에서만 보고 이러한 유형의 치료를 적용하게 이끌 수 있다. 음운 규칙 분석은 제한적인 말 샘플을 근거로 하는 기술적 분석이므로 분석 결과로 도출된 음운 규칙 또는 패턴을 유용할 때는 주의가 필요하다.

아동은 음운장애의 원인에 따라 서로 다른 음운 규칙 특성을 보일 것이다. 음운장애의 원인이 감각운동의 문제인 경우에도 음운 규칙을 발견할 수 있으며, 그 아동을 음운적-언어적 원인이 있는 사례로 인식할 수도 있다. Shriberg와 Kwiatkowski(1994)는 임상가가 아동의 수행을 언어적 측면, 감각운동적 측면, 심리사회적 측면에서 검사하여 적절한 치료 목표를 수립할 것을 제안하였다. 임상가는 아동이 체계적인 음운 오류를 보인다는 이유만으로 언어적 치료 접근을 취해서는 안 된다. 개별 아동에게 적절한 치료법을 선택하기 위해서는 조음의 감각운동 측면에 주안점을 둘 수도 있다. 음운 분석이 유용하며 조음 평가에 있어서 상당한 혁신을 이루었다는 점은 의심의 여지가 없다. 그러나 임상가는 신뢰도 확인에 신중을 기해야 한다. 감각운동 및 심리사회적 측면을 평가하지 않고서 모든 오류를 음운적-언어적 오류로 해석하려 해서는 안 될 것이다.

컴퓨터 보조 음운 분석

많은 음운 분석 관련 업무는 힘들고 반복적이다. 여러 종류의 방대한 기록지에 자료를 기록하고, 백분율과 빈도를 계산하고, 대상자의 전사 자료 여기저기서 관찰되는 다양한 관련성을 반복 확인하는 데 어려움이 있다. 이러한 과제는 그 특성상 이론적으로는 컴퓨터를 이용한 분석이 적절하다. 컴퓨터를 이용하면 아주 능력 있는 임상가가 아동의 음운체계에 대해 파악할 수 있는 것 이상으로 각 발화에 대한 해석을 달아 주고 보다 자세한 정보를 얻을 수 있게 해 준다. 인간 행동에 대한 컴퓨터 분석이 다소 피상적이고 이용 가능한 프로그램은 초기 발달 단계에만 적절한 경우도 있다. 그러나 음운 분석 사례의 경우 컴퓨터 프로그램은 자세하면서도 사용자 편의에 맞으며 즉시 분석이 가능하다. 대부분의 프로그램은 임상가가 분석을 완료하는 데 몇 시간씩 걸릴 일을 실제로 단 몇 분 안에 끝낼 수 있다. 시판 중인 음운 분석용 컴퓨터 프로그램은 다음과 같다.

- Hodson Computerized Analysis of Phonology Patterns(HCAAP; Hodson, 2003)
- Computerized Articulation and Phonology Evaluation System(CAPES; Masterson & Bernhardt, 2001)

다양한 종류의 말 분석 소프트웨어를 웹에서 찾아볼 수 있다. 무료로 내려받아 쓸 수 있는 소프트웨어도 있다. 대다수의 학교, 대학, 심지어 가정에서 사용하는 소형 컴퓨터와도 호환 가능한 소프트웨어가 있다. 프로그램의 범위도 음운의 특정한 검사에서부터 자발적인 연속발화 샘플 중심의 평가 프로그램에 이르기까지 다양하다.

Computer Profiling은 광범위한 언어 분석에 컴퓨터를 이용하는 프로그램이다.

www.computerizedprofiling.org에서 무료로 내려받아 사용할 수 있다. 이 프로그램 중에서 특히 음운 프로파일(Profile of Phonology: PROPH)이라는 음운 분석 모듈에는 다양한 통계적 분석, 단어 특성(단어 형태, 강세, 운율, 음소 유형) 분석, 음운 변동 분석, 자음정확도, 발화의 평균음운길이(Phonological Mean Length of Utterance: PMLU), 통낱말 근접도(Proportion of Whole Word Proximity: PWP), 기타 임상적으로 유용한 요소가 포함되어 있다. 면밀한 말 분석은 아동의 음운 변동 분석뿐만 아니라 음절 형태의 특성에 관한 분석도 포함하는 것임을 알아야 한다.

SIL International은 음성학적 분석과 음운 보조 분석과 같은 언어적 분석을 위해 내려받아 사용할 수 있는 플랫폼을 지원하고 있다. 웹사이트(www.sil.org/)에 다양한 종류의 훈련용 프로그램과 함께 음운 과제 분석 프로그램이 제공되어 있다.

컴퓨터 보조 분석이 임상 과정을 진보하게 이끌기는 하였으나 오해는 하지 말기를 바란다. 대상자가 컴퓨터와 연결되어 있는 마이크에 대고 말하기만 하면 기적처럼 몇 초 내에 음운체계의 비밀을 푼 결과물이 나오는 일은 그야말로 상상 속에서나 가능한 일이다. 불행히도 이는 현실이 아니다. 말 샘플을 수집하고, 전사하고, 키보드로 컴퓨터에 입력하는 작업은 여전히 임상가가 해야 하고, 다른 많은 작업이 그렇듯 작업 메뉴를 선택하고 스크린에 나타나는 프롬프트(사용자용 메시지)에 반응해 주는 일도 임상가가 해야 한다. 이는 임상가의 업무 중 많은 고통을 감수해야 하는 일이다. 연속발화 샘플을 그냥 전사하는 데만도 주의 깊게 들으며 몇 시간씩 소요해야 한다. 컴퓨터 보조 분석의 미덕은 임상가가 자료를 분석하는 데 드는 시간을 줄여 주는 것, 전사 자료를 보고 또 보는 일을 하지 않게 해 주는 것, 수학적 계산을 하지 않아도 되게 하는 것에 있다. 컴퓨터는 음성 목록, 반복 형태 분석, 위치 목록, 음운 변동 분석, 중증도 측정(예: PCC, CPDS)과 같은 자료를 일목요연하게 요약해 줄 뿐 아니라 일부 프로그램에서는 치료 목표도 추천해 준다.

그러므로 컴퓨터 분석을 하면 임상가가 하던 모든 지루한 작업을 하지 않아도 된다는 오해를 할 수 있다. 실제로 컴퓨터가 이러한 작업의 상당 부분을 대신해 주기는 하지만 전부를 해 주는 것은 아니다. 또 다른 오해 중 하나는 컴퓨터 분석이 대상자의 음운론에 대해 항상 '정답'을 도출해 줄 것이라는 기대이다. 대부분의 음운 분석 프로그램의 논리는 상당히 정교하지만, 독특한 변동이나 특정 유형의 분석을 다룰 때는 문제가 생길 수 있다. 그럼에도 불구하고 임상가가 기대할 수 있는 것 중 하나는 결과물을 얻을 수 있다는 것이다. 그 결과물이 항상 정확한 것은 아니며 단지 출력물일 뿐이므로, 임상가는 음운 분석 프로그램의 한계를 인식하고 임상가가 직접 해야 할 음운 샘플의 운용 업무를 익혀서 두 방법이 전반적으로 일치하는지 비교해 볼 수 있다.

음운 지식의 평가

쉽게 말해, 음운 처리 과정은 구어이든 아니면 더 늦게 발달하는 문어이든 간에 한 언어 체계에서 언어 이해와 언어 표현의 기초인 음운 지식과 말소리의 사용을 의미한다. 음운 지식과 음운 인식을 교육과 임상에 적용하면서 이를 선두로 가져오게 만든 연구가 폭발적으로 증가하였다. 전형적으로 발달하는 유아는 음운 지식과 음운 인식을 언제 그리고 어떻게 발달시키는가? SLP(그리고 다른 교육자)는 비전형적인 변동을 어떻게 평가하고 공략하는가? 언어체계의 한 부분인 음운 인식은 말소리 산출의 기초가 되는데, 이는 결과적으로 음절 및 단어 처리와 관련된다. 이는 이후에 발달하는 능력인 읽기와 철자법의 기초가 된다. 요약하면, 초기 음운 지식과 문해 능력은 선형적으로 관련되어 있다. 임상 현장에서 일하고 있는 SLP는 아동들에게서 나타나는 이 문제에 깊이 관여한다.

Bauman-Waengler(2012)는 음운 인식이 음운 처리 과정의 한 부분이라 하였다. 음운 인식은 단어를 더 작은 단위로 쪼갤 수 있게 해 주는 기술이다. 이 기술의 세 하위 수준이 각 하위 수준별 능력을 평가할 수 있는 검사와 함께 문헌에 보고되었는데, 이 세 하위 수준 각각에는 발달 순서가 있는 것으로 추정된다.

첫 번째 수준의 기술은 **음절 인식**(syllable awareness)으로, 단어를 음절로 나눌 수 있다는 것을 이해하는 수준이다. Bauman-Waengler(2012)는 음절 인식의 네 가지 하위 기술과 평가 방법의 예를 제시하였다.

- 음절 분할: 다음절 단어를 이루고 있는 음절을 박자에 맞게 쪼갤 수 있는가('baby' 등)?
- 음절 완성: 무지개(rainbow) 그림을 단서로 주고 검사자가 "Rain_?"이라고 말하면 아동이 빠진 음절('bow')을 댈 수 있는가?
- 음절 확인: rainbow와 raincoat의 어떤 소리가 같은지 표시할 수 있는가?
- 음절 탈락: rabbit에서 'ra'를 빼고 다시 말해 보라고 지시하면 그렇게 할 수 있는가?

두 번째 수준의 음운 인식 기술은 **초성-각운 인식**(onset-rhyme awareness)이라 알려진 것으로, 음절이 초성과 각운으로 이루어져 있다는 인식을 말한다. 음절 초성은 음절의 핵인 모음 앞에 오는 모든 말소리이며, 각운은 음절의 나머지에 해당한다. 초성-각운 인식은 주로 압운 과제(각운 맞추기)로 평가한다. 각운을 맞추기 위해서는 음절(따라서 단어)을 초성과 각운으로 분리할 수 있어야 한다. 단어 cat, bat, hat은 초성은 다르지만 각운(at)은 그대로이기 때문에 운이 맞다. Bauman-Waengler(2012)는 네 가지 초성-각운 인식 평가법도 제시하였다.

- 구어의 각운 인식은 다음의 예와 같은 질문으로 평가할 수 있다. '단어 hop과 top은 서로 운이 맞습니까(같은 소리로 끝납니까)?'
- 단어의 운이 맞지 않음을 인식하는 것은 아동에게 cat, sat, car 같은 일연의 단어 중에서 운이 맞지(같은 소리로 끝나지) 않는 단어를 선택하게 함으로써 입증할 수 있다.
- 구어의 각운 산출은 아동에게 dog와 운이 맞는(같은 소리로 끝나는) 단어를 말해 보라고 하여 평가한다.
- 초성-각운 조합은 아동에게 'c'와 'at'을 섞어 말하여 'cat'을 만들게 하는 등 두 요소를 하나로 합치도록 요구하여 평가한다.

세 번째 수준의 음운 인식 기술은 **음소 인식**(phonemic awareness)이다. 말소리를 조작하는 능력은 다양한 방법으로 평가할 수 있다. Bauman-Waengler(2012)는 10가지 기술과 이를 평가하기 위한 과제의 예를 제시하였는데, 그중에서 세 가지만 살펴보고자 한다.

- 음소 감지 과제에서는 아동에게 'rose, red, bike, rabbit 중에서 첫소리가 다른 하나는 무엇인가?'와 같이 질문한다.
- 음소 맞추기 과제에서는 '어떤 단어가 rose와 같은 소리로 시작하는가?'와 같이 질문한다.
- 음소 분리 과제에서는 '단어 toad는 어떤 소리로 시작되는가?'와 같이 질문한다.

Bauman-Waengler(2012)가 열거한 나머지 일곱 가지 음소 인식 기술은 음소 완성,

음소 결합, 음소 탈락, 음소 분할, 음소 도치, 음소 조작, 두음 전환이다. 이들은 여러분이 더 조사하도록 남겨 두겠다.

음운 인식, 초기 문해 능력, 말장애, 심지어 언어장애 사이의 관계를 감안하면, 어린 아동을 담당하는 SLP가 음운 지식의 평가에 관여하는 것은 낭연한 일이다. 음운 인식을 평가하는 데 이용할 수 있는 그다지 많지 않은 시판용 검사 중 몇 가지는 다음과 같다.

- HearBuilder Phonological Awareness Test(Wiig & Secord, 2011)
- Test of Phonological Awareness in Spanish(TPAS; Riccio, Imhoff, Hasbrouck, & Davis, 2004)
- Test of Phonological Awareness Plus(TOPA-2+; Torgensen & Bryant, 2004)
- Test of Phonological Awareness Skills(TOPAS; Newcomer & Barenbaum, 2003)
- The Phonological Awareness Test 2(PAT2; Robertson, 2007)

음운 지식은 아직도 임상가에게 많은 도움이 되기 때문에 치료에서 목표로 하는 말소리에 관한 다음의 정보로 음운 지식에 관한 논의를 마치고자 한다. Gierut, Elbert와 Dinnsen(1987)은 아동들이 아주 단순한 것부터 보다 복잡한 것까지의 연속선상에서 다양한 음운 지식을 습득하여 드러내며, 일부 규칙은 다른 규칙에 비해 일반화가 더 잘된다고 말하였다. 그들은 또 연속되어 있는 음운 지식은 치료를 통해 기대되는 일반화 정도와 관련되어 있다고 주장하였다. 기본적으로, 가장 낮은 음운 지식을 이용하여 말소리를 치료하면 전체 음운체계로 일반화가 일어나나, 가장 높은 수준의 음운 지식을 이용하여 말소리를 치료하면 훈련한 특정 음소 부류에만 일반화가 일어난다. 이는 대상 아동이 낮은 음운 지식 수준을 보이는 음소를 훈련할수록 더 좋은 효과를 볼 수 있음을 의미한다. Gierut(2007)은 보다 복잡한 치료 목표를 선정하는 것이 진전과 일반화에 더 좋다고 제안하였다. 물론 이러한 제안은 더 복잡한 목표보다 더 일찍 발달하고, 더 단순한 분절음부터 치료를 시작해야 한다는 전통적인 견해에는 위배된다. 이 문제에 관한 연구는 엇갈린다. 예를 들면, Rvachew와 Bernhardt(2010)는 단순한 목표를 겨냥한 치료를 받은 아동들이 목표 말소리 습득에 있어 더 많은 진전을 보였으며, 이들에게서는 치료하지 않은 더 복잡한 분절음과 자질 대조도 나타나기 시작하였음을 발견하였다. 복잡한 음소를 목표로 한 치료를 받은 아동들의 음운 발달에 있어서는 측정 가능한 효과가 거의 없었다. 이 연구자들이 치료를 실시할 때 복잡한 목표는 피해야 한다고 제안한 것은 아니다. 오히려 수평적 목표와 전략, 주기적 목표와 전략 모두를 지지하면서 배타적으로 단순한 구조나 복잡한 구조만 치료 목표로 국한할 필요는 없다고 하였다.

기타 검사

이제 우리는 평가와 평가 영역의 통합과 관련된 문제로 초점을 되돌리고자 한다. 우리는 말소리장애 자체를 평가하기 위한 여러 접근법에 대해 다루었으나, 완전하고 철저한 검사가 되려면 다음의 7개 평가 영역도 살펴봐야 한다. 이 영역 각각의 중요성은 사례 유형과 중증도에 따라 크게 달라질 수 있으나, 임상가는 다음의 각 영역을 제대로 평가할 준비가 되어 있어야 한다.

1. 사례력   다른 평가와 마찬가지로 완벽한 말소리장애 평가는 면밀한 사례력과 부모/대상자 면담을 포함해야 한다. Bernthal, Bankson과 Flipsen(2013)은 다음 영역의 정보를 추천하였는데, (1) 원인일 가능성이 있는 요인, (2) 문제에 대한 가족 또는 대상자의 지각, (3) 대상자의 학업, 직장, 가정, 사회 환경, (4) 대상자에 관한 의학적 · 발달적 · 사회적 정보가 그것이다. SLP는 나이 어린 아동의 부모를 면담할 때 〈부록 B〉의 임상 자료, 특히 발달 이정표와 관련된 특정 정보와 일부 청력 관련 질문이 유용함을 알게 될 것이다.

2. 언어 평가   아동의 조음체계를 평가하는 임상가는 이 아동 중 상당수가 언어 영역에서도 결함을 보일 것임을 예상해야 한다. 많은 권위자가 조음장애와 언어장애가 동반되는 사례의 비율이 높음을 보고하였다.

이 책의 여러 장에서 언어장애 아동을 선별하는 방법으로 비단어 반복 과제에 관한 연구를 인용한 바 있다. 대부분의 언어장애 아동들은 어느 정도의 음운 문제도 보이기 때문에 아동이 특정 음소나 음절 구조를 산출하지 못할 때 비단어 반복 과제를 이용할 경우 딜레마에 빠질 수 있다. Shriberg 등(2009)은 말소리장애가 있는 아동들에게 사용하기 위한 음절 반복 과제(Syllable Repetition Task: SRT)를 개발하였다. SRT에는 일찍 발달하는 모음과 4개의 일찍 발달하는 자음이 포함되어 있다. 예비 연구는 이 과제가 조음 오류를 보이는 아동들에게 적용하기에 타당하며 심리측정학적으로 양호함을 입증하였다.

임상가는 의례적으로 개별 말소리장애 아동에 맞게 자발적인 언어 샘플을 수집하고 공식적인 언어 평가를 실시한다.

3. 청력 선별   의례적으로 실시하여야 할 진단 절차 중 하나는 청력 선별이다. 치료를 시작하기 전에 청각장애의 가능성을 확인하는 것이 중요하다. 부모가 아동의 청력 문제를 의심한다고 보고하거나 귀 감염 전력이 있는 아동의 경우에는 특히 중요하다. 〈부록 B〉에 청력 선별의 실행에 관한 지침을 제공하였다.

4. 구강 구조 및 기능 검사   이 검사는 조음 검사의 일부로 들어가야 할 검사 중 하나다(이 검사의 실시 지침은 〈부록 A〉 참조). 구강 구조 및 기능 검사의 결과는 음운장애와 감각운동장애의 구분에 중요할 수도 있다. 조음 운동 속도와 구강 근육계 협응력 검사도 말소리장애 대상자에 대한 통찰력을 얻는 데 도움이 된다. 아동과 성인의 길항반복운동 검사 또는 교대운동 속도 검사에 대한 규준도 있다(〈부록 A〉 참조).

5. 연속 발화의 조음   진단가가 볼 때에는 신경운동 결함이 분명한 것으로 보이는 상황(예: 두경부암, 마비말장애, 이후의 장에서 다룰 기타 질환)에서도 SLP는 단어 검사뿐만 아니라 연속 발화, 소리 내어 읽기, 유도 문장 수준에서 말소리의 조음을 판단해야 한다. 〈부록 B〉에 여러 연령대의 대상자를 위한 읽기 문단을 제시하였다.

6. 청각적 변별   말소리장애 아동이 청각적 변별 과제에서 낮은 수행을 보이는 경우가 드물지 않기 때문에 이 영역은 전통적인 평가 요소로 포함되어 왔다. 그 결과로, 초기의 치료 프로그램에는 청각적 변별 훈련이 필수로 포함되었다. 그러나 청각적 변별 검사를 실시하는 방법과 청각적 변별 훈련이 치료에 미치는 영향에 대한 비판이 생겨났다. 논리적으로 가장 지지할 만한 최근 입장은 모든 음소에 대해 청각적 변별을 평가하기보다는 아동이 오조음한 말소리에 대해서만 청각적 변별을 평가하고(Bernthal, Bankson, & Flipsen, 2013), 단어 대조 쌍('mass'-'math')을 사용하는 대신 오조음한 말소리의 청각적 변별을 평가하는 것이다. 의례적인 조음 평가의 일부로 청각적 변별 검사를 실시할 필요가 있는지, 아니면 치료를 시도해 보았을 때 변별 문제가 의심될 때만

청각적 변별 검사를 실시해야 하는지는 분명하지 않다. 다만 저자는 후자의 입장을 더 선호한다.

7. 음운 인식　　많은 음운장애 아동은 학습 및 문해 기술과 관련되어 있는 음운 인식 수준이 낮은 것으로 나타났다(Bernthal, Bankson, & Flipsen, 2013; Bird, Bishop, & Freeman, 1995). 임상가는 앞에서 이미 언급한 것처럼 다양한 기법을 통해 이러한 능력을 검사할 수 있다. 학령전 음운장애 아동은 초등학교에 입학하기 전에 음운 인식 기술을 평가받아야 하며, 그들의 조음, 음운 인식, 문해 기술에 대한 지속적인 모니터링이 이루어져야 한다(Rvachew, Chiang, & Evans, 2007). 다른 저자들은 SLP가 음운 인식 평가를 고려할 것과 전반적인 치료 프로그램에 음운 인식 관련 목표와 말소리-글자 대응의 향상도 포함시킬 것을 제안하였다.

Peterson과 Edwards(2010)는 학령전 말소리장애 아동들을 연구하여 낮은 음운 인식 점수가 더 많은 수의 비전형적 조음 오류와 더 낮은 어휘 이해력 검사 점수와 상관되어 있음을 발견하였다. 그들은 음운 인식 평가가 말소리 오류를 보이는 아동에게 의례적으로 시행되지는 않았으나, 특히 조음 오류의 특성이 비전형적인 아동들에게 추천해야 한다고 주장하였다. Schuele과 Boudreau(2008)는 음운 인식을 결합시킨 중재 프로그램에 대한 매우 훌륭한 개별지도 교재를 제안하였다.

평가 자료의 통합

『미국 말언어병리학회지(American Journal of Speech-Language Pathology)』의 한 호(2002년 8월 발행, 제11권 제3호)에서 몇 명의 임상가가 학령전 음운장애 아동의 90분짜리 평가를 구성하는 방법에 대한 개요를 서술하였다. 즉, 각 접근법은 현실을 반영하기 위하여 시간을 제한하였다. 대부분의 임상가는 부모 면담, 언어 검사, 청력 선별, 구강 구조 및 기능 검사, 사례력 조사에 평가 시간의 대부분을 사용했다. 많은 임상가는 전통적 조음 검사나 음운 변동 검사 도구 중 하나를 실행하며, 약간의 언어 표본도 수집했다. 음운 평가 시리즈의 끝에는 제안한 접근법의 제한점을 지적한 3개의 논평이 수록되어 있다. 모두 제안한 접근법에 제한점이 있음을 지적하였다. 물론 이 토론의 목적은 '이상적인' 음운 평가의 개요를 제시하는 것이라기보다 90분 안에 실시할 수 있는 음운 평가의 개요를 제시하는 것이었다. 우리는 중중장애의 평가에서 시간 제약이 결정적인 요인이라고 생각하지는 않음을 먼저 밝혀 둔다. 확실히 어떤 사례는 반창고를 붙여 주는 것만으로도 쉽게 치료되지만 대수술이 필요한 경우도 있다. SLP는 관심이 필요한 사례를 평가할 때 몇 차례의 진단회기에 길쳐 보다 심도 있게 분석할 준비가 되어 있어야 한다. 음운장애 아동이라고 해서 모두 강도 높은 평가를 필요로 하는 것은 아니다. 실제로 조음 문제를 보이는 대다수의 아동은 전통적 검사로도 쉽게 파악할 수 있는 비교적 간단한 문제를 보인다. 그러나 문제가 심각하고 말 명료도가 낮은 아동의 음운체계를 자세히 분석하고 그에 근거하여 치료 목표를 선정하려면 다른 전문가보다 전문성을 갖춘 SLP라야 가능하다. 심한 음운장애와 언어, 사회, 읽기, 학습 문제가 함께 나타나는 경우가 많은데, 임의적인 시간 제약 때문에 평가 과정의 질적 측면이 저하되지 않도록 필요한 모든 시간을 들여 아동의 문제를 충분히 이해하는 것이 중요하다. Overby 등(2012)은 아동들에게서 말소리장애와 읽기 문제의 위험성이 연관되어 있음을 발견하였다. 특이한(비발달적) 말소리 오류를 보이는 아동들은 더 심한 중중도의 점수를 받았고(백분위 하위 75%) 학령기 초기까지 언어장애, 음운 인식 결함, 말소리장애가 지속되어 이후에 읽기장애로 드러났다.

Skahan, Watson과 Lof(2007)는 말소리장애의 진단에 SLP가 사용하는 방법을 알아보기 위해 전국적인 조사 연구를 실시하였다. 그들은 대부분의 임상가가 표준화 조음검사를 시행하였고, 말 명료도를 평가하였으며, 자극반응도 검사를 실시하였고, 청력선별검사를 실시하였음을 발견하였다. 대부분의 SLP는 이들 평가 외에도 비표준화 절차를 이용하였다. 저자들은 이러한 평가가 아동이 서비스를 받을 자격이 있는지 확인하는 데 적절한 반면, 포괄적인 치료 프로그램을 개발하기 위해서는 정보가 충분하지 않다는 결론을 내렸다.

조음 평가 후 임상가는 최소한 다음 영역에 대해 진술할 수 있어야 한다. (1) 생물학적 전제 조건(청력, 말 기제의 구조/기능), (2) 언어 능력, (3) 음성 및 음운 목록, (4) 습득한 변별자질, 정확하게 사용하는 변별자질 및 없거나 잘못 사용하는 변별자질, (5) 정상 규준을 참조하였을 때 아동이 이미 습득했어야 하는 말소리의 자극반응도, (6) 말 샘플에서 명확히 나타난 음운 변동, (7) 자극반응도가 없다면 촉진적인 음성 맥락의 징후, (8) 말 명료도에 대한 판단, (9) 중중도/예후에 대한 판단이 그것이다.

조음 능력의 평가 방법은 다양하다. 임상가의 관점이 폭넓을수록 평가 대상자에 대해 보다 현실적인 그림을 얻을 수 있다. 예를 들어, 전통적 조음 검사 결과만 고려한다면 임상가는 아동의 음성 목록을 요약하고 변별자질 습득에 대해 임시적인 판단만 내릴 수 있다(표본이 제한되어 있기 때문에 음운 변동 목록을 얻는 것은 불가능할 수 있다). 게다가 아동의 음성 목록을 다른 아동과 비교하는 데 이용하는 규준은 음운 변동에는 적용할 수가 없다. 앞서 언급한 9개 영역은 아동의 조음체계를 관찰하는 매우 다른 방법이지만, 최소한 임상가는 각 사례별로 각 영역에 대해 진술할 수 있어야 한다. 단어 검사에서 문제가 나타난 경우, 자발화 샘플을 이용하여 아동의 음운체계를 기술하는 등 관심 영역에 대한 정밀조사를 추가로 실시해야 할 것이다. 만약 한 아동에게서 특정 음소 부류 전체가 없다고 판단되면 보다 강도 높은 변별자질 분석을 고려해야 할 것이다. 중요한 점은 고려해야 할 여러 영역에서의 검사 결과를 바탕으로 어떤 분석이 추가로 더 필요한지 파악하는 것이다.

일부는 말소리장애의 원인이 될 수 있는 관련 요인을 고려하라고 제안하였다. 이러한 요인에는 대상자의 인지/언어 영역, 말 기제의 완전성, 심리적/사회적 변수가 있다. 다양한 원인 집단의 아동들에게서 특정 자료를 수집하는 것도 말소리장애의 차이와 이를 평가할 수 있는 방법에 관한 직관을 더 가질 수 있게 해 줄 것이다. 예를 들어, Barnes 등(2009)은 자폐스펙트럼장애를 동반하거나 동반하지 않은 취약X증후군(fragile X syndrome) 아동들이 전형적인 발달을 보이는 아동들과 유사한 음운 변동을 사용하나 연속 발화의 명료도는 더 낮음을 발견하였다. 이는 이 집단의 아동들을 평가하는 데 말 운동 능력, 운율, 말 속도, 연속 발화의 유창성과 같은 기타 요인에 대한 추가 평가를 포함시키는 것이 중요함을 시사하는 것이다.

이러한 영역을 고려하면 임상가가 조음 평가와 치료에만 초점을 맞추는 것을 방지할 수 있다. 또 이렇게 하면 임상가가 최소한 조음장애를 유지시키는 다양한 단일 또는 상호작용 요인의 가능성을 고려할 수 있게 된다. 만약 임상가가 대부분의 조음 문제를 음운론과 언어적으로 해석하는 데에만 열중해 있다면, 이러한 접근은 임상가가 최소한 심리사회적 변인과 말 기제 변인에 대한 몇몇 정보를 수집할 수 있게 해 준다. 반대로 임상가가 감각운동 지향적이면 조음 문제를 언어적 측면에서 평가하도록 도와준다. 광범위한 분석 결과는 임상가가 이전에는 고려하지 못했던 예후와 치료 목표에 대한 중요한 정보를 제공해 주기도 한다. 이러한 유형의 정보 수집을 통해 음운장애 아동의 단기 및 장기 효과 자료를 구성하고 이 장애군의 하위 집단을 구분할 수 있게 해 준다.

중증도와 말 명료도

전통적 조음 검사로 음운장애 아동을 쉽게 판정할 수는 있으나 여러 중증도 수준을 명확하게 규정하기는 어렵다. 여러 연구자가 아동이 보이는 오조음의 중증도를 평정하는 데 문제가 있음을 알게 되었다. 우리는 임상가가 아동의 문제를 경도 또는 중등도와 같이 평정한다는 것을 자주 듣는데, 무엇을 근거로 그렇게 판단하였는지 물어보면 실증적인 근거를 대지 못하는 임상가도 있다. Flipsen, Hammer와 Yost(2005)는 임상 경력이 많은 SLP 10명에게 음운장애 아동 17명의 중증도를 평정하게 하였다. 그 결과, 중증도 평정치는 자음정확도(Percentage of Consonants Correct: PCC), 통낱말 정확도(Whole Word Accuracy: WWA) 같이 흔히 산출하는 객관적인 수치와 상관이 있었지만 전문가의 중증도 평정치는 변산성이 매우 큰 것으로 나타났다. 그들은 경력이 많은 임상가가 내린 평가라 할지라도 '전반적인 인상을 평정하는 척도(impressionistic rating scale)'는 매우 비일관적이어서 그 유용성에 의문이 든다는 결론을 내렸다.

자음정확도(PCC)처럼 보다 객관적인 측정치는 더 일관된 정보를 제공해 주는 경향이 있었다. Shriberg와 Kwiatkowski(1982a)는 중증도 평정에 가장 신뢰할 수 있는 예측 요인으로 자발화 샘플에서의 PCC 사용을 제안하였다. 그들은 중증도에 기여할 것으로 예측한 변인들의 순위를 판단하였는데, 말 명료도가 1위를 차지하였다. 그들은 임상가에게 녹음한 자발화를 들려주고 중증도(경도, 경도-중등도, 중등도-중도, 중도)를 평정하게 하였다. 통계 분석 결과, 중증도 평정을 가장 잘 예측한 측정치가 PCC였다. 기본적으로 PCC는 정확한 자음 수를 정확한 자음 수와 부정확한 자음 수의 합으로 나누어 계산한 뒤 100을 곱하여 구한다. Shriberg와 Kwiatkowski(1982b)는 PCC 계산을 위한 특별한 절차와 평가의 개요를 기술하였다. 여기서 중요한 것은 정확하게 조음한 자음의 백분율은 중증도와 관련이 있고, 중증도는 말 명료도와 관련이 있다는 것이다. 한 아동이 보인 오류 수는 분명 PCC에 영향을 미칠 것이다.

Johnson, Weston과 Bain(2004)은 문장 모방 산출과 일상 대화 샘플에서의 PCC를 비교하여 중증도 평정치가 두 유도 방법에서 차이가 있는지 알아보았다. 그 결과, 두 유도 방법에서는 유의한 차이가 나타났다. 모방 방법이 실시와 완료에 걸리는 시간이 훨씬 길었다. 그들은 모방 접근법의 적용에 주의할 것과 사례마다 어떤 방법으로 말 샘플을 유도할 것인지를 달리 고려해야 함을 주장하였다.

Hodson과 Paden(1991)은 중증도 측정법으로 음운장애 합산점수(Composite Phonological Deviancy Score: CPDS)의 이용을 제안하였다. 이 체계는 계산 시 음운 변동 분석에서 나타난 여러 음운 변동뿐만 아니라 대상자의 연령도 고려한다. Edwards(1992)는 중증도 측정치로 단어별 적용 변동 수를 계산하는 변동밀도 지수(Process Density Index)를 제안하였는데, 이 지수는 중증도에 대한 청자의 판단과 높은 상관을 보였다고 보고하였다. Shriberg(1993)는 유전학 연구에 사용하기 위해 조음능력 지수(Articulation Competence Index)를 개발하였다. 이 지수는 원래 개발된 PCC에는 포함되어 있지 않던 왜곡 산출을 점수 계산에 넣었다.

Gordon-Brannan과 Hodson(2000)은 48명의 유치원 입학 전 아동을 대상으로 말 명료도와 중증도를 측정하였다. 연구에 사용한 측정 방법은 낯선 청취자가 이해한 단어의 비율로, 연속적인 말 샘플에서 정서법으로 정확하게 전사한 단어의 비율을 구한 것이다. 그 후 제대로 이해한 단어의 비율에 따라 4개의 집단으로 구분하였다. 성인과 유사한 수준의 아동은 90~100% 말 명료도에 해당되는 아동들이었다. 경도 범주의 아동들의 말은 83~90% 이해할 수 있었다. 세 번째 집단인 중등도 범주의 아동들의 말은 68~81% 이해할 수 있었고, 중도 집단 아동들의 말은 16~63% 이해할 수 있었다. 상위 세 집단의 범위는 68~100%였고, 평균은 85%였다. 연구자들에 따르면, 연령이 4세 이상이면서 말 명료도가 66% 이하(평균의 2 표준편차 이하)에 해당되는 아동은 음운장애라 할 수 있다. Ingram과 Ingram(2001)은 논리적으로 말 명료도 평정치와 상관되어 있는 측정치의 하나로 PWP를 제안하기도 하였다. 앞에서 제시한 방법은 비판 받기도 하나, 최소한 조음장애 사례의 중증도를 객관적으로 제시하려고 시도하여 실무를 담당하는 임상가에게는 유용하다.

또 다른 중증도 측정법으로 개별 평정자에게 자신의 지각적 판단에 근거하여 말 샘플의 중증도를 평정하게 하는 방법이 있다. 양적 측정치는 아니지만 개인의 음운장애에 대한 사회의 반응을 제대로 보여 주는 방법이다. Garrett과 Moran(1992)은 PCC와 CPDS 같은 보다 객관적인 측정치에 숙련된 청자(언어병리학 전공)와 숙련되지 않은 청자(초등교육 전공)의 평정치를 비교하였다. 그 결과, 모든 측정치 간에는 높은 상관이 나타났다. 이 2개의 객관적 측정치는 중증도의 임상적 지표로 유용하다. CPDS는 단어 샘플로부터 도출하고 PCC는 연속발화에서 도출한다는 점이 흥미롭다.

물론 임상가는 한 아동이 보이는 문제의 전반적인 중증도를 평가할 때 음운 외 다른 변인도 고려해야 한다. 예를 들어, 한 아동이 언어장애와 청각장애를 동반한 경우 중증도는 증가한다. 중증도를 판단할 때 중요한 문제 중 하나는 신뢰도이다. SLP는 규준 자료, 특히 나이 어린 아동의 규준 자료에 익숙해져야 한다. Rafaat, Rvachew와 Russell(1995)은 학령전 아동에 대한 SLP의 음운장애 중증도 판단이 3.5세 이하의 아동에 대해서는 적절하지 않았으나(일치도 40%), 나이가 더 많은 학령전 아동에 대해서는 적절하였음을 발견하였다.

아동이 조음 검사에서 어떻게 수행하든 간에 임상가와 부모 모두의 주된 관심사는 자발화의 명료도이다. 일상생활 상호작용에서 아동의 말을 얼마나 잘 이해할 수 있는가? 말 명료도는 많은 변인의 영향을 받기 때문에 측정하기가 어렵다. 예를 들어, 발화 길이, 유창성, 단어 위치, 인접 단어의 명료도, 음운 복잡성, 문법적 형태, 음절 구조 등의 변인이 특정 단어의 명료도 판정에 영향을 미치기도 한다(Weston & Shriberg, 1992). Kent, Miolo와 Bloedel(1994)은 19개의 서로 다른 말 명료도 평가 절차를 요약하여 말 명료도 검사 시 고려해야 할 문제를 논의하였다. 그들은 말 명료도를 평가함에 있어 하나의 방법만으로는 충분하지 않으며, 임상가는 몇 개의 평가 방법을 조합하여 사용하여야 한다는 결론을 내렸다. 측정 방법을 결정할 때는 아동의 연령, 언어 능력, 기타 장애, 평가/분석에 걸리는 시간, 말 명료도 검사의 목적을 고려해야 할 것이다.

아동의 연령이 증가함에 따라 말도 보다 명료해진다는 것을 이미 알고 있기는 하지만, 말 명료도와 연령을 연관시킨 자료는 거의 없다. 일반적으로 3세 정도가 되면 낯선 사람도 아동의 말을 대체로 이해할 수 있는데, 이 연령에 이르러서도 무슨 말을 하는지 알아들을 수가 없다면 임상적 중재의 근거가 된다. Bernthal, Bankson과 Flipsen(2013)은 아동기의 말 명료도에 관한 문헌을 검토하여 3세는 75%, 4세는 85%, 5세는 95% 명료한 말을 산출할 수 있다는 명료도 기준을 주로 사용하고 있다고 하였다.

아동의 말은 친숙한 사람에게는 더 명료한데, 이는 친숙한 사람은 아동이 보이는 대치 및 생략의 '체계'를 무의식적으로 해독하기 때문이다. 그러나 Kwiatkowski와 Shriberg(1992)는 보호자에게 자녀의 말을 해설해 달라고 요청하면 예상보다 더 어려워하고 자녀의 구문 발달을 과대평가한다는 것을 발견하였다. 말 명료도에 영향을 미치는 또 다른 변인은 아동이 오조음하는 말소리이다. 일부 말소리는 다른 말소리보다 그 언어 내에서 더 자주 출현하는데, 아동이 자주 출현하는 말소리에 오류를 보이면 드물게 출현하는 음소에 오류를 보일 때에 비해 말 명료도가 훨씬 더 영향을 받을 것이다. 논리적으로 말 명료도에 영향을 미칠 수 있는 분명한 요인 중 하나는 아동이 오조음하는 음소의 수이다. 말 명료도에 영향을 미치는 또 다른 변인은 아동의 말에서 나타나는 오류의 일관성이다. 이는 PCC 산출에 영향을 미치기도 한다. 말 명료도에 영향을 미칠 수 있는 마지막 요인은 아동이 보이는 오류의 유형(생략, 대치)이다.

임상가는 최소한 대상자를 평정 척도에 따라 평정할 수 있다. Fudala와 Reynolds (1993)는 다음과 유사한 말 명료도 평정체계를 사용할 것을 제안하였다.

- 말을 알아들을 수 없다.
- 대체로 알아들을 수 없다.
- 알아듣기 어렵다.
- 주의하여 들으면 알아들을 수 있다.
- 오류가 있지만 말은 알아들을 수 있는 정도이다.
- 때때로 오류가 있지만 알아들을 수는 있다.
- 완전히 알아들을 수 있다.

조음 능력에 대한 평가에는 말 명료도 평가도 포함하여야 한다. 말 명료도는 치료적 권고사항을 결정하는 데 중요한 요인이 되기도 한다.

결론 및 자기평가

말소리장애는 감각운동 문제(조음장애)나 언어적 결함(특히 음운 변동 영역)으로 인해 나타나거나, 아니면 두 문제가 혼재되어 나타나기도 한다. 말소리장애는 아동과 성인 모두에게 영향을 미칠 수 있다(말운동장애에 대한 논의는 이후의 장을 위해 남겨 둔다). 이 장에서는 간단한 말 선별 검사에서부터 전통적 검사, 음성 목록 조사, 변별자질 분석, 음운 변동 분석(컴퓨터 프로그램의 도움을 받거나 받지 않고 실시하는 분석), 음운 인식 평가에 이르기까지 말소리장애의 평가에 관한 이론적 토대를 살펴보았다. 오조음 유형과 평가에서 얻은 정보는 임상가가 치료를 계획하는 데 지침이 된다. 대상자를 면밀히 진단·평가하기 위한 부수적 평가 영역에 대해서도 논의하였다.

음운장애의 장기적 영향

음운 변동 분석은 두드러지는 특성(여러 음소에 영향을 미치고, 중등도~중도의 중증도를 보이며, 말 명료도가 낮은)의 말소리장애를 보이는 어린 아동에게 매우 훌륭한 평가 모델이다. 치료를 받든 받지 않든 간에 말소리장애가 있는 많은 화자가 학업 문제를 겪는다는 것은 익히 알려져 있는 사실이다. 물론 이는 대부분의 사례에서 음운장애와 언어장애가 함께 나타날 수 있음을 시사하는 것이다. Lewis와 Freebairn(1992)은 학령 전기에 음운장애 이력이 있었던 대상자들이 음운, 읽기, 철자법 영역에서 학령전 아동부터 성인에 이르기까지 통제 집단에 비해 더 낮은 수행을 보였음을 발견하였다. 음운 문제 외에 언어장애 이력도 있는 대상자들은 이 세 영역에서 더 낮은 수행을 보였다.

Felsenfeld, Broen과 McGue(1994)는 학령전기에 있었던 음운장애가 1학년까지 지속된 아동들을 대상으로 28년간 종단 연구를 실시하였다. 연구자들이 이 연구 대상자들이 성인이 되었을 때 면담한 결과, 음운장애 이력이 있는 대상자들이 통제 집단에 비해 재학 중 내내 더 낮은 성적을 받았으며, 더 많은 수가 반숙련직이나 비숙련직에 종사하는 것으로 조사되었다. 장기적으로 지속되는 말소리장애의 영향은 아동일 때 조음 문제에 대한 치료를 받았던 부모들에게서도 나타났다. Lewis 등(2007)은 이들이 다음절 단어 반복, 비단어 반복, 읽기, 철자법, 언어 과제에서 말소리장애 이력이 없는 부모에 비해 더 낮은 점수를 받았음을 발견하였다. 이 능력이 교육이나 직업에 영향을 미치지는 않았지만, 말소리장애의 이력이 있는 성인들에게 그 영향이 계속 남아 있다고 제안하였다. 음운장애와 학업 수행력 간의 관련성을 고려할 때, 임상가는 조기 평가, 중재, 상담의 중요성을 과소평가해서는 안 될 것이다.

이 장을 읽은 후 다음 질문에 답할 수 있어야 한다.

- 조음장애란 무엇인가?
- 음운장애란 무엇인가?
- 말소리 /s/를 단어의 처음, 중간, 끝 위치에서 검사하는 전통적 검사의 예를 들라.
- 말-언어 발달 과정에서 관찰되는 음운 변동을 최소 4개 이상 설명하라.
- 말소리장애가 있는 어린 아동의 평가(그리고 치료)가 중요한 이유를 설명하라.

제7장
유창성장애의 평가

이 장을 읽고 나면 다음을 설명할 수 있다.

- 말더듬 및 그 핵심 특징의 정의
- 다양한 유창성장애 유형의 구별 및 설명
- 더듬는 사람과 더듬지 않는 사람의 말에서 보이는 비유창성 유형의 목록
- 말더듬 유형의 비유창성과 말더듬이 아닌 유형의 비유창성 구별
- 유창성 검사 중 평가될 수 있는 외현적인 말더듬의 특징
- 정상적으로 비유창한 아동과 초기 말더듬을 구별하는 기준
- 말더듬 빈도와 말속도 검사에 사용될 수 있는 절차
- 유창성 평가의 사례력 수집 동안 얻어야 하는 정보
- 말더듬 중증도와 말더듬의 내면적 측면을 평가하기 위해 주로 사용하는 검사들의 예
- 유창해지는 예후를 보이는 환자에게서 보이는 요소
- 다른 문화권의 유창성장애 환자를 평가할 때 고려해야 하는 요인

　　말더듬(stuttering)은 놀랍고, 특별하고, 복잡한 장애여서 말로 표현하기가 어렵다. 왜 다른 사람에게는 수월하게 자동적으로 흘러나오는 것 같아 보이는 말의 흐름이 긴장 때문에 방해를 받아 망쳐지게 되는 것일까? 불행히도 이 질문에 대한 답은 아직 언어치료전문가(Speech-Language Pathologist: SLP)나 연구자들도 잘 모른다. 말더듬은 풀리지 않는 수수께끼로 남아 있다.

　　단순한 해결책을 찾고자 하는 학생들이라면 말더듬의 혼동되는 특성 때문에 딜레마에 빠지곤 한다. 수많은 문헌과 치료법을 접하면 절망하여 포기하기 쉽다. SLP가 말을

더듬는 사람에 대해 부정적인 태도를 갖게 되는 것은 부분적으로는 말더듬 자체가 매우 혼동되기 때문이며 또한 학문적 훈련이 부족하기 때문이다(Yaruss, 1999; Yaruss & Quesal, 2002). 그러나 일부 초보 임상가는 말더듬이 극적이고 불길한 특성을 보인다는 점과 심지어 전문가들 사이에서도 혼동스럽다는 점에 매력을 느껴 말더듬에 도전하게 된다.

이 장에서 우리는 독자들이 말더듬의 특성에 대하여 어느 정도 알고 있다고 가정할 것이다. Bloodstein과 Ratner(2008), Conture와 Curlee(2008), Manning(2009), Guitar(2013), Yairi와 Seery(2014)의 저서에 말더듬의 다양한 측면이 훌륭하게 논의되어 있다. 이 책에서는 참고문헌의 목록을 길게 나열하여 설명하는 것은 피하였다. 대신 문헌에서 조사된 진단에 시사점을 주는 말더듬 관련 '사실들'의 목록을 다음에 제시한다. 그러나 다음 항목들은 우리가 특별히 선택한 것이 아니며, 우리의 견해와 일치하지 않는 항목들도 있다.

- 말더듬의 기본 특성은 상대적으로 짧은 낱말의 부분 반복과 말소리나 음절의 연장과 막힘이다. 이러한 반복과 연장은 소리로 들리기도 하고 들리지 않기도 하며, 발화의 시작 부분과 운동적으로 보다 복잡한 낱말이나 절(예: 긴 낱말, 덜 자주 사용하는 낱말)에서 더 자주 나타나는 경향이 있다.
- 말더듬은 아동기 장애로서 일반적으로는 학령전(특히 만 2세에서 5세 사이)에 시작된다. 흔하지는 않지만 더 나이 들어 말더듬이 시작되기도 하는데, 이 경우는 다른 하위 유형의 말더듬일 수 있다(예: 심인성 말더듬, 신경학적인 말더듬).
- 말더듬(또한 발달성 말더듬으로 알려져 있다)은 남성에게 더 자주 나타난다.
- 말더듬은 가계에 전달되는 경향이 있다.
- 유전, 아동기 발달, 신경생리학적 요인, 환경적 요인과 같은 다양한 원인이 있을 수 있다.
- 말더듬은 특히 다른 사람들의 비판적이고 부담을 주는 행동, 급하게 진행되는 생활 방식처럼 환경적 요인에 의해 촉발되거나 지속될 수 있다.
- 말더듬은 민감한 아동에게서 더 흔히 나타나는 경향이 있으며, 이러한 아이들은 스트레스에 좀 더 민감하고 취약하다. 말을 더듬는 사람은 자율신경계의 각성에 대한 역치가 낮을 수 있다.
- 말더듬은 유창성 문제 외에도 말 습득이 느리거나 구어 의사소통이 부적절한(조

음 오류, 언어 방해) 아동들에게서 빈번하게 나타나는 경향이 있다.

- 말더듬은 변이가 커서 동일한 개인 내에서도 주기적으로 빈도나 중증도가 변화하는 경향이 있다.
- 상당수(아마도 80%)가 말더듬에서 회복하지만 나머지는 말더듬이 지속되기도 한다.
- 말더듬의 형태와 중증도는 개인의 성숙에 따라 변화하는 경향이 있다.
- 말더듬은 상황에 따라 없어지거나 현저하게 줄어든다. 그러한 상황에는 혼자 말하기, 함께 동시에 말하기, 노래하기, 천천히 길게 늘여서 말하기, 리듬에 맞추어 말하기, 차폐 조건에서 말하기가 해당된다.
- 말더듬이 진행되면 대체로 회피 행동과 탈출 행동이 나타난다. 즉, 말더듬은 비유창한 말이 나타날 때 이에 대처하려고 하는 행동이다.
- 말더듬 화자는 더듬지 않을 때도 비정상적인 말과 음성의 특성을 보일 수 있다(제한된 음도 범위, 긴장된 음성, 음성 표현력의 감소, 근육 움직임의 지연, 비동시성). 이는 발성 문제(발성의 시작, 자모음 전이), 호흡 문제(비정상적 반사 행동), 신경 근육의 협응 문제, 이에 대한 뇌의 통합상 문제로 나타났을 **수** 있다. 그러나 단순히 말더듬의 **결과**일 **수**도 있다.
- 말더듬이 진행되면 종종 말더듬의 출현을 예측하고 예기할 수 있다.
- 말더듬은 개인적인 문제이다. 더듬는 사람은 공포, 좌절, 사회적 불이익, 자신에 대한 불만족, 낮은 수준의 열정, 사회적 자존감의 손실 등을 경험한다고 한다. 더듬는 모든 사람에게 흔히 나타나는 문제는 말 문제와 관련된 것이다. 그러나 특유의 '말더듬의 특성'은 없으며, 말더듬은 정신신경증(psychoneurosis)도 아니다.

말더듬이라는 유창성장애(disorders of fluency)가 풀릴 듯하면서도 풀리지 않는 미스터리로 남아 있음에도 불구하고, 우리에게 도움을 요청하는 사람을 도울 수 있는 방법은 많다.

감별 진단

특별히 노력하지 않고도 낱말을 수월하고 부드럽고 **빠르게** 산출하는 경우 말이 **유창**해진다. 한 낱말이 다음 낱말로 부드럽고 **빠르게** 진행되지 않을 때 우리는 **비유창하**

다고 한다. 모든 화자는 때때로 비유창한데, 소위 이러한 정상적인 비유창성은 문제가 되지 않는다. SLP는 이러한 전형적인 비유창성과 비전형적 비유창성을 구분해야 할 필요가 있는데, 어린 아동의 경우 쉽지 않다. 만약 SLP가 화자의 비유창성을 비정상적인 것 혹은 임상적으로 중요한 것이라고 확인하였다면, 다음 단계로는 유창성이 손상되는 상황과 말더듬을 구별해야 한다. 감별 진단 과정의 마지막 측면은 가장 적절한 치료법을 선택하기 위하여 말더듬군 내에서의 하위 유형을 확인하는 것이다.

유창성장애의 유형 분류

SLP가 이미 화자의 비정상적 비유창성을 확인하였다고 전제하였다면, 이때의 진단 과업은 **어떤** 유형의 유창성장애가 나타나는지 결정하는 것이다. 비유창성에 대한 행동 분석과 사례력 정보를 통하여 장애의 유형을 제시할 수 있다. 발달성 말더듬(혹은 단순히 말더듬)이라고 부르는 일반적인 말더듬 유형과 혼동될 수 있는 유창성장애의 유형을 개관하겠다.

일시적 스트레스 반응(episodic stress reaction)

모든 화자는 어느 정도의 비유창성, 즉 수정, 삽입어 사용, 낱말이나 구의 반복, 간헐적인 낱말의 부분 반복이나 연장 등의 행동을 보인다. 유창성은 종종 개인의 심리 상태를 측정할 수 있는 민감한 척도가 된다. 왜냐하면 놀랐을 때 알 수 있듯이 스트레스는 말하는 이의 비유창성을 증가시키는 경향이 있다. 일시적인 스트레스 반응으로 나타나는 유창성의 손상은 몇 가지 일관된 특징을 보인다. 강하거나 지속적인 자극이 원인인 경우 몸 전체(구강 부위 포함)가 과도하게 긴장되며 음성도 떨릴 수 있다. 낱말 쪼개짐, 미완성 구, 삽입어, 낱말 전체 및 부분 반복 등을 포함한 '정상적' 비유창성이 악화되고, 공포심은 있으나 회피 행동은 나타나지 않는다. 마지막으로 가장 중요한 특징은 스트레스가 사라지면(혹은 조금 지나면) 비유창성이 현저하게 감소한다는 점이다. 이러한 급성 혹은 일시적인 비유창성은 대개 임상적으로 중요하지 않다.

심인성 말더듬(psychogenic stuttering)

대다수의 더듬는 사람, 특히 말더듬이 확실한 성인의 경우 말 때문에 부정적인 감정을 갖게 된다. 그러나 일부 환자는 일차 신경증(primary neurosis)의 증세를 보이기도 한다. 이러한 사람은 갑자기 발생한 심리적인 문제에 대해 말더듬이라는 부적응 행동으로 대처한 것이다. **심인성 말더듬**은 신경증적 말더듬 혹은 히스테리성 말더듬으로도 알려져 왔다. 여타 의료 전문가에게 권고하거나 이들과 팀으로 함께 접근하는 것이 적절하다. SLP는 외현적인 증상을 진단하고 치료하는 역할을 한다. 다음은 심인성 말더듬이 어떤지 보여 주는 시나리오이다.

> Colleen은 중학교 2학년에 재학 중인 학생으로 부모의 자동차 사고사 직후 갑자기 더듬기 시작하였다. 아동은 비극적인 소식을 듣고 실신한 뒤 말을 하지 못하게 되어 입이 거의 얼어붙어 있었고, 긴장병(catatonic) 상태가 수 시간 동안 지속되었다. Colleen은 장례식 계획과 이후 이어진 밤샘 중에 더듬기 시작하였는데, 낱말의 첫 부분을 단음조로 반복하였다. 투쟁 행동이나 회피 행동은 보이지 않았다. 말할 때 청자를 똑바로 쳐다보았고 용감하게 웃었다. 우리는 이 사례를 거의 두 달 후 말더듬이 사라질 때까지 추적 관찰하였다. 상황에 따라 말더듬의 형태나 중증도는 거의 변하지 않았다. 같은 단락을 여러 번 반복해서 읽어도 전형적인 말더듬의 감소(적응 효과)가 나타나지 않았다. 학교 서류나 몇몇 친척과의 면담 기록을 살펴보아도 Colleen이 이전에 말 문제를 보였던 적은 없었다. 그러나 이모와의 면담 결과 Colleen이 1년 전 초경을 하면서 당시에 수차례 한동안 통제 불가능한 울음과 웃음에 '사로잡혔던' 적이 있음을 알게 되었다. Colleen은 부모님의 죽음 이후 인정 많은 어른들로부터 막대한 관심과 위안을 받았는데, '말더듬' 때문에 더욱 그랬을 수 있다.

심인성 말더듬은 다소 전형적인 말더듬 행동이 갑자기 나타나는 흔치 않은 유형의 유창성장애이다. 성인기를 포함하여 어떤 연령대에서도 발증할 수 있지만 주로 아동기 후기에 나타난다. 심한(일시적이기보다는 지속되는) 심리적 외상, 정서적 격변, 스트레스 등이 말더듬의 출현을 촉발시키는 것으로 보인다. 정식 정신병리 진단이 이루어진다면, 전환 반응, 불안, 우울의 형태로 진단된다(Baumgartner & Duffy, 1997; Mahr & Leith, 1992). 그러나 인격장애, 약물 중독 문제, 외상후 신경증과 같은 다른 문제도 가능하다. 일시적인 스트레스 때문에 '정상적인' 비유창성이 악화되는 것과는 대조적으로, Deal(1982)에 따르면 심인성 말더듬의 경우 연장과 후두 막힘도 보일 수 있지만 일반적으로 종종 첫음절이나 강세 음절이 여러 번 반복되는 형태의 말더듬 패턴 특징이 보인다. 말더듬 행동의 형태 및 빈도에서 거의 변화가 없고 유창한 말의 구간이 거의 없다. 관찰되는 말 패턴은 일반적으로 함께 읽기, 노래하기, 지연청각 피드백과 같은 유창성을 촉진하는 활동에 영향을 받지 않는다. 발달성 말더듬에서 단락을 여러 번 반복하며 읽을 때 흔히 보이는 적응 효과도 보이지 않는다(Baumgartner & Duffy, 1997). 대상자는 갑작스럽게 심각해진 비유창성 문제를 잘 인식하고 있지만, 이 문제에 대한 좌절이나 관심을 보일 수도 있고 그렇지 않을 수도 있다. 따라서 이차 행동이나 회피 행동이 일반적으로 관찰되지 않는다(Deal, 1982). SLP는 말 문제를 걱정하는 정도와 변화에 대한 동기 정도를 중요한 요소로 평가하게 되며, 그 결과에 따라서 예후 및 치료의 방향이 달라질 수 있다.

신경학적 말더듬(neurogenic stuttering)

사춘기나 성인기의 신경계 손상으로도 말더듬 행동 혹은 말더듬과 유사한 일련의 유창성장애 증상이 나타날 수 있다. **신경학적 말더듬**은 뇌의 특정 부위 병변과도 관련되어 왔다. 사실, 신경학적 말더듬은 양 반구, 모든 엽, 소뇌, 시상, 뇌간 부위의 병변과도 관련되어 있다. 대부분의 경우 뇌졸중, 외상성 뇌손상, 감염, 무산소증, 종양으로 나타날 수 있다. 파킨슨병이나 투렛증후군(Tourette Syndrome)과 같은 신경계 장애들도 자주 비유창성과 틱 같은 움직임을 동반한다. 신경학적 말더듬이라는 명칭은 이러한 증상들이 유창성장애라는 것을 말한다. 우리는 또한 뇌성마비, 말실행증 그리고 기타 신경학적 손상을 입은 대상자에게서도 비유창성이 나타남을 관찰해 왔다. 알코올 중독, 약물 중독, 에이즈 환자, 투석치료를 받는 치매 환자들에게서도 유창성 문제가 나타나는 것으로 보고되었다. 신경학적 말더듬의 하위 유형일 수도 있는 동어반복증(palilalia)은 양측 피질하 영역의 손상이 있는 경우에 나타날 수 있다. 동어반복증을 보이는 사람은 낱말이나 구 전체를 반복하는데, 일반적으로 음소나 음절 수준에서는 반복하지 않는 편이며, 반복이 지속됨에 따라 속도가 증가하고 말소리의 크기는 감소한다.

우리가 임상에서 보았던 몇몇 실어증 환자, 특히 낱말 찾기에서는 진전을 보였으나 구문상의 어려움은 여전히 남아 있던 환자들은 표면적으로 말더듬과 유사한 유창성 손상을 보였다.

Horn 부인은 윌리스환(Circle of Willis) 동맥류를 앓았던데, 이로 인하여 반신마비, 실행증, 그리고 경도의 표현성 실어증 증세를 보이고 있었다. 검사 당시 뇌졸중 이후 거의 1년이 지난 상태였으며, 말 패턴은 만성적인 말더듬과 유사하였다. 낱말을 시작할 때 음소나 음절을 수차례 반복하였고, 처음으로 되돌아가서 다시 시작하였다. 일단 다시 한 번 막히면, 반복은 거의 끊이지 않고 지속되었다. 환자는 자신의 말에 박자를 맞추는 것처럼 자주 탁자를 쳤다. 공포심이나 회피 증세는 없는 것으로 보였고, 다만 심한 좌절감을 보이는 것으로 판단되었다. 흥미로운 점은 재빠르게 말하거나 읽을 때는 유창성이 극적으로 개선되었다는 점이다. 또한 Horn 부인은 말하는 것을 자세하게 모니터링할 때는 자유롭게 말하였다. 그룹치료를 받는 동안 녹음된 Horn 부인의 말 표본을 인용하면 다음과 같다. "나는, 나는(한숨)…… 나, 나, 나, 나는 내, 음, 내 말에 무, 문제가 있어요. …… 그리고 어, 내 다리는, 다리는, 그러니까 말이에요, 다리는 뻣뻣해요."

이러한 비유창성은 비교적 전형적인 경우로, 낱말 전체 반복, 수정, 삽입어, 낱말 쪼개짐 그리고 유창한 흐름 사이의 쉼이 나타났다. 이 환자는 생각한 것을 말하기 위하여 메시지를 형성하고 적절한 운동으로 연결될 수 있도록 프로그래밍하는 과정에서 어려움을 보였다. 문장의 시작 부분에서 어려움을 보이는 말더듬과 달리 문장의 여러 지점에서 유창성 문제가 나타났다.

Helm-Estabrooks(1999)는 발달성 말더듬과 구별이 될 수 있는 신경학적 말더듬의 6가지 특징에 대해 말하였다.

- 내용어와 기능어에서 동일한 비율로 비유창성이 나타난다. 반면, 발달성 말더듬은 주로 내용어에서 비유창성이 보인다.
- 낱말의 모든 위치에서 반복, 연장, 막힘과 같은 비유창성이 보인다. 반면, 발달성 말더듬의 경우는 주로 낱말의 시작에서 보인다.
- 말 과제 전반에 걸쳐서 말더듬 같은 행동이 관찰되고, 발달성 말더듬에서 흔히 보이는 변이성은 많지 않다.
- 말더듬 때문에 화자가 좌절할 수는 있어도 불안해하지는 않는다.
- 이차 대처 행동(예: 주먹 쥐기, 눈 깜빡이기)이 발달성 말더듬에서는 흔히 보이지만 신경학적 말더듬에서는 잘 연합되지 않는다.
- 같은 단락을 여러 번 반복하여 읽을 때 나타나는 적응 효과가 보이지 않는다.

신경학적 말더듬을 보이는 사람은 이와 같은 독특한 유창성 특징을 가지고 있지만, 이러한 임상 증상만으로 발달성 말더듬과 신경학적 말더듬을 구별하는 것은 불충분하다(De Nil, Jokel, & Rochon, 2007; Jokel, De Nil, & Sharpe, 2007; Van Borsal, 1997). 앞의 특징 목록과 일치하지 않는 사례들이나 증거가 문헌에서 보고되어 왔기 때문에 이 목록에만 의지할 수는 없다. 따라서 이는 신경학적 말더듬의 변별적인 특징이라기보다는 실례에 근거한 대략의 기준(rule of thumb)으로 여겨야 할 것이다. 말더듬 재단(Stuttering Foundation; www.stutteringhelp.org)에서는 대상자와 가족에게 도움이 되는 신경학적 말더듬 관련 브로슈어를 제공하고 있다.

말빠름증

말빠름증(cluttering)은 종종 말더듬과 혼동되지만 유창성장애 이상의 증세를 포함하고 있다. 말빠름증은 다양한 증상을 보이는데, 말, 언어, 행동 장애와 함께 나타난다. 말빠름증 증상에는 낱말 부분 반복과 전체 낱말 반복(다음절어 반복 포함), **탐색 비유창성**(mazing disfluencies, 시작이 잘못되었을 때 일반 사람들도 흔히 보이는 수정과 간투어), 음절과 기능어 생략(**전보식 말**), 지나치게 빠른 말속도(**tachylalia**), **비일관된 말리듬**(speech disrhythmia), 잘못된 발음, 말소리의 진행과 모니터에 대한 자각 부족, 비조직화된 구문, 짧은 주의 기간, 지각 문제, 부족한 사고 조직, 운동장애(교대 운동 속도 과제에서)가 있다. SLP, 교사, 연구자들에 따르면 말빠름증의 경우 읽기·쓰기 장애, 언어 관련 기술의 부족(경미한 언어장애로 인한), 리듬과 음악적인 능력의 부족, 산만함과 과잉 행동 문제 같은 학습상의 문제도 보일 수 있다고 한다(Daly, 1996). 물론 말빠름증을 진단할 때 한 명의 아동이나 성인에게서 이 모든 증상이 보여야 하는 것은 아니다. 지나치게 빠른 말속도와 언어 형성화의 문제는 낮은 말 명료도 문제와 함께 말빠름증의 대표적인 특징인 것 같다. Daly의 자료와 더불어 Mylers(1996), Myers와 St. Louis(1996), Ward와 Scott(2011)의 자료도 말빠름증을 이해하고 말더듬과 구별하여 감별 진단하는 데 유용하다. 말더듬재단의 웹사이트(www.stutteringhelp.org)에 대상자와 임상가에게 모두 유용한 DVD와 브로슈어가 있다. 국제말빠름증협회(International Cluttering Association: ICA)의 웹사이트(http://associations.missouristate.edu/ica)에 말빠름증 관련 정보, 자료, 지원체계가 나와 있다. 다음은 말빠름증 증상이 어떤지 보여 주는 예이다.

Ralph는 교생 실습 학기 동안 더듬는다는 이유로 감독자에 의해 의뢰되었다. 우리가 Ralph를 평가하였을 때 공포심이나 회피 행동 등은 보이지 않았으며, 단지 짧은 낱말의 부분 반복이 보였으나 막힘은 없었다. Ralph는 말하는 것을 즐기며 말수도 많았는데, "특히 빠르게 말할 때 자주 반복하는 것 같다."고 하였다. 이러한 문제는 구나 문장 수준에서 발생하는 것으로 보였다. 삽입어 사용 때문에 낱말 수준보다는 사고의 통합에 방해가 되었다. 또한 자주 음절을 생략하였고 낱말이나 구의 위치를 바꾸었다. Ralph는 'probably' 'supposed' 'specific'을 각각 'plobably' 'posed' 'pacific'으로 말하였다. Ralph는 두음 전환(spoonerism, 예: 'data base' 대신에 'beta dase'로 말하는 경우)과 말 오용(malapropisms, 예: "'낭비(dissipated)'를 따라 걷다가 사냥 도중에 길을 잃었다."라고 말하거나, "자신의 룸메이트와 어울려 '방언(dialect)'을 잘 나눈다."라고 말하는 경우)이 자주 보였다. 말은 빠르고 뒤죽박죽이었다. 빠른 속도로 궁지에 몰릴 때까지 빗발치게 말하였고, 그다음에는 폭발적인 스타카토로 다시 몰아쳐 말하였다. 자발적으로 말할 때는 문장이 잘 구성되지 않았으며, 끊어 말하기가 어려운 특징을 보였다. 전반적으로 매우 허둥지둥 서두르는 것과 같은 인상을 주었다. 우리가 Ralph에게 천천히 그리고 조심해서 말해 보라고 요청하였을 때 확실히 나아졌지만, 이내 그 권고를 잊고 다시 서두르고 비조직적인 방식으로 되돌아갔다. Ralph는 전반적으로 자신의 유창성 문제를 인식하지 못하였고 이에 무관심하였다. 참을성이 없었고 충동적이었으며 항상 쉬지 않고 움직였다. 수업 중에는 대부분 매우 강박적으로 서두르는 특성을 보였다. 읽기에 어려움을 보였고 글씨는 휘갈겨 썼다.

발달성 말더듬과 말빠름증을 감별 진단하고 말빠름증의 중증도를 측정하는 데 흔히 사용하는 도구로는 Predictive Cluttering Inventory(PCI; Daly, 2006)과 Cluttering Severity Instrument(CSI; Bakker & Meyers, 2011)가 있다.

말더듬의 하위 유형 구별

발달성 말더듬 중에도 여러 종류가 있는가? 이 질문에 결론을 내릴 수는 없지만 환자, 증상, 치료 프로그램에서의 반응 등이 다양하다는 임상적 견해에 따르면 그런 것 같다. 생각해 볼 수 있는 유형으로는 내면화된(interiorized) 말더듬과 외현적(exteriorized) 말더듬, **경련성(clonic) 위주의** 말더듬(반복의 비유창성)과 **강직성(tonic) 위주의** 말더듬(긴장, 연장, 막힘을 동반함)이 있다. 그리고 탈출 전략을 보이는 사람과 그렇지 않은 사람, 회피에 집착하는 사람과 그렇지 않은 사람, 말더듬의 출현을 예측할 수 있는 사람과 그렇지 않은 사람이 있다. 문화적 영향으로 인한 말더듬에서의 변이도 있을 수 있다.

말더듬과 정상적 비유창성의 변별

감별 진단은 방대한 주제다. 문헌에 보면 말더듬과 말더듬이 아닌 비유창성 유형을 구분하는 일반적인 원칙에 관해서는 견해가 일치한다. 모든 화자가 간혹 비유창하다. 유형이나 양으로 전형적인 비유창성과 비전형적인 비유창성을 구별하는 데에는 여전히 임상적인 토론과 철학이 필요하다.

과거에는 더듬는 사람과 그렇지 않은 사람이 처음에는 같은 종류의 비유창성을 보인다고 생각했었다. 그렇지만 가까이 있는 부모와 여타의 사람들이 부정적으로 반응하여 부작용이 생겨 아동의 말이 분절되고 긴장이 되는 늪에 빠지는 것이라고 생각했다. 반면, 요즘 이론에서는 상당수의 연구 결과에 기초할 때 말더듬는 어린 아동의 비유창성과 더듬지 않는 아동의 비유창성은 범주적으로 다르다고 주장한다. 다양한 비유창성 유형에 대한 논의를 시작해 보자. 몇몇 비유창성 유형을 다음에 제시하였는데, 어떤 것들은 좀 더 주의를 기울여야 하며, 또 어떤 것들은 그리 심하지 않은 유형이다.

- 전체 낱말 반복: "My, my ball went under the car."
- 낱말 부분 반복(긴장되거나 긴장되지 않을 수 있고, 순간적이거나 수차례 되풀이하는 것일 수 있음): "My i-i-ice cream is melting."
- 구 반복: "I want, I want some ice cream."
- 문장 수정: "It went- My ball went under the car."
- 삽입구(filled pause)/간투어('음, 아, 어' 같은 삽입어): "I want some... uhm... ice cream."
- 침묵의 쉼(unfilled pause, 긴장하지 않은 머뭇거림이나, 긴장된 들리는/들리지 않는 막힘): "Daddy, I want (이어질 낱말 앞에서의 긴장되지 않은 쉼) some ice cream." "Daddy, I (/w/ 소리를 내기 위해 입술 모양을 하고는 있지만 막혀서 들리는 소리로 말이 나올 수는 없음) want some ice cream."
- 말소리 연장: "SSSSSSally took my ball."
- 낱말 쪼개짐: "I w-ant some ice cream."

사실, 이 중 어떤 비유창성 유형들은 정의가 겹치며, 한 유형이 다른 유형보다 더 심한 형태이기도 하다. 많은 수의 비유창성 유형 분류를 파악하는 것은 임상적으로 까다로우면서도 정확치 않다.

일리노이 대학의 Yairi 연구진의 문헌에서는 **말더듬 같은 비유창성**(Stuttering-Like Disfluencis: SLD)과 **기타 비유창성**(Other Disfluencies: OD)으로 구분한다(Ambrose & Yairi, 1994; Ambrose & Yairi, 1999; Yairi & Ambrose, 1992, 2005; Yairi, Ambrose & Niermann, 1993; Yairi & Lewis, 1984). SLD와 OD의 비유창성 유형은 〈표 7-1〉에 제시하였다. 말더듬 같은 비유창성을 3가지만 제시하여 정의를 단순화시켰다. **비운율적 발성**(dysrythmic phonations)에는 낱말 내 공기의 흐름 손상, 말소리 연장, 막힘(들리든 들리지 않든), 부적절한 강세 순간, 일반적이지 않은 억양 유형 등이 포함된다.

어떤 비유창성 유형과 요인이 말더듬의 발증 초기 위험 신호인가? SLP는 어떻게 진행해야 하는가? 이러한 질문에 대한 다양한 의견이 있다. 청소년기와 성인기까지 지속되는 말더듬뿐만 아니라 발증 초기의 학령전기 발달성 말더듬을 평가하는 데 사용할 수 있는 검사도구가 많이 있다. Gordon과 Luper(1992)는 초기 말더듬을 확인하는 데 흔히 사용하는 6개의 프로토콜을 고찰하였다. 이 중 두 가지를 여기서 언급하겠다. Adams(1977)는 전형적인 발달 아동과 초기 말더듬 단계에 있는 아동을 구별하기 위한 임상 전략을 제시하였다. 〈표 7-2〉에는 임상적 해석을 위한 준거 및 지침이 요약되어 있다. 또한 Protocol for Differentiating the Incipient Stutterer(Pindzola, 1988; Pindzola & White, 1986)도 유용하다.

전형적인 비유창성과 말더듬의 비유창성을 구분할 때, SLP는 문헌을 참조해야 한다. 그다음에 대상자로부터 수집한 다양한 정보를 통합하여 진단에 이르러야 한다. 우리는 이를 의문의 여지가 있는 임상가의 주관적 판단이라고 생각할 수도 있지만, 만약 평가가 충분히 이루어진다면 이 결정은 정확한 판단이 된다. 우리가 측정하고자 하는 외현적 특징은 다음과 같다.

표 7-1 말더듬 같은 비유창성(SLD)과 기타 비유창성(OD) 비교

세 가지 SLD	OD의 예
낱말 부분 반복 일음절 낱말 반복 비운율적인 발성	간투어 다음절 낱말 반복 구 반복 수정

표 7-2 정상적 비유창성 단계의 아동과 초기 말더듬 단계의 아동을 구별하기 위한 Adams의 지침

규준	정상적 비유창성 단계	초기 말더듬 단계
전체 빈도(모든 유형)	100단어당 9개 이하의 비유창성	100단어당 10개 이상의 비유창성
주 유형	전체 낱말 및 구 반복, 삽입어, 수정	낱말 부분 반복, 들리는/들리지 않는 연장, 낱말 쪼개짐
단위 반복 수	2회 이하	3회 이상
음성 및 기류	음성이나 기류를 시작하고 유지하는 데 거의 어려움이 없음. 낱말의 부분을 반복하는 동안에도 발성을 지속함	음성이나 기류를 시작하고 유지하는 데 자주 어려움을 보임. 낱말의 부분 반복, 연장, 낱말 쪼개짐이 결합되어 들림. 좀 더 애를 쓰는 비유창성을 보임
중모음(schwa)의 부적절한 삽입	중모음이 지각되지 않음('ba-ba-baby')	중모음이 종종 지각됨('buh-buh-buh-baby')

- 주된 비유창성 유형(SLD 대 OD)
- 비유창성 빈도
- 비유창성 길이
- 긴장이나 애쓰는 행동 여부
- 말의 리듬과 속도
- 학습된 행동 및 신체 수반 행동의 출현 여부

앞서 다양한 비유창성 유형에 대해 언급했으나 지금부터는 진단적 중요성을 고려하여 빈도를 어떻게 측정하는지 논의하고자 한다. 말더듬의 빈도는 더듬은 낱말이나 더듬은 음절의 백분율로 측정한다. 이상적인 표본 낱말 수나 음절 수는 전문가들 사이에서도 논의의 대상이다. 대체적으로 최소 300음절이나 낱말로 이루어진 샘플을 최소 둘 이상의 상황이나 과제에서 얻는 것이 바람직하다(Conture, 2001). 서로 다른 상황에서 아동의 말을 평가하면 요구량이 다른 서로 다른 맥락에서 아동의 말이 어떻게 다른지 이해하는 데 도움이 된다. 표본에서 고려할 요인에는 배경이나 장소, 과제, 언어적 난이도, 대화 상대자의 수 및 친숙도, 주제에 대한 친숙도 및 편안한 정도, 정서 상태 및 스트레스 유발 요인들이 있다. 확실히 표본이 크고 여러 상황에서 수집될수록 대표성이 높아진다. 치료실 밖에서 최소 하나 이상의 표본을 얻도록 강조하고 싶다.

임상가는 어떤 행동을 수량화할지 결정해야 하는데, 이는 말 표본에서 관찰된 비유창성 유형 체계가 타당해야 함을 뜻한다. 〈표 7-3〉에 비유창성 수량화 지침을 제시하였다. Reardon과 Yaruss(2004)는 말 표본에서 유창한 음절(낱말)과 비유창한 음절(낱말)을 세는 실시간 분석 방법에 대하여 설명하였다. 음절을 사용할지 또는 낱말을 사용할지에 대한 선택은 개인의 선호에 따라 다르다. 대상자들이 다음절 낱말 중 하나 이상의 음절에서 더듬을 수 있고, 낱말보다 음절의 리듬이 실시간 계수에 수월하기 때문에 음절 사용을 더 선호한다. 측정 단위를 결정한 다음에는 말한 음절이나 낱말을 표시할 수 있는 작은 블록이 있는 종이나 그래프 종이를 이용하여 비유창성 순간을 추적한다. 이 차트에 음절이나 말소리 반복은 'Rs'로, 연장은 'P'로, 막힘은 'B'로, 낱말 반복은 'Rw'로, 구 반복은 'Rp'로, 수정은 'Rv'로, 간투어나 삽입구, 시작구는 'I'로 부호화한다. 유창한 음절은 주로 '.' 나 '-'로 부호화한다. 비유창성 백분율은 다음처럼 계산될 수 있다.

$$\text{비유창성 백분율} = \frac{\text{비유창 음절(낱말) 수}}{\text{전체 음절(낱말) 수}} \times 100$$

예를 들어, 임상가가 200음절의 대화 표본을 얻었고, 여기서 30음절에서 비유창했다면, 이 아동의 비유창성 빈도는 다음과 같이 15%로 계산된다.

$$\text{비유창성 백분율} = \frac{\text{30음절}}{\text{200음절}} \times 100 = 15\%$$

비유창성 유형 백분율도 유형의 경향을 분석하고 SLD와 OD 백분율을 결정하는 데 사용될 수 있다. 전체 비유창성 백분율과 각 비유창성 유형의 출현 빈도의 비율을 비교하여 비유창성 유형을 계산한다. 각 비유창성 유형의 백분율은 다음과 같이 계산할 수 있다.

$$\text{비유창성 유형 백분율} = \frac{\text{해당 유형의 비유창 음절(낱말) 수}}{\text{전체 비유창 음절(낱말) 수}} \times 100$$

표 7-3	비유창성 수량화 지침

- 발화에서 음절과 낱말 수를 측정할 때, 유창하게 말한 발화만 대상으로 한다.
- 반복은 한 번에 몇 번을 반복했던 하나의 비유창성 순간으로 수량화한다.
- 단위반복 수를 측정할 때는 유창하게 말하기 전 반복한 횟수를 측정한다(예: p-p-pet = 단위 반복 수 2)
- 말소리 연장은 길이와 상관없이 하나의 비유창성으로 취급한다.
- 막힘은 길이와 상관없이 하나의 비유창성으로 취급한다.
- 쉼은 부자연스럽거나 길어서 주의를 끌면 비유창성으로 취급한다.
- 수정은 관여된 음절 수나 낱말 수에 상관없이 하나의 비유창성으로 취급한다.
- 삽입어는 하나의 비유창성으로 계산한다. 여러 개의 삽입어가 연속적으로 사용되었더라도 하나의 비유창성으로 취급한다(예: uh, well, uh what kind of car do you drive?)
- 하나의 음절이나 낱말에 하나 이상의 비유창성이 관여되더라도 하나의 비유창성으로 취급한다(예: wwwwwell-well-well).
- 의심스러울 때는 유창하다고 취급한다.

출처: Bloom & Cooperman (1999).

이전의 예를 활용하여 살펴보면, 임상가가 200음절 표본에서 30음절의 비유창성을 보고하였다. 30음절의 비유창성 중 낱말 부분 반복이 21음절, 말소리 연장이 9음절이라고 가정하자. 각 비유창성 유형의 백분율을 다음과 같이 계산하면 낱말 부분 반복이 70%, 연장이 30%가 된다.

$$\text{낱말 부분 반복 백분율} = \frac{21\text{음절}}{30\text{음절}} \times 100 = 70\%$$

$$\text{연장 백분율} = \frac{9\text{음절}}{30\text{음절}} \times 100 = 30\%$$

말표본을 평가할 때 때로는 길이 분석도 중요하다. 이는 평균 단위반복 수나 들리는/들리지 않는 비운율적 발성의 평균 지속시간으로 나타낸다. 표본에 다음의 예문이 있었다고 해 보자.

"Mmmmmake a snake"(연장 1회 1초)

"Sitting on the the the couch"(낱말 반복 1회 단위반복 수 2)

"Lllllike th-the-th-the-that"(연장 1회 1초, 음절 반복 1회 단위반복 수 4)

"Mmmmmmmau I have more, p-p-please"(연장 1회 2초, 음절 반복 1회 단위반복 수 2)

이 100음절 표본의 예에서 대상자는 전체 6회의 SLD를 보였다. 더듬은 음절 백분율은 따라서 6%이고, 1~2초의 연장과 단위반복 수 1~4의 반복이 나타나고 있다.

종이에 계수할 수도 있지만, 유창성을 계수하기 위하여 수 백 가지의 온라인 도구와 앱을 이용할 수도 있다. 기계적인 카운터나 전자 카운터도 사용할 수 있다. 온라인 카운터와 앱도 쉽게 찾아 내려받을 수 있다. 이러한 애플리케이션 중 일부는 말한 음절 수에서 더듬은 음절의 백분율, 유창한 음절의 백분율, 평균 비유창성 길이, 말속도를 계산하여 분석할 수 있다. 비유창성 유형을 분석할 수 있는 것도 있다.

대상자의 말에서 주로 보이는 비유창성 유형과 비유창한 말 단위의 크기는 정상 비유창성에 대한 사회의 판단에 영향을 미친다는 점을 강조하고 싶다. 예를 들어, 전체 구 반복은 모든 화자에게서 흔히 나타난다. 전체 낱말 반복은 말을 더듬거나 그렇지 않은 화자 모두에게서 일반적으로 나타난다. 그러나 낱말 부분 반복과 연장이 전체 비유창성에서 차지하는 비율로 더듬는 사람의 말과 그렇지 않은 사람의 말을 구별할 수 있다(특히 자주 나타난다면). 그리고 이는 취학전 아동과 성인에게서 모두 그러하다. 구나 낱말 앞에서 머뭇거림이나 쉼이 있는 것은 낱말 내(즉, 다음 음절이나 소리 앞에서)에서 막힘이나 쉼이 있는 것이나 긴장이 동반된 경우보다는 덜 염려스럽다. 경험에 근거한 대략의 원리상, 관련된 말 단위가 작으면 작을수록 보다 비전형적인 비유창성이 된다.

비유창성 행동 빈도는 말더듬 진단에서 중요하다고 여겨져 왔다. 앞서 살펴보았듯이 비유창성의 유형도 다양하고 임상에서 이를 측정하는 방법도 다양하다. 규준 자료를 여러 분석체계에 적용할 수 있다. 임상가는 유사한 체계와 해석 자료를 적용할 때 주의해야 한다. 유사하지 않은 정보는 상호적으로 사용될 수 없다. Yairi와 Seery(2011)는 SLD와 OD를 직접 비교한 규준을 제시하였다. 〈표 7-4〉에 이러한 내용이 요약되어 있다.

SLP는 평가 과정에서 비유창성의 지속시간도 측정한다. 만약 전형적인 연장의 길이가 1초를 넘는다면, 혹은 한 번 반복할 때 3~5회 이상 반복이 지속된다면 아마도 주의해야 할 말더듬의 조짐으로 해석할 수 있다. 말할 때 애쓰는 것은 일반적이지 않기 때문에 이러한 행동이 감지되면 말더듬의 신호가 될 수 있다. 적절하지 않은 기류의 흐름, 과도한 접촉(명확한 파열 조음), 음성에서 들리는 애씀과 긴장, 더듬는 동안의 음도

표 7-4	더듬는 취학전 아동과 더듬지 않는 취학전 아동의 비유창한 음절 백분율	
비유창성 유형	더듬는 아동의 비유창성 평균 백분율	더듬지 않는 아동의 비유창성 평균 백분율
말더듬 같은 비유창성(SLD) (낱말 부분 반복, 일음절 낱말 반 복, 비운율적 발성)	11% 이상	2% 이하
기타 비유창성(OD)	5% 이상	5% 이하

상승이 이에 해당한다.

　말에 대한 전반적인 인상과 말의 자연스러움은 말더듬과 말더듬이 아닌 것을 구별할 때 통찰력을 제공할 수 있다. 말을 더듬지 않는 성인이나 아동이 말 반복을 보일 때에는 말의 리듬과 말속도가 정상적으로 유지된다. 반복 속도가 증가하거나 리듬이 불규칙해지고 고르지 못하게 되면 실제적으로 염려할 만한 수준이다. 그래서 SLP는 감별 진단을 할 때 대상자의 리듬, 템포, 비유창성 속도를 주관적으로 판단하여야 한다.

　학습된 행동 혹은 **이차 행동**이 출현하면 정상적 비유창성보다는 말더듬일 가능성이 높다. 따라서 SLP는 대상자가 말더듬을 숨기기 위한 책략(예: 낱말을 대치하거나 에둘러 말하는 경우)을 사용하는지, 연기 전략(postponement devices)과 시작 계교(starting tricks) 등을 사용하는지 알아보아야 한다. SLP는 안면, 고개, 몸통에 신체적인 관련 행동이 있는지를 시각적으로 파악할 수도 있다. 자주 관찰되는 것으로 눈 깜빡이기, 이마 찡그리기, 입술 모양 변형하기, 턱 긴장하기, 고개 흔들기, 눈 맞춤을 피하기 위하여 살짝 고개 돌리기 등이 있다.

　일단 SLP가 감별 진단을 하여 대상자가 말더듬이라고 결론을 내렸다면, 그다음 절차는 장애의 진행 과정과 중증도를 판단하는 것이다. 말이 전형적인지 아닌지를 감별할 때 수집했던 정보는 중증도 결정에도 필요하다. 평가도구는 SLP가 중증도 정도(경도, 중등도, 중도)를 결정하는 데 지침이 되기도 한다. 그다음에는 권고사항을 결정해야 한다. 치료가 필요한가? 만약 그렇다면 평가 정보를 이용하여 중재 방향과 치료 목표를 결정해야 한다.

말더듬 평가

　감별 진단을 위하여 어떤 정보가 필요한가? 이 정보를 수집하고 해석하는 데 도움을 받기 위하여 어떤 출판된 평가도구를 이용할 것인가? SLP가 주관적이기는 하지만 어떠한 종류의 비가시적 요인을 판단할 필요가 있는가? 이제 이러한 질문에 답하고자 한다. 그러나 그 대답은 대상자의 연령, 지능, 읽기 능력 등에 따라 다를 수 있음을 명심하기 바란다.

사례력 정보 및 부모 자료

　두 종류의 사례력 수집 양식에 대해 논의하고자 한다. 하나는 더듬는 아동 혹은 이제 막 더듬기 시작한 아동의 부모와 관련된 것이고, 다른 하나는 더듬는 청소년이나 성인과 관련된 것이다.

부모와의 초기 면담

　더듬기 시작한 아동의 부모와 초기 면담을 하는 것은 매우 중요하다. 부모에게 우리의 전문적인 능력을 확고히 하고, 진심 어린 관심을 보여 주어야 하며, 우리가 신뢰할 만하다는 확신을 심어 주어야 한다. 즉, 초기 만남에서 가장 주요한 과업은 이후 지속되는 상담 회기를 위해 관계를 형성하는 것이다. 또한 부모가 전하는 이야기를 주의 깊게 듣는 것이다. 부모는 아동의 문제를 어떻게 바라보는가? 부모의 관점에서는 무엇이 원인이라고 생각하는가? 부모가 아동의 말더듬 발증에 어떠한 역할을 하였다고 생각하는가? 치료의 특성 및 효과에 관하여 어떻게 예상하고 해석하는가?

　우리는 부모와 SLP가 처음 상호작용하는 회기의 정보를 수집하고 공유하는 시간으로 여기고자 한다. 즉, 먼저 부모가 제시하는 호소를 듣고 아동의 말과 관련된 이야기를 하도록 격려해야 한다. 부모를 대할 때는 더 지시적일 수도 있고 덜 지시적일 수도 있다. 필요한 정보를 확인할 수만 있다면 이는 별로 문제가 되지 않는다. 부모가 아동의 문제와 관련된 많은 요인을 면밀하게 살펴보는 과정은 객관성을 길러 주는 경향이 있다. 또한 이 과정은 '문제'가 있다는 식의 전반적인 인상에서 벗어나 특정한 행동을 관찰하도록 초점을 바꿔 준다. 부모에게 정보를 얻을 때 우리가 사용하는 질문은 다음과 같다.

- 언제 아동이 비유창성을 보이기 시작하였습니까?
- 어떤 상황에서 비유창성이 나타났습니까?
- 아동이 비유창성을 보인 지 얼마나 되었습니까?
- 발증 당시 아동에게서 특별히 일어닌 일이 있습니까?
- 지금까지 비유창성의 빈도나 형태에 어떤 변화가 있었습니까?
- 아동의 비유창성을 증가시키거나 감소시키는 요인은 무엇인 것 같습니까?
- 가족은 어떤 식으로 아동을 돕고자 노력합니까?
- 돕고자 하는 가족의 노력에 아동은 어떻게 반응합니까?

사례력을 얻을 때 살펴보아야 하는 기타 항목으로는 다음과 같은 것이 있다. (1) 말더듬의 가계 발생률에 대한 구체적인 검토, (2) 만약 있다면 형제, 친척, 교사, 아이를 돌보는 사람의 영향, (3) 평소 하루를 어떻게 보내는지에 대한 묘사, (4) 이전의 전문적인 치료와 관련된 설명이 그것이다.

사례 면담은 아동을 만나 평가하기 전 혹은 후에 실시할 수 있다. 따라서 실제로 초기 면담은 수차례의 상호작용 혹은 개별 회기 동안에 진행될 수 있다. 부모에게 너무 때 이르게 많은 정보를 제공하여 부모가 그로 인해 영향을 받지 않도록 노력해야 한다. 당연히 부모는 자녀가 왜 비유창하게 되었는지, 그것에 대해서 (빨리) 무엇을 할 수 있는지 알고자 한다. 그러나 우리는 가정에서 아동의 행동을 관찰한 내용을 수집하도록 부모에게 협조를 구해야 한다.

가정에서 유창성과 비유창성을 촉진하는 상황은 무엇인가? 부모가 아동에게 '천천히 말하라'고 상기시켜 주는 것이 적절한가[Copper와 Copper(2004), Yairi와 Amborse(2005)가 옹호하고 있는 것처럼], 아니면 역효과를 낳으니 금기해야 하는가(이전의 통념 때문에)? '특정' 대상자에게 과연 이 중 어떤 것이 답일지는 모르겠다. 그러므로 부모가 반드시 알아내야 한다. 부모가 가정에서의 행동을 기록하는 과제는 임상적으로 유용하다.

우리는 부모가 아동의 비유창성 전후의 사건에 대하여 살펴보도록 하게만 해도 유창성을 변화시키는 충분한 동기가 되는 것을 자주 보아 왔다. 부모에게 아동의 말 흐름을 방해하는 전형적인 환경 사건을 도표로 만들어 보게 하면 분명해진다. 이와 관련하여 Ratner(2004)의 저서를 독자들에게 추천한다. 그녀는 상담과 치료에 분명한 시사점을 주는 양육자-아동 상호작용에 대하여 일반적으로 받아들여져 왔던 견해와 의견을 달리한다.

치료 초기이기 때문에 부모에게 줄 수 있는 정보가 많지 않지만(종종은 우리가 아직 그 정보를 모르기 때문에), SLP는 임상에서 부모 교육을 도울 책임이 있다. 즉, SLP는 말더듬과 그에 관련된 사항을 부모가 잘 이해하도록 도울 필요가 있다. SLP는 부모에게 읽기 자료를 제공하기도 한다. 어떤 것은 SLP가 준비한 것이고, 어떤 것은 말더듬재단(www.stutteringhelp.org)과 전국말더듬협회(National Stuttering Association; www.westutter.org), 미국 말언어청각협회(www.asha.org) 같은 곳에서 제공하는 브로슈어나 팸플릿 등이다. 이 기관들에서 제공하는 비디오나 책자는 부모 교육에 매우 유용하다.

부모의 인식, 태도, 다음 상담 회기를 위해 필요한 주제 등을 확인하기 위해 체크리스트나 설문지를 주고 부모 중 한 명 또는 양쪽 부모 모두가 작성해 오도록 하는 것이 유용하다. 대부분의 말더듬 관련 자료에는 Cooper와 Cooper(2004)의 프로그램에서 볼 수 있는 Parent Attitudes Toward Stuttering Checklist 같은 것이 나와 있다.

초기 면담을 통하여 부모가 친밀감을 갖게 하는 것이 중요하다. 우리는 다음의 예를 통하여 Stephen이라는 아동의 부모에게 진단 결과를 어떻게 대화로 연결시키는지 보여 주고자 한다.

Stephen은 정상적인 또래 아동보다 말의 흐름이 더 많이 끊기고 있습니다. 일부 더듬고 있지만 아직은 '괜찮은 종류'의 것입니다. 투쟁 행동이나 회피 행동을 보이고 있지 않으며, 무엇보다도 중요한 것은 별로 말하는 것이 어렵다고 인식하지 않는 것 같습니다([그림 7-1]에 제시한 대략적인 말더듬 발달 표준 척도에서 살펴보면, Stephen은 초기 세 가지 위험 증후만을 보이고 있었다). 우리는 문제가 더 이상 진행되지 않기를 바랍니다. 이를 위해서 부모님의 도움이 꼭 필요합니다. 왜 아이가 말에 문제를 보이는지 알아야 합니다. 아이가 어떤 환경에서 말을 더듬는지 알고 싶습니다. 즉, 더듬을 때 아이의 행동을 살펴봐야 합니다. 아이가 어떤 문제를 **보이고** 있는지가 아니라, 아이가 무엇을 **하고** 있을 때인지 살펴보기 시작해야 합니다. 많은 경우 더듬는 특정 환경과 아이에게 부과된 요구를 확인하고 변화시켜 주면, 아동은 말더듬을 멈추거나 눈에 띄게 유창해질 수 있습니다. 공포심이나 좌절감이 생기기 전인 현시점에서 아이를 데리고 온 것은 아주 잘하신 일입니다. 내일 다시 만나도록 시간을 잡아 봅시다. 내일 함께 Stephen의 환경을 살펴보고 나서 현재 무슨 일이 일어나고 있는지에 대한 정보를 어떻게 수집할지 결정해 봅시다.

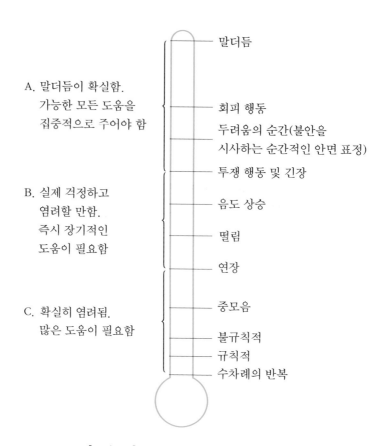

말더듬

A. 말더듬이 확실함.
   가능한 모든 도움을
   집중적으로 주어야 함

회피 행동

두려움의 순간(불안을
시사하는 순간적인 안면 표정)

투쟁 행동 및 긴장

B. 실제 걱정하고
   염려할 만함.
   즉시 장기적인
   도움이 필요함

음도 상승

떨림

연장

C. 확실히 염려됨.
   많은 도움이 필요함

중모음

불규칙적
규칙적
수차례의 반복

[그림 7-1] 말더듬 진행에 따른 위험 징후

나이 든 대상자와의 사례 면담

말을 더듬는 나이 든 대상자와의 초기 사례 면담은 앞서 기술한 것과는 확실히 다르다. SLP는 공식적인 관찰 및 평가 전에 면담을 진행한다. 이 짧은 사전 대화를 통해 네 가지 목적을 달성해야 한다. 이는 (1) 진단회기를 통해 무엇을 기대하는지 대상자에게 정보를 제공하는 것, (2) 대상자가 왜 이 시점에 치료를 받기 위해 왔는지를 판단하는 것, (3) 개인사에 관한 정보를 모아 정리하는 것, (4) 치료적인 관계를 형성하는 것이다.

문제 확인 시 SLP는 대상자와 파트너가 되어야 하기 때문에 전문가가 **무엇을** 하고자 하고, **왜** 그렇게 하기를 제안하는지 대상자에게 알려 주는 것이 중요하다. 또한 SLP는 대상자가 왜 바로 이 시점에 자신을 찾아오게 되었는지(혹은 자신에게 의뢰되었는지)를 확인해야 한다. 사회, 직업, 교육 측면에서의 위기를 경험한 것인가? 다른 사람들은 무엇을 기대하는가? 이러한 질문에 대한 답은 대상자의 동기와 예후를 살피는 데 유용하다. 대상자와의 초기 만남은 치료관계를 확립하고 대상자의 자기치료 능력에 대한 임상가의 신뢰를 나누는 데 너무나 중요하다.

감별 진단 및 예측 척도

앞에서 논의했던 바와 같이, SLP의 주요 책무 중 하나는 정상적인 비유창성을 보이는 일반 화자와 더듬는 사람을 감별하는 일이다. 어떤 대상자에게는 이러한 구별이 용이하지만, 어린아이들처럼 특별히 어려운 경우도 있다.

어린 아동에게서 문제가 더 복잡한 이유는 자발적인 회복의 개념 때문이다. 더듬기 시작한 아동의 80%는 일시적인 말더듬 기간 후 회복하게 된다. 그 이유는 잘 알지 못하지만, 일시적인 말더듬 기간은 말더듬 발증 후 18~36개월이라고 본다(Mansson, 2000; Yairi et al., 1996; Yairi & Seery, 2011). SLP는 누가 회복할지 아닐지 정확하게 변별할 수는 없지만 도움을 받을 수는 있다. Stuttering Chronicity Prediction Checklist(Cooper & Cooper, 2004)와 Stuttering Prediction Instrument for Young Children(Riley, 1981)은 Biddle 등(2002)에 따르면 예측 타당도가 낮기는 하지만 출판되어 사용할 수 있는 예측 척도이다. 그러나 숙련된 SLP라면 어떤 예측 평가도구를 사용하더라도 누가 더듬을 것이고 누가 회복할 것인지 추측하는 데 유용한 정보를 얻을 수 있을 것이다. 〈표 7-5〉에 말더듬의 회복과 지속을 예측하는 데 도움이 되는 중요

표 7-5　말더듬 회복 대 지속 예측에 중요하다고 여겨지는 아동 위험 요인

우선 고려할 중요 요인	
비유창성 빈도	시간의 경과에도 일정하거나 빈도가 증가한다.
성별	남아의 위험이 높다.
가계력	친척이 말을 더듬는다.
발증 후 경과 기간	3년 이상 말더듬이 지속되면 자연스러운 회복의 기회가 15%로 감소한다.
중요 요인	
비유창성 유형	OD보다 SLD가 관련된다.
말더듬 중증도	중증도가 심할수록 더 지속될 수도 있고 그렇지 않을 수도 있다.
음운 능력	함께 동반되는 경우 복합 요인이 된다.
언어 능력	함께 동반되는 경우 복합 요인이 된다.
운동 협응	구강 운동(교대 운동) 어려움이 동반되는 경우 복합 요인이 된다.
환경	부모/사회의 도움은 당연히 회복에 도움이 될 수 있다.

표 7-6 말더듬의 외현적 특징을 평가하는 검사도구(진단, 중증도, 예측 척도 포함)

검사명	저자	출판 연도	연령 범위	설명
A Protocol for Differentiating the Incipient Stutterer	Pindzola & White	1986	아동	정상 비유창성과 초기 말더듬 단계 아동을 감별 진단하는 데 도움을 주는 프로토콜이다. 청각적 행동, 시각적 행동, 내면의 심리적인 느낌, 요약 증거의 4가지 부분으로 제시된다.
Stuttering Chronicity Prediction Checklist	Cooper & Cooper	2004	아동	만성적인 말더듬과 일시적인 말더듬을 감별 진단하는 데 사용되는 체크리스트이다. 만성도를 나타내는 사례력 지표, 태도 지표, 행동 지표의 3가지 부분으로 나뉜다.
Systematic Fluency Training for Young Children-3rd ed	Shine	1988	학령 전기~3학년	말더듬는 아동을 확인하는 데 사용되는 준거참조검사이다. 부모 면담, 말더듬 비율, 말더듬 중증도 도구, 포괄적 말더듬 분석, 신체적인 말 처리 과정, 투쟁 행동 기술의 6가지 하위 부분으로 구성된다.
Assessment of Stuttering Behavior	Tanner	1990	3~6세	다양한 환경에서 아동의 유창성을 평가하는 데 사용되는 진단도구이다. 부모 진단 면담지와 학교 유창성 체크리스트가 포함되어 있다.
Cooper Chronicity Prediction Checklist	Cooper	1973	아동	아동의 말더듬이 지속될지를 알아보는 데 도움이 되는 체크리스트이다. 아동 말더듬 관련 사례면담, 태도, 행동 측면에 관한 항목에 대해 묻고 '예' 반응의 개수를 측정한다.
Pragmatic Stuttering Intervention for Adolescents and Adults	Tanner, Belliveau, & Siebert	1995	13~21세	말더듬의 화용 측면을 평가하고 특정한 말소리 오류를 확인하는 평가도구이다. 평가 프로토콜, 말더듬 사례력 기록지, 비유창성 보고 방법 등이 포함되어 있다.

표 7-6 | 말더듬의 외현적 특징을 평가하는 검사도구(진단, 중증도, 예측 척도 포함)(계속)

검사명	저자	출판연도	연령범위	설명
Scale of Stuttering Severity	Williams, Darley, & Spriesterbach	1978	학령기	전반적인 말더듬 중증도를 평가하기 위해 7점 척도로 평가하는 평정 척도이다. 빈도, 얼굴 찡그림, 수반 행동 등을 포함한 다양한 행동 특성을 평가한다.
Stocker Probe for Fluency and Language- 3rd ed	Stoker & Goldfarb	1995	학령전기	유창성과 언어를 평가하는 진단도구이다. 서로 다른 응답 유형을 유도하는 5개 수준의 프로브로 구성된다.
Stuttering Prediction Instrument for Young Children	Riley	1981	3~8세	아동의 말더듬 중증도를 측정하는 진단도구이다. 낱말 부분 반복, 연장, 자주 더듬는 낱말, 아동이 보인 부정적인 반응을 확인한다.
Stuttering Severity Instrument for Children and Adults(SSI-4)	Riley	2009	2세 10개월 이상	아동의 말더듬 중증도를 평가하는 규준참조검사이다. 빈도, 시간, 신체 부수 행동, 말의 자연스러움의 네 가지 행동을 측정한다.
Stuttering Severity Scale	Lanyon	1967	청소년 및 성인	말더듬과 더듬지 않는 사람을 구별하고 중증도 수준을 제시하는 64항목의 예-아니요 평가 설문이다.
Test of Childhood Stuttering(TOCS)	Gillam, Logan, & Pearson	2009	4~12세	아동의 말더듬 중증도를 평가하는 규준참조검사이다. 빠르게 그림 이름 대기, 문장 따라 말하기, 구조화된 대화, 이야기의 네 가지 과제로 측정한다. 관찰 평정 척도와 보조 임상 평가를 사용할 수 있다.

표 7-7 말더듬의 내면적 특징 관련 평가도구(상황/회피 체크리스트, 지각/태도 평정척도, 삶의 질 영향 척도 포함)

검사명	저자	출판연도	연령 범위	설명
A19 Scale	Guitar & Grims	1997	유치원~4학년	의사소통에 대한 부정적인 태도가 생겼는지 알아보는 19개의 질문으로 구성된 척도이다. 점수가 높을수록 의사소통에 대한 부정적인 태도가 더 많다.
Behavior Assessment Battery(BAB)	Brutten & Vanryckeghem	2003	아동	감정 반응을 평가하기 위한 말 상황 체크리스트, 말상황을 평가하기 위한 말 상황 체크리스트, 행동 체크리스트의 3가지 하위 척도를 포함하고 있는 평가 배터리이다.
Communication Attitude Test(CAT)	Brutten & Dunham	1989	7세 이상	자신의 의사소통에 대한 태도를 평가하는 진단도구이다. 35개의 예-아니요 설문 항목으로 구성된다.
Communication Attitude Test for Preschool and Kindergarten Children who Stutter(KiddyCat)	Vanryckeghem & Brutten	2007	3~6세	자신의 말에 대한 자각 및 태도를 평가하는 검사도구이다. 12개의 예-아니요 설문 항목으로 구성된다.
Culture-free Self Esteem Inventory-2nd ed	Battle	1992	6세 10개월~18세 11개월	학생의 자존감 수준을 살펴보는 자기보고 검사도구이다. 초등학생용, 중학생용, 청소년용의 세 가지가 있다.
Inventory of Communication Attitudes	Watson	1988	청소년 및 성인	일반적인 39개의 말 상황에 대한 진술문이 들어 있는 자기보고 평가도구이다. 평가 점수는 일반적인 말 상황에 대한 본인의 태도를 나타낸다. 감정, 행동, 인지-A, 인지-B의 4 반응 척도로 1~7점 척도로 평가한다.
Iowa Scale of Attitude Toward Stuttering	Ammons & Johnson	1944	아동	말더듬에 대한 일반적인 태도를 표집하는 척도이다.
Modified Erickson Scale of Communication Attitudes(S-24)	Andrews & Cutler	1974	성인	말더듬에 대한 대인 의사소통 태도를 측정한다.
Overall Assessment of the Speaker's Experience of Stuttering(OASES)	Yaruss, Quesal, & Coleman	2010	7세 이상	개인의 삶에 말더듬이 미치는 영향을 종합적인 포괄적인 자기보고 검사이다.

표 7-7 말더듬의 내면적 특징 관련 평가도구(상황/회피) 체크리스트, 지각/태도 평정척도, 삶의 질 영향 척도 포함)(계속)

검사명	저자	출판연도	연령범위	설명
Pragmatic Stuttering Intervention for Adolescent and Adults	Tanner	1995	13~21세	말더듬의 화용 요소를 평가하고 특정 발소리 오류를 확인하는 평가도구이다. 평가 프로토콜, 말더듬 사례력 검사지, 비공식성 보고를 위한 다양한 방법이 포함되어 있다.
Pragmatic Stuttering Intervention for Children-2nd ed	Tanner	1994	7~11세	비공식성에서 발생할 수 있는 사회적인 문제를 확인하는 데 도움이 되는 평가이다. 평가 프로토콜, 말더듬 사례력 검사지, 비공식성 보고를 위한 다양한 방법이 포함되어 있다.
Perceptions of Stuttering Inventory	Woolf	1967	청소년 및 성인	투쟁 행동, 회피, 말더듬의 예측에 대한 지각을 측정한다.
Revised Communication Attitude Inventory(S-24)	Andrews & Cutler	1974	청소년 및 성인	대상자는 자신의 특성을 나타내는지 여부를 24개 항목에 예-아니요 형태로 답한다. 점수가 높을수록 의사소통에 대해 부정적인 태도를 가지고 있다는 것을 말한다.
Self-Efficacy for Scaling for Adolescents(SEA-scale)	Manning	1994	9~19세	특정 말 상황에 접근할 때 가지는 자신감의 정도를 나타내는 평가도구이다. 말 상황에서 자신감의 정도에 따라 100개의 질문을 10점 척도로 답한다.
Self-Efficacy for Adults who Stutter Scale(SESAS)	Ornstein & Manning	1985	19세 이상	다양한 말 상황에 접근하여 유창한 말을 유지할 때 가지는 자신감의 정도를 보여 주는 측정도구이다.
Stutterer's Self-Rating of Reactions to Speech Situations(SSRSS scale)	Guitar	2006	청소년 및 성인	40개의 말 상황이 제시되고 있다. 각 열은 1~5점 척도로 되어 있고, 각 질문에 응답하여 각 상황에 대한 경험 정도를 나타낸다.
Stuttering attitudes checklist	Cooper & Cooper	2003	청소년 및 성인	자신의 말더듬에 대한 태도를 나타내는 자가 체크리스트로 '+'-'로 표시한다.
Subjective Units of Distress Scale(SUDS)	Marks	1987	청소년 및 성인	주어진 시점에서 개인이 느끼는 공포에 붙인 정도를 반영하는 평정 척도이다. 0~100이나 0~10점 척도로 평정한다.
Wright and Ayre Stuttering Self-Rating Profile(WASSP)	Wright & Ayre	2000	청소년 및 성인	청소년 및 성인의 말더듬 행동 및 태도 특성을 확인하는 포괄적인 도구이다. 말더듬 행동, 말더듬에 대한 생각, 말더듬에 대한 느낌, 말더듬으로 인한 회피, 말더듬으로 인한 불이익으로 이루어진 5개 부분으로 이루어진 24개 항목에 답한다.

한 증상과 위험 요인이 요약되어 있다(Yairi & Ambrose, 2005). 중재하든 하지 않든 회복하지 않는 경우 지속적인 말더듬이라고 말하는데, 치료 후 말더듬이 관리되고 유창성이 향상하기는 하지만 소거되는 것 같지는 않다.

상업적으로 출판되었거나 혹은 연구에서 제시되었든 간에 말더듬을 평가하고 해석하는 과정을 안내하는 일련의 도구가 넘쳐 난다. 외현적으로 측정 가능한 말더듬의 특징을 평가하는 것은, 당연히 관찰이 어렵고, 드러나지 않고, 주관적인 내면적 특징들을 평가하는 것보다 간단하다. 〈표 7-6〉과 〈표 7-7〉에는 다양한 목적으로 사용할 수 있는 검사도구들이 제시되어 있다.

중증도 척도

더듬는 사람을 평가할 때 SLP에게 가장 중요한 임무는 개인의 비유창한 말 행동을 면밀하게 분석하는 것이다. 이는 감별 진단뿐만 아니라 장애의 중증도 파악을 위해서도 필요하다. 비유창성의 평가는 치료 측면에서 두 가지 주요한 목적을 갖는다. SLP는 평가를 통하여 변화되어야 할 행동을 구체화해야 하고, 치료 효과를 모니터링할 때 참조할 수 있는 기초선 측정치를 제공해야 한다. 말 문제의 정도를 판단하기 위해 기존에 출판된 여러 평가도구를 이용할 수 있다. 이러한 도구를 **중증도 척도**(severity scale)라고 하는데, 어떤 형태를 취하든 간에 평가 결과의 중증도는 경미함에서 매우 심함까지로 나타낸다.

〈표 7-6〉은 말더듬의 외현적 특징을 평가하는 데 사용할 수 있는 검사도구의 목록이다. 이러한 다양한 도구로 말더듬 문제의 여러 측면을 살펴보는데, 여기에는 비유창성 빈도, 비유창성 지속시간, 말과 함께 나타나는 신체 행동이 포함된다. 이 목록을 살펴보면 선택할 수 있는 중증도 척도가 많다.

일반적으로 많이 쓰이는 중증도 척도를 강조하여 설명하고자 한다. Stuttering Severity Intrument는 널리 사용되어 4번째 판이 출간되었다(SSI-4; Riley, 2009). SSI-4는 아동과 성인 모두에게 유용하며, 읽을 수 있는 사람과 읽을 수 없는 사람을 모두 평가할 수 있다. SLP는 대상자가 읽거나 대화하는 동안에 말한 전체 음절 수와 더듬은 음절 수를 계산한다. 다음으로, 더듬은 음절의 빈도를 이용하여 백분율을 구한다. 또한 가장 길게 나타난 말더듬 순간의 길이와 말을 시도할 때 수반되는 신체 행동의 출현 및 두드러지는 정도를 모니터링한다.

빈도, 지속시간, 신체 수반 행동 과제의 점수를 합하여 전체 점수를 구한다. 중증도 점수에 포함되어 계산되지는 않지만 제4판에서는 말의 자연스러움에 대한 평가가 추가되었다. 말더듬 중증도는 대상자의 전체 점수를 평가 매뉴얼에 제공된 규준 자료와 비교하여 얻는다. 중증도는 매우 경미함, 경미함, 중간, 심함, 매우 심함의 방식으로 기술한다. SSI-4 키트에는 채점을 도와주는 컴퓨터 소프트웨어가 선택적으로 포함되어 있다. 최신 버전에는 이전에 제기된 약점인 신뢰도와 타당도도 언급되고 있다 (Biddle et al., 2002).

Test of Childhood Stuttering(TOCS)은 인기가 높아지고 있는 검사인데 4~12세 아동의 평가에서 보다 널리 이용되고 있다(Gillam, Logan, & Pearson, 2009). TOCS는 말더듬 관련 행동을 확인하고 말더듬의 중증도를 결정하기 위해 빠르게 그림 이름 대기, 문장 따라 말하기, 구조화된 대화, 이야기의 네 가지 말 과제를 사용한다. 이 과제들을 통해서 시간 압박 상황에서의 낱말, 다양한 언어적 난이도에 따른 발화, 대화 맥락에서의 발화, 독백 맥락에서의 발화를 얼마나 유창하게 말할 수 있는지 평가한다. 이 검사에는 부모, 교사, 아이와 상호작용할 수 있는 타인이 아동의 말더듬 및 관련 행동을 평가하는 관찰 평정 문항지가 포함되어 있다. TOCS 키트에는 보조 임상 평가 수단이 포함되어 있어 비유창성 자료에 대한 상세 분석을 원하는 임상가들에게 지침서가 된다.

말더듬의 외현적 증상을 평가할 때 반드시 상업적 도구를 이용할 필요는 없다. 출판된 공식 검사나 비공식적인 관찰 중 어떤 것을 사용하든지, SLP는 말 표본을 분석할 때 말더듬의 유형(형태)에 대해 상세히 기술하고 다양한 유형의 상대적인 빈도를 측정하여야 한다. 몇몇 학자는 말과제 및 읽기 과제 동안 대상자의 말속도를 측정하도록 권고한다(Guitar, 2013; Shapiro, 2011). 그러나 그렇지 않은 경우도 있다(Ingham, 2005). 말속도는 유창성의 근본 요소이기 때문에 우리의 견해로는 평가할 필요가 있다고 본다. 부모의 말속도도 관찰 가치가 있어 때로 평가하게 된다. 만약 아동의 말속도가 너무 빠르거나 느린 경우 의사소통의 효율성, 유창성 지각, 아동이 말한 메시지의 명료도에 영향을 주게 된다. 어떤 임상가는 말속도를 낱말 수준에서 측정하기를 선호하지만 어떤 임상가는 음절 수준에서 측정하기를 선호한다. 말속도는 말한 음절 수(낱말 수)를 말한 시간(분)으로 나누어 쉽게 계산할 수 있다. 예를 들어, 만약 대상자가 300음절을 2분 30초 동안 말하였다면 말속도는 다음처럼 계산이 될 것이다.

$$말속도 = \frac{300음절}{2.5분} = 120음절/분$$

정상적으로 말하는 성인 남성의 평균 대화 속도는 분당 168낱말, 분당 221음절이다. 성인 여성은 더 느리게 말하고, 더 길고 적은 수의 낱말을 사용하는 경향이 있다. 여성의 평균 대화 속도는 분당 151낱말, 분당 204음절이다(Lutz & Mallard, 1986). 임상가들이 기본적인 임상 측정을 위해 낱말 수와 음절 수를 상호 변환할 수 있다고 가정하지만 주의해서 적용해야 한다. 성인 말 표본에서 현재 사용하고 있는 변환 지수는 낱말당 1.5음절이다. 3~5세 아동에게 느린 말속도란 일반적으로 분당 119~183음절에 해당한다(Pindzola, Jenkins, & Lokken, 1989). 만약 낱말로 측정한다면 어린아이들은 다음절 낱말을 성인보다 덜 사용한다는 것을 감안해야 한다. Yaruss(2000)는 3~5세 아동의 경우 낱말당 1.15음절의 지수가 보다 정확하고 안정적이라고 설명하였다.

평가 과정

이제 [그림 7-2]의 도식 자료에 나와 있는 평가 과정을 설명할 것이다. 우리는 주된 호소에 대한 논의나 아동의 대표적인 말 표본에 나타난 비유창성을 분석하기 위한 비표준화 평가부터 시작한다. 여기서 정의해야 할 용어는 **대표적**이라는 용어이다. 말더듬은 간헐적으로 나타나는 장애이기 때문에 개인이 갖는 어려움의 정도는 말 산출 과제, 상황, 기타 변인에 따라 다르다. 가능하면 자연스러운 상황(운동장, 비공식적인 집단 상황, 가족과의 저녁식사 시간)에서 대상자의 '실제' 표본을 수집하는 것이 좋다. 그러나 SLP는 대개 표준화된 단락의 소리 내어 읽기나 독백 혹은 대화 과제에서 얻는 자료에 의존한다. 평가 회기를 녹음하거나 녹화하고 전체 말 표본의 각 부분마다 시간을 기록하라. 그러면 정확한 빈도와 중증도를 명시하는 것이 더 쉬워진다. 대상자에게는 항상 중립적인 주제(취미, 스포츠, 방학)와 도전적인 주제(가족, 학교, 데이트)에 대해 말해 보게 하여 주제에 따라 말 산출의 어려움이 어떻게 달라지는지 살펴보아야 한다. 어떤 주제가 스트레스를 주며, 그 주제에 대해 대상자가 어떻게 반응하는지 아는 것이 중요하다. 평가 회기 동안 대상자를 서두르게 하거나, 청자의 관심을 얻지 못한 것처럼 하거나, 대상자에게 반복하게 하는 요인을 실험한다.

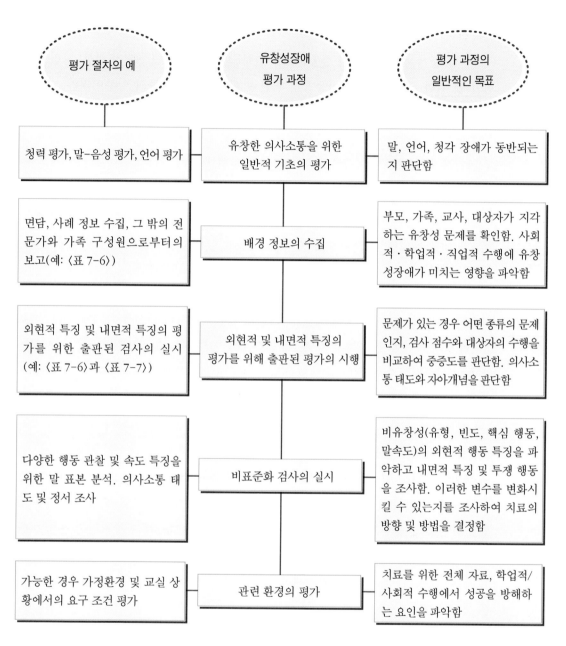

[그림 7-2] 유창성장애의 주요 평가 과정

전반적인 기술

개인의 말 행동을 전반적으로 기술한다. 대상자의 전형적인 말에서 속도, 리듬, 긴장 정도, 조음, 음성은 어떠한가? 말더듬 패턴의 두드러진 특징은 무엇인가?

핵심 행동

말더듬 문제에서 최소한의 공통분모는 반복(**진동 현상**)과 연장(**고착 현상**) 그리고 막힘인 것 같다. 기타 외현적 비유창성과 관련 행동들도 말더듬의 일부이지만, 대부분 다양성이 있으나 주로 반복이나 긴장된 비유창성 형태를 보인다. 따라서 비유창성 분석의 핵심은 이러한 관찰된 핵심 행동을 정밀하게 기술하는 것이다. 충분한 기술과 규준 비교를 위해서 앞서 언급한 계수 방법이 결정될 필요가 있다.

반복과 관련하여 SLP는 반복 단위의 크기(구, 낱말, 음절), 지속 시간이나 단위당 반복 횟수(예: b-boy 대 b-b-b-b-boy), 반복 속도(빠른지 느린지)와 긴장 정도, 반복 종료 방법에 대해 확인해야 한다. 조음 자세를 취한 상태에서 소리 없는 반복이 나타나지는 않는가? 반복 과정 중 적절한 모음을 찾는 데 어려움을 보이는가?

연장의 경우 고착되는 해부학적 위치가 어디인지, 소리가 나는지 안 나는지, 얼마나 지속되는지, 어느 정도로 긴장하는지, 어떻게 종료되는지에 관심을 가지게 된다. **비운율적인 발성**은 낱말 내 기류의 단절, 말소리 연장, 막힘(들리든 들리지 않든), 눈에 띄는 강세, 비일상적인 억양 패턴 같은 SLD를 모두 포함하는 포괄적인 용어이다.

투쟁-긴장 특징

단순히 반복과 연장 및 막힘만 보이는 경우는 매우 드물다. 더듬는 사람을 관찰해 본 경험이 있다면 긴장하면서 말할 때 종종 관련 없는 소리를 내거나 불필요한 움직임을 보임을 알 것이다. 그 유형과 출현 빈도는 다양한데, 대상자 특유의 행동이 있을 정도로 다양하다. 놀랍게도 어떤 사람은 눈 깜빡임, 고개 흔들기, 지연 전략 등을 연이어 보이지만, 어떤 사람은 적어도 겉으로는 비교적 조용하게 보인다. SLP는 이러한 부수적 특징(accessory features)을 기록해야 한다. 〈표 7-5〉에 사용할 수 있는 척도의 목록을 제시하였다.

내면의 측정

말더듬이 진행된 경우 외현적 특징은 문제의 극히 일부일 수 있다. 말에서의 어려움을 수년간 경험하였고, 특히 상황에 따라 어려움의 정도가 다르기 때문에 말에 대한 숨겨진 감정과 태도가 생기는 것은 당연하다. Vanryckeghem 등(2001)은 나이 어린 말더듬 아동들에게조차 부적응 태도와 정서가 나타난다고 하였다. Yairi와 Ambrose(2005)의 연구에서도 비슷한 결과가 나타났다. 부정적인 감정은 일반화될 수도 있지만 종종 특정한 말 상황, 대화 상대자, 심지어 특정 낱말이나 음소의 조합에만 나타나기도 한다. 근심, 혐오, 공포 후에는 회피가 뒤따른다. 따라서 종종 진단 과정의 일부로 대상자의 내면적 측면을 평가하기도 한다. [그림 7-3]의 묘사는 WHO의 ICF 접근법(World Health Organization, 2002)과도 일맥상통한다. 이는 최근 치료의 경향이 행동주의적 접근법에서 인지적·포괄적 생활 방식의 통합 접근법으로 변화하는 것과도 일치한다(Blood & Conture, 1998). 연령과 관련 없이 말더듬은 개인의 삶의 질에 영향을 미칠 수 있다. 아마도 첫 번째 회기와 같은 초기에 대상자의 감정, 태도, 두려움, 경험에 대하여 논의하고자 시도할 것이다. 이러한 과정은 대상자를 알아 가고 문제의 깊이를 더 잘 이해하는 데 도움이 된다. Manning(2010)의 저서는 상담 전략과 기법에 관한 좋은 자료이다. SLP는 감정에 대한 논의를 위하여 출판된 도구를 함께 사용할 수도 있다. 이러한 검사도구 몇 가지가 〈표 7-6〉에 나와 있다. 일부는 오래되어 이제는 고전이지만 여전히 사용되고 있다.

행동주의에 입각한 일부 SLP는 내면적인 느낌 및 태도를 평가하지 않으려 하거나

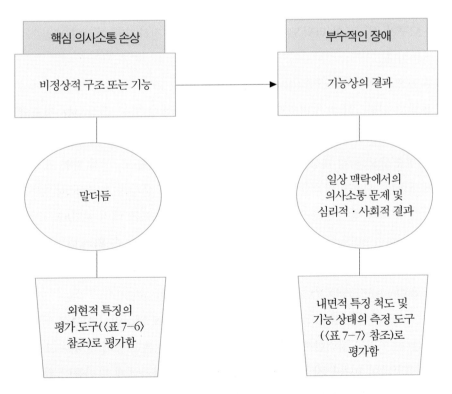

[그림 7-3] WHO의 ICF를 이용한 말더듬 평가

임상에서 다루지 않으려 한다. 유창성을 훈련하는 것에 중재의 초점을 맞추며 이 과정에서 자연스럽게 내면적 요소가 없어지도록 한다. 마찬가지로 SLP는 태도 척도를 이용하여 기초선을 측정하고, 말더듬의 외현적 측면에만 초점을 맞추는 행동주의적 접근법으로 치료를 실시한 이후, 성공적으로 유창하게 된 결과로서 태도의 변화를 조사할 수도 있다. 근거기반실제에서는 종종 이러한 접근법을 적용한다.

SLP는 대상자가 보이는 회피 행동에 관심을 갖는다. 회피 행동은 스스로 강화되며 화자의 문제와 연관되어 있기 때문에 SLP가 임상에서 다루고자 하는 중요한 특징이다. 대상자가 공포심에 휘말리면 말더듬은 줄어들지 않고 오히려 심해지는 경향이 있다. 회피는 걱정을 증가시켜 문제를 확대시킨다.

회피는 의사소통의 단절이나 감소를 유발하는 특징을 보인다. 더듬는 사람은 말하는 것을 피하게 된다. SLP는 대상자의 말더듬이 증가하거나 감소하는 대화 상대나 말하는 상황을 찾아내야 한다. 대상자와 면담하거나 대상자로 하여금 체크리스트를 작성하게 하여 평가한다. SLP는 자료 기록 양식을 만들어 사용할 수도 있고(단순히 다양한 말 상황, 대화 주제 등을 나열할 수 있음) 출판된 목록을 이용할 수도 있다. 〈표 7-7〉에 말더듬의 내면적 측면을 평가할 때 사용할 수 있는 도구의 목록을 제시하였다. 대부분의 도구가 신뢰도와 타당도가 부족하다는 것은 인정하지만 여전히 고전으로 남아 있는 것들이다.

Speech Situation Checklist(Brutten & Shoemaker, 1974)는 임상 및 연구에서 여전히 사용되고 있다. 이 체크리스트에서는 51개 상황에서 말이 손상되는 정도와 정서적인 반응의 정도를 대상자 스스로 평가하게 한다. 공식 검사도구는 아니지만 다양한 상황(청중 규모, 특정 대상, 다양한 말 상황) 목록을 제시하고, 실제 말을 표집하는 전략을 제시한다. SLP는 말더듬이 증가하거나 감소하는 상황의 목록을 제시하고 대상자에게 말 문제와 정서적인 영향의 측면에서 상황의 순위를 매겨 보게 할 수도 있다. Communication Attitude Test(CAT) 또한 오랫동안 사용되어 온 자기보고식 평가도구로서 학령기 아동에게도 적용할 수 있으며, 현재에도 연구와 임상에서 사용되고 있다(Brutten & Dunham, 1989; Vanryckeghem et al., 2001).

더듬는 많은 사람은 상황 공포와 더불어 특정 낱말이나 말소리의 산출에 어려움을 보인다고 한다. 우리는 이러한 항목의 목록을 만들고, 말 표본을 통해 실제로 그 낱말과 말소리에서 더 많이 더듬는지 살펴보아야 할 것이다. 대상자에게 말더듬이 완화되는 방식을 보여 주는 시도 치료 기간에 대상자가 가장 두려워하는 낱말을 자극어로 사용하는 경우가 많다.

모든 말더듬 평가에서는 대상자 자신이 문제의 정도와 그 영향을 어떻게 지각하는지도 평가해야 한다. 변화를 보고하기 위해서는 치료 전과 후에 모두 측정을 하는 것이 유용하다. SLP는 〈표 7-6〉과 〈표 7-7〉에 제시된 여러 검사도구를 시행하여 말더듬에 대한 자기평가 결과를 알 수 있다. 특히 우리는 Perceptions of Stuttering Inventory(PSI)를 즐겨 사용한다(Woolf, 1967). 이 도구는 온라인에서 무료로 내려받을 수 있으며, 더듬는 사람이 말더듬 행동의 세 가지 측면, 즉 투쟁, 회피, 예상의 측면에 대해 어떻게 지각하고 있는지 평가하도록 고안되었다. 평가 후 SLP는 프로파일을 얻을 수 있으며 말더듬 집단의 규준과 획득 점수를 비교할 수 있다. WHO가 제시하고 있는 일상 기능 및 장애의 결과를 강조하는 최신 임상 연구들이 발표됨에 따라 이 부분에 대한 평가가 다시 유행되고 있다.

Overall Assessment of the Speaker's Experience of Stuttering(OASES)은 7세 이상의 대상자에게 삶의 질을 측정하는 도구이다(Yaruss & Quesal, 2010). 이는 WHO의 이론적 틀에 기초하고 있으며 일반 정보, 반응, 일상 상황의 의사소통, 삶의 질이라는 네 부분을 측정하여 대상자의 말더듬 경험을 평가한다. 이를 통해 대상자의 말더듬에 대한 일반적인 지각 및 인식, 감정, 행동, 인지 반응, 다양한 의사소통 맥락에서의 말의 어려움, 화자의 만족도 및 웰빙에 대해 평가한다. OASES의 각 부분에서 영향 점수가 측정되는데 점수가 높을수록 부정적인 영향의 정도도 더 커지는 것으로 해석된다. 영향 점수와 함께 영향 평정도 측정하는데, 영향 평정은 중중도 평정처럼 말더듬에 미치는 영향의 중도(경도~중도)를 나타낸다.

지금까지는 전형적으로 말더듬 평가에서 사용하는 예후 평가, 중중도 척도, 내면적 측면의 평가에 대해 논의하였다. 이제는 다양한 연령의 대상자에 대한 평가의 일반적인 원리와 특별한 고려사항으로 관심을 돌려 보자.

말더듬 시작 시점에서의 평가

숙련된 SLP는 만성적인 말더듬 성인을 치료하는 것보다 아동의 말더듬을 예방하고 관리하는 것이 훨씬 수월하다는 데 동의한다. 사실 더듬기 시작한 아동을 선별하고 관리하는 것은 SLP가 기여할 수 있는 일 중 가장 의미 있는 일이다. SLP는 다음의 여러 가지 중요한 질문에 답을 얻어야 한다. 아동이 말을 더듬는가? 그렇다면 말더듬이 지속될 것 같은가? 언제 시작되었는가? 어떤 요인이 말더듬의 시작과 관련되어 있는가? 청자는 어떻게 도우려고 하고, 아동의 노력에 어떻게 영향을 미치는가? SLP는 아동의 환경을 어떻게 변화시켜야 문제의 악화를 막을 수 있는가?

이 책 전반에서 진단과 치료가 별개로 이루어지는 것이 아님을 수차례 말하였다. 대상자의 말-언어를 면밀하게 평가하는 것은 종종 치료적인 효과도 갖는다. SLP는 일정 기간 대상자(그리고 부모)와 작업한 후에야 진짜로 장애가 있는 측면을 알게 된다. 더듬기 시작한 아동을 다룰 때는 더욱 그러하다.

평가를 계획할 때 SLP에게 도움이 될 만한 목표를 자세히 살펴보면 다음과 같다.

- 아동이 말을 더듬는지 판단하라(문제 유무의 결정).
- 만약 아동이 말을 더듬는다면, 장애가 어느 정도나 진행되었는지 확인하라(외현적 측면과 내면적 측면의 중증도를 포함한 요인).
- 문제의 시작과 현재의 상태에 대한 부모의 생각을 알아보라.
- 청각, 운동, 사회성, 조음, 인지-언어 측면에서 전반적인 기능 수준을 파악하기 위한 표본을 수집하라.
- 부모와의 상담관계를 발전시키기 시작하라.

이 목표 중 대부분은 이미 논의하였다. SLP가 다양한 평가도구를 사용하여 감별 진단을 하고, 말 문제의 중증도를 결정하고, 가정 상황 및 부모의 태도를 평가하며, 더듬기 시작한 아동의 부모와 바람직한 대화를 시작하는 데에는 다양한 검사도구가 도움이 된다. 논의해야 할 점이 있다면 어린 아동에게 나타나는 변이를 평가해야 한다는 것이다.

또한 Oral Speech Mechanism Examination(St. Louis & Ruscello, 2000)의 **교대운동** 규준을 이용하여 반복적인 구강 운동 속도와 협응력을 평가할 수 있다. 최근 문헌에서는 유창성 붕괴와 관련되는 어휘 및 단어재인 기술(Hall, 2004; Silverman & Ratner, 2002), 화용 수행(Weiss, 2004), 발화의 길이 및 복잡성(Ryan, 1974; Weiss, 2004)을 평가하고 모니터링할 것과 언어기술 및 음운기술에 대한 전반적인 평가가 필요함을 제안하였다. 음운장애(대략 16% 정도)는 언어장애(대략 10% 정도)만큼이나 말더듬에 자주 동반된다. 그리고 더듬는 아동의 7% 정도는 학습장애를 동반하며, 6% 정도는 읽기장애를 동반한다(Arndt & Healey, 2001; Blood et al., 2009; Conture, 2001; Yairi & Seery, 2011).

유창성 평가 과정에는 다양한 조음 및 언어 평가가 포함되어야 한다. 4장, 5장, 6장에 제시된 정보와 평가 절차가 도움이 될 것이다. 말더듬에 말장애와 언어장애가 동반되는지의 여부는 적절한 치료 프로그램을 계획하는 데 영향을 줄 수 있다. 이러한 평가 영역과 함께 항상 구강 기제, 음성, 청각을 선별한다. 특정 대상의 경우 필요에 따라 인지, 운동, 심리 상태 등의 추가 검사를 의뢰하기 바란다.

어린 아동의 예후

더듬기 시작한 어린 아동의 치료 효과는 좋은 편이다. 예후는 아동이 공포와 회피 반응을 발전시키기 전일 때, 그리고 부모가 상담에 호의적일 때 탁월하다. 앞서 말한 80%의 회복률을 기억해 보라. 또한 〈표 7-5〉에 나온 회복 요인을 고찰해 보기를 바란다. 임상가가 대상자의 회복을 예측할 때 고려해야 하는 〈표 7-5〉에 제시된 요인과 기타 직관적인 요인을 반복하여 말할 필요가 있겠다.

- 더듬기 시작한 지 얼마나 오래되었는가? 시간은 회복의 적이다.
- 비유창성 빈도는 어떠한가?
- 예후에 영향을 미치는 성별 및 가족력 요인은 어떠한가?
- 비유창성 유형은 무엇이고, 중증도는 어떠한가?
- 동반 말-언어장애 혹은 기타 다른 장애가 있는가?
- 아동이 어떤 환경에 어떤 강도로 노출되어 왔는가?
- 아동이 말의 어려움에 대하여 인식하고 있는가? 덜 인식하고 의사소통 행동에 긍정적일수록 예후가 더 좋다.
- 부모가 상담에 얼마나 호의적인가? 전력을 다해 노력하는 것이 증상의 완화에 이상적이고 필수적이다(Reitzes, 2014 참조).
- 아동의 지능 수준은 어떠한가? 인지 및 지능이 지연된 아동의 경우 예후가 좋지 않다.
- 말더듬의 시작에 기질적인 요인이나 신경학적인 요인이 관여되었는가? 이러한 문제가 있는 경우 예후가 좋지 못하다.

더듬기 시작한 아동 치료의 성공 및 실패 여부는 말더듬 발증기에 보이는 특징적인

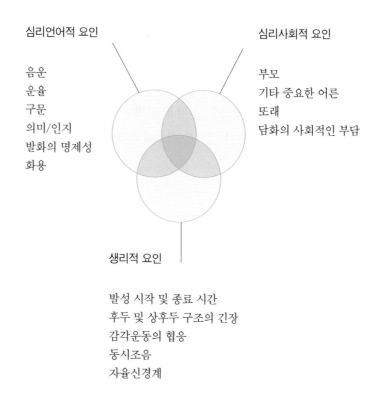

심리언어적 요인

음운
운율
구문
의미/인지
발화의 명제성
화용

심리사회적 요인

부모
기타 중요한 어른
또래
담화의 사회적인 부담

생리적 요인

발성 시작 및 종료 시간
후두 및 상후두 구조의 긴장
감각운동의 협응
동시조음
자율신경계

[그림 7-4] 초기 아동기 말더듬에 영향을 미치는 요인

패턴과도 관련될 수 있다. 우리는 이러한 요인이 비유창한 어린 아동의 진단 정보를 통합하고 예후를 측정하는 데 중요하다는 것을 안다. 말더듬 시작기에 관련될 수 있는 많은 변수는 생리적·심리언어적·심리사회적 변수로 구분된다([그림 7-4] 참조). 어떻게 이 세 변수의 범주가 겹치는지 주목하라. 예를 들어, 언어 발달이 지연되고 운동 기술에 손상이 있는 아동은 부모의 높은 기대 수준이나 형제와의 의사소통 경쟁에 취약할 수 있다.

　어린 아동을 다루는 SLP를 괴롭히는 질문이 한 가지 남아 있다. SLP의 도움 없이 단지 시간의 경과와 아동의 내적 회복 잠재력으로 나아질 수 있는가? 이 질문에 확신을 가지고 답할 수는 없으나, 치료를 시작한 직후 아동이 매우 빠르게 회복하는 경우(2주~몇 개월)는 대다수 자발적인 회복에 의한 것이라고 본다.

학령기 유창성장애 아동의 평가

초등학생

말을 더듬는 초등학생을 평가하고 치료하는 것은 특히 어렵다. 이들은 7~12세경에 해당하는데, 더 이상 더듬기 시작하는 단계가 아니다. 단순히 반복하거나 주저하지 않고, 말할 때 눈에 띄게 투쟁을 하며, 자신의 어려움을 피하거나 위장하려고 시도한다. 좌절하기 때문에 이제는 직접적으로 말더듬을 다룰 필요가 있다.

SLP는 초등학생의 평가를 계획할 때 다음의 몇 가지 어려운 문제에 봉착한다. (1) 아동은 자신의 문제를 객관적이고 이성적으로 분석하기 위한 통찰력과 협조가 부족하다. (2) 자신의 내적 감정을 자유롭게 말로 표현하기를 꺼리거나 하지 못한다. (3) 아동의 마음에 SLP가 가르치는 사람으로 받아들여져 아동에게 처벌하거나 방해하는 청자가 될 수 있다. 덧붙여 SLP가 권위적인 인물로 파악될 수도 있다. 이 때문에 신뢰적인 관계가 훼손되는 경향이 있다. (4) 가장 중요한 측면으로, 대부분의 아동은 치료의 시작에 대한 선택권이 없다. 대부분은 부모가 데리고 오거나, 교사가 의뢰하거나, 언어치료사의 선별 검사에서 문제가 확인되기 때문이다.

SLP는 이 학생들이 솔직하고 직설적인 치료 접근법에 반응하는 것을 발견할 수 있다. 초등학교 저학년 학생의 경우 아동에게 말의 어려움에 대하여 물을 때 **긴장, 말이 막히는 것**과 같은 비유적인 언어를 사용하기도 하는데, 이는 **말더듬**이라는 낱말을 두려워해서가 아니라 그것이 단순히 아동에게 의미가 없거나 어떤 경우에는 너무나 부정적이기 때문이다. 초등학교 고학년 아동의 경우에는 솔직하고 직설적인 방식을 사용한다. 대상자에게 SLP가 능력이 있으며 말더듬 문제에 대하여 **알고** 있다는 것을 보여 줌으로써 신뢰와 신용을 확립하라.

나이 어림, 환경, 부모, 학교 요인이 보다 중요하다는 점을 제외하면 사실상 학생 평가와 성인 평가는 다르지 않다. [그림 7-5]에는 교수진과 대학원생으로 구성된 진단팀이 준비한 평가 계획을 제시하였다. 여기에는 일반적으로 얻고자 하는 정보의 종류들이 나와 있다. 대상은 공립학교 SLP가 대학교 치료실에 의뢰한 10세 아동이다.

I. 정보의 확인

주소, 학년 등과 모든 일반적인 관련 정보를 얻는다. 의뢰처인 Hronkin 부인이나 부모 면담을 통해 이 정보를 얻을 수 있다. 생활환경에 대해 반드시 질문해야 한다. Hronkin 부인은 아동이 할아버지와 가족이 함께 거주하고 있으며, 할아버지가 가족 내에서 주도권을 쥐고 있다고 말하였다(보고에 따르면 할아버지는 Alan이 언어치료를 받는 것을 반대하면서 으깬 감자를 먹으면 말더듬이 극복된다고 주장하고 있다).

II. 말더듬의 기술

A. 전반적인 기술: Alan의 말더듬 행동 중 두드러지는 특징은 무엇인가? 근본적으로 움직임의 고착인가, 아니면 반복인가? 내면적 투쟁으로 인해 긴 침묵 기간이 나타나는가, 아니면 좀 더 외현적 방식으로 표현되는가?

B. 핵심 행동: 관찰한 반복과 연장을 분석한다(단위당 반복 횟수, 빠르기, 지속시간 등).

C. 긴장-투쟁 특징: 부수 행동의 출현 및 위치에 주목한다.

D. 빈도: 이 분석은 Alan의 재평가를 위한 기초선이 될 것이기 때문에 정밀해야 한다. 최소한 세 종류의 말 표본—읽기, 다른 말로 바꾸어 말하기, 자발화—에서 자료를 수집한다(반복, 연장, 대상자의 말더듬 순간에 보이는 그 밖의 두드러진 특성의 횟수를 센다). 이후에 비디오 자료를 분석하여 분당 혹은 음절당 말더듬의 상대적 빈도를 계산한다.

E. 중증도: SSI-4(Riley, 2009)를 이용한다. 이 도구는 빈도, 지속시간, 신체 수반 행동의 세 가지 측면으로 구성되어 있으며 획득한 점수를 백분위수로 전환할 수 있다. 이와 같은 중증도 평가 도구는 (검사자가 0~100의 척도로 대상자의 점수를 매길 수 있게 할 때) 부모, 교사, 심지어 아동과 검사 결과에 관하여 의사소통할 때 유용하다.

F. 빈도/중증도의 변이: 말더듬의 빈도가 오르락내리락 하는 주기가 있는지, 어떤 상황이나 화자가 말에 변화를 주는지, 특별하게 어려운 단어나 말소리가 있는지 아동과 부모가 함께 찾아보도록 한다. 지연청각 피드백 및 차폐 잡음이 아동의 말에 미치는 영향이나 메트로놈이 미치는 영향을 확인한다. 질문을 하거나 대답할 때, 쉽게 말을 시작하거나 말소리를 늘일 때(천천히, 연장시켜서), 발화의 길이 및 복잡도가 변할 때 유창성에 변화가 나타나는지 면밀히 살핀다.

G. 아동은 자신의 말더듬을 어떻게 조절하는가? 말 문제에 대처하기 위하여 어떤 전략을 고안하였는가? 그것이 얼마나 효과적인가? 또한 어떤 말 수정 전략—느리게 하기, 수월한 시작 등—이 유창성에 도움을 주는가를 확인할 필요가 있다. Cooper와 Cooper(2004)의 Disfluency Descriptor Digest를 관찰 기록 체크리스트로 사용한다.

H. 아동이 언제 말을 더듬을 것 같은지 예측할 수 있는가? 예측할 수 있는지 아동에게 물어본다. 그리고 간단한 단락을 소리 내지 않고 읽어 가면서 더듬을 것 같은 단어에 밑줄을 긋게 한다. 그다음 소리 내어 읽게 하고 정확하게 아동이 예측한 정도를 판단한다.

I. 대상자의 말더듬 후 행동은 무엇인가? 대상자는 계속 말하는가, 포기하는가, 화를 내는가, 우는가, 혹은 무관심한가?

III. 태도 측면

가장 어려우면서도 가장 신뢰도가 낮은 평가 측면이다. 일부 정보는 Alan과 부모를 관찰하여 그리고 그들이 문제에 대하여 말한 것을 통해 얻을 수 있다. 또한 A-19 Scale(Guitar, 2006)과 같은 다양한 자기보고 척도를 실시할 수도 있다. 치료에 대한 아동의 태도는 어떠한가? 말더듬에 대하여 얼마나 알고 있는가? 학교나 가정에서 말 문제 때문에 놀림을 당해 왔는가?

IV. 사례력

전반적인 발달력(운동, 언어, 사회성), 말더듬의 시작과 진행, 병력, 가족력의 네 가지 기본적인 측면에 관한 배경 정보를 얻는다. 이것은 부모 면담을 통해 알 수 있다.

V. 현재의 기능

A. 성격: 일반적인 용어로 아동의 성격을 기술하고(수줍어한다, 공격적이다 등), 아동에게 나타나는 특별한 측면(공포, 틱 증세, 손톱 깨물기 등)을 확인한다. 아동의 특별한 관심사나 취미를 확인한다.

B. 학교: 학교에서의 학업 및 사회 적응에 관한 정보를 얻는다.

C. 관련 평가: 심리적 권고사항 및 의학적 권고사항이 있는가? 아동의 운동 행동, 청력, 음성, 음운 및 언어 능력에 대해 선별 검사를 실시한다. 이미 언급했듯이 특히 조음과 언어 능력이 중요하다. 필요에 따라 검사를 선택한다.

D. 진단 회기: 진단 회기 동안에 아동은 어떻게 행동했는가? 아동의 동기 정도는 어떻게 느껴지는가? 아동은 의사소통 스트레스에 놓일 때 어떻게 반응하는가? 시험적 치료에 어떤 반응을 보이는가?

[그림 7-5] 학령기 아동의 평가 계획

중학생 및 고등학생

나이가 든 학생의 말더듬을 평가하고 치료하는 것은 어린 학생보다 더 어렵다. 우리가 본 10대의 경우 전형적으로 자신의 문제를 부인하고, 협조가 부족하고, 동기가 부족하다. 평가의 개요는 [그림 7-5]에 제시한 예와 별반 다르지 않다. 그러나 그 과정은 성인의 경우와 거의 흡사하다. 환경과 부모 요인이 중요하게 여겨지지 않는다.

예후

치료를 위해 어떤 요인이 중요한가? 예후를 결정할 때 SLP는 어떤 변인을 고려해야 하는가? 다음의 조건에서 유의한 치료 효과가 나타나는 것 같다.

- 이전에 치료에 실패했던 기록이 없는 경우. 치료 경험이 없는 것이 치료 실패력이 있는 것보다 성공적이다.
- 상담 프로그램에 기꺼이 참여하고 장애를 이해하는 등 부모가 협조적이고 식견이 있는 경우
- 말더듬이 심한 경우(대개 경도의 말더듬은 개선되는 정도도 적다)
- 투쟁 행동이나 탈출 행동이 위주인 만성적인 말더듬을 보이는 경우. 회피에 능숙한 학생은 일반적으로 치료가 더 어렵다.
- 교사와 학교 직원이 협조적인 경우
- 그 밖의 중요한 문제(읽기장애, 말더듬과 별도의 학업 문제 등)가 없는 경우
- 그 밖에 사용할 수 있는 자원이 있는 경우(스카우트, 체육, 음악 등에 숙련된 경우)
- 집중적으로 치료 일정이 진행되는 경우(최소 주당 3회 이상, 4회 선호)

유창성장애 성인의 평가

성인 대상자는 말더듬이 완전히 진행된 경우이다. 그들은 말 문제가 좀 더 복잡하고 특히 강박적이며 공포와 걱정이 만성적이다. 그리고 회피, 위장, 부정적인 태도가 대인관계를 방해하고 왜곡시킨다. 이 단계에서 말의 손상은 단순한 반응이 아니며, 자극의 역할도 하게 되어 자기강화가 된다.

SLP는 이 진행된 단계에서의 말더듬 치료가 복잡하기는 하지만 불가능하지는 않다는 것에 동의한다. 갈피를 잡기 어려울 정도로 많은 치료법이 있지만 여기에서 이를 요약하지는 않겠다. 독자들은 Bothe(2004), Bothe, Davidow, Bramlett과 Ingham(2006), Guitar(2013), Prins와 Ingham(2009), Manning(2010), Onslow(1996)의 책을 참고하기 바란다.

예후

말더듬에서 성공과 실패를 결정하는 요인은 과학적 기준에서 볼 때 정확하지는 않다. 앞서 언급하였듯이, 최근 연구에서는 성공적인 치료 효과에 영향을 줄 수 있는 요인을 구체화하고자 노력해 왔다. 여기서는 불완전하지만 경험에 근거할 때 예후의 결정에 도움이 되는 요인의 목록을 제시할 것이다. 무작위로 제시하였으며, 각 항목에 가중치를 부여할 만한 근거 자료는 없다.

- **중증도**: 역설적으로 다른 조건이 동일할 때 심하게 더듬는 사례가 경미한 사례보다 예후가 더 좋은 것 같다.
- **동기 및 태도**: 변화에 대한 동기는 모든 치료 프로그램에 있어서 가장 중요한 변인이다. 대상자의 치료 전 태도가 좋을수록 결과도 더 성공적인 것 같다.
- **타이밍**: 치료에 대한 대상자의 동기 정도는 중요한 삶의 경험과 관련되는 경우가 많다. 위기 단계에 봉착하여 자신의 말더듬 때문에 길이 막힌 느낌이 들고 승진, 교육, 결혼이 막혀 자발적으로 치료를 구하는 사람들이 예후가 더 좋다.
- **연령**: 청소년, 특히 13~16세는 치료에 저항적이다. 비슷하게 40대 이후의 대상자도 치료 효과가 좋지 않다.
- **성별**: 여성이 남성보다 더 치료하기 어렵다.
- **더듬지 않는 말**: 더듬지 않은 말이 운율상 적절할 때 예후가 좋다.
- **말더듬 유형**: 막힘이 위주인 경우보다 반복이 위주인 경우가 진전이 더 빠르다. 만성적인 회피를 보이는 사람보다 탈출 행동을 보이는 대상자가 더 수월하다. 내면화된 말더듬—특히 후두의 막힘을 보이는 경우—은 치료에 매우 저항적이다.
- **동반 문제**: 기질적인 문제(예: 감각, 지능, 혹은 운동 손상)를 보이거나 심리적 증세를 보이는 대상자는 치료에 시간이 더 필요하며, 동반 문제가 없는 대상자보다 효과가 낮다.
- **이전 치료력 및 치료의 강도**: 치료 실패 경험이 있는 대상자는 예후가 좋지 않다. 치료하는 시늉만 하는 것은 치료 경험이 없느니만 못하다. 집중적인 치료가 가능할 때(최소 매일 한 시간 이상씩), 그리고 대상자가 포괄적인 프로그램에 참여할 수 있을 때 예후가 더 좋다.

유창성장애에서의 다문화 고려점

다민족 사회에 살고 있으나 문화적 가치가 말더듬과 같은 의사소통장애의 출현, 발달 그리고 궁극적으로 치료에 어떠한 영향을 미치는지에 대해서는 이제 막 이해하기 시작했다. SLP의 입장에서 다문화적 민감성이 필요하다. 초창기 말더듬 평가는 여러 문화 및 국가에서 환경 기원론을 옹호하는 이론가들에 의하여 촉발되었다. 말더듬에는 지역적인 경계가 없다. 세계 전 지역에 걸쳐 나타나고, 말더듬이 존재하지 않는 문화가 있다는 증거도 없다. 〈표 7-8〉에는 현재까지 알려진 문화와 말더듬에 관한 문제가 제시되어 있다. Robinson(2012)은 다른 문화권에서 온 말더듬는 사람을 평가할 때 다음의 몇 가지 사항을 명심해야 한다고 설명하고 있다.

- 두 문화 간의 유사성의 정도 및 대상자가 특정 문화에 대해 파악하고 있는 정도에 관한 정보를 얻을 필요가 있다.
- 의사소통과 특히 말더듬에 대해 해당 문화가 갖는 지각 정도 및 태도를 고려할 필요가 있다.
- 말더듬의 원인과 치료에 대한 기존의 신념과 믿음이 있는가?
- 치료 결정 및 수용에 대상자의 종교적인 관심이 어느 정도 영향을 미치는가?
- 해당 문화에서의 비구어 행동이 회피 행동이나 이차 행동으로 잘못 해석될 수 있으므로 이를 알 필요가 있다(예: 침묵, 눈 안 맞추기).
- 특정 문화에서 관련되는 사건이나 스트레스 요인에 대한 이해가 필요하다(예: 명절, 가족 활동, 기념일)

임상가가 이중언어 대상자를 마주할 확률이 증가하고 있다. 이중언어 대상자는 말더듬 행동이 나타날 위험이 높다는 연구 결과가 있다(Van Borsel, Maes, & Foulon, 2001). 이러한 대상자들과 협업할 때 어려운 점은 두 언어 모두에서 말더듬이 나타나는 정도를 파악하는 것, 그리고 비유창성 문제가 언어적인 부담이 커서 또는 모국어가 아니어서 효율성이 떨어져 나타난 결과인지를 구별하는 것이다. 두 언어에 대한 자세한 평가와 인지 및 감정 반응에 대한 관찰이 이러한 결정에 도움이 될 수 있을 것이다. 외국에서 온 어떤 대상자들은 치료사가 사용하는 것과는 다른 언어로 말할 수 있다는 것을 염두에 두는 것도 중요하다. 이 경우 통역자는 단순히 통역만 하는 것이 아니라

표 7-8	문화적 변인 및 말더듬

성

사회나 국가와 관계없이 여성보다 남성에게 말더듬이 더 많이 나타난다는 것에 대해서는 이견이 없다.

가족 및 사회적 문제

초기 연구에 따르면 훈육, 모욕, 방임은 말더듬의 출현에 영향을 준다.

더듬는 아동의 부모는 기질 및 태도에서 차이를 보인다(Yairi, 1997).

이견이 있기는 하지만 더듬는 사람은 대개 민감한 기질과 억제하는 경향을 보인다[Yairi와 Ambrose(2005)의 연구에서 보듯이].

이스라엘처럼 불안한 정세의 사회에서 사는 것도 말더듬에 영향을 미친다(Amir & Ezrati-Vinacour, 2002).

인구 통계

지방보다 도시에서 말더듬의 발생률이 높다는 연구가 있었다(Brady & Hall, 1976). 그러나 Dykes(1995)는 지방에서의 말더듬 발생률(0.49%)이 도시지역(0.34%)보다 높다고 보고하였다.

이중언어

이중언어 사용 아동은 단일언어 사용 아동보다 말더듬이 나타나기가 더 쉽다는 것이 일반적으로 받아들여지고 있다. Brosel, Maes 및 Foulon(2001)은 이중언어 사용자의 유병률이 2.8%임에 반해, 전체 인구의 유병률은 1%라고 보고하고 있다. 반면 Motes와 Erickson(1990)은 영어와 스페인어를 모두 사용하는 아동은 말더듬의 출현에서 유의한 차이를 보이지 않는다고 보고하였다. 그들은 또한 제2언어를 배우면서 보이는 비유창성 유형이 종종 말더듬으로 잘못 판단된다고 지적하였다.

인종/민족

오래전에 한 연구에서 에스키모인과 다양한 미국 원주민이 보이는 말더듬을 조사하였다. 그러나 이들과 아시아계 미국인에 관한 최근의 연구는 없다. Leavitt(1974)는 뉴욕에 사는 푸에르토리코인의 말더듬 유병률이 0.84%로 백인계의 수치와 유사하다고 보고하였다. 반면, 산후안에 사는 푸에르토리코인의 유병률은 1.5%였다. Proctor 등(2001)은 학령전기 아동 3,400명을 조사하였는데, 연구 결과 말더듬의 발생률이 2.46%였고, 아프리카계 미국인, 유럽계 미국인, 그리고 기타 소수 인종들 사이에 차이는 나타나지 않았다.

평가 동안 얻은 구어 및 비구어 정보를 해석하는 데 도움이 될 수 있는 문화적인 정보를 제공할 수도 있다.

결론 및 자기평가

유창성 평가에서 확인해야 하는 행동과 기술에 관해 ASHA(2004)가 권고하는 내용을 다시 정리하면 다음과 같다.

- 유창성장애 유형(진단)
- 특징적인 유창한 행동, 비유창한 행동, 내면적 행동
- 일상생활에 영향을 미치는 유창성 문제와 그 영향
- 의사소통 방해 혹은 촉진 맥락 요인
- 동반되는 의사소통장애
- 변화에 대한 예후
- 중재와 지지에 대한 권고사항

유창성장애를 진단하기 위하여 단일한 검사나 절차 이상의 많은 것이 필요하다. 그래야 유창성장애의 본질을 현대적 시각으로 이해할 수 있고, 대상자의 의사결정 과정과 삶에 영향을 미칠 수 있다. 말더듬은 화자 내 변이 및 화자 간 변이가 두드러지는 이질적인 장애이다. 따라서 말더듬은 대상자 자신의 내적 요구나 외적 요구, 더불어 다양한 인지적이고 감정적인 요인에 의해 영향을 받는다. 연민, 온정, 대상자의 이야기에 대한 진정한 관심, 불확실함에 대한 인내심이 있어야 효과적인 평가가 가능하다.

이 장을 읽은 후 다음의 질문에 대답할 수 있어야 한다.

- 말더듬에는 어떤 구어 및 비구어 행동 특징이 보이는가?
- 발달성 말더듬은 신경학적 말더듬, 심인성 말더듬, 말빠름증 같은 다른 유창성장애와 어떻게 다른가?
- 유창한 화자와 비유창한 화자에게서 흔히 보이는 비유창성 유형에는 무엇이 있는가?
- 유창성 검사 동안 어떤 외현적 행동 특징이 보이고 보고되는가?
- 유창성 검사 동안 어떤 내면적 행동 및 태도들이 보이고 보고되는가?
- 사례 면담에서 어떤 질문을 하여 대상자의 유창성에 대해 묻는가?
- 유창성 관련 예후를 추론할 때 어떤 요인들을 고려해야 하는가?

제8장
실어증 및 성인 언어장애의 평가

이 장을 읽고 나면 다음을 설명할 수 있다.

- 실어증의 정의 및 일반적인 원인
- 실어증의 유형 및 각각의 일반적인 말과 언어 증상
- 실어증과 기타 성인 언어장애의 구별
- 우반구(비우세 반구) 뇌졸중 후 보이는 경미한 손상
- 치매의 인지 및 의사소통 측면

성인이 갑자기 언어 사용 능력을 잃게 되면 당사자와 가족은 절망적인 경험을 하게 된다. 실어증과 기타 성인 언어장애는 인간을 인간답게 하는 것, 즉 언어 상징체계로 다른 사람과 의사소통할 수 있는 능력에 영향을 미친다.

실어증의 특성

실어증(aphasia)은 뇌손상으로 인해 생기는 가장 흔한 의사소통장애이다. 손상은 언어 우세 반구에서 보이고, 보통은 좌반구이다. 실어증을 보이는 성인(또는 언어 이후 단계의 아동이나 청소년)은 다양한 형태로 언어의 **이해**와 **사용**에 기본적인 어려움을 갖게 된다. 보다 구체적으로 말하면, 실어증은 대뇌 피질 조직의 손상에서 기인하며, 다음의 증상 중 하나 이상이 나타나는 일련의 언어 손상 증후군이다.

- 청각, 시각, 혹은 촉각 경로를 통해 상징 자료를 수용하고 해독하는 데 방해를 받는 것. 보고 들을 수는 있어도 학습된 메시지의 연합을 해독하는 데 어려움이 있다.
- 의미 생성, 낱말 선정 그리고 메시지 형성과 관련된 중추 처리 과정에 방해를 받는 것
- 말, 글자, 혹은 제스처를 통해 상징 자료를 표현하는 데 방해를 받는 것

실어증은 외상, 뇌종양, 감염 및 퇴행성 질환으로 생긴다. 그러나 실어증의 대다수는 뇌혈관 사고(Cerebrovascular Accident: CVA), 흔히 말하는 뇌졸중으로 인한 결과이다. CVA는 한 해에 대략 50만 명 정도에게 일어나는 비교적 흔한 질환이다. 미국에서 CVA는 세 번째로 높은 사망 원인이다(그 위 순위는 심장질환과 암이다). 생존한 뇌졸중 환자 중 얼마나 많은 사람에게 언어 손상이 남는지 정확하게 아는 사람은 없다. 추정치에 따르면 뇌졸중 생존자 중 최소 1/4은 치료가 필요한 정도의 실어증 증세를 보인다.

지금은 실어증학 학자, 즉 성인 언어장애의 진단 및 재활을 전문으로 하는 언어치료 전문가(Speech-Language Pathologist: SLP)에게는 흥미로운 시대이다. 뇌 생물학의 이해를 돕는 새로운 기법들이 넘쳐 나고 있다. CVA 직후 뇌의 회복을 돕기 위해 새롭고 유망한 화학요법이 사용되고 있다. 그리고 인지를 돕는 데 보다 효과적인 약도 많아지고 있다.

실어증의 원인은 실어증 증세의 시작, 진행, 유형에 영향을 미칠 수 있다. 발병은 종양의 경우 잠행성이기 쉽고, CVA의 경우 급작스럽게 나타날 수 있다. CVA가 원인인 경우가 종양이 원인인 경우보다 실어증이 더 많이 회복되는 것 같다. 뇌종양의 경우 여러 영역(읽기, 쓰기, 듣기, 말하기)에서 편차가 크지만, CVA는 그렇지 않다.

실어증과 유사하며 원인이 뇌손상인 일련의 다른 장애가 있다. 혼돈 상태의 언어, 지적 손상으로 인한 언어(치매), 비우세 반구(대체로 우뇌) 손상으로 인한 의사소통장애, 신경증과 관련된 언어, 말운동장애 등이 포함된다. 이러한 여타 언어장애에 관해서는 이 장 뒷부분의 감별 진단 과정에서 논의할 것이다.

실어증의 중증도는 매우 다양하다. 일시적 언어 기능부전이 있는 최소한의 정도부터 언어의 사용 및 이해가 거의 완전히 그리고 영구적으로 불가능한 정도까지 있을 수 있다. 실어증에서 관찰되는 언어 손상은 지적 용량의 손실, 감각 기관의 손상, 혹은 말 기관의 마비 때문이 **아니라는 점**을 기억해야 한다. 그러나 이러한 문제는 실어증에 동반되어 나타날 수 있기 때문에 감별 진단이 중요하다. 최근 문헌에서는 실어증의 인

지적 측면에 대해 관심을 갖기 시작하였다(Chapey, 2014; Helm-Estabrooks, Albert, & Nicholas, 2014; Hinckley & Nash, 2007).

실어증의 **유형**에 따라 환자를 분류하는 것은 진단 및 치료 계획에 중요할 수 있다. 때문에 수년 동안 많은 이름과 분류체계가 있어 왔다. 현재는 3가지 방법이 널리 사용된다. (1) 환자의 발화 길이에 기초한 유창성-비유창성 이분법, (2) Goodglass, Kaplan과 Barresi(2000)의 '보스턴' 분류체계, (3) Kertesz(2006)의 Western Aphasia

---

표 8-1 주요 실어증 유형의 신경언어학적 특성

브로카 실어증(Broca's aphasia)
- 유창성 손상으로 발화 산출이 제한됨
- 청각적 이해력은 비교적 좋음
- 조음의 민첩성은 손상됨
- 문법의 정형화
- 전보식 발화 및 비문법적인 발화(특히 관사, 전치사, 보조사, 연결동사, 파생접미사의 사용이 감소함)
- 운율 변화

연결피질운동 실어증(transcortical motor aphasia)
- 따라 말하기 능력이 보존됨
- 비유창함
- 브로카 실어증과 유사하게 약간의 청각적 이해력 손상이 있음
- 자발화에 비하여 이름 대기 능력이 훨씬 좋음

전반 실어증(global aphasia)
- 수용 양식 전반이 심하게 손상됨
- 표현 양식 전반이 심하게 손상됨
- 말이 거의 어려움
- 정형화된 발화 표현(정상 멜로디 및 억양으로)

베르니케 실어증(Wernicke's aphasia)
- 유창하며 방대한 양의 말을 산출함
- 청각적 이해력이 손상됨(종종 심함)
- 착어가 빈번함(특히 의미 착어)
- 심한 경우 신조어 및 자곤*을 보임
- 조음의 민첩성이 정상적임

- 운율이 정상적임
- 구의 길이가 정상적이거나 긺
- 문법 형태의 사용이 완전함
- 구문이 보존됨
- 이름 대기 및 따라 말하기 능력이 손상됨

연결피질감각 실어증(transcortical sensory aphasia)
- 따라 말하기 능력이 보존됨
- 대화에서의 증세가 베르니케 실어증과 비슷함
- 명사에서 극심한 어려움을 보임
- 착어가 과도하게 나타남
- 베르니케 실어증처럼 청각적 이해력이 손상됨

전도 실어증(conduction aphasia)
- 따라 말하기 능력이 저하됨
- 유창하며 조음 및 구의 길이가 양호함
- 착어가 빈번함(특히 음소 착어)
- 약간의 청각적 이해력이 손상됨
- 오류를 즉각 인식함

명칭 실어증(anomic aphasia)
- 단어 찾기에서 심한 손상을 보임
- 자주 에둘러 표현함
- 착어 오류가 최소로 나타남
- 유창하며 조음과 구의 길이가 양호함
- 문법 형태가 적절함
- 청각적 이해력이 양호함

* 자곤(jargon): 의미 없이 웅얼거리는 말-역자 주

Battery(WAB)의 분류법이 그것이다. 보스턴과 WAB 분류체계는 꽤 유사하다. 모두 유창성, 청각적 이해, 따라 말하기, 이름 대기의 능력을 이용하여 유형을 분류한다. 〈표 8-1〉에는 주요 실어증 유형의 특성이 나열되어 있다.

뇌에 언어 기능을 국재화시키는 것에 관하여 일부 논쟁이 있기는 하지만, 개별 환자의 병소 정보와 언어 특징은 비교적 잘 일치된다. 여러 실어증 유형과 관련이 되는 좌반구(우세반구)의 1차 언어 영역과 엽들이 [그림 8-1]에 표시되어 있다. 앞쪽 병변은 일반적으로 브로카 실어증이나 연결피질운동 실어증과 같은 비유창성 실어증을 유발한다. 뒤쪽 병변은 베르니케 실어증, 전도 실어증, 연결피질감각 실어증과 같은 유창성 실어증과 관련된다.

병소(손상된 해부학적 위치)와 병인(종양, CVA 등)은 보통 컴퓨터 단층촬영(Computerized Tomography: CT), 양전자방출 단층촬영(Positron Emission Tomography: PET), 자기공명영상(Magnetic Resonance Imaging: MRI)과 같은 뇌영상 기법으로 알 수 있다. 이러한 방법들은 실어증학에 크게 기여해 왔다. 단일광자방출 전산화단층촬영(Single Photon Emission Computed Tomography: SPECT)은 회복 예측에 도움을 주고 있다(Mimura et al., 1998). 신경방사선과 의사가 밝힌 해부학적 증거가 진단적으로 가치 있기는 하지만, 현명한 SLP라면 대상자가 언어와 관련하여 할 수 있는 것과 할 수 없는 것이 무엇인지 주의 깊게 기술하는 데 초점을 두게 된다. 임상가는 최우선으로 환자의 말하기, 듣기, 읽기, 쓰기 능력을 기술해야 한다. 실어증을 신경언어학적 차원에서 검사할 때 뇌손상이 심각한 건강상의 문제라는 점을 잊을 수 있다. 각 개인은 심각한 의학적·심리적·사회적 문제를 가져온 일생일대의 위기를 겪은 것이다. 환자들은 언어 손상과 함께 사지(주로 오른쪽, 간혹 안면 포함)의 마비나 약증, 감각 이상, 행동 문제도 보일 수 있다. 이러한 문제가 있다 하더라도 언어 손상의 정도와는 관련성이 거의 없

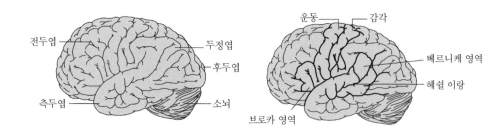

[그림 8-1] 뇌의 엽(왼쪽 그림)과 여러 실어증 유형과 관련이 되는 좌반구의 부위들(오른쪽 그림)

출처: Justice (2010). *Communication science and disorders: A contemporary perspective*. Pearson Allyn & Bacon.

다. 무엇보다도 임상가는 실어증이 개인적인 재앙인 동시에 가족의 위기라는 점을 기억해야 한다.

사례력

언어치료전문가(SLP)는 **실어증을 보이는 사람**을 대상으로 하는 것이지 **실어증**을 대상으로 하는 것이 아니다. 실어증 성인의 언어치료는 매우 개별화되어야 한다. 따라서 SLP는 재활 프로그램을 계획할 때 대상자에 대하여 가능한 한 많이 알 필요가 있다. 대상자는 뇌졸중 이전에 어떤 사람이었는가? 어쩌다가 문제가 발생하였는가? 교육 수준은 어떠하였는가? 직업은 무엇이었는가? 뇌손상 이후에 행동에 어떤 변화가 나타났는가? 이러한 질문 및 다른 많은 질문에 근거하여 치료 스타일, 속도, 내용을 정해야 한다.

불행히도 실어증 환자는 우리가 구하고자 하는 정보를 상세하게 제공해 주지 못하는 경우가 많다. 어떤 경우에는 공식 기록(학업 기록, 군대 기록)과 개인적인 기록(일기, 편지) 자료가 도움이 된다. 그러나 대체로 환자와 친숙한 정보 제공자의 정확성과 정직성에 의존해야 하는 한계가 있다. 언어 손상 대상자의 정보를 수집할 때 가장 흔히 사용하는 방법은 배우자나 가까운 친척이 작성하는 사례력 양식이다. 〈표 8-2〉에 전형적인 사례력 양식에서 볼 수 있는 질문 샘플이 나와 있다. ASHA는 Demographic and History Form을 웹사이트 www.asha.org에 제공하고 있다.

이상적으로는 서면 정보의 모호함을 명료화하고 추가 질문을 하기 위하여 임상가가 응답자를 직접 면담해야 한다. 그러나 결혼한 지 오래된 배우자는 일반적으로 언어 능력이 평가 결과보다 덜 손상되었다고 생각한다는 점을 명심하라. 한편, 비맥락적인 언어 검사는 의사소통을 측정하지 않기 때문에 대상자가 '실제' 상황에서 더 잘 수행할 수도 있다. 사례 면담 중에 환자의 건강력을 일부 확인하지만(〈표 8-2〉 참조), 의학적인 기록을 통해 보다 구체적인 정보를 얻을 수 있다. 특히 현재의 건강 상태에 관한 정보는 감별 진단 및 치료 계획에 유용하다. 최소한 다음의 의학적인 자료를 수집해야 한다.

• 1차 및 2차 의학적 진단명(예: 좌측 중대뇌동맥의 혈전증, 기질적 뇌증후군, 우측 약증

을 동반한 CVA 등)

- 의사소통장애의 원인으로 간주되는 질병의 발병 일자
- 뇌손상 위치(손상된 뇌 반구 및 엽)와 그 자료(예: CT, MRI, 기타 기법)
- 이전의 중추신경계 문제(유형 및 발병 시기)
- 뇌간 손상 증상(예: 안면 약증, 외안근의 움직임, 연하곤란 등)
- 사지 문제
- 시각(시력, 교정 렌즈, 시야손상 등)
- 청각(청력, 변별, 증폭기 등)

표 8-2	사례력 조사의 질문 주제

개인의 신상 정보
혼인 상태
배우자의 성명 및 직업
자녀의 이름과 사는 곳
손주에 관한 정보
교육 정도
직업
현재 고용 상태(은퇴 여부)
취미 및 관심사
읽기 자료, 텔레비전 오락 프로그램, 쓰기 사용의 선호도
손잡이
모국어, 상식
성격
단체 활동 참여에 대한 설명(예: 볼링 그룹, 교우관계)
손상 후 기분, 성격, 자조 능력 등에서의 변화

의학적 정보
발병일
원인(사고, 뇌졸중, 질병)
무의식 상태 기간(있는 경우)
마비(있는 경우)
어지러움증, 실신, 두통에 관한 호소(있는 경우)
시각 및 청각 문제
기타 문제, 질병, 손상 등

의사소통 정보

발병 당시 환자의 말에 대한 묘사

어떻게 말이 바뀌었는지에 대한 묘사

환자에 해당되는 것 체크하기

할 수 있음	할 수 없음	
＿＿＿	＿＿＿	제스처로 의미를 전달한다.
＿＿＿	＿＿＿	다른 사람이 한 말을 따라 한다.
＿＿＿	＿＿＿	한 단어나 몇 단어만 계속 반복하여 사용한다.
＿＿＿	＿＿＿	욕설을 한다(간혹).
＿＿＿	＿＿＿	자발적으로 몇 단어를 사용한다.
＿＿＿	＿＿＿	짧은 구를 말한다.
＿＿＿	＿＿＿	짧은 문장을 말한다.
＿＿＿	＿＿＿	요구에 따르고 지시를 이해한다.
＿＿＿	＿＿＿	라디오나 텔레비전에서 하는 말을 이해한다.
＿＿＿	＿＿＿	표지판을 보고 이해한다.
＿＿＿	＿＿＿	신문이나 잡지를 읽는다.
＿＿＿	＿＿＿	시간을 말한다.
＿＿＿	＿＿＿	도움 없이 이름을 쓴다.
＿＿＿	＿＿＿	문장이나 편지를 쓴다.
＿＿＿	＿＿＿	간단한 계산을 한다.
＿＿＿	＿＿＿	돈 계산을 하고 거스름돈을 주고받는다.

　따라서 SLP는 환자의 의료 기록을 봐야 한다. 의사/신경학자의 보고와 더불어 신경방사선과 의사, 사회사업사, 간호사, 기타 건강 관련 전문가들의 기록이 도움이 된다. 신경학자가 기록한 다음의 전보식 의료 기록에서 중요한 정보를 얻을 수 있다.

　의식이 있고 지남력이 있는 남성 환자로 2014년 3월 19일에 CVA가 있었음. 표현성 및 수용성 실어증. 우측 마비. 우측에 바빈스키 징후. 손상 측 다리의 대근육 기능이 돌아오고 있으나 팔과 손의 기능은 의심스러움. CT 스캔상 좌측 두정-측두 부위에 국소적인 병변이 있음. 우측 입체실인증. 우측 동측반맹증.

　이 짧은 기록에서 환자에 관해 여러 중요한 정보를 알 수 있다. 신경학자는 뇌손상이 국소적이며 널리 퍼져 있지 않다는 것을 관찰하였다. 또한 병소가 일반적으로 좀 더 지속적인 언어 손상을 일으킨다고 알려진 부위이기 때문에 아마도 실어증이 일시적이지는 않을 것이라고 생각된다. 또한 환자는 우측 손에 사물을 놨을 때 인식하지 못하고, 우측 시야에 있는 것을 볼 수도 없다. 그러므로 검사할 때 우측 실인증과 반맹증을 고려하여 환자의 왼쪽에 검사 자극물을 제시할 필요가 있다. 이와 같이 신경학자가 제시한 정보들은 SLP에게 매우 유용하다. 병소의 크기 및 위치뿐만 아니라 손상의 특성도 진단과 관련될 수 있다(예를 들어, 외상성 뇌손상 환자는 뇌혈관 사고 환자와 다른 회복 경로를 거친다). 의료 기록의 내용을 이해하기 위해서는 관련 의학 용어에 익숙해져야 한다.

사례력 정보를 얻은 후에 SLP는 환자의 성격 문제, 건강력 및 현재 상태, 사회적 지남력 등에서의 특징을 보다 상세하게 기술해야 한다. 이 갑작스러운 질환은 대상자에게 어떤 영향을 주었는가? 얼마나 많이 그리고 어떤 부분에서 변화가 예상되는가? 언어 손상 및 신체장애에 대한 환자의 반응은 단순히 이전에 비하여 과장된 형태일 뿐인가?

이러한 질문에 대한 답변은 매우 제한적이다. 특정 개인의 문제에 미치는 영향을 파악하는 데 질병의 특성, 환자가 받는 치료, 발병 이전의 특성이 모두 중요하다. 효과 측정 및 삶의 질 척도는 중재의 후반부에 작성될 수 있다. 요컨대, 수집할 수 있는 대상자 관련 정보는 모두 중요하며 평가 및 치료의 과정을 구체화하는 데 도움이 된다.

진단 및 공식 평가

실어증 성인의 포괄적인 평가에는 다음의 몇 가지 임상 과제가 포함된다. (1) 관련된 의학 정보 및 의뢰 전 일련의 사건에 대한 검토, (2) 환자의 배우자나 다른 가까운 친척과의 사전 면담, (3) 환자에게 미친 뇌손상의 영향 및 자연적/자발적 회복이 일어난 정도에 관한 정보를 포함한 사례력, (4) 대상자의 언어/의사소통 수행 능력에 관한 목록, (5) 관찰 및 관련 검사(비공식 검사, 구강-주변 기관 평가, 청력 평가 등 포함), (6) 진단 결정 그리고 치료의 특성 및 예후 판단에 관한 제언이 그것이다. 이러한 과정이 [그림 8-2]에 제시되어 있다. 최종 진단 시 임상가는 먼저 의사소통 문제가 있는지의 여부를 결정하고, 문제가 있는 경우 어떤 종류의 문제인지 판단한다. 이는 여러 증상을

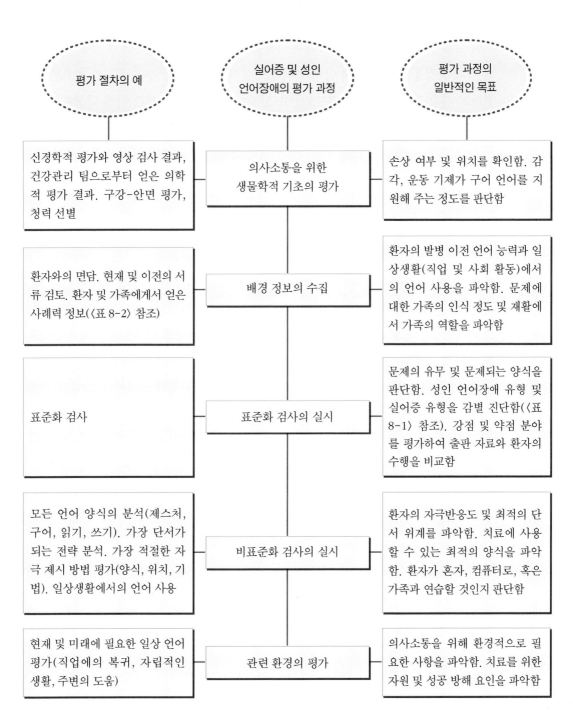

[그림 8-2] 실어증 및 성인 언어장애의 주요 평가 과정

정리하여 이러한 증상을 갖는 하위 유형을 분류하는 것과 관련된다.

이 목록 중 처음 세 가지는 이미 논의하였고 이제 네 번째 항목에 초점을 맞추어 어떤 평가 과정을 통해 진단에 이르게 되는지 살펴보자. SLP는 추가 검사가 필요한지 결정하고 가장 적절한 표준화 검사도구를 선정하기 위해 빠른 시간 안에 대상자의 언어 능력과 장애에 대한 아이디어를 얻을 필요가 있다. 따라서 선별검사가 먼저 시행되어야 한다. SLP는 진단 및 평가 수행 자료를 수집하고 정보를 의미 있게 조직화해야 한다.

실어증 선별

병원 세팅에서 환자가 의뢰되었을 때 SLP는 **병상 자문**(bedside consultation)부터 시작할 수 있다. 선별검사도구는 좀 더 포괄적인(그리고 긴) 검사를 실시하기 전에 환자의 언어 능력을 신속하게 평가하기 위해 고안되었다. 선별검사도구를 사용하는 이유 중 하나는 SLP가 빨리 가족 및 건강관리 전문가에게 환자와 의사소통할 수 있는 최적의 수단을 조언해 주기 위해서이다. 또한 환자의 증상은 뇌손상 이후 초기 며칠 그리고 몇 개월 동안 빠르게 변화한다. 따라서 선별검사를 통하여 환자의 진전(혹은 진전이 없음)을 보고하고, 환자와 의사소통하는 최적의 방법에 대한 제언을 수정하기 위해 자주 실시할 수 있다. 공식적인 표준화 검사를 자주 실시하는 것은 실용적이지 못하다(한 시간에서 여섯 시간까지 걸린다). 〈표 8-3〉에 사용할 수 있는 실어증 선별검사 목록이 제시되어 있다. Salter 등(2006)은 6가지 선별 검사(Acute Aphasia Screening Protocol, Frenchay Aphasia Screening Test, Mississippi Aphasia Screening Test, Reitan-Indiana Aphasia Screening Test, ScreeLink, Ullevaal Aphasia Screening Test)를 신뢰도, 타당도, 분류 민감도, 실용성 차원에서 비교하였다. 모든 검사가 평가 특성 및 임상적 유용성이 제한적이었지만 Frenchay Aphasia Screening Test가 가장 포괄적이며, 문헌에 기초하고 있고, 널리 사용된다고 보고되었다.

경험이 풍부한 임상가는 자신만의 선별 도구를 고안해서 사용하기도 한다. 이는 대체로 출판된 검사보다 단순하다. 예를 들어, 어떤 세팅에서는 SLP가 새로 입원한 환자를 재빨리(5분가량) 면담하여 환자가 의사소통에 문제를 보이는지, 그래서 의사가 말-언어 자문을 구해야 할지를 선별한다. 일반적으로 SLP는 자발적인 대화를 유도하여 맥락의 정확성, 주제 유지, 발화 길이, 구문의 다양성, 낱말 선택의 순조로움, 유창성을 평가한다. 대화가 제한되거나 없는 경우 SLP는 좀 더 기본적인 능력, 예컨대 이름 대

| 표 8-3 | 실어증 환자를 위한 선별/병상 평가 |

- Acute Aphasia Screening Protocol(AASP; Cray, Haak, & Malinsky, 1989)
- Aphasia Language Performance Scales(ALPS; Keenan & Brassell, 1975)
- Aphasia Screening Test(AST-3; Whurr, 2011)
- Bedside Eveluation and Screening Test of Aphasia, 2nd ed(BEST-2; West, Sands, & Ross-Swain, 1998)
- Bedside Western Aphasia Battery-R(Kertesz, 2006)
- Children's Acquired Aphasia Screenign Test(FAST; Enderby, Wood, & Wade, 2006)
- Language Screening Test(LAST; Flamand-Roze et al., 2011)
- Mississippi Aphasia Screening Test(Nakase-Thompson et al., 2005)
- Multimodal Communication Screening Test for Persons with Aphasia(MCST-A; Garrett & Lasker, 2007)
- Quick Assessment for Aphasia(Tanner & Culbertson, 1999)
- Reitan-Indiana Aphasia Screening Examination(Reitan & Wolfson, 1985)
- ScreeLing(Doesborgh et al., 2003)
- Sheffield Screening Test for Acquired Language Disorders(Syder et al., 1993)
- Sklar Aphasia Scale(SAS; Sklar, 1983)(독일어 번역판도 있음)
- Ullevaal Aphasia Screening Test(UAS; Thommessen et al., 1999)

기, 방에 있는 사물 가리키기, 따라 말하기, 지시 따르기(비구어적으로), 예-아니요 질문에 반응하기(구어 혹은 제스처로)를 재빨리 평가할 수 있다. 불완전하기는 하지만, 이러한 빠른 선별검사를 통하여 임상가는 (1) 대략적으로 의사소통 문제가 존재하는지의 여부, (2) 추후 검사의 필요성(따라서 의사가 자문을 요청할 필요가 있는지), (3) 대상자의 기능 수준에 어떤 공식 검사가 적절한지를 판단하게 된다.

표준화 검사

SLP는 치료를 계획하고 이후의 경과 및 치료 결과를 예측하기 위하여 대상자가 보이는 언어 능력을 포괄적으로 평가할 필요가 있다. 환자는 어떤 점에서 어려움을 보이는가? 어떤 양식의 기능이 가장 좋은가? 어떤 오류 및 오류 패턴이 있는가? 이런 질문에 대답하기 위하여 우리는 대상자의 언어를 조사하게 된다.

SLP는 출판된 다양한 검사를 선택할 수 있다. 〈표 8-4〉에 실어증에 흔히 사용되는 검사 목록을 나열하였다. 보다 널리 사용되면서도 서로 다른 검사만 여기에 제시하고자 한다. 초보 임상가는 환자의 평가를 위하여 어떤 실어증 평가도구를 선택해야 할지 자주 묻는다. 우리는 특정 검사도구를 추천하기보다는 검사에서 목적하는 바가 무엇인지 구체화하기를 바란다. 검사를 통해 무엇을 알고자 하는가? 환자의 회복경로를 예측하고 싶다면 Porch Index of Communicative Ability(PICA; Porch, 2001)나 Western Aphasia Battery-Revised(WAB; Kertesz, 2006)가 좋다. 병소에 관심이 있다면 Boston Diagnostic Aphasia Examination(BDAE-3; Goodglass, Kaplan, & Barresi, 2000)이나 WAB-R이 좋다. 환자가 기초부터 복잡한 수준의 언어 기능 중 어느 정도를 수행하고 있는지 알고자 한다면 오래되어 절판되기는 하였으나 Minnesota Test for Differential Diagnosis of Aphasia(MTDDA; Schuell, 1973)를 선택하는 것이 좋다. 자연스러운 상황에서 환자의 의사소통 능력을 표집하기 위해서는 Functional Assessment of Communication Skills for Adults(Frattali et al., 1997)나 Communicative Abilities in Daily Living(Holland, Frattali, & Fromm, 1999)을 도구로 선택할 것이다. 다양한 대상자에게는 스페인어 버전의 Multilingual Aphasia Examination(MAE-S; 〈표 8-4〉에 제시), 아랍어, 중국어, 영어, 불어, 독일어, 아이티어, 힌두어, 흐몽어, 이탈리아어, 일본어, 한국어, 나바호어, 폴란드어, 포르투갈어, 러시아어, 스페인어, 터키어, 베트남어로 온라인에서 사용 가능한 Bilingual Verbal Ability Test(BVAT), 혹은 60개 이상의 언어로 제공되며 온라인에서 무료로 이용 가능한 Bilingual Aphasia Test(BAT; www.mcgill.ca/linguistics/research/bat/)를 고려할 수 있다. Ivanova와 Hallowell(2013)의 자료에 다문화적 배경의 실어증 관련 정보가 잘 나와 있다.

자료에 완전히 익숙한 숙련되고 통찰력 있는 임상가라면 출판된 검사도구 중 어떤 것을 사용하더라도 실어증 환자의 언어 손상을 상세하게 기술할 수 있을 것이다. 이 책의 앞부분에서 언급하였듯이, 도구는 하나의 수단일 뿐이다. 즉, 임상가가 개별 환자를 정밀하게 관찰하도록 돕는 방법일 뿐이다. 이러한 사실을 염두에 두고 널리 사용되며 심지어 고전적인 그리고 서로 다른 철학과 내용을 담고 있는 네 가지 검사도구에 대하여 논의하겠다.

| 표 8-4 | 널리 사용되는 실어증 검사도구 및 치료 결과 측정도구 |

- Aphasia Diagnostic Profiles(ADP; Helm-Estabrooks, 1992)
- Assessment of Communicative Effectiveness in Severe Aphasia(ACESA; Cunningham et al., 1995)
- Assessment of Language-Related Functional Activities(ALFA; Baines, Heeringa, & Martin, 1999)
- Bilingual Aphasia Test(BAT; Paradis, 2011)
- Bilingual Verbal Ability Test(BVAT; Munoz-Sandoval et al., 2005)
- Boston Diagnostic Aphasia Examination, 3rd ed(BDAE-3; Goodglass, Kaplan, & Barresi, 2000)
- Boston Assessment of Severe Aphasia(BASA; Helm-Estabrooks et al., 1989)
- Communication Abilities in Daily Living(CADL-2; Holland, Frattali, & Fromm, 1999)
- Examining for Aphasia: Assessment of Aphasia and Related Impairments(EFA-4; LaPointe & Eisenson, 2008)
- Functional Assessment of Communication Skills for Adults(ASHA FACS; Frattali et al., 1997)
- Functional Communication Profile, Revised(FCP-R; Kleiman, 2003)
- Minnesota Test for Differential Diagnosis of Aphasia(MTDDA; Schuell, 1973)
- Multilingual Aphasia Examination(MAE-3; Benton, Hamsher, & Sivan, 1994)
- Multilingual Aphasia Examination-Spanish(MAE-S; Rey, Sivan, & Benton, 1994)
- Porch Index of Communicative Ability-Revised(PICA-R; Porch, 2001)
- Western Aphasia Battery-Revised(WAB-R; Kertesz, 2006)

Porch Index of Communicative Ability-Revised

PICA-R(Porch, 2001)로 더 널리 알려져 있는 이 검사도구는 일상적인 사물에 대한 구어, 제스처, 그림 반응을 평가하며 심리측정적으로 잘 구성되어 있다. 실어증 검사 도구로 요즘에는 자주 사용되지 않지만, PICA-R은 다차원적인 채점체계를 특징으로 한다. 지금까지도 널리 사용되는 Revised Token Test(McNeil & Prescott, 1978)도 다차 원적인 채점체계로 채점하는데, 이 검사는 경미한 청각적 이해력 문제의 평가, 특히 외상성 뇌손상 환자에게 유용하다. PICA-R에서는 1~16개의 범주에 대해 다차원적인 채점체계를 사용하여 환자의 반응을 정밀하게 관찰하는 것이 가능하다. 검사를 실시 하면 백분위 규준 점수, 수행 도표, 회복 곡선 등을 구할 수 있다. SLP는 의사와 공유하 는 매우 유용한 정보인 전반적인 점수(의사소통 능력에 대한 단일 지표)와 회복 예측 측 정치를 얻을 수 있다.

그러나 우리는 PICA-R을 실시하는 데 시간이 많이 걸리며, 어려운 과제부터 시작 하는 것이 실어증 환자에게 과도한 부담이 되고 이후의 과제 수행에 방해가 된다고 본다. PICA-R은 실어증 환자의 구어 능력에 대해서는 알려 주는 정보가 거의 없다. 18개의 하위 검사 중 4개만이 구어 반응을 유도하며, 그중 한 과제, '물건 사용법 설명하기'에서만 환자가 어떻게 말하는지 파악할 수 있다.

Boston Diagnostic Aphasia Examination

BDAE-3(Goodglass, Kaplan, & Barresi, 2000)은 평가 점수와 프로파일이 특정 실어증 유형과 대응된다는 국재화 전제에 따른다. 대화 및 설명 부분에서 억양, 구의 길이, 조음의 민첩성, 문법적 형태, 착어, 낱말 찾기의 여섯 가지 특징을 평정하는 것이 특히 강점으로 보인다. 하위 검사 항목에는 다양한 범위의 능력 및 양식이 포함되어 있어 포괄적인 검사가 가능하다. 관련 장애를 알아보기 위한 보조검사도 들어 있다. 그러나 BDAE-3은 길이가 길며, 낮은 수준의 환자에게는 어려운 것 같다.

Western Aphasia Battery-Revised

WAB-R(Kertesz, 2006)은 언어의 신경언어학적·신경해부학적 모델에 기초하고 있다. WAB에서는 정보 내용, 유창성, 청각적 이해, 따라 말하기, 이름 대기 같은 하위 검사를 통해 한 시간의 효율적인 실시 시간 동안 다양한 언어 능력을 평가한다. 청각적인 경로뿐 아니라 읽기, 쓰기, 계산의 의사소통 경로도 다룬다. 환자의 수행 결과를 분석하여 임상가가 환자의 실어증 유형과 중증도를 분류할 수 있는 실어증 지수를 산출한다. 검사를 통해 예후, 치료 계획, 예후 추적 등에 유용한 언어 기능 자료를 얻을 수 있다.

Communication Abilities in Daily Living, 2nd ed

Holland, Frattali와 Fromm(1999)은 CADL-2를 통하여 일상 상황에서 환자의 기능적인 의사소통 기술을 표집하였다. 이 검사는 감별 진단에 대한 정보를 제공하지는 않는다. 따라서 이는 전통적인 실어증 검사를 보조해 주는 것이지 대체하는 것은 아니다. CADL-2의 내용은 독특하다. 역할놀이, 비구어 맥락 사용하기, 화행 분석하기 등의 범주가 포함되어 있다. 이 검사의 취지가 일상 활동에서의 의사소통 측정이라는 점이 중요하다.

평가에서는 검사의 종류에 상관없이 환자가 보유하고 있는 의사소통 영역을 파악해야 한다. 그러나 많은 경우 SLP는 특정 부분에서 좀 더 포괄적인 검사를 하기 원한다.

일부 특수 검사에 대해 살펴보자.

1. 청각적 이해   대부분의 포괄적인 실어증 검사도구에는 청각적 이해를 측정하는 부분이 최소한 하나는 있다. 청각 양식의 통합이 회복의 예측에 매우 중요하기 때문에 포괄적이고 표준화된 검사가 필요하다. 1970년대에 청각적 이해에 초점을 둔 검사들이 출판되었고, 최근의 몇몇 청각적 이해 검사는 아직 표준화되지는 않았으나 활용할 수는 있다.

2. 표현 능력   초기 실어증 검사도구들은 환자의 자발적인 발화를 평가하지 않아 비판을 받아 왔다. 그러나 BDAE-3은 그렇지 않다. 표현 언어의 맥락, 구문 및 의미를 평가하는 실어증 환자의 담화 분석은 시간이 걸리기는 하지만 임상적 가능성을 보여 주었다. 구문 수준에서 Sentence Completion Test(Goodglass et al., 1972)는 구문 구성 능력 및 파생적 사용을 측정하는 데 유용하다. 심리학에 기초한 많은 문장 완성 검사는 덜 유용하다.

3. 낱말 찾기 능력   낱말 유창성 및 이름 대기의 어려움(**명칭실증**)은 뇌졸중이나 외상성 뇌손상 같은 청소년 및 성인 뇌손상에서 흔히 나타나는 후유증이다. 심화 검사로는 Boston Naming Test(BNT-2; Kaplan, Goodglass, & Weintraub, 2001), Test of Adolescent and Adult Word Finding(TAWF; German, 1990), Neurological Test of Verbal Conceptualization and Fluency(Reynolds & Horton, 2007) 등이 있다. 몇몇 SLP는 낱말 회상 과제나 구어 지능으로 대략적으로 환자의 어휘 능력을 평가한다. 2세에서 90세 이상의 연령까지 널리 쓰이는 Peabody Picture Vocabulary Test(PPVT-4; Dunn & Dunn, 2007)로도 실어증 환자의 어휘 능력을 평가할 수 있다. 또한 Expressive Vocabulary Test(EVT-2; Williams, 2007)도 동일 연령대의 환자에게 적용 가능하다.

4. 읽기 능력   포괄적인 실어증 검사도구의 하위 검사로 읽기 능력을 평가하기도 하지만 SLP는 좀 더 심도 있게 평가하기를 원할 수도 있다. Reading Comprehension Battery for Aphasia(RCBA-2; LaPointe & Horner, 1998)가 적절해 보이지만 다른 좀 더 일반적인 아동용 읽기 검사를 성인에게 사용할 수도 있다.

5. 신경심리학적/신경언어학적 분석　　감별 검사도구로 Psycholinguistic Assessments of Language Processing in Aphasia(PALPA; Kay, Lesser, & Coltheart, 1997)가 있다.

6. 보호자 평정 및 일상생활 영향　　SLP는 배우자나 보호자가 실어증 환자의 의사소통 기능을 어떻게 생각하고 있는지 확인하고자 할 수 있다. Communicative Effectiveness Index(CETI; Lomas et al., 1989)는 흔한 일상 활동 16개를 다루고 있으며, 여기에는 말, 언어 및 비구어 의사소통 행동이 포함되어 있다. Stroke and Aphasia Quality of Life Scale-39(SAQOL-39; Hilari et al., 2003)에서는 일상생활에 대한 적응, 특히 장기간의 생존 및 영향에 관해 53개의 항목을 자기평가하도록 하고 있다.

7. 기타　　특정 환자에게 필요한 검사 외에도, 구강-주변 기관 및 운동 검사(〈부록 A〉 참조)와 청각 선별(〈부록 B〉 참조) 등이 있고, 다른 검사도 필요해 보인다(인지 평가, 낱말/문장 검사, 명료도 검사 등). 이러한 맥락에서 ASHA에서는 SLP에게 다양한 영역의 비공식 평가 및 공식 검사의 하위 검사를 안내하는 성인 언어 및 인지 평가 템플릿을 제공하고 있다(ASHA의 웹사이트인 www.asha.org를 살펴볼 것). 마지막으로 임상가는 자신의 개인적 임상 판단을 검사도구나 그로부터 얻은 점수에만 의존하지 말아야 한다. 임상적인 직관, 환자에 대한 관찰, 병소 정보, 검사 결과와 환자의 수행을 조합하여 진단과 예측을 해 나가야 한다.

감별 진단 빛 다른 언어장애

　　SLP는 실어증과 노화에 따른 언어 변화[Toner, Shadden와 Gluth(2011)의 교재에서 다뤄지고 있다], 그리고 말-언어나 인지 이상과 관련되는 다수의 상태를 구별해야 한다. 이런 감별 진단을 위하여 표준화된 실어증 검사를 보충하거나 대체하는 다양한 특수 검사가 필요할 수 있다. 〈표 8-5〉에는 성인(혹은 청소년 및 언어 습득 이후의 아동) 언어장애와 실어증 감별 검사도구가 제시되어 있다. 특수 검사에서는 언어 영역 이외에도 환자의 지능, 인지, 기억, 지각, 감정, 행동과 같은 분야의 강점 및 장점을 상세하게 평가한다. 임상가는 〈표 8-5〉에 나와 있는 검사 중 해당 환자의 필요에 맞는 것을 골라 단순한 지남력부터 언어 집행 기능까지의 다양한 기능 수준에 관하여 자료를 얻도록 한다.

| 표 8-5 | 인지-의사소통 측정 및 결과 추적에 도움이 되는 검사 |

- Arizona Battery for Communication Disorders of Dementia(ABCD; Bayles & Tomoeda, 1993)
- Behavioral Assessment of the Dysexecutive Syndrome(BADS; Wilson et al., 1996)
- Boston Naming Test, 2nd ed(Kaplan, Goodglass, & Weintraub, 2001)
- Brief Test of Head Injury(BTHI; Helm-Estabrooks & Hotz, 1991)
- Burns Brief Inventory of Communication and Cognition(Burns, 1997)
- Butt Non-verbal Reasoning Test(BVNR; Butt & Bucks, 2004)
- Cognitive Linguistic Quick Test(CLQT; Helm-Estabrooks, 2001)
- Delis-Kaplan Executive Function System(Delis, Kaplan, & Kramer, 2001)
- Dementia Rating Scale-2(DRS-2; Mattis, 2001)
- Functional Independence Measure and Functional Assessment Measure(FIM+FAM system; Hall, 1992)
- Functional Assessment of Verbal Reasning and Executive Strategies(adult FAVRES; MacDonald, 2005)
- Functional Assessment Staging tool(FAST; Sclan & Reisberg, 1992)
- Functional Linguistic Communication Inventory(FLCI; Bayles & Tomoeda, 1994)
- Galveston Orientation and Amnesia Test(GOAT; Levin, O'Donnell, & Grossman, 1979)
- Global Deterioration Scale of Primary Degenerative Dementia(GDS; Reisberg, Ferris, & Crook, 1982)
- Mini-Cog(Borson et al., 2003)
- Mini-Mental State Examination(MMSE-2; Folstein & Folstein, 2010)
- Montreal Cognitive Assessment(MoCA; Nasreddine, 2003)
- Revised Token Test(McNeil & Prescott, 1978)
- Ross Information Processing Assessment-Geriatric, 2nd ed(RIPA-G:2; Ross-Swain & Fogle, 2011)
- Scales for cognitive Ability for Traumatic Brain Injury(SCATBI; Adamovich & Henderson, 1992)
- Test of Nonverbal Intelligence, 4th ed(TONI-4; Brown, Sherbenou, & Johnson, 2010)

이제부터 실어증과 혼동될 수도 있는 몇몇 장애를 간략하게 논의하고자 한다. 그러나 상징 기능의 손상이 이러한 질병과 함께 동반될 수 있음을 유념하라. 환자의 사례력, 의학적 의뢰 정보, 뇌영상 촬영 결과를 참조하여 환자의 의사소통 능력의 특징을 명료화할 수 있다.

말운동장애

말운동장애(motor speech disorders)는 종종 언어장애, 특히 실어증과 함께 동반된다. 말장애의 동반은 언어치료의 목표 및 절차에 영향을 준다. 예컨대, 말장애가 동반된 경우 촉진적인 조음 기법을 전체 치료 프로그램에 통합시켜야 한다. 따라서 뇌손상 환자를 평가할 때는 **말실행증**(apraxia of speech)이나 **마비말장애**(dysarthria)의 여부를 알아보는 과제를 포함해야 한다. 이 장애들, 그리고 감별 진단 과정에 대해서는 9장에서 논의하겠다.

우뇌 손상

대부분은 좌뇌가 언어의 우세 반구다. 그러나 우뇌 손상(Right Hemisphere Damage: RHD; 뇌졸중이나 기타 손상)은 의사소통 및 다른 영역의 손상을 유발할 수도 있다. 전형적인 우뇌 손상 환자는 시지각, 주의, 인지 그리고 복잡한 의사소통(구어 및 비구어)에서 손상을 보인다. 고등 수준의 집행기능상의 경미한 문제도 의사소통의 효율성에 영향을 미칠 수 있다. 〈표 8-6〉에 우뇌 손상 환자에게 보이는 전형적인 어려움이 요약되어 있다. 관심 있는 독자는 우반구 의사소통장애에 관한 책을 참고하기 바란다(Blake, 2011; Myers, 2008; Thompkins, 1995; Thompkins & Lehman, 1998).

최근 몇 년에서야 우반구 의사소통 손상에 관한 검사들이 시중에 나오기 시작하였다. 일반적으로 SLP와 신경학자는 실어증 검사, 학업적응도 검사, 지각 검사, 그 밖의

표 8-6 우반구 손상 후 증상

일반적인 증상	감정 및 운율 손상
질병에 대한 부인	무관심한 반응
판단력 손상	감정 톤에 대한 민감도 저하
자기 모니터링 손상	운율 산출 및 이해 손상
동기 저하	
기억력 문제	언어 손상
비조직화	비유적인 언어 문제(문자 그대로 해석함)
문제해결력 손상	유머 감각 손상
	복잡한 청각 자극에 대한 이해 손상
시공간 손상	단어 유창성 문제
시야 손상(특히 좌측 공간 무시)	단어 재인 및 단어-그림 연결하기 손상
시각적 기억과 상상 문제	단락 이해 어려움
안면인식장애(사람에 대한 지남력 저하)	정보 조직에서 고등 집행 기능 손상
지도 및 공간상의 지남력 저하(장소에 대하여)	불필요하게 자세히 강박적으로 답하는 경향
시각적 환각	맥락 단서 및 의사소통의 화용 측면에 대한 무감각
시공간 손상(구성 실행증)	

다른 검사(〈표 8-5〉 참조)의 하위 검사를 골라 종합 검사도구를 만든다. 흔히 비공식 검사 항목도 검사의 일부가 된다. 무엇보다도 시공간 지각, 운율, 판단, 고등 수준의 의사소통에 대한 환자의 능력과 어려움이 중요하다. 다음은 임상용으로 잘 구성된 검사의 예이다.

Right Hemisphere Language Battery(RHLB-2; Bryan, 1995)는 은유-그림 연결하기, 쓰인 은유글 선택하기, 의미 추론 이해, 유머 이해, 어휘 의미 재인, 강세 산출, 담화 산출과 같은 하위 검사로 구성되어 있다. 11개 변수에 대해 평정 척도를 이용하여 담화 표본을 채점한다.

Mini Inventory of Right Brain Injury(MIRBI-2; Pimental & Knight, 2000)는 27개 항목으로 시각 탐지, 인식의 통합, 신체 이미지/신체 도식과 실행, 시각언어 처리 과정, 시각기호 처리 과정, 감정 언어, 고등 수준의 언어 기술, 정서와 감정 처리, 일반적인 행동/마음의 통합을 평가하는 선별검사다.

Rehabilitation Institute of Chicago Evaluation of Communication Problems in Right Hemisphere Dysfunction-3(RICE-3; Halper, Cherney, & Burns, 2010)은 일반적인 행동 패턴, 시각 탐색 및 추적, 쓰기 오류 평가 및 분석, 화용 의사소통 오류 평가, 은유 언어에 초점을 둔 항목을 포함하고 있다.

신경증

전문가에게는 **실어증**과 **신경증**(psychosis)의 감별이 그리 어렵지 않지만 초보자의 경우는 혼동하기 쉽다. 실어증을 보이는 사람은 부정을 뜻할 때 '맞다'고 표현하기도 하고, 외설스러운 말과 기타 반사회적인 언어나 제스처를 자연스럽게 사용하며, 자주 웃거나 울고, 극도의 희열에 빠지며, 자신의 증상을 부인하고, 심한 우울이나 절망에 빠지게 된다. 그러나 실어증은 신경증과 변별되는 비교적 뚜렷한 특징을 가지고 있다. 신경증의 경우는 단지 이해하거나 말하려고 할 때 좌절하거나 감정적으로 격분하는 것이 아니라 심하게 성격이 변질되며, 실재감이 왜곡되고 손상된다. 반면, 실어증의 경우 정신적인 손상이나 실재감 처리에 전반적인 손상을 보이지 않는다. 또한 실어증 환자는 일반적으로 다른 사람과 의사소통을 하고자 매우 노력한다. 그러나 신경증의 경우 대인 접촉을 하려고 하지 않는다.

실어증 환자가 마주하는 큰 절망감을 생각하면 그들이 비정상적으로 행동하는 이유를 이해할 수 있다. 사실 그들의 태도와 사회적 상호작용은 언어 손상과는 별개이며 놀라우리만큼 정상적이다. 그럼에도 불구하고 어떤 실어증 환자는 신경증의 순간과 심한 우울증의 시기를 경험하기도 한다.

언어 혼돈

때로는 잠깐 보이는 **언어 혼돈**(language of confusion)은 무관한 말을 하거나 이야기를 지어내고, 사고가 분명하지 않으며, 환경과 다른 지각 문제에 대한 재인 능력이 감소하고, 잘못 기억하고, 시간과 장소에 대한 지남력이 떨어지는 경우를 말한다. 구문, 낱말 인출, 청각적 이해, 따라 말하기 능력은 대체로 손상되지 않는다. 따라서 실어증과 달리 상대적으로 언어 능력이 양호하다.

외상성 손상의 경우 언어 혼돈의 발증이 갑작스럽게 나타난다. 언어 혼돈을 보이는 사람은 뇌손상이 전반적으로 나타난다(대체로 양측성). 다음은 무관한 말을 하고 혼돈을 보이는 예이다.

Tom Snively는 20세의 대학교 3학년 학생인데, 스키장에서의 사고로 폐쇄성 뇌손상을 입었다. 그는 2주간 혼수상태에 있었다. 발병 이후 두 달이 경과한 현재는 마케트 재활센터에 입원 중이다. Tom은 표준화 실어증 검사에서 어휘나 구문에서는 손상을 보이지 않았고 낱말 찾기에서만 가끔 어려움을 보였다. 그러나 검사자는 그가 검사 상황에 참여하고 지속하는 데 문제가 있다고 기록하였다. 이 환자는 문법적으로는 정확하였지만 종종 관련이 없는 대답을 하는 경향이 있었다. 또한 Tom은 지남력이 저하되어 있었으며, 특히 개방형 질문에 대답하기 어려워해서 대답을 지어서 말하였다. 다음은 병원의 사회사업사가 면담한 내용의 일부로 환자의 지남력 저하 및 이야기 꾸며 내기의 경향이 보인다.

사회사업사: 지금 어디에 계시죠?
Tom: 훈련 캠프요. 콜로라도 스프링스. 내일 우리는 대활강을 해 볼 거예요.
사회사업사: 그런데 지금 여기가 어디죠?
Tom: 훈련 센터요. 저는 다리 뒷부분이 당겨서 수치료가 필요해요.

외상성 뇌손상의 후유증

나이가 많든 적든 외상성 뇌손상을 경험할 수 있다. 청소년 및 젊은 성인들도 관련 활동 때문에 특히 취약하다. 오토바이, 트램펄린에서의 추락, 자동차 사고, 총상, 공장 사고 등이 그 예이다. 물론 외상성 뇌손상(Traumatic Brain Injury: TBI)은 언어적인 진 단명이 아니지만 인지 및 의사소통 손상의 원인이 될 수 있으므로 이 장에서 설명하고 있다. TBI는 다양한 손상을 보이기 때문에 SLP는 이를 평가할 필요가 있다. 실어증(특 히 복잡한 단계의 지시에 대한 청각적인 이해 및 따라 말하기, 읽기, 쓰기, 수학), 구강 운동/ 말하기 문제, 주의 손상, 인지 변화(추론, 논리적 사고 및 기억), 충동성, 시지각 손상과 더불어 감정 조절 문제가 나타날 수 있다.

뇌 외상의 위치와 정도(전두엽에서부터 뇌간까지)뿐만 아니라 뇌 외상 유형(폐쇄형 혹 은 개방형)도 환자의 초기 및 이후 상황에 영향을 미친다. Kimbarow(2011)는 TBI 주제 에 대해 잘 개괄하였는데, 초기에 증상이 코마부터 외상후 기억상실, 환경에 대한 지 남력 손상, 고등 인지-의사소통 문제에까지 이를 수 있다. 〈표 8-5〉에는 다양한 능력 수준을 보이는 TBI 환자에게 적절한 평가도구들이 나열되어 있다. 예를 들어, Levin, O'Donnell과 Grossman(1979)의 Galveston Orientation and Amnesia Test(GOAT)는 초기 혹은 낮은 기능 수준의 환자에게 널리 사용된다. 기능 수준이 높은 경우 집행 인 지-언어 기능을 평가하게 될 것이다(예측, 계획, 실행 및 자기 모니터링을 포함한 기술). 이러한 검사는 우뇌 손상 환자들에게도 사용된다.

학령기 환자와 일하는 SLP는 확실히 다양한 영역을 평가한다. 이 장의 앞부분에서 제시한 것처럼 환자 사례력, 의학적 자료, 부모(필요하다면 부모 및 교사) 면담 질문을 수집하여 평가 영역 및 수준을 가능하게 된다. 그리고 이를 통해 얻은 결과로 중재 목 표를 도출하게 된다. 다음은 중요한 면담 질문이다. TBI 이후 무엇이 바뀌었다고 생각 하는가? 하기 어렵거나 이해하기 어려워 보이는 영역의 예는 무엇인가? 교사의 지시 를 이해하지 못할 때 어떻게 하는가?

〈표 8-5〉에는 TBI 환자에게 유용한 다양한 인지-의사소통 평가도구가 포함되 어 있지만 두 가지만 강조하고자 한다. Brief Test of Head Injury(Helm-Estabrooks & Hotz, 1991)와 Scales for Cognitive Ability for Traumatic Brain Injury(Adamovich & Henderson, 1992)가 그것이다. ASHA가 성인 TBI를 위해 제안한 임상 내용을 www. asha.com에서 찾아볼 수 있다.

경미한 인지 손상

경미한 인지 손상(Mild Cognitive Impairment: MCI)이 있는 성인은 기억 손실과 의사소통 능력의 경미한 저하를 보인다. 가족이 시금 무언가 괜찮지 않다는 느낌이 든다 하더라도, 어려운 과제가 제시되지 않으면 문제가 잘 드러나지 않을 수 있다. Petersen 등(1999)은 MCI를 보이는 사람은 자신의 나이에서 일반적으로 보일 수 있는 것 이상으로 기억 손상을 보이며, 경도에서 중등도 치매 이상으로 기억 손상이 나타나지만 치매에서 보이는 인지 손상보다는 덜한 수준을 보인다고 주장한다. MCI 환자 중 기억 손상이 있는 경우 인지 능력이 더 악화될 수도 있고 아닐 수도 있다. 치매 중 하나인 일차 진행성 실어증(primary progressive aphasia)의 경우가 MCI의 예인데, 이 분야에 대한 종단 연구가 좀 더 필요하다. 현재 다학문적 연구에서는 결과를 최적화하기 위하여 목표를 관리하는 전략과 초기에 증상을 확인하는 과정을 상세화하고자 한다. 치매 및 관련 장애의 발생률이 증가하고 있기 때문에 이에 대한 연구가 중요하다.

건강관리 정보가 증가함에 따라 초기 MCI의 증상으로 유의한 기억 손상만큼, 아니 그 이상으로 집행기능에서의 변화가 나타날 수 있다는 견해가 제시되고 있다. 집행기능은 사고, 연결 능력, 논리로 나타나는 작용-반응에 대한 인식 같은 고등 수준의 인지-의사소통 과정이다. 〈표 8-4〉에 제시된 실어증 검사도구와 〈표 8-5〉에 제시된 인지-의사소통 평가도구가 사용될 수 있으나, SLP가 MCI를 발견하기 위해서는 보다 어려운 하위 검사가 유용할 수 있다. 특히 다음을 공식적 측면과 비공식적 측면의 시작점으로 말하고자 한다.

- 기억: 숫자나 단어 회상 같은 비공식 과제, 특히 회상 전 다른 과제를 실시하여 시간 지연을 둔 후 회상하도록 한다. Revised Token Test(McNeil & Prescott, 1978)도 어려운 언어 기억 검사이다.
- 낱말 유창성: 일정 시간 동안 특정한 철자로 시작하는 동물 이름을 가능한 한 많이 떠올려 보도록 한다. 이 하위 검사의 출판된 형태는 이전에 언급하였다.
- 그림 묘사: 언어적인 세부 항목과 연결 논리를 분석한다. BDAE-3(Goodglass et al., 2000)에서 나온 쿠키 도둑 그림이 널리 알려져 있다.
- 복잡한 진술문이나 대동사의 의미 설명: 환자의 사고와 논리의 명확성을 판단한다. 〈표 8-6〉에 나온 우뇌 손상 환자용 도구가 유용하다.

- 담화 분석: 고등 수준의 사고 과정 사용을 포함한 다양한 인지-언어 정보를 알 수 있다. Fleming(2014)은 MCI가 의심되는 환자에게 담화 분석을 하여 집행기능을 살필 수 있다고 한다.

MCI를 조기에 발견한다 하더라도 아직은 화학(약물치료) 및 행동 중재가 제한되어 있다. 그러나 진행성 장애의 경우 SLP는 환자와 가족을 교육하기 위해, 현재의 기억을 저장하기 위해(나중에 사용하기 위해 종이나 온라인 스크랩북을 통해), 시간의 경과에 따라 요구를 변화시키는 의사소통 전략을 돕기 위해 많은 것을 할 수 있다. 평가 및 재평가를 통해 MCI에 대한 우리의 과학 지식이 발전되고, 환자와 보호자의 상호작용 전략을 최적화하기 위한 환자의 인지-언어 능력을 이해할 수 있다.

치매와 인지 손상

치매(dementia)는 전반적인 지적 저하를 특징으로 하는 일련의 장애군을 말한다. 치매에서는 말-언어 손상이 현저하게 나타나지만 다른 증상들도 나타날 수 있다. 치매의 유형에 따라서 다르지만, 감염성 질환, 종양, 다발성 뇌졸중이 그 원인이다. 손상 부위는 포괄적이며, 피질 손상 혹은 피질하 손상, 혹은 둘 다일 수 있다. 알츠하이머는 널리 알려진 치매의 유형이지만 파킨슨병, 진행된 다운증후군, 반복적인 뇌졸중으로 인한 혈관성 치매도 원인이 된다(Bayles & Tomoeda, 2007). 예전에는 운동 뉴런 질환(예: 루게릭병)이 운동이나 운동-감각 기능만 제한한다고 여겨져 왔으나 치매와도 관련될 수 있다.

SLP를 포함한 의사 및 건강관리 팀은 치매가 의심되는 환자를 진단하고 평가하는 데(치매의 원인과 유형 결정도) 관여한다. 인지 손상이 치매의 핵심 특징이지만, 관련된 변화들도 있다. 임상적으로 치매로 확진하려면 몇몇 핵심 특성이 나타나야만 한다.

- 지속적인 **기억**의 손상과 다음 영역 중 최소한 세 부분에서의 손상이 동반되어야 함. (1) 시간 및 장소에 대한 지남력, (2) 판단 및 문제 해결(일상 상황에서), (3) 지역사회인으로서의 일(쇼핑, 재정 관리), (4) 가정생활 및 여가 활동, (5) 개인생활.
- 점진적인 발병과 악화
- 최소 6개월 이상의 지속

언어 기반 손상인 실어증 환자에게도 인지 손상이 동반될 수 있지만, 실어증과 치매는 다르다. 인지 기능부전(많은 형태에서)은 치매의 핵심적인 표지이며, 언어 및 비언어 수행에서 모두 나타날 수 있다. 〈표 8-7〉에는 SLP를 위해 치매와 실어증의 차이점이 비교되어 있다.

모든 정사각형이 직사각형이지만 모든 직사각형은 정사각형이 아닌 것처럼 알츠하이머는 치매의 한 유형일 뿐이라는 점을 기억하는 것이 중요하다. 알츠하이머협회

표 8-7 실어증과 치매의 인지 및 의사소통상의 차이

변인	실어증	치매
진행	갑작스럽게 발병함 회복 양상이 전형적임	서서히 발병하며 점진적으로 악화됨
인지	대체로 인지가 양호함	인지가 경미한 정도에서 심한 정도까지 손상됨. 몸 상태에 따라 악화됨. 문제 해결 능력이 떨어짐
기억	대체로 기억이 양호함	기억이 경미한 정도에서 심각한 정도나 기억상실증 수준까지 손상됨. 몸 상태에 따라 악화됨
정서	일시적으로 우울이나 좌절 등의 기간이 있으나 감정은 전반적으로 양호함	전형적으로 감정의 기복을 보임. 무관심하거나 뒤로 물러남. 간헐적으로 조급함을 보임. 우울이나 조증을 보일 수 있음
화용	이해를 잘 못해도 사회적으로는 적절한 기술을 보임. 일반적으로 의사소통 노력은 적절함	사회적인 기술이 경도에서 중도까지 손상됨. 전형적으로 적절하지 않은 행동이나 관련 없는 말을 함. 사고 과정이 조직적이지 못함
따라 말하기 능력	따라 말하기 능력이 경도에서 심도까지 손상됨	몸 상태가 매우 나쁘지 않은 한 따라 말하기 능력이 일반적으로 보존되어 있음
의미	단어 인출의 어려움이 경도에서 심도까지 보임. 의미 착어 및 음소 착어가 나타날 수 있음	시각적 재인의 오류로 인한 경미한 단어 인출의 어려움부터 심한 어휘 감소까지 손상될 수 있음
구문	다양한 정도로 구문이 손상됨. 발화의 길이에 따라 유창성과 비유창성 실어증으로 나뉨	장애가 경미할 때는 구문이 정상임. 장애가 악화되면서 구문의 복잡성이 감소함
음운	비유창성 실어증 환자의 경우 음운이 손상됨. 유창성 실어증의 경우 음소 착어를 보일 수 있음	몸 상태가 매우 나쁘지 않은 한 일반적으로 음운은 양호함. 마비말장애를 보일 수 있음

(Alzheimer's Association)에서는 전문가, 환자, 가족을 위해 유용한 자료들을 제공하고 있다. 특히 웹사이트 www.alz.org에서 인지 평가 관련 정보를 얻을 수 있다. 의사의 정신상태 선별, 즉각 및 지연 낱말 회상, 특정 시간의 시계 그림 그리기 검사의 예가 담긴 비디오를 찾아보라. 여기에 나와 있는 Cognitive Assessmet Toolkit은 '빠르고 효율적으로 인지 손상을 찾아낼 수 있는 지침'으로 제시되어 있다. 이 도구에는 SLP가 선별을 목적으로 유용하게 쓸 수 있는 검사들이 포함되어 있다.

　치매에서 보이는 특징적인 행동 및 의사소통 증상을 보여 주기 위해 다음에 알츠하이머 2기에 있는 한 환자의 진단 기록 일부를 제시한다(Powell & Courtice, 1983).

> 　이 64세 여자 환자는 욕구 및 에너지 수준이 낮음, 기억 손실, 느린 반응 시간, 의사 결정의 어려움과 같은 증상을 보였다. 이 환자의 성격은 과거 몇 년 동안 변해서 현재는 따분하고 단조로우며 사회적으로 반응이 없다.
>
> 　당시 Davis 부인의 언어 능력은 경미하게만 손상되었다. 이름에 해당하는 사물을 연결할 수 있고, 그림을 보고 가리키거나 이름을 말할 수 있으며, 낱말, 구, 짧은 문장을 따라 말할 수 있었다. 음운 및 구문은 정상 범주에 속하였다. 그러나 말 표현이 제한되었고 사용도 줄었다. 환자의 말은 느리며 과제에 반응하고자 애쓴 후에는 종종 "몰라요."라고 말하였다.
>
> 　환자의 언어 손상은 지적 능력이 더 요구되거나 추상적인 과제에서 뚜렷이 나타났다. Davis 부인은 문장에서 의미 오류를 찾거나 모호함을 분별하지 못하였다.

　앞서 언급하였듯이, SLP는 많은 치매 검사도구를 이용할 수 있다(예: 〈표 8-5〉). 여기서는 몇몇의 개요를 제시하겠다. Arizona Battery for Communication Disorders of Dementia(ABCD; Bayles & Tomoeda, 1993)는 지적 상태, 언어 표현, 시공간 구성, 일화기억, 언어 이해 하위 검사에서 환자의 수행력을 검사한다. ABCD는 널리 사용되는 검사이며 알츠하이머처럼 시간 경과에 따른 질병의 변화를 보고하는 데 사용될 수 있다.

　치매 척도는 장애의 진행을 범주화하는 데 유용한 요약 도구이다. 개정된 Dementia Rating Scale(DRS-2; Mattis, 2001)이 한 예이다. Functional Assessment Staging Tool(FAST; Sclan & Reisberg, 1992)도 있다. FAST는 다음의 7단계로 기능 차원에서 알츠하이머의 중증도와 진행 정도를 나타낸다(여기서 각각을 간단히 언급하겠다).

- 1단계: 손상 없음(면담 및 검사 동안 정상 기억력이 보인다).

- 2단계: 매우 경미한 인지 손상. 잠깐의 기억 문제가 있다. 예를 들어, 열쇠나 컵을 잘못된 위치에 놓거나 어디에 두었는지 기억하지 못한다(일반적인 노화 관련 변화이거나 알츠하이머의 초기 증상일 수 있다).

- 3단계: 경도 인지 손상. 알츠하이머 초기 단계의 경우 일부 진단될 수 있으나 모두 진단되는 것은 아니다(가족은 기억이나 집중 문제로 알고 있다). 낱말 찾기, 읽기 이해, 일이나 직장이나 사회에서의 문제, 중요한 물건 잃어버리기, 계획 및 조직의 어려움 등이 보인다.

- 4단계: 중등도 인지 손상. 알츠하이머 초기 단계. 평가 결과, 현재 사건 지식의 저하, 암산의 어려움(예: 75에서 거꾸로 세기), 복잡한 과제 수행을 위한 용량(예: 집세 내기, 저녁 계획하기)의 감소, 개인사 기억에서 손상을 보이고 사회적으로 위축된다.

- 5단계: 중등도-중도 인지 손상. 중도 알츠하이머. 기억 및 인지에서의 현저한 손상이 나타나지만(예: 주소 및 전화번호를 기억하기 어렵고, 현재 장소 및 시간이 불명확하며, 가족 및 배우자의 이름을 말하지 못한다), 식사와 배변 시에는 도움이 필요하지 않다.

- 6단계: 중도 인지 손상. 능력 및 인식이 더 손상된다. 관습적인 일상 활동에 도움이 필요하다. 길을 잃을 수 있다.

- 7단계: 최중도 인지 손상. 후기 알츠하이머 단계. 언어 손상이 현저하게 나타난다. 식사, 옷 입기, 배변 처리에 도움이 필요하다. 걷고 앉을 수 없다.

요컨대, 치매 환자가 어떤 수준이든 어떤 검사를 선택하든 SLP는 기억, 지남력, 연합적 사고, 지능, 추론(구어 및 비구어), 이야기 말하기, 사물 묘사, 설명, 어휘를 포함한 인지 및 의사소통 측면에 대해서 평가를 하게 된다. ASHA에서는 치매와 그 평가, 그리고 근거 기반 지침에 관한 임상 포털을 제공하고 있다(www.asha.org의 치매 관련 임상 포털을 살펴보라).

공식적 진단 검사에 대한 주의점

전문가들 사이에서도 무엇이 실어증이고 무엇이 아닌지에 대해 아직 이견이 있다. 실어증에 대해 많은 정의가 존재한다. 어떤 것은 광범위하고 포괄적이며, 어떤 것은 꽤 구체적이다. SLP는 실어증과 다른 말-언어장애를 감별하고자 할 때 이러한 사실을 유념해야 한다. 최종 분석에서 우리가 사용하는 진단명은 언어병리학적 진단을 반영하는 것이지 의학적 진단은 아니다. 평가 과정은 환자의 의사소통상의 강점과 약점의 목록을 수집하는 것과 같다. 이는 비공식적으로도 평가할 수 있다.

비공식 평가 방법

치료 계획을 위해서는 임상가가 시행하는 표준화 검사와는 별도로 환자가 **어떻게** 오류를 보이는지 조사하는 것이 중요하다. 환자는 보속증을 보이는가? 어느 정도의 복잡도 수준에서 문제를 보이는가? 환자에게 사물이나 그림의 이름을 말하도록 할 때 관련 낱말이나 동의어를 말하는가? 예를 들어, 1달러 지폐 그림을 보여 주고 이름을 말하게 하였을 때 "넣어요……. 주머니…… 지갑"과 같이 말하는 환자는 "수프"나 "몰라요"라고 말하는 경우보다 더 나은 오류를 보이는 것이다. 오류를 수정하고자 시도하는가? 반응이 유의하게 느린가? 다양한 단서 기법에 어떻게 반응하는가? 만약 반응이 있다면 낱말 인출을 위해 어떤 전략을 사용하는가? 자기 단서에는 기능적 제스처, 공중이나 종이에 글씨 쓰기, 낱말의 첫 부분 말하기, 의미적으로 유사한 낱말 말하기 등이 있다. 이러한 질문에 대한 대답은 검사 점수보다 검사 과정 중 임상적으로 관찰된 내용에 근거한다. 치료 수준과 단서의 필요를 살피는 비공식적 검사 활동이 가장 큰 도움이 된다.

환자를 평가할 때 **반드시** 검사를 사용할 필요는 없다. 검사라는 것이 근거기반실제에 중요한 어느 정도의 통계적 타당도와 신뢰도를 제공하지만, 치료 계획에서는 환자가 보이는 기능적인 의사소통 기술이 의미가 있다. 임상가가 염두에 두어야 할 질문은 다음과 같다. 환자의 어떤 전략이 강조되고 강화되어야 하는가? 어떤 전략이 보다 효과적인가? 어떤 전략이 부작용을 일으키고 방해가 되는가? 다른 의사소통 양식을 사용하여야 하는가? 평가 회기 시 낱말 인출을 돕기 위하여 제스처를 표현하거나, 말하는 데 맞추어 손가락으로 두드리거나, 따라 말하기를 요구하거나, 더 긴 처리 시간을 확보하기 위하여 지연을 하는 등의 **환자 중심의 촉진 전략**을 잘 관찰할 수 있다. 또한 SLP는 치료 프로그램을 고안하기에 앞서, **자극의 특성** 그리고 반응의 정확도를 높이기 위한 **단서(cues)와 촉진(prompts)**의 종류를 고려해야 한다. 세부사항을 결정하기 위한 치료 프로브는 평가 단계부터 시작되어야 하지만 효율성의 유지를 위해서 치료 프로그램의 전반에 걸쳐 평가가 지속되어야 한다(환자의 진전이 일관되지 않은 경우가 많아서 치료 프로그램 중 일부 '단계'가 생략될 수도 있다).

자극의 특성은 환자의 응답 능력에 영향을 미친다. 임상에서는 지속적으로 50% 이상 정확한 반응을 이끌어 낼 수 있도록 자극 변수를 위계적으로 배열하는 것이 중요하다. 여기서 일반적인 지침을 요약하겠다. 임상가는 다음의 자극 특성에 관하여 환자의 필요를 조사해야 한다.

- 하나 이상의 양식으로 자극을 제시하면 정확한 반응 가능성이 높아진다. 이는 또한 더 많은 맥락 정보를 제공한다.
- 자극을 두드러지고 명확하게 제시하면 수행에 긍정적인 영향을 미친다. 주의를 분산시키는 배경이 없는 큰 그림이나 높은 신호 대비 소음 비율로 제시된 집중적인 청각 자극을 예로 들 수 있다.
- 짧은 낱말이나 문법적으로 단순한 문장을 사용하는 등 제시 자극의 길이와 복잡성을 감소시키면 이해가 향상되고 표현의 정확도가 증진된다.
- 자극을 천천히 제시하고 천천히 반응을 하게 하는 것은 수행에 긍정적인 영향을 미친다.

반응 정확도를 증진시키기 위하여 다양한 단서와 촉진이 제시될 수 있다. 임상가는 치료 초기에 단서를 제시하지만, 훈련이 진행된 후기에는 단서 사용을 점차 소거하거나 환자가 자발적으로 단서를 사용하게 하여 효과적이고 기능적인 의사소통자가 되도록 도와준다. 컴퓨터 소프트웨어 프로그램의 일부로 단서를 제시하기도 한다(Katz, 2001). 단서의 특성과 적절한 위계는 실어증학에서 자주 연구되는 영역이다. 〈표 8-8〉에 10개 수준의 단서 위계가 제시되어 있는데, 이는 낱말 인출 문제를 보이는 환자를 돕는 데 유용하다. 처음에는 환자에게 낱말 회상을 도울 수 있는 높은 수준의 단서를 주고 점차 필요한 만큼 단계를 낮추어 가라. 〈표 8-9〉에는 비공식 검사 중 도움이 될

표 8-8　단어 인출을 위한 단서의 위계

단계 1.　단어를 모방하라고 한다(예: "Say bed." / "따라 하세요, 침대.").*

단계 2.　첫 음절을 제공한 후 나머지를 완성하라고 한다(예: "You sleep in a be_____." / "잠자는 침_____.").

단계 3.　첫 음소를 제시한 후 나머지를 완성하라고 한다(예: "You sleep in a b_____." / "잠자는 ㅊ_____.").

단계 4.　첫 음소를 입 모양만 제시한 후 나머지를 완성하라고 한다[예: "You sleep in a (입술을 붙이고 /b/ 음소 흉내)_____." / "잠자는 (/ㅊ/ 음소 흉내)_____."].

단계 5.　문장을 완성하라고 한다(예: "You sleep in a _____." / "잠자는 _____.").

단계 6.　기능을 설명하고 예시해 주며 운반구를 제공한다[예: "You sleep on it… (자는 흉내)… It's a _____." / "잠자는 (자는 흉내)_____."].

단계 7.　기능을 설명하고 운반구를 제시한다(예: "You sleep on it. It's a _____." / "여기서 잠을 잡니다. 이 것은_____입니다.").

단계 8.　환자에게 기능을 보여 달라고 한다(예: "Show me what you do with this." / "여기서 무엇을 하는지 보여 주세요.").

단계 9.　환자에게 기능을 설명하라고 한다(예: "What do you do with this?" / "여기서 무엇을 합니까?").

단계 10. 이름을 말하라고 한다(예: "What is this?" / "이것은 무엇인가요?").

* 우리말의 어순에서는 목적어가 문장 중간에 오기 때문에 영어의 예처럼 명사 이름 대기를 유도하기 위해 명사구(관형어+명사) 구문을 이용하여 번역하였다. -역자 주

표 8-9　실어증의 보상 전략

이해 전략

• 환자를 위해 발화를 반복하라. 이후 환자의 반복 요구가 환자 몸에 배도록 하라.

• 쓰기에서 사용한 내용을 구어 자료로 활용하라. 쓰기 양식이 이해에 도움이 된다면 환자가 자료를 써 달라고 요청해야 한다.

정지 및 출발 전략

다음의 정지 전략은 유창성 실어증 환자에게 유용하다. 이는 유창성을 조절하고 의미 없는 말이나 착어 오류를 모니터링하는 데 도움이 된다.

• 원하는 경우 천천히 시범을 보여 주고 환자의 말속도를 모니터링하여 필요할 때 멈추도록 한다.

• 환자가 자신의 말을 듣도록 격려하라. "들어 보세요."와 같은 말을 자주 사용할 수 있다.

• 필요한 경우 일부러 환자의 말을 멈추게 하라. "멈추세요."라는 의미로 입술에 손을 대어 자곤을 종료하는 것과 결합하도록 하라. 이 정지 단서를 점차 소거하는 것도 치료 계획에 통합하여야 한다.

• 환자에게 자가수정을 격려하라. 단어 인출 전략 등의 사용이 도움이 될 수 있다.

다음의 출발 전략은 비유창성 실어증 환자에게 유용하다. 이는 환자가 전보식 말, 제스처, 문자를 사용하여 의사소통을 진행해 가도록 격려한다.

- 환자가 시작하도록 하라. 임상가는 제스처나 '열쇠 단어'를 제시하여 전보식 반응을 개시하게 할 수 있다.
- 환자가 출발을 유지하게 하라. 임상가는 환자에게 처음 말한 것에 반응해 주거나 피드백을 주고 확장 또는 수정하도록 격려한다.

수 있고 이후 치료의 일부로도 통합될 수 있는 전략들이 설명되어 있다. 평가 및 치료 상황 모두에서 최적의 정교하고 정확한 반응을 얻기 위하여 이러한 정지-출발 전략 (stop-and-go strategies)을 사용하는 경우가 많다.

요약 및 예후 지표

공식 및 비공식 검사 과정을 통해 파악한 환자가 할 수 있는 것과 할 수 없는 것에 대한 정보를 통해 SLP는 분류할 수 있는 실어증의 유형(혹은 기타 의사소통장애)을 진단할 수 있다. 진단명은 요약 진술만큼이나 유용하다. 수집된 정보는 환자의 회복에 대한 예후를 결정하는 데 사용되며, 치료 방향에도 영향을 미친다. 물론 평가 및 진단의 궁극적인 목적은 환자의 증상을 적절하게 치료하는 것이다.

예후

치료 시 실어증에서 회복될 가능성이 높은 환자를 선별하는 것은 쉽지 않은 일이다. 임상가는 심한 언어장애를 보여서 개선의 전망이 어둡다 하더라도 모든 사람을 치료하고자 시도할 것이다. 실제로 진전이 거의 없는 환자의 노력은 그리스 신화의 시시포스 왕(코린토스의 못된 왕으로, 죽은 후 지옥에서 돌을 산꼭대기에 굴려 올리면 되굴러 떨어져 이를 되풀이해야 하는 벌을 받음—역자 주)과도 같다.

그렇다면 SLP는 최적의 잠재 가능성을 가진 환자를 어떻게 확인할 것인가? 여기에 예후 측정에 도움이 된다고 생각해 왔던 관련 요인의 목록을 제시하였다. 그러나 우리는 독자가 다음의 세 가지 중요한 격언을 생각하리라 믿는다. (1) 단 한 회기의 평가에만 기초하여 최종 예후를 결정하지 말라. 시도 치료 기간에 많은 정보를 얻을 수 있다. (2) 단 한 차례의 행동 측정(예: 단일 검사)에만 근거하여 예후를 측정하지 말라. (3) 근거를 기반으로 하여 결정하라(환자의 동기와 잠재 향상 정도 사이에는 큰 관련이 없다고 알려져 있다). (4) 자기 예언을 확신하라. 예후는 기대한 대로 변할 것이다.

1. 초기 중증도 　실어증 초기의 중증도는 회복에 있어 최고의 단일 예측 요인이다. 평가 당시 환자의 언어 손상이 심할수록 예후가 좋지 못하다. 회복의 예측에 특히 중요한 세 가지 언어 기능의 측면은 다음과 같다.

- **청각적 재인**: 검사자의 말을 듣고 그림이나 일상 사물을 고르라고 할 때 오류를 보이는 환자는(오류가 적더라도, 2~3항목의 오류라도 중요하다) 예후가 좋지 못하다. 이 수준에서 손상이 되면 확실히 회복이 어렵다.
- **이해**: 구어 메시지의 이해가 현저히 어려운 환자는 치료에 좋은 대상자가 되지 못한다. 이해 손상의 정도는 실어증에서 언어 손상의 중증도를 파악하는 데 신뢰할 만한 지표다.
- **말 유창성**: 보다 유창한 환자일수록 회복이 잘 된다. 그러나 자곤, 특히 자기 모니터링의 부족, 과도한 도취감이나 자신의 문제에 대한 부인이 동반된 경우에는 임상적 예후가 좋지 못하다.

2. 발병 후 경과 기간 　많은 연구에 따르면 뇌손상 이후 6개월 이전에 언어치료를 받은 환자가 치료를 통해 가장 도움을 많이 받는다고 한다. 실어증의 발병 시기와 치료 시작 이후 경과 기간이 길수록 예후는 좋지 못하다. 의존, 위축, 비구어를 이용하는 부차적 습관은 치료 중재를 방해하는 경향이 있다.

3. 실어증 유형 　실어증의 회복에는 어떠한 경향성이 있는 것 같다. 전반 실어증은 대부분 진전이 많지 않지만, 진전이 나타나는 경우 브로카 실어증의 증상으로 변한다. 브로카 실어증은 비교적 회복이 좋다. 브로카 실어증은 증상이 감소하면 낱말 인출 문제와 비유창성만 남는다. 베르니케 실어증은 서로 다른 예후의 경로를 보이는데, 어떤 환자는 비교적 예후가 좋고 어떤 환자는 그렇지 못하다. 대부분 베르니케 실어증의 증상이 지속되지만, 회복하면서 전도 실어증이나 명칭 실어증의 유형으로도 변하기도

한다. 전도 실어증은 명칭 실어증의 증상으로 변하면서 향상되거나 완전히 회복될 수 있다. 명칭 실어증은 약간의 낱말 인출상의 어려움만 남을 정도로 회복되거나 혹은 완전하게 회복된다.

4. 병인   병변의 위치 및 정도에 따라 다르겠지만, 외상성 뇌손상 환자는 혈전증이나 여타 혈관 사고와 종양이 원인인 환자보다 회복이 더 잘되는 경향이 있다.

5. 연령   연령은 대부분 병인과 같은 다른 요인과 겹치기 때문에 예측 변인으로서 중요성이 명확하지 않다. 예를 들어, 외상성 뇌손상 환자는 CVA 환자보다 발병 연령이 낮다. 그러나 일반적으로 나이가 많은 환자보다 젊은 환자의 회복이 더 빠르고 정도도 크다. 이는 뇌가 젊을수록 가소성이 높고, 나이 든 환자는 동맥경화 때문에 전반적인 대뇌 손상이 있을 수 있기 때문으로 추측된다. 또한 은퇴하였거나 은퇴 직전에 있는 실어증 환자는 치료 프로그램을 지속할 에너지나 동기가 약한 경향이 있다.

6. 기타 건강상의 문제   임상 경험에 따르면 뇌손상과 더불어 건강상의 문제(당뇨, 전신에 영향을 주는 혈관 질환, 신장 질환 등)가 있는 실어증 환자는 대부분 치료 결과가 더 좋지 못하다.

7. 가족의 반응   가족이 협조로 이해하고, 적절한 자극을 제공하며, 가족 내에서 자신의 역할을 되찾도록 허용하는 경우 환자의 예후가 더 양호하다. 바꿔 말하면, 집으로 퇴원한 환자가 장기 요양 기관에 있는 환자보다 언어 결과가 더 좋다.

8. 병변의 범위   뇌손상의 범위가 클수록 회복이 더 좋지 못하다. 그러나 연구 결과에 따르면 CT 스캔 자료 자체가 환자의 예후를 예측하지는 못하였다.

9. 병소   이 변인은 실어증의 유형과 함께 작용한다. 일반적으로 롤란도 열구의 뒤쪽 부분에 손상이 있는 경우, 특히 두정엽과 측두엽 손상이 있는 경우 실어증 증세가 보다 지속되는 경향이 있다.

10. 병전 성격   일반적으로 통제되고 내향적인 사람보다 외향적이고 융통성 있는 사

람일수록 치료에 더 잘 반응한다. 뇌손상의 결과로 성격과 기질이 바뀌는 경우가 많다고 한다. 일부 실어증 환자에게서 보이는 행동 패턴은 '자기중심적' '최악의 반응' '구체주의' 등으로 이름 붙여져 왔다. 실어증으로 인한 자아개념의 변화와 엄청난 좌절에도, 우리가 경험한 환자 대부분은 자신의 기본적인 성격에 큰 변화를 보이지 않았다.

11. 지능 및 교육   지적 능력이 높을수록, 교육을 더 많이 받은 환자일수록 좋은 치료 대상이 된다. 일반적으로는 이것이 사실이지만, 일부 고등교육을 받은 환자는 자신의 병전 능력과 현재 상태 사이의 격차를 너무 심각하게 인식하여 치료 효과가 없기도 하다.

12. 자기 모니터링   자신의 오류를 인식하고 수정하려는 시도를 보이는 환자는 그렇지 않은 환자보다 예후가 더 좋다. 초기 평가에서 주의집중을 하고 협조적인 환자가 독립적인 일상생활이 가능하게 되는 경향이 있다.

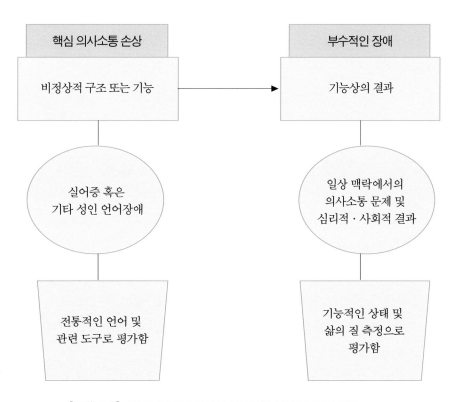

[그림 8-3] WHO의 ICF를 이용한 실어증 및 성인 언어장애 평가

13. 손잡이   왼손잡이가 오른손잡이보다 예후가 더 좋다. 그러나 왼손잡이는 어느 뇌가 손상되더라도 실어증이 되는 경향이 있다. 이러한 경향은 왼손잡이는 양 반구가 언어를 담당함을 시사한다.

이 장을 마무리하면서 실어증과 기타 성인 언어장애가 환자의 일상생활에 영향을 미친다는 점을 상기해 보자. 임상가는 치료 초기, 중기, 후기에 이러한 기능적인 영향을 평가해야 한다. 우리는 객관적으로 환자의 기능 상태를 측정하고, 일상생활에서 의사소통상의 영향 및 개선점을 추적해야 한다. WHO의 ICF([그림 8-3] 참조)는 장애 자체보다 환자의 기능과 장애에 초점을 맞추고 있으므로 건강상의 영향을 생각해 보는 데 유용한 도식이다(World Health Organization, 2002).

결론 및 자기평가

이 장의 본문과 많은 표에서 다양한 기능적인 의사소통 평가에 대하여 언급하였다. 개인의 의사소통능력과 사회 활동에 참여하는 능력은 서로 불가분의 관계를 맺고 있다. 대개 개인의 삶의 질과 실어증 및 기타 성인 언어장애의 중증도는 직접적으로 관련된다. 뇌졸중이나 뇌손상 후 1~3년 동안의 의사소통의 질은 우울증 여부나 우울증의 중증도와 관련된다. 의사소통장애가 심할수록 우울증도 심하다. Holland와 Thompson(1998)은 실어증 관련 문헌들을 고찰하였는데, 치료 받지 않는 경우에 비해 치료를 받는 경우 언어가 실제 양과 질에서 향상된다고 결론을 지었다. 그러나 진단, 지속적인 평가, 치료는 SLP의 지식과 기술을 기초로 한다. 따라서 SLP에게 다음의 사항이 요구된다는 점에서 ASHA의 추천업무형태(American Speech-Language-Hearing Association, 2004b)와 이 장의 내용이 일치한다.

- 구어 및 문어 요인과 관련된 개인의 강약점을 평가한다.
- 개인이 행동하고 참여하는 데 언어장애가 이상적인 환경 및 일상적인 맥락에 어떻게 영향을 미치는지 평가한다.
- 성공적인 의사소통과 참여에 방해가 되는 혹은 촉진하는 맥락 요인에 대해 살펴본다.

이 장을 읽은 후 다음의 질문에 대답할 수 있어야 한다.

- 실어증이란 무엇인가? 실어증의 유형과 특징을 구별하라.
- 명칭실증(다양한 성인 언어장애에서 흔히 나타나는 문제)이란 무엇인가?
- 우반구(비우세 반구) 뇌졸중 후 보이는 경미한 의사소통 문제는 무엇인가?
- SLP가 다양한 인지 손상 수준을 보이는 치매 환자를 어떻게 도울 수 있는가?

제9장
말운동장애의 평가

 학 습 목 표

이 장을 읽고 나면 다음을 설명할 수 있다.

- 전형적인 말운동장애(마비말장애와 실행증)의 원인
- 마비말장애의 유형
- 성인 마비말장애와 말실행증 증상의 구별
- 조음장애와 구별되는 아동기 말실행증의 특징
- 환자 평가 시 감별 진단 및 치료 목표 설정에 도움이 되는 중요한 말운동 특징

말운동장애(motor speech disorders)는 다양한 신경학적 문제로 인해 말 산출에 문제가 생기는 경우를 포괄하는 용어이다. 그 예로 마비말장애가 가장 먼저 떠오를 것이다. 영유아기에 시작되는 뇌성마비도 운동장애와 함께 말장애를 보이기 때문에 마비말장애에 해당된다(신경학적 어려움으로 섭식 및 삼킴에도 문제가 나타날 수 있다. 이는 10장에서 다룰 것이다). 그다음 예로는 신체의 여러 부위, 특히 구강 근육의 통제에 영향을 미치는 구강실행증(oral apraxia, nonverbal apraxia)이나 말실행증[Apraxia of Speech(AOS)/verbal apraxia]을 들 수 있다. 이 장에서는 이를 중심으로 살펴보고자 한다.

 ## 성인 말실행증

그리스어 praxis는 '행위'를 의미한다. 중추신경계가 손상되면 운동을 제대로 수행

하지 못하며, 운동 통제력이 교란되면서 신체의 여러 부위 및 능력에 영향을 미친다. 사지실행증, 구성실행증(자신의 팔과 손을 이용하는 숙련된 운동은 별 어려움 없이 수행하지만, 그림을 그리거나 장난감 블록을 조립하는 것과 같이 요소를 전체로 조립하는 과제는 잘 수행하지 못하는 장애—역자 주) 등 여러 유형의 실행증이 있으나, 여기서는 주로 성인 말실행증에 초점을 둘 것이며, 말실행증과 밀접하게 연관되어 있는 구강실행증에 대해서도 간단히 소개하고자 한다.

대뇌 좌반구(우세 반구)의 하후방 전두엽 피질에 병변이 있으면 구강운동과 말 산출에 장애가 생긴다. 이 장애는 여러 명칭으로 소개되었으나, 일반적으로 **말실행증**이라고 한다. 이견이 없는 것은 아니지만 말실행증은 비언어적 말장애로 보는 견해가 지배적인데, 이 장의 관점도 그러하다. 말실행증은 실어증 또는 마비말장애와 함께 나타나거나, 두 장애와 함께 나타나는 경우도 많다. 적절한 치료 계획을 수립하기 위해서는 환자의 말운동장애에 대한 감별 진단이 중요하다. 말실행증을 운동 계획 및 조절 장애로 보는 견해는 McNeil, Robin과 Schmidt(2009)가 제시한 정의에 반영되어 있다.

> 말실행증은 말 산출의 발성-운율 장애로, 의도한 움직임의 수행을 위해 잘 형성되고 채워진 음운론적 틀에서 이미 학습한 운동 파라미터의 배열로 이행하는 것이 비효율적이어서 나타난다. 그 결과, 조음 내 및 조음 간의 시공간 분절 및 운율에 손상이 나타나게 된다(p. 264).

성인 말실행증의 특성

말실행증의 핵심 특징은 조음 모색과 조음기관의 위치 탐색이다. 애써서 말하여 심지어 더듬는 것 같아 보이거나 잘못 낱말을 선정하여 따라 한 것 같아 보인다(예: 'kitchen'으로 말하고자 하였는데 'chicken'처럼 말하는 것). 증상은 개인마다 다양하다. 말 산출 결과는 완전한 조음 대치보다 왜곡일 수 있는데, 심지어 말실행증은 조음 왜곡 때문에 마비말장애와 감별 진단된다고 하는 글도 있으므로 이를 기억할 필요가 있다. 이렇게 구분하는 것이 불편하기는 하지만 두 종류의 말운동장애를 배우는 방식으로는 용인할 만하다고 본다. 말실행증의 또 다른 특징은 수의적인 조음과 운율 산출에 미치는 영향이다. 이러한 문제는 근육 약화나 둔화 때문에 생기는 것이 아니라 중추신경계의 문제나 손상으로 인해 구강운동 프로그래밍에 문제가 생기면서 나타난다. 순수한 실행증 환자는 청각적 이해가 비교적 손상되지 않았다. 이 때문에 대부분의 말실행증 환자는 모니터링 능력이 우수하여 자신의 말운동 시도를 자각하고 심지어 좌절하게 된다. 말실행증과 관련하여 흔히 나타나는 문제는 다음과 같다.

- 대치 및 왜곡
- 생략 및 첨가
- 힘들여 말하기
- 모색 행동
- 느린 말속도
- 모방의 어려움
- 과도한 강세 실현 및 강세 변화가 없는 말. 이상한 운율
- 낱말 부분 반복
- 다음절 낱말에서 오류가 많음
- 비일관된 오류
- 오류 없이 산출할 수 있는 말이 몇 개 안 됨
- 심하면 구어의사소통이 어려움

이러한 기준은 언어치료전문가(Speech-Language Pathologist: SLP)가 모니터하기 위한 평가 지표의 전조들이다(Duffy, 2013; Yorkston, Beukelman, Stand, & Hakel, 2010). 구강실행증은 심각한 마비나 약화가 없음에도 불구하고 의도적인 구강운동 수행에 문제가 생기는 경우를 말한다. 예를 들어, "입술을 오므려 내밀어 보세요."라는 지시를 듣고 그대로 하는 것은 매우 어려워하지만 일상생활 중 배우자에게 키스하는 것은 전혀 어렵지 않다. 말실행증과 구강실행증은 동시에 나타나기도 하고, 단독으로 나타나기도 한다.

사례력, 구강 평가 및 예후 관련 요인

말실행증이 의심되는 환자에게 어떤 평가를 실시하든 우리는 사례력 정보를 수집한다. 말실행증 환자를 평가하게 된다는 것을 미리 알고 평가를 시작하는 경우는 매우 드물다. 뇌손상 환자의 평가를 의뢰받는 경우가 많으므로 가장 우선되는 평가는 언어 평

가다. 실어증 평가 과정 중 말운동장애가 있음을 알게 되어 구체적 특성과 장애의 정도에 대해 더 파악하기 위해 면밀히 평가하게 된다. 〈부록 A〉는 구강 말초 기제 평가를 위한 자료이다. 〈부록 B〉에는 임상용 표준 읽기 문단 자료가 포함되어 있다. 온라인 (www.asha.org)에서는 ASHA의 말-운동평가(Motor Speech Evaluation) 템플릿을 볼 수 있다.

결혼 여부, 거주지, 직업 등은 치료에 영향을 미칠 수 있는 정보이다. 연령, 교육 정도, 발병 전의 우세 손, 최초 직업 및 최고 직위, 발병 전 지능 등의 신상 정보도 예후와 관련이 높은 것으로 밝혀졌다.

감별 진단에 도움이 되는 정보로는 전두엽 세 번째 회의 국재화된 병변, 우측 편마비 여부 등이 있다. 의학력 측면에서 일회성 뇌손상(이전에 뇌손상 이력이 없음), 브로카 영역에 국한된 작은 병변, 발병일이 최근인 경우, 기타 의학적 문제나 건강상의 문제가 동반되지 않는 경우라면 예후가 더 좋을 수 있다.

실행증의 평가

환자가 실행증을 보이는지 미리 알고 평가하는 경우는 거의 없다. SLP에게 온 의뢰서에는 뇌손상 환자라는 정보만 언급되어 있는 경우가 대부분이므로[예: 퇴행성 질환, 뇌혈관 사고(Cerebrovascular Accident: CVA), 뇌졸중, 종양, 외상] 실어증, 지적장애, 마비말장애, 실행증 등 다른 여러 문제도 **보일 수** 있음을 명심해야 한다. SLP는 환자의 문제에 대한 면밀한 평가뿐만 아니라 강점도 파악해야 한다. 이렇게 할 때 환자의 특성을 토대로 한 진단이 가능하다. 임상가는 어떤 검사도구를 적용할지 미리 계획해 두어야 하지만, 환자의 수행력을 제대로 평가할 수 없는 경우에는 계획하였던 검사도구를 변경하거나 기존의 검사도구에 다른 항목을 추가하는 융통성도 발휘해야 한다. 대개는 자발화 표본의 유도와 실어증 검사부터 시작한다(8장 참조). 환자가 말할 때 말운동 문제를 보이면, 임상가는 이를 단서로 운동장애의 가능성은 없는지 보다 자세히 검사할 수 있도록 검사 계획을 변경하여야 한다. 이를 위해서 공식적 검사와 비공식적 검사를 둘 다 적용할 수 있다. 〈표 9-1〉은 포괄적인 평가에 포함되어야 할 영역을 열거한 것이다. 검사자는 환자가 보이는 말운동 문제가 임상적으로 중대한 문제인지, 만약 그렇다면 말실행증인지 혹은 마비말장애인지, 실행증이라면 어떤 유형의 실행증인지, 혼합형 실행증인지, 마비말장애라면 어떤 유형인지, 다른 말운동 문제는 없는지 등의

표 9-1 말실행증 진단을 위한 일반적인 평가 영역

실어증 검사	인지, 지능, 기억력 검사(필요할 경우)
실행증 검사	구강-주변 기관 검사
조음 검사	자발화 표본
특별 과제(수 세기, 따라 말하기, 낱말 길이 증가시키기)	

진단적 질문을 항상 염두에 두고 평가해야 한다.

일부 실어증 검사는 조음, 멜로디, 음운, 구강, 비구어 능력을 평가한다. 낱말 유창성 검사를 포함하는 것도 좋다. Boston Diagnostic Aphasia Examination(BDAE; Goodglass, Kaplan, & Barresi, 2000)과 Western Aphasia Battery(WAB; Kertesz, 2006)를 그 예로 들 수 있다. 자발화 표본도 분석해야 하며, 조음 검사도 함께 실시할 수 있다. 가장 중요한 것은 구강운동 검사이다. 일반적인 구강 검사를 적용하는 경우에도 의도적 프로그래밍의 결함을 찾을 수 있는 운동 및 조음 과제를 보완하면 된다. 그러한 과제 또는 검사는 구강실행증과 말실행증을 공략할 수 있어야 한다.

이제 실행증의 평가 과정에 대해 살펴보자. 실행증 검사라 할 수 있는 검사가 여럿 있기는 하지만 적절한 심리측정적 특성과 규준 자료를 갖추고 있는 검사는 매우 드물다. 그러므로 이 도구들은 공식적으로 표준화 검사라기보다 비공식적이지만 통찰력을 주는 검사로 봐야 한다. 〈표 9-2〉에 말실행증의 평가에 유용한 특징을 제시하였다.

초창기의 근대식 구강 및 사지 실행증 평가는 다음과 같은 지시로 기본적인 능력을 평가한다. "혀를 바깥으로 내밀어 보세요." "휘파람을 불어 보세요." "누군가에게 키스를 할 때 어떻게 하는지 보여 주세요." 등의 몸짓도 포함되어 있다. 1970년대 메이요 클리닉(Mayo Clinic)에서 획기적인 작업이 이루어져 말운동장애의 이해를 발달시켰지만, 평가는 매우 제한적이었다. Duffy(2013)는 말운동장애 중재의 임상적 이해를 확대시키려는 이러한 메이요 클리닉의 전통을 이어 나갔다. 신경학적 말운동 검사, 말실행증 평가, 구어 및 비구어 구강실행증 평가, 비전형적인 말 특징을 위한 평정 척도 등의 검색어로 매체를 찾아보면 메이요 클리닉의 몇 가지 양식이 나온다.

그 이후 많은 연구 임상가가 규준은 없지만 기본적인 채점 절차로 말실행증을 평가하는 비공식 프로토콜을 출간하였다. 환자에게 낱말 길이를 증가시켜 가면서 말하도록 하고 조음 기관에 스트레스를 주는 과제를 하도록 한다. 현재 많이 사용하는 낱말 길이 증가 자극에는 'gingerbread' 'statistical analysis' 'zip-zipper-zippering'이 있다.

표 9-2 **마비말장애와 말실행증의 감별 진단**

	마비말장애	말실행증
정의	말 산출에 관여하는 근육의 약화, 속도 저하, 불협응으로 인한 말 패턴이 특징적임. 구강운동이 어렵고 여러 유형의 신경병리를 반영함	근육의 속도 저하, 약화, 불협응 없이 의도적인 말소리 산출을 위한 피질 프로그래밍의 문제로 인하여 조음 오류가 나타남
구강 검사	느리고, 약하고, 불협응을 보이는 결함이 명백함. 말운동뿐만 아니라 섭식(빨기, 씹기) 문제도 보임	환자에게 의도적으로 운동을 해 보라고 요구할 때를 제외하고는 기능장애가 명백하지 않음. 섭식 기능은 적절히 수행할 수 있음
조음	• 다음과 같은 단순화 오류를 보임 a. 왜곡 b. 대치 • 오류가 일관됨 • 복잡한 단위(자음군)에서 문제가 심해짐 • 종성 오류가 더 많음 • 신경학적 기록과 일치된 오류를 보임 • 신경운동의 결함 정도에 따라 중증도가 달라짐	• 다음과 같은 문제를 보임 a. 전위(transpositions), 도치(reversals) b. 보속 오류 및 예측 오류 c. 왜곡 오류는 적고, 대치 오류는 많으며, 삽입이 나타남 • 단어의 비중(문법 부류, 초성의 난이도, 문장 내 위치 및 단어 길이)에 비례하여 오류가 증가함 • 자발적 수행에서는 오류가 적음. 오류의 비일관성이 주된 징후임
발화 반복	동일한 수행력을 보임	여러 번 반복하면 정확하게 수행이 가능하기도 함. 정확한 산출을 위해 모색 행동이나 투쟁 행동을 보임
속도	• 말속도가 증가하면 수행력에 문제가 심해짐 • 말속도가 저하됨	• 빠른 말속도에서 수행력이 증가함 • 운율장애를 보임. 의도적인 발화 산출 시 느리고 애써 말하는 등 말더듬과 유사한 투쟁 반응이 나타남
자극에 대한 반응	청각-시각 모델에 맞추면 수행력이 약간 변하기도 함. 특정 조음 동작을 보여 줄 때 가장 좋은 반응을 보임	환자가 모델을 보고 들을 수 있는 경우에 수행력이 가장 좋음. 한 번 자극이 제공되고 그 모델과 연결할 수 있는 몇 번의 기회가 제공되면 더 나은 수행을 보임

낱말 및 구절 산출뿐 아니라 모음 연장과 음절 연결 따라 말하기도 있다. 반응은 음소 수준과 운율 오류로 채점하고 분석한다. 아직도 많은 SLP가 이러한 고전적인 자극어로 말실행증을 비공식적으로 평가하고 있다. 상업적으로 이용 가능한 검사들에도 유사한 자극이 포함되어 있고 표준화 단계에 진입하고 있다.

Dabul(2000)은 유명한 Apraxia Battery for Adults(ABA-2)를 개발하여 말실행증을 평가하고 중증도를 평정하였다. 말실행증은 특정 뇌 부위에 손상이 있어 후천적으로 발생한 상태이기 때문에 ABA-2는 청소년 및 아동에게 유용하다고 보고된다. 이 검사는 교대운동 속도, 낱말 길이 증가시키기, 사지 및 구강실행증, 다음절 낱말의 반응 속도 및 발화 시간, 모방, 실행증 조음 특성 목록의 6개 하위 검사로 이루어져 있다. 각 하위 검사는 다양한 방법으로 채점하는데, 이 점수로 실행증 특성 체크리스트를 완성하고 손상 수준 프로파일(Level of Impairment Profile)에 중증도를 평정한다. Quick Assessment for Apraxia of Speech(Tanner & Culberston, 1999)는 성인에게 실행증이 있는지 확인하는 데 10분 정도가 걸린다. Motor Speech Evaluation(Wertz, LaPointe, & Rosenbek, 1984)도 말실행증의 판정과 중증도 평정에 유용하다. 이 검사는 대화, 모음 연장, 빠른 교대운동, 다음절 낱말 따라 말하기, 같은 낱말 반복 산출, 길어지는 낱말 따라 말하기, 순서대로 세기와 거꾸로 세기, 그림 설명하기, 소리 내어 읽기 과제로 이루어져 있다. 저자가 여러 채점 방식을 제안하였지만, 중증도는 1점이 경도, 7점이 중도에 해당하는 7점 척도로 평정한다.

성인용 실행증 검사(Apraxia Battery for Adults; Dabul, 2000)와 말운동 평가(Motor Speech Evaluation; Wertz, LaPointe, & Rosenbek, 1984)는 말실행증 평가에 가장 많이 이용되는 검사도구일 것이다. 대부분의 SLP는 선호하는 조음 검사로 진단 과정을 보충한다(6장 참조). 'The Caterpillar'(Patel et al., 2013, 〈부록 B〉 참조) 소설 읽기 자료는 실행증 같은 말운동장애 평가를 위해 고안되었다. 여러 특징이 있지만, 운율적 감정 요구량과 길이 및 복잡도가 높은 말이 들어 있는 것이 특징이다. 진단을 목적으로 평가 도구를 사용할 때, 진단은 검사가 아니라 임상가가 하는 것임을 명심해야 한다. 환자의 노력을 제대로 평가하고 해석하는 책임은 임상가에게 있다.

실행증과 기타 장애의 감별 진단

앞에서도 언급하였지만, 말실행증은 다른 의사소통장애와 함께 나타나는 경우가 많다. 환자가 보이는 여러 문제를 감별 진단하는 것이 매우 중요하다. 실행증과 실어증은 구어 표현의 어려움에 비해 비교적 정상적인 청각적 이해력을 보이는 경우가 많다는 점에서 구분된다. 실제로 이러한 구분은 일부 유형의 실어증에서는 분명하지만, 다른 유형의 실어증에서는 다소 모호해진다.

때때로 말실행증 환자는 운율과 조음에 문제를 보여도 구의 길이는 충분히 길고 문법적 형태도 다소 **유창해** 보이는 경우가 흔히 있다. McNeil, Robin과 Schmidt(2008)가 언급한 유창한 전도 실어증과 구별되는 증상이 〈표 9-3〉에 요약되어 있다 .

실행증은 지남력, 기억력, 학습 능력이 대체로 손상되지 않았다는 점에서 혼돈으로 인한 언어 또는 전반적인 지적 저하와 구별된다. 감별 진단에 이용할 수 있는 인지 검사의 예는 8장의 〈표 8-5〉를 참조하기 바란다.

전통저으로 실행증은 왜곡 오류에 비해 음소 대치가 지배적이라는 점 그리고 안면 약화와 반신 마비를 제외하고는 신경운동 기능이 비교적 보존되어 있다는 점에서 마비말장애와 구분된다. 최근의 견해에 따르면 대치나 왜곡으로 나누는 이분법적 구분이 예전에 비해서 간단하지는 않다. 그러나 〈표 9-2〉에 제시한 정보는 지금도 마비말장애와 말실행증의 감별 진단에 매우 유용하다.

말실행증 환자는 대개 자신의 오류를 예측할 수 있으며, 일단 오류가 나타나면 그것을 인식할 수도 있다. 이는 말실행증 환자에게서 나타나는 여러 차례의 시도와 잘못된 시작을 부분적으로 설명할 수 있는 것으로 보인다. 애쓰는 조음 모색 행동과 반복적인 시도는 말더듬의 이차 행동을 연상시키기도 한다. 이는 신경학적 말더듬(7장 참조)과 말실행증의 관련성에 관해 의문을 갖게 만든다. 이러한 관계의 본질에 대해서는 모르지만, 만약 신경학적 말더듬과 말실행증 간에 어떤 관련성이 있다면 감별 진단을 내리는 데 고려할 만한 가치가 있다.

Nils Elander 씨는 병원 SLP에게 검사가 의뢰되었다. 신경방사선과 검사 결과 좌반구 색전성 경색이 나타났다. 경색 후 2주간은 말과 언어의 향상이 매우 빨랐다. 퇴원 전에 임상가가 재평가를 실시한 결과, Elander 씨는 경도의 브로카 실어증과 중등도의 말실행증을 함께 보이는 것으로 나타났다. Elander 씨에게 발화의 시작 부분과 무작위로 배치된 어려운 낱말을 시작하는 데 자극이 되고 도움이 되는 기법이 무엇인

표 9-3 전도 실어증과 말실행증의 감별 진단

전도 실어증	말실행증
반복적인 시도, 자가수정 시도	모색하기, 일관되지 않은 시도
말소리 순서에서의 오류 비율이 매우 높음	말소리 순서에서의 오류 비율이 낮음
잦고 예측할 수 없는 대치 오류	잦고 예측할 수 있는 대치 오류
계획의 부담량에 따른 난이도	낱말 길이에 따른 난이도
정상적인 운율	비정상적인 운율
말의 시작이 쉬움	말의 시작이 어려움, 투쟁 행동이 잦음
뇌 후반부의 병변과 관련됨	뇌 전반부의 병변과 관련됨

지 알아보기 위해 그가 보이는 오류에 기초하여 여러 가지 기법을 시도하였다. SLP는 Elander 씨를 다른 기관의 외래 치료로 의뢰할 수 있었다. 해당 기관으로 전송한 보고서에는 차후 치료 방향에 대한 특별한 권고사항도 포함되어 있었다. 그 권고사항에는 다중 양식 선자극(multimodality prestimulation) 제시, 초성 단서 제공, 리듬 있는 유창성 향상을 위해 지휘봉 제스처나 손가락 두드리기 이용하기도 포함되어 있었다.

아동기 말실행증

아동기 말실행증(Childhood Apraxia of Speech: CAS)은 이전에는 발달성 실행증 (developmental apraxia)으로 불리던 복잡한 장애로, 보다 선호되는 용어이다. CAS 아동의 말은 약간 혹은 전혀 알아들을 수 없을 정도이지만 언어 이해력과 지능은 적절하다. 이 장애의 특징은 말소리 오류만 보이는 것이 아니라 운동(실행) 손상도 보인다는 것이다. 아동기 실행증은 성인 말실행증에서 보이는 유사한 핵심 말운동 손상을 보이는 것 같지만, 이 둘은 서로 다른 장애이다. 운동 프로그램 손상이 후천적인 것이 아니라 영아기부터 나타나, 음운 발달뿐만 아니라 언어 처리에도 영향을 준다는 것이 중요한 차이점이다. CAS에 대한 최근 정보에 따르면 심지어 CAS는 음식 알레르기와도 유전 및 신경학적 기저가 관련된다. 그래서 일부 연구자는 현재 주의력결핍장애와 자폐스펙트럼장애를 생각하는 방식처럼 아동기 말실행증을 일종의 증후군으로 여긴다 (ADVANCE, 2010).

ASHA의 아동기 말실행증 관련 특별 위원회(American Speech-Langugage-Hearing Association, 2007)에서는 CAS를 다음과 같이 정의하고 있다.

아동기 말실행증은 아동(소아)기 신경학적 말소리장애로 신경근육상의 손상(예: 부적절한 반사, 비정상적인 근육 톤) 없이 말할 때 필요한 정확하고 일관된 움직임에 손상이 나타난다. CAS는 밝혀진 신경학적 손상의 결과로도 나타날 수 있고, 알려지거나 알려지지 않은 복잡한 신경행동장애와 관련될 수도 있으며, 특발성 신경학적 말소리장애로도 나타날 수 있다. 움직임의 연결에 대한 시공간적 매개변수를 계획하고 프로그래밍하는 데 핵심적인 손상이 있으며, 이로 인하여 말소리 산출과 운율에서 오류가 나타나게 된다(p. 6).

더 나아가 특별 위원회에서는 아동기 말실행증을 진단하는 타당한 특징 목록이 없다고 말하고 있다. 최근 역동적인 평가에 발전이 있었지만, CAS를 여타 아동기 마비말장애나 심한 조음/음운장애(아마도 프로그래밍 손상이 없는)와 구별하는 것은 여전히 문제로 남아 있다.

감별 진단

아동기 말실행증에 있어 3개의 핵심 공통 특징이 있다는 것에 대해 점점 더 동의하고 있다. ASHA(2007)에서는 다음과 같이 설명한다.

- 반복적으로 산출할 때 자음과 모음에 음절이나 낱말의 비일관된 오류가 보인다.
- 말소리나 음절 사이에서 동시조음이 손상되거나 길어진다.
- 운율이 부적절하다.

다른 증상들도 아동기 말실행증의 특징일 수 있는데, 전반적인 말, 표현언어, 읽기의 음운론적 기초에 광범위하게 문제가 나타날 수 있다. 또한 초기에 보완대체의사소통이 필요할 수 있다.

Yoss와 Darley(1974)가 제안한 고전적인 정보도 여타 조음 손상 대비 아동기 말실행증의 확인에 도움이 된다. 예측 요인은 다음과 같다.

- 소근육 협응, 걸음걸이, 혀와 손발의 교대운동 속도(주로 전반실행증으로 나타나기도 함) 등의 신경학적 검사 결과
- 2~3개 자질의 조음 오류(예를 들어, /ð/를 /p/로 산출하였다면 조음 위치, 유성성, 지속성 자질에서 오류를 보인 것이다), 음소와 음절의 연장 및 반복, 왜곡, 연속적인 말 산출 과제에서의 첨가 오류
- 자발화에서 나타난 왜곡, 생략, 첨가, 대치
- 구강 교대운동 과제의 수행 속도가 정상보다 느림
- 음절 배열과 형태 유지의 어려움. 다음절 낱말이 음절의 첨가, 생략, 대치로 변화됨

Crary(1988)는 발달성 말실행증 아동이 보이는 증상을 종합적으로 상술하면서 이 아

동들이 교대운동 속도가 느리고 불규칙하다고 하였다. 그리고 모음을 포함한 말소리 목록이 제한되어 있으며 느린 말속도, 과도한 강세, 음소 및 휴지(쉼)의 연장, 자세 및 조음 모색 행동, 특이한 운율 양상 등 뚜렷한 운율 결함을 보인다고 하였다.

다른 연구자들은 발달성 말실행증 아동이 비강 공명과 비누출의 특징을 보인다고 하였다(Hall, Hardy, & LaVelle, 1990). 복잡하고 빠르며 순서적인 말을 산출할 때 연인두 기제가 부적절하게 움직이는 것으로 추정된다. 그러므로 비음성(nasality)은 한 낱말 발화보다는 대화 수준의 말에서 더 뚜렷하게 나타난다.

잠재적으로 CAS의 가능성이 있는 아동을 진단할 때, SLP는 사례 면담을 통해서 가능한 원인 요인을 살피고, 아동의 구강운동 발달, 말, 언어, 운율을 포괄적으로 평가하여 CAS의 증세 및 특징이 있는지를 결정해야 한다.

사례력 지표

Square와 Weidner(1981)는 아동기 실행증으로 진단된 대상자의 부모에게서 얻은 사례력 정보를 검토하여 몇 가지 공통점을 발견하였다. 부모 보고에 따르면 이들은 영유아기에 청각적인 반응은 정상이었으나 초기 음성 패턴은 문제가 있었던 것으로 의심된다. 옹알이를 한 경우라도 그 양이 매우 적었다고 보고한 부모가 많았다. 또한 영유아가 음절성 발성을 한 경우에도 음성 패턴이 분화되지 않았다고 표현하였다. 자녀를 조용한 아기로 묘사한 경우도 꽤 있었다. 어머니들의 보고에 따르면 섭식에서도 차이를 보였다. 아이들은 액체와 부드러운 음식을 선호했다. 일부 유아는 잘 씹지 않는 아이로 묘사되었다. 전반적인 운동 발달 측면에서는 동작이 어설프고, 발달적으로 미숙하고, 가벼운 신경학적 징후의 가능성도 있었던 것으로 보고되었다. 걸음마기 전후에도 말소리나 낱말을 거의 모방하지 못하거나 모방을 시도하지도 않는 수준에 머물러 있었다고 한다.

그러므로 사례 면담 시 SLP는 아동의 건강(신경학적인 결과가 있으면 더 좋음), 영아기 옹알이력, 초기 발성 운율 패턴(〈부록 B〉의 발달 이정표 참조), 아동의 기질(조용했는지 부산스러웠는지), 섭식 문제 이력(10장에서 다룰 것임)에 대하여 물어야 한다고 결론 내릴 수 있다. 면담 동안 이러한 사례력 질문들을 반복하여 현재의 아동 상태에 대한 정보를 수집하도록 한다. 그다음 아동의 말, 운율, 언어, 인지 상태, 일반적인 운동 협응(구어 및 비구어)에 대해 충분히 기술한다. CAS 아동의 경우 다학문적 팀 접근법이 도움이 된다. 신경학자, 신경심리학자, 언어병리학자로부터의 정보가 진단 작업에 핵심이 된다. 운동 협응, 건강과 신경학적 문제, 씹기와 섭식 문제(아동이 선호하는 음식 유형이나 질감)에 관해서도 추가로 질문할 수 있다. 몇몇 상업적으로 이용 가능한 CAS 검사도구에도 사례면담 내용이 제시되어 있다.

아동기 말실행증의 평가

아동기 말실행증의 특성이 제대로 규명되지 않았음을 인정한다면, 아동기 말실행증 평가가 다른 장애의 가능성을 배제하고 실행증의 징후나 증상을 포함시키거나 확인하는 과정이라는 것이 놀랍지 않다. 의학적 평가를 통해서 종양, 질병, 퇴행성장애, 뇌성마비, 후천성 중추신경계 손상 등과 같은 다른 운동장애의 원인을 찾아 제외한다. 신경심리학적 평가로 지적 손상, 자폐증(SLP가 하는 것처럼), 정서 및 행동 장애의 가능성을 진단에서 제외한다(그러나 행동 문제는 실행증의 결과로 나타나는 경우도 많다). 초기 감각운동 평가를 통해서는 근육 운동의 긴장도, 강도, 속도, 감각 문제의 가능성을 배제한다. SLP는 또한 상세한 구강운동 검사를 실시해야 한다(〈부록 A〉 참조).

SLP가 의사소통 평가를 위해 사용할 수 있는 시판된 검사들이 있지만 연구 결과들은 이제 막 나오고 있다. Screening Test for Developmental Apraxia of Speech(Blakeley, 1983)는 4~12세 아동에게 적용할 수 있다. 이해-표현 언어 격차, 모음 및 이중모음, 구강운동, 구어 배열, 복잡한 운동을 요하는 낱말, 조음, 전위 그리고 운율을 평가할 수 있다. 그러나 선별 검사도구는 치료를 계획하고 진단평가를 하는 데 적합하지 않다. Crary(1988), Square 및 Weider(1981)는 SLP가 아동기 말실행증을 평가할 때 포함시켜야 할 몇 가지 주요 영역을 제안하였다. 이 영역을 〈표 9-4〉에 요약하여 제시하였다. 〈표 9-5〉에는 아동이 할 수 있는 비구어 구강 운동 목록을 제시하였다.

그러나 표준화된 규준, 신뢰도 및 타당도 지표가 있는 진단검사를 이용하는 것이 보다 바람직하다. McCauley와 Strand(2008)는 아동기 비구어 구강 및 말운동 수행 능력에 관한 다양한 검사를 심리측정적 요소와 내용 특성을 중심으로 고찰하였다. 모든 검사가 보다 개선이 필요하였다. 특히 신뢰도 부분이 가장 부족하였다. 〈표 9-6〉에는 널리 알려진 CAS용 진단 도구 목록을 제시하였다. 아동기 말실행동이 복잡하고 다요인적 특성을 가지고 있기 때문에 SLP는 아동기 말실행증 검사를 할 때 하나의 검사만 사용하지 않도록 주의할 필요가 있다. 전체 팀에서 얻은 정보와 숙련된 임상가의 능

표 9-4	아동기 말실행증 평가를 위한 주요 4영역	
운동 평가		공식적 조음 검사
안면/사지 실행		음운 분석(변별자질 및 오류 음운 변동)
단순 및 복합 과제에서의 구강실행증		
혀-하악 및 입술-하악의 협응 운동		운율 평가
연구개 기능		강세 패턴
구강 반사		억양 패턴
안면 근육의 모방 과제		전반적 유창성 및 조음 운동의 흐름
말-운동 평가		언어 평가
교대 운동		청각적 기억력 평가
비강 공명(필요한 경우 추가 검사 실시)		

표 9-5	아동기 말실행증의 비구어 평가를 위한 지침

수의적 구강운동

혀를 내밀어 보세요.

혀를 코에 갖다 대려고 해 보세요.

혀를 턱에 갖다 대려고 해 보세요.

아랫입술을 깨물어 보세요.

입술을 오므려 보세요.

뺨을 부풀려 보세요.

이를 보여 주세요.

이를 서로 부딪혀 보세요.

혀를 좌우로 움직여 보세요.

목을 가다듬어 보세요.

기침해 보세요.

휘파람을 불어 보세요.

추울 때처럼 위아래 이를 딱딱 맞부딪혀 보세요.

미소를 지어 보세요.

아기에게 뽀뽀하듯이 해 보세요.

입술을 핥아 보세요.

수의적 구강 일련 운동: 2개 항목의 일련 운동

뺨을 부풀린 뒤 미소 지어 보세요.

입술을 오므린 뒤 혀를 좌우로 움직여 보세요.

수의적 구강 일련 운동: 3개 항목의 일련 운동

뺨을 부풀린 뒤 이를 보여 주고 입술을 오므려 보세요.

표 9-6	아동기 말실행증 진단평가들

- Dynamic Evaluation of Motor Speech Skills(DEMSS; Strand et al., 2013): 36~79개월
- Marshalla Oral Sensorimotor Test(MOST; Marshalla, 2008): 4세 6개월~7세 11개월
- Nuffield Center Dyspraxia Programme, 3rd ed(NDP3; Nuffield Speech and Hearing Center, 2004): 3~7세
- Preschool Motor Speech Evaluation and Intervention(Earnest, 2001): 18~60개월
- Verbal Dyspraxia Profile(Jelm, 2001): 생후 2세까지
- Screening Test for Developmental Apraxia of Speech, 2nd ed.(STDAS-2; Blakely, 2000): 4~12세
- Verbal Motor Production Assessment for Children(VMPAC; Hayden & Square, 1999): 3~12세
- The Apraxia Profile(Hickman, 1997): 3~13세
- Kaufman Speech Praxia Test for Children(KSPT; Kaufman, 1995): 2~6세

력으로 진단 결정이 이루어져야 한다. 그래야 CAS에 대한 과잉 진단이 줄어들 것이다 (ASHA, 2007).

이와 관련하여 새로운 연구/임상 도구들이 나올 것이다. Dynamic Evaluation of Motor Speech Skills(DEMSS)의 신뢰도 및 타당도가 검증되고 있는데, CAS를 과잉 진단 하지 않는다(Stand et al., 2013). DEMSS는 심한 음운론적 손상과 심한 운동 손상이 있 는 아동들에게 권고된다. DEMSS는 SLP가 단서를 주거나 다른 전략을 사용하여(예: 느 린 말속도, 동시 산출) 아동에게 여러 차례 시도의 기회를 주기 때문에 채점 시 역동적 인 평가를 한다. DEMSS는 전반적인 조음, 모음 정확도, 운율 정확도, 일관도의 4개 영 역에서 가점 득점체계와 평정을 사용한다. 이 주제를 마무리하기 전에 CAS에서 유 용한 타당하고 신뢰할 만한 주관적인 조음 명료도 측정인 Intelligibility in Context Scale(McLeod, Harrison, & McCormack, 2012)에 대해 언급하고 넘어가고자 한다.

성인 마비말장애

마비말장애(dysarthria)는 움직임의 강도, 속도, 범위, 지속성, 톤, 정확도 등에서 신경 학적 이상이 나타나 발생하는 말운동장애 증상의 집합이다(Duffy, 2013). 특히 성인 및 청소년에게서 보이는 마비말장애는 외상(예: 교통사고, 뇌졸중, 뇌 총상, 약물), 질환(예: 근육병, 중증 근무력증, 종양 침습, 다발성 경화증, 뇌염, 유전적 퇴행성 질환) 때문일 수 있

다. 같은 문제가 아동에게서도 나타날 수 있다. 또한 영아기부터의 뇌성마비는 전형적인 마비말장애의 원인이다. 발생 원인 및 연령과 상관없이 손상 및 질환이 신경체계에 영향을 주어 호흡, 발성, 조음, 공명 과정에 영향을 준다(섭식과 삼킴은 10장에서 다룰 것이기 때문에 여기서 언급하지는 않는다). 좀 더 우리의 목적에 맞춘다면, 마비말장애는 피질부터 근육까지의 운동 신경로에 단일 혹은 여러 부위의 손상이 있어 나타나는 신경근육 말장애이다. 호흡, 발성, 공명, 조음 처리 과정을 포함한 전체 말 산출 기제가 관련될 수 있다(파킨슨병처럼). 또한 특정 근육에만 손상이 나타날 수도 있다(벨마비처럼).

감별 진단

마비말장애의 하위 영역은 1970년대 메이요 클리닉 연구진과 임상진들에 의해 크게 발달되었다. 이러한 전통은 Duffy(2013)와 다른 이들(Freed, 2012; Yorkston et al., 2010)의 저서를 통해 이어지고 있다. 초보 임상가는 말실행증과 마비말장애의 두 말운동장애를 감별하는 것이 어렵다. 기저의 신경운동장애가 분명히 다르며 병변 부위도 매우 다르다. 그러나 환자가 보이는 임상적(행동) 징후만 보면 많은 책에 쓰여 있는 것처럼 그렇게 분명하게 진단하기가 쉽지 않다. 말실행증과 마비말장애 환자를 구분하는 특성이 나열된 〈표 9-2〉를 참조하라. 이 두 장애가 함께 나타날 수도 있다는 사실 때문에 감별 진단은 더 어려워진다.

감별 진단에는 환자의 마비말장애 증상을 범주화하는 것도 포함된다. 다시 말하지만, 이러한 일은 학생뿐만 아니라 임상가에게도 흔히 어려운 과제이다. 마비말장애는 운동 경로 내의 병변 위치에 따라 다른 유형으로 나타난다. 메이요 클리닉은 1970년대에 획기적인 조사를 통해 마비말장애의 유형, 두드러진 말 영역, 신경학적 장애를 자세히 설명하였고 출판하였다. 이는 Duffy(2013)의 저서를 통해 전해지고 있다. 마비말장애의 평가 과정과 감별 진단에서 유형에 대한 이해는 무엇보다도 중요하다. 우리는 이 책의 정보를 이용하여 각 유형의 마비말장애 특성에 관한 개요를 제시하고자 한다. 독자들이 이미 신경계와 신경해부학 용어에 대해 이해하고 있다는 가정하에 쓰겠다. 말운동장애에 관련된 Duffy의 여타 저서와 더불어 Freed(2000), Love(2000), Yorkston 등(2010)이 말운동장애에 대해 쓴 책도 추천한다.

이완형 마비말장애

이완형(flaccid) 마비말장애는 하부 운동 뉴런의 장애(또는 병변)에 기인한다. 근육 운동 문제는 중증 근무력증의 경우처럼 진행성이거나 구 마비(연수 마비)의 경우처럼 연수 운동 단위에 영향을 미칠 수도 있다. 연수 마비의 경우가 일반적인 이완형 마비말장애 유형과 관련되는데, 근육이 약하고 이완되어 있으며 반사가 줄어들기도 한다. 자발적인 연축이나 피부에 움푹 파인 부위가 관찰되기도 한다(근육다발 경련 및 근섬유속성 연축). 흔히 연수 마비는 한 개의 뇌신경 손상 때문에 생기는 경우가 많고, 근육 문제는 그 신경의 통제를 받는 신체 부위나 일련의 근육군에 국한된다. 예를 들어, 안면 마비(벨 마비라고도 함)의 경우 안면신경(제7번 뇌신경) 중 하나의 손상으로 인해 얼굴 표정이 처지고, 미소를 지을 때 입꼬리를 올리지 못하며, 가끔 눈을 깜빡이고, 눈썹이 처지며, 병측 이마에 주름을 잡지 못한다. 설하신경 마비의 경우에는 제12번 뇌신경의 손상으로 인해 혀가 축 늘어지고 위축되고 주름이 잡히게 된다. 환자는 구강-주변 기관 검사에서 지시에 따라 다양한 혀 동작을 수행하지 못한다. 여러 뇌신경의 손상으로 인해 결함이 생기기도 한다. 이완형 마비말장애는 전반적인 연수 마비로도 알려져 있다. 이 유형의 마비말장애는 흔히 입술, 혀, 턱, 연구개, 인두, 후두가 다양한 정도로 영향을 받는다.

연수 마비에서 흔히 관찰되는 말 문제는 과다비성, 부정확한 자음, 기식성, 단음도, 비누출을 들 수 있다. 이 환자들에게서 다른 특성도 나타날 수 있지만, 가장 뚜렷한 특징을 중심으로 제시하였다.

경직형 마비말장애

경직형(spastic) 마비말장애는 상부 운동 뉴런, 특히 추체로계의 장애 때문에 생긴다. 그 결과, 전신 손상(피질 병변의 경우처럼)이나 전반적인 손상(내포 병변에 의한 경우처럼)이 나타날 수도 있다. 손상은 뇌졸중 이후 실어증과 편마비가 나타나는 환자처럼 편측성일 수도 있고 양측성으로 나타날 수도 있다. 양측성일 경우 연수계가 간접적으로 영향을 받기 때문에 **가연수 마비**로 분류하기도 한다. 근육계 증상에는 경직, 약화, 제한된 운동 범위, 제한된 강도, 거친 음질, 단조로운 강도, 낮은 음도의 음성, 느린 말속도가 해당된다. 보다 두드러지는 말 특성과 심한 증상만 열거한 것임을 다시 한 번 밝혀 둔다.

실조형 마비말장애

소뇌의 질병이나 손상으로 인해 실조형(ataxic) 마비말장애가 유발될 수 있다. 실조형 마비말장애는 운동의 정확성이 떨어지고(운동의 힘, 범위, 타이밍, 방향에 영향을 미침), 느린 운동 속도, 과소 긴장성(축 처진 근육)이 나타난다. 말 특성에는 부정확한 자음, 과도하고 균일한 강세 패턴의 사용, 불규칙한 조음 붕괴 등이 해당된다.

과소운동형 마비말장애

기저핵과 같은 추체외로계의 장애로 인해 과소 긴장성, 운동의 제한(감소)을 보이는 경우가 많다. 과소 긴장성을 흔히 야기하는 질병은 파킨슨병이다. 과소운동형 (hypokinetic) 마비말장애는 다음의 여섯 가지 특성을 보인다. (1) 느린 움직임, (2) 제한된 운동 범위, (3) 움직임의 부족(환자는 움직이기 시작하는 것이 어려울 수도 있고 시작 단계에서의 실패, 움직임의 정지, 부동 상태를 보일 수도 있음), (4) 강직성 또는 과긴장성 (간헐적일 수 있음), (5) 움직임의 자동성 손실, (6) 휴식 시의 진전(tremor)이 그것이다. 흔히 파킨슨병 환자가 보이는 말 영역의 결함은 과소운동형 마비말장애의 운동 결함을 부각시켜 준다. 가장 심한 결함은 단음도, 감소된 강세 패턴, 단조로운 강도, 부정확한 자음의 조음, 부적절한 쉼, 단숨에 하는 말이다. 그 외에 좀 덜한 특정도 보일 수 있다. 파킨슨병은 60대 이상의 인구 중 1%에서 발생하기 때문에 강조하고자 한다. 그러나 파킨슨병은 인지, 의사소통, 말, 음성, 삼킴 등에 영향을 주고 있음에도 불구하고 SLP의 서비스가 충분하지 못하다. ASHA의 파킨슨병 관련 포털도 평가 시 좋은 자료이다(www.asha.org 참조).

과잉운동형 마비말장애

과잉운동형(hyperkinetic) 마비말장애는 추체외로계의 장애에 기인한다. 이 장애의 특징은 비정상적인 불수의 운동이 나타나는 것이다. 일부 움직임은 빠른 운동으로, 또 다른 움직임은 느린 운동으로 분류할 수 있다. 지면의 제한상 여러 가지 빠르고 느린 과잉운동형 마비말장애의 유형은 설명하지 않겠다. 관심 있는 독자는 추가로 찾아보기를 바란다. 그러나 가장 구별되고 뚜렷하게 다른 말 특성을 요약하면 여러 하위 유형에 걸쳐 부정확한 자음, 들쭉날쭉한(또는 느린) 속도, 단음도, 거친 또는 긴장된 음질, 부적절한 침묵, 모음 왜곡, 지나친 강도 변이가 포함된다.

혼합형 마비말장애

혼합형(mixed) 마비말장애는 그 이름이 말해 주듯이 여러 운동체계가 관여하여 생긴다. 흔히 혼합형 마비말장애는 근위축성 측색경화증(ALS), 다발성 경화증, 윌슨병처럼 증후군이나 특정 질병과 연관되어 나타나는 경우가 많다. 이 유형의 마비말장애에는 여러 가지 특성이 혼재되어 있기 때문에 그 특성을 요약하기가 불가능하다. ALS는 루게릭병이라고도 하는데, 진행성의 심한 운동신경장애로 일반적으로 알려져 있어 강조한다. 천재 물리학자 Stephen Hawking은 ALS를 앓고 있으면서도 연구를 계속하고 있는데, 운동 근육 능력이 점차 소실되어 휠체어를 타고 이동하고 컴퓨터로 만든 음성에 의지하고 있다. Tomik과 Guiloff(2010)는 ALS의 마비말장애에 관해 훌륭하게 고찰하였는데, 여기에는 ALS 검사 척도도 언급되어 있다. ALS에 관해 ASHA 포털에 좋은 평가 자료들이 있다(www.asha.org 참조).

마비말장애의 평가

마비말장애 유형과 관련된 여러 말 특성으로 알 수 있듯이, 마비말장애 환자는 말산출의 일부 또는 모든 과정에서 문제를 보일 수 있다. 결과적으로 임상가는 환자의 호흡, 발성, 조음, 공명 특성을 평가해야 한다. 구강-주변 기관 검사(〈부록 A〉 참조)로 이러한 평가 자료를 수집하는데, 이 주제는 11장, 12장에서 음성 및 공명장애를 다룰 때 보다 자세히 설명할 것이다. 조음/음운 검사(6장 참조)를 이용하면 여기서 언급한 말운동장애 특화 검사를 보완할 수 있다. 〈부록 B〉를 보면 일부 성인(학령기 아동 수준)에게 이용할 수 있는 읽기 자료가 나와 있다. 공명, 부정확한 조음, 명료도를 살펴볼 수 있고, 반복적으로 읽으면 수행 능력이 더 저하되는 것도 살필 수 있다. 성인 마비말장애 평가의 몇몇 측면을 좀 더 자세히 살펴보자.

말실행증처럼 말운동장애의 중요 특징도 말운동 검사를 통해 가장 잘 드러날 수 있다. ASHA의 웹사이트(www.asha.org)에서 온라인으로 사용할 수 있는 말-운동평가(Motor speech Evaluation) 템플릿을 추천한다. 또 다른 좋은 검사로 메이요 클리닉에서 사용하는 Neurological Speech and Language Examination이 있고, 앞서 언급한 소셜 미디어에서도 자료를 찾을 수 있다. 또한 이 웹사이트를 살펴보면 말실행증과 마비말장애를 감별 진단하는 데 도움이 되는 양식도 있고, 말의 이상도[음도, 강도, 음질, 공명, 명료도, 이상함, 호흡, 운율 조음, 교대운동 속도(Alternating Motion Rates: AMR) 같은 특징]

를 평정할 수 있는 척도도 있어 도움이 된다. 방법론적으로 이러한 다양한 말 특성을 평가하는 것은 마비말장애 유무를 진단하는 데뿐만 아니라 마비말장애의 종류를 확인하는 데에도 필수적이다(사례력 정보와 다양한 의학적 검사도 물론 진단에 필요하다).

흡기 시 소음은 없는지, 호흡 지지가 빈약하지 않은지, 기류를 제대로 관리하지 못하는 것은 아닌지, 비정상적인 음성 강도와 강세 패턴을 보이지 않는지, 비정상적인 음도와 억양 패턴을 보이지 않는지, 비정상적인 음성의 질-공명을 보이지 않는지 주의해서 살펴보는 것만으로도 충분하다. 특별히 '아' 연장 산출 시의 발성을 분석해야 한다. 적절한 장비를 사용하여 쉼머(shimmer)와 지터(jitter)의 불규칙성을 찾아낼 수도 있다. Tanner(2001)는 ALS, 다발성경화증, 파킨슨병과 같은 진행성 신경학적 질병의 경우 음성에서 불규칙적으로 경미한 변화가 나타나기 때문에 초기에 발견하여 모니터링할 수 있다고 하였다. 호흡/음성 기능 부전은 마비말장애의 두드러진 특징 중 하나이며, 지각적 평가와 기기적 평가의 영역이고, 언어치료의 역점사항이다. Yorkston, Spencer와 Duffy(2003)는 호흡/발성 기능 부전에 대한 근거기반실제를 체계적으로 검토하였다.

마비말장애에서 흔히 나타나는 조음 문제를 파악하기 위해 임상가는 자발화 표본이나 소리 내어 읽은 말 표본을 분석하여야 한다. 낱말 수준이든 문장 수준이든 표준화 조음 검사도 조음 오류를 기록하는 데 유용하다. 임상에서 흔히 'My Grandfather' 같은 표준화된 읽기 자료를 이용하여 성인 및 나이 든 아동의 말운동을 능력을 평가한다(〈부록 B〉 참조). 마비말장애 환자에게 가장 흔히 나타나는 조음 오류는 왜곡이다. 말실행증 환자와는 달리, 마비말장애 환자가 산출하는 부정확한 조음 오류는 일관되게 나타난다. 요약하면, 마비말장애 환자의 진단과 지속적인 평가에서는 말 명료도가 핵심적인 말 평가 요소가 된다. Quick Assessment for Dysarthria(Tanner & Culbertson, 1999)에는 진단을 위한 질문과 빠른 시간 내에 호흡, 발성, 조음, 공명, 운율을 평가할 수 있는 체크리스트가 포함되어 있다. McCauley, Strand, Lof와 Schooling(2009)은 구강 운동 훈련에 관한 근거기반실제를 고찰하고 있다.

Frenchay Dysarthria Assessment(FDA-2; Enderby & Palmer, 2008)는 임상 및 연구 목적으로 잘 만들어진 검사도구인데, 청소년 및 성인(12~97세)의 규준이 포함되어 있다. 이 검사는 경직형-상부 운동뉴런, 이완형-하부 운동뉴런, 추체외로, 소뇌 및 혼합형 신경학적 병변과 같은 다양한 진단 범주에 대해 구강운동 수행의 프로파일을 제시한다. 이 도구는 감별 진단에도 유용하다. 반사, 호흡, 입술, 구개, 후두, 혀, 말 명료도,

기타 영향 요인의 8가지 기능에서 환자의 수행을 평정한다.

　　Assessment of Intelligibility of Dysarthric Speech(AIDS)는 시판되어 이용할 수 있는 도구이고(Yorkston & Beukelman, & Traynor, 1984), Yorkston 등(2010)의 교재에서 설명되어 있는 많은 마비말장애 평가 중 하나이기도 하다. AIDS는 대상자에게 낱말과 문장을 읽게 하여 낱말 명료도, 문장 명료도, 말속도, 명료한 말의 속도, 불명료한 말의 속도, 의사소통 효율성 비율을 포함한 몇 개의 측정치를 도출할 수 있다. 이 검사로 마비말장애의 유형도 분류할 수 있다. Computerized Assessment of Intelligibility of Dysarthric Speech도 사용 가능하다. 이 컴퓨터 소프트웨어를 이용하면 힘들게 자극어를 선정하거나 계산하는 과정을 거치지 않아도 낱말 명료도, 문장 명료도, 말속도를 효율적으로 측정하여 수치를 얻을 수 있다.

　　Dysarthria Examination Battery(DEB; Drummond, 1993)는 호흡, 발성, 공명, 조음 및 운율 영역을 아우르는 23개 과제에 대한 반응을 평가한다. 각 반응은 1~5점 척도로 평정한다. DEB 실행을 위해서는 초시계, 녹음기, 건식 폐활량계, 후두경, 바이트 블록 등 몇 개의 표준 품목이 필요하다.

　　많은 연구자가 중요하게 생각하는 진단 과제 중 하나는 교대운동 속도(diadochokinetic: DDK)로도 알려져 있는 교호운동 속도(Alternating Motion Rates: AMR) 측정이다(〈부록 A〉 참조). 교대운동 속도 과제 수행 시 리듬과 속도는 여러 유형의 마비말장애를 분류하는 데 도움이 된다. 자발화만으로는 감별 진단이 어려울 수 있다. 반면, 운동계에 '스트레스'를 주는 DDK는 과제를 통해 결과적으로 보다 분명하게 움직임 문제를 드러내게 할 수도 있다. 환자에게 지시할 때 '빠르고 균일하게'라는 개념을 강조한다. 임상가에게 중요한 정보는 조음기의 교대운동 속도, 규칙성, 지속시간이다. 느리지만 규칙적인 교대운동 속도는 경직형 마비말장애 환자에게 나타나는 특징이다. 실조형 마비말장애의 경우 조음은 정확하지만 불규칙적인 붕괴로 교대운동 속도가 떨어진다. 음절의 지속시간과 강도에서 변이가 나타날 뿐만 아니라 음절 간의 간격이 느껴질 정도로 들쭉날쭉 변한다. 음절 산출 속도는 정상에서부터 느린 정도에 이르기까지 다양하다. 과소운동형 파킨슨병의 경우 교대운동 속도는 느린 속도에서 시작하여 가속화되어 빠른 속도로 변화하지만 대개는 규칙적이고 리듬이 있다. 운동 범위의 제한, 즉 과소운동성 때문에 지속적으로 불분명한 말소리를 산출하고 조음이 부정확해진다. 과잉운동형 마비말장애는 매우 다른 형태로 나타날 수 있는데, AMR은 대개 불규칙하고 느리며 말이 막히면서 중단되기도 한다.

뇌성마비 및 아동 마비말장애

출생 전, 중, 직후에 생긴 뇌손상은 뇌성마비(Cerebral Palsies: CP)로 알려져 있는 운동장애를 유발할 수 있다. 운동은 경미하게 손상될 수도 있고 심각하게 손상될 수도 있다. 말 산출에 관여하는 근육에 문제가 생기면 뇌성마비로 인해 마비말장애(말운동장애)가 나타난다. 뇌성마비는 퇴행되지 않는 뇌병증이어서 병변이 커지거나 퇴행하여 악화되지 않는다. 뇌성마비의 원인에는 무산소증(일정 시간 동안 뇌에 산소가 공급되지 않음), 출생 중 사고, 유전 문제, 모체 감염, 아동기 초기 감염성 질환, 아동기 외상성 손상 등이 있다.

오랜 기간에 걸쳐 다양한 뇌성마비 분류체계가 제안되어 왔지만 가장 일반적인 뇌성마비 분류는 증상 부위와 유형에 따른 분류이다. 뇌성마비는 증상 부위에 따라서 다음과 같이 나눌 수 있다.

- **편마비**(hemiplegia)는 가장 흔한 유형이다. 같은 쪽의 팔과 다리(말 근육도)가 관련되지만 정도가 꼭 같지는 않다.
- **양측하지마비**(paraplegia)는 양쪽 다리가 모두 관련된다(말 근육은 몸통 및 호흡 부위가 관련되지 않는다면 영향을 받지 않는다).
- **사지마비**(quadriplegia)는 광범위한 뇌손상 때문에 양쪽 팔다리가 모두 영향을 받는 경우이다(아마도 많은 말 관련 근육이 영향을 받을 것이다).

증상에 따라서 6개의 유형으로도 나눌 수 있다.

- 경직(spasticity)은 신전 반사와 같은 과잉 운동을 특징으로 한다. 근육의 긴장도가 증가할 때 미세한 수의 운동의 통제와 분화를 어렵게 만드는 대뇌 피질 병변 때문에 생긴다.
- 무정위운동(athetosis)은 불규칙적이고, 거칠며, 비교적 지속적이고, 다소 리듬 있는 불수의적 뒤틀림 운동을 특징으로 한다. 이는 추체외로계의 결함에 기인하는데, 기저핵 병변이 가장 흔하다.
- 소뇌 실조(cerebellar ataxia)는 소뇌의 기능장애에 기인한 협응 및 균형의 저하를

말한다.

- 강직(rigidity)은 병측 근육이 '납 파이프'와 같은 특성을 보이는데, 흔히 심한 형태의 경직과 비슷하다.
- 진전(tremors)은 무정위운동형이나 강직형 모두에서 전신 전율로 나타난다.
- 이완(flaccidity)은 뇌성마비의 한 형태로 감각운동 피질의 손상에 기인한다. 반사적으로 수축할 때를 제외하고는 병측의 근육을 수축시킬 수 없다.

뇌성마비의 약 90%는 처음 세 유형에 해당하며, 경직을 동반한 유형이 가장 흔하다.

뇌성마비 아동의 평가

모든 뇌성마비의 권위자는 평가, 진단, 중재에서 다영역 팀 접근법을 강력하게 추천한다. 출생 시부터 CP 영아는 울음소리가 약하고, 호흡 문제가 있으며, 빨기와 섭식 문제가 있는데, 신경근육상의 이상이 생후 1년에 걸쳐 드러난다. 어떤 경우이든 SLP는 신경과 의사, 물리치료사나 다른 건강관리 전문가의 도움 없이 운동 기능과 비정상적인 반사를 평가하지는 않을 것이다. 정보 협력이 이루어져야 영유아에게 필요할 수 있는 섭식 및 말 이전 자극 프로그램에 도움이 될 수 있다. 또한 최적의 섭식, 말이전 재활, 이후 말-언어 중재를 촉진할 수 있는 조정 및 자세 기술이 필요하다. 뇌성마비 위험이 큰 영아 및 소아를 다루는 팀에는 소아과 의사, 신경과 의사, 물리치료사, 정형외과 의사, 작업치료사, 언어치료사 등이 있으며, 가능하다면 영양사, 이비인후과 의사 등도 포함이 된다. 뇌성마비 아동은 일반적으로 정형외과 문제, 감각-지각 문제, 인지 문제, 섭식 및 삼킴 문제(10장 참조), 사회경제적 문제, 말-음성-언어 문제 등 일련의 손상을 보인다. 성장과 성숙을 통해 변하기는 하지만 (뇌성마비는 진행성 질환이 아님에도 불구하고) 초기 분류 유형이 잘 변하지는 않는다. Gross Motor Function Classification System(GMFCS)은 걷기와 대근육 운동에 기초한 단순하지만 일반적으로 흔히 사용되는 다섯 수준의 분류 도식을 사용한다(Palisano et al., 1997). SLP의 관심은 의사소통 기술과 손상을 평가하는 것이다. 문헌을 검토해 보면 뇌성마비 아동(특히 무정위운동형)은 일반 기능을 가진 아동에 비해 높은 청각적 감지 역치, 낮은 말 지각 역치, 낮은 말 변별력을 보인다고 보고되고 있다. 그러므로 모든 평가 회기에 청각 평가 과정이 포함되어야 한다.

뇌성마비 인구의 약 50~60%가 일정 정도의 지적장애를 보이는 반면, 나머지는 정상적인 지적 능력을 보인다. 언어발달장애, 학습 문제, 학업 문제를 동반한 뇌성마비 아동도 흔하다. 그 원인은 다양하다. 그러므로 SLP는 뇌성마비 환자의 인지 발달과 언어적 성취 수준을 반드시 평가하여야 한다. 4장과 5장에서 논의한 언어 평가 절차를 활용할 수 있다.

말이란 말소리를 산출하고 배열하여 발화를 만들기 위해 조음 운동의 숙련된 협응을 필요로 하는 역동적인 과정이다. 그러므로 뇌성마비 아동에게 말장애가 빈번한 것은 놀랄 만한 일이 아니다. 뇌성마비 아동의 약 70%가 말장애를 보이는데, 특히 무정위운동형과 실조형이 말에 더 악영향을 미친다. 그러나 이들이 보이는 말 특성이 **뇌성마비의 말**이라는 개념을 정당화할 수 있을 정도로 특징적인 것은 아니다. 6장에서 제시한 평가도구는 뇌성마비 아동에게도 적용할 수 있다. 호흡, 발성, 리듬도 영향을 받기 쉬우므로 반드시 평가하여야 한다. 말 효율성에 대한 궁극적인 측정은 말 명료도이다. 중증도 평정 척도도 평가 목록의 한 측면이 될 수 있다. 마지막으로(진단 시에는 제일 처음 실시해야 하지만) 임상가는 구강운동 검사를 실시하여야 함을 다시 한번 강조하고자 한다(〈부록 A〉와 〈부록 B〉를 참조). CP 평가에 관한 ASHA의 임상 포털에서 도움이 되는 자료를 찾을 수 있을 것이다(www.ncepmaps.org/Cerebral-Palsy-Assessment-Diagnosis.php). SLP는 보완대체의사소통이 필요한지도 고려해야 한다.

보완대체의사소통의 필요성 평가

만약 말운동장애로 아동 및 성인이 말 산출을 전혀 할 수 없다면 SLP는 환자의 의사소통 방법을 보완하거나 의사소통을 대체할 수 있는 방법을 훈련하는 것이 적절한지 고려해 볼 필요가 있다. 보완대체의사소통(Alternative and Augmentative Communication: AAC) 전략의 분야는 방대한데, 크게 지원형(aided)과 비지원형(unaided)으로 나눌 수 있다. 비지원형 전략에서는 환자의 의사소통을 돕는 데 외부 자료나 장비가 필요없다. 비지원형 AAC에는 제스처, 몸짓 언어, 공식/비공식 수화가 있다. 반면, 지원형 의사소통 시스템은 의미를 담는 도구나 장비가 필요하다. 지원형 의사소통 방법은 로테크(low-tech, 지필 쓰기나 의미를 가리키기 위한 그림판)부터 컴퓨터화된 하이테크 말 산출 장치(high-tech Speech-Generating Devices: SGD)까지 있다. 전자 의사소통 보조기는 다양한 유형의 것들이 있는데, 환자가 그림, 글자, 낱말, 구를 사용하여 메시지를 만들 수 있다. 어떤 장치들은 매우 비싸다. 점점 휴대 가능한 태블릿 장치들이 이용 가능하며, 비용이 들지 않는 그림, 낱말, 글자 의사소통판과 공책도 이용할 수 있다. AAC 시스템 선택, 사용하는 환자의 평가(AAC의 필요가 시간에 따라 변하는지 재평가), 환자 및 중요한 주변 사람의 훈련과 고장 수리 등에 관한 많은 주제가 여러 좋은 책에 나와 있다(Beukelman & Mirenda, 2013; McCurtin & Murray, 2000).

AAC를 사용하는 대상자에는 뇌성마비 아동뿐만 아니라 후천적 장애가 있는 아동 및 성인도 포함된다. 영구적이고 진행성이 아닌 장애에는 척수 손상, 외상성 뇌손상, 뇌혈관 사고 등이 있고, 영구적이지만 퇴행성인 질환에는 치매, 후천성 면역 결핍증(Acquired Immune Deficiency Syndrome: AIDS) 그리고 이 장에서 다룬 마비말장애 관련 질환(예: 근위축성 측색경화증, 다발성 경화증, 파킨슨병, 헌팅턴 무도병, 프레드릭 실조증)이 있다. SLP의 평가와 시스템 고려 시 말운동 기능장애, 신체운동 기능장애, 발달성 연령, 인지 능력이 가장 중요하다. 다음에 우리의 생각을 제시하였다.

- 현재의 의사소통 필요와 사용을 평가하라. 환자의 현재 의사소통 방법은 무엇이고, 그것은 적절한가? 그르렁거리고 제스처를 사용하는 것이 어떤 환경에서는 가능하지만 학교에 있는 학생이라면 좀 더 의사소통적인 기법이 필요하다. 성인은 기본적인 사회적 상호작용만 필요한 수준부터 이론적으로 물리학을 연구하는 수준까지 다양할 수 있다(앞서 언급한 Stephen Hawking처럼).

- 인지 및 언어 능력을 평가하라. 언어 이해와 산출(어휘, 문법 등) 그리고 철자와 쓰기 기기도 포함하라.

- 음성, 말, 명료도를 평가하라.

- 기저의 원인을 평가하라. 만약 퇴행성이라면 의사소통상의 보조가 처음에는 최소한으로 시작하지만 시간이 흐름에 따라 더 커져야 하는가(예: 명료도를 증진시키는 치료 전략에서 말-산출 기계에 의존하는 것까지로 변하는 것)? 만약 진행성이 아니라면, 환자의 인지/교육적 필요가 점차 정교해지므로(혹은 감소한다) AAC 방법은 정기적으로 재평가되어야 한다.

- 기기 유형과 스위치 결정에 영향을 주므로 신체 전반의 운동 능력 및 제한점을 평가하라. 예를 들어, 환자가 컴퓨터 키보드 작업을 할 수 있는가? SLP나 다른 사람이 환자를 위하여 사전에 눈 응시 스캔 움직임이나 활성 튜브로 공기 내뱉기 등으

로 장치를 프로그램화해야 하는가?

- 현재의 AAC 유형을 살펴보라. 로테크부터 하이테크까지 있다. 자금 조달 및 변제 문제도 함께 고민하라(Kander & Satterfield, 2014). AAC의 세부 분야에서 일하는 동료나 전문가의 도움을 얻으라. 이 분야는 하루에 다 배울 수 없을 정도로 거대하고 막 피어나는 기술 분야이다.

 ## 결론 및 자기평가

이 장에서는 말운동장애를 논의하면서 성인 말실행증, 아동기 말실행증, 성인 마비말장애, 아동기 마비말장애(뇌성마비)에 대하여 다루었다. 또한 이 장은 보완대체의사소통이 필요한 환자의 진단평가와 정기적인 재평가에 대하여 언급할 수 있는 기회이기도 했다. 이 부분은 표면적으로만 다루었다. Yorkston 등(2010)은 불능(disablement) 모델이 말운동장애라는 광범위한 영역의 장애를 이해하는 데 필요한 틀을 제공해 주고 임상적 결정을 내리는 과정에 도움을 줄 수 있다고 상기시켜 주었다. WHO의 ICF 모델(2002)은 불능 모델의 일종이다. [그림 9-1]은 이 장에서 논의하였던 말운동장애에 이 모델을 적용한 것이다.

말운동장애 평가에 대한 ASHA(2004)의 추천업무형태는 WHO가 제안한 틀과 일치하며, 이 책의 간략한 결론이기도 하다. 말운동장애 평가를 통해 다음 사항을 확인하고 설명할 수 있어야 한다.

- 말운동 및 삼킴 수행에 영향을 미치는 구조적 · 생리적 요인과 관련된 강점과 약점
- 말운동장애 그리고 삼킴장애가 환자의 일상생활 활동(능력과 수행의 두 영역)에 미치는 영향
- 말운동장애 환자의 성공적인 의사소통(그리고 삼킴)에 장해나 촉진제가 되는 상황 요인

이 장을 읽은 후 다음의 질문에 답할 수 있어야 한다.

- 성인의 경우 어떻게 마비말장애와 말실행증을 감별하는가?

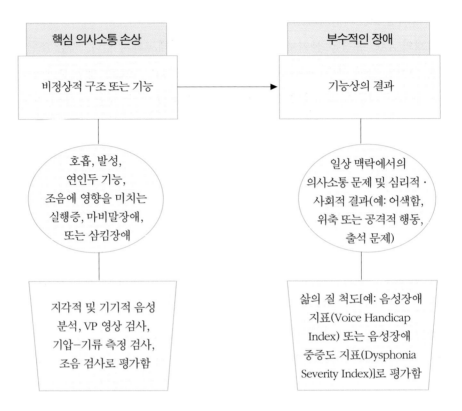

[**그림 9-1**] WHO의 ICF를 이용한 말운동장애의 평가

- 성인 마비말장애의 최소 네 가지 유형은 무엇이고, 관련 신경해부학적 부위는 어디인가?
- 아동기 말실행증과 전형적인 조음/음운장애를 감별할 수 있는 특징은 무엇인가?
- 뇌성마비는 무엇이며, 왜 SLP의 도움이 필요한가?
- AAC는 무엇인가? 그 예는 무엇인가?

제10장
성인 삼킴장애 및 소아 섭식·삼킴장애의 평가

이 장을 읽고 나면 다음을 설명할 수 있다.

- 흡인 그리고 흡인이 성인 및 소아 환자에게 문제가 되는 이유
- 성인의 각 삼킴 단계에서 전형적으로 일어나는 일
- 삼킴검사에 이용되는 두 종류의 영상기법과 각 기법의 장단점
- 성인 환자에게 '한 모금 삼킴검사(sip test)'를 실시하는 방법
- 영유아기와 아동기에 섭식 및 삼킴장애를 유발할 가능성이 높은 질병 4개 이상
- 자녀에게 섭식·삼킴장애가 있을까 봐 염려하고 있는 부모를 대상으로 알아볼 수 있는 질문 8개 이상

    언어치료전문가(Speech-Language Pathologist: SLP)의 역할과 업무 범위에는 최근 급성장하고 있는 **삼킴장애**(swallowing disorders, dysphagia)의 평가와 치료도 포함된다. 임상가는 자신의 업무를 성인 혹은 소아 환자군으로 나누어 특화하고 있는 추세이다. 삼킴장애는 의학적으로 연관되어 생명을 위협할 수 있는 여러 유형의 질병의 결과로 나타난다. 이 장을 읽으면 알 수 있겠지만, 신생아부터 노인에 이르기까지 모든 연령층의 환자가 삼킴장애를 보일 수 있다. 섭식, 씹기, 삼킴과 관련된 문제는 환자의 연령에 상관없이 사회적·심리적 영향을 미치기도 한다. 삼킴장애가 있는 개인의 관점에서 제작되어 유튜브에 올라와 있는 15분짜리 삼킴장애 다큐멘터리를 찾아볼 것을 권한다(www.youtube.com/watch?v=MrbEUDO6S5U).

    삼킴장애와 관련하여 SLP가 숙지해야 할 질병과 용어가 여럿 있다. 미국 말언어청각협회(American Speech-Language-Hearing Association: ASHA)는 온라인상에 유용한

용어 해설을 제공하고 있다(www.asha.org에 접속하여 삼킴장애 용어 해설 및 영아 질병 부분을 찾아볼 것). 이 장에서는 성인 및 아동의 진단 및 평가 관련 쟁점을 다루고자 한다. 임상적 직관을 위한 기초가 될 수 있도록 비장애 성인에게서 전형적으로 나타나는 생리 과정부터 설명하고자 한다. www.youtube.com/watch?v=xu_YYOAIZEw에서 수정된 비륨 삼킴검사 영상과 함께 전형적인 삼킴 과정에 대한 안내서를 찾아볼 수 있다.

성인의 전형적인 삼킴 과정

삼킴(deglutition, swallowing)의 목적은 음식과 이물질이 기도로 들어가지 않도록 하여 구강에서 위로 이동하게 하는 것이다. 안전한 삼킴을 위해서는 뇌, 뇌간, 뇌신경, 구강 근육계, 인두, 후두, 식도가 관여하는 신경근육 운동의 정확한 협응이 필요하다.

많은 전문가가 삼킴 과정을 구강 삼킴 단계, 인두 삼킴 단계, 식도 삼킴 단계의 세 단계로 구분한다. 임상에서는 첫 번째 단계를 다시 구강 준비 단계와 구강 이동 단계로 나누기도 한다. 그러므로 삼킴 단계를 네 단계로 나누어 설명하는 경우도 많다.

구강 삼킴 단계: 구강 준비 및 구강 이동 단계

섭식은 구강 삼킴 단계, 특히 구강 준비 단계로 시작되는데, 이 단계는 수의적 통제 하에 있기 때문에 치료법을 적용할 때 조정이 가능하다. 구강 준비 단계에서는 음식을 삼키기에 적절한 점도로 변형시킨다. 입술을 다물어 음식과 침을 섞고, 저작 근육으로 턱을 회전시키고 측면으로 움직임으로써 입 안에서 혀로 음식물을 통제하며, 치아로 음식을 작은 조각으로 찢고 부수어 음식 덩어리와 침이 섞여 점성이 있는 **음식물 덩이**(bolus)를 만든다. 구강 준비 단계에 소요되는 시간은 음식의 점도, 음식을 맛보는 데 소요되는 시간에 따라 달라진다. 구강 준비 단계는 먹는 즐거움을 느끼는 단계이므로 삼킴장애 환자를 치료할 때 이와 관련된 심리적 요소도 고려해야 한다(유동식은 이 즐거운 단계를 건너뛰게 만든다). 구강 준비 단계에 소요되는 시간은 매우 가변적인데, 음식물의 종류와 점도, 근육운동 속도 및 강도, 맛과 먹는 즐거움의 정도에 따라 달라진다.

뺨 근육이 긴장하면 음식물 입자가 아래턱과 **뺨** 사이의 고랑(구강구)에 떨어지지 않도록 더 잘 막아 준다. 연구개는 앞쪽을 향하며 내려와서 혀 뒷부분에 기대어 있기 때문에 음식물 입자가 구강 안에 있도록 도와준다. 음식물 덩이가 만들어져 이동할 준비가 되면 혀 근육으로 음식물 덩이를 조작하여 혀를 경구개에 맞대고 누르면서 구강의 앞쪽 가운데 부위에서부터 구강의 뒤쪽, 협구궁(편도 영역)을 향해 혀를 올리고 뒤로 미는 동작으로 음식물 덩이를 민다. 구강 이동 단계는 구강 삼킴 단계의 두 번째 과정으로, 주로 설하신경(제12번 뇌신경)의 수의적 통제를 받는다. 음식물 덩이가 전협구궁을 지날 때 혀의 움직임에 의해 **삼킴 반사**가 일어난다고 보는데, 삼킴 반사의 유발에 대해서는 제대로 알려진 바가 없다. 안전한 삼킴을 위해서는 삼킴 반사의 촉발도 중요하지만 혀의 통제가 온전히 이루어지는 것도 매우 중요하다. 혀를 효과적으로 통제할 수 있어야 전체 삼킴 단계가 시작될 수 있으며 삼킴 반사가 일어나기 전에 극소량의 음식물이라도 인두로 흘러 들어가 후두개계곡이나 이상동에 쌓여 더 심하게는 이를 삼키거나 이것이 흡인되어 폐로 들어가지 않게 방지할 수 있다.

인두 삼킴 단계

삼킴 반사가 일어나면 인두에서 여러 차례의 빠르고, 때로는 동시적인 반응이 약 1초간 지속된다. 이는 삼키는 사람의 연령과 성별 또는 삼키는 음식물의 점도를 불문하고 순식간에 일어난다. 인두 삼킴 단계는 자동적으로 진행되지만, 어느 정도는 삼키는 사람의 행동의 영향을 받기도 한다. 주로 설인신경(제9번 뇌신경)과 뇌간에 의해 통제된다. 호흡할 때와는 달리 인두 삼킴 단계에서는 연인두가 폐쇄된다. 연인두 폐쇄는 혀가 위쪽과 뒤쪽을 향하여 후퇴하고 연구개가 상승하면서 이루어진다. 후두는 상승과 동시에 앞으로 끌어당겨지면서 음식물이 지나는 궤적선 밖으로 멀어져 나올 수 있게 되는데, 이는 설골 자체의 상승과 전방운동의 도움도 받는다. 후두개가 뒤쪽과 아래쪽을 향하면서 후두를 닫으면 후두가 좁아진다. 피열후두개주름의 수축, 가성대의 접근, 진성대의 내전이라는 세 가지 괄약근 운동으로 인해 후두의 내부가 수축하면서 기도의 입구가 한 번 더 보호를 받는다. 그동안 상인두수축근, 중인두수축근, 하인두수축근이 순차적으로 협응하여 수축함으로써 '벗김 파동(stripping wave, 연동 운동)'이 생기고, 이는 음식물 덩이가 중력의 도움을 받아 아래로 내려갈 수 있는 추진력이 된다.

식도 삼킴 단계의 시작

하인두수축근의 아래 부분을 둘러싸고 있는 근육(예: 윤상인두근섬유)이 이완되고 식도의 상부가 식도로 음식물 덩이가 들어오는 것을 허용하면 음식물 덩이는 위와 소화기로를 향해 이동한다. 이 부위를 인두 식도부(Pharyngeal Esophageal Segment: PES) 또는 상인두수축근(Upper Esophageal Sphincter: UES)이라 한다. 식도 삼킴 단계에서는 수의적 통제가 불가능해진다. 이 단계는 식도로 음식물 덩이가 들어갈 때부터 하식도 밸브에 이를 때까지이고, 소요 시간은 약 8~20초로 다양하며, 연령의 증가에 따라 길어진다.

지금까지 정상 성인의 삼킴 과정에서 조화롭게 일어나는 일련의 사건에 대해 설명하였다. 명민한 독자라면 삼킴장애 환자의 평가와 치료에 있어 행동 평가 영역은 무엇인지, 체계적으로 조작할 수 있는 변인은 무엇인지 알 수 있을 것이다.

성인 삼킴장애: 원인 및 평가 목표

성인 삼킴장애는 구강, 인두, 식도 삼킴 단계 중 한 단계나 둘 이상의 단계에 문제가 있을 때 나타난다. 이전에는 정상적으로 기능하던 성인에게서 의학적 사건이 발생하거나 질병이 진행되는 경우가 흔히 있다. 삼킴 문제는 여러 신경학적 질병의 결과로 나타나기도 한다. 이러한 질병을 빈도순으로 나열하면 뇌졸중, 외상성 뇌손상, 척수손상, 뇌종양의 순서가 된다(Cherney, Pannelli, & Cantiere, 1994). 삼킴장애는 진행성 신경학적 질환(예: 파킨슨병, 치매, 운동신경원 질환), 두경부암이나 그 치료 과정, 성대마비, 다양한 상기도소화기 문제 등이 원인이 되어 생기기도 한다. 삼킴장애의 원인을 알면 평가와 중재 방향을 제대로 설정할 수 있다. 예를 들면, 뇌졸중 관련 삼킴장애 사례에 대해서는 암 관련 삼킴장애 사례에서와 다른 접근법을 취할 수 있다. 근거기반실제에 관한 연구에 따르면 두 삼킴장애 사례군의 치료 결과도 다르다. 성인 삼킴장애와 그것의 관리에 대해 더 많은 정보를 얻고자 한다면 이 주제에 관한 책을 읽어 볼 것을 권한다(Groher & Crary, 2010; Swigert, 2007).

삼킴장애가 의심되거나 확인된 성인을 평가하고자 할 때 SLP는 확실한 목표를 염두에 두어야 한다. 즉, 현재의 섭식 방법이 안전한지 판단해야 한다. 흡인(음식물이나 액체가 기도와 폐로 들어가는 경우로, 흘러 들어가는 느낌이 들면 기침을 하여 뱉어 내게 되어 있음)이나 무증상 흡인(음식물이나 액체가 아무런 느낌이나 보호 반응 없이 기도로 들어가는 경우)이 일어나고 있다는 증거가 있는가? 위험 요인은 무엇인가? 행동 전략을 적용하거나 음식의 종류 및 점도를 변화시키면 위험이 감소하는가? 일부 사례의 경우는 특정한 영양 공급 방법(예: 관 급식)에서 다른 영양 공급 방법(예: 구강 섭식)으로 안전하게 전환할 수 있는지, 있다면 어느 정도인지 확인하는 것이 평가의 목표가 되기도 한다. 전문화된 평가의 매우 중요하고도 바람직한 목표는 환자가 무엇이든 빨리 그리고 안전하게 먹을 수 있게 만드는 것이다. SLP는 이 목표를 달성하기 위해 중요하면서도 유용한 정보를 수집하는 일부터 시작한다.

 ## 성인의 전반적인 병상 평가

삼킴 문제가 의심되는 환자는 의료전문가로 구성된 팀의 평가와 관리를 받는다. 이러한 팀의 구성원에는 의사(후두과 의사, 소화기내과 의사, 신경과 의사), 방사선과 의사, 간호사, 영양사, 작업치료사, 호흡기내과 의사/호흡치료사, SLP, 기타 전문가가 있다. 병원에서 성인을 대상으로 하는 병상 평가나 관련 임상 환경에서 이뤄지는 첫 평가는 환자의 의료 기록을 면밀히 검토하는 것에서 시작된다. 주된 호소와 의학적 진단명은 무엇인가? 주치의가 주목한 사항은 무엇인가? 간호사, 영양사, 사회복지사가 기록한 내용 중 섭식과 삼킴에 대해 파악할 수 있는 사항이 있는가? 현재의 영양 공급 방법은 무엇인가?

선별 또는 의사소통 능력 검사

의학적 문제가 원인이 되는 경우도 있고 그렇지 않은 경우도 있지만 삼킴장애와 동시에 나타날 가능성도 있기 때문에 SLP는 삼킴장애 성인이 다른 의사소통 문제를 보이지는 않는지 선별하고자 할 것이다. **청력 선별**도 이루어져야 한다. 그리고 **인지 및 수용·표현 언어 기술**에 대한 선별이나 자세한 검사도 필요하다(8장 참조). 뇌졸중은 성인 삼킴장애의 주된 원인이기 때문에 필요한 모든 것을 갖춘 실어증 진단평가가 필수적인 경우도 있다. 의학적 배경(예: 뇌졸중, 치매, 파킨슨병, 뇌손상)이 세부적인 인지 및 의사소통 검사 내용을 결정하는 지침이 되기도 한다.

구강-주변 기관 검사

구강의 감각 및 운동 능력을 중점적으로 보는 구강-주변 기관 검사는 삼킴이 구강 준비 단계를 평가하기에 적절하다. 이 검사의 실시 방법에 대해서는 〈부록 A〉를 참조하라. 제5번, 제7번, 제9번, 제10번, 제12번 뇌신경이 완전한 상태인지 여부가 씹기와 삼키기에 특히 중요하다. 한 SLP가 병상에서 구강기제 검사를 하고 있는 영상을 유튜브(www.youtube.com/watch?v=-xJvYPVhCxs)에서 볼 수 있다.

사례력 및 자각 증상 관련 정보

병상에서 면담을 실시할 때 SLP는 환자에게 직접 질문하여 가급적 많은 전력을 꼼꼼히 확인해야 한다. 배우자나 보호자가 사례력 조사를 마칠 수 있도록 도와줄 수 있다. 어떤 SLP는 면담을 실시하기 전에 증상을 미리 체크할 수 있는 종이나 서면 질문지를 주기도 한다. 유용한 것으로 보고된 두 종류의 증상 조사용 질문지는 다음과 같다. 첫째, Eat-10 Swallowing Screening Tool(Belafsky et al., 2008)은 환자에게 행동적 영향을 묻는 10개의 진술문에 0점(문제없음)에서 4점(심각한 문제)까지 점수를 매겨 평가하게 한다. 3점 이상의 점수는 효율적이고 안전하게 삼키는 데 문제가 있음을 나타낸다. 네슬레 영양 연구소(Nestlé Nutrition Institute)가 한쪽 분량의 Eat-10을 온라인에 게시해 두었다(www.nestlenutrition.org/Documents/test1.pdf).

유용한 것으로 판단되는 두 번째 증상 조사용 질문지는 뉴사우스웨일즈 대학교 세인트조지 병원의 Sydney Swallowing Questionaire(SSQ)다. 임상 및 연구 목적으로 온라인에서 찾아 이용할 수 있다(stgcs.med.unsw.edu.au에서 SSQ를 검색할 것). 뇌졸중과 일반 환자뿐만 아니라 일차 수술을 받은 구강암 및 구강인두암 환자에게도 이 질문지를 적용한다(Dwivedi et al., 2012). 이 세 쪽 분량의 17개 항목 질문지로 환자는 기능에 대해 '전혀 문제없음'에서부터 '아무것도 삼키지 못함'에 이르기까지 평가한다. 채점 척도는 없지만 대상자의 삼킴 문제에 대한 직관은 얻을 수 있다.

환자를 대면하는 면담 과정에서 SLP는 환자의 식사 습관, 식사에 걸리는 시간, 하루 중 식사 횟수, 식단, 체중 변화 등에 대한 질문도 한다. Schindler와 Kelly(2002)에 의하면 인지 문제로 인해 삼킴 문제를 보이는 환자는 간헐적으로 짧은 시간 동안 먹기 때문에 체중이 감소한다. 주 장애가 삼킴장애인 환자는 더 긴 식사 시간을 필요로 하고(여러 번 삼키기, 작게 베어 물기, 오래 씹기 등 보상 전략을 사용하기도 함) 자신의 느린 식사 시간을 스스로 의식하거나 기침이나 질식을 두려워하기도 한다. 가공식품이나 고열량 음식(예: 밀크셰이크, 다이어트 보조식품)에 강하게 끌리는 환자는 체중 증가의 가능성도 있다. 고형식, 반고형식, 유동식의 삼킴에서 차이가 있는지도 추가로 질문해 보아야 한다. 고정된 폐색(예: 거미막, 좁힘, 종양)이 있는 환자는 유동식에 비해 고형식에서 삼킴 장애를 호소하는 경우가 많다. 유동식에서 어려움을 호소하는 환자는 인두 근육계를 약화시키거나 삼킴 반사의 불협응을 초래하는 신경학적 질병이 있을 가능성이 더 높다. 비인두 역류 및 마비말장애와 연관된 증상은 병변의 수준을 알려 주기도 한다. 기식성의 거친 음성은 성문 기능부전(그리고 흡인의 위험)을 의미하는 것일 수도 있으므로 기침을 잘 못하는지 확인해야 한다. 젖은 음질은 삼킴장애의 증상 중 하나라고 흔히 생각하지만, 그 중요성에 대해서는 논쟁이 있다(영상 검사에서는 적절한 삼킴 기능을 보이지만 뇌졸중 발병 이후 나타나기 시작한 젖은 음질은 경고의 징후일 가능성이 높다).

대체로 사례력 조사를 위한 면담은 SLP가 지각적 음성평가(11장 참조)를 체계적으로 시작할 때 구강 검사를 보충할 수 있게 해 주므로 구강 점액, 침의 질과 양(음식물 덩이의 형성과 삼킴 반사의 촉발에 도움이 됨)을 관찰하는 데 주의를 기울여야 한다.

현재 복용하고 있는 약물에 대해서도 질문해야 한다. 이는 식욕, 섭식 행동, 침 분비, 삼킴에 영향을 미칠 수 있는 다른 질병에 대한 정보도 알려 준다. 삼킴에 영향을 미칠 수 있는 약물에 대한 자세한 정보도 이용할 수 있는데(Carl & Johnson, 2006; Gallagher, 2010; Puntil-Sheltman, 2002), 그 일부를 〈표 10-1〉에 자세히 제시하였다.

삼킴장애 환자를 평가할 때 확인해야 할 가장 중요한 사항은 흡인의 위험이다. 환자의 현재 영양 공급 방법(일반식, 제한식, 구강 급식 대체법)도 확인해야 한다. 물론 평가 과정에서 삼킴 치료의 필요성 여부와 환자가 안전하게 삼킬 수 있게 하기 위해 적용해야 할 보상 전략은 무엇인지도 확인할 수 있어야 한다.

Groher와 Crary(2010), Swigert(2007)도 질문지 샘플과 채점표를 제공하고 있다. 출판된 여러 평가 프로그램에는 사례력 조사용 질문지도 포함되어 있다. 다음의 간단한 질문도 이용할 수 있다.

- 삼킴과 관련하여 가장 염려되는 문제는 무엇인가?
- 이 문제가 시작된 지 얼마나 오래되었는가? 시간이 지나면서 문제가 어떻게 달라졌는가?

표 10-1 **삼킴에 영향을 미칠 수 있는 약물 목록**

침의 감소(구강 건조)	리스페리돈
이뇨제(예: 에데크린)	
옥시부티닌(디트로판)	인지 및 주의력 장애
디펜히드라민(베네드릴)	디아제팜(발륨)
ACE 억제제(예: 카포텐, 프리니빌)	로라제팜(아티반)
역류성 위식도 질환 및 식도 운동장애	잘못된 미각
니페디핀(프로카디아)	화학요법 제제
알부테롤	테트라시클린
씹기 및 삼킴 장애	먹기 등의 과제에서 집중 능력의 향상
할돌	리탈린
소라진	프로비질

- 현재의 건강 문제와 복용 중인 약물에 대해 설명하라.
- 현재 어떤 종류의 음식과 음료를 먹고 마실 수 있는가? 이 음식 중 가장 문제가 되는 것으로 보이는 음식물은 어떤 것인가? 문제가 가장 덜한 음식물은?
- 먹고 삼킬 때 느껴지는 것[삼킬 때의 통증(odynophagia), 덩어리, 막힘, 질식, 기침, 구강 건조, 침 흘림, 역류 등]이 있다면 설명하라.
- 올해 체중이 얼마나 안정적으로 유지되었는가?
- 의사는 당신의 삼킴에 대해 무엇이라 말하였나?
- 우리가 당신의 삼킴에 대해 무엇을 해 주기를 바라는가? 특별히 원하는 바가 있거나 먹기와 관련된 목표가 있는가?

기기가 필요 없는 간편 병상 삼킴검사

환자가 음식물 입자, 액체, 자신의 침을 흡인할 위험성이 있는지 평가하는 것이 중요하다. 기도와 폐 안으로 음식물이나 액체가 흘러 들어가거나 빨려 들어가면 삼킴장애 환자에게 흡인성 폐렴(aspiration pneumonia)을 유발할 수 있으며, 이 상태는 목숨을 위협할 수도 있다. 질식도 환자를 위태롭게 하는 문제로, 법적 분쟁의 가능성도 있으므로 목에서 나타나는 이러한 문제를 보지 않고 환자의 삼킴 능력을 안일하게 검사하는 것은 위험하다. 뒤에서 짧게 논의할 영상검사가 필수적이다. 기기를 이용하지 않고 간편하면서도 주의 깊게 실시하는 비기기적 사전 삼킴검사는 삼킴장애의 유무와 정도를 파악할 수 있게 해 줄 뿐만 아니라 면밀한 검사를 위한 계획을 세우는 데 적절한 경우가 많다.

Standford Medicine은 다양한 온라인 강의를 제공하고 있다. 병상 삼킴 선별검사(Bedside Swallowing Screen)로 빠른 시간 안에 성인을 효율적으로 선별할 수 있다. 이 강의는 유튜브에서 볼 수 있는데(www.youtube.com/watch?v=x_sssJErd6U), 인지(1단계 지시), 구강 운동, 3온스의 물 한 모금 마시기/삼킴 선별로 이루어져 있다. SLP는 환자에게 점도를 달리한 음식물을 조금씩 주고 삼켜 보라고 하여 환자의 삼킴에 문제가 있는지 모니터링하기도 하는데, 후두의 상승, 삼킴 반사(또는 여러 번 삼키기)의 촉발이 나타나는지 관찰하고 환자가 보이는 모든 반응(예: 눈 가늘게 뜨기, 눈 치켜뜨기)을 살펴본다. 이러한 방법은 삼킴이나 흡인이 일어났음을 표시해 주는 것으로 신뢰할 수는 없으므로 주의하여 적용해야 한다. 1 찻숟가락 분량의 물, 물 한 모금, 푸딩, 잘게 썬 과일, 한 입 크기의 샌드위치를 병상에서 먹어 보게 하는 영상도 www.youtube.com/watch?v=Sh6fiO8N_PA에서 볼 수 있다. 각 음식물을 시도할 때 SLP가 대상자의 목을 만져 후두 상승과 삼킴 반사 촉발의 단서를 얻고, 음식 잔여물이 있는지 구강을 확인하고, 환자가 기침을 하거나 가릉거리는 소리를 내지 않는지 들어 보는 모습을 확인할 수 있다. 그리고 ASHA도 Clinical Swallowing Evaluation Template을 제공하고 있는데, 이는 www.asha.org에서 찾아볼 수 있다.

성인 대상의 임상 및 기기적 평가

성인 삼킴장애 환자를 대상으로 자세한 임상 평가와 영상검사의 실시 과정을 보여 주는 프로토콜은 많다. 〈표 10-2〉에는 광범위하게 사용하는 대표적인 자료를 목록으로 제시하였다. 이 중 몇 가지를 살펴보자.

Mann Assessment of Swallowing Ability(MASA; Mann, 2002)는 삼킴장애의 병상 평가에 적용할 수 있도록 고안된 것이다. 간단하게 기술되어 있지만 중증도에 따라 24개의 임상 항목에 점수를 주게 되어 있다. 규준 자료도 있는데, MASA 점수는 중증도와 흡인 특성을 고려하여 중증도 집단을 나눌 수 있게 해 준다. MASA는 인기 있는 평가도구이기는 하지만, 지금은 더 짧은 버전도 있다. Modified Mann Assessment

표 10-2 | **성인 삼킴장애 환자용 사례력 정보 양식, 감각 척도, 평가 프로그램, 영상검사 프로토콜**

- Bedside Evaluation of Dysphagia(BED; Hardy, 1995)
- Bedside Swallow Assessment(EATS; Courtney & Flier, 2009)
- Burke Dysphagia Screening Test(BDST; Depippo, Holas, & Reding, 1992)
- Clinical Evaluation of Dysphagia(CED; Cherney, Pannelli, & Cantiere, 1994)
- Dysphagia Evaluation Protocol(Avery-Smith, Rosen, & Dellarosa, 1997)
- EAT-10: A Swallowing Screening Tool(Belafsky et al., 2008) Nestlé Nutrition Institute의 웹사이트(www.nestlenutrition-institute.org/Documents/test1.pdf)에서도 찾아볼 수 있음
- Gussing Swallowing Screen(GUSS; Trapl et al., 2007)
- Mann Assessment of Swallowing Ability(MASA; Mann, 2002)
- Mann Assessment of Swallowing Ability-Cancer(MASA-C; Carnaby & Crary, 2014)
- Massey Bedside Screening(Massey & Jedlicka, 2002)
- M.D. Anderson Dysphagia Inventory(MDADI) M.D. Anderson Cancer Center의 웹사이트(www.mdanderson.org)에서 찾아볼 수 있음
- Modified Mann Assessment of Swallowing Ability(Antonios et al., 2010)
- Northwestern Dysphagia Patient Check Sheet(Logemann, Veis, & Colangelo, 1999)
- Standardized Swallowing Assessment(SSA; Perry, 2001)
- Swallowing Ability and Function Evaluation(SAFE; Ross-Swain & Kipping, 2003)
- Swallowing Quality of Life Survey(SWAL-QOL; McHorney et al., 2000)
- Sydney Swallowing Questionnaire(SSQ) St. George Hospital and University of New South Wales의 웹사이트(http://stgcs.med.unsw.edu.au/)에서 찾아볼 수 있음
- Toronto Bedside Swallowing Screening Test(TOR-BSST; Martino et al., 2009)

of Swallowing Ability(Antonios et al., 2010)는 Modified MASA로 알려져 있다. 이 평가를 적용할 때는 음식물을 이용한 삼킴 시도를 하지 않으며, 평가자(예: SLP, 간호사)가 특정 과제를 지시한다. 한 쪽 분량의 양식으로 되어 있는데, 과제 수가 12개로 줄었고 채점 방식도 더 단순해졌다. 전체 점수는 0~100점의 범위를 갖는데, 95점 이상의 점수는 환자가 견딜 수 있다면 구강 급식을 해도 됨을 의미한다. 94점 이하의 점수는 입으로 그 어떤 음식물이나 액체도 먹으면 안 됨을 제안하는 것으로, 더 간단하게는 '구강 급식 금지(Nothing Per Oral: NPO)'라 한다. NPO의 의학적 상태를 보이는 환자에 대해서는 의사가 SLP에게 종합적인 상담을 해 달라는 처방을 낸다. 암 환자에게 적용하기 위해 고안된 도구도 있는데, Mann Assessment of Swallowing Ability-Cancer(MASA-C; Carnaby & Crary, 2014)가 그것이다. 암 환자에 맞게 일부 항목을 조정

하였는데, MASA와 실시 방법과 채점 방식이 유사하다.

Gussing Swallowing Screen(GUSS; Trapl et al., 2007)은 선별 프로토콜에 반고형식, 액체, 고형식의 음식을 삼키도록 시도하게 되어 있는데, 대상자에게 주는 지시가 명확하다. 삼킴, 기침, 침 흘림, 음성 변화에 대한 중증도 채점체계가 제공되어 있다.

Swallowing Ability and Function Evaluation(SAFE; Ross-Swain & Kipping, 2003)은 SLP로 하여금 (1) 인지·행동 요인 등 삼킴에 관한 전반적인 정보 평가, (2) 구강인두 기제 검사, (3) 구강 준비 단계, 구강 단계, 인두 삼킴 단계를 중심으로 하는 삼킴 기능 분석의 세 단계를 진행할 수 있게 한다. SAFE는 청소년기에서 성인기의 대상자에 대해 '최종적인 진단 또는 삼킴장애 진단명'을 내리고 치료 계획을 제안하고자 할 때 적용한다.

시카고 재활연구소(Rehabilitation Institute of Chicago)에서 개발한 Clinical Evaluation of Dysphagia(CED; Cherney, Pannelli, & Cantiere, 1994)는 SLP가 평가해야 하는 영역에 대한 개요를 서술하고 있다. 일반적으로 흡인 위험이 높은 환자(예: 아직 입으로 음식을 먹지 못하는 환자나 기관절제술을 받은 환자)에게는 섭식 전 평가를 먼저 실시한다. CED의 섭식 전 기술에 대한 평가에는 문제의 전력 수집과 구강, 인두, 후두의 구조 및 기능에 대한 관찰도 포함된다. 이러한 평가를 통해 SLP는 환자의 구강 급식 가능성과 추가적인 평가 및 의뢰의 필요성을 판단하게 된다. CED의 섭식 전 평가 양식은 중요한 정보를 수집하고 기록하는 데 도움이 된다. 초심자에게는 벅찰 수도 있지만 CED의 핵심 관찰사항에 대한 개요를 보면 숙련된 SLP라면 섭식 전 평가 과정에서 무엇을 할지 알 수 있다. 이러한 핵심 관찰사항에는 (1) 의학적/영양 상태, (2) 호흡 상태(분당 호흡 수, 기침, 짧은 호흡 여부), (3) 흡인 전력, (4) 기관절제술을 받은 경우 그 형태 및 크기, (5) 각성도 수준 및 지시 따르기 능력, (6) 행동 특성, (7) 현재 영양 공급 방법(구강 급식, 비위장관, 위절개관, 경피 내시경하 위루술, 튜브를 삽입한 경우 급식 빈도와 양), (8) 자세(예: 몸통, 머리, 목의 습관적인 자세), 운동 통제 문제의 여부, 가장 좋은 섭식 자세(기도를 최대한 보호할 수 있는 자세는 고개를 앞으로 기울이고 몸통을 90°로 똑바로 세운 자세임) 및 이 자세를 편안하게 유지하기 위해 필요한 것(쐐기형 쿠션, 베개, 기타 지지대 사용), (9) 구강운동, 인두 및 후두 기능에 대한 관찰(구강운동 검사를 면밀히 시행하되, 음성의 질과 강도도 관찰한다), (10) 불수의적 기침과 지시에 따른 기침의 가능 여부, (11) 구역질 반사와 양측의 반사 강도, (12) 지시에 따른 마른 삼킴 수행 능력, (13) 섭식에 영향을 미칠 수 있는 침 흘림, 구취, 비정상적 반사 여부, (14) 자극에 대한 반응(예: 입술 폐쇄, 입술 내밀기, 숟가락이 닿을 때 반응의 정확성)이 있다.

평가 이후 환자가 NPO 상태를 유지해야 한다고 판단할 수도 있지만, 다른 방법을 통해서라도 영양 공급은 이루어져야 한다. 섭식 전 기술 향상을 위한 치료를 권고하여 진전과 차후 재평가를 기대할 수도 있다. 임상 또는 병상에서 CED를 이용하여 삼킴 장애를 평가하려면 최소 한 종류의 음식 점도를 견딜 수 있는 환자여야 한다. 이 평가 는 수준이 다른 환자에게서 상당히 다른 특성이 나타난다는 것이 특징이다. Cherney, Pannelli와 Cantiere(1994)는 중도 삼킴장애 환자, 기관절제술 환자, 경구 영양 공급 환 자를 위한 지침서를 제공하였다. 많은 평가 프로그램과 마찬가지로, CED는 SLP가 삼 킴 과정 동안 환자의 행동을 관찰(또는 추론)하여 평가할 수 있게 해 준다. 여섯 종류의 서로 다른 음식 점도를 평가하는데, 각 점도에 해당하는 음식의 예는 〈표 10-3〉에 제 시하였다.

삼킴장애 전문가를 대상으로 한 전국 조사 연구에서 현재 적용하고 있는 임상/병 상 평가 방법 중 가장 선호하는 방법을 알아보았다(McCullough, Wertz, Rosenbek, & Dinneen, 1999). 〈표 10-4〉는 영역별로 최고 7위까지를 제시한 것이다. Martino, Pron과 Diamant(2000)는 병상 관찰사항 중 단 두 가지만이 비디오 투시조영 검사에서 나타난 흡인의 예측에 도움이 된다고 강조하였다. 그것은 (1) 감소된 편측 인두 감각과 (2) 50ml 의 물 삼킴검사에서 나타난 기침이다. 그러므로 어떤 환자든지 병상 검사 뒤에는 반드 시 영상 검사를 실시하여야 한다. 병상 검사 중 다양한 진단 과제에서 환자가 보이는 수행을 역동적으로 평가한다. 환자는 어떤 과제에서 어려워하거나 서투른가? 어떤 과 제에서 삼킴이 향상되는가? 만약 있다면, 어떤 점도, 어떤 자세, 어떤 기법이 치료 시 작의 출발점이 될 것인가? 이와 같은 질문 중에는 객관적인 기기를 이용하여 삼킴의

표 10-3 삼킴장애 평가에 사용하는 음식물과 점도	
묽은 액상 물, 사과 주스	분쇄식 쌀, 휘저어 익힌 계란, 참치 캔, 다진 닭, 햄버거
농축액(고점도 농액) 토마토 주스, 크림 수프, 요거트	다진 고형식 잘게 다진 육고기, 야채
퓌레식 사과 소스, 걸쭉한 과일 캔, 푸딩	일반 고형식 일상적인 음식

표 10-4	삼킴장애 전문가가 선호하는 7개 병상 평가법
사례력	**삼킴 시도**
환자 보고	3온스(약 90ml) 삼킴
가족 보고	150ml 검사
폐렴 전력	기타 묽은 액상
신경학적 문제	농축액
영양 상태	푸딩
위장 관련 과거력	퓌레
구조(비수술) 관련 과거력	얼음 조각
구강운동	**음성**
빠르게 반복하는 말	음도/강도의 변화
혀의 강도/범위	기식 음성
입술 다물기/내밀기	거친 음성
턱의 강도/측방 운동	젖은 음성/끅끅대는 음성
연구개 운동	긴장된/끊기는 음성
구개 구역질 반사	실성증/무성증
인두 구역질 반사	공명

향상 또는 안전한 삼킴 여부를 판단할 때 다시 묻게 될 질문도 있다. 일부는 입으로 음식을 먹거나 삼키면 안 되는 사람도 있지만, 이 주제에 대해서는 논하지 않겠다.

성인 삼킴 평가를 위한 영상 기법

삼킴의 다양한 측면을 검사하는 데에는 여러 가지 기술을 사용할 수 있다. 초음파 검사는 표적 구조의 움직임(예: 혀, 설골의 운동이나 영유아의 빨기 및 구강이동 검사)을 관찰하기 위해 변환기를 사용한다. 표면 근전도 검사는 삼킴에 관여하는 여러 근육의 전기적 활동을 기록한다. 신티그래피(scintigraphy)도 있는데, 이는 소아 환자에게 실시하는 방사선핵종 수유촬영 검사라고도 한다. 더 자주 실시하는 비디오 투시조영 삼킴검사와 내시경 삼킴검사는 역동적인 시각적 관찰도 가능하게 해 준다.

비디오 투시조영 삼킴검사/조정된 바륨 삼킴검사

방사선 검사와 함께 실시하는 전통적 바륨 삼킴검사는 상기도의 해부 영상을 제공해 주고 병변과 종양을 관찰하는 데 유용하다. 그러나 순서대로 진행되는 삼킴 동작을 영상에 담기 위해서는 바륨(방사선 불투과성 조영제-여자 주)의 농도를 조정하고 비디오 투시조영 장비를 사용해야 한다. 비디오 투시조영 삼킴검사(Videofluoroscopic Swallow Study: VFSS)로도 알려져 있는 조정된 바륨 삼킴검사(Modified Barium Swallow: MBS)는 구강에서부터 하부의 식도괄약근에 이르기까지 삼킴 과정에 관여하는 구조에 대해 역동적인 영상을 제공해 준다. VFSS는 병원에서(장비 이동이 불가능함) 실시하는 검사 절차 중 하나로 피검자가 방사선에 노출되는 검사이며 비용도 많이 든다. MBS/VFSS는 입 안에 음식을 넣을 때부터 음식물 덩이가 식도 부위로 이동하는 전 과정을 전후방상(Anterior-Posterior view: A-P view)으로 관찰할 수 있다. SLP와 방사선사의 협력이 필요하다. 조영 검사의 영상을 얻기 위해서는 환자에게 퓌레, 액체, 고형식의 음식을 바륨과 섞어 삼키게 한다. 구강/인두강 부위에 대한 검사에서는 환자에게 액상 바륨을 준 뒤 10초간 입 안에 물고 있으라고 지시한다. 삼키기 전에 바륨이 샌다면 구강인두근육 협응에 문제가 있음을 알 수 있다. 삼키는 양, 비강으로의 누수 여부, 후두실로의 침입 여부도 관찰해야 할 사항이다. MBS는 침습과 흡인의 위협으로부터 자신의 기도를 보호하는 능력을 평가하는 데에도 유용하다. 바륨은 맛이 좋지 않으므로 검사에 사용할 때는 음식/액체와 섞어서 사용한다. 건강한 성인의 경우에도 바륨을 삼키게 하면(바륨 없이 삼킬 때에 비해) 맛에 대한 민감성과 삼킴 행동에 영향을 미치기 때문에(Nagy, Steele, & Pelletier, 2014) MBS는 환자의 능력을 대략적으로 보는 것일 뿐이다.

한 환자에게 푸딩을 삼키게 하여 MBS를 실시하는 과정과 함께 SLP가 환자에게 고개의 자세를 변화시키라고 지시하는 영상을 유튜브(www.youtube.com/watch?v=sM6ux1uS6M)에서 찾아볼 수 있다. VFSS/MBS를 단계별로 제대로 실시하는 방법은 ASHA의 웹사이트(www.asha.org에서 Videofluoroscope Swallowing Examination Template을 검색할 것)에서 찾아볼 수 있다.

SLP가 환자의 VFSS/MBS 영상에서 삼킴 단계별로 주목하여 관찰해야 할 사항은 많지만, 음식물 덩이에 집중하는 것이 특히 중요하다. 필요하면 녹화된 영상을 멈추거나 재생하여 특히 다음과 같은 사항을 주의 깊게 살펴본다. 삼킴 반사가 일어나기 전에 구강 구조에 이상이 있거나 기능에 문제가 있는지 관찰한다. 음식물 덩이의 전후방 추진 운동도 자세히 관찰한다. 삼킴이 시작될 때(주요 구조물에서 일어나는 일을 떠올려 보

라) 음식물 덩이가 일관되게 움직이는가, 아니면 우물쭈물 움직이는가? 음식물 덩이의 움직임이 지연된다면, 얼마나 오랫동안 지연되는가? 음식물 덩이(또는 그 일부분)가 삼킴 반사가 일어나기 전, 중, 후 중 언제 기도로 들어가는가? 삼킴 중이나 후에 인두에서 식도(PES/UES)까지 음식물 덩이의 움직임을 관찰한다. 삼킴 후 구강, 후두개계곡, 이상동, 인두후벽에 음식의 잔여물이 남아 있는지 확인한다.

때로는 영상 검사 절차를 조정하여 환자가 최상으로 그리고 가장 안전하게 삼킬 수 있도록 다양한 전략을 시도해 보아야 하는 경우도 있다. 환자의 문제에 대해 알고 있으면 바륨 농밀화 조제를 사용하기 전에 미리 계획을 세울 수 있다. 고개와 몸통의 자세를 어떻게 해야 하는지 미리 생각해 두어야 한다. 어떤 종류와 어떤 점도의 음식으로 삼킴을 시도하게 할 것인가? 대상자에게 기도를 위협하거나 흡인을 유발할 수 있는 음식 잔여물을 기침을 하거나, 한 번 더 삼키거나, 세게 힘주어 삼켜서 없애보라고 지시하는 단서를 미리 준비하고 있어야 한다. 어떤 단서를 주었을 때 영상에 보이는 음식 잔여물을 말끔히 없앨 수 있었는가?

굴곡형 내시경 삼킴검사

굴곡형 내시경 삼킴검사(Flexible Endoscopic Evaluation of Swallowing: FEES)도 SLP에게 삼킴 과정에 대한 역동적인 영상을 제공해 주는데, 반박하는 사람들도 있겠지만 전체 삼킴 과정에 대해 더 선명한 영상을 제공해 준다. 그러나 FEES는 VFSS/MBS로 볼 수 있는 전후방 시야는 관찰할 수 없으며, 인두에서 삼킴 반사가 일어나면 영상이 사라지면서 순간적으로 화면이 하얗게 되는 현상이 생긴다. 기관에 따라서는 특정 영상검사법을 더 선호하기도 하지만, 일부 대형 병원에서는 두 영상검사법을 한 환자에게 모두 실시하여 필요한 정보를 얻기도 한다. FEES 장비는 환자의 침상에서 이용할 수도 있다. 굴곡형 내시경을 코로 삽입하여 비인두를 향해 통과시킨다. 이렇게 하면 구개, 인두, 후두의 구조와 기능, 침 고임, 감각지각을 관찰할 수 있다. 환자로 하여금 'ka-ka-ka'를 말하게 하거나 모음을 음계에 따라 음도를 점점 높이거나 낮추면서 노래하게 하여 관찰하는 것이 좋다. 이후 다양한 점도의 음식(크래커 조각이나 애플소스 등)과 소량의 액체(포도주스나 청색소보다 녹색소가 들어 있는 물이 내시경으로 관찰하기에 더 좋음)를 이용하여 삼킴을 평가한다. 이상동, 후두개계곡, 후두실에 분비물이 고이거나 음식 잔여물이 있는지 살펴보는 것이 중요한데, 이는 흡인될 위험이 있기 때문이다. 자세히 관찰해야 할 내용은 앞에서 살펴본 VFSS/MBS와 비슷하다.

SLP와 의사가 환자에 대한 간략한 설명과 함께 FEES를 실시하고 있는 것을 보여 주는 영상을 유튜브(www.youtube.com/watch?v=M-TbMp_63Yc)에서 찾아볼 수 있다. 이 비디오는 FEES의 장점을 언급하고 있고, 유색의 액체와 여러 점도의 음식을 이용하여 검사를 실시하고 있다. 유튜브에서 FEES를 자세히 잘 설명하고 있는 강의를 찾아볼 것도 권한다(www.youtube.com/watch?v=OxzrQsBpjx4). 초심자와 노련한 임상가 모두 이해하기 어렵지 않을 것이다. ASHA도 웹사이트에 Endoscopy Swallowing Examination Template을 올려 내시경을 이용한 삼킴검사에 대해 자세한 정보를 제공하고 있다(www.asha.org에서 찾아볼 것).

영상 검사를 이용한 정밀조사 및 시험적 삼킴 전략

평가, 특히 영상 기법을 통한 평가는 대상자에게 가장 좋고 안전한 삼킴 방법이 무엇인지 탐색해 볼 수 있는 기회가 되기도 한다. 실제로 검사 당시에 즉시 권고한 섭식법의 효과와 중재를 통한 향상 가능성에 대한 판단을 위해서는 미리 계획해 둔 방법으로 환자가 가장 안전하게 삼킬 수 있도록 하여 이를 시각화하는 것이 이상적이다.

SLP는 의료 기록, 사례력, 증상 체크리스트, 영상 검사 전에 전반적으로 실시한 임상 평가 또는 병상 평가에 근거하여 영상 검사 실시 중 환자에게 시도해 보아야 할 전략에 관해 정보를 얻어야 한다. 외부적인 압박(입술을 다물거나 아래턱을 어떻게 하라고 지시하는 단서 등)이 필요한가? 어떤 음식과 음식 점도를 시도해야 하고 또 시도하지 말아야 하는가? 환자가 단서를 기억하거나 단서를 구어로 상기시켜 주면 따를 수 있는가? 환자가 연속해서 두 번 삼키거나 세게 삼켜서 음식 잔여물을 없앨 수 있는가? 환자는 자발적으로 기침할 수 있는가, 아니면 단서를 줘야 기침할 수 있는가? 이와 같은 질문에 대한 SLP의 직관이 현재 및 추천되는 영양 공급 방법과 치료의 필요 여부(치료가 필요할 경우 재활 방향)에 대한 임상적 권고사항을 도출할 수 있도록 안내해 줄 것이다.

음식물 덩이의 흐름과 흡인

삼킴과 관련된 SLP의 궁극적인 관심사항은 환자의 안전이라는 것을 기억해야 한다. 흡인성 폐렴(침습성 폐렴이라고도 함)으로 이어질 수 있는 흡인은 생명을 위협할 수 있다. 영상 검사를 실시하는 동안 SLP의 시선은 '음식물 덩이를 좇아가는 데' 고정하고 있어야 한다. 음식물 덩이의 흐름을 측정하는 방법도 다양한데, 주로 환자의 구강 이동 시간, 인두 단계 소요 시간, 전체 삼킴 소요 시간(예: 음식물 덩이가 구강의 뒤쪽을 출발하여 UES에 들어갈 때까지 걸린 시간)을 잰다. Rosenbek 등(1996)은 지금도 널리 사용되고 있는 8점 척도를 제안하였다. Penetration/Aspiration Scale(PENASP)에서는 음식물 덩이를 삼키는 동안에 환자의 기도가 위태로워지는지 여부와 그 정도를 숫자로 표시하게 되어 있다. 어떤 음식물 덩이를 삼키게 하였을 때 어떤 일이 일어나는지에 따라 다음의 8개 범주로 나눌 수 있다.

- 척도점수 1: 음식물 덩이가 기도로 전혀 들어가지 않는다.
- 척도점수 2: 일부 음식물 덩이가 기도로 들어가서 성대 위에 남아 있으나 뱉어 낼 수 있다.
- 척도점수 3: 일부 음식물 덩이가 기도로 들어가서 성대 위에 남아 있어도 뱉어 내지 못한다.
- 척도점수 4: 일부 음식물 덩이가 기도로 들어가 성대에 닿으나 뱉어 낼 수 있다.
- 척도점수 5: 일부 음식물 덩이가 기도로 들어가 성대에 닿아도 뱉어 낼 수 없다.
- 척도점수 6: 일부 음식물 덩이가 기도로 들어가 성대 아래를 통과하지만 후두 쪽으로나 기도 밖으로 뱉어 낼 수 있다.
- 척도점수 7: 일부 음식물 덩이가 기도로 들어가 성대 아래를 통과하지만 노력해도 기관 밖으로 뱉어 낼 수 없다.
- 척도점수 8: 일부 음식물 덩이가 기도로 들어가 성대 아래를 통과하지만 뱉어 내려는 그 어떤 노력도 하지 못한다.

척도점수 2~5는 어느 정도의 침습을 나타내지만, 척도점수 6~8은 흡인을 나타낸다. 7점이나 8점을 얻은 환자는 뱉어 내거나 기도를 보호하려는 노력(반복하여 삼키기, 기침 등과 같은 전략)도 하지 않고 또 효과도 없이 음식물 덩이 잔여물의 침습/흡인이 일어나고 있기 때문에 무증상 흡인의 위험에 처해 있다. 이에 대한 이해는 재활 가능성과 음식물 제한에 대한 실마리가 될 수 있다.

침습과 흡인은 삼킴장애 환자들에 대한 주된 관심사항으로, 이를 발견할 수 있는 기법이 더 개발되고 개선되어야 한다. Fiberoptic Endoscopic Evaluation of Swallowing with Sensory Testing(FEESST; Aviv et al., 1998)은 FEES와 환자의 후두-인두 감각 변별 역치를 판별하기 위한 기법을 결합하였다. FEESST를 실시할 때 내시경을 통해 상후두 영역(제10번 미주신경의 상후두신경으로 감각을 담당함)으로 다양한 강도의 공기 파동을 보낸다. 특정 강도의 공기에 대한 후두의 반응 또는 후두 반응의 결여를 시각적으로 확인할 수 있기 때문에 환자의 흡인을 잘 예측해 주는 요인임이 밝혀지고 있다.

성인의 기능상의 영향 및 삶의 질

Functional Oral Intake Scale(FOIS)은 뇌졸중 이후 삼킴장애를 보이는 환자들에게 적용하기 위해 개발된 것이다(Crary, Mann, & Groher, 2005). 이 도구는 환자가 안전한 기능을 보이고 영양과 수분이 적절히 공급될 수 있는 식단 수준을 알려 준다. 7개의 수준은 재활 이후나 종결 시점에서 환자의 성취 수준을 알려 주는 효과 측정치로 이용한다. 이 척도는 환자의 진전 또는 진전 부족을 추적하는 재평가도구로도 유용하다. 환자에게 섭식 치료를 실시하기 전과 후에 환자의 수준을 기록으로 남기기 위해 FOIS와 비슷한 척도를 적용하거나 그냥 FOIS를 적용한다. 7개의 수준은 다음과 같다.

- 수준 1: 입으로 그 어떤 음식이나 액체를 섭취할 수 없음(NPO)
- 수준 2: 최소한의 음식이나 액체만 허용되며 주로 관 영양 공급에 의존함
- 수준 3: 상당한 양의 음식이나 액체가 허용되며 주로 관 영양 공급에 의존함
- 수준 4: 한 가지 점도의 음식만 입으로 먹을 수 있음
- 수준 5: 특수한 조리나 보완 과정을 거친 여러 점도의 음식을 입으로 먹을 수 있음
- 수준 6: 특수한 조리 과정을 거치지 않은 여러 점도의 음식을 입으로 먹을 수 있으나 특정 음식으로 제한됨
- 수준 7: 그 어떤 제약 없이 음식을 입으로 먹을 수 있음

삶의 질에 관한 평가는 WHO의 주된 관심사항이며 삼킴장애 환자에게 일정 정도 중재를 제공한 후에 삶의 질에 대해 평가한다. Swallowing Quality of Life Survey(SWAL-QOL; McHorney et al., 2000)에는 11개의 하위영역이 있는데, 각 하위영역별로 환자는 1~5점 척도로 각 문항에 대해 점수를 매기게 되어 있다. 이 도구는 특별히 삼킴장애 환자에게 적용하기 위해 개발되었으나 삼킴장애에 대한 연구에도 이용할 수 있으며 임상적 유용성도 있는 것으로 나타났다. M.D. Anderson Dysphagia Inventory(MDADI)도 앤더슨 암센터(M.D. Anderson Cancer Center)의 웹사이트(www.

mdanderson.org)에서 찾아볼 수 있는데, 이는 뇌졸중 이후 삼킴장애가 생긴 환자들의 삼킴 평가를 위해 개발된 삶의 질 검사도구이다. 두경부암 이후 삼킴장애가 생긴 환자들에게 사용하기에도 타당한 검사도구임이 입증되었다(Chen et al., 2001).

소아 섭식 및 삼킴 장애

소아 삼킴장애에는 영유아 및 아동에게서 나타나는 빨기, 섭식, 삼킴에서의 장애가 모두 포함된다. 어떤 사람들은 삼킴 문제를 함께 보이거나 보이지 않으면서 음식이나 액체를 먹는 데에서 보이는 문제인 **섭식장애**(feeding disorder)를 구분하기도 하는데, 섭식장애에는 식사 시간에 나타나는 파괴적 행동, 거부, 딱딱한 음식 선호(음식의 종류 및 질감 포함), 나이에 맞는 식사도구 사용에서의 문제, 스스로 먹는 데에서의 문제, 제한된 음식 섭취량으로 인한 성장 불량이 포함될 수 있다. 이렇게 구분하여 보는 관점을 따르면 **삼킴장애**(swallowing disorder)는 한 단계 이상의 삼킴 단계에서의 문제로, 인정하건대 섭식과 구강에서의 준비를 위해 음식/액체가 입으로 들어오는 구강 준비 단계를 구분하기가 애매해질 수 있다. 명확하게 하기 위해 소아 삼킴장애는 섭식장애와 삼킴장애 둘 다 포괄하는 용어라고 해 두자. 실제로 섭식과 삼킴의 의료 코드와 비용 청구는 삼킴장애 아래에서 이뤄진다. **소아 삼킴장애**는 발달 행동, 연령에 적합한 행동과 비교하여 평가한다. 소아의 초기 빨기(흡찰, sucking), 빨기, 씹기, 삼키기의 해부 및 생리는 성인과 다르다. 이러한 측면을 더 자세히 알아보기 위해서는 Arvedson과 Brodsky(2002), Swigert(1998)를 참고할 것을 권한다.

소아 삼킴장애의 평가 단계에는 구강 준비 단계, 구강 이동 단계, 인두 단계, 식도 단계가 있다. 소아 삼킴장애는 그 어떤 삼킴 단계에서든 나타날 수 있다. 그리고 영유아의 섭식과 삼킴은 젖꼭지나 젖병 꼭지 다루기와 위치 잡기, 식사도구 조작하기에 역점을 둔다. 섭식과 삼킴 행위는 둘 다 운동 행위이지만, 감각 행위이기도 하다. 행동적 요소가 섭식과 삼킴 과정에 영향을 미치기도 한다.

일반 아동의 25% 이상이 섭식/삼킴 문제를 보인다. 뇌성마비, 구순구개열, 자폐스펙트럼장애 같은 다양한 의학적 문제를 보이는 영아와 아동들은 삼킴장애를 보일 위험도 매우 높다. 섭식·삼킴장애와 연관되어 있는 아동기 질환(문제)의 일부를 〈표 10-5〉에 제시하였다.

표 10-5	소아 삼킴장애와 연관되어 있는 원인 및 질환

- 신경학적 장애: 뇌성마비, 뇌막염, 외상성 뇌손상, 얼굴/목 근육 약화, 뇌혈관 사고, 진행성 뇌병변(예: 다발성 경화증, HIV)
- 신경근육 협응 요인 또는 질병: 조산, 저체중, 운동신경원 질환(예: 소아마비, 아동기 진행성 핵상마비), 중증 근무력증, 근이영양증
- 신경감각-행동 또는 심리사회적 문제: 자폐스펙트럼장애, 보호시설 아동의 결핍(보호시설에 수용된 아동들이 사회적 박탈로 인해 겪는 문제-역자 주), 거부 행동, 특히 식사 시간 동안의 부모-아동 상호작용 문제
- 구조적 기형: 구순구개열, 후두연화증, 기관식도 천공, 구강안면 기형(예: 피에르로빈 증후군)
- 약물 부작용: 구강 건조증, 식욕 저하, 졸음

소아 삼킴장애는 매우 복잡한 환자군이므로 평가와 중재에 팀 접근이 이루어져야 한다. 여러 분야의 의사, 영양사, 간호사, SLP, 작업치료사, 물리치료사를 팀 구성원으로 예상할 수 있다. 생명을 위해서는 영양 공급이 필수적인데, 소아 삼킴장애를 진단하지 못하여 치료하지 못하면 장기적인 결과를 초래한다. 삼킴장애의 장기적인 영향으로 영양 불량과 생존 실패, 빈약한 체중 증가, 흡인성 폐렴, 역류, 탈수, 기타 부정적인 결과가 나타날 수 있다.

소아 평가의 목표

소아를 대상으로 하는 평가는 원인이 되는 요인에 따라 크게 달라지는데, 아동의 연령, 발달(반사, 근긴장도, 자세 포함), 인지 능력도 소아 평가에 영향을 미친다. 섭식 및 삼킴 평가의 궁극적인 목표는 아동과 보호자 모두가 즐길 수 있는 안전하고 효율적인 섭식 관리 계획을 수립하는 것이다. 적절한 영양과 수분 공급이라는 목적은 기도 안전을 담보로 하지 않고도 달성될 수 있어야 한다(Groher & Crary, 2010). 의료진과 SLP는 이를 항상 기억해야 할 것이다. SLP는 아동을 평가할 때 아동이 기도를 보호할 수 있는 능력을 가지고 있는지와 아동이 구강으로 섭식할 가능성이 있는지(아니면 더 안전한 영양 공급 방법으로 바꿔야 하는지)에 초점을 두면서, 부가적으로 섭식/삼킴 평가에서 임상을 위한 기초선 자료를 확보해야 한다. Oral-Motor Feeding Rating Scale(Jelm, 1990)은 1세 이상 아동들이 보이는 진전과 기술을 평가하는 데 유용하다. 다른 도구는

영아의 수유나 더 나이 든 아동을 평가하는 데 유용하다.

이러한 목표를 달성하기 위해 소아 섭식 및 삼킴 평가는 다음과 같은 주요소를 포함해야 한다.

- 가능하다면 의료 기록 검토, 부모와 아동에게서 사례력 정보 수집
- 실시 가능한 연령이라면 청력, 말, 언어/인지 선별
- 구강운동 기제 검사
- 시험적 섭식의 관찰/부모가 아동에게 먹이는 회기 관찰
- 임상적으로 필요할 경우 특수 영상 검사 실시 및 검토

 ## 소아 삼킴장애의 사례력

의료 기록은 아동에게 삼킴장애가 생긴 의학적 · 신경학적 · 발달적 · 원인론적 요인을 확인하는 데 도움이 된다. 인두 기능에 가해지는 부담과 영양 요구량을 증가시키는 약제, 증후군, 전신성 문제(예: 심폐 및 호흡 곤란)에 대한 지식도 필수적이다.

어머니나 주 양육자/수유자는 상세한 섭식 전력 정보를 제공해 줄 수 있다. SLP는 아동의 현재 섭식 패턴, 즉 음식물 종류, 아동이 견딜 수 있는 액체, 제시 방법, 섭식 자세, 식사에 걸리는 시간(10~30분이 좋음), 식사 횟수, 전체 섭취량 등에 대해 알아 둘 필요가 있다. 환자가 관 영양 공급 상태라면 영양관의 유형을 상세히 알아야 하며, 유아용 유동식을 섭취하고 있다면 1회 공급량, 섭식 일정, 섭식 시의 자세, 구강 자극의 사용 여부 및 그에 대한 반응에 대해서도 자세히 알아 두어야 한다. SLP는 이와 같은 대면식 면담 질문 외에 행동적 지표를 묻는 부모/보호자용 체크리스트를 미리 준 뒤 자료를 모을 수도 있다. 이러한 체크리스트의 예를 〈표 10-6〉에 제시하였다.

표 10-6	소아 삼킴장애의 행동 지표 및 증상 체크리스트

영아나 아동에게서 전형적으로 나타나는 행동에 체크하시오.

___ 액체나 음식물이 코나 입에서 역류한다.

___ 먹일 때 게우거나 토한다.

___ 먹이는 동안이나 먹인 후 기침을 하거나 목이 막힌다.

___ 한 모금의 양이 너무 적거나 한 번 깨물 때의 크기가 너무 작다.

___ 체중이 좀처럼 늘지 않는다.

___ 체중이 준다.

___ 삼킬 때 입안에 음식을 물고 있다.

___ 한 번 먹을 때 시간이 오래 걸린다. 느리게 먹는다.

___ 먹이는 동안이나 먹인 후 구역질을 하거나 기침을 한다.

___ 침을 심하게 흘린다(이갈이 때문이 아니며, 이갈이가 지난 후).

___ 먹이려 하면 거부하는 행동을 보인다(예: 몸부림, 이 악물기, 울기, 때리기).

___ 특정 음식이나 질감의 음식을 씹기 어려워한다(예: 음식 및 질감 목록 제시).

___ 특정 음식이나 질감의 음식을 삼키기 어려워한다(예: 음식 및 질감 목록 제시).

___ 먹이는 동안이나 먹인 후 잡음이 나거나 젖은 음질의 목소리가 들린다.

구강운동 검사

SLP는 아동이 휴식 상태에 있을 때 몸의 긴장도와 자세를 주의 깊게 살펴보아야 한다. 만약 아동이 급성기 치료 환경에 입원해 있는 경우라면 기초 호흡률, 심박동수, 산소맥 수준에 대한 정보는 쉽게 얻을 수 있다(섭식 시 이러한 신체 패턴에서의 변화가 나타날 경우 전반적으로 견디지 못하거나 기도에 문제가 생겼음을 의미한다). 침 흘림, 기침, 상부 소화기 도관의 소음 등 구강 또는 인두 기능부전의 임상적 징후가 있는지도 살펴보아야 한다. 앞서 논의한 것처럼 면밀한 구강운동 검사를 실시해야 한다. 입술, 혀, 연구개는 운동의 정확성, 강도, 범위, 대칭성 측면에서 평가해야 한다. 구강 단계의 기능과 관련하여 선별 검사가 필요한 뇌신경은 제5번, 제7번, 제10번, 제12번 뇌신경이다. 인두 삼킴 단계는 제9번, 제10번, 제11번 뇌신경의 통제를 받는 근육에 의존한다. 구강 감각과 후두 기능 도 평가해야 한다. 〈부록 A〉에는 구강운동 검사의 실시에 관한 정보를 제시하였다. 〈부록 B〉에는 임상적으로 유용한 발달 이정표 관련 자료를 제시하였다.

발달 연령에 따른 평가

소아 삼킴장애 사례는 생후부터 청소년기에 이르기까지 그리고 갓 태어난 아기의 빨기에서부터 학교에 다니는 아동이 딱딱한 음식만 '골라' 씹어 먹는 경우에 이르기까지 매우 이질적이다. 아동이 어떤 기술을 보이고 있어야 하는지와 아동이 현재 수행하고 있는 수준이 어디인지를 기준으로 이들의 섭식/삼킴 발달 단계를 세분하고자 한다. SLP가 실시하는 평가는 이러한 요인에 의해 구성해야 할 것이다. 여기서는 전체 평가에 포함되는 몇몇 사정 관련 문제(appraisal issue)를 제시하고자 한다.

영아 평가를 위한 고려사항

갓 태어난 신생아, 특히 구강안면 결함이나 신경근육계 결함이 뚜렷한 신생아는 병원에 소속된 SLP를 포함한 담당 의료진에게 태어나자마자 바로 걱정거리를 안겨 준다. 이런 사례(조산아 포함)에도 튜브와 그 밖의 다른 방법으로 필요한 영양은 공급해 줄 수 있다. 그러나 SLP에게는 가족에 대한 지원과 훈련뿐만 아니라 섭식 전 준비도와 섭식 준비도를 평가할 책임이 있다. SLP는 구강-주변 기관을 조기에 평가하여 구조의 온전성과 운동 기술을 파악하는 것이 중요하다. 포유반사(먹이 찾기 반사)를 확인해야 하는데, 어루만진 곳을 향해 입을 벌리며 고개를 돌려야 한다. 평가 대상 신생아는 고무젖꼭지나 손가락을 빠는 것과 같은 비영양성 흡찰(nonnutritive sucking)에서 정서적으로 기뻐하고 구강 운동을 보이는가? 신생아의 턱과 혀는 고무젖꼭지를 빠는 데 필요한 압력을 만들어 낼 수 있는가? 모유 수유를 하거나 간호사가 젖병 수유를 하는 동안 신생아가 보이는 영양성 흡찰(nutritive sucking)을 평가한다. 정교한 기기를 사용하여 비영양성 흡찰과 영양성 흡찰을 양적으로 평가하는 방법에 대해서는 Lau와 Kusnierczyk(2001)를 참고하라. 빨기 패턴, 효율성(분당 빠는 양), 과제 지속 정도, 기타 신생아 반응을 관찰한다.

유아 평가를 위한 고려사항

1~3세 유아를 대상으로 하는 평가는 영아 평가를 기반으로 한다. 추가로 가정환경, 행동역학, 특히 섭식과 관련된 아동과 부모(또는 중요한 타인) 간의 상호작용에 역점을 두어야 한다. 유아가 기구(아동용 컵, 유리잔, 숟가락, 포크)를 제대로 사용할 수 있는지, 어떤 음식(종류, 질감)을 먹을 수 있는지에 관한 예리한 관찰이 필요하다. 간단히 말하면, 아동, 부모, SLP의 관찰에 의거하여 아동의 섭식/삼킴 문제뿐만 아니라 강점도 확인한다. 이 연령의 아동에게 섭식/삼킴 평가를 실시할 때는 유아의 의사소통−인지 능력, 사회적 기술, 운동 발달도 고려(그리고 평가)해야 한다.

학령전 아동과 학령기 아동의 평가를 위한 고려사항

학령전 아동과 학령기 아동은 3~21세의 광범위한 연령대인데, 이들에게서 기대할 수 있는 섭식/삼킴 기술도 매우 다양하다. SLP는 해당 사례의 과거 서류와 의료 기록을 검토한다. 현재의 가정환경에 대한 정보와 부모의 견해에 대한 정보도 수집한다. 섭식/삼킴에 대해 교사가 관찰한 사항과 간식이나 식사 시간 동안 드러난 우려사항도 수집해야 한다. 아동의 행동, 운동 기술, 의사소통, 학업(인지), 사회성, 식사 시간에 관한 강점과 제한점에 대한 부모와 교사의 인상을 수집 · 분석한다. 이 연령집단에서는 평가와 중재에 대한 협조력과 마찬가지로 대상자에게서 얻은 정보가 중요하며 유용하다. 다른 연령집단과 마찬가지로, SLP는 대상자가 음식을 먹는 모습을 관찰해야 한다. 이제 평가의 개요로 돌아가 보자.

평가 척도, 시험적 섭식 관찰, 기기적 분석

소아의 섭식 및 삼킴 문제의 진단과 관리는 과거 수십 년 동안 폭발적으로 증가하였다. 임상가들은 운 좋게도 연구에 기반되어 있으면서도 임상적으로도 유용한 평가 지침을 원하는 만큼 많이 갖고 있다. 여기서는 특별히 ASHA의 소아 삼킴장애 실무 포털 사이트와 평가 근거 지도상의 영역(www.asha.org에서 Pediatric Dysphagia Assessment 검색)을 언급하고자 한다. 임상가에게 도움이 되는 정기간행물, 시판 중인 평가 프로

표 10-7	소아 섭식 · 삼킴 평가 질문지, 양식, 척도, 템플릿

- Assessing Nutritional Patterns and Methods of Feeding(Lefton-Greif, 1994)
- Bottle-Breast Feeding: Neonatal Oral Motor Assessment Scale(NOMAS; Palmer, Crawley, & Blanco, 1993)
- Brief Autism Mealtime Behavior Inventory(BAMBI; Lukens & Linscheid, 2008)
- Endoscopy Swallowing Examination(ASHA; www.asha.org에서 검색)
- Feeding and Swallowing Evaluation(출생~4개월)(Swigert, 1998)
- Feeding and Swallowing Evaluation(4개월~5세)(Swigert, 1998)
- Feeding and Swallowing Evaluation(5~18세)(Swigert, 1998)
- Infant Feeding History and Clinical Assessment Form: Infant 6 Months and Younger(ASHA; www.asha.org에서 검색)
- Montreal Children's Hospital Feeding Scale(Ramsay, Martel, Porporino, & Zygmuntowicz, 2011)
- Multidisciplinary Feeding Profile(MFP; Kenny et al., 1989)
- Neonatal Oral-Motor Assessment Scale(NOMAS; Case-Smith, 1988)
- Oral-Motor and Feeding Evaluation(Arvedson & Brodsky, 2002)
- Oral-Motor Feeding Rating Scale(Jelm, 1990)
- Pediatric Eating Assessment Tool(Pedi-EAT; Thoyre et al, 2014)
- Pediatric Feeding History and Clinical Assessment Form: Infants 6 Months and Older(ASHA; www.asha.org에서 검색)
- Pre-Feeding Skills, 2nd ed.(Morris & Klein, 2000)
- Preterm Infant Breastfeeding Behaviour Scale(PIBBS; Nyqvist, Rubertsson, Ewald, & Sjödén, 1996)
- Rehabilitation Institution of Chicago Parent/Caregiver Questionnaire and Pre-Assessment Form(Perlin & Boner, 1994)
- Screening Tool of Feeding Problems Applied to Children(STEP-CHILD; Seiverling, Hendy, & Williams, 2011)
- Videoflouroscopic Swallowing Study of Infants(액체만 사용)(ASHA; www.asha.org에서 검색)
- Videoflouroscopic Swallowing Study of Infants and Children(액체, 퓨레 등 사용)(ASHA; www.asha.org에서 검색)

그램, 척도, 양식도 있다. 〈표 10-7〉에 일부를 제시하였는데, 몇 개의 유용성을 살펴 보자.

Swigert(1998)의 여러 소아 삼킴장애 평가도구를 대표하는 것 중 Feeding and Swallowing Evaluation(출생~4개월)은 SLP가 영아(또는 다른 연령집단의 아동)를 관찰하 고 그들에게서 반응을 유도하는 방법을 알려 준다. 단계별로 하게 되어 있는 이 지침서는 SLP가 정보(의료, 섭식 이력)를 수집하고, 시험적 섭식 과정을 비디오 투시조영 삼킴 검사로 평가하고, 각 삼킴 단계에서 어떤 사항을 자세히 관찰해야 하는지 설명한다.

이와는 대조적으로, Montreal Children's Hospital Feeding Scale(Ramsay et al., 2011)은 부모 보고를 통해 아동에게 나타나는 섭식 문제를 확인하기 위한 14개 항목의 간편한 선별을 목표로 한다. 이 도구는 이중언어로 개발된 것으로 구강 운동, 구강 감각, 입맛, 어머니의 염려사항, 식사 시간 행동, 어머니의 전략, 가족의 반응을 포함한 주제를 다루고 있다.

시험적 섭식 관찰

SLP가 예정된 식사 시간을 정기적으로 관찰하는 것이 좋지만, 이러한 기회를 마련하거나 계획하는 것이 더 실용적이다. SLP는 부모가 음식물, 식사 도구, 특수 조정 방법(예: 젖병 꼭지의 구멍을 크게 잘라 주거나 농밀화 조제를 사용하는 등) 그리고 가정에서 이용하는 자세 보조 도구를 통해 먹이는 것을 관찰해야 한다. SLP는 흡인과 관련된 임상적 징후가 나타나는지 모니터링한다. 기침, 질식, 구역질을 보이는지, 음질이 변하는지, 상부 소화기도관에서 소음이 들리는지, 다른 고충은 없는지 모니터링한다. 시험적으로 시도해 보는 섭식을 관찰하면 임상가는 구강 급식의 양상, 자세, 섭식을 위한 최적의 자극(즉, 음식물 덩이의 크기, 질감, 온도)을 규명할 수 있다. 임상가가 사례 조사와 기타 섭식 전 관찰을 실시하는 데 유용한 특수 양식이 개발되어 있다(〈표 10-7〉 참조).

Form for Assessing Nutritional Patterns & Methods of Feeding (Lefton-Grief, 1994)과 Oral-Motor & Feeding Evaluation(Arvedson, 1993)이 있으며, 다른 검사는 〈표 10-7〉에 인용하였다. SLP는 대상자가 섭식을 시도하는 동안 그리고 의료기관에서 처방한 영상 검사를 실시하는 동안 대상 영아/아동을 관찰한다. 여러 목적으로 사용할 수 있는 다른 평가 척도도 언급할 필요가 있다. Neonatal Oral-Motor Assessment Scale(NOMAS; Case-Smith, 1988)은 임신 40주에 구강-운동 기능부전을 확인할 수 있는 반정량적 정보를 제공해 준다. 이 척도로 비영양성 흡찰과 영양성 흡찰에서 나타나는 혀와 턱 반응을 평가할 수 있다. Multidisciplinary Feeding Profile(MFP)은 의존적인 섭식자에게 적용할 수 있는 포괄적인 섭식장애 평가 패키지이다(Kenny et al., 1989). 신체/신경학적 요인(자세, 긴장도, 반사), 구강안면 구조, 감각, 운동 기능, 호흡/발성, 기능적인 섭식 평가에 대해 평정한다.

특수 검사의 필요성

언제 특수 검사와 영상 검사를 실시해야 하는지의 결정은 다영역 전문가 팀이 도출해야 한다. 아동은 의학적으로 안정된 상태(흡인의 위험을 감수할 수 있어야 함)여야 하며, 현존하는 섭식 방법에서 변화의 예후가 어느 정도 있는 경우가 대부분이다. 성인삼킴 평가에서 논의한 것처럼, MBS로도 알려져 있는 VFSS와 FEES는 아동에게도 가장일반적으로 적용할 수 있는 영상 검사 절차이다. SLP는 대개 방사선사나 의사와 함께삼킴검사를 시행한다. 피부색의 변화, 비공 확장, 꼼지락거림/신경질적 반응의 변화,기침/질식(반드시 믿을 만한 정보는 아니지만)과 같은 간접적인 단서와 함께 심장, 호흡,산소 포화도를 추적함으로써 신체적인 스트레스가 영아나 아동에게 미치는 영향에 대해 모니터링한다. 영상 검사를 실시하면 액체나 고체의 음식물 덩이가 입안으로 들어가는 시작 단계에서부터 구강 준비 단계, 음식물 덩이가 인두를 향해 뒤쪽으로 추진하여 후두 부위를 지나 UES와 위에 이르는 전 과정에서 음식물 덩이의 움직임을 볼 수있다. VFSS/MBS를 실시하든 FEES를 실시하든(관찰 세부사항에서 차이가 나지만, 아동의연령이 검사 과정에 대한 인내력에 영향을 미침) SLP는 성도를 따라 어떤 일이 일어나고또 일어나지 않는지 시각적으로 평가한다.

구강과 인두 기능에는 음식물 제시 속도와 방법(영상을 얻기 위해 바륨과 함께 섞어서제공함) 등 많은 요인이 영향을 미친다. 대개 평가 현장에서 음식물 덩이의 특성(질감,양, 온도), 제시 방법(젖병, 숟가락, 컵), 특수한 적용(자세 조정, 급식 장치의 특수 조정 등)을 조절한다. 검사 프로토콜과 평가 양식은 여러 문헌과 〈표 10-7〉에 제공된 양식을사용하면 된다. SLP가 역동적인 영상을 분석하는 데에는 다음에 열거한 관찰사항을참조하는 것이 좋다.

- 빨기에서 영아는 입술, 혀, 아래턱에 어떤 움직임을 보이는가? 좌우 대칭의 움직임을 보이는 곳이 있는가? 액체가 입 밖으로 유실되는가?
- 유아나 아동이 식사 도구에 남아 있는 음식을 없애는 데 조음기 근육을 어떻게 사용하는가?
- 음식의 저작/씹기를 관찰하라. 움직임의 질, 기간, 대칭성을 평가하라.
- 음식물 덩이의 형성을 관찰하라. 혀를 입 밖으로 밀어내는가? 음식물 덩이가 넓은 부위로 느슨하게 퍼지는가, 아니면 점성의 덩어리를 이루는가? 언제 음식물

덩이가 혀 위에 놓이는가(혀 가운데에 놓이는가, 옆으로 치우쳐 놓이는가)?

- 혀로 음식물 덩이를 뒤쪽으로 밀 때 사용하는 구강 이동 전략(3초 이하), 혀 움직임의 질과 대칭성을 평가하라. 음식물 덩이의 일부가 뒤에 남아 있는가? 만약 그렇다면, 구강의 어느 부위에 남아 있는가?

- 안전한 삼킴의 촉발을 위해서는 연인두 접촉/폐쇄를 평가한다. 혀 뒷부분이 연구개를 향해 상승하는가(또는 과하게 상승하거나 솟아오르는가)? 연구개는 대칭을 이루며 상승하는가? 그렇다면, 다른 움직임에 비교할 때 언제 그러한 상승 운동이 일어나는가? 코로 새거나 역류하는가? 후두가 아래턱과 혀 아래에서 언제 '전상방'으로 움직이는지 관찰한다. 가성대 폐쇄, 후두개의 하후방 덮음 운동, 진성대의 폐쇄가 일어나는지 살펴본다. 삼킴 반사가 일어나기 전에 액체나 음식물이 후두 부위(후두개계곡, 이상동)로 새어 들어가는가?

- 인두 삼킴 단계의 위험 징후를 평가한다. 삼킴 반사가 일어난 이후 음식물 덩이의 일부가 기도로 침습되고 음식 잔여물이 남아 있는가? 삼킴 반사 전이나 후에 흡인이 일어나는가? 그다음 삼킴에서 음식 잔여물을 제거할 수 있는가?

- 식도 삼킴 단계의 개시를 관찰한다. 음식물 덩이가 UES로 빨리 이동하는가, 아니면 천천히 이동하는가? UES 주변에 음식 잔여물이 남아 있는가? UES에서 인두로 역류되는가?

영상 검사를 실시하는 동안 SLP는 관찰된 우려사항에 근거하여 시험적 치료 전략을 평가하거나, 성인에게도 효과가 있는 것으로 나타난 자세, 고개 위치(숙이거나 돌리기), 삼킴 기법의 강도, 음식물의 점도와 질감 등의 조정을 통해 안전한 삼킴이 가능한지 여부를 확인한다. 이는 아동이 특정 유형과 점도의 음식을 흡인의 위험 없이 안전하게 삼킬 수 있는지 여부를 판단하는 것이 삼킴장애 평가의 핵심 목표임을 다시 상기시켜 준다.

앞에 열거한 여덟 가지 관찰사항은 영상 검사 실시 이후 녹화된 영상을 여러 차례 다시 봐야 판단할 수 있다. 대상자에 대한 면밀한 이해가 실제 장애, 관심 영역, 환자가 섭식/삼킴에서 보이는 강점의 파악에 대한 실마리가 된다. 어떤 긍정적인 행동이 나타나고 있다면 이를 SLP의 평가보고서에 기록할 뿐만 아니라 가족과 의료진에게도 전달해야 한다.

이 장을 마치면서 복합장애 아동을 평가할 때 주의해야 할 사항을 언급하고자 한다.

Rogers 등(1994)이 뇌성마비와 복합장애 영아 90명을 대상으로 비디오 투시조영 삼킴 검사를 실시한 결과, 거의 모든 환자는 구강 및 인두 삼킴 단계에서 문제를 보였다. 특히 혀 통제 문제와 구강 및 인두 단계의 지연으로 인해 여러 번 삼킴을 시도해도 인두 부위에 고임이 생기는 것으로 나타났다. 이러한 관찰사항 외에도 약 38%의 아동이 기침이나 질식 없이 흡인(무증상 흡인)을 보였다. 어떤 연령층의 환자든지 삼킴장애 환자를 다루는 일은 위험하고도 보람 있는 일이다. 임상가는 이 특수 영역에 대해 심도 있는 훈련을 받도록 노력해야 한다.

결론 및 자기평가

이 장에서는 성인 삼킴장애와 소아 섭식·삼킴장애에 대해 다루었다. 이 분야에서 일하는 SLP에게 평가의 방향을 제시하였으나 기기를 이용한 평가와 영상 분석에 대해서는 표면적인 부분만 다루었음을 시인한다. SLP는 MBS와 FEES를 실시할 것을 권한다(SLP가 고용되어 있는 임상 환경에 맞는 경우). 분석 과정의 훈련에는 전문가 회의가 특히 도움이 되는데, 다양한 섭식 및 삼킴 문제를 보이는 여러 환자의 비디오를 볼 수 있기 때문이다. 전반적으로 삼킴장애와 관련하여 Yorkston, Beukelman, Stand와 Hakel(2010)은 불능(disablement) 모델이 말운동장애와 삼킴장애라는 광범위한 영역의 장애를 이해하는 데 필요한 틀을 제공해 주고 임상적 결정을 내리는 과정에 도움을 줄 수 있음을 상기시켜 주었다. WHO의 ICF 불능 모델([그림 9-1] 참조)은 성인 및 소아 삼킴장애에도 적용할 수 있다.

이 장에서는 성인과 광범위한 소아 환자군에게서 관찰되는 임상 및 전문적 쟁점을 다루었다. 삼킴장애는 안전하게 섭식하고, 씹고, 삼키는 데에서의 장애를 모두 포괄한다.

이 장을 읽고 나면 다음의 질문에 답할 수 있어야 한다.

- 흡인 그리고 흡인이 문제가 되는 이유에 대해 설명하라.
- 성인의 각 삼킴 단계에서 성도를 따라 전형적으로 일어나는 일에 대해 설명하라.
- VFSS/MBS에서 볼 수 있는 영상에 대해 설명하라. 이 검사법의 장점과 제한점은 무엇인가?

- FEES에서 볼 수 있는 영상에 대해 설명하라. 이 검사법의 장점과 제한점은 무엇인가?
- 성인 삼킴장애의 원인을 기술하라.
- 영유아와 아동이 섭식·삼킴장애를 보이게 될 가능성이 높은 의학적 문제를 기술하라.
- 최초의 평가 회기에서 유아의 부모에게 물어보아야 할 질문을 최소 8개 이상 열거하라.

제11장
후두 음성장애의 평가

이 장을 읽고 나면 다음을 설명할 수 있다.

- 음성 산출에 영향을 미치는 장애와 질병
- 세 가지 이상의 음성 변수
- 각 음성 변수의 평가에 이용되는 지각적-음향학적 측정치
- 최대발성지속시간의 측정 방법과 이유

지난 백 년간 음성장애(voice disorders)의 평가와 치료에서 큰 변화가 일어났다. 과거에는 의사와 성악 교사의 분야라고 여겼던 진단과 중재 과정에 언어치료전문가(Speech-Language Pathologist: SLP)가 관여하게 되었다. 최근 정상 및 장애 음성의 생리에 대한 연구가 증가하고 기술이 발전함에 따라 평가와 치료도 변하고 있다. 예전에는 관찰할 수 없었던 찰나적인 행동을 이제는 기기의 도움으로 진단과 치료를 객관화하는 데 이용할 수 있게 되었다. 음성장애 임상전문가에게 매우 흥미진진한 시대가 된 것이다.

그러나 새로운 기기와 연구가 많아졌다고 해도 지난 세월 동안 기기가 필요 없는 매우 효율적인 임상 절차가 이미 개발되어 있다는 사실을 흐리지는 못할 것이다. 여전히 많은 전문가가 음성 평가에 가장 중요한 도구는 잘 훈련된 임상가의 청취 기술과 판단력이라 믿고 있다. 그렇지만 음성 관련 측정치는 SLP가 문제 영역과 치료에 따른 변화를 정확하게 추적하는 데 도움이 되기 때문에 치료비 지불자와 근거기반실제를 중시하는 SLP들은 기기를 이용한 객관적 측정치를 선호한다. 모든 임상 업무가 그렇지만

음성에 대한 진단에도 주관적 부분과 객관적 부분이 섞여 있는데, 임상가는 과학자에서 예술가의 마음가짐으로 전환할 수 있어야 하며 또 그 반대도 가능해야 한다. 이 장에서는 주관적 음성 평가와 객관적 음성 평가에 대해 간략하게 설명하고자 한다.

많은 성인과 일부 아동이 의학적 문제나 수술로 인해 생긴 음성장애 때문에 의사(대개는 이비인후과 의사)로부터 SLP에게 의뢰된다. 학교에서의 대규모 선별 검사 이후 교사 및 부모에 의해 의뢰되는 음성장애 아동도 흔히 볼 수 있다. 학령기 아동의 음성장애 출현율은 문헌마다 상당한 차이가 있으나 약 6% 정도다(Duffy, Proctor, & Yairi, 2004). 경험에 비추어 보면, 학령기 아동 중에서 특히 만성적인 쉰 음성(hoarseness)으로 인해 음성치료를 받고 있는 아동은 1% 미만일 것이다. 성인의 음성장애 출현율은 아동에 비해 높은데, 교사와 같이 음성을 필요로 하는 직업군에서는 특히 더 높다(Remacle, Morsome, & Finck, 2014; Yiu, 2002).

음성장애의 특성

음성 연구를 어렵게 만드는 요인 중 하나는 애매한 장애명으로, 이러한 애매함은 '음성'이라는 용어에서부터 시작된다. 이 용어를 후두 수준에서의 말소리 생성에 한정하는 정의도 있는 반면, 생성된 음성에 성도가 미치는 영향까지 포함하는 정의도 있다. 그리고 궁극적으로 음성 생성, 공명, 조음, 운율의 측면까지 포괄하는 정의도 있다. 이 장에서는 후두암도 포함하여 논의하겠지만, 무후두 재활 치료법과 재평가에 대해서는 13장에서 따로 논의하고자 한다. 공명장애는 12장에서 다룰 것이다.

[그림 11-1]에 음성과 음성장애의 개념 이해를 위한 틀을 제시하였다. 음도, 음량(크기), 음질이라는 청각적 특성이 전형적인 예이다. 이들은 음성의 주된 지각적 특성으로서 각각 음성 신호의 기본주파수, 진폭, 복잡성과 관련된다.

화자에 따라 달라지는 기대치나 주변 환경에 비해 과하게 높거나 낮은 음도의 음성, 변화 폭이 심하게 제한되거나 부적절하게 변하는 음도의 음성을 산출하는 경우 음성장애라 할 수 있다. 일반적으로 음성의 크기는 발화환경에 따라 전혀 음성을 산출할 수 없는 수준(실성증)에서부터 부적절하게 큰 정도에 이르기까지 장애로 판단할 수 있다. **음질**은 산출한 음성에서 지각되는 호감 또는 매력을 의미한다. 지각된 음질은 화자의 발성 및 공명 특성 모두와 연관되어 있지만, 이 장에서는 발성 문제만 다루고자

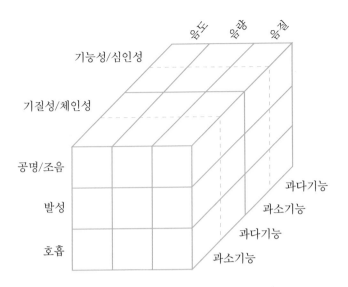

[그림 11-1] 음성장애의 구조적 도식

한다. 음질을 기술하는 데 많은 용어가 사용되나, 그중에서도 거친 음성(roughness), 쉰 음성(hoarseness), **기식 음성**(breathiness)이 더 널리 쓰이는 용어이다.

호흡, 발성, 공명-조음 체계는 음성 산출에 직접적으로 영향을 미치는 생리체계이지만, 이 체계만 음성에 영향을 미치는 것은 아니다. 내분비계와 신경계도 음성 산출에 영향을 미친다.

호흡계는 음성 산출에 필요한 원동력을 제공하며 최종적으로 귀에 들리는 음성의 진동자(vibrator)가 되어 모든 특성을 만들어 낸다. 음성 산출에서 기류가 갖는 중요성은 이 장의 쟁점사항은 아니지만, 호흡계가 다양한 음성 특성에 미치는 영향에 관심이 있는 독자는 복부와 횡격막의 생리 검사에 대해 쓴 Hixon과 Hoit(1998, 1999)의 논문을 참고하기 바란다. 호흡계는 다음과 같은 일을 수행할 수 있어야 한다.

- 화자가 말을 쉽게 지속할 수 있도록 적정량의 기류를 제공하여 끊어 말하기와 운율 실현이 자연스럽게 이루어져야 한다.
- 기류의 흐름을 적절히 통제하여 필요할 경우 음성 신호 산출을 개시하거나 중단할 수 있어야 한다.
- 호흡과 발성 기제에 불필요한 근긴장을 유발하지 않아 능동적 수축에 부담을 주지 않아야 한다.

후두 기능의 요소에 대한 지식은 진단 과정에 매우 중요하다. 후두가 효율적인 음원이 될 수 있으려면 밸브처럼 작용하여 기류를 막아 공기 입자에 반복적이고 일정한 압력 변화를 일으켜야 한다. 이를 위해서는 성대가 (1) 완전히 열린 상태에서부터 완전히 닫힌 상태에 이를 때까지 넓은 범위의 밸빙 작용이 가능하여야 하며, (2) 밸빙이 성대 전체 길이를 따라 완전히 이루어져야 하며, (3) 폐쇄기 동안 긴장이 과하게 일어나지 않도록 발성할 때 적정한 양의 에너지를 사용하여 개폐할 수 있어야 하고, (4) 과도한 긴장이 가해지지 않은 상태에서 자연스럽게 움직일 수 있어야 하며, (5) 약간의 절묘하고도 즉각적인 조정을 통해 다양한 특성의 음성으로 끊임없이 변화시킬 수 있어야 한다[이러한 조정을 통해 폐쇄 국면이 긴 성대 프라이(vocal fry)에서부터 폐쇄 국면이 매우 짧은 가성에 이르기까지 성대의 개방 국면과 폐쇄 국면의 시간을 주기적으로 다양하게 변화시킬 수 있어야 한다]. 성대는 또한 (1) 양쪽의 크기와 모양이 유사하여 서로 조화롭게 움직일 수 있어야 하며, (2) 화자의 연령과 성별에 맞는 크기(길이와 질량)여야 한다.

후두원음은 복합음으로, 고주파수의 배음은 풍부하지만 성도의 공명과 감폭 효과를 통해야만 말소리 고유의 특성이 드러나게 된다. 성도의 공명 공간이 효율적이려면 크기, 형태, 질감 그리고 서로 간의 상호 관련성에 융통성이 있어야 한다.

기능성(functional)이라는 용어는 단순히 뚜렷한 구조적 결함이 없다는 것 이상을 의미하는 것으로, 진단가는 원인으로 작용하는 요인이 기질적인 요인이 아닐 때 이 용어를 사용할 수 있다. 기능성이라는 용어는 기본 진단명(여러 진단 절차를 거쳐 기질성의 원인이 있음이 드러나기 전에 자동적으로 갖게 되는 진단명-역자 주)이다.

[그림 11-1]은 기능성/심인성과 기질성/체인성이라는 임상적으로 의미 있는 범주를 구분하고 있다. 기능성(functional)이라는 용어는 학습되었거나 정신적이거나 부적응 행동이 잘못된 음성 산출의 원인이지만 신체 변화는 유발하지 않는 장애를 말한다. 그러나 기능적 원인에 의해 신체 변화가 일어난 경우에는 **심인성**(psychogenic)이라는 명칭이 더 적절하다. 이와 유사하게 근본 원인이 신체나 기질적인 것이면 **기질성**(organic)이라는 용어가 적절하지만 신체적 차이가 행동 변화, 즉 정서적 반응이나 잘못된 보상적 적응을 유발한 경우에는 **체인성**(somatogenic)이라는 용어가 적절하다. **과다기능**(hyperfunctioning)과 **과소기능**(hypofunctioning)이라는 용어는 각각 후두 긴장이 과하거나 불충분함을 의미하므로 다양한 기질적 혹은 기능적 장애에 적용할 수 있다. **음성장애**라는 용어는 성별, 연령, 지위, 일시적 생리 상태, 화자의 의도, 발

화 환경 측면에서 비정상적인 음도, 음량, 음질을 지칭한다. 음성장애는 일차적으로 기질적이거나 기능적일 수 있으며, 주요 체계 중 어떤 것에든 영향을 받을 수 있다.

음성장애의 진단 과정

음성 문제의 진단과 평가에 대해 논의하기에 앞서 이 장에서는 음성장애의 여러 유형에 대해 다루지는 않을 것임을 다시 한 번 짚고 넘어가고자 한다. 이에 대한 정보는 다른 자료를 참고하기 바란다(예: Boone, McFarlane, Von Berg, & Zraich, 2014; Rubin, Sataloff, & Korovin, 2016; Sapienza & Ruddy, 2013; Stemple, Roy, & Klaben, 2010).

음성장애의 선별은 지각적 판단에 의해 이루어지는 과정이다. SLP가 음성의 정상성 여부와 연령에의 적절성을 판단하는 데 필요로 하는 것은 대상자의 음도, 음량, 음질 및 기타 변수를 비판적으로 들을 수 있는 귀이다. 이때 듣고 판단할 말 표본은 대화, 그림 설명, 읽기(〈부록 B〉 참조) 표본이거나 조음 및 언어 선별 과정에서 유도한 발화일 수 있다. 대규모 선별 과정 중 일부 집단을 대상으로 음성 선별이 이루어지는 경우도 많다. 어린 아동들은 공립학교에서 시청각, 말-언어 등 여러 우려사항 때문에 선별 검사를 받는다. Lee, Stemple, Glaze와 Kelchner(2004)는 유치원~5학년 아동에게 적용할 수 있는 Quick Screen for Voice를 개발하였다. 이 도구는 아동에게서 유도한 2~3분간의 발화를 듣고 호흡, 발성, 공명과 관련된 관찰사항을 묻는 체크리스트에 검사자가 답하게 되어 있다. 3~18세 이상의 규준 자료가 있는 음도 및 음량 관련 과제도 있다. 1회 이상 음성 산출에 실패하면 선별을 통과하지 못한 것으로 보고 의학적 의뢰(그리고 이후에는 SLP의 자세한 음성 평가)가 필요하다. 부모용 지침서인 『자녀의 음성(Your Child's Voice)』도 음성 선별에서 통과하지 못한 아동에게 도움이 될 것이다.

또 다른 음성 선별 도구는 성인용으로, Ghirardi, Ferreira, Giannini와 Latorre(2013)가 개발하였다. 이는 Screening Index for Voice Disorders(SIVD)라는 것으로 점수를 낼 수 있으며, 교사 등 음성을 사용하는 직업을 가진 고위험군 성인에게 적용하는데, 음성 문제의 증상을 묻는 13개 문항의 질문지 형식이다.

여기서는 주로 음성 진단을 실제로 계획하고 준비하여 실행하는 데 역점을 두고자 한다. 진단은 음성 변수를 측정하고, 원인과 지속 요인을 판정하고, 필요할 경우 타당한 중재 과정의 개요를 잡기 위해 실시한다. 평가 과정의 핵심 요소는 다음과 같다.

- 사례력(의뢰 정보, 대상자 면담, 대상자에게 미치는 영향 평가)
- 사전 선별검사(청력, 구강–운동, 말–언어)
- 지각적 음성 평가
- 음향 분석(로테크/하이테크)
- 공기역학적 분석(가능한 경우)
- 시각적 평가
- 시험적 치료 조사

이 과정에서는 음성의 기능적 측면뿐 아니라 WHO(2002)가 지지하는 장애의 영향에 대해서도 평가한다. 이는 [그림 11-2]에 나타나 있다.

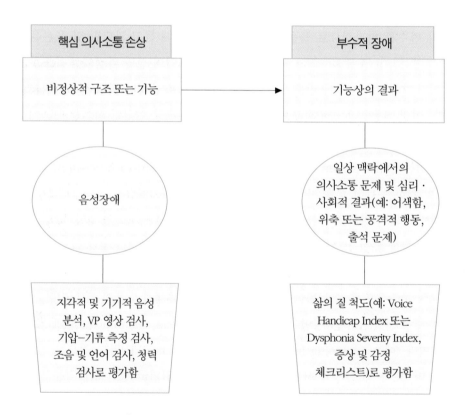

[**그림 11-2**] WHO의 ICF를 이용한 음성장애의 평가

사례력 수집

　진단 과정은 문제에 대한 의뢰인의 최초 진술을 면밀하게 조사하는 것에서부터 시작된다. 누가, 무엇을, 언제, 왜의 네 가지 관점에서 이를 평가한다. 그다음에는 사례력 조사를 위한 질의와 면담을 실시하고 대상자로 하여금 음성 문제의 영향을 스스로 평가해 보게 한다.

의뢰 정보의 판단

　대상자의 음성 문제에 대해 제일 먼저 불평한 사람이 **누구**인지 아는 것도 중요하다. 동기의 측면에서 최상의 정보 제공자는 대상자 자신이지만, 대상자에게 지대한 영향을 미칠 수 있는 사람이라면 그 누구라도 만족스러운 정보 제공자가 될 수 있다. 대상자가 자신의 음성에 문제가 없다고 여긴다면 치료는 적절하지 않을 수 있으나, 그렇다고 해도 문제를 부정하는 경우라면 실제로 음성치료를 시작하기 전 단계로 상담과 교육이 필요할 수도 있다.

　학교에서 담임교사가 학생의 음성이 다른 아동과 다름을 알아차리고 SLP에게 의뢰하는 경우도 흔하다. 이러한 경우에도 초기 치료 회기에 인식 훈련이 필요할 수 있다. 그러나 직무 교육 프로그램 과정에서 음성장애 사례의 음성을 들어 본 경험이 있다든가 하는 사전 훈련 없이 담임교사가 특별히 음성장애가 있는 학생을 제대로 알아보고 의뢰한다는 것은 아주 어려운 일이다.

　그다음으로는 **무엇**을 문제로 기술하는지에 주시해야 한다. 대상자가 문제를 설명하는 것을 들을 때 문제의 내용뿐만 아니라 표현 방식에도 주의를 기울여야 한다. 문제가 개인에게 어떤 영향을 미치고 있는지에 대해 알 수 있게 해 주는 최상의 정보 출처는 문제에 대한 기술 방식이다. 모든 사례력 조사 질문지는 문제에 대한 설명을 요구하는데, 음성 문제가 언제 시작되었고 문제를 일으킨 원인이 무엇인 것 같은지 질문한다.

　언제 의뢰되었는지 살펴볼 때는 세 가지가 중요하다. 첫째, 문제의 발달 과정 중 언제 의뢰되었는지 알아야 한다. 오랫동안 지속되어 온 문제인데 최근에 심각해졌는가, 아니면 비교적 최근에 나타난 새로운 현상인가? 둘째, 이 대상자의 연령과 성숙 수준은 어떠한가? 사춘기 전에 나타나는 음성 변화는 정상적일 수도 있으나, 후기 성숙기에 사춘기와 유사한 음질이 나타나면 비정상적인 경우이다. 셋째, 문제가 주기적으로 나타나는가? 예를 들면, 대상자는 단순히 '꽃가루 알레르기'를 앓는 동안에만 이러한 음성 변화를 보일 수도 있다. 의뢰 시기가 일 년 중 언제인지도 비교적 중요한 정보가 된다.

왜 의뢰되었는가? 의뢰 이유는 임박한 여행처럼 매우 단순한 것("9월 1일까지 지금보다 목소리가 더 좋아져야 하기 때문이에요.")에서부터 심각한 의학적 문제에 대한 공포에 이르기까지 매우 다양하다. 의사나 심리학자를 찾아가는 것보다 더 안심이 되어서 음성전문가를 찾아오는 경우도 흔히 있음을 유념해야 한다. 이는 이차 의뢰의 중요성을 부각시켜 준다.

때로는 전체 평가 과정에 도움이 되는 정보를 얻기 위해 SLP가 대상자를 다른 전문가에게 의뢰하기도 하므로 의뢰는 양방향으로 이루어진다. 후두전문의는 주로 행동적 음성치료를 위해 SLP에게 대상자를 의뢰한다. 또한 음성 문제가 있는 사람이 의사를 만나지 않고 SLP의 도움을 먼저 구하는 경우도 많으므로 대부분의 음성장애 사례는 의학적 평가나 심리평가에 의뢰하는 것이 필요하다. SLP는 음성과 그 특성을 평가하고, 의사(특히 후두전문의)는 음성 기제 자체를 평가한다. 성대결절, 염증, 암 등을 진단하는 것은 SLP의 업무가 아니다. SLP는 음성 변수를 평가한다. 음성 변수는 그러한 구조의 변화를 반영하기도 하고 반영하지 않기도 한다. 음성장애는 종양과 같이 생명을 위협하는 질병으로 인해 생길 수도 있고, 단순히 음성 오용과 같은 문제로 인해 생길 수도 있다. 그러므로 의학적 의뢰가 매우 중요하다. 궤양, 폴립, 종양, 결절 등의 구조적 변화는 이비인후과 전문의가 후두를 자세히 검사해야만 발견할 수 있으며, 조직 생검으로 확진한다. SLP는 쉰 음성이나 거친 음성과 같은 청각적 증상과 감각적 호소(예: 후두 통증, 혹 등)를 단서로 대상자를 의사에게 의뢰하게 된다. 특히 40대 이상의 대상자에게서 쉰 음성이 14일 이상 지속될 경우, 생명을 위협하는 심각한 질병이 있는 것은 아닌지 의심하여 의사에게 의뢰하여 문제가 있는지 확인해야 한다. 의학적 진단의 필요성을 과소평가해서는 안 된다. 음성 문제는 대상자의 생명/건강과 연관될 수도 있고, 현재 활동 중인 임상가는 법적으로 연루되어 있으며, 보험회사는 제공되는 서비스가 '의학적으로 반드시 필요한 것'임을 뒷받침해 줄 근거를 요구하기 때문이다.

잘 알고 있는 사실이지만 음성장애 사례의 임상에서 SLP와 후두전문의는 긴밀하게 협력해야 한다. 두 전문가는 서로에게 중요한 정보를 제공할 수 있어야 한다. SLP는 후두전문의의 검사 없이 음도 등의 음성 변수를 변화시키기 위한 **음성치료**를 시작해서는 안 된다. 그러나 **음성 위생** 프로그램은 음성을 변화시키지는 않으면서 음성 관리 방법을 교육하는 프로그램이므로 많은 경우 후두경 검사 전에 시작하기도 한다. 음성 오용 사례도 의학적 검사를 받을 때까지 중재 프로그램을 시작하지 않고 기다리게 해서는 안 된다.

의사(대개 이비인후과 의사와 SLP가 함께)가 시행하는 간접 후두경 검사는 거울이나 경직형 또는 굴곡형 섬유내시경을 이용한다. 이러한 검사를 실시하기 어려운 영유아나 학령전 아동은 후두전문의가 아동을 마취시킨 뒤 직접 후두경 검사를 실시하기도 한다. 인후과 진료실에서 비디오스트로보스코피 검사를 실시하는 경우도 많다. 비디오스트로보스코피는 성대의 상태와 기능을 실시간으로 살펴볼 수 있게 해 준다. 이에 대해서는 이 장의 후반부에서 논의할 것이다. SLP는 다음과 같은 여러 이유로 후두 검사에서 발견한 사항에 관심을 갖게 될 것이며, 보고된 결과와 진단 결과를 더 잘 이해하기 위해 스스로도 성대를 관찰해 보고자 할 것이다. 실제로 비디오스트로보스코피를 직접 시행하는 SLP도 많다.

첫째, 음성 기제의 신체적 변화(예: 결절, 폴립)가 음성 문제의 원인일 경우 후두 검사를 통해 이를 입증할 수 있다. 둘째, 후두 검사에서 나타난 기질적 변화와 시간의 경과 및 치료 효과로 인한 음성의 변화가 서로 관련될 수 있다. 따라서 SLP는 기초선 정보로 성대 병리의 정도에 대해 기록해 두고자 한다. 음성 산출 기관의 그림이 포함되어 있는 서식은 의사가 비정상적인 부분의 크기와 위치를 표시하거나 컴퓨터 파일로 이미지를 저장할 수 있어서 좋다. 어떤 방법으로 기록하든 간에 이는 대상자에 대한 기록의 일부가 되고, 시간이 지난 뒤 중재 효과의 증거로 이용할 수도 있다.

SLP가 후두경 검사에 관심을 갖는 세 번째 이유는 특정 환자의 치료법으로 수술을 추천할 수도 있기 때문이다. SLP와 의사 간의 대화는 수술과 추후 음성치료의 적절성에 대해 논의하는 데 필수적이다.

마지막으로, 후두 검사에서 기질적 결함이 발견되지 않았다는 것은 대상자의 장애가 기능적인 원인 때문에 나타난 것일 수 있음을 의미한다. 이 정보는 음성치료의 방향과 직접 연관될 수도 있고, 다른 전문가(예: 심리치료사)에게 의뢰하는 것이 필요함을 알려 줄 수도 있다.

전반적인 의학적 평가나 신경학적 특수 검사 또는 내분비 검사가 필요한 경우도 있다. 마비말장애(9장 참조)처럼 말초신경계나 중추신경계의 기능장애가 음성장애의 원인으로 추정될 경우에는 의뢰가 필요하다.

Susan은 교사교육 자격증 과정에 입학한 신입생 전체에게 정례적으로 실시하는 선별 검사에서 발견되었다. Susan의 음성은 매우 약해서 지시에 따라 음성을 크게 내거나 고함을 지르기가 어려웠다. 면담 과정에서 일과 중 음성이 쉽게 피로해진다고 보고하였는데, 약간의 쉰 목소리가 특징적이었다. 이는 우리가 Susan의 음성 문제를 파악하고 내분비계에 문제가 있는 것은 아닌지 더 알아보게 만든 단서가 되었다. 신경이 과민해지고 화를 잘 내며, 전반적으로 근력이 약해지고 피곤하며(동네 체육시설에서 매일 하는 에어로빅을 끝까지 하기 어려워졌는데, 실제로 하루는 다리가 떨리고 힘이 빠져 주저앉았다 일어나지 못한 경우도 있었다고 함), 땀을 심하게 많이 흘리고 체중이 감소하였으며(음식을 많이 먹는데도 체중이 줄어서 좋아했다고 함), 불면증에 시달리고 있고, 월경 주기도 불규칙해졌다고 호소하였기 때문에 갑상선 과다분비에 대한 의심이 더 커졌다. 한때 빛나던 피부는 최근 몇 달 동안 약간 누렇게 변했다고 한다. 의사에게 의뢰한 결과 갑상선항진증(그레이브스병)으로 진단되었다.

사례력 질문지와 면담

SLP는 대상자를 직접 면담하여야 하는데, 아동의 경우 부모, 교사, 기타 주요 인물과도 면담해야 한다. 정보제공자로부터 하루 중의 음성 사용, 음성 오용, 기능상의 영향에 대해 많은 정보를 얻을 수 있다. 음성장애에 초점을 맞추어 사례력을 조사하는 데 도움이 되는 좋은 자료가 많은데, 그중에는 임상가가 사용할 수 있는 서식이 있는 것도 많다(예: Boone et al., 2014; Rubin et al., 2006; Sapienza & Ruddy, 2013; Stemple et al., 2010). 미국 말언어청각협회(American Speech-Language-Hearing Association: ASHA)는 전반적인 목적으로 인구통계 정보와 사례력 정보를 수집하는 데 이용할 수 있는 성인용 템플릿과 아동용 버전을 제공하고 있다(www.asha.org에서 찾아볼 수 있음). 많은 대학 부설 클리닉과 출판사에서는 무료로 사용할 있는 사례력 조사 서식을 온라인에 제공하고 있으므로, 이에 관심이 있다면 미디어를 활용할 것을 권한다.

〈표 11-1〉에는 대상자를 면담할 때 주로 묻게 되는 사례력 조사용 질문의 예를 제시하였다. 〈표 11-2〉는 대상자에게 자각 증상을 묻는 체크리스트로 이용할 수 있다. 다음은 음성장애를 진단하고 중재할 때 중요한 사례력 조사 주제에 대해 자세히 설명한 것이다. 이 두 표에 있는 정보는 음성이 대상자의 삶의 질에 어떤 영향을 미치고 있는지 알아보는 데 도움이 될 것이다.

표 11-1　사례력 조사용 질문의 예

1. 음성에 어떤 문제가 있습니까?
2. 음성 문제가 언제부터 시작되었습니까?
3. 문제가 갑자기 나타났습니까, 서서히 나타났습니까?
4. 음성 문제의 원인으로 의심되는 것은 무엇입니까?
5. 언제(예: 아침 vs. 저녁) 음성이 나아지고, 언제(예: 아침 vs. 저녁) 심해집니까?
6. 하루 중 음성을 어떻게 사용하는지 설명해 보세요(주중에 주로 하는 일과 직업상의 음성 사용 정도, 주말에 주로 하는 활동).
7. 특별히 음성을 남용하는 상황이 있습니까?(심하게 울기, 목청 가다듬기, 기침, 흡연, 고함지르기 등 오용과 남용의 빈도 조사)
8. 전반적인 건강 상태에 대해 말해 보세요(부비동 문제, 알레르기, 질병, 두부 외상, 내분비장애, 심장병, 수술, 약물 복용, 피로 현상, 흡연/음주 습관 등).
9. 복용 중인 약물이 있다면 무슨 약입니까?
10. 의사는 당신의 음성에 대해 뭐라고 하였습니까? 의사가 왜 당신을 의뢰하였습니까?

표 11-2　자각 증상 체크리스트

당신의 음성에서 느끼는 증상에 ∨표 하시오.

_____ 1. 목청을 자주 가다듬는다.
_____ 2. 기침을 자주 한다.
_____ 3. 음성을 사용할수록 음성 피로가 심해진다.
_____ 4. 목소리를 낼 때 목구멍에서 자극이나 통증이 느껴진다.
_____ 5. 목 근육이 압박되는 느낌이 들고 불룩해지거나 민감해진다.
_____ 6. 목 혈관이 붓는다.
_____ 7. 목구멍에 무엇인가 걸린 것 같은 느낌이 든다.
_____ 8. 귀가 아프거나 간지럽다.
_____ 9. 자주 목구멍이 따갑다.
_____ 10. 목구멍이나 혀뿌리가 화끈거린다(음식을 먹거나 음료를 마실 때 더 심해지는가?)
_____ 11. 목구멍이 간지럽거나 건조한 느낌이 든다.
_____ 12. 힘들여 말하는 느낌이 든다.
_____ 13. 삼킬 때 아프거나 삼키는 것이 어렵다.

가족 정보

어린 아동의 경우 부모의 직업, 형제자매 수, 가족 적응력, 가족 내 기타 음성 문제, 가족의 전반적인 건강 상태에 관한 정보는 대상 아동의 사회 및 신체 환경에 대해 아주 많은 정보를 제공해 준다. 일반적으로 다음과 같은 특징이 나타날 수 있으므로 자세히 조사해야 한다. (1) 너무 많거나 적은 가족 체계 및 구성, (2) 구어 경쟁에서의 기득권, (3) 부모 사이의 갈등, (4) 형제자매 사이의 과도한 경쟁, (5) 음성장애의 과거력, (6) 부모의 낮은 적응력, (7) 오랫동안 재발해 온 건강 문제 이력, (8) 신체 및 건강 문제에 대한 전반적인 염려 수준이 그것이다. 성인 대상자의 경우에도 동일한 문제에 관심을 갖는데, 특히 직업, 가족 수, 가족의 건강 문제, 의사소통 문제에 관심이 많다.

> Barbara는 32세의 쌍둥이 엄마이다. 쌍둥이는 네 살로, 제멋대로 날뛴다는 표현이 어울리는 남자아이들이다. Barbara는 전형적인 주부로, 난청에 가벼운 노인성 치매까지 있는 시어머니도 함께 모시고 있다. Barbara는 자신에게 양측성 성대결절이 왜 생겼는지, 의사가 자신에게 음성치료를 꼭 받으라고 권하는 이유가 무엇인지 이해하지 못했다.

이러한 유형의 가족 정보를 통하여 음성 남용의 원인이 무엇인지 알 수 있으며, 치료 방향을 행동 변화로 잡아야 함을 알 수 있다.

1. 문제의 시작 시기　많은 경우 음성 문제의 시작 시기에 대한 정보는 진단에 매우 중요하다. 문제가 시작된 시기의 특성뿐 아니라 당시의 환경에 대해서도 조사해야 한다. 신체적 혹은 심리적 상해 모두 음성 산출에 즉각적인 영향을 미칠 수 있다. 일부 대상자는 과거의 불편한 사건을 억누르고 있기 때문에 인내심을 가지고 질문해야 할 수도 있다. 몇 시간 만에 갑자기 음성 문제가 생긴 경우는 변환발성장애(conversion vocal disorder)이거나 신경학적 원인(뇌졸중과 같은)에 의한 문제일 가능성이 매우 높다. 그 외 다른 유형의 음성장애는 대개 점차적으로 진행된다(성대의 무게와 접근 부위의 병변, 퇴행성 질환 등).

갑자기 음성장애가 시작되면 크게 충격을 받고 깜짝 놀라지만, 대부분의 음성장애는 그 원인이 서서히 작용한다. 많은 사람이 음성 문제가 시작된 시기를 정확하게 말하지 못하고 처음 알게 되었거나 지적받은 날로 말하는 경향이 있다. 점진적으로 시작되었다고 해서 반드시 기질적 원인 혹은 기능적 원인이 있다고 할 수는 없으므로 검사자는 여러 자료를 면밀히 살펴 최종 판단을 내려야 한다. 문제의 진행 속도보다 대상자의 전반적인 건강 및 심리 상태 등 동반 요인에 관한 정보가 더 중요하다.

2. 문제의 진행 과정　음성장애의 진행 과정에 대한 자세한 진술도 진단에 유용한 정보가 될 수 있다. 음성장애는 만성적인 의학적 문제, 누적되어 온 직업 관련 스트레스, 특정한 신체 성숙 기간, 가족관계에서의 변화, 현재 겪고 있는 재정적 위기와 병행하여 진행되기도 한다. 문제가 시작된 이후 음성이 어떻게 변화되었는지 음성장애의 변동성과 관련된 환경이 무엇인지 알아야 한다. 예를 들어, 음성장애가 진행되는 과정 중에 개인적 습관(예: 흡연, 음주), 직업환경(예: 과도한 소음, 스트레스), 의학적 상태(예: 부비동, 알레르기)에 변화가 있었는지 확인해야 한다. 일단 음성장애가 생기면 경미한 긴장, 오용, 남용이라도 문제를 지속시킬 수 있음을 유념해야 한다.

3. 일상적인 음성 수행 및 문제의 변동성에 대한 설명　문제의 발달 과정에 대한 질문은 과거사적 관점에서 정보를 수집하지만, 평가 당시의 음성에 영향을 미치는 요소에 대한 정보도 수집해야 한다. 예를 들어, 대상자에게 매일 하는 일상 활동을 말하기와 연관시켜 설명해 보라고 요구할 수도 있다. 일과 중 문제가 점차 심해지는가? 하루 중 시간이 지나면서 문제가 좋아지기도 하는가? 음성장애 아동의 경우 대표적인 음성 사용과 음성 오용이나 남용 상황에 대해 정확하게 아는 것이 중요하다.

4. 사회적 적응　개인의 성격 특성에 대한 평가도 진단가가 기타 정보를 해석할 때 도움이 될 수 있다. 공식적 성격 검사는 SLP의 관할이 아니지만, 임상가는 대상자의 기본적인 삶의 적응에 대해 알려 주는 단서에 민감해야 한다. 특정 성격 유형에 따라 나타나는 음성 특징이 있다는 결정적인 증거는 없다. 그러나 성격과 음성은 복잡한 양상으로 상호작용하며, 성격에 따라 다양한 음성 증상이 나타나기도 한다.

5. 직업　우리는 두 가지 이유 때문에 음성장애 사례의 직업에 관심을 갖는다. 첫 번째로 직업상 말을 상당히 많이 해야 하는 것은 아닌지, 나쁜 여건에서 말하고 있지는 않은지 판단해야 한다. 모든 교사에게서 '교사형 성대결절'이 생기지는 않지만, 직업을 그 사람과 견주어 판단해야 한다. 많은 저자가 성대결절이 생기기 쉬운 유형의 성격이 따로 있다고 본다. 이런 사람들은 항상 긴장되어 있고, 에너지가 넘치며, 쉽게 흥분하

고, 구어적으로 공격적인 경우가 많다. 이런 사람이 말을 많이 해야 하고 적응 절차를 결정할 수 없는 업무환경에 처해 있다면 성대결절이 생길 가능성이 매우 높아진다.

대상자의 직업에 관심을 갖는 두 번째 이유는 직업이 음성장애에 유해한 영향을 미칠 경우 일상적인 업무 행동을 변화시킬 가능성이 있는지를 알아보기 위해서이다.

우리는 150명 이상 대규모 강의를 여러 개 하는 한 대학교수를 평가하였다. 대규모 강의를 하여 음성을 남용하고 오용한 결과로 작은 결절이 생겨 음성치료를 권하였다. 그는 다른 사람들이 잘 들을 수 있게 말하고, 역동적이고 권위적으로 보이기 위해 낮은 음도로 과하게 긴장하여 큰 소리로 말하고 있었다. 우리는 대형 강의실에서 소형 마이크를 사용할 수 있는지 알아보았다. 이를 통해 그의 직업과 연관된 남용 상황을 효과적으로 제거할 수 있었다.

6. 건강   음성은 여러 생리체계의 영향을 받기 때문에 많은 경우 전체적인 의학력 조사와 의학적 검사가 필수적이다. 특정 질병, 수술, 복약에 관한 정보와 함께 전반적인 건강 및 신체 발달력에 대한 정보도 수집해야 한다. 전반적인 에너지 수준과 흡연, 음주, 약물 사용과 같은 건강 관련 습관에 대한 자료도 수집하는 것이 좋다.

7. 환자에게 미치는 영향 평가   사례력 정보 조사의 마지막 단계는 음성이 대상자의 일상생활 기능에 미치는 영향의 정도를 대상자 스스로 평가해 보게 하는 것이다. 이러한 평가를 삶의 질 척도라 한다. 이 주제는 면담용 질문(〈표 11-2〉와 [그림 11-2]의 의례적인 일상 업무 수행, 사회적 적응, 직업에 대한 질문 참조)에도 포함되어 있으나, 이제는 규준이 있고 신뢰할 만하고 타당한 도구를 사용하여 점수를 산출하고 객관화할 필요가 있다. 이러한 유형의 도구는 치료 전과 후에 나타난 삶의 질 측면에서의 효과와 변화를 측정하는 데 이용할 수 있다(Awan & Roy, 2009; Hakkesteegt et al., 2010). 이러한 의미에서 삶의 질 척도와 평가는 변화와 중재 효과를 자세히 모니터링하는 데 이용할 수 있는 정밀조사 및 재평가도구가 된다. 〈표 11-3〉에는 삶의 질 척도와 환자용 증상 평가 척도의 목록을 제시하였다. 이 중 몇 개만 자세히 살펴보고자 한다.

임상에서는 Voice Handicap Index(VHI; Jacobson et al., 1997)와 VHI 축약판을 자주 이용한다. 3개 영역의 총 30문항으로 구성된 VHI는 0~4점 평정 척도로 평가한다. 신체 영역에서 대상자는 "나는 안간힘을 써야 음성을 낼 수 있을 것 같다."와 같은 진술에

표 11-3	아동용 · 성인용 삶의 질 및 영향 척도

- Iowa Patient's Voice Index(IPVI; Karnell et al., 2007)

  Iowa 대학교에서 Verdolini 등이 개발하고 Karnell이 신뢰성을 연구한 3개 항목의 간단한 질문지로 환자 스스로의 자각을 묻는다.

- Dysphonia Severity Index(DSI; Wuyts et al., 2000)

  본문의 설명을 참조하라.

- Patient Questionaire of Voice Performance(PQVP; Carding & Horsley, 1992)

  환자 스스로가 자신의 음성 수행에 대해 평가하도록 하여 환자에게 미치는 영향 점수(이하 영향 점수)를 매긴다(예: 12=정상 기능, 60=중도 발성장애). 주로 비기질성 음성장애 사례에 사용한다.

- Pediatric Voice Handicap Index(pVHI; Zur et al., 2007)

  신체, 기능, 정서적 특성을 평가한다.

- Pediatric Voice Outcomes Survey(pVOS; Hartnick, Volk, & Cunningham, 2003)

  2~18세 아동에게 실시하며 신체, 사회, 학업 특성을 평가한다.

- Pediatric Voice-Related Quality of Life(PVRQOL; Boseley, Cunningham, Volk, & Hartnick, 2006)

  신체 및 사회-정서적 특성을 평가한다.

- Singing Voice Handicap Index(SVHI; Cohen et al., 2007)

  환자가 가수인 경우에 유용한 주관적 평가도구이다.

- Voice Activity and Participation Profile(VAPP; Ma & Yiu, 2001)

  음성 문제, 활동 제한, 일터와 여가 상황에서 사회적 참여 제한에 대한 지각을 평가하는 28개 항목의 질문지이다.

- Vocal Disability Coping Questionaire(VDCQ; Epstein, Hiran, Stygall, & Newman, 2009)

  정보 찾기, 회피, 사회적 지원 특성을 평가한다.

- Vocal Impact Profile(VIP; Martin & Lockhart, 2005)

  건강, 음성 전력, 음성 관리 및 상태, 불안/스트레스, 사회/환경적 요인, 음성 요구량 등의 요인에 대한 잠재적 영향을 평가한다.

- Voice Handicap Index(VHI; Jacobson et al., 1997)

  30개 문항으로 신체, 기능, 교육 특성을 평가한다.

- Voice Outcome Survey(VOS; Gliklich, Glovsky, & Montgomery, 1999)

  기능, 사회, 직업 특성을 평가한다. 편측성 성대마비 사례에 맞게 고안되었다.

- Vocal Performance Questionaire(Paul Cardin, Freeman Hospital, United Kingdom; https://entuk.org에서 찾아볼 수 있음)

  선다형 12개 문항의 채점 가능한 질문지로, 이 사이트에 접속하여 이용할 수 있다.

- Voice-Related Quality of Life(V-RQOL; Hogikyan & Sethurama, 1999)

  음성 평가 2주 전에 실시하게 되어 있는 10개 항목의 질문지로, 신체 및 사회-정서적 특성을 평가한다.

- Voice Symptom Scale(VoiSS; Deary, Wilson, Carding, & Mackenzie, 2003)

  환자가 보고하는 음성과 의사소통 문제, 목 감염, 심리적 고충, 음성의 산출 및 가변성 문제, 객담 등에 대해 평가한다.

자신이 느끼는 정도를 점수로 매긴다. 기능 영역에서는 "사람들은 내 음성 때문에 내 말을 알아듣기 힘들어한다."와 같이 음성이 일상생활에 미치는 영향을 평가하는 진술에 대해 점수를 매긴다. 정서 영역에서는 "내 음성 문제가 나를 당황하게 만든다."와 같은 진술에 대해 점수를 준다. 7개 및 10개 문항의 VHI 딘축판도 있지만, 문헌에 따르면 30개 문항의 VHI 검사가 통계적으로 타당하였다. 임상가는 최초의 진단 회기와 이후 치료에 따른 신체 및 행동상의 진전 과정을 정기적으로 모니터링할 때 VHI를 자주 사용한다. 10개 문항의 VHI(VHI-10; Rosen, Lee, Osborne, Zullo, & Murry, 2004)도 있으나 임상가들은 기존의 30개 문항의 VHI를 더 많이 사용한다. 아동용 VHI(pVHI)도 있는데 (Zur et al., 2007), 이에 대해서는 12장에서 다룰 것이다.

편측성 성대마비 환자에게만 적용할 수 있으나 타당성을 인정받은 36문항의 Voice Outcome Survey도 있다(Gliklich, Glovsky, & Montgomery, 1999).

Dysphonia Severity Index(DSI; Wuyts et al, 2000)는 자주 사용되는 또 다른 장애 척도이다. DSI는 지각된 음질의 중증도에 역점을 둔다. 최고 주파수(Hz 단위의 기본주파수), 최저 강도(dB), 최대발성지속시간(Maximum Phonation Time: MPT, 초 단위), 지터(jitter, 필요 장비에서 얻은 백분율)와 같은 실제 음향학적 측정치를 따져 본다. 정상 음성을 의미하는 +5에서부터 중도의 음성장애를 의미하는 -5에 이르는 점수를 주게 되는데, 지표 점수가 낮을수록 음질이 더 나쁨을 의미한다. DSI의 규준을 수집하여 타당화 작업을 실시한 결과 DSI는 VHI와 높은 상관이 있는 것으로 나타났다.

음성장애의 영향을 평가하기 위해서는 성인 대상자에게 음성 중재 전과 후에 삶의 질 평가를 사용한다. 여기서는 Voice-Related Quality of Life(V-RQOL) 척도(Hogikyan & Sethurama, 1999)를 중심으로 설명하고자 하는데, 진단평가 예약일 2주 전에 환자 스스로 평가하게 하는 것이 이상적이다. 이것은 음성 문제와 관련된 여러 사회 · 정서 및 심리-기능적 측면에 대한 10개 항목의 질문지(1=문제없음, 5=매우 심각함)이다. 큰 소리로 말하기의 어려움, 호기의 소진, 우울, 전화 이용 등에 관한 질문이 포함되어 있다.

음성장애의 선별

첫 진단회기로 더 깊이 들어가기에 앞서 SLP는 대상자의 의사소통 상태에 영향을 미치고 있을 가능성이 있는 기타 요인을 넣거나 빼는 선별 절차를 거쳐야 한다. 이 절차를 대략적으로 실시할 것인지 아니면 면밀히 실시할 것인지 여부는 임상가가 대상자의 의뢰기록, 대상자가 작성한 사례 정보 기록지(예약 일정 전에 수집할 것을 권함), 대상자의 연령(아동/성인), 대상자와의 첫 대면 시 인사와 대화 중에서 얻은 임상적 인상에 의해 결정된다. SLP는 적어도 대상자의 의사소통 특성이 '연령과 성별에 비추어 볼 때 정상 범위 안에 있는지' 아니면 추가적인 선별이나 검사가 필요한지 판단해야 한다. 평가가 필요한 의사소통 측면에는 구강운동 검사(〈부록 A〉 참조), 청력선별(〈부록 B〉 참조), 말소리 조음/음운 및 말명료도(6장 참조), 언어 수용/표현(아동에 대해서는 4장과 5장, 성인에 대해서는 8장 참조)이 있다.

지각적 · 음향학적 · 공기역학적 평가

음성 분석의 첫 번째 단계는 대상자의 음성을 그냥 듣고 분석해 보는 단계이다. 이러한 듣기 과정은 분명 판단에 의해 크게 좌우된다. 의례적인 음성 평가 과정에서 우리가 하는 일 중 많은 부분은 지각적이고 주관적인 것이다. 평정 척도 적용, 프로파일 분석, 체크리스트 실시, 평가 개요 작성과 같은 일을 하게 된다. 〈표 11-4〉와 같이 전반적인 사항을 묻는 평정 척도를 이용하여 음성 특성에 관한 다양한 자료를 수집할 수 있다. 전반적인 음성을 평가하는 것이 아니라 음성을 음도/주파수, 음량/강도, 음질, 기타 여러 특성으로 구분하여 평가하는 것이 중요하다. 여러 음성 평가 도구(평정 척도, 프로파일 분석, 체크리스트, 개방형 관찰 기록지 등)를 이용할 수 있다. 〈표 11-5〉에는 자주 사용하는 음성 평가 도구의 목록을 제시하였다. 이 도구들은 신뢰도, 타당도 및 표준화 규준을 제시하고 있으나 다소 실망스럽다. 불행히도 신뢰도, 타당도 및 규준에서의 제한점을 피하기 위해 개발되어 현재 가장 많이 사용되고 있는 척도인 GRBAS와 CAPE-V도 마찬가지이다(Biddle, Watson, Hooper, Lohr, & Sutton, 2002). 여기서는 이 두 도구에 대해 간략히 언급하고자 한다.

GRBAS 척도는 일본 언어치료음성병리학회(Japanese Society of Logopedics and Phoniatrics)가 쉰 음성의 중증도를 평가하기 위해 개발한 것으로, Hirano(1981)가 영어로 처음 설명하였다. Omori(2011)도 참조하라. GRBAS는 전체 등급(grade), 조찰성(거친 정도, roughness), 기식성(breathiness), 무력성(asthenia), 긴장성(strained)의 음질 관련 변수를 뜻하는 두자어로, 0~3 범위의 척도로 쉰 음성의 중증도를 평가하는데, 0은 정상, 1은 경도, 2는 중등도, 3은 중도의 쉰 음성을 의미한다. 거친 음성은 귀에 거슬리

표 11-4 음성 특징 평정 척도

음도						
1 2 3 4 5 6 7						

			중증도			
너무 높음	1	2	3	4	5	6	7
너무 낮음	1	2	3	4	5	6	7
변화 없음	1	2	3	4	5	6	7
음도 일탈	1	2	3	4	5	6	7
이중 음도	1	2	3	4	5	6	7
반복되는 패턴	1	2	3	4	5	6	7

음량						
1 2 3 4 5 6 7						

			중증도			
과도함	1	2	3	4	5	6	7
부적절함	1	2	3	4	5	6	7
변화 조절 안 됨	1	2	3	4	5	6	7
반복되는 패턴	1	2	3	4	5	6	7
변화 없음	1	2	3	4	5	6	7
떨림	1	2	3	4	5	6	7

음질						
1 2 3 4 5 6 7						

			중증도			
쉰 음성	1	2	3	4	5	6	7
거친 음성	1	2	3	4	5	6	7
기식 음성	1	2	3	4	5	6	7
과다비성	1	2	3	4	5	6	7
과소비성	1	2	3	4	5	6	7
기타(설명 요망)	1	2	3	4	5	6	7

음성 긴장에 대한 판단
1 2 3 4 5 6 7

실성증/속삭임
기식성 발성
정상
과긴장
과긴장/간헐적 발성

음성에 대한 전반적인 판단
1 2 3 4 5 6 7

주: 1=정상, 7=중도장애

표 11-5	사용 가능한 평정 척도 및 평가 자료 목록

- The Boone Voice Program for Adults, 3rd ed(Boone, 2000)

  음성장애의 진단 및 중재 절차 모두가 포함되어 있다.
- The Boone Voice Program for Children, 2nd ed(Boone, 1993)

  선별 검사, 평가 및 의뢰에 대한 설명이 제공되어 있다. 필요한 양식과 자극 자료도 제공되어 있다.
- Systematic Assessment of Voice(SAV; Shipley, 1990)

  아동과 성인의 기능적 · 기질적 음성 문제를 평가하기 위한 과제, 전략 및 지침을 포괄적으로 수록하고 있다. 소리 내어 읽을 단어, 구, 문장, 문단 목록과 사례력 조사 양식, 부모용 서면 양식 등도 포함되어 있어 복사하여 쓸 수 있다.
- Voice Assessment Protocol for Children and Adults(Pindzola, 1987)

  이 프로토콜을 이용하면 임상적으로 음성의 관찰 및 수량화가 가능하다. 음도, 음량, 음질, 호흡 특성, 속도 등의 음성 변수를 평가한다.
- Voice Diagnostic Protocol(Awan, 2000)

  이 매뉴얼에는 사례력 조사, 음성의 주파수와 강도 및 음질의 지각적 분석, 구조 검사, 호흡 및 발성 통제력 평가, 과도한 근긴장의 영향을 포함하여 저렴한 비용의 음성 분석법을 엮어 놓았다. 각 진단 절차에 대한 설명과 함께 규준 자료와 결과 해석을 제공하고 있다. CD-ROM이 포함되어 있다.
- CAPE-V

  본문의 설명을 참조하라.
- GRBAS

  본문의 설명을 참조하라.

는 거친 음성을 말한다. 기식성의 음성은 속삭이는 것 같은 특징의 음성을 말한다. 무력성의 음성은 작거나 약한 음성을 말한다. 긴장성의 음성은 목구멍을 조여서 내는 것 같은 특성을 띤다. GRBAS는 청지각적 평가 중 하나이지만, MPT의 측정은 쉰 음성 평가의 세 측면(기식성, 무력성, 긴장성)의 핵심 척도이다.

MPT는 어떤 유형의 음성 평가를 실시하든 특정 시점에서 자주 수집하는 자료이다. MPT는 대상자에게 공기를 최대한 들이쉰 뒤 모음('아' 등)을 최대한 길게 낼 수 있는 시간을 말한다. 매번의 시도마다 시간을 재는데, 가장 긴 3회의 평균을 구한다. MPT가 10초 정도이면 비정상이며, 5초 이하인 사람은 일상생활에 문제가 있을 가능성이 높다. 연령과 전반적 건강 상태가 MPT에 영향을 미치는데, 앞에서 말한 대략적인 기준이 임상적으로도 유용한 것으로 나타났다.

또 다른 평정 척도는 '보다 객관적인' 척도로, ASHA의 음성 분과가 개발한 것이다. 이는 Consensus Auditory Perceptual Evaluation-Voice(CAPE-V)라는 것으로, 대상

자가 산출한 지속 모음, 문장, 대화를 이용하여 음성을 평가한다. 임상가는 음성이 얼마나 일관되게 산출되는지를 기술하며, 음성 문제의 일관성과 중증도를 경도, 중등도, 중도로 구분한다. 조찰성, 기식성, 긴장성, 음도, 음량, 전반적 음질 각각의 음성 특성을 평가한다. CAPE-V는 ASHA 회원이 웹사이트(www.asha.org)에 로그인하여야만 이용 가능하다.

지각적 음성 척도와 삶의 질 척도의 신뢰성과 타당성에 관한 연구는 풍부하게 이루어졌다. Karnell 등(2007)의 연구를 그 예로 들 수 있다. 이 연구는 임상가가 GRBAS와 CAPE-V를 이용하여 음성 특성을 평가한 결과를 비교하였는데, CAPE-V가 음성에서의 근소한 차이에 좀 더 민감하였지만 둘 다 신뢰성이 있는 것으로 나타났다. 그러나 이 두 척도는 대상자 스스로가 평가한 음성 특성 및 V-RQOL과 IPVI(〈표 11-3〉 참조), 삶의 질에 미치는 영향에 관한 척도와의 일치율은 다소 낮았다.

이제 음성 변수와 각 음성 변수의 평가 방법에 초점을 맞춰 논의해 보자. 다른 의사소통장애를 평가할 때와 마찬가지로, 임상가는 수집한 말 표본의 유형에 따라 '생태학적 타당성'이 달라짐을 알아야 한다. 예를 들어, 성대결절이 있어 음성 남용이 의심되는 아동의 경우 다른 아동과 노는 상황, 학교 일과, 가정환경을 관찰하는 것이 이상적이다. 대부분은 대화, 숫자 세기, 기침하기, 음계 부르기, 독립 음소 연장 발성하기와 같은 다양한 상황에서 음성 표본을 수집하여 평가한다. 여기서의 요점은 SLP가 아동의 음성 변수를 정확하게 판단하기 위해서는 다양한 상황에서의 음성 수행 자료를 수집해야 한다는 것이다.

음성은 대개 음도, 음량, 음질, 호흡 특성, 속도/리듬의 다섯 영역을 평가한다. 초시계와 조율관이나 피아노 키보드를 이용한 지각적 분석과 간단한 음향적 분석을 결합하여 평가하지만, 다양한 임상 현장에서는 보다 정교한 기기를 이용하여 자료를 수집하고 있다. 다섯 개 음성 평가 영역에 대하여 지각적·음향학적·공기역학적 평가의 장점을 검토해 보자.

 특징 분석

음도

임상가는 대상자의 음성에서 나타나는 다양한 음도 특성을 평가한다. 음도는 성대가 닫히는 속도와 상관되어 있는 지각적 현상이다. 대상자의 음성에 대해 말할 때 **음도**와 **주파수**를 맞거나 틀리게 혼용하기 쉽다. 습관적 음도라고도 하는 발화 기본주파수의 **음도 판정**(pitch determination)은 조율관이나 키보드 등 고도의 기술이 필요 없는 로테크의 악기에 맞추거나, 〈표 11-6〉에 제시한 고도의 기술을 요하는 기기적 분석을 통해 실시한다. 이후 대상자의 발화 기본주파수를 연령별, 성별 규준 자료와 비교한다. 〈표 11-7〉은 여러 문헌에서 취합한 연령대별 대표 표본의 평균 기본주파수를 제시한 것이다.

표 11-6 **음성 평가용 소프트웨어**

Computerized Speech Laboratory(CSL; http://www.kaypentax.com)
이 회사의 웹사이트는 고가의 별도 장비 구매 정보를 제공하고 있다. 음성 연구와 임상 분석의 기준이 되는 검사로, VisiPitch와 Multi-Dimensional Voice Program(MDVP)과 같이 널리 알려져 있는 프로그램도 포함되어 있다.

Muti-Speech(http://www.kaypentax.com)
이 회사의 웹사이트는 저렴하면서도 CSL과 유사한 윈도우 체제의 말 분석 시스템의 구매 정보를 제공하고 있다. 다양한 음성 분석이 가능하다.

Praat: Doing Phonetics by Computer(http://www.fon.hum.uva.nl.praat)
무료로 제공되는 소프트웨어로 지터(jitter)와 심머(shimmer)뿐 아니라 스펙트럼, 음도, 포만트 분석도 가능하다.

Sona-Speech II(http://www.kaypentax.com)
이 회사의 웹사이트는 말과 음성 산출 행동을 평가하는 데 VisiPitch 대신 이용할 수 있는 소프트웨어의 구매 정보를 제공하고 있다.

Speech Analyzer(http://www.sil.org/computing/speechtools/speechanalyzer.htm)
음성 파일을 파형, 음도 구성 그래프(pitch plot), 스펙트럼, 다양한 F1 대 F2 표시 화면으로 볼 수 있게 해 주는 분석기를 무료로 내려받아 사용할 수 있다.

Speech Filing System(http://www.phon.ucl.ac.uk/resource/sfs)
다양한 음성 분석에 유용한 무료 소프트웨어로 연구 및 임상 용도에 적절하다.

The Voice Diagnostic Protocol(Awan, 2000)
구매하여 사용할 수 있는 평가 패키지의 일부로, CD-ROM이 있어 마이크와 연결된 컴퓨터로 가동한다.

Voiceprint(http://www.visualizationsoftware.com)
스펙트로그래프를 보여 주는 유용한 소프트웨어이다. 시험용 버전은 무료로 이용할 수 있으나, 완성형 프로그램도 비싸지 않다.

Waveform Annotation Spectrograms and Pitch(WASP, http://www.phon.ucl.ac.uk/resource/sfs/wasp.htm)
학생 및 임상가에게 스펙트로그램과 기본주파수 같은 특성을 쉽게 볼 수 있게 해 준다.

표 11-7 연령대별 평균 기본주파수 및 유사 음계

연령	성별	평균 기본주파수	음계
1~2	모두	445Hz	A4
3	모두	390Hz	G4
6	모두	320Hz	E4
10	남성	235Hz	A3#
15	남성	165Hz	E3
20~29	남성	120Hz	B2
50~59	남성	118Hz	A2#
60~69	남성	112Hz	A2
80~89	남성	146Hz	D3
10	여성	265Hz	C4
15	여성	220Hz	A3
20~29	여성	227Hz	A3#
50~59	여성	214Hz	G3#
60~69	여성	209Hz	G3#
80~89	여성	197Hz	G3

음도 판정 방법은 대상자의 최적 음도를 찾을 때도 이용할 수 있다. **최적 음도**(optimal pitch)는 논란이 있는 개념으로, 말을 산출할 때 각 개인이 갖는 최적의 음도 내지는 자연스러운 음도 범위가 있다고 가정한다. 최적 음도에 대한 이 가정을 수용

하면, 최적 음도가 습관적 음도와 일치하지 않는 경우 습관적 음도를 높이거나 치료해야 할 수도 있다. 최적 음도에 대한 판단은 결코 정확하지 않다. 최적 음도는 단일음이 아니라 음성 기제가 최소한의 근육 긴장으로 최상의 기능을 달성할 수 있는 음도의 범위라는 점을 강조하고 싶다. 대상자에게서 최적 음도의 발성을 유도할 때 다양한 생리적 발성(자연스럽고 자발적인 소리로 말소리는 아님)과 음역 가창법(range singing techniques)을 이용해 왔다. 일단 최적 음도를 유도하여 녹음한 뒤 음계나 기기를 이용하여 최적 음도를 판단한다. 〈표 11-8〉에는 대상자에게서 최적 음도의 발성을 유도하는 데 이용할 수 있는 보편적인 방법의 일부를 요약해 놓았다. 이 장의 뒷부분에서는 음성 능력 조사나 촉진에 이러한 기법을 어떻게 이용할 수 있는지에 대해 논의할 것이다.

표 11-8 최적 음도 판정법

공명 증가 기법(resonance–swell method)
대상자에게 음계에 맞춰 동일한 음량으로 콧노래를 부르게 하여 주어진 음역에서 음성이 더 커지는 음높이를 찾는다. 대상자와 임상가 중 한 명은 음량의 증가를 알아차릴 수 있어야 한다.

큰 소리로 한숨 쉬기(loud–audible sigh) 기법
대상자에게 숨을 깊이 들이마신 뒤 큰 소리로 한숨 쉬듯이 '아' 소리를 내게 한다. 소리를 내는 동안에는 음도가 낮아지므로 한숨을 쉬기 시작할 때의 음도를 주의하여 들어 본다. 음성 시작 시점의 음도가 최적 음도다.

하품 한숨(yawn–sigh) 기법
대상자에게 이완된 상태에서 하품을 한 뒤 소리가 들릴 정도로 크게 한숨을 쉬게 한다. 하품할 때는 목구멍이 열리면서 후두 주변에 생기는 협착이 크게 줄어든다.

생리적 기법(vegetative techniques)
대상자가 자발적으로 자연스럽게 산출하는 웃음, 기침, 목청 가다듬기, 짜증 내는 소리를 들어 본다. 이러한 생리적 발성에서 최적 음도가 나타날 수 있다.

억양 기법(inflection methods)
대상자에게 입술을 다문 상태에서 상승조의 억양으로 자신이 들은 말에 자연스럽게 진심으로 동의하듯이 '으흠'을 말하게 한다. 동의하는 내용의 자동 구어를 산출할 때의 음도가 최적 음도에 가깝다. 이와 관련된 또 다른 방법은 대상자에게 질문하듯이 실제 상황처럼 자연스럽게 상승조의 억양으로 '안녕?'을 말해 보게 하는 것이다. 약간의 억양 변화로 최적의 음도가 드러날 수 있다.

밀기 또는 당기기 기법(pushing or pulling techniques)

대상자에게 자기 의자를 아래로 밀거나 위로 잡아당기면서 '아'를 최적 음질로 산출하게 한다. 이 방법은 성대 폐쇄에 문제가 있는 대상자에게 특히 유용하다.

음역 기법(pitch range methods)

발성 유형은 '도-레-미' '아-아-아' '하나-둘-셋' 등으로 한다. 대상자에게 가성을 제외하고 자신이 낼 수 있는 가장 낮은 음에서 가장 높은 음까지 발성해 보라고 한다. 이 음역의 1/3에 해당하는 음높이가 최적 음도에 해당된다. 자주 이용하는 또 다른 방법은 대상자에게 가성을 포함하여 자신이 낼 수 있는 가장 낮은 음에서 가장 높은 음까지 내보게 하는 것이다. 이 경우 전체 음역의 1/4에 해당되는 음높이가 최적 음도에 해당된다. 예를 들면, 대상자가 낼 수 있는 음역의 전체 음의 수를 계산한 뒤 낮은 음에서부터 1/4에 해당되는 음을 찾으면 된다.

정상적인 음성은 **음도 변이**(pitch variability)를 특징으로 보이는데, 이를 **억양**(intonation/inflection)이라고도 한다. 음도 변이가 부족하거나 과한 음성은 비정상이다. 마비말장애는 제한된 음역에서 단조롭게 발성하는 단음도의 특징을 보이기도 한다. 단음도와 제한된 음도 범위는 상후두신경 마비, 부가성(additive) 병변이나 다른 장애와 연관되어 나타나기도 한다. 과도한 음도 변이나 운율 과다는 마비말장애, 특히 경직형, 실조형, 과잉운동형 마비말장애에서 나타나는 특징이다(Duffy, 2013). 마비말장애 화자의 음성은 특히 연장 모음을 산출할 때 과도한 주파수 변이를 특성으로 한다. 난청과 농 화자에게서 과도한 음도 변이가 흔히 관찰된다.

이중 음도(diplophonia)는 한 음성에서 2개 이상의 음도가 동시에 나타나는 경우로, 성대가 서로 떨어져서 진동하거나 양쪽 성대의 상태가 동일하지 않을 때 나타난다. 이중 음도의 추정 원인으로는 마비된 한쪽 성대가 건강한 성대와 다른 속도로 진동하거나, 성대에 생긴 혹 또는 병변이 진동하거나, 가성대와 진성대가 동시에 내전하거나, 성대에 타액 방울이 묻어 진동하는 경우를 들 수 있다.

음도 일탈(pitch breaks)은 부적절하게 낮은 음도의 음성을 산출하는 사람에게서 자주 나타난다. 간헐적으로 음도가 갑자기 최적 음도에 가깝게 상승하기도 한다. 이유가 무엇이든 성대의 무게나 크기가 증가하면 진동 특성도 변한다. 음도 일탈은 성대결절, 성대폴립, 종양 등 부가성 병변이 있는 경우의 증상 중 하나로 나타나기도 한다.

음도에 대한 논의를 요약하면, 임상가는 대상자를 관찰하고 음도 특성을 평가하여 다음과 같은 질문에 대한 답을 찾아야 한다. 대상자의 습관적 음도(발화 기본주파수)는 어떠하며, 대상자의 연령, 성별, 신장에 비추어 볼 때 적절한가? 발화 산출 시 정상적인 음도 변이를 보이는가? 단음도인가, 아니면 노래를 부르는 것처럼 넓은 범위 안에서 변하는가? 음도 일탈이 나타나는가? 이중 음도를 보이는가?

음량

음량은 대개 지각적으로 판단하지만 장비를 이용하여 강도를 측정하기도 한다(예: 음압측정기, CSL). 평가 시에는 발화 상황에 **음량 수준**이 적절한지 판단해야 한다. 정상적인 대화 상황에서 화자로부터 약 3피트(90cm 정도) 떨어진 거리에서 측정한 평균 음성 강도는 65dB(범위: 55~75dB)이다. 전형적이었던 음량 수준은 다양한 질병과 연관되어 비정상적으로 변할 수 있다. 마비말장애 성인은 너무 부드럽게 말하거나(파킨슨병 환자처럼) 아주 큰 소리로 말하기도 한다(경직형 마비말장애와 근육긴장 이상 환자처럼). 음량 저하는 성대 마비와 심인성 음성장애의 특징이다. 성대 남용 사례는 특정 상황에서는 과하게 노력하여 큰 소리로 말하지만, 그 결과로 과소기능성 음량을 보일 수도 있다.

임상가는 대상자의 전형적인 음량 수준이 점차 줄어들지 않고 편안하게 유지되는지, 아니면 **어느 정도 노력해야** 유지되는지 살펴보아야 한다. 문장 끝에서 음량이 줄어드는지 잘 들어 보아야 하는데, 이는 성대 마비, 마비말장애, 폐색성 병변이 있는 환자의 전형적인 특징이다. **발성 일탈**(phonation breaks)이나 순간적인 음량 소실은 비정상적인 것으로, 성대 내전과 진동 유지에 문제가 있음을 의미한다.

어느 정도의 **음량 변이**는 정상적인 것이며 강세 패턴으로도 나타난다. 주의하여 대화를 들어 보는 것 외에 다음과 같은 문장을 '감정을 실어' 읽어 보라고 한다.

- 당장 여기서 나가! (Get out of here! Get out of here!)
- 몰라요. 모른다고요! (I don't know! I said I don't know!)
- 용돈 좀 더 줘요, 아빠, 돈이 하나도 없어요! (I need more money, Dad, I'm broke!)
- 그 사람 어디 갔어요? 못 찾겠어요! (Where did she go? I can't find her!)
- 당장 그만두지 못해! (Will you cut that out!)

음량 변이가 부족한 경우는 서로 다른 두 형태의 단조로운 강도를 보인다. 과하게 동일한 강세 패턴은 여러 마비말장애의 전형적인 특성인 반면, 약한 강도의 단조로운 음성은 정서장애와 일부 유형의 마비말장애에게서 나타나는 전형적인 특성이다.

임상가는 대상자로 하여금 자신의 **음량 범위**의 최저 수준에서부터 최대 수준에 이르기까지 음성을 산출해 보게 해야 한다. 속삭여 보라고 하거나 고함을 질러 보라고 할 수 있다. 대상자에게 숫자를 세되 처음에는 작게 말하다가 숫자가 커짐에 따라 점차 큰 소리로 말해 보라고 할 수도 있다. 제한된 음량 범위는 마비말장애 중 특히 호흡 문제를 보이는 대상자에게서 자주 관찰된다.

음량 남용은 상황에 따라 달라진다. 예를 들어, 대화 수준에서의 음량은 적절하지만 크게 말하거나 소리를 지르면(강의, 설교, 응원, 운동장 활동 등) 음성장애가 지속되기도 한다. 면담 과정에서 상황에 따라 음량 남용이 나타나지 않는지 질문해 보아야 한다.

임상가는 대상자의 음성에 대한 자료 수집 이후 다음과 같은 질문의 답을 찾을 수 있어야 한다. 대화 상황에 음량 수준이 적절한가? 힘들이지 않고도 편안하게 음량 수준을 유지할 수 있는가? 전체 발화를 산출하는 동안 음량 수준이 유지되는가, 아니면 점차 줄어드는가? 음량 일탈이 나타나는가? 영어의 강세 및 강조 패턴을 실현하기 위해 음량 변인을 조정할 수 있는가, 아니면 단조로운 강도를 보이는가? 음량을 최저 수준(속삭임)에서부터 최대 수준(고함지르기)에 이르기까지 다양하게 조절할 수 있는가? 만약 할 수 있다면 주로 어떤 상황에서 음량 남용이 나타나는가?

음질

음질장애를 묘사하는 용어는 지각적 판단을 반영한다. 음질을 판단할 때 최상의 도구는 임상가의 귀로, 실제로 많은 임상가가 청각에 의존하여 음질을 평가한다. 그러나 보다 정교한 기기를 이용하여 음성의 음향학적 변수를 측정하고 범주화하고 '객관화'할 수도 있다. 성대 진동의 규칙성(주기성), 강도 변동률(심머, 음질 판단에 중요하고 객관적인 측정치로 입증됨), 주파수 변동률(지터), 개방-폐쇄 특성을 평가하는 데 이용할 수 있는 기기도 있다. Kaypentax의 Computerized Speech Lab(CSL)은 여러 음성 평가용 소프트웨어를 제공하고 있다(〈표 11-6〉 참조). 그럼에도 불구하고 기식성의 음성인지, 거친 음성인지, 쉰 음성인지 판단할 때 여전히 청취법이 가장 효과적이다.

음질은 성대 진동 방식의 영향을 받는다. 문헌에 음질을 기술하는 여러 용어가 보고되었다. 많은 음성장애가 **기식성** 음성, **거친** 음성, **쉰** 음성의 음질을 보이는 것으로 분류되는데, 그중에서도 쉰 음성이 가장 많이 나타난다. **조찰성**과 **허스키** 같은 용어는 덜 쓰인다. CAPE-V가 많이 사용되면서 거친 음성, 기식성의 음성, 긴장성의 음성은 더 공식적인 용어가 되었다.

기식성의(breathy) 음성은 부분적으로 폐쇄된 성대 사이로 기류가 통과하는 소리가 들리는 특성을 보인다. 성대가 완전히 내전하지 못하는 것은 성대에 혹이나 병변이 생겼거나, 성대가 마비되었거나, 성대 근육의 기능부전이 있기 때문이기도 하다.

노력하여 힘들여 산출하는 음성을 거친(harsh) 음성이라 한다. 거친 음성은 대개 강한 성대 접촉, 낮은 음도, 강도 문제, 성대의 과내전과 같은 발성환경에서 지각되는 특성이다. 동의어에는 조조성과 불쾌한 음성이 있는데, '조찰성' '거친 음성' '거슬리는 음성' '삐걱거리는 음성' '고르지 않은 음성' '금속성의 음성' '꺽꺽거리는 음성' 등의 용어도 거친 음성의 동의어로 사용되어 왔다.

쉰(hoarse) 음성은 기식성과 거친 음성의 특성을 모두 갖고 있다. 따라서 난기류, 거칠고 불규칙한 진동, 낮은 음도, 목 근육의 압박이 두드러지게 나타나기도 한다. 쉰 음성은 많은 음성장애 사례에서 흔히 나타나는 증상이므로 모든 SLP가 쉽게 알아차릴 수 있어야 한다. 특히 공립학교에서 일하는 임상가는 쉰 음성의 청각적 특징을 잘 알아서 아동의 음성 남용 및 관련 병변의 위험 신호를 쉽게 알아차릴 수 있어야 할 것이다. 임상가는 필요한 경우 의료진에게 대상자를 의뢰할 수도 있어야 한다. 그리고 임상가는 교사를 대상으로 직무 교육 프로그램을 실시하여 교사들이 학생들에게 나타날 수 있는 음성장애를 알아차리고 SLP에게 의뢰할 수 있도록 교육해야 한다.

음질의 지각적 특성은 **성대 접근**(glottal approximation)의 영향도 받는다. 강한 성대 접촉은 성대에 갑자기 충격을 주거나 힘주어 말을 시작할 때 일어나는 현상이다. 힘을 더 많이 들여 성대를 단단히 조이는 방식으로 내전시켜 진동시키므로, 짐작하건대 발성을 시작하기 전에 후두 근육이 과하게 긴장될 것이다. 이와 반대로 가벼운 접촉은 비정상적으로 약한 성대 접근을 말한다. 이렇게 발성하면 대개 기식성의 음질이 먼저 지각된다. 예민한 임상가는 부적절한 성대 접근으로 인해 나타나는 증상을 들어서 알 수 있다.

지터(주파수 변동률)와 심머(강도 변동률)는 병리적 현상의 조기 감지에 유용하기 때문에 후두전문의가 뚜렷한 병변이나 조직 변화를 발견하지 못한 경우에도 보편적으로 측정하는 음성 변수이다. 후두전문의와 협력하여 일할 때 SLP는 환자의 지터와 심머를 측정해 달라는 요청을 받는다. 여러 방법으로 지터와 심머 값을 얻을 수 있는데, 이에 관심이 있는 학생은 더 많이 공부할 것을 권한다. Isshiki, Yanigahara와 Morimoto(1966)는 협역 스펙트로그램 분석을 통해 다음 네 유형의 쉰 음성을 판단할 수 있다고 제안하였다.

- 유형 1: 경미한 정도의 쉰 음성을 내는 경우로, 모음의 포먼트 영역에 배음 요소와 소음 요소가 뚜렷하게 혼재되어 나타난다. 분석에 이용하는 모음은 /u, o, a, e, i/이다.
- 유형 2: 고주파수 영역(3,000~5,000Hz)에서 약간의 소음 요소가 나타난다. 소음 요소는 전체 배음에 걸쳐 뚜렷하게 나타나지만, 모음 /e/와 /i/에서 더 두드러진다.
- 유형 3: /i/와 /e/의 제2포먼트에서만 소음 요소가 나타난다. 3,000Hz 이상에서는 소음이 더 증가한다.
- 유형 4: /e/, /i/, /a/의 제2포먼트와 /a/, /o/, /u/의 제1포먼트에서 소음이 나타난다. 이 포먼트 영역에서 배음 요소를 알아보기가 매우 힘들다.

임상가는 Isshiki, Yanigahara와 Morimoto의 입력체계를 이용하여 환자의 쉰 음성에 대한 기초선 자료를 객관적으로 기록할 수 있다. 스펙트로그래프를 이용한 재평가와 재입력은 치료에 의한 진전을 평가하는 척도로도 이용할 수 있다. 음질은 공명장애의 영향도 받을 수 있다. 그러나 이에 대해서는 12장에서 논의하겠다.

호흡

호흡 변인도 후두 기능에 전반적인 영향을 미친다. 특히 음량과 말속도에 많은 영향을 미친다. 대개 음성 평가 과정에서 호흡체계와 호흡 관리 특성 몇 가지를 평가하게 된다. 여기서는 다음과 같은 평가법의 개요를 제시하고자 한다.

- 호흡 관찰
- 폐활량
- 호흡 시의 소음
- 호흡당 단어(음절) 수
- 최대발성지속시간(MPT)

- 최대호기지속시간(Maximum Exhalation Time: MET)

- S/Z 비율

- 평균기류율(Mean Flow Rate: MFR)

- 발성지수(Phonation Quotient: PQ)

- 발성압역치(Phonation Threshold Pressure: PTP)

- 성문하압 측정치

이 모든 측청치가 임상적 결정 과정에 도움이 된다.

먼저 임상가는 호흡을 지원하는 데 **주로 사용되는 영역**을 관찰한다. 횡격막은 주된 흡기 근육으로 폐와 흉곽을 확장시키는 데 관여한다. 횡격막 호흡으로 숨을 들이쉴 때는 횡격막이 하강하고 복부가 확장된다. 매우 정상적인 호흡법이지만(그리고 노래와 발화 상황에서 사람들이 더 선호하는 방식이지만) 옷을 입고 앉아 있는 대상자에게서 관찰하기는 어려운 호흡 방식이다. 약간 무거운 것을 들어 올릴 때와 같은 움직임에서 가슴이 확장되는 것이 더 잘 관찰된다. 반면, 쇄골 호흡법은 어깨의 상승, 흉곽 상부(쇄골 부위)의 긴장, 목 근육의 압박을 특징으로 한다. 쇄골 호흡법은 흡기에 비효율적인 폐 확장법으로 힘을 더 많이 들여야 하는 반면, 호흡량은 적다. 임상가는 대상자가 더 많이 사용하는 호흡법을 파악하려 노력해야 하는데, 과기능성 음성장애 환자 중에는 비효율적인 호흡법을 사용하는 사람들도 많다.

최대 흡기 후에 최대로 내쉴 수 있는 공기량을 **폐활량**(Vital Capacity: VC)이라 한다. 현재로서는 폐활량과 말 산출의 관련성에 대한 추측만이 가능할 뿐이다. 폐활량은 신장, 신체 상태, 성별 등 몇 가지 요인과 직접적으로 관련된다. 사람들은 음성장애 화자의 폐활량을 증가시키려 애써 왔으나 그 정당성을 입증해 주는 연구는 거의 없거나 전무하다. 한편, 극히 적은 양의 공기만 유용할 수 있는 사람들은 지속적으로 발성하기가 어렵고, 정상이나 정상에 가깝게 끊어 말하기 위해 후두를 억지로 긴장시키거나 힘을 주게 된다. 기류의 통제는 공기량보다는 개인의 능력에 좌우된다.

폐활량의 측정에는 폐활량계(spirometer)와 같은 기기가 필요하다. 그러나 정상적인 발화를 산출하는 데 부족한 정도의 폐활량은 정상과 확연하게 차이가 나기 때문에 공식 검사를 추가로 실시할 필요는 없다. 폐활량 측정은 폐기종, 파킨슨병 후기 환자, 뇌성마비 아동에게 특히 중요하다. 대상자의 1회 호흡 용적, 흡기 예비 용적, 호기 예비 용적, 기류량이 폐 용적과 관련되어 있기 때문에 일부 연구자는 임상에서 이 변인을 측정할 것을 권하였다(Boone et al., 2014).

발화를 위해서는 흡기가 신속하면서도 조용히 이루어져야 한다. 임상가는 대상자가 말하는 도중 숨을 들이쉴 때 **소음**이 들리지 않는지 주의하여야 한다. 흡기 시 들리는 소음의 정도나 중증도는 평정 척도를 이용하여 판단할 수 있다. **흡기천명**(inhalatory stridor)은 흡기 시 뚜렷하게 나타나는 소음으로, 성대 마비와 마비말장애 환자에게 흔히 나타난다.

호흡이 정상적인 발화 산출을 제대로 지원하지 못할 경우 대상자는 자주 숨을 쉬게 된다. 그리고 1회 호흡당 단어(또는 음절) 수가 줄어들 수도 있다. 이 두 요인 때문에 '뚝뚝 끊어지는(choppy)' 것같이 느껴지는 발화가 산출된다. **호흡당 단어 수**를 세어 보았을 때 한 번의 호흡으로 6개 이하의 단어만 산출할 수 있는 것으로 나타났다면 호흡 지지력이 약한 것이다. 때로는 한 번의 호흡으로 꽤 많은 단어를 산출하는 대상자도 있다. 그러나 어느 정도가 과한 것인지에 대한 연구는 부족하다. 정상 화자의 경우 한 번의 호흡으로 12~13개 이상의 단어를 산출할 수 있다. 한 번의 호흡으로 너무 많은 단어를 산출할 경우, 말속도가 증가하고 말 명료도가 떨어지는 부작용이 생기기도 한다.

음성 평가에서는 대상자가 기류뿐만 아니라 말소리를 지속적으로 산출할 수 있는 최대 지속시간에도 관심을 갖는다. MPT는 일반적으로 대상자에게 /a/나 /z/ 같은 유성음을 연장하게 하여 초시계로 그 지속시간을 재어 구한다. 매우 간단한 이 검사는 성문 가장자리를 따라 나타나는 음성기능장애에 매우 민감하기 때문에 모든 음성 평가 과정의 필수 항목이다. Speyer 등(2010)은 여러 평가법의 신뢰성을 입증한 바 있다. 비슷한 측정치로 최대호기지속시간(MET)이 있는데, 대상자에게 /s/ 같은 무성음을 산출하게 하여 측정한다. 임상가는 대상자로 하여금 심호흡을 하게 한 뒤 여러 번 숨을 내쉬게 하여 가장 길게 지속한 시간을 기록한다. 경험에 따르면 다음과 같은 수치가 임상적으로 유용하다. 초등학교 아동(6~12세)은 성별에 관계없이 /a/를 9초 이상 연장할 수 있다. 성인 남성은 평균 25~35초, 성인 여성은 평균 15~25초의 MPT를 보인다. 그리고 65세 이상의 노인은 평균 12초의 MPT를 보인다. S/Z 비율은 MPT 및 MET와 관련되어 있다. S/Z 비율은 음성 문제가 호흡 통제력과 어느 정도로 연관되는지, 후두 문제가 어느 정도로 영향을 미치는지 판단하는 데 신속하게 이용할 수 있는 선별 검사이다. 후두 병리를 보이는 대상자는 /z/를 연장하여 발성하는 동안 기류를 제대로 통제하지 못하기 때문이다. S/Z 비율은 무성음 /s/와 유성음 /z/를 두 번씩 연장하게 하여 초시계로 지속시간을 잰 후 최상 혹은 최장의 /s/와 /z/로 계산한다. S/Z 비율이 아동의 경우 1.2, 성인의 경우 1.4보다 높으면 후두 병리, 특히 성문 가장자리에 후두 병리가 있을 가능성이 있다(Boone et al., 2014). Gelfer와 Pazera(2006)는 최적의 신뢰도를 갖는 여러 S/Z 비율 유도 및 산출 방법에 대해 논의하였다. 복벽과 횡격막에 대한 생리 검사(Hixon & Hoit, 1998, 1999)도 SLP가 고려할 만한 가치가 있음을 다시 한 번 강조하고 싶은데, 연구자들이 이에 대한 간단한 평가 방법을 제안한 바 있다.

공기역학 검사로 성문하압, 성문상압, 성문저항, 성문기류 체적속도라는 발성 특성을 평가할 수 있다. Hirano(1981)에 따르면, 성문이 개방과 폐쇄 동작을 수행하는 동안이 네 변수가 미세하게 변하기 때문에 측정하기 어려울 수도 있다. 예를 들어, 성문하압을 측정하려면 침습적인 방법(기도에 구멍 내기)이 필요하고, 성문저항은 직접 측정할 수 없기 때문에 수학적 계산이 필요하다. 그러나 평균기류율(MFR)은 연구 절차에서 자주 측정한다.

/a/와 같은 모음을 자연스러운 음도와 음량 수준으로 연장할 때의 MFR도 발성 기능에 대한 임상 평가에 포함되어 왔다. 대상자의 얼굴에 마스크를 꼭 맞게 씌우거나코에 조임틀을 끼운 마우스피스를 끼우고 모음을 최대한 길게 연장하여 발성하게 한다. 마스크나 마우스피스는 폐활량계나 호흡기류계(pneumotachograph) 또는 열선풍속계(hot-wire anemometer)와 연결한다. MFR은 발성 시 사용한 전체 기류의 용적을발성 지속시간으로 나누어 구한다. 정상 성인 남성과 여성의 MFR은 40~200ml/sec이다. 되돌이 후두신경 마비 사례의 경우 정상보다 더 높은 MFR을 보인다. 되돌이 후두신경 마비 사례만큼 뚜렷하지는 않으나, 성대결절, 용종, 용종형 부종(라인케 부종)이 있는 사례와 종양이 있는 사례도 정상 범위를 벗어난 MFR을 보인다. 반대로 후두염, 접촉성 육아종, 경련성 음성장애 사례의 MFR은 대체로 정상 범위 안에 있다. 그러므로 MFR은 진단적으로 중요할 뿐 아니라 치료 효과를 모니터링하는 데에도 이용될수 있다.

발성지수(PQ)는 계산하여 구할 수 있는 또 다른 공기역학 측정치이다. Hirano(1981)는 폐활량을 MPT로 나누어 PQ를 구하였다.

$$PQ = \frac{VC}{MPT}$$

그에 의하면 PQ는 MFR과 높은 정적 상관을 보이므로 기류 측정 기기를 이용할 수 없는 경우에는 MFR 대신 PQ를 적용해도 임상적으로 타당하다. 정상 성인과 아동의 PQ는 120~190ml/sec이다. PQ가 높은 것은 되돌이 후두신경 마비, 성대결절, 용종, 용종형 부종, 종양 등 성대에 생긴 부가성 병변과 연관되어 있다.

성문하압 및 **발성압역치 측정**도 공기역학 검사이며, 특수한 마스크를 쓰게 하여 측정하는 덜 침습적인 검사이다. 습관적으로 발성할 때의 정상 성문하압은 5~10cmH$_2$O이지만, 이 값은 음성 강도나 기본주파수의 변화에 따라 달라진다. 성문하압은 악성 후두종양, 되돌이 후두신경 마비, 후두류(laryngocele), 심지어 기능적 음성장애가 있는 사례에서 비정상적으로 높게 나타난다. 발성압역치(PTP)는 양쪽 성대가 최소한의 강도로 진동하기 시작하는 데 필요한 기압량을 말한다. PTP 값은 습도와 기타 여러 변인에 영향을 받지만 보통 2~3H$_2$O이다. Plexico, Sandage와 Faver(2011)는 PTP가 성문 가장자리의 기능장애에 민감한 측정치이기 때문에 PTP 측정 방법의 표준화가 필요하다고 하였다. 성대의 무게가 과하게 증가하거나, 성대가 서로 접근할 때 휘거나, 마비되어 움직이지 못하면 정상적인 후두에 비해 더 높은 수치의 PTP가 필요하다.

속도 및 리듬

전통적으로 **말속도**는 음성 평가의 한 부분으로 평가되지 않았으나 다른 말 변인과 함께 음성에 영향을 주기도 하고 받기도 하기 때문에 반드시 평가해야 한다. 너무 빠른 말속도는 빈약한 호흡, 부적절한 끊어 말하기와 연관되어 있는 경우가 많다. 대상자는 한 번의 호흡으로 너무 많은 단어를 말하려 할 수도 있는데, 이때는 파킨슨병 환자처럼 말속도가 빠른 것으로 지각된다. 반대의 경우도 있다. 숨을 자주 들이쉬면 단어 몇 개만 이어 말한 뒤 숨을 들이쉬고, 다시 몇 개 더 말하고 나서 또 숨 들이쉬기를 반복하게 된다. 그래서 말이 뚝뚝 끊어지는 느낌을 줄 수 있다. 그 결과, 말의 **리듬**이 끊어질 뿐 아니라 쉼 구간이 많아지면서 말이 전반적으로 느려진다. 말속도 변화는 말명료도도 저하시킬 수 있는데, 이는 마비말장애 화자의 전형적인 특징이다.

말속도는 대개 분당 단어 수(words per minute: wpm)나 분당 음절 수(syllables per minute: spm)로 구한다. 전체 말 샘플의 말속도를 측정한다는 것은 매우 번거로운 일일 수 있다. 그러므로 다음과 같이 효율적이고 임상적으로도 유용한 측정법을 이용할 것을 제안한다(차후 재생할 수 있도록 녹음할 것을 권함). 60초의 연속 발화 샘플의 단어 수를 구한다. 60초의 연속 발화 샘플을 녹음할 수 없는 경우에는 표집 가능한 연속 발화가 무엇이든 단어 수를 세어서 분당 단어 수(wpm)를 계산한다. 예를 들어, 어떤 사람이 20초 동안의 발화 샘플에서 50개의 단어를 산출하였다면 분당 평균 150개의 단어를 산출한 셈이다(60초÷20초=3, 3×50단어=150wpm). 소리 내어 읽는 동안 발화 속도를 측정하는 방법도 유용한데, 대상자에게 미리 단어 수를 세어 놓은 문단을 주고 읽게 한 다음 읽는 데 걸린 시간을 재면 된다. 초시계로 재면서 대상자에게 해당 문단을 1분 동안 소리 내어 읽게 한 뒤 단어를 몇 개나 읽었는지 기록한다.

아동과 성인의 대화 말속도에 대해서는 7장에서 논의하였다. 현재로서는 너무 빠른 말속도나 너무 느린 말속도가 어느 정도인지 알 수 없으므로 정상 속도에 대한 임상가의 판단이 중요하다. 말속도는 신경학적 음성장애를 평가할 경우 반드시 측정해야 한다.

시각적 평가

기술의 발달로 후두의 기능을 직접 관찰할 수 있게 되었고, 이러한 기술 중 많은 부분을 임상 현장에 응용하기에 이르렀다. 내시경 검사, 비디오스트로보스코피와 성대도 기법은 신경학적 기능장애, 성대 병변, 성대의 구조적 변화, 비정상적 발성 기능의 평가에 매우 유용한 것으로 입증되었다. 임상적 후두 검사의 표준화 작업[예: Poburka(1999)의 스트로보스코피 분석]이 많이 이루어져 왔으나 **후두 병리의 진단**은 의사(이비인후과 의사)의 영역임을 명심해야 한다. 이 장의 전반부에서 이미 언급하였다시피, 많은 임상 현장에서 의사가 환자를 SLP에게 의뢰하기 전에 시각적 평가를 먼저 실시한다. 대상자에 대한 지각적 · 음향학적 분석을 보완하기 위해 SLP가 성대에 비디오스트로보스코피 검사를 실시하는 음성 센터도 많다. 성대 점막의 상태 및 기능과 관련된 시각적 관찰사항은 비디오스트로보스코피 검사 보고서에 기록하는데, 그 어떤 행동치료법을 적용하든 그 치료법의 적절성을 파악하는 데 도움이 된다.

비디오스트로보스코피의 예는 미디어에서 쉽게 찾아볼 수 있다. SLP가 성대의 기본 운동과 비디오스트로보스코피를 실시하는 과정은 www.youtube.com/watch?v=mJedwz_r2Pc에서 찾아볼 수 있다. www.youtube.com/watch?v=8Y0SHkwDC3w에서는 성대마비가 있는 환자를 볼 수 있다. 기기를 기초로 하는 평가를 실시하기 위해서는 고가의 특수 장비, 많은 장비 조작 경험, 높은 협조력이 필요하다. 이러한 요건이 부족하다면 대상자를 근처 대학 부설 클리닉이나 의료기관에 의뢰하는 것이 좋다. 많은 SLP가 후두를 관찰할 수 있는데, 이는 비디오스트로보스코피를 통해 이루어지는 경우가 대부분이며, 다음과 같은 평가 정보를 얻을 수 있다.

환자의 후두를 비디오스트로보스코피 영상으로 관찰할 때 성문의 폐쇄 패턴과 성대 가장자리의 상태에 초점을 두어야 하지만, 다른 관찰사항도 임상적 인상과 행동적 음성 치료의 방향을 정하는 데 도움이 된다. SLP는 비디오스트로보스코피 검사 과정을 녹화하여 시각적 정보를 반복 검토함으로써 자신이 발견한 사항을 확인할 수 있다. 음성장애에 관한 책, 특히 LeBorgne(2011)의 저서가 이 주제와 관련하여 도움이 될 것인데, 우리는 다음을 관찰할 것을 제안한다. 이는 해부-생리 영역을 관찰하면서 진행한다. 임상가들은 다음을 참고하여 보고할 것을 추천한다.

성문상부 관찰사항
- 성대 위의 부위 전체에서 나타나는 긴장도에 대한 견해(또는 평가)를 기술한다.
- 가성대에서 관찰되는 압착에 대한 견해를 기술한다.
- 후두실 좌우의 대칭성에 대한 견해를 기술한다.

성문 관찰사항
- 후두 조직의 색깔에 대해 기술한다.
- 호흡 시와 지속 모음 산출 시 성대 운동 및 열림의 대칭성을 관찰한다.
- 성문 폐쇄의 패턴을 관찰하여 이를 기술하거나 평가한다. 전체 성대 길이를 따라 성문이 완전히 폐쇄되는지, 성대 전방에 삼각형의 틈이 생기면서 폐쇄되는지, 성대를 폐쇄시키려 할 때 성대가 휘면서 열리거나 중앙에 방추 모양의 틈이 생기는지, 성대의 전방부는 폐쇄되지만 후방부에는 삼각형의 틈이 뚜렷하게 나타나는지, 성대가 전혀 근접하지 못하는지 등을 기술한다. 성대가 전혀 근접하지 못하는 경우라면 어느 쪽 성대가 중심선에서 만나지 못하는지, 아니면 양쪽 성대 모두가 중심선에서 만나지 못하는지 기록한다.
- 음도를 서서히 변화시키면서 모음을 산출하게 하여 좌우 성대가 길어지고 짧아질 때의 대칭성을 관찰한다.
- 각 성대의 운동성을 판단한다. 각 성대가 정상적으로 움직이는지, 내전 및 외전 운동 시 나타나는 문제의 정도는 어떠한지(예: 정상적 운동성, 제한된 운동성, 고정

된 운동성) 평가한다.
- 양쪽 성대 가장자리의 상태를 평가한다. 그리고 성대 각각의 가장자리가 얼마나 부드럽게 움직이는지, 얼마나 거칠고 불규칙적으로 움직이는지에 주목한다.
- 좌우 성대의 무게에 변화가 있을 경우 그 크기와 위치를 관찰한다.

진동 관찰사항

- 운동성을 평가한다. 발성 중 좌우 성대의 운동 범위 또는 진폭을 평가한다.
- 점막파동이 유연한지 아니면 뻣뻣한지 평가한다.
- 음계에 따라 음도를 서서히 올리고 내릴 때 각 성대의 운동 패턴을 평가한다.
- 개방/폐쇄 지수를 기술한다.
- 각 성대에 움직이지 않는 부위가 있으면 이를 기록한다.

기타 관찰사항

- 기타 관찰사항을 언급한다.
- 전반적인 인상(예: 정상, 과소기능장애, 과다기능장애)을 기술한다.

비공식 조사

음성 평가와 관련하여 다양한 상황에서의 지각적–비공식적 자료 수집 방법과 전문적–공식적 자료 수집 방법을 모두 설명하였다([그림 11-3] 참조). 대부분의 SLP는 이용 가능한 기기가 제한되어 있는 업무환경에서 일한다. 그리고 수년 동안 임상가는 후두음성장애를 평가하고, 관련 자료를 면밀히 조사하고, 치료하고, 재평가하는 데 효과적인 행동 기법을 개발하였다. 실제로 음성의 치료 과정은 행동적이다. 즉, 임상가인 우리는 환자의 음성을 변화시키기 위해 다양한 전략, 기법, 장치를 이용할 뿐 아니라 심지어는 심리적 '묘책'도 이용한다. 물론 이 모든 것이 대상자에게 도움이 된다는 가정(음성이 더 좋게 들리고, 음성을 산출하는 데 노력이 덜 들고, 성대 기제를 더 이상 손상시키지는 않을 것이라는 가정 등)하에서 이루어진다. 장애 음성의 변수를 분석하는 음성 평가가 끝나더라도 치료가 어떻게 진행될지 말해 주지는 못한다. 임상가인 우리는 대상자의 음성을 '더 좋게' 만들어 주기 위해 무엇을 할 수 있는지 알기 원한다. 그러므로

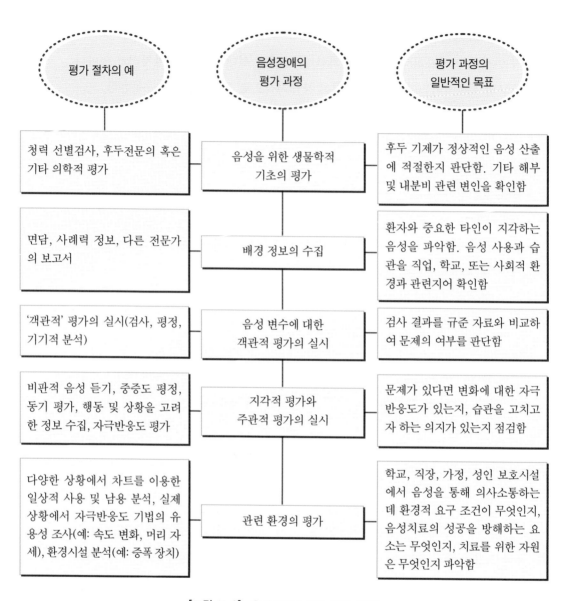

[그림 11-3] 음성장애의 주요 평가 과정

우리는 시도 치료(필수적인 평가 과정)를 실시하며, 촉진 전략을 이용하여 대상자가 자신의 음성을 더 좋게 변화시킬 수 있는 잠재력이 있는지 면밀히 조사하게 된다. 이제 임상가가 초기의 진단평가 과정에서 대상자가 자신의 음성 변수를 수정하여 개선할 수 있는 능력을 갖고 있는지 조사해 볼 것이라 가정하고 이러한 탐색 기법의 일부를 살펴보자. 이를 통해 임상가는 의미 있는 예후 예측과 중재 방향 수립이라는 두 가지 중요한 일을 수행하게 된다.

　과소기능의 음성 문제를 보이는 환자는 성문의 긴장도를 증가시켜 주면 발성 능력이 향상되는 경우가 자주 있다. 그러므로 임상가는 어떤 전략을 이용해야 음성을 성공적으로 개선시킬 수 있는지 면밀히 조사하여야 한다. 끙끙거리기, 밀기, 당기기, 목청 가다듬기, 기침하기 등 이른바 최적 음도 판정에 이용하는 기법(〈표 11-8〉 참조)이 도움이 되는가? 세게 밀 때 팔과 몸통에 긴장이 증가한 경우에도 의도적인 강한 성대 접촉이 성대 접근을 촉진시킬 수 있다. 이 방식은 최적 음도를 달성하기 위한 기법이라기보다 과긴장 기법이다. 〈표 11-9〉는 음성 산출을 촉진하거나 개선하는 데 유용한 기법을 모아 놓은 것이다.

　다음의 두 사례는 평가 과정에서 과긴장 탐색 기법을 적용한 것이 치료적 권고에 어떤 영향을 미치는지 알 수 있게 해 준다.

　　Hernandez 부인은 22년간의 결혼생활 끝에 다소 힘들게 이혼에 합의하였다. 그녀는 수개월 이상 주기적으로 음성이 나오지 않는 경험을 하였는데, 때로는 열띤 대

표 11-9　**음성 개선을 위해 시도할 수 있는 후두 주변 재위치법 및 공명 촉진법**

내전 및 발성 능력 향상 기법

Gutzmann식 갑상연골 측면 눌러 주기

고개 돌리기 및 기울이기

발성과 동시에 밀기 혹은 당기기

강한 성대 접촉

음도/음질 변화 기법

Gutzmann식 갑상연골 측면 눌러 주기

최적 음도 기법 중 하나/전부(〈표 11-8〉 참조)

음량 변화

말속도 변화

부드러운 성대 접촉

근육 구조 이완/긴장 저하

입술 불어 울리기 및 혀 떨어 울리기

힘을 빼고 울림을 크게 하여 숫자 세기

노래 부르기, 콧노래 부르기

천천히 과장된 비음 단어(noon, moon) 산출

호흡 패턴의 변화

화 중에 경험하였으나 간혹 오후나 하루 종일 목소리가 나오지 않는 날도 있었다. 이런 경우 음성이 줄어들어 속삭이는 소리는 났지만 후두염에 걸렸을 때처럼 목쉰 소리가 나지는 않았다고 하였다. 이번에는 일주일이 넘어도 목소리가 나오지 않아 SLP를 찾게 되었다고 한다. 임상가가 평가하였을 때 속삭이는 것 이상의 음성은 내지 못하였다. 말하거나 노래를 부르거나 고함을 지를 수 있을 것 같은 가능성은 보이지 않았다. 임상가는 실제로 발성된 소리가 포함된 기침과 목청 가다듬기 전략을 재빨리 유도할 수 있었다. 히스테리성 음성장애라는 진단이 나왔고, 발성의 재활 가능성이 있는 것으로 판단되었기 때문에 즉시 치료받을 것을 권하였다. 생리적 발성 유도 기법부터 시작하여 3회기 동안 행동형성법으로 치료한 후 그녀는 정상적으로 말할 수 있게 되었다. 이후 심리적 지원을 받을 수 있는지 의뢰하였다.

Osborne 부인은 갑상선 수술 이후 편측성 성대 마비를 보이는 42세의 여성이다. 후두전문의는 음성의 향상을 위해 이 환자를 치료에 의뢰하였다. 테플론 주입은 성문 기도를 감소시킬 위험이 있어 금하였다. 심하게 운동할 때 천명이 들렸고, 발화 시 쉰 음질의 음성을 산출하였고 음량이 제한되어 있었다. SLP가 마비측 갑상연골판을 가운데로 눌러 주자 쉰 음성이 감소하고 음량이 증가하였다(Gutzmann식 갑상연골 측면 눌러 주기를 적용한 유도법). 기타 과긴장 촉진 기법도 Osborne 부인의 음성 산출 능력 향상에 도움이 되었다. 의학적 처치를 금하였기 때문에 임상가는 근력과 성대 접촉을 증가시켜 주는 보상 전략이 적절하고도 현실적이라 생각했다. 이런 방식의 연장 선상에서 치료할 것을 권하였다.

말하는 방식을 변화시키면 음질이 향상되기도 한다. 호흡, 발성, 조음 과정의 조정은 음성에 대한 전반적인 지각에 영향을 미친다. 다음의 사례를 보자.

Greg는 대학교 의무실에서 의뢰된 대학생이다. 그는 건강 상태가 좋지 않음을 호소하면서 단순히 자신이 준비하지 못한 과목의 시험에 결석할 만한 의학적 사유를 대기 위해 진료를 받게 되었다. 의사는 Greg에게서 다른 문제는 발견하지 못했으나 '귀에 거슬리는 쉰 음성'을 내고 있음을 우려하였다. 간접 후두경 검사 결과 정상 구조를 보이는 것으로 나타나 우리 음성 클리닉에 의뢰되었다. Greg의 음도는 비정상적으로 낮았고, 음질도 매우 비정상적이었다. 음질이 눈에 더 띄는 문제였다. 그는 자신의 음성이 항상 이러하며 말을 많이 한 날에 피곤을 느낀 것 외에 다른 문제는 없었다고 하였다. 평가 회기 중에 Greg의 음성을 변화시킬 수 있는지 '시행착오'를 거치는 시간을 가졌다. 시도한 방법 중 일부는 전혀 효험이 없었으나, 어떤 방법은 그의 음성을 더 거칠게 만들기도 하였다. 반면, 몇 가지 기법은 '더 나은' 음성을 유도하는 데 도움이 되기도 하였다. 특히 음도를 높이게 하자 음성의 거친 정도가 약간 감소하였다. 더 높은 음도로 말하게 하면 할수록 Greg는 더 편하게 느껴진다고 보고하였다. 우리는 그가 남성적인 인상을 주기 위해 자신에게 맞지 않는 낮고 거친 음성을 산출하고 있었으며, 기능적 장애이기 때문에 쉽게 치료될 것이라 보았다. 그래서 음도를 높여 거친 음질을 개선하는 치료를 권고하였다.

예후

예후는 몇 가지 측면을 갖는다. 첫째, 대상자가 현재 보이는 증상이 저절로 좋아질 것인가 하는 측면이다. 이 환자의 음성은 치료를 받지 않아도 좋아질 것인가? 둘째, 추천한 임상 프로그램을 실시하면 어느 정도로 좋아질 것인가? 즉, 음성치료의 효과가 어느 정도일 것으로 예상되는가? 셋째, 치료 효과는 얼마나 지속될 것인가? 최적의 음성을 지속적으로 산출하려면 계속 치료를 받아야 하는가? (노인의료보험제도와 보험 급여기관은 '유지치료'에 대해서는 보험 급여를 하지 않는다.) 마지막으로 대상자에게 다른 임상 절차가 더 도움이 되는 것은 아닌가?

음성장애 환자의 예후에는 다양한 변인이 영향을 미친다. 그중에는 직접 관찰할 수 있고 수량화할 수 있는 변인도 있으나 주관적인 변인도 많다. 이러한 변인은 크게 장애 특성, 대상자, 환경 변인으로 분류할 수 있다. 다음과 같은 변인이 이에 해당된다.

- 문제의 지속 기간: 일반적으로 오래 지속되어 온 장애일수록 치료 효과가 덜하다.
- 원인 요인: 이에는 다음의 두 요인이 관련되어 있다. 첫째, 문제의 원인을 찾아낼 수 있는가? 둘째, 문제의 원인을 변화시킬 수 있는 것인가? 만약 그렇다면 필요한 치료 서비스를 제공할 수 있는가?
- 이차적인 심리적 요인의 정도: 일반적으로 심리장애의 정도가 심할수록 예후가 나쁘다.
- 음성의 변이성 및 전반적 유동성: 일반적으로 대상자가 자신의 음성 행동을 잘 변화시킬수록 예후가 더 좋다. 그러므로 초기 치료 회기에서 촉진 기법을 사용하여 음성을 변화시킬 가능성이 있는지 조사하는 것이 중요하다.
- 청지각 기술과 모방 기술: 대상자가 음질, 음도, 음량에서의 차이를 더 잘 지각하

고 이러한 차이를 더 잘 모방할수록 예후가 더 좋다.

- 장애의 영향 또는 정도: 음성에서의 차이가 대상자에게 미치는 영향이 클수록 대체로 치료에 더 잘 협조하고 동기가 높다. 일반적으로 가족이 대상자를 더 잘 지원할수록 전망도 더 좋다. 이는 WHO가 장애의 영향을 강조하는 것과 연관되어 있다([그림 10-2] 참조).
- 음성 기제의 구조적 통합성: 말 산출 기제에 해부나 생리적인 문제가 많을수록 예후가 더 나쁘다.

 ## 결론 및 자기평가

이 장에서는 매우 많은 양의 정보를 다루었다. 예후 예측과 치료 효과의 증거로 치료 전, 중, 후에 어느 정도의 측정치를 수집해야 하는가? 각 대상자별로 다음과 같은 측정치를 수집하려 노력해야 한다.

- 음성에 대한 대상자, 가족, SLP의 평정치(예: 음도, 음량, 음질 등의 특성)
- 음성 노력 등 지각되는 감각적 증상
- 읽기와 독백 상황에서의 평균 기본주파수
- 읽기와 독백 상황에서의 주파수 범위
- 최대발성지속시간(모음의 MPT)
- 지터 값(% 단위)
- 후두 외관

이 외에 더 많은 내용을 추가할 수도 있겠지만 이 정도의 측정치이면 변화나 변화 부족을 재평가할 수 있을 것이다. 이 자료는 대상자와 치료비 지불인에게 우리의 책무성을 입증할 수 있는 증거가 될 것이다.

음성장애 평가는 SLP에게 도전이 되는 일 중 하나이다. 이는 아동뿐만 아니라 노인도 잘 다룰 수 있는 능력을 요한다. 임상가는 의료전문가나 기타 건강관리 전문가와 긴밀히 협조하여야 하므로 언어병리학 외 관련 영역의 절차와 용어도 잘 알고 있어야 한다. 임상가는 전기공학, 수술, 의료 기술 분야의 발달에 대한 지식도 갖춰야 한다.

마지막으로 임상가는 대인관계에 관한 임상 기술도 연마하여 음성장애의 심리적 문제도 잘 찾아내고 치료하거나 의뢰할 수 있어야 한다.

이 장을 읽고 나면 다음의 질문에 답할 수 있어야 한다.

- 산출한 음성의 지각적 측면의 이름을 대고 설명하라.
- 5학년 아동의 음성 평가를 새로 의뢰받았다고 가정하고 아동, 부모, 교사에게 질문해서 얻어야 할 사례 정보를 5개 이상 열거하라.
- 새로 의뢰받은 음성장애 성인에게 질문해야 할 감각적 증상에 관한 질문 5개 이상을 열거하라.
- 대상자에게서 MPT를 수집하는 방법에 대해 설명하라.
- 출판되어 있어 사용할 수 있는 음성평가도구를 선택하여 실시해 보라. 그 검사로 평가할 수 있는 측면과 평가할 수 없는 측면에 대해 논의하고 어떻게 사용하는지 설명하라.

제12장
공명장애의 평가

이 장을 읽고 나면 다음을 설명할 수 있다.

• 과소비성, 과다비성, 비누출, 맹관공명, 가늘고 약한 공명 등 비정상적 공명
• 과소비성과 과다비성을 지각적으로 구분할 수 있는 말 자극
• 코를 막고 하는 평가 과제와 막지 않고 하는 평가 과제에서 나타날 것으로 예상되는 결과
• 비누출과 이를 확인하는 방법
• 연인두 형성부전과 연인두 무능력
• 세 가지 이상의 기기적(음향적 또는 생리적) 평가도구

소리가 성도(인두강, 구강 및 비강)를 통해 전달되는 과정에 문제가 생기면 음질과 관련된 음성장애가 나타날 수 있다. 후두 수준에서 소리가 만들어지는 데에는 문제가 없기 때문에 11장에서 다루었던 것과 같은 후두 음성장애는 아니다. 오히려 구강-비강 공명 불균형으로 지각된다. 공명에서의 문제는 과소비성, 과다비성, 비누출, 맹관공명, 혼합공명으로 분류할 수 있다. 이 장에서는 공명장애에 대한 행동 및 기기적 평가와 함께 특별히 구개열 화자에 대해 논의하고자 한다.

비정상적 공명의 유형

과소비성

과소비성(hyponasal)의 음성은 정상적으로 비강 공명이 일어나야 하는 /m/, /n/, /ŋ/을 산출할 때 비강 공명이 부족하다. 이 경우 조음이 왜곡되어 각각 /b/, /d/, /g/처럼 들릴 수 있다. 코감기에 걸린 채 말하는 것처럼 들리기도 하는데, **무비성**은 과소비성의 동의어로 사용된다. 과소비성은 대개 비인두나 비강의 막힘이나 폐색 때문에 생긴다. 비인두나 비강의 폐색은 비강 점막의 충혈이나 비강 폴립 또는 여러 가지 구조적 이상 때문에 나타날 수 있다. 인공와우이식술을 받은 아동들은 모음의 특성(모음성, 예: 활음, 유음, 유성 자음)을 갖는 말소리를 산출할 때 비일관된 과소비성을 보이는데, 정상적으로는 비음으로 산출되어야 할 /m/, /n/, /ŋ/을 무비성의 말소리로 산출하기도 한다(Teoh & Chin, 2009).

과다비성

과다비성(hypernasality)은 모음과 모음성을 갖는 말소리를 산출할 때 비강 공명이 과하게 일어나는 경우를 말한다. 이 경우는 말을 산출하는 동안 비강과 구강이 제대로 분리되지 못하여서 생긴다. 비정상적인 연인두 기능의 기저 원인을 알 수 없거나 기능의 조정이 가능한 경우를 일컬어 **연인두 기능장애**(velopharyngeal dysfunction: VPD) 또는 **연인두 폐쇄부전**(velopharyngeal inadequacy: VPI)이라 한다. 신경운동장애나 생리적 장애로 인하여 연인두 구조의 움직임이 잘못된 경우에 대해서는 **연인두 무능력**(velopharyhgeal incompetence: VPI)이라는 용어를 쓴다(Kummer, 2013a). 연인두 형성부전(velopharyngeal insufficiency: VPI)을 유발하는 구조적/기능적 결함의 가장 흔한 예는 경구개나 연구개가 선천적으로 파열되어 있는 경우이다. 과다비성은 경구개나 연구개 파열뿐만 아니라, 점막하구개열이 있거나, 연구개의 길이가 짧거나, 인두강이 너무 깊은(인두의 전후 길이가 너무 긴) 경우(모두 연인두 형성부전의 예-역자 주)에도 나타날 수 있다. 연구개의 마비나 인두수축근의 기능장애와 같은 신경운동 문제는 외상성 장애나 질병과 연관되어 나타나는 마비말장애 때문에 생길 수도 있다. 중증 근무력증,

근위축병, 회색질척수염(소아마비)도 연인두 기능에 영향을 미치는 경우가 많다.

과다비성은 매우 뚜렷하게 나타날 수도 있고, 식별이 가능한 정도로만 가볍게 나타날 수도 있다. 또 지속적으로 나타날 수도 있고, 간헐적으로 나타날 수도 있다. 간헐적으로 나타나는 경도의 과다비성은 비강 자음에 인접한 모음을 산출할 때만 나타나는 것이 그나마 뚜렷한 특징이다. 이를 동화 비성(assimilation nasality)이라 한다. 동화 비성은 연속 발화를 산출하는 동안 연구개가 움직이기는 하지만 너무 천천히 움직여서 나타나는 현상이다.

비누출

과다비성의 말을 산출하는 동안 비누출(nasal emission) 현상을 보이는 사람들도 있다. 비누출은 파열음, 마찰음, 파찰음과 같은 압력 자음을 산출할 때 콧구멍으로 바람 새는 소리가 들리는 경우를 말한다. 이러한 현상이 나타나면 연인두 기제가 완전히 폐쇄되지 못함을 의미한다. 비누출은 과다비성과 동시에 나타나기도 하지만, 공명 불균형의 일종인 과다비성과는 다른 문제이다. 비누출은 특정 음소에 한정적으로 나타나는 경우가 많으며 잘못된 조음 패턴이 원인이 되어 나타나기도 한다(Kummer & Lee, 1996).

비강 스침소리

비강 난기류(turbulence)로도 알려져 있는 비강 스침소리(nasal rustle)는 비누출이 일어날 때 동반되는 소리가 귀에 거슬릴 정도로 큰 경우를 말한다. 비강 스침소리는 아주 작게 좁혀진 연인두 구멍으로 많은 양의 기류가 빠져나가면서 공기가 좁은 연인두 틈에 마찰을 일으키며 나는 바스락거리는 소리를 말한다(Kummer & Lee, 1996).

맹관공명

맹관공명(cul-de-sac resonance)은 공명이나 반향(reverberation)이 주로 구인두(oropharynx)에서 이루어지는 경우로, 혀가 목구멍 쪽으로 후진하거나 편도/아데노이드가 비대해져 있는 경우에 흔히 나타나는 현상이다. 이렇게 공명된 소리는 소리가 나오지 못하도록 무엇인가를 덮어 놓은 것 같고, 소리가 인두 쪽에 집중되어 있어 분명하지 않은 음성으로 지각된다. '입 안에 감자를 물고 있는 것 같은' 음성이라는 표현도 쓴다(Kummer & Lee, 1996). Peterson-Falzone(1982)은 비강의 앞부분이 폐색되어 있거나 비강의 뒷부분에 구멍이 있는 경우 맹관공명이 일어날 수 있다고 하였다. 조음 시 혀의 후방화로 인한 맹관공명은 청각장애, 이완형 및 경직형 마비말장애, 무정위운동형 뇌성마비, 말실행증이 있는 사람들에게서 흔히 나타날 뿐만 아니라 기능적인 원인에 의해서도 나타날 수 있다(Boone et al., 2014). 청각장애 화자가 보이는 맹관공명의 정도는 말속도가 증가하면 감소되기도 한다(Dwyer, Robb, & O'Beirne, 2009).

혼합공명

실제로 과다비성과 과소비성이 동일한 화자에게서 함께 나타나기도 한다. 혼합공명(mixed resonance)은 연인두 형성부전(과다비성 유발)과 함께 비강에 기류의 흐름을 방해하는 비강 폴립이 증식되어 비강 폐색(과소비성 유발)이 있는 대상자에게서 나타날 수 있다.

가는 공명

가는 공명(thin vocal resonance)은 **약한 음질**(effeminate voice quality)로도 알려져 있는데, 여성에 비해 남성에게서 더 많이 나타난다. 말소리를 산출할 때 혀가 입술 쪽으로 과하게 전방화되어 이러한 공명이 일어나는 것으로 생각된다. 습관적으로 혀를 높이고 앞쪽으로 과하게 이동시켜 말소리를 산출하는 문제는 대개 기질적인 원인보다는 기능적인 원인에 의해 나타난다. 산출된 음성, 특히 후설모음은 매우 약하고 공명이 부족한 소리로 들린다. 화자는 의도적이든 의도적이지 않든 간에 입을 최소한만 벌리고 아래턱을 거의 움직이지 않으며 말소리를 산출한다. 음도도 약간 상승하는데, 이 때문에 음성이 약하고 가늘게 느껴진다. 평가 이후에는 이러한 패턴을 더 강하고 성별에 맞는 음질로 변화시킬 수 있도록 치료해야 한다. 이와는 달리 남성에서 여성으로 성전환을 한 대상자는 구강공명 패턴을 바꿔 더 가는 음성으로 바꿔 주는 치료를 실시해야 한다(Carew, Dacakis, & Oates, 2007).

사례력 조사 및 일반적인 음성 평가

공명장애의 평가는 일반적인 음성 평가에서부터 시작된다. 임상가는 대상자가 보이는 문제의 구체적인 특성을 미리 알지 못할 수도 있다. 결론부터 말하면, 11장에 설명한 대로 평가를 진행하면 된다. 첫째, 사례력 조사를 위한 면담을 실시한다. 일상적인 정보도 수집해야 하지만, 대상자가 자신의 음성 문제를 어떻게 설명하는지, 이미 알고 있거나 의심되는 원인이 있는지에 대해서도 질문할 필요가 있다. 구강, 비강, 인두에 손상을 입은 적이 있는지, 있다면 어떤 종류의 상해였는지, 구조적 결함이 있는지, 수술을 받은 이력이 있는지에 대해서도 자세히 물어보아야 한다. 구개열 이력이 있는 영유아라면, 이미 받은 수술뿐 아니라 앞으로 받게 될 수술 계획과 그 일정에 대해서도 물어보아야 한다. 둘째, 말 산출을 위한 구강-주변 기관에 대한 조사도 공명장애 평가에 포함시켜야 한다. 셋째, 음성의 모든 요소를 평가하여야 한다. 경구개나 연구개 파열의 이력이 있는 영유아에 대해서는 보다 광범위한 연인두 평가를 실시해야 하는데, 이에 대해서는 이 장의 후반부에서 더 자세히 논의하고자 한다.

음성/공명장애 사례에 적용할 수 있는 사례력 조사용 질문지 샘플은 온라인, 교과서, 시판용 자료에서 많이 찾아볼 수 있다. 성인을 평가하든, 소아의 부모를 면담하여 평가하든 간에 11장에서 다루었던 질문의 순서를 따른다. 언어치료전문가(SLP)는 특히 대상자의 현재 의사소통상의 주된 우려사항이 무엇인지, 언제 그러한 문제가 처음 나타났는지, 그러한 음성/공명 문제가 언제 그리고 어떻게 달라지는지, 발달력은 어떠한지, 의학력(음성 및 전반적인 영역)은 어떠한지 등에 주의를 기울인다. 공명장애의 유형과 각 유형별 공명장애의 전형적 유발 원인에 대해 생각해 보는 것도 일반적인 사례력 조사 이상의 질문을 하는 데 도움이 될 것이다.

11장에서 언급한 평가도구 중 그 어떤 것이라도 좋다. Voice Assessment Protocol for Children and Adults(Pindzola, 1987)는 여러 가지 음성 변수의 평가에 유용하다. 이 검사도구는 대상자의 음성에서 지각되는 공명 문제를 연속선상의 중증도로 평가할 수 있게 되어 있다. 대상자는 정상 공명에 해당되는 점수를 얻을 수도 있고, 맹관공명, 과소비성(경미하고 간헐적으로 나타나는 정도 vs. 중등도~중도), 모음성 음소에서의 과다비성(경미한 정도, 간헐적으로 나타나는 정도, 동화 비성 vs. 중등도 vs. 중도), 압력 자음에서의 비누출(경미하거나 간헐적으로 나타나는 정도 vs. 중등도~중도)을 보이는 것으로 평가

될 수도 있다.

미국 말언어청각협회(American Speech-Language-Hearing Association: ASHA)는 성인용 음성 심화평가 템플릿[in-depth(adult) Voice Evaluation template]을 제공하고 있는데, 이는 www.asha.org에서 찾아볼 수 있다. 이를 Consensus Auditory-Perceptual Evaluation of Voice(CAPE-V)의 PDF 형식에 추가하여 사용할 수 있는데, CAPE-V는 ASHA 회원만 접근할 수 있다. CAPE-V는 ASHA의 특별 분과 3, 음성 및 음성장애 분과가 지지하는 평가도구이다. Kempster 등(2009)의 연구보고서도 기기 준비와 기록 형식에 좋은 자료가 될 것이다. CAPE-V는 전반적 중증도, 조찰성, 기식성, 긴장성, 음도, 음량의 6개 특성을 평정 척도로 평가할 수 있게 해 준다. 이 특성 안에는 공명이 포함되어 있지 않다. CAPE-V에는 이름이 없지만 기타 지각적으로 뚜렷한 특성을 기록할 수 있는 척도 2개가 있는데, SLP는 이를 비음성(혹은 기록하고자 하는 기타 음성 특성)의 유형과 정도의 평가에 이용하면 된다. 어떤 평가를 적용하든 간에 글을 읽을 수 있는 다양한 연령층의 대상자에게 적용할 수 있는 읽기 문단을 〈부록 B〉에 제시하였다.

시판 중인 치료 프로그램에 평가 기기가 포함되어 있는 경우도 많다. 공명에 관한 예로는 Ray와 Baker(2002)가 개발한 Hypernasality Modification Program: A Systematic Approach가 있다. 이 프로그램은 16개의 구조화된 음성 맥락에서 공명 프로파일을 분석할 수 있는 Resonance Evaluation을 포함하고 있으며, 6세 이상의 아동과 성인에게 적용할 수 있다. 면밀하고 전반적인 음성 평가 후에는 공명장애의 진단에 초점을 맞춰 평가를 진행한다. 공명의 질적 차이에 대한 평가는 지각적 판단에 의해 이루어진다(음향적·생리적으로 명확한 근거가 있을 수도 있고 없을 수도 있음). 지각적 판단을 위해서는 '임상가의 좋은 귀'가 필요하므로 기기가 전혀 필요 없거나 낮은 수준의 테크놀로지가 요구되는(로테크) 평가를 실시하기도 한다. [그림 12-1]에는 우리가 추천하는 평가 절차를 제시하였다.

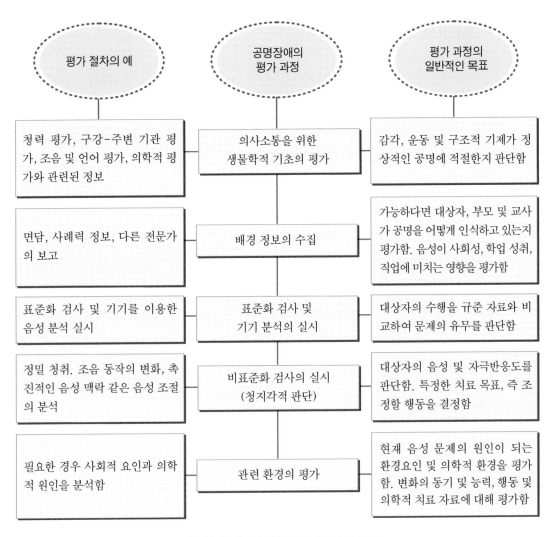

[그림 12-1] 공명장애의 주요 평가 과정

공명장애의 평가 및 조사 방법

여기서는 SLP가 기기를 거의 사용하지 않거나 전혀 사용하지 않고도 실시할 수 있는 다양한 유형의 공명장애 평가 방법을 소개하고자 한다. 임상가는 대상자의 음성에서 개선되거나 변화될 측면이 있는지 알아보기 위해 검사나 면밀한 조사를 실시한 뒤에 평가 결과를 도출해야 한다. 다른 저자들은 이를 **자극반응도**라 부르기도 한다. 대상자가 자극 상황에서 공명 문제가 없는 음성을 산출할 수 있다면 행동치료로 효과를 볼 가능성이 높다.

과소비성

무비성은 주로 비강에 폐색이 있는 경우에 나타나기 때문에 구강-주변 기관의 평가 과정 중 비강 부위를 검사하는 것이 필요하다. 사례력을 조사하는 과정에서 환자 스스로가 비중격 만곡, 비강 폴립, 아데노이드 비대 등의 문제가 있음을 보고하기도 한다. 과소비성은 무비성과는 달리 신경운동장애가 원인일 수도 있고, 연구개 운동의 타이밍 문제가 원인일 수도 있다. 사례력 조사를 위한 질문을 통해 외상이나 질병 관련 원인이 있는지 면밀히 조사하여야 한다.

SLP는 비판적 청취(critical listening)에 의존하여 과소비성의 음질을 보이는 대상자를 평가한다. 대상자가 대화를 하거나 표준 문단을 읽는 동안 모음에서 과소비성이 나타나는지, 특히 조음 시 왜곡이나 b/m, d/n, g/ŋ 대치 오류를 보이는지 잘 듣고 감식해야 한다. 특별히 비음이 많이 들어가도록 고안한 구, 문장, 문단을 이용하여 과소비성이 나타날 가능성을 증가시켜야 한다. 다음에 예를 든 말 샘플을 이용할 수도 있는데, 저자가 개발하거나 다른 문헌에서 인용한 것이다.

- Mama made some lemon jam.
- I know a man on the moon.
- Many a man knew my meaning.
- Mike needs more milk.
- My mom makes money.
- When may we know your name?
- I'm naming one man among many.

대상자에게 90(ninety)부터 100(one hundred)까지 소리 내어 세어 보라고 하는 것도 좋다. bake/make, rib/rim, dine/nine, mad/man, wig/wing, bag/bang과 같이 과소비성을 감지할 수 있는 단어 쌍을 이용하는 것도 도움이 된다. 과소비성이 있는 경우 비강 공명이 부족하므로 bake/make 단어 쌍이 bake/bake로 들릴 수 있다.

과소비성을 감지하는 데 유용한 또 다른 과제는 대상자에게 /m/ 음소로 시작하는 단어 목록을 읽어 보게 하는 것이다. Bzoch(2004)는 /m/ 음소로 시작하는 meat, moat, mit, moot, mate, mut, met, Mert, mat, might의 10개 단어를 제시하였다. 한 번은 입상가가 대상자의 콧구멍을 막아 준 상태에서, 그다음은 막아 주지 않은 상태에서 대상자에게 각 단어를 읽거나 따라 말하게 한다. 연인두 기능이 정상이라면 콧구멍을 막았을 때 과소비성이 지각되어야 하지만, 실제로 과소비성이 있는 경우에는 공명의 변화가 전혀 없다. Bzoch는 공명의 변화가 없는 단어 수를 세어 과소비성의 지수로 사용하였다. 동일한 원리를 콧노래(허밍) 기법에도 적용할 수 있다.

> Carmen Perez는 변동이 심한 과소비성을 보이고 있다. 과소비성의 중증도는 그날그날 달라지기도 하지만 계절에 따른 변화가 더 심하다. 이비인후과 의사는 Carmen이 전형적인 알레르기성 비염 환자의 특성을 보인다고 하였다. 즉, 조직의 색깔이 변화되어 있고, 부종으로 인해 비갑개가 비대해져 있는 것이 관찰되었다. 치료로 항히스타민을 처방하였고, 장기간 알레르기 유발 인자에 대한 내성 치료를 받아 볼 것을 권고하였다.

과다비성

공명에 대한 판단은 순전히 지각적 특성에 대한 판단이다. 그러므로 SLP에게는 잘 훈련되고 감식력 있는 귀가 필요하다. SLP는 대상자의 비음성을 정상 규준과 비교하여 평가하여야 하지만, 말에서 허용되는 비음성의 정도는 지역적·문화적 배경에 따라 크게 달라지므로, 대상자가 대화를 하거나 문단을 읽을 때의 말을 자세히 들어 본 뒤에 평정 척도를 이용하여 과다비성의 중증도를 판단할 수도 있다. 여기서는 몇 가지 평가 방법을 중심으로 살펴보고자 한다.

전통적인 방법에서는 경도에서 최중도의 범위를 갖는 평정 척도를 이용하여 과다비성의 중증도를 판단한다. 전형적인 지각적 평정체계는 과다비성을 다음의 다섯 수준의 중증도로 구분한다.

- 정상 비음성(normal nasality): 말이 정상으로 여겨지는 정도. 주의하여 듣지 않으면 비음성이 나타나는지 알아차리기 힘든 수준
- 경도 비음성(mild nasality): 말할 때 과다비성이 나타남. 대부분의 화자에 비해 약간 더 심하기는 하지만 귀 기울이지 않으면 거의 거슬리지 않거나 전혀 거슬리지 않음

- 중등도 비음성(moderately nasal): 과다비성이 분명히 나타나며, 다소 거슬리게 들림
- 중도 비음성(severely nasal): 과다비성이 두드러져 매우 거슬림. 메시지가 제대로 전달되기 어려운 정도
- 최중도 비음성(very severely nasal): 과다비성이 말 전반에 걸쳐 지배적으로 나타나 매우 거슬림. 메시지의 전달이 매우 어려운 정도

Buffalo III Resonance Profile(Wilson, 1987)은 오래전에 개발된 것이기는 하지만 인터넷에서 쉽게 구할 수 있어 여러 학교체계에서 사용하고 있다. 이는 Wilson이 개발한 Buffalo III Voice Profile에 포함되어 있는 12개 항목의 보충 검사이다. 대상자가 음성 분석표의 비강 또는 구강 공명 항목에서 2점 이상의 척도점수를 받은 경우에 공명 분석용 보충 검사를 실시한다. 공명 분석표는 5점 평정 척도를 적용하고 있는데, 1점은 정상, 5점은 최중도를 의미한다. 이 척도로 과다비성, 과소비성, 구강공명, 맹관공명, 비누출, 얼굴 찡그림, 언어 수준, 조음, 말 명료도, 말 용인도, 연인두 능력, 전체 공명 점수의 12개 변수를 평가한다.

SLP는 대상자의 과다비성을 더 잘 판단하기 위해 공명의 청지각적 특성을 증가시켜 주는 이른바 '청취관(listening tube)'을 사용하기도 한다. 비행기 안에서 영화를 볼 때 머리에 쓰게 되어 있는 일회용 플라스틱 청취관이나 30~90cm 길이의 금속관을 떠올리면 된다. Kummer(2013b)가 로테크 장치라고 설명한 청취관은 음료를 마실 때 구부려 사용할 수 있는 빨대이다. 어떤 종류를 사용하든 튜브의 한쪽 끝은 대상자의 콧구멍 안이나 콧구멍 가까이에 끼우고, 반대쪽 끝은 SLP의 귀에 끼운다. 이 장치를 제대로 잘 삽입하면 환자의 말에서 나타나는 아주 경미한 과다비성(그리고 비누출)도 쉽게 감지할 수 있다. 플라스틱으로 된 올리브 모양의 콧구멍 마개, 튜브, 거치대로 이루어져 있는 상업용 청취관에는 Super Duper 출판사가 www.superduperinc.com에서 판매 중인 Oral and Nasal Listener와 Pro-Ed가 www.proedinc.com에서 판매 중인 See-Scape가 있다.

SLP는 소위 '비강개폐 반복 검사(nasal flutter test)'로 알려져 있는 단순한 방법을 이용해도 된다. 손가락으로 대상자의 코를 집었다가 떼기를 반복하여 콧구멍을 막았다가 열었다가를 번갈아 반복해 주면서 대상자로 하여금 모음 /a/와 /i/를 산출하게 한다. 연인두 폐쇄가 적절한 경우에는 콧구멍을 막았을 때나 막지 않았을 때 모음의 음

질에서 뚜렷한 차이가 없다. 그러나 콧구멍을 막았을 때 비강 공명이 감소하면 연인두 폐쇄부전을 의심할 수 있다. 공명의 변화로 인해 소리가 마치 퍼덕거리는 것처럼 들리기 때문에 검사법의 명칭에 'flutter'라는 단어가 들어 있다.

이와 비슷하게, Bzoch(2004)도 파열음-모음-파열음으로 구성된 음절을 이용하여 콧구멍 개폐 검사를 실시할 것을 제안하였다. beet, bit, bait, bet, bat, bought, boat, boot, but, Bert와 같이 /b___t/ 문맥에서 10개의 모음을 검사한다. 연인두 폐쇄가 정상적으로 이루어지는 경우에는 코를 막았을 때나 열었을 때의 음질이 동일하다.

자음과 모음 둘 다 검사할 수 있는 조음 검사를 실시하여 연인두 폐쇄, 비누출 및 과다비성을 평가할 수도 있다. 청자에게 지각되는 모음의 비음성은 자음의 환경에 따라 달라질 수 있다. 영향을 가장 적게 미치는 자음에서부터 가장 많이 미치는 자음의 순서로 나열하면 /z, v, d, g, f, s, t, k/가 된다. 그러므로 이러한 자음 환경에서 모음의 비음성도 검사해 보아야 한다.

과다비성은 검사할 자극어의 문맥을 통제하면 더 잘 감지할 수 있다. 대상자에게 60부터 100까지 소리 내어 세어 보게 하는 것도 간편하면서도 과다비성 여부를 직관적으로 판단할 수 있게 해 준다. 다음에 요약한 바와 같이 숫자 세기 과제는 연인두 폐쇄부전과 과다비성, 비누출 및 과소비성을 검사하는 데 유용하다.

- 60~69를 소리 내어 세어 보게 하면 압력 자음 /s/를 반복적으로 산출해야 하기 때문에 연인두 폐쇄부전과 비누출 여부를 판단하는 데 도움이 된다(우리말 검사를 위해서는 /s/가 반복되면서 구강음이 상대적으로 많이 포함된 숫자인 40~49를 세게 할 수 있다—역자 주).
- 70~79에는 /n/ 음소가 중간에 끼어 있으므로 동화 비성의 여부를 판단하는 데 유용하다(우리말에서는 구강음 사이에 /m/이 끼어 있는 30~39를 세게 할 수 있다—역자 주).
- 80~89는 정상 또는 거의 정상에 가까운 조음과 공명 여부를 관찰할 수 있다.
- 90~99는 비음이 반복적으로 산출되기 때문에 과다비성이 나타나는 것이 정상이다. 과소비성이 있는 경우에는 d/n 대치가 나타날 수 있다.

연인두 폐쇄부전이 의심될 경우, SLP는 대상자가 서로 다른 말소리를 구분하여 산출할 수 있는지 검사할 수 있다. 대상자로 하여금 bake/make, rib/rim, dine/nine, mad/man, wig/wing, bag/bang과 같은 파열음/비음 단어 쌍을 읽게 하거나 따라 말하게 한다. VPI가 있는 경우에는 두 단어 모두에서 과다비성이 나타나 bake/make 단어 쌍이 make/make처럼 들릴 수 있다.

과다비성을 감지하거나 측정할 수 있는 장비를 사용하는 것도 가능하다. 과다비성은 지각적 현상이기 때문에 반드시 지각적 평가가 이루어져야 한다. 그러나 과다비성을 '객관적으로' 측정하고자 한다면 연인두 기능, 구강 및 비강 기류 등을 측정해야 한다. 이러한 측정치는 과다비성에 대한 지각적 판단과 확실히 연관되어 있지만, 과다비성 자체를 측정한 것은 아니다. 연인두 기능의 측정을 위한 기기에 대해서는 이 장의 후반부에서 구개열 화자에 대해 다룰 때 함께 논의하겠다.

일단 대상자가 어느 정도 과다비성을 보인다고 판단되면 평가 회기 동안 어떻게 하였을 때 과다비성의 지각 정도가 감소되는지 그 방법을 찾는 데 주력해야 한다. 대상자와 치료사 모두 효과적인 방법을 찾기 위해 이 방법 저 방법을 시도해 보아야 하는데, 이러한 과정을 통해 예후를 예측하고 치료의 방향을 잡을 수 있다.

과다비성은 음성 환경에 따라 달라지므로 과다비성의 변이성도 조사하여야 한다. 주로 고모음이 포함된 문장에서 과다비성이 감소하거나 심해지는가? 저모음 문장에서는 어떠한가? 여러 다른 비음 문장에서는? 여러 다른 압력 자음 문장에서는?

대상자가 입을 크게 벌리고 조음 기관을 과장되게 움직여 말소리를 또박또박 발음하면 과다비성이 개선되는가? 구강의 전방부를 크게 벌리면 기류가 열린 상태의 좁은 연인두 구멍 대신 입 밖을 향하며 저항을 거의 받지 않고 흐르게 된다.

SLP는 말속도, 음도, 강도를 변화시켰을 때 과다비성이 개선되는지도 살펴보아야 한다. 이는 보상적 치료 프로그램의 일환으로, 과다비성의 조절에 이용하는 핵심 변수다. 음도와 음량이 증가하면 과다비성의 지각 정도는 감소할 가능성이 높다. 대상자에게 하루 중 과다비성이 호전되거나 악화되는 때가 있는지 질문하여 근육 피로의 영향도 알아보아야 한다.

Belinda Johnston은 2학년 초 학교 언어 선별 검사에서 발견되었다. 아동의 음성은 비음이 심하고, /s/, /f/, /p/로 시작하는 단어를 말할 때 일관되지 않은 비누출이 나타났다. Belinda가 선별 검사를 통과하지 못하였기 때문에 SLP가 이 아동의 추후 관리에 관여하게 되었다. 어머니와의 전화 통화에서 Belinda의 귀에 염증이 자주 생기고 목도 자주 아파서 지난 부활절 기간에 편도 절제술과 아데노이드 절제술을 받았음을 알게 되었다. 의사는 시간이 지나면 좋아질 것이라 말했다고 한다. 하지만 어머니는 Belinda의 음성이 오히려 수술 이후부터 더 이상해졌다고 보고하였다. 1학년 때 담임교사는 아동의 음성이 1년 전에는 정상적이었음을 확인해 주었다. 수술을 받은 지 6개월이 지나서 SLP와 어머니는 아동이 학교에서 적절한 공식적인 말 평가와 그 결과에 따른 중재를 시작하는 데 동의하였다. 평가 시 비누출의 일관성과 중증도뿐만 아니라 과다비성도 확인되었고, 과다비성의 중증도도 평정되었다. 구강 구조 및 기능 검사 결과 점막하구개열이 발견되었다. 목젖의 가운데가 갈라져 있고(경미한 이중 목젖), 연구개 패임(velar dimple)이 앞쪽에 있고, 구개 중심선 부위가 반투명 상태였으며, 구개궁(palatal vault)이 높았다. 연구개의 움직임은 좌우가 대칭적이었으나, 연구개와 인두후벽은 전혀 닿지 않았다. 혀를 입 밖으로 내민 채 입술을 다물고 볼을 부풀리게 하였을 때 코로 바람이 빠져나왔으며, 풍선을 불지 못하였다.

　SLP는 이 아동이 전통적인 아데노이드 절제술을 받았을 것으로 추정하였다. 구강 구조에 대한 검사 결과, 아데노이드를 그냥 절제하면 안 되는 여러 요인이 관찰되었다 (Finkelstein, Wexler, Nachmani, & Ophir, 2002). (이 아동의 경우 아데노이드 패드가 VPI를 보상하고 있었던 것이다.) 학교 SLP는 정교한 기기를 이용하여 VPI 의심에 대해 객관적 확진을 한 뒤 적절한 치료 전략을 수립하기를 원하였다. 그러므로 아주 멀리 떨어진 대도시 병원의 악안면 팀에 아동을 의뢰하였다.

　재활병원 소속의 SLP가 급성기 환자 치료시설에서 이송된 Delondo Hayes를 담당하게 되었다. Hayes 씨는 22세의 자동차 충돌 사고 환자로, 뇌간 및 척수 손상을 입었다. 초기 면담 결과, 그는 부분 마비를 보이며 휠체어를 타고 이동하는 상태였다. 대화 시 느리고 발음이 불분명하고 과다비성이 심한 말을 산출하였다. 구강구조 검사에서 구역질 반사가 나타나지 않았고 혀 근육도 약화되어 있었다. 이완형 마비말장애라는 말운동장애로 진단되었다. 초기 치료 목표는 구강 근육 운동과 정확한 조음에 역점을 두었다. 느린 말속도는 허용하고 강화하였는데, 이는 연구개 운동을 포함하여 목표 조음 달성을 위한 방법이기 때문이었다.

비누출

　비누출과 과다비성 모두 부적절한 연인두 폐쇄 때문에 나타나며 동시에 나타나기도 하지만 두 문제의 성격은 서로 다르다. 비누출은 본질적으로 공명 문제가 아니다.

　비누출은 들어서 평가할 수도 있지만 보고 평가할 수도 있다. 화자가 콧구멍을 벌렁

거릴 정도로 콧구멍에서 공기가 빠져나오는 것이 두드러지는 경우도 있다. 반대로 공기가 바깥으로 새는 것을 막기 위한 시도로 콧구멍을 좁히려 할 수도 있다. 이 경우에는 얼굴(코) 찡그림이 관찰된다.

비누출의 여부를 정확하게 판딘하기 위해서는 주의 깊게 듣는 것이 매우 중요하다. 종종 방출된 기류에 상당한 소음이 동반되기도 한다. 실제로 **콧바람소리**(nasal snort)라는 용어를 자주 접하게 될 것이다. 또 다른 경우에는 비누출이 일어나도 소리가 거의 들리지 않거나 알아차릴 수 없을 정도이기 때문에 시각적 단서를 이용하는 등 특별한 기법의 도움을 받기도 한다.

비누출 여부를 평가하는 데 자주 사용하는 방법은 단어 조음 검사를 실시하는 것이다. 압력 자음(파열음, 마찰음, 파찰음)을 산출하게 하여 주의 깊게 관찰하여야 한다. 조음 검사에서는 다음과 같은 특징이 나타나는지 확인한다.

- 높은 구강내압이 필요한 마찰음, 파열음 및 파찰음을 오조음하는가?
- 소음을 동반한 비누출이 나타나는가?
- 압력 자음 산출 시 얼굴 찡그림이 관찰되는가?
- 기류가 새지 않도록 콧구멍을 막아 주면 말소리가 정상으로 들리는가?
- 무성 자음에 비해 동족 유성 자음에서 비누출이 덜한가? 구강내압 요구량은 무성 자음이 더 높다.
- 단일 자음이 자음군에 비해 영향을 덜 받는가?
- 단어의 처음이나 끝에 오는 자음이 단어의 중간에 오는 자음에 비해 더 자주 정조음되는가?
- 성문 파열음, 인두 파열음, 경구개 파열음, 인두 마찰음, 후비강 마찰음 등의 보상 조음이 나타나는가?

또한 공식적인 조음 검사에 추가하거나 특별히 개발된 단어나 문장을 이용하여 비누출 여부를 판단할 수도 있다. 다음과 같이 압력 자음이 반복되는 말 샘플을 대상자에게 읽게 하거나 따라 말하게 하여 비누출의 여부를 판단한다.

- Pick the peas.
- Pappa piped up.

- Polish the shoes.
- Bessie stayed all summer.
- We'd better buy a bigger dog.
- Follow Sally, Charley.
- People, baby, paper, Bobby, puppy, bubble, pepper, B. B., piper, bye bye.

이 외에도 대상자에게 숫자를 소리 내어 세어 보라고 하여 주의 깊게 들어 볼 수도 있다. 60~79의 숫자가 비누출 여부를 판단하는 데 특히 유용하다(60~69는 압력 자음이 반복되고, 70~79는 비음이 반복되는 숫자이므로 비누출 여부의 판단에 유용함—역자 주).

간단한 도구를 이용하여 비누출을 더 쉽게 감지하고 모니터링할 수도 있다. 대상자의 콧구멍 아래에 작은 거울을 갖다 대면 공기가 빠져나올 때 김이 서릴 것이다. 사용이 간편한 치과용 거울이나 작은 립스틱용 거울을 이용할 수도 있다. 대상자가 마찰음을 연장하거나 압력 자음이 포함된 모음–자음–모음(VCV) 구조의 음절을 반복하거나(/ipi ipi ipi/, /upu upu upu/ 등) 압력 자음이 반복되는 문장을 말할 때 콧구멍 아래에 있는 거울에 김이 서린다면 연인두 폐쇄부전을 강하게 의심할 수 있다. 거울이 없는 경우에는 나무 설압자에 솜털을 올려놓고 코 아래에 갖다 댄 뒤 동일한 방법으로 비누출 여부를 판단할 수도 있다. 그러나 솜털은 약한 콧바람에는 잘 움직이지 않으므로 민감성이 다소 떨어진다.

앞에서 설명하였던 청취관(직접 만든 것이든 시판 중인 것이든)도 비누출을 평가하는 데 유용하다. 비누출이 나타났음을 알려 주고 시각적 단서도 줄 수 있는 모든 장치가 평가와 더불어 치료 시 대상자에게 피드백을 주는 데에도 유용하다.

대상자가 비누출을 보이는지 판정한 이후에는 비누출을 감소시킬 수 있는 기법이 있는지 면밀히 조사하여야 한다. 어떠한 기법을 사용하여도 비누출이 감소되지 않으면 말 치료는 실시하지 않아야 하며, 수술이나 보철 장치 착용 등의 구조적 개선이 필요하다. SLP가 시도할 수 있는 여러 기법을 소개하면 다음과 같다.

- 파열음, 마찰음, 파찰음과 같은 압력 자음을 조음할 때 조음기를 가볍게 접촉하여 말소리를 산출하게 한다.
- 과다비성을 줄이는 데에도 추천하는 방법으로, 입을 크게 벌리고 조음하게 하는 것도 비누출을 감소시킬 수 있는 보상적 기법이 될 수 있다.

- 모음을 길게 연장하여 말을 산출하면 압력 자음의 조음에 노력이 집중되는 것을 완화시켜 비누출이 감소될 수 있다.
- 말더듬 치료에 이용하는 모음/음절 연장 등의 유창성 향상 기법도 일부 대상지에게 효과가 있을 수 있다.
- 말속도를 줄이는 방법은 특히 잠재적인 연구개 운동 능력은 있으나 동작이 느려서 타이밍을 못 맞추는 대상자에게 도움이 될 수 있다.

맹관공명

이 유형의 공명장애 화자에서 나타나는 불분명한(힘이 없는 듯한, hollow) 음질은 대개 혀의 과기능 때문에 나타난다. 혀가 구강의 뒤쪽, 구인두 영역으로 후진하여 말이 산출된다. SLP는 이러한 후방화가 나타나지 않는지 살펴보아야 한다. 대상자에게 /a/와 같은 개모음을 산출하게 하여 혀가 뒤쪽으로 물러난 상태에서 말소리를 산출하는지 파악할 수 있다.

맹관공명의 개선 방법을 자세히 조사하는 것에서부터 진단이 시작된다. 혀를 앞쪽으로 이동하도록 촉진하는 음소가 반복적으로 포함된 단어나 문장을 읽도록 하여 조사할 수 있다. 다음과 같은 음소를 사용하여 임상 자료를 개발할 것을 추천한다.

- 설단음: /t/, /d/, /s/, /z/
- 전설모음: /i/, /I/, /e/
- 전방자음: /w/, /hw/, /p/, /b/, /f/, /v/, /θ/, /l/

문헌에 의하면 청각장애와 농 화자들은 매우 느린 속도로 말하는 경우가 많다. 느린 속도의 말은 음절의 지속 시간을 변화시켜 말 명료도와 음질에 부정적인 영향을 미친다. 청각장애 화자에게 말속도를 증가시키게 하면 과다비성의 지각 정도나 맹관공명 문제에 도움이 되므로 시도해 보아야 한다.

가는 공명

가늘고 약한 음질은 대개 혀의 전방 이동과 관련되어 있는데, 모음과 자음 산출 시

구강 공명이 영향을 받는다. 조음 시 주된 협착 위치가 구강의 앞쪽으로 이동하여 에너지의 중심이 고주파로 전환되면서 포먼트가 다소 높아진다. 화자의 기본주파수가 상승하거나 위쪽 음역대가 과도하게 사용되면 유약함의 정도가 더 심한 것으로 지각될 수 있다. 이 경우 음질뿐만 아니라 음도도 평가해야 한다. 가는 공명을 평가할 때는 대상자에게 후설모음과 후방자음(/k/, /g/ 등)이 많이 포함된 문장이나 단어 목록을 읽게 한다. 그리고 이러한 기법을 사용하였을 때 공명이 좋아지는지 여부도 판단한다.

구개열 및 연인두 폐쇄부전 관련 평가

여기서는 과다비성과 비누출의 평가 관련 정보에서 더 나아가 경구개나 연구개에 파열이 있는 사람, 또는 수술이나 보철로 구조적 문제를 개선한 사람들에게 적용할 수 있는 진단 절차에 대해 자세히 다루고자 한다. 파열 환자들에게 수술 등 재활치료를 적용하였을 때 극적인 향상이 일어난다면 매우 고무적인 일이 될 것이다. SLP는 연인두 기제가 구조적으로 충분하고 기능적으로도 적절한지 평가한다. Dworkin, Marurick과 Krouse(2004)가 쓴 연인두 기능장애의 특성, 평가, 치료에 관한 지침서를 읽어 볼 것을 추천한다. 이 주제를 자세히 다룬 여러 전공 서적도 있다(Berkowitz, 2013; Howard & Lohmander, 2011; Kummer, 2013a). 임상가에게는 〈표 12-1〉에 제시한 웹 자료가 도움이 될 것이다.

표 12-1	구순열, 구개열, 인두성형술 관련 웹 자료

http://www.widesmiles2.org
파열 아동의 부모에게 유용한 정보가 많이 제공되어 있는 웹사이트로, 신생아 젖 먹이기, 대화방을 이용한 심리적 지지, 수술 전후 사진, 기타 유용한 정보가 제공되어 있음. SLP는 전반적인 정보를 얻고 일차 및 이차 수술에 대한 정보도 얻을 수 있음. 연인두 폐쇄부전의 개선을 위한 세 가지 수술법(인두피판술, 이중대위 Z성형술, 인두괄약근 성형술)에 대해 비교 자료가 제공되어 있음

http://www.plasticsurgery.org/Reconstructive_Procedures/Cleft_Lip_and_Palate
미국 성형외과의사협회(American Society of Plastic Surgeons) 웹사이트로, 구순열과 구개열 수술법을 삽화와 함께 설명하고 있음

http://www.google.com
인두피판술 이후 구개열 화자에게 생긴 변화 등 수술 전과 후의 말 샘플 비디오를 찾아볼 수 있음

http://www.ich.ucl.ac.uk

영국에 위치한 아동 건강 연구소(Institute for Children's Health)의 웹사이트로, 파열과 관련된 다양한 정보를 제공하고 있음. 발화 보조용 구폐쇄 장치(speech bulbs), 구개거상 장치(palatal lift) 등 말 보조 장치를 그림과 함께 쉽게 설명하고 있음

http://www.cleftline.org/

구개열재단(Cleft Palate Foundation)에서 정보, 공식 보고서, 출판 자료를 제공하고 있음

　SLP는 대개 구개열 관련 의사소통 문제의 진단에 악안면 팀의 일원으로 참여하게 된다. 악안면 팀은 관련 분야의 여러 전문가로 구성되는데, SLP, 청각사, 심리학자, 외과 의사, 이비인후과 의사, 방사선사, 보철과 전문의, 치열교정의, 소아치과 의사, 교육 전문가 등 다영역 전문가들의 협력을 통해 최종 결론을 내린다. SLP는 팀 구성원에게 환자의 의사소통 능력과 문제에 대한 정보를 제공하고, 계획된 재활 절차의 효과를 예측하고, 환자의 말-언어 기술을 변화시키는 데 있어 주된 역할을 담당하며, 의사소통에서의 차이나 문제가 환자의 일상생활에 어떤 영향을 미치는지 알아보는 역할을 한다. Boone 등(2014)이 논의하였듯이, 운동 범위가 제한되어 있고 조직 결함이 있거나 연구개가 약화된 경우에는 행동치료만으로 연인두의 해부학적·기능적 측면을 정상으로 만들지 못한다. 지각적 말·음성 평가뿐만 아니라 공기역학 검사, 음향 분석 및 비디오 내시경 검사와 같이 연인두 기제를 더 잘 판단할 수 있게 해 주는 면밀한 평가를 토대로 현실적인 중재가 이루어져야 한다. 〈표 12-2〉에 제시된 것과 같이 SLP는 연인두 기능의 다양한 측면을 평가하거나 환자가 적절한 시설에서 평가받을 수 있도록 노력하여야 한다. 이는 문제점을 길게 열거한 표에 지나지 않지만, 그래도 공명을 평가할 때 어떤 점에 초점을 맞출 수 있는지 알려준다. Kummer(2013b)와 ASHA의 구순구개열 임상실무 포털(ASHA Practice Portal on Cleft Lip and Palate)도 비슷한 검사 영역을 추천하였다. SLP는 [그림 12-2]와 같이 WHO(2004)의 체계를 염두에 두고 일상생활, 교육, 사회화에 영향을 줄 수 있는 그 어떤 것도 간과하지 말아야 할 것이다.

표 12-2	연인두 폐쇄부전 의심 사례의 평가 영역

- 사례력 조사
- 조음 및 말 명료도: 공식 검사, 비공식 검사, 평정 척도
- 음성/공명: 지각적 판단, 평정 척도, 로테크 장비(청취관)
- 구강-주변 기관 검사: 주관적 관찰
- 음향적 검사: 비음치측정 검사, 스펙트로그래피
- 공기역학적 검사: 기류-기압 분석
- 구조 영상검사: 두부계측 검사(정지 상태의 측면 방사선 검사), 컴퓨터 단층촬영 검사 (Computerized Tomography: CT), 자기공명영상 검사(Magnetic Resonance Imaging: MRI)
- 기능 영상검사: 내시경 검사(비인두내시경 검사), 비디오내시경 검사
- 자극반응도 검사(정밀조사): 공명의 질, 조음 등
- 섭식/삼킴 능력
- 기타 관련 영역: 언어, 인지, 청력, 치열
- 장애의 영향/삶의 질 척도

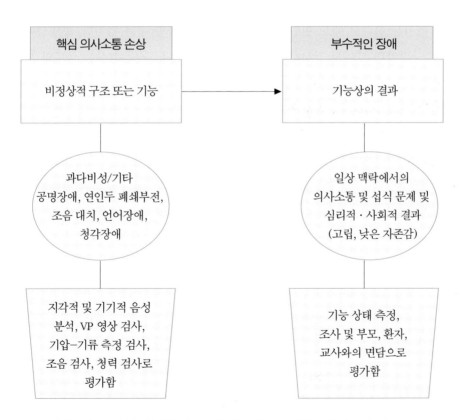

[그림 12-2] WHO의 ICF를 이용한 구개열 및 연인두 폐쇄부전 관련 말 평가

사례력 조사

구개열 환자의 경우 의례적인 사례력 정보 이상의 내용이 보강되어야 한다. 파열의 유형과 정도, 이미 받은 수술, 보철, 치열 교정, 기타 재활치료에 대한 정보가 도움이 된다. 환자의 의학적 상태와 미래의 중재 계획에 대한 언급도 평가 과정의 방향 설정에 도움이 된다. 소아 환자의 경우 정보제공자는 부모일 가능성이 높다. 섭식 문제, 비강 역류, 영양 상태(예: 체중 증가)에 대한 사례력 관련 질문도 해야 한다(10장 참조). 이 유형의 사례에 대해서는 발달 이정표(〈부록 A〉 참조)의 달성, 말/인지 발달에 대한 인상, 말소리 및 구어 발달, 심리사회적 적응에 관한 조사도 실시한다. 임상가가 악안면 팀의 공식적인 일원이 아닌 경우라면 그 환자를 대하는 다른 전문가가 작성한 보고서의 사본도 도움이 된다.

구강-주변 기관 검사

구강 검사를 한다고 해도 연인두가 폐쇄되는지 관찰할 수는 없지만, 공명장애 환자의 경우 구강안면 부위를 검사하는 것이 매우 중요하다. 구강 검사는 성도의 모든 구조의 전반적인 관련성을 알아보는 첫 단계이다. 예를 들어, 임상가는 입천장의 전반적인 형태, 연구개의 전체 길이 및 유효 길이, 연구개의 운동 능력 및 대칭성, 인두강의 깊이를 살펴보고, 구개 천공 등의 결함이 있는지 살펴본다. 환자의 구조나 기능에 염려되는 부분이 있으면 의사에게 의뢰해야 한다.

구강 및 주변 기관의 구조와 기능에 대한 평가 절차는 여러 문헌에 설명되어 있다 (Dworkin & Culatta, 1996; St. Louis & Ruscello, 2000). 구강 구조 및 기능 검사의 실시 방법에 대한 일반적인 사항은 〈부록 A〉에 제시하였다. 여기서는 특별히 고려해야 할 사항만 언급하고자 한다.

VPI가 의심될 때 SLP가 육안으로 관찰할 수 있는 가장 중요한 사항은 연구개의 유효 길이와 연구개 패임의 위치이다. 연구개의 유효 길이는 발성 시 비인두 폐쇄를 위해 상승한 연구개 조직 부위의 길이를 말한다. 유효 길이는 발성 시 구강 내부를 관찰할 때 연구개 패임이 어느 위치에서 나타나는지를 통해 가늠할 수 있다. 연구개의 구강 측 표면에 생기는 연구개 패임은 연구개의 비강측 표면이 최대로 상승한 지점이다. 이는 대개 전체 연구개 길이의 80%에 해당하는 부위에 생긴다. 연구개 패임이 이 부위보다 앞에 위치할수록(예를 들어, 50% 부위에서 나타나면), 연구개의 유효 길이는 더 짧아지고 연인두 폐쇄부전의 정도도 더 심해진다.

입천장을 관찰할 때 구비강 천공을 발견하기도 하지만, 항상 쉽게 발견할 수 있는 것은 아니다. 구개궁의 모양은 어떠한가? 입천장은 건강한 분홍색을 띠는가? 흰색이나 푸른색을 띠는 부위는 없는가? 어두운 방 안에서 구강 검사를 실시할 때 콧구멍 안쪽으로 플래시를 비추면 입천장 쪽으로 빛이 새지 않는가? 입천장을 만져 보았을 때 뼈로 된 하부 구조가 제대로 느껴지고 후방 가장자리가 제대로 형성되어 있는가? 구개 천공이 있을 경우 그것이 조음이나 공명에 미치는 영향의 정도를 파악해야 한다.

파열이 뚜렷하게 관찰되는 경우에는 그 유형과 정도도 판단해야 한다. 병원 세팅의 악안면 팀은 입술 및 구개 그림에 환자의 특성을 표시할 수 있게 되어 있는 구강 검사 기록지를 자체적으로 개발하여 구비하고 있다. 개별 환자에 맞게 그 특성을 기록한 그림은 단순히 파열의 정도 기록에 그치지 않고 팀 전문가들 간의 의사소통 촉진에도 도움이 된다.

비강 공명 및 음성의 지각적 평가

구강 내부에 파열이 있는 사람들과 수술 이력이 있는 사람들에게서는 공명 문제와 기타 음성 관련 문제가 자주 나타난다. 이 장의 앞부분에서 설명한 공식적·비공식적 지각적 평가 절차를 소아 및 성인 환자를 위한 진단 검사로 이용할 수 있다. 앞에서 언급한 공명 문제 모두가 구개열 화자들에게서도 나타날 수 있으나, 발현 가능성이 가장 높은 문제는 과다비성과 비누출이다. 이 두 문제는 연인두 폐쇄부전과 관련되어 있다. SLP는 공명장애가 긴장도, 피로, 누출(연인두 무능력)과 같은 기능적 요인이나 신경학적 기능장애와 같은 기질적 요인, 또는 행동치료를 통해 극복할 수 있는 구조적 결함(연인두 형성부전)과 어느 정도 연관되어 있는지 판단해 보아야 한다. 그러므로 기기를 이용한 음향 검사와 생리 검사가 중요하다. 다시 말하지만, 말하는 사람의 음성을 청자가 듣고 평가하는 것이 공명 관련 변인의 판단에 가장 좋은 방법이다. 과다비성(그리고 VPI)에 대한 임상가의 지각 정도를 수량화하는 데 다양한 평정 척도를 이용할 수 있다. VPI 공명 평가를 위한 간단한 3점 평정 척도는 0=능숙함, 1=경계선급, 2=능숙하지 않음으로 평가하는 방법이다(Lohmander et al., 2009). 읽기가 가능한 연령대의 대상자에게는 비음의 비중이 높은 읽기 문단을 이용하면 공명 문제를 지각적으로 부각시키는 데 많은 도움이 된다(〈부록 B〉 참조).

조음음운 및 말 명료도 검사

임상가와 어린 대상자의 첫 만남은 가능한 한 파열이 발견된 즉시 이루어져야 한다. 옹알이가 시작되기 전에 부모에게 아이의 말과 언어를 발달시킬 수 있도록 자극하는 방법을 조언해 주어야 한다. 이때의 목표는 비음 대치와 성문파열음을 최소화하고 구강 자음의 산출을 격려하여 음성 목록이 확대될 수 있도록 촉진하는 것이다(Hardin-Jones, Chapman, & Scherer, 2006). 이렇게 함으로써 바람직한 조음 기술은 발달시키고, 치료하기 어렵고 부적절한 조음이 발달하지 않도록 방지한다. 뿐만 아니라 차후에 하게 될 직접 평가, 즉 연인두 기제를 직접 관찰할 수 있는 검사를 미리 준비시키는 데에도 도움이 된다. 대화가 가능한 대상자라면 SLP는 비판적 청취 기술을 사용하여 의사소통의 전체적인 효율성을 평가하여야 한다. 이에는 지각적인 절차를 이용하여 말의 여러 측면을 체계적으로 평가하는 것도 포함된다. SLP는 공명장애(과다비성, 과소비성, 비누출 등)의 여부와 그 중증도를 판단해야 한다. 임상가는 대상자의 말을 잘 듣고 말 명료도도 평가해야 한다. 근거기반실제와 통일된 말 명료도 평가 절차의 부재에 대해 관심 있는 독자는 Whitehill(2002)이 기술한 구개열 화자의 말 명료도 평가에 대한 비평을 읽어 볼 것을 권한다.

다음으로 SLP는 전반적인 조음 패턴을 평가하여야 한다. 특정 유형의 오류(인두 파열음 또는 인두 마찰음 등)가 두드러지는가? 의사소통 상황이나 말 또는 강세 패턴에 따라 조음이 달라지는가? (어린 아동의 경우 조음 문제가 규칙 지배적인 음운 오류와 중복되면서 말소리 오류가 아동의 언어체계에 깊은 뿌리를 두고 있음에 주의하라. 이 주제에 대해서는 6장에서 논의하였다.) 그다음으로 어린 아동의 경우 단어 선택, 문장의 복잡성, 구조의 적절성을 검토해야 한다. 대상자의 말속도와 리듬도 살펴보아야 한다. 음질에서의 차이(쉰 목소리 등)는 없는가? 얼굴 찡그림이나 콧구멍의 협착, 그 밖에 전체적으로 의사소통의 효율성을 떨어뜨리는 행동은 없는가?

환자의 말 패턴에 대한 전반적인 인상을 판정한 뒤에는 면밀한 조음음운 검사를 실시해야 한다. 표준화 조음 검사를 구개열 아동에게 사용할 수도 있으나, 구개열 아동에 맞게 특별히 개발된 조음 검사와 맥락을 통제한 자료로 검사하는 것도 고려할 수 있다. 비공식적으로 단어와 문장 산출을 유도하든(이 장의 전반부에 추천함) 공식적인 검사(6장 참조)를 실시하든 압력 자음 산출에 초점을 두는 것이 도움이 된다. 구강 압력 자음에는 /p, b, t, d, k, g, f, v, s, z/ 등이 있다.

구개열 화자들에게는 정상 발달에 영향을 미치는 기능적·지각적·감각적 요인 외에 또 다른 요인들도 영향을 미친다. 이들에게 가장 중요한 것은 연인두 폐쇄의 정도와 그 결과로 달성되는 기류와 구강내압이다. 구강에 구조적 이상이 있는 경우 여기에 문제가 생길 수 있는데, 생의 첫 몇 년 동안 여러 차례 구강 구조의 변화를 겪으면서 문제는 더욱 복잡해진다. SLP가 명심해야 할 것은 이들이 특이한 구강 구조로도 목표 음소를 제대로 산출하려 시도해 왔고, 이 과정에서 독특한 보상적 적응이 이루어졌다는 것이다. 환자는 적절한 구강내압을 형성하기 위하여 기류를 증가시키거나, 비누출을 감소시키기 위하여 기류를 최소화(후자의 경우 약화된 압력 자음을 산출함)하기도 한다.

많은 VPI 화자가 성문 파열음, 인두 마찰음, 연구개 마찰음, 흡기 시 모음 및 자음 산출 등의 보상 조음을 보인다. 입술 또는 혀와 입천장의 협착이 성문이나 인두 협착과 동시에 일어나는 이중 조음(double articulation)도 흔히 나타난다. 입술과 혀를 이용한 이중 조음(labial-lingual double articulation)이 나타나기도 한다(Gibbon & Crampin, 2002). 구개열 화자들은 매우 다양하고도 특이한 말소리 오류를 보인다.

구개열 유형별 특성(Cleft-Type Characteristics: CTC)으로 이들에게서 흔히 나타나는 조음 오류를 구분하기도 한다(John, Sell, Sweeney, Harding-Bell, & Williams, 2006; Prathanee, 2010). CTC 패턴은 다음과 같다.

- 구강 전방 CTC: 무비음화/치간음화, 설측음화/설측구개음화/구개음화
- 구강 후방 CTC: 이중 조음, 연구개음/구개수음으로의 후방음화
- 비구강(nonoral) CTC: 인두 조음, 성문 조음, 능동적 비강 마찰음, 이중 조음
- 수동적 CTC: 약화된/비음화된 자음, 파열음의 비음화/수동적 비강 마찰음, 마찰음/파찰음의 활음화
- 일반 화자의 미성숙한 말/오류

마지막 수술 전에 발달된 보상 조음 습관은 연인두 기제가 구조적으로 개선되어 정확한 조음 운동을 할 수 있는 기반이 마련된 이후에도 계속 남아 있을 수 있음을 명심해야 한다. 그러므로 자극반응도 검사가 대상자의 예후 판정에 중요하다. 조음 오류는 현재 또는 과거의 청력 손실과도 연관될 수 있다.

요약하면, 임상가는 주된 목표를 유념하면서 환자의 말 표본, 유도 발화 및 음성 목록을 수집하여 전반적인 말 명료도와 오류 패턴을 분석해야 한다. 즉, 잘못된 연인두

기능 또는 기타 구조적 결함으로 인한 말 산출 오류가 보상적 오류인지 혹은 발달적 오류인지 구분할 수 있어야 한다. Trost-Cardamone과 Bernthal(1993)은 이러한 분석에 근거하여 중재 방향을 설정할 때 도움이 되는 차트를 제공하였다.

기기를 이용한 VP 평가: 로테크

앞에서도 지적하였지만, 구강 구조 및 기능 검사로는 연인두의 적절성에 대해 완전한 판단을 내릴 수 없다. 게다가 출판된 것이든 비공식 검사이든, 조음 검사도 대상자의 연인두 기능에 대한 간접적 평가에 불과하다. 연인두 기제를 직접적으로 또는 간접적으로 평가할 때 기기를 이용할 수 있다. 거듭 말하지만, 하나의 측정치만으로 연인두 기능을 평가하는 것은 적절하지 않다. 조음 검사와 공명 평가도 진단 절차의 한 부분이 되어야 한다. 과다비성에 대한 이른바 객관적인 음향적 평가 기술(예: 1/3 옥타브 스펙트럼 분석)의 진보에도 불구하고 지각적 판단은 여전히 비음성 평가의 주된 수단이다(Vogel, Ibrahim, Reilly, & Kilpatrick, 2009). 다음에서는 의례적인 평가 회기와 정밀 평가 회기에 적용할 수 있는 기타 평가 절차에 대해 설명하고자 한다.

SLP가 복잡한 기기를 사용할 수 없는 경우에는 앞에서 설명하였던 청취관(자체 제작하였든 시판 중인 것이든 구부릴 수 있는 빨대와 같은 것)과 같은 로테크의 기기를 사용하여 과다비성이나 비누출의 출현 여부를 평가할 수 있다. 또 다른 방법인 혀 지주 기법(tongue-anchor technique; Fox & Johns, 1970)도 여전히 정지 상태에서의 연인두 폐쇄 능력을 측정하는 데 이용되고 있다. 이 방법을 적용할 때는 먼저 대상자에게 뺨을 부풀려 구강내압을 유지하게 한다. 이것이 가능하면 대상자에게 혀를 내밀게 한 뒤 뺨을 부풀리게 한다(혀로 막는 것을 방지하기 위해). 이때 임상가가 환자의 콧구멍을 막아 주어 압력을 증가시킬 수 있도록 도와준다. 콧구멍을 막지 않아도 기류가 새지 않으면 연인두 폐쇄가 적절한 것으로 추정할 수 있다.

환자의 코 아래에 작은 거울을 대어 주고 특정 발화를 산출할 때 거울에 김이 서리는지 관찰하는 것도 연인두 누출(VP leak), 과다비성, 비누출을 시각화하는 데 오랫동안 사용해 온 방법이다. 이와 같은 로테크의 김 서림 검사는 Glatzel 검사라고 하는 공기역학 검사로 발전되었다(Van Lierde, Muyts, Bonte, & Van Cauwenberge, 2007). 대상자가 모음과 읽기 문단을 산출하는 동안 김 서림의 정도와 응결 둘레를 0~4점 척도로 평가하는데, 4점은 중도의 응결을 의미한다(학년별 읽기 문단과 비음이 중복되는 문단의 예는 〈부록 B〉 참조).

또 다른 로테크의 연인두 누출 감지(과다비성 및 비누출 감지도 가능) 방법은 대상자가 말을 산출하는 동안 코 아래에 솜뭉치나 휴지 조각을 대어 주고 움직이는지 관찰하는 것이다. 코 아래가 붐비기는 하겠지만, 솜뭉치나 휴지 조각을 움직이게 만드는 말소리(파열음 및 이 장의 앞부분에서 제시한 기타 말소리)가 반복적으로 포함된 단어와 구를 산출하게 해야 하며, 콧구멍을 막았을 때와 막지 않았을 때도 관찰해야 한다.

기기를 이용한 VP 평가: 음향적 평가

과다비성에 대한 지각적 판단을 객관적인 음향적 측정치로 전환하려는 시도는 진행 중이기 때문에 일관성은 아직 매우 부족하다. 여기서는 두 종류의 음향적 평가 방법에 대해 설명하고자 한다.

스펙트로그래피

정상(의도한 조음)이거나 장애가 있는 조음 과정에서 구강과 비강이 서로 연결되어 있으면 말소리 스펙트럼에 영향을 준다. 비음성이 있으면 저주파수대의 강도는 증가하고 고주파수대의 에너지는 흡수된다. 말소리, 특히 모음의 스펙트로그램에 전형적으로 나타나는 특징으로, 중간 부위의 포먼트와 높은 부위의 포먼트 영역에서 에너지가 과하게 흡수되고(밝은 줄무늬가 나타남) 기본주파수와 제1공명주파수가 진하게 나타난다. 수치와 지각적 특징의 상관관계를 특정하기 어렵기 때문에 실제 임상에서 정례적으로 스펙트로그래피 분석을 실시하지는 않는다. 스펙트로그래피를 이용하여 분석하는 임상가들은 주로 KayPENTAX(www.kayelemetrics.com)의 Computerized Speech Lab(CSL) 장비와 소프트웨어를 이용한다.

비음치측정 검사

말을 산출하는 동안 구강음 및 비강음의 압력을 측정하는 검사가 비음치측정 검사이다. 이는 의료기관, 음성 클리닉, 대학교 부설 클리닉에서 일하고 있는 SLP가 많이 사용하는 평가도구이다. 오랜 기간의 연구를 통해 비음치(nasalence)라 하는 객관적 측정치가 비음도(nasality)라 하는 지각적 측정치와 높은 상관이 있음이 밝혀졌다. KayPENTAX(www.kayelemetrics.com)는 컴퓨터 기반 시스템인 CSL에 Nasometer를 연결하여 시장에 내놓았다. 이 시스템은 비침습적인 검사로, 검사대상자에게 사전에 고안한 음절이나 단어를 산출하거나 표준 문단(〈부록 B〉 참조)을 소리 내어 읽어 보라고 하여 결과를 얻는다. 콧구멍과 입에서 나오는 음압을 수집할 수 있는 마이크와 헤드셋이 장비에 포함되어 있어서, 구강과 비강에서 측정한 음압으로 구강–비강의 음향 비율을 계산하여 % 단위의 비음치로 전환한다. 이 백분율 점수를 구하기 위해서는 측정된 비강 음향 에너지를 비강 음향 에너지와 구강 음향 에너지의 합으로 나눈 뒤 100을 곱한다. Nasometer의 소프트웨어가 이를 계산하여 통계치를 제공해 주며, 발화 구간의 변화에 따른 비음치의 변화를 화면으로 표시해 준다. 경험에 따르면 정상 비음치는 기초선의 10~20% 이상을 넘지 않는다. Nasometer는 특수 헤드셋과 마이크가 성가시지 않기 때문에 어린 아동에게도 쉽게 적용할 수 있다.

비음치가 비음도와 높은 상관이 있음이 입증되었음에도 불구하고, Prathanee(2010)는 다문화 집단과 특정 문화의 내부 집단에 따라 공명에 대한 수용 정도에 차이가 있으므로 지역별 규준이 필요함을 제안하였다. 이용 가능한 정보에는 영어(Seaver, Dalston, Leeper, & Adams, 1991), 플라망어(벨기에 북부 지역에서 사용되는 네덜란드어-역자 주; Van Lierde et al., 2007), 태국어(Prathanee, Thanaviratananich, Pongjunyakul, & Rengpatanakij, 2003)가 있다.

SLP는 의학적 치료, 치과 보철 치료, 행동적 말-언어 치료의 실시 전과 후에 비음치 측정 검사를 통해 객관적인 분석을 실시하는 것이 중요하다. 이는 환자를 정기적으로 재평가해야 한다고 보는 우리의 철학에도 맞는 일이다. Nasometer는 환자에게 말을 산출해 보라고 하여 모니터를 통해 시각적 피드백을 제공해 주기 때문에 치료에도 유용한 도구이다. 다시 말하지만, 비음치는 진전 또는 부진을 객관적으로 알려 주는 지표로 이용할 수 있으므로 제3의 비용 지불자를 만족시키기 위해서는 치료 회기가 진행됨에 따라 반복하여 측정해야 한다.

기기를 이용한 VP 평가: 공기역학적 평가

검사 대상자가 말 과제를 수행하는 동안 실시하는 기류-기압 분석은 60년이 넘는 기간에 단순한 것에서부터 복잡한 분석 절차에 이르기까지 다양하게 발달되어 왔다. 또한 기류-기압을 공기역학 장비를 이용하여 검사하는 것은 의료기관, 음성 전문 클리닉, 일부 대학교 부설 클리닉에서 볼 수 있으며, 복잡한 연인두 분석은 임상 현장에 따라 달라진다. 의사와 성형외과 의사는 연인두 구멍의 크기, 비강 기류, 구강내압 형성 능력을 측정하는 공기역학적 평가법에 지대한 관심을 갖는다. SLP도 대상자의 능력을 평가하여 행동적 치료법(말 치료)으로 말/공명이 향상되기에 구조적 결함이 있지는 않은지 판단하는 데 공기역학적 평가가 유용하다고 본다. 여기서는 이와 관련하여 역사적으로 중요한 사항과 첨단 기술 장비에 대해 간단히 언급하고자 한다.

기압계측 검사

구강기압계(oral manometer)는 정상적인 연인두 폐쇄와 빈약한 연인두 폐쇄를 보이는 사람을 구분하는 데 유용한 장비 중 하나이다. 대상자에게 마우스피스를 물고 가능한 한 세게 바람을 불거나 들이마시라고 한다. 바람을 불 때는 압력 계기판에 양압이 표시되는 반면, 들이마실 때는 음압이 표시된다. 콧구멍을 연 상태와 막은 상태에서 표시된 압력의 비율을 구한다. 정상 비율 1.00은 연인두 폐쇄가 적절함을 의미한다. 특별히 혀로 입천장을 막는 보상 전략을 사용하지 못하도록 입을 연 상태에서 기류가 빠져나가게 하는 밸브(open bleed valve)를 사용할 수도 있다. 1.00 이하의 비율은 구개열 환자의 VPI, 과다비성, 제한된 말 명료도를 보이는 것으로 해석할 수 있으며, 0.89 이하의 비율은 결함이 있음을 나타낸다.

기류-기압 검사는 VPI가 있을 경우 구강내압은 감소하고 코로 나오는 기류는 증가한다는 사실에 기초한다. 따라서 기류-기압 검사는 전체 진단 검사의 일부로 적용할 수 있는데, 주로 연구 목적으로 사용한다. 변형 계측 변환기(strain gauge tranceducer) 같은 압력 변환기는 기압을 측정하는 데 사용하는 데 반해, 기류 측정기(air-flow meter)는 기류의 용적률을 측정하는 데 이용한다. 기류 측정기의 유형에는 열선 풍력계(warm-wire anemometers), 호흡기류계(호흡속도계, pneumotachographs), 서미스터(thermistors, 온도에 따라 전기 저항치가 달라지는 반도체 회로 소자—역자 주)가 있다. 아마 가장 일반적으로 사용되는 기류 측정기는 호흡기류계일 것이다. 이는 안면 마스크를 사용하여 기류를 모은 뒤 이를 감지하는 스크린으로 보낸다. 기류-기압 검사 장비는 고가이며 복잡하다. 그러나 Realica, Smith, Glover와 Yu(2000)는 일반적인 U 튜브 압력계에 Y형 커넥터를 이용하여 구강과 비강 기류뿐만 아니라 압력을 양적으로 측정하는 데 적용하였다. 이는 연인두 폐쇄부전을 간단하게 평가할 수 있는 방법 중 하나이다.

비음도 중증도 지수

비음도 중증도 지수(Nasality Severity Index: NSI)는 Van Lierde 등(2007)이 다변량 분석을 통해 3개 변수를 조합한 것이지만 여기에 열거한다. 단일음, 구강음 읽기 문단 또는 구강음과 비강음의 비중을 달리하여 만든 읽기 문단(〈부록 B〉 참조)을 이용하여 (1) 음향적 측정치로서 비음치, (2) 대상자의 말을 듣고 5점 척도로 평가한 점수(경도~최중도 과다비성), (3) 대상자의 공기역학적 능력에 가중치를 준 방정식으로 지수를 구한다. 이때의 공기역학적 검사는 대상자가 자리에 앉은 상태에서 무성음 /s/를 습관적인 음성 크기로 연장하는 동안 최대지속시간(Maximum Duration Time: MDT)을 잰다. Glatzel 검사는 대상자의 콧구멍 아래에 작은 거울을 대어 주고 비강 기류가 나올 경우 이를 보고 확인하기 위해 실시한다(0~4점 척도로 평가함). 대상자의 비음도 중증도 지수를 구할 때는 가중치를 달리한 공식을 이용한다. NSI=−60.69−(3.24×구강음 문단의 비음치)−(13.39×Glatzel 점수 /a/)+[0.244×최대지속시간(초)]−(0.558×% /a/)+(3.38×구강비강음 문단의 비음치)가 그 공식이다. 계산된 지수가 음의 값을 갖고 그 절댓값이 커지면 비음성이 덜한 것이다(예: −24.0은 경미한 과다비성을 의미하는 반면, 정상적인 비음도 지수는 평균 +4.9임).

기기를 이용한 VP 평가: 영상검사

기기는 의료팀이 연인두 구조와 기능적 움직임을 눈으로 볼 수 있게 해 준다. 영상검사는 중재 방향을 결정하는 데 도움이 된다. 환자의 과다비성은 행동치료(음성/말 치료)로 향상될 수 있는가, 아니면 (연인두 형성부전 때문에) 수술/치과 보철 치료 없이는 향상될 수 없는가? 의료진(특히 외과 의사)은 영상검사로 얻을 수 있는 정보에 큰 관심을 보이는데, SLP도 서비스 제공의 적절성 여부를 확인하는 데 영상검사를 이용한다. 여기서는 [그림 12-2]에 제시한 몇 개의 구조와 그 구조의 움직임을 볼 수 있는 영상기법을 중심으로 살펴볼 것이다. SLP는 직접 영상검사를 실시할 수도 있고 그러지 않을 수도 있으나, 의사소통에 미치는 영향과 잠재력에는 분명 관심이 있을 것이다. 의학적 치료, 치과 보철 치료, 행동적 말-언어 치료를 실시하기 전과 후에 객관적인 영상 분석을 실시하는 것이 중요한데, 이 자료는 치료효과의 증거로 필요하다.

측면 두부계측 검사

낮은 용량의 방사선을 이용하는 방사선 검사로 두경부의 뼈(경조직)와 연인두 구조(연조직)의 정지 영상을 시각화할 수 있다. 성도의 측면에 방사선을 투과시켜 촬영한 영상으로 표준화된 측정(깊이 및 거리 계산, 구조의 방향, 구조의 이상)이 가능해졌다. 측면 두부계측 검사는 다른 영상기법(예: CT, MRI)과 마찬가지로 정지 영상만 보여 주기 때문에 연인두 기제의 기능적 움직임을 보여 주지는 못한다.

비인두내시경 검사

직접적 시각화(direct visualization)는 내시경(특히 비인두내시경)이라 불리는 비침습적이면서도 피검사자가 비교적 잘 참는 조망 장치를 이용하여 쉽게 수행할 수 있다. 연인두 폐쇄를 관찰하는 데 유용한 경직형 내시경은 구강범내시경과 비강내시경이다. 굴곡형 내시경은 가는 광섬유 튜브를 이용하여 영상을 전송한다. 다시 한 번 말하지만, 연인두 폐쇄(VP 폐쇄)나 연인두 폐쇄부전은 위쪽에서 관찰해야 더 잘 보이기 때문에 구강과 비강 및 인두 구조뿐만 아니라 연인두 기제의 움직임을 조망하고자 할 때는 콧구멍으로 굴곡형 내시경을 삽입하여 관찰한다. 검사 대상자가 말 과제를 산출하는 동안 특히 연인두문(velopharyngeal port), 인두측벽, 인두후벽의 수축과 연구개의 상후방 운동을 관찰할 수 있다. 비강에서 조망하면 연인두 폐쇄의 완전성이나 불완전성을 모든 차원에서 볼 수 있다. 말 산출 과제는 VP 폐쇄가 충분히 이루어지는지 판단할 수 있게 해 주는 활동(예: 음소, 음절, 단어, 문장)을 선택하여 적용한다. 비구어 과제(빨기, 불기)를 수행하는 동안의 연인두 폐쇄 양상은 말 과제를 수행하는 동안의 연인두 폐쇄 양상과는 다르다.

많은 병원, 이비인후과 의사, 음성 클리닉은 최첨단 기술의 스트로보스코피 조명 장치와 비디오 촬영 기능이 있는 내시경 장비를 갖추고 있다. 많은 임상 현장에서 SLP는 이러한 내시경 검사를 실시하고 있다. 협조력이 좋은 환자에게는 앉아서 구어 및 비구어 과제를 수행하게 하면서 검사할 수 있다. 어린 아동도 코로 삽입한 굴곡형 광학 튜브를 꽤 잘 견딘다(Hay, Oates, Giannini, Berkowiz, & Rotenberg, 2009). 비인두내시경 검사와 관련 영상에서 얻은 정보를 보고하는 방법을 표준화할 수 있는 다양한 척도도 있다. 연구개, 인두측벽, 인두후벽의 움직임을 수량화하고, 영상에 나타난 연인두 간격(틈)의 크기, 모양, 대칭성, 위치를 보고하게 되어 있는 Tieu 등(2012)의 척도와 많은 국가에서 사용하고 있는 Golding-Kushner 척도를 그 예로 들 수 있다.

자기공명영상 검사

자기공명영상(MRI)은 병원과 의료기관에서 널리 이용되는 영상검사로 머리, 목, 연인두 기제를 정지 상태에서 3차원으로 평가할 수 있다. 특히 MRI를 다른 영상 기법과 결합하여 실시할 때는 표적 구조의 움직임을 추론할 수 있다. 여전히 많은 의사가 정지 상태의 구조를 관찰하는 데 MRI를 추천하고 있다. 휴식 상태와 말을 산출하는 동안 구개거근의 움직임을 평가하는 데에는 역동적 MRI를 실시하는 경우가 증가하고 있다(Ettema, Kuehn, Perlman, & Alperin, 2002). MRI 프로토콜은 휴식 시와 말을 산출하는 동안 성인의 연인두 기제를 연구하는 데에는 표준화가 이루어졌으나, 연구 노력에도 불구하고 아동에 맞는 표준화는 아직 제대로 이루어지지 않았다(Tian et al., 2010). MRI는 비침습적 검사로, 아동에게 전신마취 없이 실시하는 경우도 자주 있다. 이 영상 기법의 인기는 확실히 증가하고 있다.

구개열 및 VPI 사례에 중요한 기타 평가

대개 주요 병원에서는 일단 아이가 구강안면 기형을 갖고 태어나면 다영역의 전문가 팀이 구성되어 활동에 들어가게 된다. 팀의 일원인 SLP는 대상 신생아를 가능한 한 빨리 만날 수 있게 되기를 원한다. SLP는 부모 상담과 훈련을 통해 부모와 밀접한 관계를 형성하여 앞으로 생길 수도 있는 의사소통 문제를 예방하고자 한다. SLP가 조기에 지속적이고 정기적으로 평가해야 하는 영역은 다음과 같다.

섭식 관련 문제

구개열을 가진 채 태어난 신생아는 수유, 섭식, 체중 증가와 관련하여 경도에서 중도의 문제를 보일 수 있다. 10장에서 이 주제에 대해 다루었기 때문에 이 장에서 반복하지는 않겠다. 이 영역도 SLP와 의료팀의 평가 영역 중 하나이다.

청력 문제

구개열을 갖고 태어난 아동에게서 청력 문제와 만성적 귀 감염(해부구조의 변화와 연관됨)의 발생률이 매우 높다는 관련 증거가 많다. 그러므로 모든 환자에게 청력 검사를 실시하고 지속적으로 후속조치를 취하는 것이 중요하다. 청력 검사는 기도 및 골전도 검사를 모두 다 해야 하며, 모든 말 진단 절차의 일부가 되어야 한다. 정기적인 모니터링과 재평가가 다른 말, 언어 문제를 예방하는 데 도움이 된다.

언어 평가

초기 면담 과정에서 대상 영아의 부모는 정상적인 말-언어 자극의 필요성, 아동이 말과 언어를 산출할 때 기대해야 할 것, 정기적으로 자주 언어 검사를 받아야 할 필요성에 대한 정보를 얻는다. 이들을 위한 예방적 조치로서 언어 자극 프로그램을 적용하는 SLP도 있는데, 특히 구강안면 기형 유아에게서는 어휘 확장이 더디게 진행되기 때문이다(Hardin-Jones, Chapman, & Scherer, 2006). 뒤이어 실시하는 아동용 언어 평가는 4장과 5장에서 논의하였던 것과 유사하다.

자존감과 일상생활에 미치는 영향

파열, 비누출, 비음도 문제가 있는 아동들은 외모와 말소리가 또래와 다르기 때문에 놀이 집단과 학교에서 놀림, 조롱, 사회적 배척의 대상이 되는 경우가 많다. 부모, 교사, SLP, 기타 건강관리 팀의 구성원들은 이러한 반응을 예상하여 그러한 상황이 생길 경우 아동에게 미치는 심리사회적 영향을 최소화하기 위한 단계를 밟아야 한다. 실제로 의학적 치료와 말-음성 치료의 목표는 구조와 기능을 가능한 정도까지 '고쳐서' 다른 부정적인 결과가 나타나지 않게 하는 데 있다. [그림 12-2]에 제시한 WHO(2004)의 체계를 상기하기 바란다. 치료 이후의 삶의 질 평가에 대한 연구가 보고되고 있기는 하지만, 여기서는 외과 의사뿐만 아니라 SLP에게도 앞으로의 전망을 알 수 있게 해 주는 몇 가지 도구에 대해 언급하고자 한다.

Boseley와 Hartnick(2004)은 수술 전과 후에 연인두 폐쇄부전 아동(평균 연령 5세)의 부모에게 Pediatric Voice Outcomes Survey(PVOS)를 실시하였다. 그들은 인두 괄약근 성형술과 상부 기저형 인두피판술의 효과를 비교하여 PVOS가 기능적 효과를 측정하는 데 타당한 도구임을 보고하였다. SLP는 말 치료의 효과로 나타난 일상생활에서의 변화와 기능적 적응 정도를 추적하는 데 PVOS를 사용할 수 있을 것이다.

수술을 받은 구순구개열 아동들의 삶의 질에 관한 문헌을 체계적으로 검토한 두 연구에 의하면 매우 다양하고 많은 수술법 중에서 선택할 수 있는 단일의 임상 기법은 없는 것으로 나타났다. 또한 이 아동들에 대한 지각적 인상과 수술 효과에 대한 의견도 일치하는 것이 없었다(Klassen & Tsangaris, 2012; Raposo-do-Amaral et al., 2011).

공명장애의 예후

여기서는 공명장애에 대해 전반적으로 논의하고, 공명장애 치료의 예후 지표를 소개하고자 한다. 그중 많은 부분이 생각이나 의견의 수준이며, 원인을 가정하여 도출한 것임을 밝혀 둔다. 그러므로 임상적 효과성에 대한 연구가 반드시 이루어져야 한다.

1. 구강실행증, 무정위운동형 뇌성마비, 이완형 마비말장애, 경직형 마비말장애와 같이 조음 기관의 신경학적 손상이 원인인 경우에는 맹관공명을 위한 음성치료가 효과적이지 않다. 기능적 맹관공명 화자와 공명장애의 정도가 덜한 농 화자는 조음 운동 시 혀의 전방화를 목표로 한 치료를 통해 효과를 볼 수 있다.

2. 가는 공명은 기능적 원인에 의해 나타나는 것으로 추정되므로 치료 동기가 높은 환자는 쉽게 치료될 수 있다. 치료할 때 혀의 움직임을 교정하는 데 주력해야 한다. 임상가가 남자와 여자의 의사소통 차이를 이해하고 있다면 말에서 나타나는 유약함을 감소시키는 치료가 도움이 될 것이다. 성전환 환자를 위한 치료에 대해서는 최근의 문헌 자료를 이용할 수 있다.

3. 비강 폐색에 의한 과소비성은 신체 관리가 필요하다. 말 치료만으로는 효과를 보기 어렵다.

4. 치료에 대한 동기는 음성치료의 효과를 예측하는 데 가장 중요한 요인이다.

5. 진단평가 과정에서 실시한 자극반응도 검사에서 더 나은 음성이 산출되었다면 치료의 예후가 더 좋다. 이 단계의 활동은 변화 가능성 평가를 위해 환자에게 다양한 기법을 적용하기 때문에 정밀 조사(probe), 자극반응도, 시험적 치료 단계라 칭하기도 한다.

구개열과 연인두 형성부전이 있는 사람에게 공명 치료와 말 치료를 해야 할 경우와 하지 말아야 할 경우가 있다. Kummer(2013b)는 몇몇 청각적·시각적 조사 방법을 제안하였다. 여기서는 치료를 해야 하는 몇 가지 경우를 인용하고자 한다. 대부분 파열은 없는데도 과다비성과 비누출을 보이는 사례에 해당한다.

1. 뚜렷한 연인두 폐쇄부전을 보이는 환자에게는 말 치료를 해서는 안 된다. 대신

수술적 처치가 필요하다. 이 장에서 언급하였듯이, 연인두 폐쇄부전의 증거는 다양한 자료를 통해 수집해야 한다. 즉, 조음 검사에서 일관된 과다비성과 비누출이 나타나고, 코 찡그림이 관찰되며, 영상 자료에서도 연인두 폐쇄부전이 확인되고, 구강 검사 결과 연구개 패임이 앞쪽에 있거나 비인두의 간격이 너무 크고, 기류-기압 측정에서도 연인두 폐쇄부전이 확인되어야 한다.

2. 대부분의 치료에 가정 프로그램이 필수적이므로 환자 및 보호자가 고무적이고 협조적인 지도 치료 합류 여부의 요건이 되어야 한다.

3. 환자가 언어 및 의사소통 향상을 필요로 하는 경우 말 치료는 권장되지 않거나 우선순위가 낮아진다.

4. 경계선급의 연인두 폐쇄부전을 보이는 환자는 말 치료의 적절한 후보가 아니며, 부적절한 보상조음 전략과 후두 쪽에서 시도하는 보상 전략을 사용하게 하는 것은 위험하다. 그리고 쉰 목소리를 줄이기 위한 음성위생 치료를 하기로 되어 있다고 하더라도 환자가 쉰 목소리를 내고 있다면 말 치료를 해서는 안 된다.

5. 평가 과정에서 시험 삼아 치료하였을 때 진전을 보인 환자는 말 치료의 후보로 좋다. 특히 과장되게 입을 벌리고 조음할 때 과다비성이 줄어들고, 구역질할 때와 발성할 때의 목젖 움직임에 상당한 차이가 있다면 유리하다.

6. 2차 수술을 받아도 이득이 없는 연인두 폐쇄부전 환자도 있다. 이 경우 SLP는 보상적 치료를 선택해야 한다. 이때의 치료 목표는 정상적인 말소리가 아니라 환자가 낼 수 있는 최상의 말소리가 된다. 평가에 사용되는 과제가 과다비성을 줄이는 데 적절한 치료 기법이다. 이 기법에는 입 벌리고 말하기, 혀 위치를 아래와 앞으로 옮기기, 청지각 훈련, 과장된 조음 운동, 가볍고 재빠른 조음 접촉, 말속도 늘리기, 음도나 음량 수준 바꾸기가 포함된다.

결론 및 자기평가

이 장에 제시한 정보는 공명 및 비강 기류 평가에서 전문가들이 추천하는 업무형태이다(ASHA, 2004b). 공명장애의 평가는 SLP에게 도전이 되는 일 중 하나이다. 임상가는 의료전문가나 기타 건강관리 전문가들과 긴밀히 협조하여야 하므로 언어병리학 외에 관련 영역의 절차와 용어도 잘 알고 있어야 한다. 임상가는 수술, 의료 기술 분야의 최근 기술의 발달에 대해서도 알고 있어야 한다. 마지막으로, 임상가는 대인관계에 관한 임상 기술도 연마하여 공명장애의 심리적 문제도 잘 찾아내고 치료하거나 의뢰할 수 있어야 한다.

이 장을 읽고 나면 다음과 같은 질문에 답할 수 있어야 한다.

- 검사나 기기를 구매하지 않고서도 말 산출을 위한 구강/비강 공명 및 연인두 기능을 평가하라.
- 대상자의 강점과 약점을 평가하기 위한 여러 의사소통 영역을 대고 설명하라.
- 공명장애와 관련하여 한 개인의 일상 활동 참여에 미칠 수 있는 영향을 찾아보라.
- 환자의 성공적인 의사소통을 방해하거나 촉진하는 맥락 요인을 대라.
- 면밀한 평가를 통해 대상자에게 행동치료가 아닌 의학적 치료가 필요함을 시사하는 임상적 발견사항에 대해 설명하라.

제13장
후두암과 무후두 음성장애의 평가

 학습목표

이 장을 읽고 나면 다음을 설명할 수 있다.

- 전체 후두적출술 이후 변화된 해부 구조
- 전체 후두적출술 이후 겪게 되는 기능적 변화
- 전자후두, 전통적 식도 발성법 사용자와 기관식도공을 통한 발성법 사용자의 말 산출에서 진동원 비교
- 기관식도 인공장치를 이제 막 장착한 화자가 말 산출에 실패하는 이유

두경부암이 미치는 영향은 언어치료전문가(Speech-Language Pathologist: SLP)의 임상 영역이 확장되었음을 알 수 있게 해 준다. 어느 부위에서든 성도에 암이 생기면 의사(외과 의사, 종양과 의사, 방사선종양과 의사 등)가 환자의 생명을 구하기 위한 조처를 취한 이후에도 말과 삼킴에 영향을 미칠 수 있다. 수술로 암 조직을 제거하든지, 방사선치료나 화학치료를 하든지, 아니면 여러 치료법을 함께 적용하든지 간에 의학적 치료 이후에 환자의 말, 삼킴, 심리사회적 기능이 영향을 받기도 한다. 암 환자 및 암 생존자와 일하는 의료진의 일원으로서 많은 SLP가 의사소통에서 나타나는 영향을 최적화하기 위한 전문성을 개발해 왔다. 의사가 암을 진단하고 의학적 중재를 계획하면, SLP는 암 치료 이후 환자가 한 가지 이상의 의사소통 방법을 연마할 수 있도록 돕는다. 이 장에서는 후두암, 음성 재활법, 의사소통상의 진전에 대한 지속적 평가(재평가)에 대해 개괄하고자 한다.

 후두암

후두암은 후두에 악성 종양이 생긴 경우를 말한다. 후두암은 암이 후두의 어느 부위에 생겼는가에 따라 세 종류로 구분된다. 한쪽이나 양쪽 성대에 생긴 암을 성문부암이라 한다. 성문 부위에 생긴 암은 후두암 중 흔히 나타나는 유형으로, 작은 점의 형태에서부터 성문 전체가 다 연루된 형태에 이르기까지 그 범위가 넓다. 성문부암은 쉰 음성, 만성적 기침, 호흡 시의 소음, 목구멍에서 느껴지는 혹이나 통증, 삼킴에서의 어려움 등의 증상으로 인해 조기에 발견되는 편이다. 성문상부암은 피열연골, 피열후두개주름, 가성대, 후두개와 같은 성대 위의 구조에 생긴 암을 말한다. 세 종류 중 가장 적게 나타나는 후두암은 성대 아래 부위에 생기는 것으로, 성문하부암은 자각 증상이 늦게 나타나는 편이어서 의사가 발견하기 전에 이미 심하게 자라 있거나 퍼져 있는 경우가 많다. 어떤 암이든 조기에 발견하는 것이 좋으나, 그다지 도움이 안 되는 경우에는 의학적 중재를 선택적으로 적용하는 경우도 많다. 모든 후두암은 후두에 인접한 영역, 목 부위 또는 후두와 떨어져 있는 신체 부위(폐나 간 등)로 전이될 수도 있다. 전이는 악성 종양 세포가 림프계(목에는 림프절이 집중되어 있음)나 혈류를 통해 원발 부위에서 다른 부위로 이동하여 생기기 때문에 언제나 심각하게 우려되는 문제이다.

암 검사와 예후

의사가 환자를 처음 만나면 진료실에서 이루어진 문진(주 호소 및 사례력 정보 수집), 전반적 신체검사, 후두 검사(구조를 보기 위한 간접 후두경 검사, 내시경 검사 또는 비디오 스트로보스코피) 후에 의료 기관에서 보완적인 진단 절차를 진행한다. 이러한 진단 절차에는 영상검사[자기공명영상검사(Magnetic Resonance Imaging: MRI) 또는 컴퓨터 단층 촬영검사(Computerized Tomography: CT)], 실험실 검사, 생체 조직 검사 등이 해당된다. 후두암 대부분은 편평세포암종(squamous cell carcicoma) 때문에 생긴다. 영상 기법에 대한 설명은 앞 장에서도 하였고, 음성장애 관련 도서(예: Sapienza & Ruddy, 2013)에서도 찾아볼 수 있다.

암을 설명하기 위해 다양한 의학적 조사 결과를 이용한다. 후두암은 세 단계/등급 체계를 적용하여 구분한다. TNM 단계체계의 TNM은 원발 종양(tumor, 후두 구조 중 얼마나 많은 부위가 영향을 받았는가), 림프절(node, 림프절이 영향을 받았는가), 원격 전이(metastases, 신체의 다른 부위까지 퍼졌는가)와 관련된 핵심 특성을 나타내는 머리글자다. 예를 들어, T3라는 성문상부 원발 종양의 정의는 '성대에 국한된 후두에 국소적으로 생기거나, 윤상연골 후방 부위, 후두개의 전방 공간, 성문 전체나 갑상연골 내측 피질을 침범한 종양'이다. N1은 어느 림프절이 영향을 받고 있는지를 나타내는 것으로, '최대 크기가 3cm 이하로 동측 림프절에 전이된 단일 종양'을 말한다. M0로 판정된 원격 전이는 암이 후두 외의 다른 기관으로 퍼지지 않은 경우를 말한다. 더 많이 알고 싶다면 미국 국립암연구소(National Cancer Institute: NCI)의 웹사이트(www.cancer.gov/cancertopics/pdq/treatment/laryngeal/HealthProfessional/page3)에서 후두암에 해당되는 TNM 정보를 찾아볼 수 있다.

암 단계 판정체계는 후두암을 0~4단계 중 하나로 구분한다. 예를 들면, 0단계는 암세포가 후두 내벽 자체에만 있는 정도를 말한다. 4단계는 암이 후두 외의 다른 구조(림프절, 주변 조직, 기타 신체 부위)에까지 퍼진 정도를 말한다.

암 등급은 암세포의 구조에 근거하여 판단하는데, 암이 얼마나 빨리 진행될 것인지 예상할 수 있게 해 준다. 1등급(저등급)의 경우에는 암세포가 천천히 자라는 편으로 정상 세포와 비슷하게 보이며 암이 퍼질 가능성이 낮다. 2등급(중등급)의 경우에는 1등급에 비해 암세포가 더 비정상적으로 보이며 약간 더 빨리 자란다. 3등급(고등급)의 경우에는 암세포가 매우 비정상적으로 보이며 빨리 자라고 퍼질 가능성도 높다.

Brook(2013)에 따르면 후두암에서 회복될 가능성은 (1) 암이 퍼진 정도(단계), (2) 암세포의 외관(등급), (3) 암의 위치 및 크기, (4) 연령, 전반적 건강 상태, 성별 등의 환자 특성에 따라 달라진다. 암의 단계와 등급은 의료진이 중재(치료) 과정을 결정하여 추천하는 데 핵심적인 요소이기 때문에 SLP도 이러한 정보에 익숙해져 있어야 함은 말할 필요도 없다. 예를 들어, 크기가 작고 국소적인 암의 경우에는 건강한 부위는 남겨 두고 암이 있는 부분만 절제하거나 방사선으로 치료할 수 있다. 암이 크고 퍼진 경우에는 광범위한 수술이나 방사선치료 또는 화학치료가 필요하거나 여러 치료법을 함께 적용하기도 한다.

후두를 제거하는 수술을 후두적출술(laryngectomy)이라 한다. 암 단계, 크기, 위치에 따라 한쪽 성대나 후두의 절반 등 작은 부위만 절제한 이후 달라진 후두 구조가 기능할 수 있도록 성형술로 재건하는 부분 후두적출술을 적용하기도 한다. 전체 후두적출술을 적용할 경우, 후두 전체가 희생된다. 경부로 암이 전이된 경우, 외과 의사는 목의 한쪽에 근치적 경부절제술로 후두 전체를 적출하기도 한다. 이 장에서는 전체 후두적출술에 초점을 두고자 한다. 후두적출술을 받은 환자를 후두적출자(laryngectomee)라고 하는데, 영문의 발음은 같으나 철자가 다름에 주목하라. 후두에 생긴 암에 대한 의학적 치료법에는 수술로 제거하거나, 방사선으로 암세포를 죽이거나, 화학치료법으로 암세포를 죽이거나 자라지 못하게 하는 방법이 있는데, 이 치료법들을 병용하기도 한다. 지난 20년간 비수술적 치료법(예: 방사선, 화학 치료)을 더 많이 적용하였음에도 불구하고 환자가 암 상태로 되돌아오거나 사망하는 비율은 오히려 증가하였다는 놀라운 통계도 있다(Hoffman et al., 2006).

어떤 의학적 접근법을 적용하든, Brook(2013)은 환자가 의학적 치료 과정 중에 담배를 피우거나 술을 마시면 치료 효과는 감소한다고 하였다. 치료 후 흡연과 음주를 계속한 사람의 경우에는 재발 가능성도 높아진다.

후두암의 유병률 및 다문화 쟁점

미국 국립암연구소(NCI)의 Surveillance, Epidemiology, and End Results Program(SEER)에 의하면, 2013년도에 미국에서는 1만 2,000명 이상이 새로 후두암에 걸린 것으로 집계되었다. 후두암은 전체 암 환자의 1% 미만을 차지하는 암으로, 그다지 흔히 나타나는 암은 아니다. SEER의 보고서에 의하면 지난 20년간 후두암의 유병률이 감소하였는데, 이는 전국적으로 흡연율이 감소하였기 때문이다. 담배는 암의 원인으로 알려져 있으나, 알코올 섭취, 도시의 환경(공기) 오염, 영양 부족, 기타 알려지지 않은 요인도 원인으로 작용한다. 이 요인들은 사회경제적 지위가 낮은 사람들에게서 더 두드러지게 나타난다. SEER의 자료에 의하면 암에는 국경이 없지만, 아프리카계 미국인과 미국 원주민 사이에서 후두암이 더 높은 비율로 발생한다.

 전체 후두적출술 및 후두적출자

이제부터는 후두를 적출하여 음성을 잃어버린 환자들에 대해 논의하고자 한다(laryngectomy의 접미사 -ectomy는 '구조의 제거'를 의미하고, laryngectomee의 -mee는 '영향을 받은 사람'을 의미함). SLP는 환자가 겪게 되는 구조의 변화와 수술의 결과로 나타나는 기능적 변화를 제대로 알고 있어야 하고, 재활 과정에서 의사와 다른 의료진을 도와야 하며(말, 삼킴 등), 실제 재활 과정과 환자 및 그 가족에 대한 지속적인 평가 과정에서 핵심적인 역할을 수행한다.

외과 의사는 전체 후두적출술을 실시할 때 수술할 후두가 있는 아래쪽 목에 먼저 구멍을 뚫어 대체 호흡 통로를 만들어 준다. 기관으로 통하는 구멍을 만드는 시술을 기관절개술(tracheostomy)이라 하며, 이때 만든 구멍을 기관공(tracheostoma, stoma)이라 한다. 기관공은 수술을 받은 환자의 영구적인 호흡로가 되는데, 원래 코와 입으로 들이마시고 내쉬었던 공기를 기관공으로 우회시키기 때문에 원래 가능했던 공기를 데우거나 식히고, 거르는 기능은 잃게 된다. 그러나 꼭 기억해야 할 것은 환자의 기관공을 지나는 공기는 폐로 들어가고 폐에서 나온 공기라는 점이다. 기능상의 변화, 재활 문제와 선택 가능한 재활법, 환자가 느끼는 심리사회적 곤경에 대해 조기에 상담하고 조기에 의사소통을 평가하는 사람은 주로 SLP다.

면담 과정

대상자의 재활 가능성에 대해 판단하고 치료의 방향을 수립하는 데 필요한 정보를 얻기 위해 평가를 실시한다. 평가 과정은 환자와 그 가족에게 정보를 제공하고, 환자와 그 가족을 지원하고, 그들을 정서적으로 해소시켜 주기 위한 목적도 있다. 임상가는 여러 역할을 한다. 여기서는 수술 전에 환자를 만나 상담하고, 가족과 배우자를 만나 상담하고, 다른 후두적출자로부터 도움을 받을 수 있게 일정을 잡아 주고, 수술 후에 환자를 상담하는 것에 대해 살펴보고자 한다.

수술 전 방문

외과의사는 환자가 수술을 받기 전에 SLP를 만나는 것이 이상적이라 권한다. 의사가 암이라고 말해 주면 환자의 마음속에는 다음과 같은 수많은 생각이 밀려든다. 내가 죽는가? 내 모습이 흉해질 것인가? 내 가족은 나를 제대로 쳐다볼 수 있을까? 내가 다시 말할 수 있을까? 직장을 잃게 되지는 않을까? 이와 같은 개인적인 생각이 너무 강하고 즉각적으로 들어서 환자는 의사가 말하는 내용이 무엇인지 제대로 받아들이지 못한다. 우리는 수술과 그것이 일상생활에 가져오는 결과에 대해 거의 알지 못하는 환자들을 자주 본다. SLP는 이런 환자를 만나서 의사가 한 설명을 보충해 줄 수 있다. 수술 전 면담은 아직까지는 음성을 낼 수 있는 환자를 만나 질문하고, 감정과 두려움을 표현하기에 좋은 시간이다. 임상가는 면담 과정에서 정서적·전문적 문제도 다룰 수 있어야 한다. 환자는 울거나 SLP에게 자기 병실에서 나가라고 화를 낼 수도 있고, 자신의 현 상황을 부정할 수도 있으며, 희망적이고 낙관적인 말을 듣게 되기를 필사적으로 원할 수도 있다.

첫 번째 면담의 목적 중 하나는 정서적 해소와 지원을 제공하는 것이다. 임상가는 수술 전 방문에서 환자가 자신의 일생에서 비할 데 없이 충격적인 사건을 경험하고 있는 중임을 기억해야 한다. 첫 번째 대면은 사회적 담소에 그치는 것이 아니기 때문에 임상가의 모든 전문 기량을 필요로 할 수 있다. 때때로 수술 전에는 그 주제에 대해 합리적으로 대하지 못하는 환자를 만나기도 하는데, 이런 경우 자세한 논의는 환자가 회복될 때까지 뒤로 미루는 것이 더 좋을 수 있다.

첫 번째 면담의 또 다른 목적은 수술 및 수술이 말에 미치는 영향에 관한 정보를 제공해 주는 것이다. 의사와의 진찰 후에 해부학적 변화에 대해 가능한 한 명확하게 논의할 수 있어야 한다. 이때 차트나 그림을 이용하면 도움이 된다. 첫 번째 면담 회기나 나중에 재활 과정이 시작될 때, 환자에게 도움이 되는 소책자와 온라인 정보를 제공하기도 한다. 적은 비용만 들이거나 무료로 이용할 수 있는 실용적 자료도 많다. 〈표 13-1〉에 후두적출술을 받은 사람들을 위한 자료를 제시하였다.

이제 여러 의사소통 방법에 대해 설명하고자 한다. 의사소통 방법은 대상자의 문해 능력, 시력, 손놀림이나 제한점에 근거하여 단기적으로 적절한 방법(예: 쓰기, 몸짓, 그림 가리키기)을 결정한다. 대상자가 필요로 하는 물품(예: 종이/연필, 지워 쓸 수 있는 보드, 그림 의사소통판, 음성 합성 장치)을 수술 후 즉시 이용할 수 있도록 병원, 가족, 음성/언어치료실, 사회사업실 또는 기타 진료과나 기관에 이를 준비시킨다. 기관식도천공술이 예정된 경우가 아니라면 식도 발성, 인공후두 발성과 같이 환자가 배워서 사용할 수 있는 다른 의사소통 방법을 소개하기도 한다. 이를 소개할 때는 환자에게 다시 말하게 될 수 있다는 희망을 줘야 하지만, 이 시점에서 너무 자세한 내용을 말하여 환자를 압도하지 않도록 주의해야 한다.

표 13-1	후두적출자에게 유용한 정보 출처

기구 및 단체

- 미국암협회(American Cancer Society)

  후두암과 그 치료법에 관한 여러 정보를 제공하고 있는데, http://www.cancer.org에서 찾아볼 수 있다.

- 국제후두적출자협회(International Association of Laryngectomee: IAL)

  IAL은 후두적출술을 받은 사람들의 전인적 재활을 돕는 것을 목표로 한다. IAL은 미디어 정보에 관한 유인물, 비디오 등 여러 자료와 지원을 제공하며, 여러 지역사회에서 '성대를 잃어버린 사람들(Lost Cord)'이나 '새 음성(New Voice)'이라는 이름의 지역별 모임을 운영하고 있다. http://www.theial.org에서 정보를 찾아볼 수 있다.

- 웹 위스퍼러(Web Whisperers)

  이 단체는 온라인에서 후두적출자와 그 가족에게 지원과 도움을 제공하고 있다. 후두적출술을 받은 지 얼마 되지 않은 환자들이 다양한 주제에 관해 대화하고 조언을 얻는 데 특히 유용하다. 사이트는 http://www.webwhisperers.org이다.

소책자 및 자조 지침서

- 『첫걸음: 후두적출자를 위한 지침서(First Steps: A Guide for New Laryngectomees)』

  IAL이 제공하는 소책자로 http://www.theial.org에서 내려받아 볼 수 있다.

- 『후두적출자용 지침서(The Laryngectomee Guide)』와 『내 목소리: 후두암을 겪은 어느 의사 이야기(My Voice: A Physician's Personal Experience with Throat Cancer)』

  두 소책자 모두 Izak Brook(2013)이 쓴 것으로, 첫 번째는 모든 주제에 대해 자세히 다루고 있는 170쪽 분량의 지침서이다. 두 소책자 모두 미국 이인후과학회(American Academy of Otolaryngology)와 미국 두경부수술학회(American Academy of Head and Neck Surgery)의 지원을 받고 있으며, 각 학회 사이트(http://www.entnet.org/HealthInformation/Laryngectomee. cfm과 http://www.entnet.org/content/ebooks)에서 무료로 내려받아 볼 수 있다. 저자의 웹사이트(http://www.dribrook.blogspot.com)에서도 무료로 내려받아 볼 수 있는데, 비디오와 기사 등 기타 여러 유용한 정보를 찾아볼 수 있다. 이 두 소책자는 Amazon.com에서 종이 표지본이나 전자도서(Kindle book)로도 구할 수 있다.

- 『후두적출자용 자습서(Self-Help for the Laryngectomee)』

  후두적출자인 Edmund Lauder(1978)가 쓴 소책자이다. 오랫동안 많이 읽히고 있는 지침서로 여러 주제뿐 아니라 식도 발성법으로 발성을 시작하는 방법에 대해서도 다루고 있다. Amazon. com에서 종이 표지본이나 스프링 제본본으로 구할 수 있다. 라우더 기업(Lauder Enterprises)이 웹 위스퍼러에 기증한 PDF본은 http://webwhisperers.org에서 무료로 내려받아 볼 수 있다.

가족-배우자 상담

가족에게 적절한 정보를 제공하는 것은 임상에 지대한 영향을 미칠 수 있다. 배우자와 직계가족도 수술과 관련된 해부에 대해 알아야 한다. 후두적출자가 할 수 없게 되어 버린 능력을 강조하는 경우가 자주 있는데, 이 정보도 중요하지만 환자가 할 수 있는 것을 강조하는 것도 중요하다. SLP는 일반적으로 가족의 전형적인 반응에 대해 배우자와 허심탄회하게 논의하려 시도한다. 문제가 확인되기 전에 알려 준다면 문제를 통제하기가 더 쉬워지기 때문이다. 음성을 낼 수 없는 배우자(또는 부모)를 통제하려는 경향은 반드시 없애야 한다. 어린아이처럼 취급하거나 응석을 다 받아 주고 불쌍히 여기는 경향도 마찬가지이다. SLP는 가족이 환자에게 지나치게 큰 소리로 말하지 않도록 주의시켜야 한다. 말을 못하는 사람은 잘 듣지도 못한다고 생각하기 쉽기 때문이다. 신체 변화에 대한 혐오감을 선뜻 드러내는 가족들도 있는데, 이는 환자에게 쉽게 전달된다. 음성을 낼 수 없는 배우자는 가족과의 대화와 의사결정에서 제외되기도 한다. 임상가는 배우자가 크게 걱정할 것이라는 사실에 민감해야 한다. 죽음의 공포, 수입 감소, 새로운 책임, 사회적 변화, 결혼과 성관계에서의 변화가 논의 주제가 될 수 있다. 임상가가 가족 구성원을 만나는 주된 목적은 자신이 그들의 감정을 이해하고 있음을 알려 주기 위한 것이다. 임상가는 따뜻하고 진실하고 사려 깊게 행동해야 하지만, 개별 환자마다 다소 다른 접근이 필요할 수 있으므로 이를 넘어선 특별한 태도를 보여야 한다는 유혹은 뿌리쳐야 한다. 어떤 환자는 부드럽게 대해야 하지만, 어떤 환자는 직설적이고 솔직하게 대해야 할 수도 있다. 환자와 그 가족이 가장 잘 반응하는 상호작용 수준과 유형을 찾아 이용한다.

IAL에서 얻을 수 있는 자료(〈표 13-1〉 참조)는 가족-배우자 상담에 도움이 된다. 가족에게 정보를 제공해 주고 격려가 되는 소책자도 많다. 우리는 비디오를 하나 이상 볼 수 있게 주선해 주는 것도 좋아하는데, 환자가 가족과 함께 볼 수 있게 해야 한다. 이에 적절한 비디오가 있는지 IAL 필름 목록을 살펴보아야 한다. 그리고 가족 상담을 통해 가족이 재활 프로그램에 참여하고 그들이 사랑하는 사람을 돌보는 데 있어 정서적·신체적으로 도울 준비가 되어 있는지 확인한다.

후두적출자의 방문

외과 의사/SLP는 환자가 수술을 받기 전이든 후든 환자보다 먼저 후두적출술을 받은 사람과의 만남을 주선해 주기도 한다. 후두적출자의 방문은 존재 자체만으로 환자에게 '여기에 암에 걸리고도 살아남았고, 수술을 견디고 음성을 내는 방법을 배워 직장으로 다시 돌아갈 수 있었으며, 자신의 삶으로 되돌아간 사람이 있다'는 희망이 된다. 후두적출자는 환자가 가게 될 길을 이미 거쳐 왔기 때문에 정서적 우여곡절을 진심으로 이해하여 조언하고 공감해 줄 수 있는 최상의 전문 보조원이 된다. 후두 적출 방문자는 무후두 발성의 모델이 될 수도 있다. 환자는 연습하여 할 수 있게 된 무후두 발성이 어떤 것인지 직접 들어 볼 수 있다. 방문자는 개인적 동기와 매일의 연습의 중요성을 잘 설명해 줄 수 있다. 국제후두적출자협회(International Association of Laryngectomee) 웹사이트에는 후두적출자 방문 프로그램 매뉴얼(Laryngectomee Visitor Program Manual)이 제공되어 있다(〈표 13-1〉 참조).

수술 후 상담

수술 전에 의뢰되지 않았다면 수술 후의 만남이 정서적 해소, 지원, 정보 공유의 기회가 될 것이다. 이 과정에서는 이전 회기에서 우리가 설명한 모든 것을 수행해야 한다. 만약 수술 전 방문이 이루어졌다면 SLP는 수술 후 재활 프로그램을 진행할 준비가 되어 있어야 하며, 이 재활 프로그램은 환자의 정서, 신체, 음성 상태의 치료와 재평가 사이에 균형을 맞춘 것이어야 한다.

수술 후 처음 며칠 동안은 환자의 정서 상태가 저하되기도 한다. 이때 짧게 자주 방문하면 필요한 지원이 가능해질 수도 있다. SLP는 해당 환자가 의사소통 수단을 가지고 있음을 보장할 수 있어야 한다. 우리는 앞에서 서면 메시지, 그림 의사소통판 등에 대한 계획을 언급하였다. 의사가 음성 산출을 위한 1차 기관식도 천공을 만들어 주지 않을 경우 임상가는 즉시 음성을 내게 하기 위해 사용할 수 있는 장치가 무엇인지 알려 줄 수 있다. 관심 있는 사람은 사용 가능한 장치, 그 유형, 사용법에 대해 설명하고 있는 많은 자료를 찾아보기 바란다. 또한 Rogers, El-Sheikha와 Lowe(2009)의 Patient Concerns Inventory도 두경부암 환자들이 더 많은 자문을 필요로 하는 영역이 무엇인지 알려 주기 때문에 수술 후 상담에 도움이 된다. 45항목의 온라인 질문지에는 씹기와 삼키기, 침, 삼킴, 말과 음성에 관한 우려사항이 주요 문제로 포함되어 있다.

최초 평가 영역

전체 후두적출술을 받은 대상자의 평가는 다른 유형의 의사소통장애의 초기 평가와 완전히 다르다. 우리는 첫 번째 회기에서 문제 여부에 대한 답을 얻으려 하지 않는다. 후두적출자를 의뢰받으면 말할 수 있는 능력을 잃었음을 즉시 알게 되는데, 문제가 확연하기 때문에 진단도 명확하다. 우리는 또 그 환자가 다시 의사소통 수단을 가질 수 있도록 하기 위해서는 어떤 형식이든 치료가 필요함도 안다. 그러므로 문제의 유무가 아니라 환자의 현 상태(신체상태, 심리상태 등), 재활 가능성, 중재 프로그램의 방향에 대해 평가해야 한다. 후두적출술을 받은 환자에 대한 평가는 수술 전 첫 번째 면담에서부터 시작되며, 이후에 이뤄지는 모든 치료 과정에서도 계속된다. 그들의 요구와 진전은 부단히 연속되는 과정이다.

배경 정보 및 현 상태 관련 정보

SLP는 최초 상담과 사례력 조사를 위한 면담을 준비하는 과정에서, 접할 수 있는 모든 의료 기록을 검토해야 한다. 특히 중요한 배경 정보에는 처음 증상과 주 호소, 의무 기록(암 단계 및 등급 포함), 수술 기록(특히 제거하였거나 변화된 구조에 관한 기록, 수술 유형과 범위, 이차 수술 계획), 간호진이 매일 기록한 내용(가능하다면 환자의 순응 정도에 관한 단서나 수술 후 겪는 문제와 진전의 단서가 되는 내용), 사회사업가의 보고(가족 및 가계 재정 상태)가 있다.

면밀한 사례력 조사는 후두적출자가 음성을 낼 가능성이 있는지 판단할 때 도움이 된다. 이 경우 세 가지 측면이 특히 중요하다. 첫 번째로 수술 범위, 혀나 인두 등 관련 구조의 연루 정도, 전반적인 건강상태, 의학적 예후를 알아보아야 한다. 두 번째로 중요한 영역은 개인의 직업과 기호이다. 환자가 선호하는 활동을 중심으로 하는 치료가 훨씬 더 많은 도움이 되기 때문이다. 환자가 의사소통이 필요한 직업과 취미를 계속 유지할 수 있을지 알아보는 것도 중요하다. 세 번째 영역은 태도와 동기로, 이는 환자가 전통적인 식도 발성법을 학습할 가능성과 관련되어 있다. 어떤 환자는 우울해하고 용기를 잃고 동기가 부족한 반면, 어떤 환자는 자신의 의사소통 능력 회복에 높은 관심을 보이기도 한다. 이는 임상가가 주관적으로 판단할 부분이지만, 환자가 다시 말할 가능성과 분명히 연관되어 있는 무형의 변인 중 하나이다.

음성장애나 특히 무후두 음성장애에 관한 여러 전문 도서(예: Sapienza & Ruddy, 2013; Salmon, 1999)에서 재활 프로그램의 유형과 그 계획에 도움이 되는 의학 및 배경 정보를 논의하고 있다. 〈표 13-2〉에는 환자의 정보를 자세히 수집하는 데 도움이 되는 사례력 조사 주제와 질문을 목록으로 제시하였다. 이러한 정보는 치료 프로그램의 구성에 도움이 될 뿐만 아니라 예후에 대한 통찰력도 제공해 준다.

평가에 필수적인 부분 중 하나는 환자의 현재 구강 운동 능력의 상태이다. 구강 검사의 실시 방법에 관한 정보는 〈부록 B〉를 찾아보라. 혀, 입술, 턱의 운동성을 자세히 평가해야 하는데, 이 근육은 수술 범위에 자주 포함되기 때문이다. 수술에 설골이 포함된 경우에는 조음이 영향을 받을 수도 있는데, 설골은 혀, 아래턱, 인두의 여러 근육과 해부학적으로 연결되어 있기 때문이다. 그리고 구강, 혀, 림프절 암을 동반한 경우에는 드물지 않게 수술의 조정이 필요하다. 환자의 조음 기술을 선별하거나 검사해야 한다(6장 참조). 단어, 문장, 문단 읽기(〈부록 B〉 참조)는 조음, 말명료도, 마비말장애의 평가에 유용함이 확인되었다(9장 참조). 수술 전에 환자가 보였던 조음, 말, 언어 패턴에 대한 정보도 비교에 도움이 된다. 예를 들어, 발병 전에 이가 없는데도 의치를 착용

표 13-2 후두적출자의 사례력 조사 개요

1. 수술 요인	**3. 정서 요인**
수술 날짜	부정적 감정/우울 수준
수술 범위	동기 수준
수술 후 합병증	배우자/가족에의 의존 정도
방사선요법/기타 치료 절차	기타 성격 특성 또는 문제점
2. 신체-지적 요인	**4. 사회적 요인**
전반적 신체 상태	가정/가족 상황
상기도 건강	직업 측면
구강 구조의 상태	취미
청력	흡연 및 음주 습관
기타 신체 요인 또는 상태	사회적 관계망/사교성
인지-정신적 명료성	가족의 태도와 수용
교육 배경	

하지 않으려 했던 환자의 경우 후두 발성의 명료도 향상 성공률이 낮았다. 언어/인지 선별도 간과해서는 안 된다(8장 참조).

환자의 청력에 대한 선별도 필요하다(〈부록 B〉의 지침 참조). 후두적출자는 55세 이상이 대부분이므로 노인성 난청을 동반하는 경우도 많다. 추가적인 청력 평가가 필요할 수도 있다. 중등도~중도의 난청은 무후두 발성의 학습 과정을 방해하기도 하고, 재활 프로그램의 방향 수립에 방해가 되기도 한다. 배우자의 청력도 같은 영향을 미친다. 어떤 무후두 발성법은 다른 방법에 비해 가정환경에서도 소리가 더 크게 나거나 약하게 난다.

10장에서 논의한 것처럼 삼킴장애를 선별할 수 있는 기회가 되기도 한다. 후두적출술 이후 바뀐 구조는 구강과 인두 근육 및 조직에 영향을 미쳐 씹기와 삼킴 문제, 건강상에 위험이 되는 문제를 유발할 수 있다. Wall, Ward, Cartmill과 Hill(2013)은 이 환자들이 삼킴 과정에서 겪는 신체 변화에 대해 체계적으로 다룬 바 있다. SLP는 삼킴장애와 혹시 있을지도 모르는 흡인을 제대로 선별해 낼 수 있어야 한다. 구강운동 검사를 실시하고 시험 삼아 섭식을 시도하며 먹고 삼키는 것과 관련하여 걱정되는 사항이 있는지 환자에게 질문한다. 의무 기록에도 익숙해져야 하는데, 삼킴장애와 관련된 문제가 지적되어 있을 수 있기 때문이다. 이 환자들에게는 보다 자세한 삼킴평가가 필요하다(10장 참조).

Wayne Johnson 씨는 61세의 백인 남성으로 6개월간 쉰 음성이 지속되어 입원하였다. 이비인후과 의사의 검사 결과에서 하악각의 목 부위(왼쪽 임파선 앞쪽 1/3 지점의 중간 부위)에서 딱딱한 덩어리와 왼쪽 피열후두개 주름, 가성대 및 진성대의 형성이상이 발견되었다. 생검 결과에서는 평편세포암종이 확인되었다. 근치적 경부 절제술(양측 목 부위의 림프절 제거 수술—역자 주)로 전체 후두적출술을 시행하였다.

사회사업가의 보고서에는 Johnson 씨가 판매원이며 호수와 골프 코스가 있는 리조트 부촌에 살았다는 배경 정보가 써 있었다. Johnson 씨와 부인은 일주일에 여러 번 골프를 치고 스키와 모든 종류의 수상 스포츠를 즐겼다.

SLP는 의무 기록을 검토한 뒤, Johnson 씨의 삶의 질이 후두적출술 후 어떻게 될지 생각하였다. 판매원이기 때문에 사람을 만나고 의사소통하는 일은 그의 직업에 반드시 필요하다. 그가 다시 일할 수 있을까? 수수료를 받지 못하게 되면서 수입이 없어지는 것은 아닐까? (사람들은 이상한 음성을 내는 사람에게서 물건을 사지 않으려 할 수 있다.) 회사가 그에게 조기 퇴직을 '종용'할 것인가? 회사는 영업직에서 사무직으로 그의 업무를 전환시켜 줄 것인가? 확신하건대, 이와 같은 의문은 SLP뿐만 아니라 환자와 아내의 마음속에도 생길 것이다. 임상가는 직무 복귀가 Johnson 씨를 말하게 하는 강한 동기가 될 것이라 생각했다. 그의 취미에 대해서도 생각해 보았는데, 이 문제에 관해서는 차후에 상담이 필요하다고 생각했다. Johnson 씨는 확실히 골프를 다시 칠 것이지만, 근치적 경부절제술 때문에 전반적으로 힘이 저하되고 머리와 목의 회전력이 줄어들면서 골프 스윙의 효율성이 줄어들 것이다. 호숫가 생활 방식은 특히 위험한 것으로 문제가 제기되었다. 기관공으로 호흡하는 사람들은 대개 물을 피해야 한다. Johnson 씨는 스키를 피하고 수영도 하지 말아야 한다. 모터보트를 타는 것도 위험한 일이 될 수 있다(사고가 생길 수 있으므로). Johnson 씨는 이런 제약에 적응할 수 있을까? 그는 물속을 헤치며 걷는 것은 할 수 있고 후두적출자를 위한 특수 호흡 장치를 이용하여 스노클링도 시도해 볼 수 있겠지만, 확실히 그의 생활 방식은 급격히 변할 것이다. 그러나 가장 중요한 것은 암을 이기고 생존하는 것이며, 의사소통 능력을 다시 회복하는 것이다.

구어 산출을 위한 방향 설정

요즘에는 항상 그런 것은 아니지만 전체 후두적출술을 받은 환자에게 말을 산출할 수 있도록 1차 **기관식도천공**(tracheoesophageal fistula: TEF)을 만들어 주는 경우가 많다. 기관식도천공은 **기관식도공**(tracheoesophageal puncture: TEP)이라고도 한다. 천공을 만들어 주는 것이 해당 환자에게 적절하지 않다고 여기는 외과 의사도 있다. 이것이 말 산출을 위해 선택할 수 있는 유일한 방법은 아니기 때문이다. 이 책에서는 모든 무후두 발성법과 그에 대한 지속적이고도 역동적인 평가에 대해서는 논의하지 않겠다. 대신 **인공후두 발성** 훈련과 전통적인 **식도 발성** 훈련에 관한 전반적인 평가에 대해 논의하고자 한다. 천공을 만든 후 더 많이 적용되고 있는 기관식도 발성법(tracheoesophageal speech: TES)의 임상적 쟁점에 대해서도 논의하고자 한다. 〈표 13-3〉에 이 접근법을 요약하였다. 미디어에서 전자후두 발성, 전통적 식도 발성, 기관식도 발성을 보여 주는 3분짜리 비디오도 찾아볼 수 있다. 이 비디오는 응급의료 서비스 직종에 종사하는 사람들의 훈련용으로, 각 발성법에 대한 간단한 설명도 포함하고 있다(www.youtube.com/watch?v=Qdbg_DZqe3g).

무후두 대상자의 치료에서 평가 과정과 말 산출을 위한 재활 과정은 서로 얽혀 있다. 환자의 배경 정보, 현 상태, 선별 과정에서 얻은 정보를 토대로 시험적 치료를 시

표 13-3	세 유형의 무후두 발성법의 개관

식도 발성

- 소리의 진동원은 상식도부(Upper Esophageal Segment: UES)/기관이 식도와 연결되는 부위(인두식도부 또는 PES라고 함)이다.
- 폐에서 내쉰 공기는 이 부위로 전달되지 못한다. 다른 부위에서 온 공기를 이 PES 안으로 흡입한다.
- 발성에 필요한 공기를 흡입하는 방법에는 주입법과 호기법이 있다.
- 주입법은 조음기를 이용하여 기압을 상승시킨 뒤 이 공기를 PES 꼭대기에 있는 괄약근 안으로 보낸다.
- 호기법은 흉곽을 빠르게 확장시켜 기압을 감소시킴으로써 공기를 식도로 흡입한다.
- 공기를 조절하여 내보내는 것이 조음 명료도에 중요하다.
- 공기 보충당 발화 길이(음절 수)가 짧다.
- 전통적인 식도 발성법을 이용하여 산출한 음성의 주파수는 낮고 음질은 거칠다.
- 주요 장점: 특수 용품의 구매와 유지·보수가 필요 없다.
- 주요 단점: 배우기 어렵고 오래 걸린다.

인공후두 발성

- 소리의 진동원은 외부 기제(전지로 작동되는 전자장치나 고무막 안에 들어간 공기에 의해 작동되는 기류 작동 장치)이다.
- 전자후두는 대개 목, 아래턱이나 뺨에 갖다 대지만, 소리를 입 안으로 전달하는 데에는 기류 작동 장치처럼 입 안에 넣는 튜브 장치도 이용할 수 있다.
- 성도 안에서 일어나는 공명과 말소리의 조음에 의존한다.
- 장치는 주로 잘 사용하지 않는 손(비우세 손)으로 잡는다.
- 음량이 크면 기계적인 음질이 자주 들린다.
- 전자후두 발성 시 끊어 말하는 구간 없이 발성이 계속 이어지기도 한다. 끊어 말하기(구 경계 실현) 훈련을 하면 명료도가 향상된다.
- 주요 장점: 배우기 쉬워 즉시 말을 산출할 수 있다.
- 주요 단점: 한쪽 손을 사용해야 하므로 눈에 띈다. 구매와 유지·보수(전지 충전)에 비용이 든다.

기관식도 발성(TES)

- 외과 의사가 기관과 식도의 경계벽에 구멍(천공)을 만든다. 그 구멍에 일방향성 밸브(인공장치)를 끼워 폐에서 나오는 공기가 식도로 갈 수 있게 해 준다. 이 공기가 PES를 진동시키면서 소리가 나온다.
- 밸브가 일방향성이기 때문에 음식과 액체가 기관으로 새지 않게 해 주며, 폐 기류가 식도부 안으로 갈 수 있게 해 준다.
- 일방향성 밸브 인공장치를 엄지나 손가락으로 막으면 말소리를 낼 수 있다. 발화용 밸브 인공장치를 연결하면 손을 사용하지 않고도 말 산출이 가능하다.
- 폐 기류를 사용하기 때문에 호흡 지원과 끊어 말하기가 거의 정상인 말을 산출할 수 있다.
- PES가 진동하기 때문에 후두 발성에 비해 더 낮은 주파수와 거친 음질의 음성이 산출된다.
- 주요 장점: 발화에 폐 기류를 사용하기 때문에 수술 부위가 아물고 있는 시기가 아니면 바로 발성이 가능하거나 배우기가 쉽다.
- 주요 단점: 구멍(천공)을 내기 위해서는 추가적인 수술이 필요하다. TE 발성법이 맞지 않는 사람들도 있고, 구매한 모든 장치는 정기적인 유지·보수가 필요하며, 잘못 기능하는 밸브로 액체가 새면 흡인이 일어날 위험도 있다.

도하여 인공후두를 사용할 것인지, 수술로 만든 기관식도천공으로 말을 산출하게 할 것인지, 아니면 그냥 가장 기본적인 식도 발성법(많은 연습이 필요함)을 훈련할 것인지 판단한다. 환자는 지시를 따르고 배우려는 동기를 보이는가? 환자는 해당 발성법을 어떻게 사용하고 있는가? 어떤 조정이 필요한가? 지금(또는 나중에) 이 방법이 맞는가? 시험적 치료 기법에 대한 임상가의 직관, 판단, 역량이 매우 중요한데, 이러한 평가 회기가 실제로는 첫 번째 치료 회기가 되기도 하기 때문이다.

일단 환자가 말을 할 수 있게 되면(시간이 지나) 새로운 발성법으로 산출한 말의 질에 대한 주관적·객관적 자료를 수집하여 정교화하는 것이 중요하다. 평가는 지속적으로 이루어져야 한다는 우리의 철학과도 상통하는 것이다. 환자는 자신이 할 수 있는 최상의 말을 산출해야 한다. 그러므로 SLP에게는 환자의 진전을 평가하고 앞으로 더 나아갈 수 있도록 지도하기 위한 판단기준이 필요하다.

인공후두 발성의 평가

이 책에서 무후두 발성 훈련을 위해 선택할 수 있는 치료법에 대한 논의는 하지 않겠지만, 계속되는 평가 과정은 모든 종류의 무후두 발성 치료법의 한 부분이며, 또 그래야만 한다. 과거에는 공기압 장치(폐에서 올라온 기류를 기관공에 모아 두었다가 장치의 리드를 진동시켜 발성함)이든 전지작동 모델(조직, 뼈, 빈 공간을 전기적으로 자극하여 소리를 만들어 냄)이든 인공후두를 더 많이 사용하였다. 인공후두는 아직까지도 임상가가 적용할 수 있는 장치 중 하나이다. SLP는 다음의 세 경우에 환자가 인공후두를 사용할 수 있는지 평가하고 훈련한다.

- 수술 후, 수술 부위가 붓고 아플 때/환자가 다른 발성법을 배우는 데 필요한 신체적 준비가 아직 되지 않은 상태일 때
- 환자가 그 발성법을 선호하기 때문에 계속 사용하고자 할 때
- 환자가 저녁과 주말 동안 다른 발성법을 사용하지 않고 대비책으로 인공후두 발성법을 사용하고자 할 때(예: 기관식도 밸브가 있는 환자가 그 장치의 부속물과 보철 장치를 완전히 장착하지 못한 경우). 인공후두에서 나는 소리는 다른 발성법에 비해 소리가 더 크기 때문에 상황에 맞게 선택하여 사용할 수 있다.

어떤 상황에서든 인공후두를 사용하는 사람들은 최적의 말 명료도를 갖는 발성법 수행을 위해 훈련받아야 한다. 인공후두를 이용한 발성법(인공후두 발성법)은 배우기도 쉽고 소리도 더 크다(일부 환경)는 장점이 있다. 소셜 미디어에 다양한 말 샘플이 올라와 있으므로 초보 임상가는 여러 화자의 말 샘플을 찾아볼 것을 권한다. 그중에는 명료하게 대화하는 인공후두 사용자를 볼 수 있는 5분짜리 비디오도 있다(www.youtube.com/watch?v=mnAq-M6Ldtw). SLP는 환자를 훈련할 때 말 산출을 위한 훈련 방법을 변화시킬 필요가 있는지 알아보기 위해 지속적으로 평가해야 한다.

인공후두 발성의 초기

여기서는 전자후두에 대해서만 논의하겠다. 모델 제조사마다 가격, 크기, 음도, 조절 기능, 음질, 사용 전지 종류가 다르다. SLP가 인공후두로 말하는 방법을 처음 가르칠 때는 사용자가 처한 환경에 맞고 최적의 위치에 장치를 댈 수 있게 하여 최상의 소리를 낼 수 있도록 훈련하는 데 역점을 둔다. 사용자가 말소리를 만들기 위해 하는 조음 운동의 질과 마찬가지로 장치를 대는 위치가 말 명료도에 영향을 미친다. 훈련 과정을 더 정교화하려면 환자가 장치를 어떻게 작동시키고 타이밍에 맞게 끊어 말하기 위해 어떤 전략을 사용하는지 지속적인 재평가가 수반되어야 한다.

이와 같은 개요를 설명한 뒤에는 환자가 어떻게 수행하는지 항상 모니터링(평가)하면서 다음과 같이 진행한다. 환자가 인공후두 장치를 목에 대기에 가장 좋은 위치를 찾을 수 있도록 돕는다. 환자가 장치의 진동하는 머리 부분(이하 머리)을 제 위치에 정확하게 갖다 대는 것을 얼마나 빨리 배울 것인가? 5번, 아니면 50번의 시도로? 이 기술을 배우는 데 필요한 또 다른 단서가 있는가? 매번 갖다 대기 전에 임상가가 그 지점을 눌러 주는 촉각 단서가 도움이 되기도 한다. 피부에 지울 수 있는 마커로 ×표시를 해 주고 환자로 하여금 거울 앞에서 표시 지점에 장치를 접촉시키도록 반복 연습시키는 것이 필요할 수도 있다. 장치의 머리가 피부에 제대로 닿지 못할 때 생기는 소음에 대해 설명해 주고 실제로 그 소음을 들려주는 것이 좋다. 환자가 이러한 지식을 얼마나 효율적으로 습득하여 인공후두 장치를 얼마나 일관성 있게 제 위치의 피부에 **완전히 접촉**시킬 수 있을 것인가? 환자에게 조음 운동을 과장되게 하도록 조언해야 하는데, 특히 입을 벌린 상태에서 혀를 움직여 조음하게 한다. 그러한 무언극 같은 동작과 발성을 위해 기관공으로 소음이 들릴 정도로 숨을 내쉬는 호흡 방식에 환자가 얼마나 빨리 적응할 것인가? 인공후두 장치를 켜고 끄는 방법과 조화롭게 끊어 말하는 데 필요한 타이밍 조절에 대해 설명하고 시범을 보여 준다. 환자가 끊어 말할 때에 맞춰 스위치를 민첩하게 조작할 수 있는가, 아니면 서투른가? 배우는 속도가 느린 사용자들 중에는 장치를 계속 켠 상태에서 문법적으로 끊어 말해야 할 시점에서도 멈추지 않고 계속 소리를 내거나, 장치를 너무 자주 껐다 켜면서 뚝뚝 끊어지게 말하거나, 발화의 시작과 끝 부분에서 타이밍에 맞지 않게 장치를 껐다 켜는 식의 실수를 하는 사람들도 있다. 입모양은 내지만 소리를 내지 못하면 말소리나 음절이 끊기거나 윙윙거리는 소음이 난다. 인공후두 장치를 이용한 발성법을 처음 훈련할 때 임상가는 환자가 관련 기술을 어떻게 학습하는지 계속 평가하고 모니터링하여 치료 과정을 조정해야 한다. SLP가 가르치는 내용을 빨리 습득하는 대상자도 있지만, 참기 어려울 정도로 진전이 느린 대상자도 있다.

인공후두 발성에 대한 추가 평가

SLP는 인공후두 발성법의 훈련과 관련된 최종 목표를 설정하고 진전을 모니터링함으로써 전자후두 사용자가 양질의 음성을 산출할 수 있게 되는 방향으로 진전할 수 있도록 돕는다. 오랜 기간에 이루어진 연구에서 전자후두를 능숙하게 사용하는 사람들의 발성은 다음의 6개 부분에서 두드러지는 특징을 보이는 것으로 나타났다. 이는 주파수 범위, 말속도, 강도 변이, 이질적 잡음, 부적절한 쉼, 구분 가능한 자음의 산출이다. 다음에서 이들 각각에 대해 논의해 보자.

주파수 범위

목에 대는 유형의 장치를 능숙하게 사용하는 사람(능숙한 사용자)은 다양한 기법을 사용하여 장비를 목에 대고 누르는 힘을 미끄러지듯이 조절하여 산출되는 주파수를 변화시킨다. 13~20Hz의 주파수 범위 또는 음도 변이 내에서 평균 16Hz의 주파수 변동을 보이는 음성을 산출한다. 이와 달리 서툰 사람(미숙한 사용자)은 6~15Hz의 주파수 범위, 평균 11Hz의 주파수 변동을 보이는 음성을 산출한다.

말속도

인공후두 발성법의 능숙한 사용자와 미숙한 사용자를 구분할 수 있게 해 주는 주된 특성 중 하나가 말속도일 것이다. 능숙한 사용자는 더 **빠르고** 유창하게 말한다. 전자후두를 이용하여 산출되는 말의 평균 말속도는 분당 125단어 정도이다.

강도 변이

강세 변화나 강조에 기여하는 것이 강도 변이이다. 능숙한 사용자는 동일한 크기의 음성을 낼 수 있는 사용자들에 비해 동일한 장치로 더 큰 강도 변이(강도 변화폭)의 음성을 산출한다.

이질적 잡음

장치에서 나는 잡음이 적은 음성은 능숙한 사용자의 전형적인 특징이다. 초보나 미숙한 사용자는 장치의 머리와 표적 조직(대개 목 부위)을 단단히 밀착시키지 못하여 새는 소리나 윙윙거리는 소리가 난다. 능숙한 사용자는 장치의 머리와 접촉 부위의 피부를 서로 단단히 밀착시키는 데 숙달되어 있기 때문에 잡음이 새어 나오지 않는다.

부적절한 쉼

미숙한 사용자는 발화 도중에 전자후두가 더 자주 꺼진다. 능숙한 사용자에게서는 전자후두의 작동, 조음, 끊어 말하기가 더 조화롭게 이루어진다.

구분 가능한 자음의 산출

능숙한 사용자는 뺨에 가둔 공기와 장비 작동을 위한 타이밍을 정확하게 맞추어 파열음, 마찰음, 파찰음을 더 효과적으로 산출할 수 있다. 뺨 공기, 조직(예: 목)에 장치를 대는 압력을 조절함으로써 유성음-무성음을 제대로 산출할 때 지각되는 차이를 만들어 낸다. 초보나 미숙한 사용자는 전자후두로 자음을 산출할 때 생기는 미묘한 차이를 완전히 습득하지 못할 수도 있다.

식도 발성의 평가

한때 후두 없이 의사소통하는 사람들(무후두 화자)의 전형적인 특징이었던 전통적 식도 발성법은 1970년대에 배우기가 더 쉬운 기관식도 발성법이 소개된 이래로 그 인기가 시들해졌다. 수술 여건상(예: 방사선을 쬔 PES에 원치 않는 천공이 생길 가능성이 높아서 처음 계획하였던 TEP를 만들지 못하는 경우) 반드시 식도 발성법을 배워야만 하기 때문에 식도 발성법을 배우기 원하거나 필요로 하는 사람들도 있다. 공기를 식도 꼭대기 부위로 주입(후두적출술 이후에는 기관공을 통해 호흡해야 하기 때문에 말을 산출하는 데 폐 공기를 이용할 수 있게 해 주는 연결 구조가 없으므로)하는 방법에는 여러 가지가 있다. 이렇게 주입된 공기를 식도의 꼭대기 부위(PES 또는 UES)에서 방출하면서 진동시켜 말소리를 산출한다. 이렇게 말소리를 산출할 때 PES(UES)가 가짜 성대(새로운 성대, 신성대)의 역할을 한다. 식도에서 만들어진 소리는 조음기에 의해 말소리로 바뀐다. 많은 사람이 몇 년에 걸쳐 전통적 식도 발성법을 배우려 하였지만, 이를 습득하는 데에는 체력이 많이 소모되고 인내심과 많은 연습이 필요하다. 어떤 사람은 식도 발성법을 잘 배우지만(PES에 비축할 수 있는 공기 양이 적고 말소리 특성이 다르기는 하지만), 어떤 사람은 제대로 배우지 못하여 말소리를 내는 데 이용하지 못하기도 한다. 능숙도의 평가를 위해서는 SLP가 치료 목표를 수립하고 지속적으로 평가해야 한다.

능숙한 식도 발성법 사용자와 미숙한 사용자의 오디오와 비디오 자료도 미디어에서 찾아볼 수 있다. Edmund Lauder는 식도 발성을 잘하는 것으로 유명한 사람이다. 그가 쓴 책 『후두적출자용 자습서(Self-Help for the Laryngeactomee)』(Lauder, 1978; PDF 내려받기는 〈표 13-2〉 참조)는 식도 발성법을 스스로 배우는 방법에 관한 직관을 얻을 수 있게 해 준다. Lauder가 능숙한 식도 발성법과 이를 어떻게 시작할 수 있는지 알려주는 32분짜리 오디오 자료도 www.youtube.com/watch?v=rtRetlucFeA에서 들어 볼 수 있다.

식도 발성의 초기 시도

어떤 기법(주입법, 흡입법, 자음 주입법 등)으로 가르치든 식도 발성법의 훈련에 있어 공기를 흡입하여 소리를 내게 하는 것이 중요한데, 후두적출자는 폐 공기를 사용하여 말할 수 없기 때문에 공기를 흡입하는 방법을 가르치는 것이 쉬운 일은 아니다. 임상가는 본격적인 훈련을 시작하기에 앞서 환자의 식도 발성 능력의 기초선 자료를 수집한다. 운이 좋은 환자는 첫 번째 회기에서 단순한 말소리나 단어를 트림처럼 '분출'해 내는 데 성공하기도 하지만, 그냥 '트림' 소리만 내는 데 그치는 사람도 있고, 그 어떤 소리도 낼 수 없어서 공기를 흡입하는 방법을 더 많이 연습해야 하는 사람도 있다. 다음에 제시하는 7점 평정 척도는 식도 발성법의 학습 정도를 평가하는 데 적용할 수 있는 것으로, 오래되기는 했지만 기초선 수준을 파악하고 진전을 추적하는 데 여전히 큰 도움이 된다(Wepman, MacGhan, Rickard, & Shelton, 1953).

1. 자동적 수준의 식도 발성
2. 식도로 자유롭게 소리를 계속 산출할 수 있음: 여러 단어의 연속 산출
3. 식도로 자유롭게 소리를 산출할 수 있음: 단단어 발화
4. 원할 때 대부분의 소리 산출 가능: 모음
5. 원할 때 소리 산출 가능: 비구어
6. 자기도 모르게 소리 산출 가능: 비구어
7. 식도 발성 불가: 비구어

물론 대부분의 환자의 기초선 점수는 7점 아니면 6점일 것이다. 같은 척도를 정기적으로 적용하여 환자가 식도로 소리를 만들어 낼 수 있는지 재평가하고 그 진전을 기록으로 남길 수 있다.

초반 회기의 주된 관심은 기술의 습득, 환자가 임상가의 지시와 시범을 따라오는 데 느리지 않는가 여부이다. 공기 흡입 능력이 빨리 나타나면 식도 발성법 습득의 예후가 좋음을 의미한다.

식도 발성에 대한 추가 평가

일단 환자가 식도로 소리를 낼 수 있게 되면 현행 수준에 대한 몇 가지 평가가 필요하다. 비판적인 청취 기술은 계속되는 평가, 특히 SLP가 특정 변수에 집중하여 평가를 실시할 때 효율적인 수단이다. 식도 발성과 관련하여 평가해야 하는(그리고 우리도 환자와 함께 연마하는) 요인이 지난 수십 년간의 연구에서 밝혀졌으며 다음의 하위 영역으로 요약될 수 있다.

음도 수준

식도 발성법 사용자 중 남성은 기본주파수 약 58~68Hz의 음성을 산출한다. 이는 후두를 사용하는 정상 남성(이하, 후두 화자) 음성의 절반의 기본주파수 정도에 해당한

다. 식도 발성법 사용자 중 여성의 평균 기본주파수는 약 87Hz이다. 더 두꺼운 조직으로 이루어진 PES를 진동시켜 발성하기 때문에 진동 속도가 더 느리다. 이렇게 낮은 음도의 새 음성에 만족하는 식도 발성법 사용자는 없을 것이다. 좀 더 높은 음도의 식도 발성이 더 낮은 음도의 식도 발성에 비해 말 용인도가 더 높은 경향이 있다는 것이 연구를 통해 발견되었으나, 환자가 음도를 과하게 높이려 하면 더 많은 노력이 필요하고, 더 많이 긴장하여 발성에 실패하는 부작용이 나타나기도 한다.

억양

신성문(neoglottis, 여기서는 PES)으로 발성할 때는 억양을 변화시키기 어렵다. 초당 17~18개의 서로 다른 음을 낼 수 있는 후두 발성 정상인에 비해, 식도 발성법 사용자의 주파수 변조 속도는 초당 약 8개 음이다. 일정 정도로 억양(음도 변이)을 조절할 수 있는 식도 발성법 사용자는 말을 더 잘하는 것으로 지각되는데, 음도 변이는 기본주파수에 과하게 집중하는 것보다 달성하기 더 쉬운 목표이다. 지각된 음도 변동(오르내림)은 음성의 크기, 말속도, 말 산출에 걸린 시간, 쉼 구간 사용 정도의 조절을 통해 이루어진다. 예를 들어, 식도 발성법 사용자는 음도를 높일 때 더 큰 소리를 내지만, 음도가 낮아지면 강도도 약해진다.

음질

식도 발성의 음질은 발병 이전의 후두 발성과 다르다. 일정 정도의 쉰 음성이나 거친 음성은 더 두꺼운 PES가 진동할 때 날 수밖에 없는 특징이다. 그러나 노력과 긴장이 증가하면 음성의 음질에 부정적인 영향이 있다. 임상가는 식도 안으로 공기를 주입하거나 보충하여 더 좋은 음질의 음성을 쉽게 산출할 수 있는 방법을 알아내야 한다.

과도한 잡음

식도 발성법으로 새로운 음성을 산출할 때는 특유의 잡음도 난다. 그러나 능숙한 사용자의 음성에서는 주의를 교란시키는 과도한 잡음이 들리지 않는다. 훈련 초반에 잡음이 들리는지의 여부는 이 잡음을 쉽게 없앨 수 있는 초반에, 나쁜 습관으로 자리 잡기 전에 확인해야 한다. 과도한 잡음은 들이쉬는 공기와 관련하여 나타나거나 기관공에서 생길 수 있다. 화자가 공기를 식도로 너무 빨리 주입하면 쿵쿵거리며 부딪히는 소리가 날 수 있다. 발성 전 공기를 한 번 팽창시켰는데도 쿵쿵거리는 소리가 여러 번

나는 사용자도 있다. 주의를 흩뜨리는 또 다른 행동은 기관공 잡음 또는 폭발음으로, 환자가 식도 발성법으로 발성하는 동안 기관공으로 세게 숨을 내쉬기 때문에 생긴다. 이는 호흡을 위한 호흡과 말 산출을 위한 호흡이 서로 다른 기능임을 학습하지 못한 사용자에게서 나타난다. 때로는 기관공 잡음 때문에 식도 발성법으로 산출된 음성의 명료도가 낮아지기도 한다.

눈에 보이는 버릇

의사소통 중 음성 이외의 측면이 청자를 교란시키기도 한다. 공기 주입법 등 공기를 들이쉬는 방법을 배우는 동안, 눈을 가늘게 뜨고 고개를 움직이는 행동을 포함하여 얼굴 찡그림이 자주 나타난다. 임상가는 환자에게서 이런 행동이 나타나지 않는지 평가하여 습관으로 굳어지기 전에 치료 프로그램을 통해 조기에 없앨 방법을 찾아야 한다.

말속도

지각 연구에 의하면 말속도는 능숙한 식도 발성법 사용자와 미숙한 사용자를 감별하는 데 가장 중요한 요소이다. 능숙한 사용자는 분당 113단어 정도, 약 85~129단어 범위의 양호한 말을 산출한다. SLP는 말속도 측면에서 환자의 진전을 자세히 조사하고 지속적으로 재평가해야 한다.

공기 흡입당 산출 단어 수

후두 발성 정상인에 비해 식도 발성법 사용자는 한 문단(문단의 예는 〈부록 B〉 참조)을 읽을 때 공기를 3배 더 많이 보충한다. 능숙한 사용자는 한 번 흡입한 공기로 1~1.5초 동안 평균 2.8~6.3단어를 산출한다. 문단을 읽을 때 한 번의 공기 팽창으로 산출할 수 있는 음절 수의 만족스러운 수치는 11~12음절 정도이다. 연속발화에서는 대개 4~9음절 정도로, 속도가 더 느리다.

공기 보충 대기 시간

능숙한 사용자는 0.4~0.8초의 속도로 공기를 보충한다. 더 빨리 보충하는 사용자도 있다. 경험에 비춰 보면 대개 0.5초의 대기 시간을 목표로 설정한다. 공기를 보충하는 데 걸리는 0.5초라는 시간은 정상 화자의 문법적 쉼 구간(pause time)의 길이와 비슷하다.

끊어 말하기 간격

능숙한 사용자가 발화를 끊어 산출할 때의 구 경계 간격은 공기 보충을 위한 쉼 간격(대기 시간)에 비해 약 1.4배 더 길다. 후두로 발성하는 정상 화자와 식도 발성법 사용자 모두 구 경계를 위해 쉼을 두지만, 식도 발성법 사용자는 쉼 구간이 더 길기 때문에 공기 보충을 위한 쉼 구간과 대조된다. 즉, 연습을 많이 한 식도 발성법 사용자는 소리가 나지 않는 침묵의 시간을 조절할 수 있는데, 이는 청자가 식도 발성법 사용자의 말을 언어로 처리(이해)할 수 있게 도와준다. 예를 들어, 0.5초 만에 공기를 보충하는 사용자는 0.7초의 구 경계 간격을 두기도 한다.

조음의 명료도

후두와 설골을 제거하면 혀와 연결되어 있던 근육이 와해되므로 조음 운동도 영향받을 수 있다. 그러나 대부분의 환자는 이를 잘 보상한다. 수술로 인해 성도의 유효 길이가 짧아지면서 공명 주파수도 바뀌고, 이는 모음 명료도에 영향을 미친다. 수술 후에는 성대(성문)가 부족하기 때문에 성대의 대체구조(신성대)로서 진동할 수 있는 부위는 인두식도부(PES)가 된다. 그러나 PES로는 내외전의 협응이 불가능하다. 그러므로 성문마찰음 /h/의 산출이 불가능해지고 환자가 산출하는 유성-무성의 동족음을 청자가 듣고 구분하여 지각하는 데 문제가 생기는 경우가 많다. 그렇다면 당연히 조음, 음소의 차별적 산출, 말 명료도가 우려사항이 된다. 그러나 특수한 연습과 반복 훈련을 통해 대상자에 맞는 보상 전략을 습득한다면 기량이 뛰어난 식도 발성법 사용자로 지각될 수 있을 것이다.

기관식도 인공장치를 이용한 초기 발성

환자에게 기관식도천공(TEF)이라고도 하는 기관식도공(TEP)을 만들어 주는 계획에 따라 평가가 달리 진행된다. 이 절차를 시행할 때 외과 의사는 기관과 식도 사이의 벽에 구멍(또는 천공)을 뚫어 이 두 구조가 서로 연결되는 통로를 만들어 준다. 이 구멍이 나중(기관공을 막는 순간)에는 폐에서 내쉰 공기를 식도(PES)로 내보내는 통로가 된다. 그러나 이는 침이나 음식 또는 음료가 위험하게 침습되는 통로가 되기도 한다. 이 구멍에 인공장치를 끼워 주면 특정 조건에서 폐 기류가 식도의 맨 윗부분으로 들어가게 된다. 이 기관공을 통해 호흡이 계속 이루어진다. 인공장치는 일방향 지향성이기 때문에 침, 액체, 음식물이 흡인될 위험은 최소한으로 줄어든다. 호기류가 기관공 밖으로 빠져나가지 못하게 하여 식도로 우회시키려면 기관공에 나 있는 인공장치 입구를 손가락으로 막아 주거나 기류를 우회시켜 주는 폐쇄 장치를 사용하면 된다.

근력이 가해지면 식도로 우회된 기류가 압축되어 닫혀 있던 식도의 맨 윗부분에 힘이 가해지면서 PES가 진동한다. 이 부위가 음원 혹은 신성문이 되지만, 말소리의 조음은 성도의 상부에서 원래의 방법대로 이루어진다. 간단히 말하면, 기관식도 발성은 근본적으로 식도에서 발성을 하지만 폐기관계의 지원을 받는다. 기관식도 발성은 전통적인 식도 발성법을 배울 필요가 없기 때문에 쉽게 배울 수 있다. 게다가 폐 기류를 이용하기 때문에 전통적인 식도 발성에 비해 음향 및 지각 측면에서 더 좋다.

Bosone(1999)에 의하면 많은 외과 의사가 전체 후두적출술, 인두괄약근 절개술과 TEP를 동시에 실시하는 것을 선호하는데, 그러려면 환자가 입원해야 한다. 천공을 만들어 주기 전에 환자에게 회복기를 갖게 하는 것을 선호하는 의사도 있다.

후보 선별, 장치 맞춤, 장치 관리 및 사용법 설명을 SLP가 전적으로 담당하는 경우도 많지만, 간호사 및 의사와 함께하는 경우도 있다. 환자는 대개 아주 빠른 시간 내에 유창하게 대화할 수 있게 된다. SLP는 TEP 환자의 재활에 있어 단순하지만 매우 중요한 역할을 담당한다.

어떤 방법을 적용하든, 그 방법에 맞는 후보를 제대로 선정하였는가에 따라 성공 정도가 다소 달라진다. Singer와 Blom(1980), Fagan과 Isaacs(2002), Elmiyeh 등(2010)은 환자 선정 기준과 기관식도 천공을 적용하면 안 되는 사유를 다음과 같이 제시하였다.

- 수술을 받으려는 동기가 있어야 하며, 매일 인공장치를 관리하려는 동기를 유지할 수 있어야 한다.
- 신체적 제약이나 지적/정신적 제약이 없어 매일 접착제 사용과 인공장치 연결 및 관리가 가능해야 한다. 특히 시력과 눈-손 협응력이 적절하여 거울 앞에서 인공장치를 잘 끼울 수 있어야 한다. 손놀림(예: 관절염이 없음)은 인공장치와 관련 물품(특히 기관공 밸브도 사용할 경우)을 다루는 데 필수적이다.
- 전반적인 건강 상태가 좋아야 한다. 허약한 사람은 TEP에 잘 적응하지 못한다. 그러나 만성적 폐 질환, 당뇨병, 알코올 중독이 있는 사람이라고 해서 반드시 후보에서 제외시킬 필요는 없다.

- 인공장치의 세정, 목 부위 조직의 관리(밸브를 부착시킬 때 사용하는 접착제는 민감한 피부를 자극할 수 있음), 모든 물품을 만지고 다루는 능력을 고려해야 한다.
- 기관공 특성이 맞아야 한다. 특히 기관공을 흉골자루 뒤까지 후진시키면 안 된다. 구멍의 크기가 최소 직경 1cm는 되어야 하지만, 일부 수술법의 경우에는 2cm는 되어야 한다. 기관공이 아주 큰 경우에는 테이프로 약간 조정할 수 있다.
- 수술 후 방사선치료를 받았다면 회복한 이후여야 한다.
- 만성 기관염이나 궤양이 없어야 한다.
- 계획에 없던 천공, 인두식도 협착(경련), 피판 재건술 전력이 없어야 한다. 이와 같은 전력이 있다고 하더라도 TEP 후보에서 반드시 제외시킬 필요는 없지만 보다 자세한 평가가 필요하다. 식도 조영 검사를 해 보면 기류와 발성에 맞게 구멍을 확장시켜 줘야 할 필요가 있는지 알 수 있다.

여기서 기관식도 발성이 실패하는 주된 원인이 인두식도부의 경련임을 설명할 필요가 있다. 경련이 일어나도 진동과 말소리 산출이 불가능한 것은 아니지만 훨씬 어려워진다. 신성문의 근섬유 일부를 수술로 절개해 주면 대개는 이완된다. 근절개술(myotomy)이라고 하는 이 수술 절차의 필요성은 간단한 선별 검사로 예측할 수 있다. SLP나 외과 의사가 공기 주입법을 시행하는데, 환자에게 식도에 공기를 주입한 뒤 발성해 보라고 지시한다. 물론 인두식도부가 진동할 수 있어서 근절개술이 필요 없는 환자는 좋은 발성이 가능하다. 그런 환자는 TEP를 만들기에 아주 좋은 후보이다. 앞에서도 언급하였듯이, 일부 외과 의사는 일차 수술을 시행할 때 필요하든 그렇지 않든 모든 환자에게 근절개술을 실시하기도 한다. 이 경우 더 나쁜 음성을 산출하게 된 환자들이 있다는 보고가 있다. 최근에는 인두괄약근을 수술로 이완시켜 주는 대신 보톡스를 주입하는 방법을 쓰기도 한다(Bosone, 1999). 중인두괄약근과 하인두괄약근에 근절개술을 실시하면 도움이 되는 환자를 조기에 발견하는 것이 중요하다. Henley와 Souliere(2009)는 근절개술의 효과를 확인하기 위해 수술 후 말소리를 산출할 수 있도록 자일로케인을 주입하여 부분적으로 막아 주기도 한다. 환자가 기관식도 발성을 시작하는 것은 복잡한 문제이다. 다음에서는 이 과업을 세분화하여 과제별로 개요를 제공하고자 한다.

인공장치의 맞춤

인공장치를 환자에 맞는 크기로 조정해 주는 책임을 SLP가 지는 경우가 자주 있다. 인공장치는 상표별로 크기, 특징, 디자인이 다양하다. 그러나 이 주제에 관해서는 전반적인 것만 논의하고자 한다. SLP의 임상 업무 특성상 다른 상표보다 특정 상표의 인공장치를 더 좋아할 수도 있다. 여기서는 전반적인 원리만 제시하고자 한다.

TEP를 만든 후에는 대개 구멍 부위가 막히지 않도록 24~72시간 동안 카테터를 끼워 둔다. 이후 인공장치를 맞춰 줘야 음성 산출이 가능해진다. 기관식도 인공장치를 통해 산출된 말을 흔히 TEP 발성이라 한다. SLP는 4~5주 후에 환자를 만나 점검한 뒤 필요할 경우 인공장치를 다시 맞춰 준다. 부종이 가라앉은 뒤에는 더 짧은 인공장치가 적절한 경우가 종종 있다.

인공장치를 맞추는 과정은 상표별로 다르지만, 기본적으로는 다음과 같다. 환자에게 침을 삼키지 말라고 지시한다. 수술 후에 남겨 두었던 카테터를 제거한다. 기관공을 통해 구멍 안으로 측정기 혹은 천공 측정용 탐침기(제품별로 장착 세트에 둘 중 하나가 들어 있음)를 깊이 삽입하면 어떤 위치에서 '펑' 소리가 나는 것이 느껴진다. 이때 정체 이음 장치(retention collar)를 천공의 구멍 밖으로 조금 잡아당겨서 탐침기에 보이는 거리를 읽는다. 이는 인공장치의 필요 길이를 나타낸다.

일단 적절한 인공장치 크기를 결정하면 필요할 경우(디자인에 따라 다름) 테두리 위에 양면 테이프를 이용하여 삽입한다. 일단 삽입한 후에는 환자에게 물을 약간 마시게 하여 인공장치 주변이나 인공장치에 새는 곳이 있는지 확인한다. 환자에게 손으로 막는 시범을 보여 주고, 기관공/인공장치 입구를 임상가의 손가락이나 엄지로 막고 있는 동안 숨을 내쉬면서 말을 해 보라고 지시한다. 특정 제품의 삽입 방법을 애니메이션으로 보여 주는 비디오도 미디어에서 찾아볼 수 있다. 간편하고도 순조롭게 삽입하는 방법을 보여 주는 이 비디오(2분 이하 소요)는 www.youtube.com/watch?v=5hHIYtB7ed0에서 볼 수 있다. 이 비디오를 본 다음 SLP가 환자에게 새로운 인공장치를 삽입하는 비디오를 www.youtube.com/watch?v=TxS1TogpUIM에서 볼 것을 권한다.

인공장치를 삽입한 이후에도 음성이 나오지 않으면 원인이 무엇인지 평가한다(다음 내용 참조). 만약 음성이 나오면 말하는 연습을 계속하게 한다. 내재식 인공장치는 의사나 SLP가 삽입한 지 약 6개월 동안 끼워 두기 때문에 점점 인기를 얻고 있다. 이 장치의 후보를 선별할 때는 손놀림, 개인 위생, 특히 매일 장치를 삽입하고 그것을 제자리에 고정시킬 능력이 있는지 알아보지 않아도 된다.

음성 산출 실패에 대한 평가

인공장치를 이용하여 말하는 사례를 www.youtube.com/watch?v=k9sN10MU9RU에서 볼 수 있다. 환자가 음성을 산출하지 못하면 SLP는 인공장치에 문제가 있는 것인지, 아니면 환자에게 문제가 있는 것인지 판단해야 한다. 음성 산출에 실패하게 되는 환자 요인은 다음과 같다.

- 환자가 손가락으로 기관공을 너무 세게 누르기 때문일 수 있다.
- 환자가 부적절한 호기압을 사용하고 있을 수 있다. 허약한 환자는 플라스틱 장치의 공기 저항을 극복하는 데 필요한 에너지가 부족하기 때문에 TE 발성법의 후보로 적절하지 않다. 이러한 환자에게는 말을 하려면 더 많이 노력하여 더 많은 공기를 사용하라는 지시가 필요할 수도 있다. 다른 장치(다른 방식과 다른 상표)도 시도해 볼 수 있는데, 모델마다 기류 저항이 다르기 때문이다. 초저저항 모델이 효과가 있는 환자도 있다.
- 침 분비물이 고여 인두를 막을 수 있다. 이 경우 가릉거리는 음성이 들린다. 침을 뱉게 하면 문제가 해결된다.
- 음성이 나지 않을 공산이 가장 큰 원인은 인두식도부 경련이 생긴 것이다. 아마도 TEP 전에 기류주입 사전 검사를 실시하지 않았을 것이다. 어쨌든 인공장치를 제거하고 주입 검사를 실시하여 발성이 가능한지 알아본다. 경련에 대응하려면 근절개술이나 보톡스 이완법이 필요할 수도 있다.

인공장치에 문제가 있어서 발성에 실패할 수도 있다. 이러한 문제는 대개 쉽게 찾아내어 바로잡을 수 있다. 이 경우 환자는 인공장치 없이(기관공을 손가락으로 막거나 기류주입 검사로)는 발성할 수 있으나 잘못된 인공장치가 삽입되어 있다면 음성이 나오지 않는다. 특히 다음 사항에 유의해야 한다.

- 인공장치의 위아래가 바뀐 채 삽입되어 있어 음성을 내지 못하는 것일 수 있다.

이 경우 인공장치를 뺀 뒤 다시 삽입한다.

- 작고 가느다란 틈이 있는 디자인의 인공장치(덕빌)인 경우 밸브의 틈이 막혀 있을 수 있다.
- 인공장치의 길이가 맞지 않을 경우 발성에 실패할 수 있다. 너무 긴 장치, 특히 매우 방해가 되는 틈 디자인의 장치는 식도 후벽에 닿기도 한다. 따라서 환자에 맞게 장치를 더 짧게 다시 맞춰 주거나 다른 디자인(틈이 없고 위로 젖히는 형태)으로 바꿔 주는 것이 적절하다. 너무 짧은 인공장치는 끝이 식도관의 내강에 올 수도 있다. 틈 디자인의 끝은 공기를 식도로 보내는 데 방해가 될 수도 있다. 이 경우 위치를 약간 돌려 본다. 아니면 더 긴 인공장치가 필요할 수 있다.
- 구멍이 막히면 기류가 막히므로 음성 산출이 어렵다. 이 경우 침(혹은 기타 물질)을 제거하는 것이 좋다.

한동안 TEP 발성이 가능했으나 음성이 변하거나 더 이상 나오지 않는 환자라면 문제의 원인을 찾아 제거해야 한다. 문제 해결 방안은 Bosone(1999), Bunting(2004)의 연구와 Elmiyeh 등(2010)의 문헌연구에서 찾아볼 것을 권한다. 카메라와 원격 테크놀로지를 이용한 원격의료도 후두적출술 후 말, 삼킴, 누수 등 전반적인 영역에서의 문제를 해결하고 그 진전을 평가하는 데에서 자리를 잡아 가고 있다.

기관공 밸브

발화용 인공장치를 이용하여 말할 때는 손가락이나 엄지로 기관공을 막아 주어야 한다. 이는 불편할 수 있다. 발화용 인공장치를 경험(환자의 진전 정도에 따라 몇 분 또는 몇 주간)한 환자는 손을 사용하지 않아도 되는 기관공 밸브(여러 방식과 상표가 있음) 사용의 후보가 되기도 한다. 인공장치를 소개할 때 밸브 훈련도 함께한다. 밸브는 기관공 입구에 꼭 맞아야 하는데, 몇 가지 유형의 하우징(덮개) 안에 들어 있다. 당연히 환자는 아직 발화용 인공장치를 착용하고 있는 상태이다. 밸브 선택, 장착, 훈련은 후두적출자의 평가와 재활을 담당하는 SLP의 업무이다.

밸브 중에는 후두적출술을 받은 사람이 기관공으로 들이쉰 공기의 온도와 습도 조절에 도움이 되는 디자인으로 인해 열-수분 전환기(Heat and Moisture Exchanger: HME)라 불리는 것도 있다. 정상 화자는 코(또는 입)로 숨을 들이쉬고 내쉬는데, 코는 공기를 거르고 체온에 맞게 데우거나 식히며, 점막은 공기에 습기를 더하여 폐로 가는 공기는 100%의 습도를 갖는다. HME식 밸브는 이 과정을 도와주는데, 손을 사용하지 않아도 되는 HME 모델이 인기 있는 기관공 밸브이다. Zuur, Muller, de Jongh van Zandwijk와 Hilger(2006)는 여러 연구를 검토하여 추가 연구의 근거를 제시하였다. SLP가 HME 장치를 조정하고 있는 8분짜리 설명용 비디오를 www.youtube.com/watch?v=PguhHUjBoBW0에서 찾아볼 수 있다.

기관공 밸브의 사용 금지 사유

기관공 주변을 둘러싸고 있는 피부 부위에 원형의 유연한 하우징(덮개)이 무자극성 접착제로 부착되어 있는데, 거기에 기관공 밸브가 꼭 맞게 끼워진다. 기관공을 덮고 있는 밸브 가로막은 조용한 호흡과 일상적인 신체 활동 중에는 완전히 열려 있다. 말을 산출할 때 호기가 약간 증가하면 밸브의 가로막이 닫히면서 기류가 식도로 전환된다. 발화가 끝나면서 호기가 줄어들면 밸브는 자동으로 다시 열린다. 기관공 밸브는 환자가 매일 관리해야 하는데, 잠자는 동안에는 장착하지 않는다. 밸브는 세척할 때 쉽게 분리할 수 있으며, 필요할 경우 환자가 교체할 수도 있다.

밸브 사용을 금지하는 사유에는 다음과 같은 네 가지가 있다. (1) 발성 압력이 높은 환자는 봉인이 풀려 열리기도 한다. (2) 기관공이 심하게 우묵해지거나 불규칙하여 밸브에 맞지 않는 경우도 있다. (3) 기관 분비물이 많은 환자의 경우 밸브가 막히거나 밸브의 작동이 방해되어 위험해지기도 한다. (4) 밸브를 사용하는 경우라도 부적절한 인두식도부 때문에 음성 산출이 불가능해진다.

기관공 밸브의 장착

일상적인 운동을 할 때나 평상시에 비해 더 강한 날숨을 쉴 때는 두꺼운 가로막을 선택한다. 그러나 가로막이 너무 두꺼우면 발성에 호기가 많이 필요하므로 좋지 않다. 밸브의 저항이 커서 발성하는 데 힘이 많이 들어가야 하는 경우라면 환자가 이를 금방 알아차릴 수 있다. 이 경우에는 가벼운 밸브를 적용해 보아야 한다. SLP는 '계단' 검사로 밸브를 평가하기도 한다. 환자에게 계단을 몇 개 오르내리게 하여 그동안 가로막의 민감성을 검사하는 것이다. SLP는 환자가 계단을 오르내리는 동안 호흡이 깊어짐에 따라 밸브가 폐쇄되는지 여부를 주의 깊게 살펴보아야 한다. 밸브가 막히면 제거하고 그다음 두께의(더 두꺼운) 밸브를 끼워 본다. 적당한 가로막 크기를 결정할 때까지 계단 검사를 반복한다. 어떤 환자는 가로막을 2개 구매하기도 하는데, 하나는 일반용이고 다른 하나는 더 두꺼운 것으로 춤, 운동 등의 용도이다.

환자에게는 기관공 밸브를 낀 상태에서 잠들지 않도록 교육해야 한다. 그리고 급하게 기침을 하거나 세게 숨을 내쉬고 싶으면 밸브에서 덮개를 제거하는 것이 도움이 됨을 알려 준다. 이렇게 하면 밀폐장치가 떨어져 나가는 것이 방지되어 세정하거나 접착제를 다시 사용할 필요가 없다. 일부 모델은 기침 안심 밸브가 있는 스프링 동작 밸브를 적용하고 있다.

지속적인 TEP 발성의 평가 및 정교화

대개 TEP 발성법은 즉시 습득할 수 있지만, 연습과 진전에 주목해야 한다. 2회기의 치료와 스스로 하는 연습을 통해 음성을 '내는' 수준에서 '양호한' 음성을 내는 수준으로 바뀌는 경우도 흔히 있다. 목표와 지속적 평가는 〈표 13-4〉에 제시한 능숙도 특성에 초점을 맞추기도 한다. 이 기술과 특성은 문헌에서 발췌한 것이다(Carpenter, 1999; Lewis, 1999; Siric, Sos, Rosso, & Stevanovic, 2012).

표 13-4 **능숙한 TEP 발성법 사용자가 보이는 기술 및 특성**

- 최대발성지속시간: 호흡 지지력을 알 수 있게 해 주는 지표로, 모음을 9~17초 동안 연장할 수 있어야 한다.
- 기본주파수: 비슷한 연령대와 동성의 후두 발성 화자가 음성을 산출할 때의 주파수와 비슷해야 한다. 여성 후두적출자에 대해서는 특별한 주의가 요망된다. 전화기로 상대방이 말하는 사람의 성별을 분간할 수 있는가?
- 억양/음도 변이: 환자는 신성문하압을 달리 변화시켜 음도를 변화시킬 수 있도록 연습해야 한다. 단어/문장 수준에서 콧노래/노래 부르기로 연습해야 한다.
- 전반적 강도/음성 크기: 의사소통 상황에 맞아야 한다. 필요할 때 신성문하압과 기류량을 변화시켜 강도를 증가시킬 수 있어야 한다(주의: 음성이 커지면 잡음이 나거나 음질이 나빠질 수도 있다).
- 강세/음성 크기 변화: 어휘 강세(OBject 대 obJECT)와 대조 강세(BEV loves Bob 대 Bev loves BOB)를 분명하게 실현할 수 있어야 한다.

- 조음 정확성: 유성음-무성음 대조를 능숙하게 실현할 수 있어야 한다. 어려운 음소인 파열음, 마찰음, 파찰음이 특히 초성 위치에 올 때 명료하게 산출할 수 있어야 한다('jip-chip-ship' 등을 서로 구분되게 산출하는 연습).
- 말속도: 말의 자연스러움과 상관되어 있다. 음절 속도나 단어 속도로 구한다. 말하기(목표 속도 120 wpm)와 읽기(목표 속도 166 wpm) 상황에서 잰다. 후두 발성 화자의 말속도와 가능한 한 비슷해야 한다.
- 유창성: 음성이 나지 않는 순간이 어느 정도인지 알려 주는 특성으로, 0을 목표로 한다. 무발성 순간은 입에 원치 않는 공기가 들어가거나 TEP 발성을 시도하기 직전에 일어난 삼킴 때문에 나타나는 경우가 많다. 인두괄약근의 경련 때문에 비유창성이 나타나기도 한다.
- 불필요한 행동: 기간공 소음, 기류 누출, 밸브 치는 소리, 목의 긴장 또는 특이한 자세, 눈에 띄는 점액, 구강/기관공 악취 등을 방지하거나 최소화할 수 있다.

예후 지표

　SLP는 초반 평가 회기 이후 환자와 가족에게서 정보를 얻고 이미 평가한 기능에 대한 정보를 얻는 등 적절한 사례력 자료를 얻어야 한다. 이 과정에서 환자의 현재 의사소통 방법과 몇 가지 발성법(인공후두 발성법, 식도 발성법, TEP 발성법)의 적용 가능성에 대해서도 생각해야 할 것이다. TEP 발성과 관련하여 성공적인 예후 예측 요인의 목록을 다음과 같이 제시하고자 한다.

- 환자는 선택한 발성법에 적절한 해부학적 구조를 가지고 있어야 한다. TEP 발성법을 적용하고자 할 때는 천공의 위치와 인두식도부가 TEP 발성에 적절해야 한다. 성공을 위해서는 식도 경련의 가능성(기류 주입으로 미리 검사하였으므로)을 잘 통제해야 한다. SLP와 의사 간의 긴밀한 소통이 성공에 중요하다.
- 중증도, 수술 정도 및 유형은 발성법의 습득과 관련되어 있는 것 같지 않다. 그러나 발성법의 습득에 대한 평가는 대상자별로 크게 달라질 수 있다.
- 환자의 전반적인 건강 상태가 좋아야 한다. TEP 발성은 재활 과정에서 발성을 지속할 수 있는 에너지를 필요로 한다. 그러므로 허약한 환자는 일반적으로 TEP 발성을 잘 학습하지 못한다.
- 기관식도공은 어느 때이든 낼 수 있지만, 말 재활 프로그램의 시작 시기와 수술

날짜가 맞아야 한다. 수술한 이후 오랜 시간이 지난 뒤에 발성법을 훈련하면 이미 고치기 어려운 습관으로 굳어져 능숙한 말 산출에 영향을 주기도 한다.

- 연습에 대한 태도와 동기가 긍정적인 환자는 온종일 연습하여 성공하게 될 가능성이 높다.
- 직장에 복귀할 계획은 집이나 보호시설에 있는 경우에 비해 말을 더 빨리 습득하게 만드는 또 다른 동기가 되기도 한다.
- 가정에서 기꺼이 의사소통 상대가 되어 주고, 기꺼이 재활 프로그램에 참여해 환자가 매일 연습할 수 있게 도와주며, 지지해 주는 가족을 둔 환자는 대개 아주 잘 한다.
- 문해력이 있고 후두적출술 후의 재활에 관한 자료를 읽고 공부하려는 의지가 있는 환자는 진전을 보이는 편이다. 그들은 매일의 연습에서 워크북, 자극 목록 등을 잘 이용한다.

건강관리에 있어 기능적 결과와 삶의 질에 미치는 영향이 중요한 쟁점이다. 두경부암 환자의 삶의 질을 재고자 하는 수많은 검사도구가 의사소통과 관련된 쟁점을 제대로 평가하지 못하고 있다. 발성 및 말 산출, 먹기와 삼키기 활동은 환자의 자아 인식과 삶에 대한 의지에서 중요한 부분을 차지한다. 다른 음성장애 환자에게 적용할 수 있는 삶의 질 척도 중에는 전체 후두적출자와 그 어떤 종류이든 무후두 발성법을 습득한 사람에게 적용할 수 있는 것도 있다.

Eadie 등(2013)은 삶의 질 평가도구를 개발하여 무후두 화자의 말에서 청각적으로 지각되는 효과를 살펴보았다. 흥미로우면서도 주의를 요하는 결과는 더 양호하고 용인되는 말을 산출하는 것으로 평가된 사람이라고 해서 반드시 삶의 질 평정치가 높지는 않았다는 것이다. Carpenter(1999)는 이와는 대조되는 결과를 보고하였는데, 무후두 화자의 효능감 점수와 전반적인 만족도는 서로 연관되어 있었다. 이 조사 연구에서 화자들은 자기가 필요로 하는 만큼/원하는 만큼 매우 잘/잘 말할 수 있는지 여부를 평가하였다. University of Washington Quality of Life(UW-QOL) 척도를 전체 후두적출술 후 적용한 연구도 있다(Kazi et al., 2007). 두경부암 환자와 후두적출자를 추적 연구하는 데 European Organization for Research and Treatment of Cancer Quality of Life Questionaire-C30(EORTC QOL-C30)을 적용한 연구도 있다(Boscolo-Rizzo et al., 2008; Hanna et al., 2004; Relic et al., 2001).

Bornbaum, Day와 Doyle(2014)은 무후두 화자에게 Voice-Related Quality of Life(V-RQOL, 11장 참조)를 적용할 때 삶의 질 척도의 구성타당도를 연구하였다. 10개의 간단한 질문으로 구성된 척도를 이용한 실험 결과에 대해 요인 분석을 실시하였다. 그러나 2개의 질문에 문제가 있어서 의도한 영역(신체 영역)과 환자의 반응(사회경제적 영역)이 다른 것으로 나타났다. 연구자들은 점수체계를 조정하여 V-RQOL을 무후두 화자들에게 적용할 수 있는 삶의 질 척도로 만들 것을 제안하였다.

결론 및 자기평가

임상 현장에 따라서는 SLP가 두경부암 치료를 받은 사람들의 평가와 관리에서 핵심역할을 담당하기도 한다. 후두 부위에 생긴 암은 의학적으로는 수술, 방사선치료, 화학치료 또는 이 치료법을 조합하여 치료할 수 있으나, 전체 후두적출술을 받은 환자들은 말과 음성, 삼킴, 상담 서비스 영역에서 SLP의 최선의 노력을 필요로 한다. 이 장에서는 후두적출술을 받은 사람들의 평가, 상담, 예후, 재활, 재평가와 관련된 여러 복잡한 문제에 대해 다루었다. 후두적출술을 받은 사람이 가능한 한 최상의 음성을 낼 수 있도록 돕는 데 필요한 관리와 지속적 평가에 대해서도 논의하였다.

이 장을 읽고 나면 다음의 질문에 답할 수 있어야 한다.

- 전체 후두적출술을 적용할 경우, 주로 어떤 해부학적 변화가 일어나는가?
- 기관공의 위치와 기능은?
- 전자후두, 전통적 식도 발성, TEP 발성에서 소리의 진동원은?
- TEP 발성에서는 폐 공기를 사용할 수 있으나 전통적인 식도 발성에서는 사용할 수 없는 이유는? 이것이 두 발성법으로 음성을 산출하는 데 어떤 영향을 미치는가?
- 전자후두, 전통적 식도 발성법, TEP 발성법의 능숙한 사용자가 보이는 음향적-지각적 특성(각 특성이 치료 목표가 됨)을 최소 3개 이상 들어 보라.

제14장
진단보고서 및 재무상의 필수사항

이 장을 읽고 나면 다음을 설명할 수 있다.

• 전형적 진단보고서의 필수 부문
• 진단보고서에서 임상적 인상의 중요성
• 선별 결과를 간단하게 보고할 때 사용하는 회기별 SOAP 노트의 각 부문
• FERPA와 HIPPA 법에서 임상보고서와 관련된 내용
• SLP가 관련 의료 코드를 알아야 하는 이유

진단에서 매우 중요한 두 과정이 남아 있다. 언어치료전문가(Speech-Language Pathologist: SLP)는 전문적인 진단보고서를 준비해야 하며, 제삼자(보험회사)로부터 비용의 전부 또는 부분을 상환받으려면 진단보고서에 적절한 의료 코드가 포함되어야 한다. 환자와 만나 평가한 후 SLP는 가능한 한 빨리 임상 상황, 면담, 검사 방법, 결과, 임상적 인상을 적어 놓아야 한다. 결코 기억을 믿어서는 안 된다. 얼굴 특성이나 음성 변화에 대한 기억이 남아 있을 때 상세한 사항을 종이 또는 일하는 곳에서 보관하는 소프트웨어의 '전자 종이'에 적으라. 다른 사람이 읽기만 해도 일어난 일을 경험한 것 같은 '생생한' 보고서여야 한다. 이러한 자료가 분명하고 정확하고 정돈된 방식으로 모여 있다면 이는 임상가나 다른 사람(의료 전문가, 교육자, 기관 관계자, 부모)에게 무한한 가치가 있다. 임상보고서 작성에는 예술과 기술이 모두 요구된다. 필수 자료 및 적절한 의료 코드와 같은 재무상의 필수사항은 비용 청구 및 상환을 원활하게 진행해 준다. 그러므로 SLP는 이러한 정보를 이해하고 보고서에 포함시켜야 한다.

💬 보고서 및 양식 선택

진단보고서(diagnostic report)는 임상가가 대상자와의 전문적인 상호작용을 통해 얻은 중요한 정보, 그리고 정보를 얻은 방법을 요약하여 적어 놓은 기록이다. 진단보고서는 다음과 같은 기능을 담당한다.

- 대상자에게 앞으로 제공될 서비스를 안내해 주는 역할을 한다. 대상자가 어떻게 기능했는지 분명히 진술했다면 이후에 대상자의 변화나 변화 부족의 증거가 될 수 있다.
- 임상가의 조사 결과를 다른 관련 전문가와 교환하는 기능을 담당한다. 그래서 대상자에게 의사소통(또는 인지나 삼킴) 문제가 있는지, 치료가 도움이 될지, 의뢰가 필요한지 등 수많은 임상 질문에 답을 제공한다.
- 보고서가 연구 목적으로 사용될 수 있다.

물론 첫 번째 기능이 가장 중요하다. 뛰어난 임상 계획은 잘 준비된 보고서에서 나온다. 진단보고서의 두 번째 목적은 다른 전문가가 적절한 서비스 계획을 세우고 제공할 수 있도록 대상자에 대한 의문사항에 답을 주는 것이다. 잘 준비된 검사 보고서는 정보를 전달하는 역할 외에 다른 전문가에게 SLP의 신뢰성을 확고히 다지는 역할도 한다. 달리 말해서, 쓰인 문서는 진단가의 연장선이다. 철자법이나 문법의 작은 실수가 있으면 실제 자료에 담긴 상세한 내용을 정확하고 신중하게 고려했는지 의심할 수 있다. 임상가의 검사 및 면담 기술이 아무리 훌륭해도, 보고서를 통한 의사소통으로 임상가의 능력이 평가되기도 한다. 임상가가 다른 전문가와 관계 맺는 주된 방법은 임상보고서이다(전자문서이든 종이이든 간에).

진단보고서에는 다양한 구성 방식이 있고, 전체가 임상보고서 작성에 관한 내용인 책도 있다(Burrus & Willis, 2013; Goldfarb & Serpenos, 2013; Pannbacker, Middleton, Vekovius, & Sanders, 2001). 읽을 사람이 누구인가에 따라 보고서 양식이 모두 다르기 때문에 모든 상황에 맞는 하나의 양식은 없다. 보통은 임상가가 속한 기관의 양식을 따른다. 일하는 세팅에 따라 보고서 양식은 크게 세 가지로 나눌 수 있다.

- **대학의 실습 프로그램 및 일반 치료실:** 실습생은 매우 자세하고 포괄적인 보고서를 쓰도록 배운다. 이러한 보고서는 긴 경향이 있다. 또한 일반적으로 무수한 소제목이 포함되어 있고 모든 결과를 제시한 후 맨 끝에는 요약 및 결론(그리고 진단)이 포함되어 있다. 이런 양식은 정보가 완전하기 때문에 간단히 쓸 수 있는 경우라도 대부분의 수익을 내는 임상 세팅에서 널리 애용하고 있다.

- **병원 세팅:** 의료 전문가를 위한 임상보고서는 간결한 문장 형식의 서체를 사용하며 보통 1~3쪽을 넘지 않는다. 의사와 다른 의료 전문가가 환자 상태의 요점을 빨리 읽을 수 있도록 첫 문단에 임상적 요약(의사소통 진단, 임상적 인상, 기능 수준)을 쓰는 경우가 많다. 병원 세팅에서 사용하는 또 다른 보고서 형식은 구체적인 윤곽이 정해져 있는 양식으로, 머리글자를 따서 SOAP 양식이라고 한다(SOAP의 예는 조금 뒤에 설명하겠다). 이런 윤곽이 있으면 읽는 사람은 정해진 위치에서 정해진 유형의 정보를 쉽게 찾을 수 있다. 또한 의료시설이나 정부 지원 기관(65세 이상의 노인을 위한 의료보험제도인 메디케어, 저소득층을 위한 의료보장제도인 메디케이드 등)은 약어 뒤의 공란에 결과를 적게 되어 있는 빈칸 채우기 식의 정해진 표준 보고서 양식을 제공한다. 이 양식에 평가 요약과 관리(치료) 계획란을 추가하여 의사의 승인을 받게 되어 있다. 상환 기관에서 요구하는 특정 보고 요소들이 있다. 미국의 건강복지서비스국 산하 메디케어 및 메디케이드 서비스 센터(Centers for Medicare and Medicaid Services: CMS)의 양식이 이런 유형에 속한다. 관심 있는 독자는 온라인(http://www.cms.hhs.gov)에서 다양한 CMS 양식을 찾아보기 바란다.

- **공립학교:** 임상가는 국가에서 요구하는 부문이 포함된 국가지정 보고서를 준비한다. 지역 교육 기관에서 지정한 양식에 따라 미리 인쇄된 학교 시스템별로 미리 인쇄한 양식을 사용하기 때문에 서체는 간결한 편이다. 다양한 학제별 샘플은 소셜미디어에서 찾아볼 수 있다.

일하는 세팅에서 어떤 양식을 사용하든지 진단보고서는 정보를 찾기 쉬워야 하고 전문가의 높은 수준이 반영되어야 한다. 임상가가 진단보고서를 판단하는 기준은 정확한가, 완전한가, 효과적으로 쓰였는가(분명하게 적절한 단어를 사용하여), 그리고 신속하게 작성되었는가이다.

[그림 14-1]에는 대학과 일반 치료실의 초보 임상가에게 꽤 효율적인 것으로 추천되는 양식이 제시되어 있다. 이 양식은 여러 주요 부문을 포함하고 있으며, 나중에 컴

I. 기본 정보

　이름:　　　　　　　　　　　　성별:

　생년월일:　　　　　　　　　　등록번호:

　진단 코드:　　　　　　　　　　부모:

　주소:　　　　　　　　　　　　전화번호:

　평가자:　　　　　　　　　　　의뢰자:

　날짜:　　　　　　　　　　　　평가 시 연령:

II. 주된 문제의 기술

III. 과거력 정보

IV. 평가

V. 임상적 인상

VI. 요약

VII. 제언 및 예후

　　　　　　　　　　　　　　　　　　　　　임상가 _____

　　　　　　　　　　　　　　　　　　　　　감독자 _____

[그림 14-1] 진단보고서 양식

퓨터에 입력할 수 있도록 적을 수 있는 공간을 남겨 인쇄해 두거나 문서 작성 프로그램에서 쉽게 편집할 수 있는 형태로 저장해 놓을 수 있다. 미리 디자인된 보고서 틀이 들어 있는 소프트웨어를 구입할 수도 있다(이는 온라인 검색이나 SLP 저널이나 전문 잡지의 광고에서 찾을 수 있다). 대부분의 병원 시설과 클리닉에는 저마다의 문서작성 소프트웨어가 있다. 어떤 방식을 사용하든 간에 SLP는 언제나 보고서의 신뢰성을 보장해야 한다(그리고 HIPAA를 준수해야 한다. 이에 대해서는 이 장의 뒷부분에서 논의하겠다). Swigert(2006)가 주장했듯이, 보고서는 시간이 절약되는 방법을 사용하더라도 대상자마다 개별화되어야 한다. 좋은 보고서는 항상 점수 인용 이상을 담고 있어야 한다. 양식에는 모든 필요한 정보(제목)가 들어 있어야 하지만, 정해진 양식에 과도하게 의존하여 개별적 특성을 잃는 일이 없도록 해야 한다.

기본 정보

이 부분에는 기본적인 신상 정보가 들어 있다. 대상자의 이름, 성별, 주소, 생년월일, 전화번호, 부모(보호자) 이름 그리고 특히 검사일이 들어 있다. 날짜가 없는 보고서는 거의 쓸모가 없다. 그리고 의뢰처(부모, 교사, 의사), 평가자 그리고 기관 정보가 자동 인쇄되지 않는다면 검사가 행해진 장소(의료비 청구와 관련되기 때문에)를 밝힌다. 학교 시스템에서도 요즘은 학교 이름과 위치, 교사와 교장의 이름뿐만 아니라 검사 장소를 밝히도록 하고 있다. 이 부분의 핵심은 정확성에 세심한 주의를 기울이는 것이다. 제삼자 상환의 시대에 보험과 관련하여 대상자의 진단 코드도 적을 때가 많다. SLP에게 필요한 코드와 상환에 필요한 요소의 개요는 이 장 후반에 제시되어 있다.

주된 문제

이 부분에는 현재 겪고 있는 문제를 간결하게 설명한다. 무엇이 불편하고 누가 불편하다고 하는가? 대상자의 호소와 의뢰자가 밝힌 문제를 구분해야 한다. 큰따옴표 안에 대상자(또는 부모)의 말을 그대로 인용하여 의뢰 이유를 밝히는 경우가 많다. 이에 관한 보고서의 예를 〈표 14-1〉에 제시한다.

표 14-1 진단보고서에서 주된 문제의 기술 부분의 예

예 1-음운장애 아동(이중언어 학습자)

6세 2개월의 Marcel Rojas는 학교 선생님(Wanda Kennedy 씨)의 염려와 학교에서 실시한 말-언어 선별 평가(Ellen Richman, SLP)를 통과하지 못한 것으로 인해, 2014년 10월 7일에 말-언어 평가를 받으러 센트럴 초등학교에 왔다. 이 평가는 아동이 말-언어장애로 인해 특수교육을 받아야 하는지를 결정하기 위한 첫 번째 단계로 실시되었다. 부모는 오지 못하였으나, 2014년 9월 24일에 어머니를 만나서 평가 동의를 받았다. 어머니가 영어로 의사소통하기 어려워서 어머니와의 면담은 스페인어로 진행되었다. 어머니는 아동의 말(스페인어)이 두 살 된 여동생보다 못하다고 하였다. 어머니는 아동의 영어 말소리 기술에 대해서는 아는 바가 없었다.

예 2-섭식 및 삼킴 장애 소아

2세 3개월의 Sierra Lucas는 소아과 전문의의 권고로 2014년 11월 21일에 아동의 어머니 Leona Lucas와 함께 본원에 방문하였다. Kimbrel 전문의의 의뢰서에는 아동의 '체중이 또래의 60%ile'에 속하고 "어머니가 '아동은 다른 형제와 달리 식성이 까다롭다.'고 보고하였다"고 적혀 있었다. 어머니의 보고에 의하면 "아동은 식탁에 오기를 거부하고 다른 곳에 숨을 때가 많고, 억지로 앉히면 칭얼거리거나 빠져나가려고 발버둥친다."고 하였다. "아동은 TV 앞 소파에 앉아서 먹는 것을 좋아하고 오랫동안 깨작거리면서 먹는다."고 하였다. "아동은 젖병 빠는 것을 좋아하고 물컵은 던져 버린다."고 하였다. 어머니는 아동에 대해 '좌절감이 들고 걱정이 된다.'고 하였다.

과거력 정보

많은 임상가는 평가 전에 대상자에게 간단한 과거사를 적어 오라고 한다. 또는 얼굴을 마주한 면담을 통하여 이 정보를 얻을 수도 있다. 과거력 보고의 일반적인 형식을 제시하지는 않겠다. 장애별로 필요 정보가 다르므로 이전 장에서 인용한 과거력 정보와 양식을 참조하기 바란다. 이 부분에는 의뢰서에서 얻은 정보, 그리고 의료기록과 과거력과 면담에서 얻은 정보가 포함된다. 대상자의 발달에 대한 자료(일반적인 발달 및 말-언어 발달), 의학력과 교육력과 가족력에 관한 정보, 추정된 심리 및 행동 적응을 요약한다. 대부분의 과거 정보는 대상자, 부모, 또는 다른 사람에게 질문을 하여 얻기 때문에 임상가는 대상자와 어떤 유형의 관계가 형성되었는지, 반응자의 대답이 정직하고 충분했는지, 다른 특이사항은 없었는지 등 면담 상황에서 관찰된 내용을 간단하게 묘사하는 것이 좋다. 보고서의 이 부분에 대한 예는 〈표 14-2〉에 제시하였다.

표 14-2　진단보고서에서 과거력 정보 부분의 예

예 1-실어증과 말실행증을 동반한 성인

Martha Hickman 부인은 2014년 7월 5일 집에서 쓰러져 일어날 수 없고 말도 할 수 없었다. 부인은 앰뷸런스로 멀시 병원으로 이송되었고 전문의 Kyle Burke의 진료를 받았다. 이어진 MRI 검사에서 좌측 전두엽 브로카 영역의 경색이 발견되었다. 의료 기록에 의하면 지난 3개월 동안 물리치료와 언어치료 서비스를 받아 상태가 호전되었다. 퇴원 시에 우측 팔과 다리의 마비는 경도 수준으로 진전되어 워커를 짚고 걸을 수 있었지만, 우측 손과 팔의 사용에는 제한이 있어서 옷 입기가 어려웠고 글쓰기가 불가능하였다고 한다. 시간이 지나면서 처음에 있었던 언어 표현의 어려움과 언어 이해의 제한도 호전되었다고 한다. 아들 Frank에 의하면 환자는 현재 집에서 생활하고 별도의 언어

치료는 받고 있지 않았다. 그리고 아들은 "어머니가 말 문제로 속상해하고 늘 두세 낱말 문장으로 말한다."고 하였고, '어머니가 아들인 자신의 말을 모두 이해한다.'고 생각하였다.

예 2-뇌손상을 동반한 청년

20세 남자 Steve는 우측 두정엽 손상에 의한 말과 인지 문제 때문에 셰이디 그로브 재활센터에서 평가를 받았다. 어머니 Kathy가 동행하여 사례력 정보를 보완해 주었다. Steve는 2013년 9월에 자동차 사고 중 안전벨트에서 튕겨져 나간 후, 작은 경막하 혈종이 생겼고 뇌가 2mm 좌측으로 밀리는 폐쇄성 뇌손상을 입게 되었다. 의식이 없어 사고 현장에서 삽관 시술을 받았다. 사고 결과 Steve는 폐 좌상, 양측 전두엽 경막하 활액낭종, 호흡 곤란이 있었고, 응급실에서 기관절개술을 받았으며, PEG(Percutaneous Endoscopic Gastrostomy, 경피 내시경 위루술) 튜브 삽입이 필요하였다. 사고 후 약 9주간 기억상실증이 있었다. Steve는 사고 직후부터 2013년 11월 11일까지 일리노이 주 스프링필드에 있는 밥티스트 병원에 입원해 있었고, 10월 14일부터는 물리치료와 언어치료를 통해 좌측 마비와 협응 문제, 실행증과 마비말장애, 인지장애에 대한 치료를 받았다. 퇴원 후 2013년 11월 15일부터 2014년 5월 11일까지 밥티스트 재활센터에서 외래환자 서비스를 받았다. 현재 Steve의 움직임은 거의 회복되었으나 아직 단추 잠그기, 벨트 메기, 신발끈 묶기와 같은 소근육 운동 기술에는 어려움이 있다. 삼킴 기능도 좋아져서, 부모 보고에 의하면 꿀꺽꿀꺽 마시기(예: 우유 통으로 먹기)와 딱딱한 음식 골라내기에만 어려움이 남아 있다고 한다. 의사소통과 관련하여 다른 사람은 Steve의 말을 알아듣지 못할 때가 많고 가족들조차 알아듣기가 어려워서 문제가 일어나며, 다른 사람이 알아듣지 못할 때면 Steve는 쉽게 좌절하였다. Steve는 고교 시절 알코올 남용, 마리화나 사용, 흡연의 경험이 있고, 정서 불안, 우울증, 기억장애, 학습장애의 과거력이 있다. 현재 Steve는 주의력결핍장애 때문에 비반스를 복용하고 있고, 우울증 때문에 간헐적으로 셀렉사를 처방받고 있다. 그는 밖에서 사냥하고 낚시하고 사륜 오토바이 타는 것을 즐긴다. Steve의 개인적 목표는 대학에 가는 것이고, 현재 그는 프레이지어 전문대학에서 영어 수업을 듣고 있다.

평가

이 부분에는 다양한 검사 결과를 적는다. 그러나 평가 절차와 결과를 서술하기 전에 대상자가 임상 세팅을 접하게 된 경위와 의사소통 능력 평가에 사용된 과제들을 서술하는 말로 시작한다. 대상자가 과제를 잘 이해했는지, 지루해했는지, 피곤해했는지, 협조적이었는지를 적는다. 각 검사의 이름, 검사 내용, 절차의 설명, 평가 결과를 적는다.

평가 시점에 정상 범주에 속한다고 판단되는 의사소통 기술을 언급해야 할까? 완전한 진단보고서를 위해서 대상자의 청력, 말(예: 말소리, 명료도, 운동 기술, 음성, 유창성),

언어(수용, 표현), 인지, 삼킴 능력의 모든 측면을 간단하게라도 언급하는 것이 표준적인 관행이다. 검사하지 않은 영역에 대해서는 '정상범주로 판단된다'보다 '대상자의 연령에 적합한 것으로 판단된다'라고 언급할 것을 추천한다. 보고서의 이 부분에서 많은 임상가는 검사한 **모든 영역**을 파악할 수 있도록 소제목을 단다. 뇌졸중 환자를 예로 들면, 소제목에 청력, 구강 구조 및 기능, 말운동(말실행증 및 마비말장애), 언어(실어증 검사), 인지 등의 검사를 포함시킬 수 있다. 중요한 검사 정보를 기록하다 보면 이 부분의 분량이 많아진다. 그러나 보고서의 이 부분에는 단순히 정보만 적고 해석은 하지 않는다. 보고서의 이 부분에 대한 예는 〈표 14-3〉과 〈표 14-4〉에 제시한다.

표 14-3 진단보고서에서 평가 부분의 예: SLP가 독립적으로 수행한 비디오스트로보스코피 평가

예—63세의 남성 환자로 목소리가 좋지 않고 발성 지속시간이 짧고 음질이 거칠어서 음성 평가를 받았다. 다음은 SLP가 실시한 비디오스트로보스코피 평가의 결과이다.

국소 마취 없이 검사가 가능하여 내시경을 통해 후두 구조와 기능을 관찰하였다. 후두 점막은 양측 모두 하얀색이고 수분이 충분하였다. '히히히' 과제를 통해 양측 성대의 움직임을 관찰하였다. 숨 쉬는 동안 성문 주변부는 양측 모두 매끄럽고 오목하였다. 스트로보스코피 검사에서 정상 음도와 강도의 '이' 연장 발성 시 성대 가장자리의 움직임이 완전히 유연하였고 전형적인 양측 점막 파동을 보였다. 성문 폐쇄 패턴은 방추형을 지속적으로 유지하였으며, 성문 상부의 긴장은 관찰되지 않았다.

표 14-4 진단보고서에서 평가 부분의 예: 구개열 수술을 받았던 학령전 해외 입양 아동

사용된 표준화 검사와 그 결과는 다음과 같다.

Goldman-Fristoe Test of Articulation-2(GFTA-2)
GFTA-2를 이용하여 아동의 발음을 공식적으로 평가하였다. GFTA-2는 그림을 보여 주고 언어 표현을 유도하여 자음과 자음군의 발음을 확인하는 표준화 조음 검사이다.
GFTA-2의 단어 및 연결발화에서의 말 명료도 점수는 다음과 같다.

친숙한 화자가 친숙한 문맥에서	70%
친숙하지 않은 화자가 친숙하지 않은 문맥에서	40%

GFTA-2의 하위 검사인 단어에서 말소리 검사를 실시하여 오류 말소리 수를 측정한 결과는 다음과 같다.

GFTA-2 단어 검사	원점수	표준 점수	백분위	등가연령
	61	42	<1	<2.0

표준 점수의 평균은 100이고 표준편차는 15이다.

GFTA-2의 단어 검사에서 관찰된 아동의 조음 능력은 생활연령 4세 11개월에 비해 매우 떨어졌다. 아동은 77개 말소리 중 61개 말소리에서 오류를 보였고, 이 점수는 GFTA-2의 표준화를 위해 선정된 또래 표본 집단과 비교하였을 때, 약 −4 표준편차 이하에 속하고, 1% 미만의 아동만이 동일하거나 그보다 낮은 점수를 보이며, 2세 이하의 아동이 보인 평균 점수에 해당한다.

GFTA-2의 단어 검사에서 생략(−) 및 대치 오류를 보인 자음 및 자음군은 다음과 같다.

자음	p	n	g	k	f	d	ŋ	j	t	ʃ	tʃ	l	r	dʒ	θ	v	s	z	ð
어두	m	n	n	m	n		n	n	n	j	j	w	j	d	b	n	n		d
어중		−	−	−		−					z	−	w	j	j	b		−	d
어말		i		p		nd	−		NE	z	w	w	f		−	−	−		

NE = 비누출

자음군	bl	br	dr	fl	gl	gr	kl	kr	kw	pl	sl	sp	st	sw	tr
어두	m	w	w	w	w	w	w	w	w	w	w	p	n	w	w

GFTA-2의 단어 검사에서 모든 위치에서 정확하게 산출한 자음은 /m, b, w, h/였고, 몇몇 위치에서만 정확하게 산출한 자음은 /p, n, f, ŋ, j, d, dʒ, ð/였다. GFTA-2의 표준화 샘플에 따르면, 아동의 생활연령인 4세 11개월까지 완전히 습득되어야 하는 자음 및 자음군은 /b, d, h, m, n, p, f, g, k, t, w, kw/이고, 아동이 모든 위치에서 정확하게 산출한 /m, b, w, h/는 모두 3세 이전에 습득되는 것이다.

GFTA-2의 단어 검사에서 4세 11개월까지 습득되어야 할 자음을 중심으로 오류를 살펴보면, 생략과 대치 오류가 모두 나타났다. 생략은 어중과 어말의 /n, g, k, d/에서 관찰되었다. 대치는 어두에서 /p, f/를 /m/로 대치하였고 /d, t, g, k/를 /n/로 대치하였으며 어두와 어중에서 /dʒ/를 /j/로 대치하였다. 전체 자음을 대상으로 음운 패턴을 살펴보면, 어중 및 어말 자음을 생략하는 자음 생략, 자음 및 자음군을 활음 /w, j/로 대치하는 활음화, 장애음을 비음으로 대치하는 비음화가 나타났다. 그 밖에 성문파열음 및 비누출을 동반한 과다비성이 관찰되었다.

이상의 GFTA-2 결과, 아동은 심한 조음장애를 보인다. 어두, 어중, 어말에서 다양한 자음에 대해 생략 및 대치 오류를 보인다. 자음 생략 및 비음이나 활음으로의 대치가 빈번하고, 성문파열음 및 비누출을 동반한 과다비성 왜곡도 관찰된다. 아동의 조음 점수가 생활연령의 기대치에 미치지 못하는 이유는 양측성 구순구개열 수술 후 구개천공과 연인두폐쇄부전이 있기 때문으로 사료된다.

Clinical Evaluation of Language Fundamentals-Preschool, 2nd ed (CELF-P2)

CELF-P2를 이용하여 아동의 표현 및 수용 언어 기술을 평가하였다. 이 검사는 아동의 언어장애를 판별, 진단, 평가하기 위해 개발되었다. 이 검사는 세 개의 하위 검사를 이용하여 핵심 언어 점수를 계산하여 전반적으로 언어 문제가 있는지를 판별한다. 수용 언어 지표, 표현 언어 지표, 언어 내용 지표, 언어 구조 지표와 같은 다양한 다른 측정치도 얻을 수 있으며, 언어장애가 있다면 그 특성을 기술할 수도 있다.

임상가가 실시한 CELF-P2의 하위 검사는 문장 구조, 단어 구조, 표현 어휘, 개념 및 지시수행, 문장 회상, 기초 개념, 단어군-이해, 단어군-표현이었다. 아동의 CELF-P2 점수는 다음과 같다. 하위 검사의 원점수는 정반응한 항목 수를 나타낸다. 백분위 및 척도 점수로는 아동의 수행을 동일 연령 아동과 비교할 수 있으며, 척도 점수는 백분위를 변환한 것이다.

하위 검사	원점수	백분위	척도점수	등가연령
구문 구조	9	16	7	3.2
단어 구조	6	2	5	<3.0
표현 어휘	12	25	8	3.5
개념 및 지시 수행	6	16	7	<3.0
문장 회상	5	9	6	3.0
기초 개념	12	16	7	3.5
단어군-수용	7	9	6	<4.0
단어군-표현	0	2	4	<4.0

척도점수: 평균이 10이고 표준편차가 3이다.

구문 구조 검사는 표현된 문장을 해석하는 능력을 보는 것인데, 문항이 뒤로 갈수록 문장의 복잡도가 점차 증가한다. 임상가가 아동에게 그림을 보여 주면 아동은 임상가가 말한 문장에 해당하는 그림을 고르게 되어 있다. 아동은 9점을 획득하였고, 이는 백분위 16과 척도점수 7에 해당하여 정상 범주에 속한다.

단어 구조 검사는 형태소 및 대명사 사용을 평가한다. 임상가가 아동에게 그림을 보여 주며 해당하는 단어를 들려주면 아동은 문장을 완성해야 한다. 아동은 원점수 6점을 획득하였고, 이는 백분위 2와 척도점수 5에 해당하여 -2 ~ -1 표준편차의 평균하에 속한다.

표현 어휘 검사는 사람이나 사물의 이름을 표현하는 능력을 검사한다. 임상가가 아동에게 사물, 동작, 사람의 그림을 제시하고 "이게 뭐예요?" 등의 질문을 한다. 아동은 12점을 획득하였고, 이는 백분위 25와 척도점수 8에 해당하여 정상 범주에 속한다.

개념 및 지시수행 검사는 여러 보기 중 사물 고르기 과제 그리고 특징, 이름이나 순서 기억하기 과제를 통해 문장의 길이와 복잡도를 높여 가며 지시를 해석하고 이해하는 능력을 검사한다. 임상가는 아동에게 임상가의 설명에 해당하는 사물을 고르도록 한다(예: "작은 고양이를 짚어 보세요."). 아동은 원점수 6점을 획득하였고, 이는 백분위 3과 척도점수 7에 해당하여 정상 범주에 속한다.

문장 회상 검사는 임상가가 들려주는 문장을 의미나 구문 구조의 변화 없이 그대로 따라 하도록 한다. 아동은 원점수 5점을 획득하였고, 이는 백분위 9와 척도점수 6에 해당하여 −2 ~ −1 표준편차의 평균 하에 속한다.

기초 개념 검사는 숫자, 위치, 동질성, 크기와 같은 개념이 있는지 평가한다. 임상가는 아동에게 임상가가 설명하는 그림을 고르라고 한다(예: "울고 있는 남자아이를 짚어 보세요."). 아동은 12점을 획득하였고, 이는 백분위 16과 척도점수 7에 해당하여 정상 범주의 수행에 속한다.

단어군 검사는 단어군(예: 호른과 드럼) 사이의 의미적 관계를 파악하거나 표현하는(예: 악기) 검사이다. 수용 영역 검사는 임상가가 세 개의 사물과 그 이름을 제시하고 아동에게 관련 있는 두 단어를 고르라고 한다. 아동은 7점을 획득하였고, 이는 백분위 9와 척도점수 6에 해당하여 평균하에 속한다. 표현 영역 검사는 임상가가 두 단어를 들려주고 그 관계를 표현하도록 한다. 아동은 0점을 획득하였고, 이는 백분위 2와 척도점수 4에 해당하고 −2 표준편차 이하의 수행에 해당하여 정상 범주에서 벗어난다.

앞의 하위 검사의 척도 점수를 합산하여 핵심 언어 점수와 네 개의 지표 점수를 산출한다. 이 점수는 또래 수행과의 비교를 위하여 평균이 100이고 표준편차가 15인 표준점수와 백분위로 변환된다. 아동의 핵심 언어 점수와 네 개의 지표 점수는 다음과 같다.

	핵심 언어	수용 언어	표현 언어	언어 내용	언어 구조
척도 합산 점수	20	21	19	22	19
표준점수	81	83	79	85	77
백분위	10	13	8	16	6

핵심 언어 점수는 문장 구조, 단어 구조, 표현 어휘의 점수를 합산하여, 전체적으로 언어지체가 있는지를 결정할 때 사용한다. 아동의 합산 점수는 표준 점수 81과 백분위 10에 해당하여, −2 ~ −1 표준편차의 평균하에 속한다.

수용 언어 지표는 문장 구조, 개념 및 지시수행, 기초 개념의 점수를 합산하여, 청각적 이해와 듣기를 측정한다. 아동의 합산 점수는 표준편차 83과 백분위 13에 해당하여, −2 ~ −1 표준편차의 평균하에 속한다.

표현 언어 지표는 단어 구조, 표현 어휘, 문장 회상의 점수를 합산하여, 표현 언어 능력을 측정한다. 아동의 합산 점수는 표준편차 79와 백분위 8에 해당하여, −2 ~ −1 표준편차의 평균하에 속한다.

언어 내용 지표는 표현 어휘, 개념 및 지시수행, 기초 개념의 점수를 합산하여 어휘, 단문 및 복문의 이해, 단어관계의 이해, 개념 발달을 포함하는 의미 발달을 측정한다. 아동의 합산 점수는 표준편차 83과 백분위 13에 해당하여, −2 ~ −1 표준편차의 평균하에 속한다.

언어 구조 지표는 문장 구조, 단어 구조, 문장 회상의 점수를 합산하여 다른 구조의 단어와 문장의 해석 및 표현을 측정한다. 아동의 합산 점수는 표준편차 77과 백분위 6에 해당하여, −2 ~ −1 표준편차의 평균하에 속한다.

이상의 CELF-P2 결과, 아동의 언어 능력은 또래에 비해 다소 떨어진다고 판단된다. 아동이 상대적으로 강점을 보인 영역은 표현 어휘 기술, 그림에서 사물 찾기, 그림에서 관련된 사물 찾기이다. 아동이 상대적으로 약점을 보인 영역은 단어군 관계의 표현, 문장 듣고 똑같이 따라 하기, 다양한 단어 구조의 사용이다.

연인두 평가

오른쪽 콧구멍으로 내시경을 넣어 연인두를 볼 수 있는 곳에 위치시켰다. 내시경이 들어갈 때 비인두 점막이 매우 두꺼웠고 연인두가 명확히 보이지 않았다. 내시경이 연인두가 잘 보이는 곳에 도달했을 때, 아동에게 'Pet the puppy' 'I see Suzy' 'Take it out' 문장을 따라 하라고 하였다. 이 문장을 산출하는 동안 인두측벽과 연구개의 움직임은 제한되었고 인두후벽의 움직임은 거의 관찰되지 않았다. 말을 하지 않는 동안에는 연인두를 적절하게 폐쇄하여 공명에 균형을 유지할 수 있었다. 연인두문에는 작은 구멍이 지속적으로 남아 있었다. 연인두 움직임의 특징을 살펴보기 위한 추가 문장 검사와 "hamper, hamper, hamper"와 같은 동시조음 문맥 검사는 수행하지 못하였다.

아동은 인두성형술을 받은 지 1년이 지난 상태이나, 전반적으로 연인두문이 매우 무력하여 중등도와 중도 사이의 과다비성 공명을 보였다. 균형 잡힌 공명을 다시 만들려면 수술이 필요한지 알아보기 위하여 구개열 팀의 성형외과 전문의에게 의뢰할 것을 권한다.

비음측정기

Nasometer II를 이용하여 아동의 비음도에 해당하는 비음치를 측정하였다. 아동에게 헤드셋 장치를 씌우고 문장을 말하도록 하였다. 아동이 산출한 세 문장의 비음치는 다음과 같다.

문장 특성	아동의 비음치	정상 평균 및 표준편차
비음 연장	94%	평균 95%, 표준편차 2
비음 문장	48%	평균 61%, 표준편차 7
구강음 문장	36%	평균 15.6%, 표준편차 4

비음 문장에서는 과소비성이 지각되었고 비음치가 낮았다. 과소비성은 인두성형술 후 남아 있는 구멍의 점막 폐색 때문으로 추정된다. 구강음 문장에서는 비음치가 정상보다 높았고 성문파열음의 사용으로 인위적으로 낮아졌다.

청력

2010년의 검사에서 아동은 양측성 전도성 난청이 있었다. 2012년 9월의 이경 검사에서 많은 양의 귀지로 인해 고막이나 튜브를 볼 수 없었고 고실계측검사에서 양측 귀 모두 B 유형의 고실도를 보였다. 오늘은 양이에 순음 청력 검사를 실시하였는데, 1,000Hz에서는 청력이 정상 범주였으나 250Hz, 500Hz, 2,000Hz, 8,000Hz에서는 경도의 난청이 있었다.

임상적 인상

이 부분에서는 대상자와 의사소통장애에 대한 인상을 요약한다. 대상자에게 나타난 말-언어-삼킴 장애의 유형은 무엇인가? 얼마나 심각한가? 그 원인은 무엇인가? 문제를 지속시키는 요인은 무엇이라고 생각하는가? 문제가 대상자와 그 가족에게 미치는 영향은 무엇인가? 장애는 생활에 얼마나 방해가 되는가? 치료의 예후는 어떠한가? 우리의 해석과 인상은 면담이나 검사나 관찰을 통해 얻은 정보에 근거해야 한다. 예전에 임상가가 검사했던 사례와 유사하다는 등의 이전 경험에 근거한 임상가의 추측은 가감 없이 그대로 적어야 한다. 보고서의 이 부분에 대한 예는 〈표 14-5〉에 제시한다.

표 14-5 진단보고서에서 임상적 인상 부분의 예

예 1-언어 및 문해 장애 아동

Ben은 12세 남아로 쉬플리 중학교 6학년에 재학 중이고 현재 특수교육 서비스를 받고 있다. 부모의 최초 보고에 의하면, 아동은 언어, 청각적 처리 과정, 읽기, 쓰기 능력에 문제가 있고, 이 문제들이 학교생활, 가족 및 친구 관계에 부정적인 영향을 미치고 있다. 평가를 위해 Comprehensive Assessment of Spoken Language(CASL), Test of Auditory Processing Skill III(TAPS-3), Token Test for Children(TTFC-2), Gray Diagnostic Reading Test-2(GDRT-2)가 진행되었다. CASL과 TTFC-2 결과는 아동이 이해 언어에 심각한 문제가 있음을 보여 주었다. 그러나 시각 단서를 제공하자 모든 과제의 수행이 유의미하게 향상되었다. GDRT-2 결과는 아동이 읽기 능력에 심각한 문제가 있음을 보여 주었다. 그러나 자소와 음소를 정확히 대응할 수 있는 것으로 보아 읽기 능력이 향상될 잠재력이 있었다. 전체적으로 검사 결과는 아동이 청각 기억, 음운 분절과 합성, 자소와 음소 관계, 전반적인 읽기에 어려움이 있음을 나타내고 있다. 이러한 요소들이 치료 목표가 되어야 아동의 수용 언어와 읽기 능력의 향상에 도움이 될 것으로 생각된다.

예 2-후두적출술로 기관식도절개술을 받은 성인

Robert Weaver 씨는 3주 전 후두암으로 후두 전체를 적출하는 수술을 받았고, 오늘(2014년 11월 20일) 의사 Guthrie에 의해 기관식도절개술을 받았다. 이후 언어치료사가 치료실에서 보조장치를 끼워 주고 초기 말 시도를 평가하였다. 환자는 손놀림이 좋았고 지시를 잘 이해하였으며 모든 절차를 침착하게 수행하였다. 또한 쥐어짜지 않는 깨끗한 음성을 산출할 수 있었다. 2회기 동안 보조장치의 관리와 장착, 최적의 말-언어 산출 전략에 대한 추가 안내를 실시하였다. 환자는 기관식도절개공을 통해 능숙하게 말하게 될 것으로 예상된다.

요약

요약 부분은 보고서 전체에서 두드러진 특징을 뽑은 간단한 문장(짧은 한 문단 이하)이어야 한다. 어떤 의사소통장애인가? 장애의 주된 특징은 무엇인가? 추측되는 상애의 원인은 무엇인가? 치료 예후(회복될 수 있는지 또는 성취에 제한이 있을지)는 어떠한가? 보고서의 이 부분에 대한 예는 〈표 14-6〉에 제시한다.

표 14-6 **진단보고서에서 요약 부분의 예**

예 1-언어 및 유창성 장애가 있는 자폐스펙트럼장애 아동

공식 및 비공식 검사에서 Hannah의 의사소통 문제는 경도의 조음장애(특히 치간음화 오류), 경도에서 중등도의 이해 언어 지체, 경도의 표현 언어 지체, 심한 유창성장애, 자폐스펙트럼장애의 공식적인 진단에 부합하는 화용 문제로 특징지어진다. 아동은 말더듬이 있을 때마다 3~4회의 전체 낱말 및 부분 낱말 반복, 연장, 막힘을 나타내었다. 말더듬 행동의 빈도는 읽거나 반향어를 말할 때는 낮으나 새롭거나 언어적으로 복잡한 말을 할 때는 점차 높아졌다. 부모 참여도가 높고 기본적인 이해 및 표현 언어 기술이 있기 때문에 언어 문제에 대한 예후는 좋은 편이다. 그러나 유창성 문제는 아동이 규칙적인 치료 스케줄에 지속적으로 참여하고 보조적으로 가정 프로그램이 병행되더라도 예후가 그리 좋지는 않다. 아동의 응용행동분석(Applied Behavior Analysis: ABA) 치료사의 협조가 성공적인 치료에 도움이 될 것으로 생각된다.

예 2-말더듬이 있는 유치원 아동

Michael은 평가에 매우 협조적이고 열심히 임하였다. 공식 및 비공식 평가에서 아동은 매우 심한 유창성장애를 보였다. 말하기 과제 전반에서 들리는 연장, 들리지 않는 연장(막힘), 음절 반복이 나타나 말의 유창성에 영향을 미쳤다. 또한 아동은 말을 더듬을 때 허리 굽히기, 발 구르기, 입 만지기, 얼굴 긴장과 같은 이차 행동이 동반되었다. 평가 중 아동의 반응, 특히 KiddyCAT (Communication Attitude Test for Preschool and Kindergarten Children Who Stutter) 검사에서 아동이 자신의 비유창성을 인식하고 있고, 비유창성으로 인해 당황스럽고 걱정되고 좌절감을 느끼고 있음이 나타났다. 말더듬 행동의 중증도, 부적절한 인식, 말더듬에 수반되는 이차 행동으로 인해 진전에 대한 예후는 좋지 않다. 아동이 규칙적인 치료 스케줄에 참여하고 보조적으로 가정 프로그램이 병행된다면 성공적인 치료에 도움이 될 것이다.

제언

제언은 아마 보고서에서 가장 중요한 부분일 것이다. 이제 우리는 평가 결과를 바탕으로 대상자가 의사소통 및 관련 문제를 해결할 수 있도록 적절한 제안이나 지시를 제공해야 한다. 추가적인 말 또는 언어 평가를 권하는가? 의사에게 의뢰할 필요가 있는가? 치료가 필요한가? 치료나 관리 계획은 어떤 방향으로 진행하고, 누가, 언제, 얼마나 자주 할 것인가? 대상자와의 각기 다른 상호작용을 구체화하고 모든 자료를 대조한후, 앞으로의 행동(만약 있다면)에 대한 융통성 있는 청사진을 제공해야 한다. 우리는 우리가 어디로 가야 하는지에 대한 질문에 답을 시도해야 한다. 구체적이고 간단하게 제언하도록 노력하라. 치료 제언이나 관리 계획은 간단명료하게 제시되어야 한다(다소 오랜 기간의 관리 계획은 후속 문서로 개요를 제시할 수도 있다). 보고서의 이 부분에 대한 예는 〈표 14-7〉에 제시한다.

표 14-7   **진단보고서에서 제언 부분의 예**

예 1─급성기 치료를 받고 있는 뇌졸중 성인의 내시경 삼킴 평가

이 환자는 수용 및 표현 언어 기술에 중등도의 장애가 있으며 중등도의 구강삼킴장애와 중등도에서 경도의 인두삼킴장애가 있다. 내시경 삼킴 평가 결과(2016년 3월 16일) 및 경도의 흡인 위험에 근거하여 식사 시 차후 지시가 있을 때까지 잘게 다진 식이로 현재의 삼킴 주의사항과 방법을 지속하기를 권고한다.

예 2─아동 언어 사례

Sarah에게는 주 2회 한 시간씩의 말-언어치료를 권한다. 치료의 초점은 다음과 같다.

1. 읽기 이해의 향상을 위하여 글을 훑어보고 주요 용어와 정보 찾기, 그리고 이야기 지도와 글의 개요 만들기와 같은 전략 사용하기
2. 읽기 이해의 향상을 위해 한 문단을 읽고, 주제와 상세한 내용이 무엇인지 생각하고, 주제를 자신의 글로 쓰는 RAP(read, ask, and put) 전략 사용하기
3. 읽기 이해의 향상을 위해 조사, 질문, 읽기, 암송, 검토라는 다섯 단계의 SQ3R(survey, question, read, recite, and review) 학습 전략 사용하기
4. 비유적이고 다의적인 언어에 대한 능력 증진시키기

또한 아동은 교실에서 앞쪽에 앉기, 수업일 전에 유인물 받기, 복잡한 일 수행에 더 많은 시간 제공받기와 같은 도움이 필요하다.

마지막으로 한 가지 주의 사항이 있다. 다른 전문가에게 **구체적인** 평가나 관리 절차를 제언하지 말라. 예를 들어, 신경과 의사에게 뇌파 검사를 권하거나 치열 교정과 의사에게 치아 기구를 제언하면 안 된다. 의사가 SLP에게 아동을 의뢰하면서 구체적으로 어떤 검사를 하라고 제언한다면 SLP는 유감스럽게 생각할 것이다. 추가 평가를 의뢰하려면 분명한 증거가 있어야 한다. 분명하고 심각한 이유 없이 자세한 의학 또는 심리 평가를 권하면 대상자 입장에서 비용도 많이 들고 시간도 오래 걸리며 스트레스를 받게 된다.

5세인 Mark는 진단 회기 초반부터 뇌손상 가능성이 의심되었다. 우리는 가족의 경제 사정을 고려하여 소아신경과로의 평가 의뢰를 결정하기 전에 모든 분명한 뇌손상 증상을 자세하게 밝히고 싶었다. 관찰을 통해 다수의 심각한 증상이 발견되었다. 운동 협응의 어려움, 불안정한 감정, 빠르고 어눌한 말소리, 보속 증상, 철자 오류가 나타났다. 그러므로 의뢰할 이유가 분명했다.

제언 및 예후 진술은 잘못되거나 비현실적이면 안 된다. 임상가는 근거기반실제를 생각해야 한다. 10년 전에 뇌졸중이 발병했던 65세 여성을 예로 들어 보자. 한 임상가가 이 부인이 현재 받고 있는 실어증 서비스에 열의가 매우 높으므로 치료의 예후가 좋다고 보고했다고 하자. 이 예후 진술은 왜 부적절할까? 첫째, 대상자의 열의 정도는 신뢰할 만한 성공 지표가 아니다. 둘째(그리고 이 요인이 중요하다), 실어증 문헌을 보면 기능 회복이 시간에 민감한 것이 명백하므로, 뇌졸중 발병 후 경과된 기간은 중요한 예후 요인이다. 셋째, '무엇에' 대한 진전인지가 명시되어 있지 않다.

쓰기 과정

많은 학생이 보고서 쓰기를 어려워한다. 대부분은 부담스러워하고, 어떤 학생은 모든 정보를 요약해야 한다는 생각에 위협을 느끼고 헤어 나오지를 못한다. 그러나 대부분의 학생은 글쓰기 문제가 아닌 글쓰기 편견을 가지고 있다. 자신이 잘할 수 없다고 생각한다. 물론 단기간에 간단히 해결되지는 않지만, 여러 명의 초보 보고서 작성자에게 유용했던 한 방법을 제안하고자 한다.

매일 쓰라. 매일 밤, 예를 들어 자기 전에, 앉아서 그날 여러분에게 일어났던 일을 서술체 문단으로 쓰라. 일주일 뒤 여러분이 썼던 글을 다시 읽으라. 수정하고 고치고 단어와 구가 의미하는 바를 자문해 보라. 우리 생각에 글쓰기를 배우는 가장 좋은 방법은 써 보는 것이다.

일단 중요한 내용을 쓰고 나중에 수정하라. 정보가 여러분 머릿속에 살아 있는 동안 최대한 빨리 보고서를 쓰기 시작하라. 초보 보고서 작성자의 일반적 실수는 초안에서 너무 완벽한 보고서를 쓰려고 하는 것이다. 그 시점에서는 보고서가 어떻게 보이는지 중요하지 않다. 여러분은 항상 수정할 수 있고 수정하도록 도와주는 누군가가 있다. 벽에 부딪히거나 생각이 막힐 때 거기에 오래 머물지 말라. 그 부분을 뛰어넘어 보고서의 나머지 부분을 쓰라. 나중에 되돌아오면 아까 못 썼던 부분에 채울 말이 생각날 것이다.

누군가가 여러분의 초안을 읽고 조언해 주는 것이 도움이 많이 된다. 자신의 글을 파헤치도록 넘겨주는 것이 쉽지는 않겠지만 읽는 사람에게 정직하고 성실하게 고쳐 줄 것을 요청하라. 작성자가 쓸 때는 분명해 보였던 문구가 읽는 사람에게는 모호하고 이해하기 어려운 경우가 아주 많다.

문체

유용하다고 생각되는 몇몇 문체의 원칙을 간략하게 나열하고자 한다.

1. 소제목을 사용하여 직설적이고 객관적으로 표현하라. 짧고 간단하나 완전한 문장을 사용하라. 특정 독자를 위해 글을 쓴다고 상상하면 도움이 될 것이다. 교사, 의사, 언어치료사 등의 독자를 마음속에 그리며 여러분이 관찰하고 조언한 것을 이야기하라. 읽는 사람의 이해 수준이 의심되면 더 단순하게 말하는 것이 좋다.

2. 비인칭 문체를 사용하라. 어떤 임상가는 진단보고서에 일인칭을 사용하지만 '나'라고 쓰지 않는 것이 좋다. 전문가 보고서에는 '임상가' 또는 '검사자'라는 표현이 더 어울린다. 비인칭 문체가 글쓴이의 독특한 문체를 최소화하고 객관성을 높이는 경향이 있는 것 같다.

3. 철자나 시제 사용, 문법, 구두점이 정확한지 꼼꼼히 확인하여 보고서를 수정하라. 한 번의 오류로도 진단가에 대한 읽는 사람의 신뢰를 감소시킬 수 있다. 보고서의

정확성에 따라 여러분 능력의 상당 부분이 판단된다는 점을 잊어서는 안 된다.

4. 어휘를 잘 살펴보라. '좋다, 바라건대, 잘했다'와 같은 모호한 어휘의 남용을 조심하라. 문장을 만들 때 입버릇처럼 하는 표현이나 정형화된 방식을 피하라. 어떤 임상가는 두 쪽의 진단보고서에 '~의 측면에서'라는 구를 열세 번이나 사용하였다. 어떤 사람은 보고서를 '입력, 인터페이스, 시나리오'와 같은 최신 유행 단어로 장식한다. 어떤 사람은 '임상가는 대상자가 진단 과제를 이해한다고 느꼈다.'에서처럼 '느낀다'라는 부적절한 표현을 사용한다. 이 단어는 감정이나 촉감을 말할 때 사용해야 한다. 약어는 되도록 사용하지 말라. 분명하지 않다면 최상급 표현도 피하라.

5. 자신 없는 보고서를 쓰지 말라. 특징도 없고 단서(아마도, 분명히, 경향이 있다)로 가득 찬 문장은 진단가가 소심하다는 것 외에는 아무것도 드러내 주지 못한다.

6. 보고서는 '분명하게' 작성하라. 모호해서 행간을 살피게 하지 말라. 만약 어떤 분야의 결과가 불분명했다면 그것을 분명하게 언급하라. 읽는 사람으로 하여금 여러분이 모든 측면을 다 살펴보았을 거라고 짐작하게 하지 말라.

7. 진단보고서는 여러분이 얼마나 많이 배웠는지 나타내거나 많은 어휘를 과시하는 곳이 아니다. 박식한 체하는 보고서는 이해가 잘 안 되거나 읽히지 않는다.

8. 관찰 내용을 종합하여 어떤 해석을 내릴 수 있을 때까지 자료를 가까이 하라. 예를 들어, 단순히 아동이 어린애처럼 말한다고 언급하지 말고 어떤 말소리에 오류가 있다고 알려 주라.

9. 좋은 문체와 관련하여 제일 중요한 것은 진단 회기에 임상가가 무엇을 했고 무엇을 발견했는지가 제대로 전달될 때까지 충분한 시간과 노력을 들여 보고서를 고치고 또 고쳐 쓰는 것이다.

문서에 대한 감독자의 피드백

대학 훈련 프로그램에서의 임상 교수 그리고 인턴이나 연구원 시절에 임상가의 현장 감독자는 임상보고서 글쓰기 기술의 조언자 역할을 한다. 모든 근무 환경(대학교와 일반 치료실, 병원 세팅, 학교 세팅)에 있는 SLP 감독자 그리고 일터에서의 동료 SLP는 학생이나 새로운 임상가가 보고서 문체와 기관에서 제공하는 서식, 견본, 형식의 사용을 익히도록 도와주는 위치에 있다. 개인이 전문가로 발전하는 데에는 이러한 멘토링이 중요하다.

중요한 초창기의 보고서 작성 지도는 대학 훈련 프로그램에서 이루어지며, 거기서 임상 교수는 세심하게 미래의 전문가를 양성해야 한다. Van Gilder와 Street-Tobin(2011)은 임상감독자가 보고서의 요소들을 더 효율적으로 검토할 수 있도록 진단보고서 작성에 대한 평가 항목을 개발하였다. 그들은 진단보고서 평가 시 검토해야 할 표준화된 다섯 수준의 항목에 대해 설명과 예를 제시하였으며, 거기에는 양적 척도 측정과 질적 척도 측정이 모두 포함되어 있다. 다섯 영역과 각 영역의 하부 요소의 예는 다음과 같다.

- 내용(40): 완성도, 타당성, 정확성, 해석
- 문체(20): 구성, 간결함, 명확함
- 전문적인 글쓰기(15): 공식적 언어, 전문적 용어, 사실과 의견의 구분
- 문법과 검토(15)
- 결속력(10): 통일성, 진단의 결론과 제언에 대한 증거

이러한 감독 항목은 지도자나 감독자에게 진단보고서를 제출하기 전 자기평가를 할 때도 사용할 수 있다.

문서에 대한 감사

경력을 쌓는 시점에서 보고서 작성 기술을 연마할 수 있는 또 다른 기회는 여러분의 보고서를 감사받는 것이다. 진단보고서에 대한 동료 전문가의 자발적인 감사는 문서의 명확함과 자세함을 확인받기에 좋다. 검토를 의뢰받는 것은 스트레스가 될 수 있다. 모의 감사에 참여하는 임상가는 임상의 질에 확신이 있어야 하고 지켜야 할 것을 잘 지켰으며 그래서 두려울 게 없어야 한다. 감사를 하는 기관의 동료 SLP(또는 협력 분야의 다른 사람들)는 많은 진단보고서를 보면서 규정 양식을 지켰는지를 확인하기 때문에 이러한 모의 '진단보고서 감사'는 또 다른 배움의 경험이 된다. 물론 이를 위해서는 먼저 요구되는 양식과 내용에 대한 검토가 필요하다.

환자 관리 감사는 질적 보증을 위한 국가적 건강관리 감시 시스템의 한 부분이다. 환자 관리 감사는 진단평가의 치밀함, 치료 절차, 환자의 수행 결과에 대한 감사를 포

함하여 다양한 경로를 통해 환자에게 제공된 관리의 질에 초점을 맞추게 된다. 이전 파일들을 검토하여 진단보고서에 반드시 있어야 할 요소들이 있는지를 확인할 수 있다. 환자 관리 감사 시 임상가나 기관은 보고서의 질을 살펴보기 전에 먼저 최소한의 요구사항이 적혀 있는지를 봐야 한다. 예를 들어, 대상자의 생년월일, 의뢰처와 차트 번호와 평가일자, 청력검사와 구강 구조 및 기능 검사의 수행이 기록되어 있는지 먼저 확인해야 한다. 미리 원하는 수행 수준을 정해 놓는 것도 필요하다(예: '감사를 실시한 보고서의 적어도 90%는……'). 모의이든 자가수행이든 간에 환자 관리 감사를 통해 정보 수집과 보고에 대한 전문적 표준을 준수했는지를 확인하길 권한다. 문제점이 발견되면 개선이 필요한 특정 영역을 목표로 하여 임상 절차를 조정해야 한다.

비밀 유지

어떤 전문가이든지 비밀 유지는 기본이다. 모든 보고서와 기록(전자 및 종이)은 비밀이 유지되어야 하며, 우리가 담당했던 사람에게 어떠한 피해가 가서도 안 되고 곤란한 상황이 벌어져서도 안 된다. 「의료보험의 상호운영 및 설명책임에 관한 법률(Health Insurance Portability and Accountability Act: HIPAA)」의 규제에 따라 사생활과 보고서 보안이 유지되어야 한다. 진단보고서가 나갈 때는 기관보다는 개인에게 전달되는 것이 더 좋다. 전자 보고서의 모든 전송은 안전해야 하고 HIPAA의 규정을 따라야 한다. HIPAA 규정 소프트웨어(그리고 보안 서버의 접근)는 이제 거의 모든 임상기관에 깔려 있어야 한다. **환자의 개인 정보가 들어 있는 보고서를 인터넷을 통해 이메일 파일 첨부로 보내는 것은 안전하지 않으므로 절대로 해서는 안 된다!** 여러분의 집에 있는 컴퓨터나 와이파이를 제공하는 커피숍에서 노트북으로 환자의 보고서를 작성하는 것은 안전이 보장되지 않으므로 삼가라. 또한 대상자에 대한 어떤 정보를 보내기 전에 문서로 대상자의 허락을 받아야 한다. 대부분의 말-청각 센터와 의료기관에는 동의서 양식이 있어서 진단회기 전이나 중에 사인을 받아 놓는다.

대상자와 부모는 공법 93-380, 즉 1974년의 「가족 교육권 및 사생활 보호법(Family Educational Rights and Privacy Act: FERPA)」에 따라 그들에 대한 정보가 포함된 어떤 보고서라도 읽을 수 있는 법적인 권리가 있기 때문에 진단 결과 사본을 당사자에게 보내는 것이 좋다. 그러나 보고서를 보내기 전에 반드시 그들에게 보낼 진단 결과와 제언을 다시 한 번 검토하기 바란다. 우리는 대상자나 부모와 함께 최종 보고서에 들어갈 정보를 점검하여 그들이 내용을 이해했는지 확인할 수 있다.

Watson과 Thompson(1983)은 진단 회기 후에 진단보고서와 회의에 대한 부모의 인식을 조사하였다. 얼굴을 마주한 회의에서는 90%의 부모가 임상 결과를 이해하는 것으로 나타났고, 문서로 된 보고서는 89%의 부모가 결론을 이해한다고 하였다. 모두 수치가 높게 나타났지만 임상가는 전문가로서 말과 글로의 의사소통 기술을 향상시킬 여지가 있다고 하였다.

의료 세팅의 문서를 위한 추가적 세부사항

의료 세팅에 있는 임상가는 문제 중심의 양식에 결과를 기록하게 된다(Kent & Chabon, 1980). 문제 중심 진료 기록(Problem-Oriented Medical Records: POMR)에는 환자가 경험하고 있는 중요한 문제의 목록이 자세하게 정의되고 보고되는 것이 특징이다. 문제 목록에는 환자가 밝힌 현재의 불편한 점뿐만 아니라 건강관리 팀 구성원이 확인한 문제가 모두 포함된다. 예를 들어, 뇌졸중이 있었던 환자는 오른쪽 마비와 실어증뿐만 아니라 일상 활동(예: 먹기, 옷 입기), 움직임, 언어, 지능 등의 문제가 있을 수 있다. 이 문제 목록은 보고서 맨 앞에 위치하는 것이 좋으며, 추가 평가 및 치료가 필요한 영역을 알려 준다.

환자에게서 얻은 모든 정보는 [그림 14-2]의 네 항목으로 정리할 수 있다. 이 네 항목의 첫 글자를 조합하면 SOAP가 된다. 40년 이상 이용되어 온 SOAP 양식은 진단보고서뿐만 아니라 매일의 차트 기록에도 사용할 수 있다. 진전 기록은 간결해야 한다. SOAP 양식은 대부분의 의료 분야에서 사용되고 있으며, SLP를 포함한 여러 전문가에게 간략한 보고를 지도하는 훌륭한 방법이다. SOAP 양식은 그날(또는 그 주) 회기의 주요 정보를 기록하도록 도와준다. 환자의 협조, 동기 및 혼란 수준(주관적), 시도된 과제

주관적 정보 (Subjecrive)	객관적 정보 (Objective)	평가 (Assessment)	계획 (Plan)
면담 및 사례정보 수집	검사 결과	주관적 및 객관적 정보의 조합	추가 검사 및 치료 선택

[그림 14-2] 의료 진단보고서나 요약을 위한 SOAP 양식

의 유형 및 자극과 단서의 수준(객관적), 과제 수행의 정확도(평가), 논리적으로 뒤따르는 다음 단계의 재활 프로그램(계획)을 간단히 진술하면 된다.

최근 들어 건강관리 산업 분야에서 기능적 결과 측정의 사용이 증가하는 추세이다. 이 측정에서는 환자의 행동을 기능 수준에 비추어 단정적으로 평가한다. 기능 측정은 환자의 평가에서도 필요한 요소이고, 이후에 보고하는 많은 메디케어 양식에도 필요하다. 의료 세팅에 있는 SLP는 초기 진단 회기에 의례적으로 기능을 평가하고 있다. 이는 치료나 일정 기간 경과 후 재평가 결과와 비교하기 위한 기초선이 된다. 이런 방식으로 적어도 몇몇 기능에 대해서는 서비스의 결과를 추적할 수 있다. 다양한 기능 측정 도구가 광범위하게 사용되고 있다.

기능 자립도 측정(Functional Independence Measure: FIM; State University of New York at Buffalo, 1993a)은 SLP를 포함하여 특히 급성기 병원과 재활 세팅에서 일하는 다양한 건강관리 전문가들이 사용하는 성인용 결과 측정이다. 전(초기 진단평가)과 후(이후 재평가)의 점수 비교를 통해 결과를 살펴보며, 내용 항목은 일반적인 기능에 초점을 두고 있다. FIM은 재활 서비스에서 자주 다루는 18개의 특정 과제로 구성되어 있다. 이 과제는 자조, 배변, 움직임, 이동, 의사소통, 사회적 인지라는 여섯 개의 주요 범주로 나뉘어 있다. FIM은 18개의 각 항목에 대해 환자의 독립성–의존성을 7점 척도로 점수화하는데, 특정 활동을 완전히 독립적으로 수행하면 7점, 전적으로 도움이 필요하면 1점을 준다. FIM의 총점은 최하점이 18점, 최고점이 126점이며, 다영역 팀에 의해 측정이 이루어진다. 독립성에 대한 최종 점수는 문장 기술(예: 전적으로 도움이 필요함, 도움이 많이 필요함, 중간 정도의 도움이 필요함)이나 %로 나타낼 수 있다. 어떤 기관에서는 환자 선택과 퇴원의 결정, 시간에 따른 진전 추적에 FIM 수준을 사용한다. FIM이 너무 간단하여 어떤 기관에서는 좀 더 자세한 기술을 요구하기도 한다. FIM 평가에서 SLP는 여섯 개 영역 중 의사소통에만 관여하므로 기능적 의사소통의 결과를 나타내기에는 지나치게 단순한 면이 있다.

같은 방식으로 측정하지만 어린 환자를 위해 개발된 소아용 기능 자립도 측정(WeeFIM; State University of New York at Buffalo, 1993b)도 있다. WeeFIM은 7세 이하 아동의 치료 효과(재활 서비스 전과 후)를 추적할 수 있다. WeeFIM의 조항에 따르면, 출생부터 3세까지의 아동은 직접 평가보다는 부모 면담으로 평가한다. WeeFIM의 18개 항목은 자조(먹기, 잠자기, 목욕하기 등), 움직임, 인지(이해, 표현, 사회적 상호작용, 문제 해결, 기억)의 세 영역으로 나뉘어 있다. 18개의 WeeFIM 항목은 1점(전적으로 도움이 필요함)부터 7점(완전히 독립적임)까지로 평정한다. 그러나 의사소통장애 전문가에게 이러한 기능 효과 측정 도구는 너무 빈약함을 다시 한 번 지적한다.

세 가지의 기능적 의사소통 측정(Functional Communication Measures: FCM)은 미국 말언어청각협회(American Speech-Language-Hearing Association: ASHA)의 국가적 효과측정 시스템(National Outcomes Measurement System: NOMS)의 요소이다(American Speech-Language-Hearing Association, 1997~2014, www.asha.org에서 검색함). FCM은 시간에 따른(예: 평가 전과 치료 후) 의사소통 및 삼킴의 변화를 7점 척도로 평정한다. FCM은 성인, 아동, 영유아용이 있다. 이 장에 언급된 도구들은 기능적 결과를 적절하게 추적하기에는 너무 빈약한 면이 있지만, 전체적으로 이러한 기능적 의사소통 측정들은 SLP에게 흥미롭다. 메디케어 및 메디케이드 서비스 센터는 비용 청구를 위한 보고서에 FCM의 사용을 지지해 왔다. 경과 기록지는 일반적으로 환자 정보를 표로 정리하여 시간에 따른 단계나 변화를 나타낸다. 단계 1은 첫 입회 시 환자 상태에 대한 평가로 시작하며, 이때 FIM 수준(1~7점)이 자주 사용된다. 뇌졸중 경과 기록지는 의료/간호, 영양, 삼킴, 움직임, 자조 기술, 인지, 의사소통 등으로 항목이 나뉘며, 팀 구성원이 함께 완성한다. 경과 기록지 항목에는 퇴원 계획 및 공동체 재진입을 위한 기술도 포함될 수 있다. 각 분야의 의료관리 전문가가 자세한 경과 내용을 덧붙일 수 있으며, 의사소통은 SLP가 평가한다.

학교 세팅의 문서를 위한 추가적 세부사항

학교 세팅의 임상가는 법(즉, 공법 94-142, 공법 99-457, 공법 105-17 IDEA-A)에서 정한 부문을 포함하고 있는 구체화된 절차와 보고서 양식을 사용한다. 2004년의 「장애인교육법(Individuals with Disabilities Education Act: IDEA)」에 따라, 아동의 부모가 포함된 학교의 치료 보조 팀(Intervention Assistance Team: IAT)은 아동이 장애가 있는지 의심하고 검사를 시작할 수 있다. 검사는 광범위한 영역(예: 인지, 언어, 학습, 사회-정서, 시각-운동)의 기술을 커버하기 때문에 다원적 평가라고 부른다. SLP는 중요한 팀원이다. IAT 평가 보고서에는 정해진 양식이 없지만, 일반적으로 다음의 네 가지 주된 부문이 포함된다. (1) 신상 정보, (2) 배경 정보, (3) 평가 결과, (4) 치료 계획이 그것이다. 모든 부문이 채워지면 평가 팀은 부모와 만나서 결과를 설명한다. 학생의 학습상 강점과 약점에 대한 정보가 논의되고 연방 규정에 따라 학생의 특수교육 서비스가 결정된다.

만약 학생(일반적으로 3~21세이지만 출생~2세도 포함될 수 있다)의 배치가 결정되고 부모(또는 법적 보호자)가 수락하면, 팀은 학생의 교육적 필요를 채워 주기 위한 가장 좋은 방법을 결정한다. 개별 교육계획(Individualized Education Plan: IEP)에는 학년에 맞는 특별한 목표가 적혀 있어야 한다. IEP 과정에서 SLP는 학생을 위한 말-언어 목표를 구체화하고 그 목표를 다루기 위한 가장 좋은 방법(즉, 교실에서, 협의를 통해, 개별 또는 소집단의 교실 밖 서비스 등)을 제시한다. IEP는 팀이 고안한 학생 중심의 계획이다.

IDEA의 최신 표준에서 IEP는 부모 참여시키기, 일반 교과과정에 초점 맞추기(그러므로 SLP는 반드시 교사와 협조해야 한다), 팀원이 자격을 갖춘 사람임을 입증하기, 필요한 편의 시설 언급하기, 평가하기, 진전 기록하기를 요구하고 있다. Blosser(2011)와 학습장애를 위한 국가센터(National Center for Learning Disabilities, 2014)에 의하면 연방 규정은 IEP 내용을 다음과 같이 구체화하였다.

- 의사소통장애 학생에 대한 인구통계학적 정보와 설명
- 교육이나 교과과정 세팅에서의 현재 수행 수준(Present Level of Performance: PLOP)
- 연간 목표의 측정
- 단기 목표들
- IEP 팀이 선택한 특수교육 및 관련 서비스(예: 유형, 양, 편의시설, 보조장치)
- 일반교육에의 참여(그리고 장애가 없는 학생의 참여 확대)
- 서비스 시작일의 명시 및 예상되는 서비스 횟수와 기간
- 진전 보고를 위한 **객관적 기준과 평가 절차**. 적어도 1년 단위로 단기 교육 목표의 성취 여부 확인하기

IEP는 잠정적인 보고서이다. 부모를 포함한 IEP 팀은 필요하다면 언제든지 목표를 바꾸거나 줄일 수 있다. [그림 14-3]은 음운장애 아동을 위해 준비한 IEP의 일부이다.

ASHA 웹사이트는 학교에서 일할 때 IEP와 SLP의 책임에 대한 여러 정보를 제공하고 있다(http://www.asha.org). IEP 보고서의 예는 소셜미디어에서 찾아볼 수 있다. 또한 미국 교육부는 IDEA 정보와 IEP 양식의 좋은 예를 제시하였다. 이 양식에는 규정된 사항을 준수하며 최소한의 필요 내용이 서술되어 있다. IEP 양식의 예와 관련된 정

학생: David Grabowski	생년월일: 2004년 1월 7일	주소: 오처드 244
부모: Gerard와 Julie	지역/학교: 비버 그로브 학교	
학년: 1학년	거주지: 마케트 카운티	
IEP 회의일: 2014년 9월 12일	이전 IEP 검토일: 2007년 10월 9일	

수혜자격 진술(이 서비스가 필요하다고 결정한 이유는 무엇인가?):

David는 마찰음의 조음 방법 산출이 어렵고 th/s, th/w, s/sh, ts/ch, dz/dj의 다양한 대치 오류를 보인다.

현재 교육 수준(현재 아동은 어디에서 교육받고 있는가?):

David는 정상적으로 1학년 교실에 다니고 있다.

특수교육		
목적	목표	서비스 설명
1. David는 단어 및 문장에서 /s, z/를 정확하게 산출한다. 2. David는 단어 및 문장에서 /sh/를 정확하게 산출한다. 3. 연 2회 부모와 교사에게 진전 보고서를 발송한다.	1. David는 목표음과 다른 음을 90% 정확도로 구분할 것이다. 2. David는 단어의 어두, 어중, 어말에서 목표음을 90% 정확도로 산출할 것이다. 3. David는 문장에서 목표음을 80% 정확도로 산출할 것이다.	말소리 치료
서비스 날짜	프로그램 시간	책임전문가
시작 2014년 9월 19일 종결 2015년 5월 1일	매일 방과 후 정규 교실에서 주 2회 20분씩 소집단 치료	언어치료사
		보조적인 도움
		없음

평가 계획(목표 도달을 어떻게 확인할 것인가?):

1. Goldman-Fristoe Test of Articulation
2. 목표음이 포함된 단어 목록
3. 5분 동안의 자발화 샘플

IEP 위원회 위원:

이름	지위
Ellen Mattson	교사
Roy Brown, Jr.	교장
Rebecca Clark	언어치료사
Gerard와 Julie Grabowski	부모

[그림 14-3] 음운장애 아동의 IEP

보를 내려받으려면 http://idea.ed.gov를 방문하면 된다. 학교 SLP는 개별 가족서비스 계획(Individualized Family Service Plan: IFSP)도 작성해야 한다. 영유아(출생~3세) 평가는 특히 자료 보관과 평가 절차에 신경을 써야 한다. 당연히 아동뿐만 아니라 가족의 건강도 평가 및 치료의 목표에 포함된다. 영아, 유아, 그 가족의 다양한 필요를 한 기관이나 한 분야가 충족시킬 수는 없기 때문에 미 공법 99-457은 그들의 평가에 다영역 팀을 요구한다. 평가 후에 팀은 법에 따라 다음 부문을 포함하는 IFSP를 작성해야 한다.

- 현재 아동의 발달 단계에 대한 진술(인지, 말-언어, 청각, 운동, 자조, 사회성)
- 아동 발달과 관련된 가족의 강점 및 필요에 대한 진술
- 아동 및 가족이 성취할 수 있는 주요 결과에 대한 진술
- 진전 평가에 대한 기준, 절차, 일정
- 해당 아동 및 가족의 개별적 필요를 충족시키기 위한 초기 중재 서비스와 서비스 제공의 방법, 횟수, 강도
- 예상되는 서비스 시작 날짜 및 예상 기간
- 사례 관리자의 이름
- 조기 중재에서 학령전기 중재로의 전환 절차

IFSP 양식은 평가와 관련해 분명한 시사점이 있다. 첫째, 가족 평가를 의무화하여 SLP가 아동의 환경 전체에 초점을 맞추도록 한다. 둘째, 다영역(예: 인지, 사회성, 언어, 운동, 청력) 전문가의 협력이 필요하며 여러 분야에서의 판단을 요구한다. 셋째, 관련 전문가에게 진전 판단을 위해 사용할 평가 절차의 추천을 요구한다. 아동 평가에 관여하는 다른 전문가들과 회의할 때 SLP는 IFSP에 포함된 문제에 답할 준비가 되어 있어야 한다.

IDEA와 IDEA-A는 장애 학생이 14세가 되면 학교가 직장이나 다른 중등교육 이후의 활동으로 옮겨 가기 위한 계획을 세우도록 의무화하였다. 이 나이 학생의 평가는 교육적·직업적·사회적으로 일어날 수 있는 사태를 예측하고 계획할 수 있을 만큼 포괄적이어야 한다. 개별 전환계획(Individual Transition Plan: ITP)은 학교 SLP가 쓰는 IEP와 비슷한 또 다른 보고서 양식이다. 자세한 것은 Blosser(2011)를 참고하기 바란다.

추적 관찰 및 재평가 보고서

임상가의 책임은 진단보고서를 마친 데에서 끝나지 않는다. 마지막 과제인 세심한 추적 관찰을 포함해야 평가가 완료된다. 진단 활동과 제언이 실행에 옮겨졌는지 알아보는 것도 검사자의 의무이다. 가능한 한 빨리 차후 검사나 치료(필요하다는 가정하에)가 진행되지 않는다면 문제를 찾아내고 기술하는 것이 의미가 없으며 어떤 면에서는 해롭기까지 하다. 진단한 사람이 임상가 본인이라면 추적 관찰이 곧장 문서 작업으로 이행될 수 있다. 그러나 우리 같은 기관(대학 부설 치료실)에서는 대상자의 추가 평가나 치료가 다른 치료사에게 의뢰되는 경우가 많다. 우리는 추적 관찰 프로그램의 이행과 관련된 지침으로 다음의 질문을 사용한다.

1. 원하는 사람에게 보고서가 전달되었는가? 훌륭한 조교도 종종 자료를 잘못 정리하거나 메일을 발송하지 않는다. 그래서 우리는 진단보고서가 도착했는지 알아보기 위해 일반적으로 진단 후 일주일 내에 의뢰처에 전화해서 확인한다.
2. 보고서를 읽은 사람이 내용을 이해하는가? 대상자에 대한 의문사항이 있다면 무엇인가? 이에 대비하여 우리는 항상 서류철이나 전자 서류에 대상자의 연락처를 기록해 놓아야 한다.
3. 대상자는 어디에 배치되어 있는가? 추후 검사를 위해 다시 대상자를 봐야 하는가? 대상자가 평가나 치료의 대기자 명단에 들어 있는가?
4. 치료에 대한 대상자의 반응은 어떠한가? 우리는 보통 한 달에 한 번 그 지역 치료사에게 전화하여 대상자가 우리의 제언에 따라 치료를 잘 받고 있는지 알아본다. 이는 우리의 관심과 도움을 전달할 뿐만 아니라 진단 팀이 치료의 효율성을 평가하는 데에도 도움이 된다.

추적 관찰에 대한 논의를 마치기 전에, 우리는 독자들이 초기 진단평가 후에 대상자를 재평가할 기회가 많이 있음을 상기하기 바란다. 후속 공식 검사, 비공식 검사, 정밀검사, 진전 보고가 필요하다. 우리가 제시한 다양한 양식은 이러한 목적에 맞춰져 있다.

재무상의 필수사항 보고하기

SLP는 자신의 전문적 서비스에 대한 보상을 받기 위한다. 진단(또는 치료) 회기에 대한 비용을 대상자가 개인적으로 현금으로 지불하는 경우는 극히 드물다. SLP가 병원, 요양원, 복지관, 사설 치료실, 학교에 근무하든지 아니면 다른 세팅에 근무하든지 간에, SLP는 행해진 서비스 비용의 일부나 전체를 제삼자의 지불에 의존하게 된다. 현실적으로 SLP는 의료 코딩을 위한 재무상의 필수사항을 알고 있어야 하고, 정확한 코드로 제공된 서비스에 상응하는 청구를 하고 이를 임상보고서와 양식에 적어야 한다.

다양한 코딩 체계가 있으며 서비스를 제공한 기관의 유형(급성기 입원, 재활병원, 외래 클리닉, 전문 요양 기관 등), 대상자가 들어 있는 보험의 유형(메디케어 B, 메디케이드 등), 제공된 서비스(평가, 치료, 기구 등)에 따라 사용하는 코딩 체계가 달라진다. 코드는 환자의 장애에 따라 분류되고 장애의 특성(범위, 발병 시점, 중증도, 기타 상세한 특성)에 따라 세분될 수 있다. 어떤 세팅에서 일하든 간에, SLP는 기관 유형 및 제공된 서비스에 적절한 코딩의 상세한 내용을 알고 있어야 한다. 이는 건강검진 세팅과 사설 치료실에 고용된 임상가에게 중요한 지식이다. 학교 SLP도 메디케이드, 직업 재활 서비스, 그 밖의 다른 기관에서 비용 상환 서비스를 종종 제공받는다.

SLP는 근무 기관의 보험 청구 및 코딩 전문가에게 많이 의지하게 된다. 그러나 임상가는 임상에서 많이 사용하는 코드에 숙달되어야 한다. 재무상의 필수요소는 많은 책, 소셜미디어, 워크숍을 통해 알 수 있다. 또한 ASHA는 웹사이트(http://www.asha.org)를 통해 다양한 코딩과 보상 이슈에 대한 정보를 제공하고 있다. 매달 간행되는 ASHA 잡지 Advance는 회원이 국가정책의 변화를 파악하도록 도와주는 훌륭한 정보원이다.

ICD-10 체계

2015년 10월 1일부터 미국은 질병의 국제분류(International Classification of Disease: ICD) 10판을 사용하고 있다. **진단** 및 **입원 절차** 코딩을 위해 오래되고 한계가 있는 ICD-9는 ICD-10으로 대체되었다. 유럽에서 광범위하게 사용되는 ICD-10은 WHO가 소유하고 있지만, 미국은 그 특징을 두 가지 중요한 방식으로 확대하였다.

절차 코딩 체계

ICD-10-PCS로 알려진 절차 코딩 체계(procedural coding system)는 미국의 메디케어 및 메디케이드 서비스(U.S. Centers for Medicare and Medicaid Services: CMS)에서 개발하였다. 이 코드는 입원 병원 세팅에서 사용한다. 입원 환자에게 진단(그리고 치료) 서비스를 제공한 SLP는 ICD-10-PCS를 사용한다.

임상 수식

ICD-10-CM으로 알려진 임상 수식(clinical modification)은 의료 세팅에서 사용하기 위해 질병통제예방센터(Centers for Disease Control and Prevention)에서 개발하였다. 이는 나라 전체의 질병 및 절차 분류를 표준화하고 많은 미국 보건 통계의 출처로 사용된다. ICD-10-CM은 많은 SLP의 진단 서비스 제공의 필요에 적합하다. 사실 HIPAA는 청구와 기록 관리를 위해 ICD-10-CM의 사용을 요구하고 있다. ICD-10-CM 코드는 알파벳과 숫자로 된 체계에 기초한다. 코드는 3~7개의 부호로 되어 있다. 첫 번째 부호는 알파벳이고, 두 번째 부호는 숫자이며, 세 번째와 나머지 부호는 알파벳이거나 숫자이다. 이 코드의 사용은 비용 청구와 진단 보고에서 매우 중요하다. SLP가 사용하는 ICD-10-CM 진단 코드의 예는 다음과 같다(환자의 진단 특징을 더 자세히 나타내기 위해 숫자가 덧붙여질 때가 많다).

- F 80.0 – 말소리 및 언어 발달장애(예: 음운장애)
- R 47.01 – 뇌졸중 후 실어증
- R 49.21 – 과다비성

현행 절차 용어 체계

현행 절차 용어(Current Procedural Terminology: CPT)는 진단과 관련하여 대상자에게 '행해진' **절차**를 나타낸다. CPT 코드는 제공된 서비스의 보상을 위해 필요하다. 이 분야의 CPT 코드 대부분은 서비스 단위를 의미하지만 몇몇 절차는 시간 단위 청구를 허용한다. 다음은 서비스 및 시간 단위의 진단 절차 코드(치료 절차 코드도 있다)에 대한 몇몇 예이다.

- 92521-말의 유창성 평가(예: 말더듬증, 말빠름증)

- 92522-말소리 산출의 평가(예: 조음, 음운, 말실행증, 마비말장애)

- 92523-말소리 산출의 평가(예: 언어 이해 및 표현의 평가와 함께한 조음, 음운, 말실행증, 마비말장애)

- 92524-음성 및 공명에 대한 행동 및 양적 분석

- 92520-후두 기능의 평가(공기역학 검사, 음향 검사)

- 92610-구강 및 인두 삼킴 기능의 평가

- 92612-삼킴에 대한 내시경 평가

- 92597-구어를 보조하는 음성 보조 장치의 사용 및 피팅을 위한 평가

- 실어증 평가-시간마다 96105

- 표준화된 인지 수행 검사-시간마다 96125

- 말소리 생성 장치의 평가-시간마다 92607, 추가 30분마다 92608

앞에는 많은 CPT 코드 중 진단을 위한 노력과 관련하여 유용한 몇 개만을 제시하였다. 치료 절차에 유용한 다른 CPT 코드도 많이 있다. 그러나 이에 대한 논의는 이 책의 범위를 넘어선 것으로 생각된다.

중요한 다른 코드

CPT 코드는 건강관리 코딩 체계(Healthcare Common Procedural Coding System: HCPCS)의 수준 1 또는 수준 2로 보완될 수 있다. 어떤 절차는 이 체계로 코드가 매겨지지만, HCPCS는 E 코드로 기구와 경비를 보상할 때가 많다. E 코드는 알파벳과 숫자로 되어 있다. 앞에서 언급했듯이 SLP는 근무하는 세팅에 상관없이 기능상의 결과 측정을 보고하도록 요구받을 수 있다. 예를 들어, 메디케어 파트 B의 수혜를 위해서는 기능상의 결과 측정이 필요하다. 치료 후 결과를 나타내기 위하여 SLP는 진단보고서에 기초선 측정치를 제시해야 한다. 환자의 기능적 의사소통을 ASHA의 NOMS 체계를 사용하여 측정했을 때는 청구 양식에 적절한 G 코드가 있어야 한다(G+4자리 숫자). G 코드의 목록은 ASHA의 웹사이트(http://www.asha.org)에서 볼 수 있다. 치료 서비스를 제공한 임상가는 10회기마다 G 코드를 보고해야 하고, 퇴원할 때는 재평가를 해야 한다. 또한 메디케어 환자를 대하는 SLP는 환자의 중증도 수식을 제시해야 한다. 현행

중증도 수식에는 CH(장애 0%), CI, CJ, CK, CL, CM, CN(장애 100%)가 있다. 이에 대한 상세한 내용은 소셜미디어와 ASHA 웹사이트에서 볼 수 있다.

몇몇 다른 코드도 간단히 언급하는 것이 좋겠다. SLP가 어떤 특별한 검사(예: 내시경 삼킴 검사)를 했을 때는 GN 수식을 넣어 나타낸다. GN 수식이 없다면 이 절차를 SLP가 아닌 의사가 수행한 것으로 간주한다. 질병, 손상, 원인에 대한 현행 진단 이외에 추가적인 조사를 했을 때는 ICD-10-CM과 함께 Z 코드가 사용된다. Z 코드는 Z00부터 Z99까지가 있다. 마지막으로, DSM-5 코드는『정신장애의 진단 및 통계 편람 5판 (Diagnostic and Statistical Manual of Mental Disorders, fifth edition)』에서 나왔다. 자폐스펙트럼장애(사회성/화용 의사소통장애)를 대할 가능성이 있는 임상가는 DSM-5 코드를 알고 있어야 한다.

결론 및 자기평가

포괄적인 평가는 문화와 언어 다양성에 민감해야 하고 기능상의 능력 및 무능력에 대한 WHO의 관심을 고려해야 한다. 이 책에서는 이를 골자로 한 정보를 많이 안내하였다. 또한 이 책은 임상적 진단 과정에 대해 ASHA의 관점을 따르고 있다. 진단 과정은 정적(현재 기능 수준을 서술하기 위해 고안된 절차 사용하기)일 수도 있고, 역동적(잠재된 성공 가능한 치료 절차를 알아보기 위해 가설적인 치료 절차 사용하기)일 수도 있다. 이 장에서는 포괄적 진단 및 보고서 작성 과정을 제시하였다. 그리고 ASHA가 꼭 필요하고 중요하다고 인용한 다음 측면을 반영하였다.

- 의학적 상태, 교육, 직업 그리고 사회경제적 · 문화적 · 언어적 배경을 포함하여 중요한 사례력을 수집하고 요약하라.
- 대상자의 청각, 시각, 운동, 인지 상태를 조사하라.
- 대상자와 그 가족을 면담하라.
- 표준화 검사 및 비표준화 방법으로 말소리, 구어 및 비구어, 인지-의사소통, 삼킴의 기능을 측정하라.
- 관련된 의학적 · 행동적 · 환경적 · 교육적 · 직업적 · 사회적 · 정서적 요인을 분석하라.

- 효과적인 치료 및 보상 전략이 있는지 찾아보라.
- 타당성을 고려하여 평가 도구를 선택하라.
- 의사소통 및 삼킴 상태를 모니터링하고 말, 언어, 인지-의사소통, 삼킴 장애로 판정된 사람에게 적절한 치료와 지원이 제공되고 있는지 확인하는 서비스를 제공하리.

전문가의 보고서 형식은 많고 다양하지만, 보고서는 간단하고 정확하고 명료하고 문법적으로 완벽한 문서여야 한다. 그리고 문서는 SLP를 반영하는 것이다. ASHA(2004)에서 요약한 문서 작성 관련 추천업무형태는 다음과 같다.

- 문서는 관련 배경 정보, 결과 및 해석, 예후를 포함한다. 그리고 추가 평가, 추적 관찰, 의뢰 등의 제언을 포함한다. 만약 치료가 권고되면 필요한 서비스의 횟수, 예상 기간 및 유형(예: 개별치료, 집단치료, 가정 프로그램)도 제공해야 한다.
- 문서는 의사소통 또는 관련 장애/차이의 유형 및 중증도, 관련 질병(예: 의학적 또는 교육적 진단), 활동 및 참여에 미치는 영향(예: 교육적 · 직업적 · 사회적 영향)을 포함해야 한다.
- 문서는 주요 법 및 기관의 지침에 따라 모든 이전 서비스의 요약을 포함해야 한다.
- 평가 결과는 보통 평가 1~3일 이내에 SLP가 근무하는 기관에 보고한다. 필요하다면 의뢰처나 환자(환자가 미성년자이면 가족이나 보호자)에게 복사본이 제공될 수 있다.
- HIPAA, FERPA, 그 밖의 주법이나 연방법에 맞게 사생활 및 문서의 비밀이 유지되어야 한다. 보고서를 의뢰처에 보내기 전에 서면으로 환자의 동의서를 받기를 권한다.

여러분은 이 장을 읽은 후 다음 질문에 답할 수 있어야 한다.

- 포괄적인 진단보고서에 필요한 부문(소제목)은 무엇인가?
- 진단보고서에 진술된 임상적 인상은 왜 중요한가?
- 선별 결과를 간단하게 보고할 때 사용하는 SOAP 노트의 각 부문을 설명하라.
- FERPA와 HIPPA 법에서 임상보고서와 관련된 내용을 설명하라.
- SLP가 관련 의료 코드를 알아야 하는 이유를 변호하라.

부록

〈부록 A〉

구강-주변 기관 검사

　이 책에서 다룬 다양한 임상장애의 평가 및 진단을 위하여 구강 평가에 관한 정보를 정리하였다. 각 장애 관련 장에서는 이 부록을 인용하였고 장애와 관련된 특별한 정보도 언급하였다. 환자의 나이나 문제 호소와 상관없이 언어치료전문가(Speech-Language Pathologist: SLP)는 구강 주변 구조 및 기능에 대해 검사하여야 한다. 대략적으로 살펴보는 것일 수도 있고 자세하게 살펴보는 것일 수도 있다. 해부학적 이상이 있으면 의사소통장애가 나타날 수 있다. 구순구개열이 그 예일 것이다. 신경근육 문제 또한 조음 오류나 운동 조절 문제를 야기할 수 있다(예: 마비말장애, 실행증). 또한 섭식과 삼킴 같은 비구어 문제를 일으킬 수도 있다. 구강 운동 검사, 구강 말초 검사, 혹은 구강 검사 등 어떻게 부르든 간에, SLP는 환자의 구강 내부, 안면, 인두 구조와 신경운동 통합의 정상성을 파악하는 데 능숙해져야 한다. 지금부터 구강 검사에 대해 살펴보자.

　대상자의 구강 및 주변 기관에 대한 검사는 으레 모든 말-언어 평가 과정에 포함된다. 어떤 유형의 의사소통장애를 보이든 상관없이 구강-주변 기관 검사에서 관찰된 사항은 장애의 원인, 진단, 예후의 근거가 되며 치료의 방향을 결정하는 데 도움이 된다. 구강-주변 기관 검사에 대해서는 이 장에서만 논의하고 다른 장에서는 다루지 않을 것이다. 구강-주변 기관 검사는 구조를 관찰하는 것뿐만 아니라 그 구조들의 기능을 운동적 관점에서 평가하는 것도 포함한다. 실제로 구강-주변 기관 검사를 종종 구강운동 검사라고도 하는데, 이 명칭은 정상적인 말을 산출하기 위해서는 운동적으로 완전한 상태가 중요함을 나타낸다.

　이미 말한 바와 같이 대상자의 구강 부위에 대한 검사는 말 기제가 구조적 · 기능적으로 적절한지 판단하기 위해 흔히 실시하는 검사이다. 구강-주변 기관 검사 과정에서 자료 수집의 예를 제시하기 위해 목쉰 음성과 몇 개의 조음 오류를 보이는 9세 남아의 평가 과정에서 속기한 내용을 소개하고자 한다.

　　입술 문제없음. 얼굴의 비대칭성도 없음. 약간 입을 벌리고 있음. 치아 위생 상
태가 좋지 않음(충치가 많고 치석도 있음). 혀의 운동성은 좋음. 혀 미비나 해태
(sluggishness)도 없음. 혀 내밀기가 가능함. 양쪽으로 재빨리 움직일 수 있음. 잇몸
에 갖다 댈 수도 있음. 동그랗게 말 수도 있고, 오목하게 만들 수도 있음. 경구개도 문
제없어 보임. 상처도 없음. 연구개 근육도 좋아 보임. 연구개를 잘 올릴 수 있음. 비대
칭성 없음. 구개편도는 매우 비대해져 협구궁 사이의 인두협부를 채우고 있음. 인두도
부어 있어 보임(콧물이 인두로 넘어가기 때문일까?). 구역질 반사는 좋음. / ʃ /와 /ʧ/
산출 시 아래턱을 왼쪽으로 내미는 이유는 무엇일까?

　검사는 체계적으로 실시해야 한다. 검사에 소요되는 시간은 비교적 짧지만(구강 검
사는 대개 2분 이내에 끝냄) 임상가는 이비인후과 의사에게 대상자를 의뢰하는 데 타당
한 근거를 찾아내야 한다.
　이제 구강 검사의 절차에 대해 자세히 소개하고자 한다.

준비물

　펜라이트나 소형 플래시 등 광원이 필요하다(머리에 쓰는 반사경은 의사로 오인하
게 만들 수 있으므로 권하지 않는다). 나무 설압자도 준비해야 하는데, 위생상 하나
씩 따로 포장되어 있는 것이 좋다. 또한 체리향 설압자가 아동에게 많이 사용된다
(www.superduperinc.com에서 판매한다). 우리는 후천성 면역결핍증(HIV/AIDS)이나 기
타 전염성 질병의 시대에 살고 있으므로, 신중한 임상가라면 환자의 입천장을 촉진
(palpation)할 때 멸균 장갑을 끼거나 최소한 손가락 싸개라도 착용해야 한다. 그리고
구강운동 검사용 키트에 면 거즈(혀를 잡을 때 필요함)와 코에 댈 수 있는 거울 그리고
막대사탕도 몇 개 준비해야 한다. 보다 정교하고 특수한 검사를 위해서는 면봉, 미각
검사를 위한 다양한 맛의 작은 물약병, 구강 입체 지각용 형태, 바이트 블록, 세척용 주
사기, 쿠키나 크래커 등도 필요하다.

평가 내용

구강 구조 및 기능 검사는 **체계적**이고 **민첩하게** 시행하는 것이 중요하다. 이를 위해서는 상당량의 실무 경험이 필요하다. 모든 연령대의 정상 화자들을 자세히 검사해 보는 기회를 갖는다면 관찰 기법이 숙련될 수 있을 뿐만 아니라 어느 정도가 정상적인 구조와 기능에 해당되는지 판단하는 기준을 확립할 수 있을 것이다. 다음은 일반적인 구강 검사 목록이다.

1. 입술 및 입술 운동   먼저 입술의 상대적인 크기, 대칭성, 흉터 여부를 조사한다. 대상자는 미소를 지을 수 있고, 입술을 오므릴 수 있고, 입꼬리를 옆으로 당길 수 있는가? /p/, /b/, /m/ 소리를 낼 때 두 입술을 제대로 다물 수 있는가? '퍼' 등의 무의미 음절을 초당 최소 1회 이상 낼 수 있는가?

2. 턱   휴식 상태에서 턱이 대칭을 이루는지 관찰한다. 턱을 초당 최소 1회 이상의 속도로 여닫을 수 있는가? 턱을 벌릴 때 좌측이나 우측으로 어긋나지 않는가? 대상자에게 힘에 저항하여 턱을 벌리거나 좌우로 움직이게 하여 턱 힘의 강도를 평가한다.

3. 치아   휴식 상태에서 대상자의 깨무는 능력을 조사한다. 정상적인 치열의 경우 위턱 절치가 아래턱 절치를 덮으며 포개지지만, 수직 길이는 절반을 넘지 않으면서 포개진다. 개방교합(openbite), 수평 피개교합(underbite), 수직 피개교합(overbite)은 없는가? 충치가 있거나, 치아가 고르지 않거나, 치아 사이에 공간이 있거나, 치아가 정상보다 더 많지는 않은가? 치아 보철장치를 착용하고 있지는 않은가?

4. 혀   혀가 구강에서 차지하는 상대적인 크기를 관찰한다(대설증이 있으면 내분비장애를 의심할 수 있음). 휴식 상태와 움직일 때의 대칭성을 관찰한다(설하신경 마비가 있는 경우 혀가 마비 측으로 쏠림). 상처나 근위축 또는 근섬유속성 연축(fasciculation)은 없는가(근섬유속성 연축이 있는 경우 운동신경 질환을 의심할 수 있음)? 혀를 내밀거나 뒤로 물릴 수 있는가? 혀를 입의 좌우로 번갈아 움직일 수 있는가? 별다른 노력 없이 혀를 잇몸에 갖다 댈 수 있는가? 설소대 단축증은 없는지 혀끝과 설소대도 관찰한다. 설소대 단축증과 말에 대해서는 Kummer(2005), Messner와 Lalakea(2002)를 참고하라. 일

부 대상자 중 특히 신경운동 문제를 보이는 경우에는 지시에 따라 혀끝을 올려 잇몸에 대는 것이 어려울 수 있다. 막대사탕을 상악 절치 뒤에 대어 주고 혀를 그 뒤에 갖다 대어 보라고 할 수도 있다(아니면 땅콩버터를 묻힌 얇은 종이를 중절치 사이에 붙여 준 뒤 혀끝을 갖다 대어 보라고 할 수도 있다). 대상자는 아래턱을 고정시킨 상태에서 혀를 떨(전동시킬) 수 있는가? 교대운동 속도 검사 시 '터'를 초당 1회의 속도로 반복할 수 있는가? 대상자는 '바닷가'를 민첩하게 반복할 수 있는가? 어떤 종류의 혀 운동 과제를 이용하든 속도와 규칙성을 관찰해야 한다. 이는 말운동장애가 의심되는 환자를 평가할 때 특히 중요하다. 〈표 A-1〉에 교대운동 속도 검사에 관해 보다 많은 정보가 있다. 혀 내밀기(tongue thrust)의 징후는 없는가(개방교합이 있는 아동의 경우 이를 의심할 수 있음)? 삼킬 때 입술을 너무 과장되게 다물지 않는가? 혀가 절치 바깥쪽으로 나오지 않는가? 교근이 위축되어 있지 않는가(마지막 세 항목에 문제가 있는 경우에는 혀 내밀기를 의심할 수 있다)?

5. 경구개　경구개의 형태(평편한가? 높고 둥근 모양을 이루는가?)와 너비를 관찰한다. 흉터는 없는가? 푸른색을 띠지는 않는가(점막하구개열의 징후일 수 있음)? 중심선을 따라 경구개를 만져 보면 단단한 뼈가 만져지는가? 대상자가 /r/와 /l/를 산출할 수 있는가?

6. 연구개 및 연인두 폐쇄　연구개의 전체적인 크기, 흉터 여부, 움직일 때의 대칭성을 조사한다. 연구개가 두 개로 갈라져 있지는 않은가? 푸른 부위나 줄 모양의 찰흔 등 독특한 색깔을 보이지 않는지 주의 깊게 관찰한다. 연구개가 인두후벽을 향해 후상방으로 움직이는가? 인두의 깊이(전후 길이)에 비해 연구개의 상대적인 크기는 어떠한가? 연구개의 측방 운동이 관찰되는가? 휘파람을 불거나 뺨을 부풀릴 수 있는가(과다비성 및 비누출과 관련된 연인두 기능에 대한 평가는 제12장에 자세히 설명되어 있다)?

7. 협구궁　협구궁에 상처가 있지는 않은지, 구개편도의 상태는 어떤지, 구인두협부의 너비는 어떤지 조사한다. 구인두의 전반적인 상태를 점검한다.

8. 기타　말을 산출할 때와 휴식 상태에서 호흡을 관찰한다. 비강 통로가 폐색되어 있지는 않은가? 입으로 호흡하지는 않는가? 안면 근육도 관찰한다. 비순주름(팔자주

표 A-1	교대운동 속도 측정

정의 및 목적

교대운동(Diadochokinetic: DDK) 속도는 아동이 **빠르게** 말 움직임을 교차시킬 수 있는 능력을 측정한다. DDK는 신경학 전문가들이 흔히 사용하는 교호운동 속도(Alternating Motion Rates: AMR)처럼 최대한 **빠르게** 과제를 반복하는 속도를 말한다. 움직임의 속도와 이때 보이는 리듬 및 협응이 신경근육 통합의 지표가 된다. DDK는 아동의 연령이 증가하고 신경운동 시스템이 성숙함에 따라 증가하다가, 노화와 더불어 감소한다고 전제된다. DDK 측정에서 속도가 규준의 기준 범위 밖에 있고 불협응 패턴이 보인다면 특정 장애를 감별 진단하는 데 유용하다.

사용한 자극 유형

예를 들어, /퍼퍼퍼-/, /퍼터퍼터-/, /퍼터커퍼터커-/처럼 1~3음절 단어를 사용할 수 있다. 3음절의 경우 조음위치를 전방에서 후방으로(양순, 치경, 연구개) **빠르게** 변화시킨다. 대안으로 사용할 수 있는 자극으로는 'pattycake'과 'buttercup'(한국어의 경우 '바닷가'-역자 주)과 같은 단어를 사용한다.

측정방법

가능한 한 **빠르게** 하는 것이 중요하다는 것을 강조하여 안내한다. 연습을 해도 된다. 초시계와 같은 기기를 이용하여 측정한다. DDK 속도를 측정할 때는 일반적으로 각각의 자극 유형(1~3음절)에 대하여 각각 3회를 실시하고 평균을 측정하는 것이 일반적이다. 임상적으로 두 가지 측정 방법을 사용한다.

1. 시간당 횟수 측정: 미리 정해진 시간 동안 대상자가 음절을 반복하는 횟수를 측정한다. 예를 들어, 15초 동안에 /퍼/ 음절을 반복한 횟수를 측정한다.
2. 횟수당 시간 측정: 미리 정해진 음절수를 반복하는 데 걸린 시간을 측정한다. 예를 들어, /퍼/ 음절을 20회 반복하도록 하고 이때 걸린 시간을 측정한다.

이 중 하나의 방법을 선택하여 같은 방법을 사용하여 측정한 규준 자료를 대상자의 과제 수행 결과와 비교하도록 한다.

규준

사용한 DDK 방법에 적합한 출판된 규준을 이용하도록 한다. 다음의 자료 중에서 선택하도록 한다.

아동: Canning과 Rose(1974), Fletcher(1972), St. Louis와 Ruscello(2000), Yaruss와 Logan(2002)
성인: Dabul(2000), Prathanee(1998), Sonies 등(1987).

경험법칙

5회 미만의 반복은 어떤 연령에서도 말 산출에 문제가 되지만, 반복 횟수만큼, 아니 그 이상으로 노력 수준, 유연성, 협응이 중요하다.

름, nasolabial folds)이 평편한가? 눈꺼풀이 처져 있는가(안검하수)? 얼굴 한쪽 면이 평편하고 정상적으로 있어야 할 주름이 적지는 않은가? 머리 모양이나 얼굴 구조들 간의 간격이 특이하지는 않은가?

이는 모든 환자를 대상으로 신속하게 실시해야 하는 전형적인 절차를 개괄한 목록이다. 실제로 구강 검사는 광원, 장갑, 설압자와 앞에서 간략하게 제시한 임상 지식만으로도 실시할 수 있다. 어떤 대상자는 분명 보다 상세한 부분에 주의를 기울여야 할 것이다. 예를 들어, 구순구개열을 보이는 소아 환자를 다룬다면 구조상의 이상과 기능적인 영향을 포괄적으로 살피는 데 충분한 시간을 들여야 한다. 신경근육 장애를 보이는 성인을 다룬다면 치료 계획에도 영향을 미치는 장애의 유형을 감별 진단하기 위해 부차적인 과제와 세부 항목들을 살피는 것이 도움이 된다. 합의에 기반된 말-운동 평가 템플릿(Motor Speech Evaluation Template)에서 이를 자세히 다루고 있다. 미국 말언어청각협회(ASHA)의 웹사이트(www.asah.org)에서 이 템플릿을 찾을 수 있다.

많은 검사 체크리스트를 온라인으로 검색할 수 있다. 그렇지만 이 중 많은 체크리스트가 확실치 않고 정상에 대한 지침이 빠져 있으며, 어떻게 평정하고 채점해야 하는지 나와 있지 않은 경우가 있어 주의할 필요가 있다. 초보 임상가에게 Oral-Peripheral Exam 지침서(http://firstyear.org에서 이용할 수 있다)는 아동의 안면, 치아 및 물기, 혀 운동성 등을 관찰할 때 유용하다.

성인 구강 운동 기능에 관한 Sonies 등(1987)의 논문도 훌륭하다. 여기서는 구강 해부, 생리, 말의 세 가지 측면을 평정하는 척도를 개발하였다. 각각에 10개의 범주가 다루어지는데 4점 척도로 채점한다(1=정상, 2=경도, 3=중등도, 4=중도). 수행 프로파일을 얻기 위해 가중치가 부여되기도 한다. 해부 평정에는 안면골, 조직, 대칭의 외형적 측면의 평가도 포함되어 있다. 생리 평정에는 혀, 입술, 경구개, 연구개, 안면 근육에 대한 움직임의 범위, 강도, 정확도와 구강 감각이 포함되어 있다. 하위 평정 요소인 삼킴 기능을 평가하기 위해서는 설문지, 삼킴 과정에 대한 초음파 이미지, 식사 관찰, 병력을 살핀다. 말 평정에는 조음, 음성, 유창성, 교대운동속도가 들어 있다.

시판된 검사로 구강-주변 기관 검사를 실시할 수도 있다. 몇몇은 일반적인 것들이고, 일부는 신경운동 및 삼킴 측면에 보다 초점을 둔다. 〈표 A-2〉에 아동용 자료들의 목록이 나와 있다. 이 중 몇 가지만 강조하고자 한다.

표 A-2	시판된 구강 말초 검사 도구 및 연령에 따른 사용

- Dworkin-Culatta Oral Mechanism Examination and Treatment(D-COME)(Dworkin & Kulatta, 1996): 모든 연령
- Oral-Motor Feeding Rating Scale(Jelm, 1990): 1세부터 성인까지
- The Oral Speech Mechanism Examination(OSME-3)(St. Louis & Ruscello, 2000): 5~78세
- Screening Test for Developmental Apraxia of Speech, 2nd ed(STDAS-2)(Blakely, 2001): 4~12세
- Test of Oral Structures and Functions(TOSF-1)(Vitali, 1986): 7세~성인

5세에서 77세까지의 대상자에게 많이 사용되는 검사로 St. Louis와 Ruscello(2000)의 The Oral Speech Mechanism Examination(OSME-3)이 있다. 검사 키트에 훈련용 오디오 CD 예시와 채점지가 있어 보다 신뢰성 있는 평가가 가능하다. 심화 진단 검사라기보다는 선별 검사도구이기 때문에 OSME-3에서는 치료 계획에 대한 지침이 거의 없다.

Dworkin-Culatta Oral Mechanism Examination and Treatment(D-COME; Dworkin & Culatta, 1996)는 30~40분의 시간이 소요되기 때문에 어느 연령의 대상자에게나 긴 검사이다. 특히 구조적인 문제가 있는 대상자에게 유용하다(예: 구개열, 신경근육 장애). 그러나 짧은 선별 검사 체크리스트도 포함되어 있다. D-COME은 www20. csueastbay.edu/class/deparments/commsci/files/docs/pdf/Dwrokin-Culatta_Oral_ Mech_Exam.pdf에서 이용할 수 있다.

Screening Test for Developmental Apraxia of Speech, 2nd ed(STDAS-2; Blakely, 2001)도 시판되고 있는 구강 운동 선별 검사이다. STADAS-2는 4~8세 아동에게 적합하다. 선별 검사이기 때문에 진단 결정을 할 때는 주의가 필요하다. 특히 복잡한 실행 장애를 진단할 때 주의해야 한다.

여러분은 어떤 검사는 더 상세하고, 어떤 검사는 구강-주변 기관 검사 전반 중 특정 측면에 초점을 맞추고 있다는 것을 알고 있을 것이다. 구순구개열, 아동기 실행증, 소아 섭식 및 삼킴 문제, 말더듬, 다양한 성인 신경학적 장애 등에 관한 특정한 구강 검사 프로토콜이 있다. 이에 관해서는 각 장애를 다루는 장에서 언급하였다. 우리는 여러분이 구강-주변 기관 검사 실시를 위한 다양한 비디오 자료를 살펴보기를 권한다. 온라인에서 많이 찾아볼 수 있다. 매체에 효율적인 선별의 예가 나와 있기도 하고, 위생 원칙, 거울에 김이 서리는 비누출, 구강 운동 강도 및 협응, 뇌신경 평

가, 미각 민감도, 침상 삼킴 선별 등 보다 세부적인 측면을 다룬 예도 있다. 전반적인 신경운동 및 구강 구조 평가의 예로 West Los Angeles College of Dental Hygiene의 9분짜리 동영상인 〈Extraoral and Intraoral Examination〉이 있다(www.youtube.com/watch?v=78r3d4qa9A0 참조). 신경학자의 뇌신경 검사 수행 비디오 클립도 SLP가 보기에 유용하다. 이 검사는 SLP가 삼킴 및 말에서 5번 뇌신경 및 12번 뇌신경과 관련된 환자의 수행을 유도하는 방식과 유사하다. 그 예로는 www.youtube.com/watch?v=G6FZR64Cq9U가 있다.

머지않은 미래에 혀, 입술 및 다른 부위의 움직임을 정밀하게 측정할 수 있는 검사 도구들이 나올 것이다.

구강-주변 기관 검사에 관한 논의를 마무리하며 우리는 여러분이 구강의 한 부위에서 보이는 이상이 반드시 말 문제의 이상을 일으키지는 않는다는 점을 상기했으면 좋겠다.

〈부록 B〉

평가 자료

발달 이정표

영유아와 아동을 평가할 때 언어치료전문가(SLP)는 발달 이정표의 성취에 관한 정보를 수집한다. 이는 부모나 보호자가 작성한 사례력 양식을 통하거나 사례력 정보 수집을 위한 부모나 보호자 면담을 통해 실시한다. 진단평가를 실시하는 SLP에게는 운동, 놀이, 학습, 말하기, 사회-행동 등의 영역에서의 발달 이정표 달성에 관한 정보가 중요하다.

출생 후부터 5세까지의 발달 이정표에 관한 정보는 미국 질병통제예방센터(Centers for Disease Control and Prevention, CDC)의 온라인 사이트(www.cdc.gov/ncbddd/actearly/milestones/index.html)에서 찾아볼 수 있다. 이 사이트에서는 다음의 발달기에 맞는 정보를 선택하여 찾아볼 수도 있다.

- 2개월
- 4개월
- 6개월
- 9개월
- 1세
- 18개월
- 2세
- 3세
- 4세
- 5세

이 사이트에서 발달 이정표 체크리스트를 내려받아 사용할 수 있다. 부모가 보기에 적절한 'Baby Steps'라는 제목의 발달 이정표에 관한 비디오도 CDC의 웹사이트에서 찾아볼 수 있다.

국제음성기호에서 선정한 전사기호

다음의 표에 영어의 자음과 모음을 나타내는 데 사용하는 기호를 그 음소로 발음되는 문자, 음소의 조음 위치 및 조음 방법과 함께 제시한다.

음소	문자	설명
/b/	*b*at, ra*bb*i, back*b*oard	양순 유성 파열음
/p/	*p*urse, *pp*u*pp*y, cu*p*	양순 무성 파열음
/d/	*d*og, *d*ad*d*y, shoul*d*	(설)치경(설첨) 유성 파열음
/t/	*t*ry, *t*a*tt*oo, ca*t*	(설)치경(설첨) 무성 파열음
/g/	*g*oat, a*g*o, do*g*	(설)연구개(설배) 유성 파열음
/k/	*c*up, o*cc*ur, la*k*e, fol*k*	(설)연구개(설배) 무성 파열음
/v/	*v*ase, ri*v*er, li*v*e	순치 유성 마찰음
/f/	*f*ood, a*f*ter, sta*ff*	순치 무성 마찰음
/ð/	*th*is, *th*ey, fa*th*er	설치 유성 마찰음
/θ/	*th*umb, ma*th*, wi*th*	설치 무성 마찰음
/z/	*z*oom, a*s*thma, pu*zz*le, bu*zz*	(설)치경 유성 마찰음
/s/	*s*afe, *c*ity, cu*s*p, pa*ss*	(설)치경 무성 마찰음
/ʒ/	mea*s*ure, rou*ge*, apha*s*ia	(설)경구개 유성 마찰음
/ʃ/	*sh*eep, *s*ugar, o*c*ean, pu*sh*	(설)경구개 무성 마찰음
/h/	*h*e, *h*appy, *wh*o	성문 무성 마찰음
/m/	*m*oon, su*mm*er, poe*m*	양순 비음
/n/	*n*ew, *kn*ife, re*n*ew, sig*n*	(설)치경(설첨) 비음
/ŋ/	si*ng*, fi*n*ger, to*ng*ue	(설)연구개(설배) 비음
/l/	*l*oop, is*l*and, ta*ll*	(설)치경 설측음
/r/	*r*ude, ca*rr*y, *rh*yme, *r*ight	치경 권설음
/dʒ/	*j*udge, *g*em, bri*dge*	경구개 유성 파찰음
/tʃ/	*ch*ess, na*t*ure, wa*tch*	경구개 무성 파찰음
/w/	*w*orn, *o*ne, *w*o*w*	양순 연구개 유성 활음(반모음)
/ʍ/	*wh*ich, *wh*ile	양순 연구개 무성 마찰음/활음
/j/	*y*ellow, *y*es, on*i*on	경구개 유성 활음(반모음)
/i/	*p*eep, she, *b*eat	평순 긴장 전설 고모음

/ɪ/	h*i*t, s*i*tt*i*ng, t*i*p	평순 이완 전설 고중모음
/ɛ/	s*e*t, b*e*d	평순 이완 전설 저중모음
/e/	c*a*ke, ch*a*os	평순 긴장 전설 중모음
/æ/	h*a*d, c*a*t, bl*a*ck	평순 이완 전설 저모음
/ə/	*a*way, cinem*a*	평순 이완 중설 중모음(비강세음)
/ʌ/	c*u*p, l*u*ck, b*u*d	평순 이완 중후설 저중모음(강세음)
/ɚ/	butt*er*, teach*er*	원순 이완 중설 중모음
/ɝ/	b*ir*d, p*urr*, h*er*	원순 긴장 중설 중모음
/u/	bl*u*e, f*oo*d, b*oo*t	원순 긴장 후설 고모음
/ʊ/	p*u*t, h*oo*d, c*ou*ld	원순 이완 후설 고중모음
/o/	h*o*e, st*o*w	원순 긴장 후설 중모음
/ɔ/	f*ou*r, b*a*ll, fr*o*g	원순 긴장 후설 저중모음
/ɑ/	h*o*t, r*o*ck, B*o*ston	평순 긴장 후설 저모음
/aɪ/	l*i*ght, f*i*ve, *eye*	이중모음(후설 저모음-전설 중고모음)
/aʊ/	n*ow*, *ou*t, br*ow*n	이중모음(후설 저음/저중모음-후설 중/고중모음)
/eɪ/	s*ay*, *ei*ght, b*ai*t	이중모음(전설 중모음-후설 고중모음)
/oʊ/	g*o*, h*o*me, b*oa*t	이중모음(후설 중모음-후설 고중모음)
/ɔɪ/	b*oy*, j*oi*n, c*oy*	이중모음(후설 저중모음/후설 중모음-전설 중고모음)

청력 선별

　면밀한 진단평가에는 청력에 대한 선별도 포함된다. 대개 조용한 방에서 이동 가능한 청력검사기를 이용하여 순음 공기전도 검사를 실시한다. 검사 절차는 주별 자격증 기준에 따라 달라질 수 있다. SLP의 청력 선별검사 실시 지침은 정부 기관, 미국청각학회(American Academy of Audiology: AAA), 미국 말언어청각협회(ASHA)의 권고사항에 따른다.

의뢰 시기

　여기서는 검사에 협조할 수 있는 대상자에게 이동 가능한 청력검사기와 이어폰을 이용하여 순음 청력검사를 실시하는 방법에 대한 개요를 살펴보고자 한다. SLP는 다음에 해당하는 사례에 대해서 자격을 갖춘 청능사에게 의뢰해야 한다.

- 신생아 선별/검사
- 아주 어린 아동(생후~3세)/검사가 어려워 음장 검사나 놀이 청력검사가 필요한 아동
- 연령에 상관없이 이미 청력 손실이 있거나 귀 질병(예: 잦은 귀 감염) 이력이 있는 것으로 알려진 대상자
- 청력 선별을 통과하지 못한 대상자(다음 참조)

대상자의 수행

SLP는 대상자에게 이어폰을 착용시키기 전에 검사 절차와 반응 방법에 대해 설명한다. 대상자에게 순음이 (희미하게라도) 들리면 반응하도록 요구한다. 전형적인 반응에는 (1) 손가락이나 손을 들기, (2) '예'라고 말하거나 고개를 끄덕이기, (3) 버튼을 누르기의 방법이 있다.

검사 내용

청력 선별은 미리 정해 둔 강도 수준(dB HL)으로 다양한 주파수를 양쪽 귀 각각(왼쪽 귀와 오른쪽 귀를 따로 검사함)에 들려주었을 때 들을 수 있는지 여부를 판단하기 위해 실시한다. 평가하는 주파수와 강도는 대상자의 연령, 검사 환경, 기타 업무 환경/주 지침에 따라 달라진다. 전반적으로 다음과 같은 선별 지침을 고려해야 한다.

- 3세(생활연령 및 발달연령) 이상의 대상자를 선별한다.
- 3세부터 40세 또는 50세까지의 대상자에게는 500(선택적), 1,000, 2,000, 4,000Hz의 주파수를 20dB HL로 검사한다.
- 50세 이상 성인의 경우 1,000, 2,000, 4,000Hz를 25dB HL로 검사한다.

주: 고실계측검사(tympanometry)도 SLP의 업무 범위에 있는 검사이다. 이 검사를 실시할 경우 검사 주파수를 조정하여 선정할 수 있다.

선별을 통과하지 못하는 경우

선별 결과는 통과 아니면 불통이다. 대상자가 한쪽 귀나 양쪽 귀로 들려준 소리를 한 종류의 주파수에서도 듣지 못하면 청력 선별을 통과하지 못한 것이다. 이 경우 청력 평가를 위해 청능사에게 대상자를 의뢰해야 한다.

대상자의 부모에게 물어보아야 할 청력 관련 질문

말-언어장애가 의심되어 평가하는 아동의 사례력 관련 정보 수집을 위해 면담을 실시하는 과정에서 임상가는 부모나 보호자에게 아동의 청력에 관하여 다음과 같은 질문을 해야 한다.

- 아이의 청력에 대해 염려한 적이 있습니까?
- 아이의 귀가 현재 감염되어 있습니까? 얼마나 자주 감염됩니까?
- 가족 중에 청력 손실이 있었거나 있는 사람이 있다면 말해 주세요.
- 조용한 방에서 잠자다가 시끄러운 소음이 나면 아이가 깹니까?
- 큰 소리가 나면 아이가 소리가 나는 쪽으로 고개를 돌립니까?
- 다른 사람이 아이의 이름을 부르면 대답하고, 말하는 사람을 쳐다봅니까?
- 아이가 당신이 내는 소리를 일부라도 따라 말하기 시작했습니까?
- 아이가 신생아용 청력 선별검사를 받았나요? 그렇다면 그 결과는 어떠하였습니까?
- 아이가 뇌손상, 볼거리(이하선염), 뇌수막염, 뇌염, 뇌성마비, 선천성 결함을 앓은 적이 있습니까?
- 아이가 태어난 이후 신생아 중환자실에 있었나요?
- 태어날 때 문제(생후 1분간의 아프가 점수 0~4점 또는 생후 5분간의 아프가 점수 0~6점)가 있었나요?
- 아이가 복용하고 있는 약이 있나요? 어떤 약을 복용하고 있나요?(이독성 확인)

청각처리장애 고려사항

청각처리장애(Auditory Processing Disorder: APD)는 이전에 중추청각처리장애(Central Auditory Processing Disorder: CAPD)로 알려져 있던 장애로, 여전히 논쟁이 많

은 진단명이다. 청각처리장애(APD) 아동의 대부분은 청각적 민감성에 문제가 없거나, 있다 해도 경도의 결함만 있을 뿐이다. APD에게서 문제가 되는 것은 청력이 아닌 듣기 이상의 것 또는 입력되는 청각 신호에 '어떤 일이 일어나는가'와 관련되어 있다. 이런 이유로 처리 과정에 중점을 둔다. 이 장애는 정의가 모호하고, 청각-음운적 기초의 문세인지 아니면 인지-언어적 기초의 문제인지 의견이 일치하지 않는다. 말초 수준(귀)에서 빈약한 청각 신호가 중추 청각 신경체계(두뇌)에서의 빈약한 재현을 야기한다는 것이 받아들여지고 있다. 이런 식으로 중이염이 반복된 아동은 청각 자극의 처리, 특히 빨리 제시되는 말-언어나 배경소음이 있는 상태(또는 기타 열악한 상황)에서 제시되는 말-언어를 처리하는 데 문제를 자주 보인다. APD가 있는 아동은 교실에서 소리를 듣고 학습하는 데 어려움을 보인다. 학업 실패는 부모가 아동을 평가해 달라고 데리고 오는 이유 중 하나이다. 이 아동들에게는 전반적인 감각입력 양식의 평가 접근법(청각 이외의 양식) 포함이 필요하다. 그러나 다른 장애와 결과가 비슷하여 감별 진단이 어렵다. APD의 일부 증상은 기타 언어 기반 문제, 학습장애, 주의력결핍장애(attention deficit disorder: ADD), 주의력결핍 과잉행동장애(attention deficit hyperactivity disorder: ADHD), 아스퍼거 증후군 및 기타 스펙트럼장애, 난독증, 단순언어장애의 증상과 유사하다. APD로 진단된 경우라 하더라도 서비스를 받기에 적격한 진단으로 여기지 않는 교육구도 있다. 그러므로 학령기 아동의 경우 수용언어장애와 같은 다른 진단명하에 치료를 받기도 한다. APD의 보편적인 특성은 다음과 같다(첫 번째와 두 번째가 APD의 핵심 특성이라 본다).

- 주변 환경이 시끄러우면 듣기 더 어려워한다.
- 시간적으로 변화된(예: 빠른) 말-언어를 처리하기 어려워한다.
- 간헐적으로 구어 정보를 처리하지 못한다.
- 복잡한 구어 지시를 따르기 어려워한다.
- 구어 기술 기반의 교육과정(예: 읽기, 제2외국어 학습, 수학)과 소위 좌반구 기능이라고 하는 기타 영역에서 어려움이 증가한다.

APD는 감지하기가 어려워 주관적인 증상(앞에 열거한 것과 같이)에 의존하는데, 이 증상은 대개 교사, 부모 등이 알아차리게 된다. 이러한 우려사항 때문에 전문적인 평가가 필요하다. 진단과 중재에 있어 팀 접근이 중요하다. 보통 APD가 의심되는 아동은 신경과 전문의가 평가한다. 그러나 APD가 있는 아동들은 대개 신경학적 질병의 증거가 없기 때문에 소리와 구어 정보를 해석하는 능력을 알아보는 행동 검사에서의 수행을 근거로 진단이 이루어진다. 현재까지 청능사와 SLP 그리고 아마도 학교심리학자들 사이에 공통적으로 존재하는 평가 주제가 있기는 하지만 APD의 검사와 관련하여 합의된 방법은 아직 없다.

그냥 청각 선별이 아닌 청각 평가가 필요하다. 청능사는 시간적 처리, 소음 환경에서의 말 이해, 양분 청취, 열악한 상황에서 말을 이해하는 능력(고주파수 정보가 걸러진 말이나 속도가 빠른 말) 등과 같은 특수한 중추 청각 신경체계 검사도 실시해야 한다.

APD의 평가에 있어 SLP의 역할은 면밀한 언어 검사를 실시하는 것이다. SLP는 다음과 같은 보충검사를 실시할 수 있다.

- Test of Auditory Processing Skills(TAP-3; Gardner, 2005)
- Revised Token Test(McNeil & Prescott, 1978)
- Woodcock-Johnson IV(Schrank, McGrew, Mather, & Woodcock, 2014)의 구어 하위검사

말-언어 평가에 유용한 읽기 문단

읽기 문단은 말, 언어, 음성, 유창성 등 다양한 평가에 이용되어 왔다. 다음 문단은 실제 임상 현장에서 표준으로 이용되는 것으로, 적절한 읽기 학년 수준이 서로 다르다.

- Rainbow(무지개) 문단
- Zoo(동물원) 문단
- My Grandfather(우리 할아버지) 문단
- Caterpillar(애벌레) 문단
- Night Sky(밤하늘) 문단

다음에 이 문단들을 제시한다.

Rainbow 문단(읽기 수준: 성인)   Rainbow 문단은 Grant Fairbanks(1960)가 제작한 것

으로 누구나 허락 없이 쓸 수 있다. 이 문단, 특히 인기가 높은 첫 번째 문단은 영어의 모든 말소리가 사용 비율에 맞게 들어 있다고 한다. 그러나 음성 빈도의 대표성에 대한 이의가 제기된 바 있다(Zurinskas, 2009). 이 문단은 의사소통장애 분야뿐만 아니라 의료 전문가와 교육자들 사이에서도 매우 널리 사용되고 있는 읽기 문단 중 하나가 되었다. SLP는 100단어(제목 포함) 단락이 오류 비율을 빨리 계산하는 데 유용함을 발견하였다. 비유창한 단어의 비율을 구하기도 한다. 공명을 평가하기 위해 사용할 때는 이 문단에 11.5%의 비음이 포함되어 있음에 유의하라.

The Rainbow

When the sunlight strikes raindrops in the air, they act like a prism and form a rainbow. A rainbow is the division of white light into many beautiful colors. These take the shape of a large, round arch, with its path high above and its two ends apparently beyond the horizon. There is, according to legend, a boiling pot of gold at one end. People look but no one ever finds it. When a man looks for something beyond his reach, his friends say he is looking for the pot of gold at the end of the rainbow.

출처: Fairbanks, G. (1960). *Voice articulation drillbook* (1st Ed.). Pearson Education, Inc., Upper Saddle River, New Jersey의 허락하에 내려받아 인쇄하여 사용할 수 있음.

Zoo 문단(읽기 수준: 아동, 학년 미지정)　　Zoo 문단(Flectcher, 1978)은 처음 소개된 이래 공명 평가에 자주 사용되는 읽기 샘플 중 하나가 되었다. 비음이 없는 71개 단어의 말 샘플로, 모음에서의 과다비성을 들어서 지각적으로 판단하는 데 도움이 된다(비음에 의한 영향을 받지 않기 때문에). 이 문단은 KayPENTAX의 Nasometer(www.kaypentax.com)를 이용하여 음성의 기기 분석을 실시할 때도 이용한다.

Zoo

Look at this book with us. It's a story about a zoo. That is where bears go. Today it's very cold out of doors, but we see a cloud overhead that's a pretty white fluffy shape. We hear that straw covers the floor of cages to keep the chill away; yet a deer walks through the trees with her head high. They feed seeds to birds so they're able to fly.

출처: Fletcher, S. (1978). *Diagnosing speech disorders from cleft palate.* 인쇄하여 사용할 수 있음.

My Grandfather 문단(읽기 수준: 성인 또는 5학년 이상의 아동)　다른 사람이 제작한 것으로 잘못 알려져 있기도 하지만, 일찍이 Van Riper(1963)가 만들어 『Speech Correction』에 게재하였던 것으로 지금은 표준 읽기 문단이 되었다. 문단의 내용은 최근 저자가 좋아하는 셜록 홈즈의 소설과 연계되어 있다(Reilly & Fisher, 2012). 오랫동안 이 문단은 말더듬, 실어증, 읽기장애, 말운동장애(메이요 클리닉에서 사용하면서 강화됨)의 말 평가에 많이 사용되어 왔다. Reilly와 Fisher(2012)에 의하면, 이 문단에는 영어의 다양한 말소리가 독립음 수준과 실제로는 있을 것 같지 않은 자음군(예: frock, zest)에 들어 있는 등 광범위한 말 샘플이 포함되어 있어 읽는 사람에게는 조음, 의미, 통사적 요구량이 도전이 되어 문제를 드러내게 할 가능성이 높다. Patel 등(2013)에 의하면, 이 문단은 133개의 단어, 177개의 음절, 1.33의 단어 대 음절 비율, 15.9의 평균 발화 길이, 5학년의 읽기 수준의 특성을 갖고 있다.

My Grandfather

You wish to know all about my grandfather. Well, he is nearly 93 years old, yet he still thinks as swiftly as ever. He dresses himself in an ancient, black frock coat, usually minus several buttons.

A long, flowing beard clings to his chin, giving those who observe him a pronounced feeling of the utmost respect. When he speaks his voice is just a bit cracked and quivers a trifle. Twice each day he plays skillfully and with zest upon a small organ.

Except in the winter when the snow or ice prevents, he slowly takes a short walk in the open air each day. We have often urged him to walk more and smoke less but he always answers, "Banana oil!" Grandfather likes to be modern in his language.

출처: Van Riper, C. (1963). *Speech correction: Principles & methods* (4th Ed.). Pearson Education, Inc., Upper Saddle River, New Jersey의 허락하에 내려받아 인쇄하여 사용할 수 있음.

Caterpillar 문단(읽기 수준: 5학년 이상의 아동) Patel 등(2013)이 말운동장애의 평가와
감별진단을 위해 새롭게 개발한 읽기 문단이다. 이 문단은 마비말장애와 말실행증의
전형적인 말소리 오류를 구분하는 데 이용할 수 있다. 이는 문단의 복잡성, 길이가 증
가하는 단어, 단어 반복, 운율 변동성 등에 근거하여 구분된다. 저자들은 197개 단어,
261개의 음절, 1.33의 단어 대 음절 비율, 13.4의 평균발화길이, 5학년의 읽기 수준의
문단이라 하였다.

The Caterpillar

Do you like amusement parks? Well, I sure do. To amuse myself, I went twice
last spring. My most MEMORABLE moment was riding on the Caterpillar, which is a
gigantic rollercoaster high above the ground. When I saw how high the Caterpillar
rose into the bright blue sky I knew it was for me. After waiting in line for thirty
minutes, I made it to the front where the man measured my height to see if I was
tall enough. I gave the man my coins, asked for change, and jumped on the cart.
Tick, tick, tick, the Caterpillar climbed slowly up the tracks. It went SO high I could
see the parking lot. Boy was I SCARED! I thought to myself, "There's no turning
back now." People were so scared they screamed as we swiftly zoomed fast, fast,
and faster along the tracks. As quickly as it started, the Caterpillar came to a stop.
Unfortunately, it was time to pack the car and drive home. That night I dreamt of
the wild ride on the Caterpillar. Taking a trip to the amusement park and riding on
the Caterpillar was my MOST memorable moment ever!

출처: 미국 말언어청각협회의 허락하에 게재함. "The caterpillar": A novel reading passage for assessment of
motor speech disorders, R. Patel et al., *American Journal of Speech-Language Pathology, 22*(1), 1.9, 2013;
Copyright Clearance Center, Inc.의 동의를 얻음.

Night Sky 문단(읽기 수준: 2학년) 설명식의 읽기 문단으로 읽기 수준 2의 읽기 기술 목
록 중 일부이다. 비음과 구강음이 섞여 있으며, 125개의 단어로 이루어져 있다.

The Night Sky

Look up at the sky at night. If it is a clear night, you will see stars. How many
stars are there? No one knows for sure. But there is one star that you know by

name. You can see it in the daytime. It is our sun. The sun is a star. All stars are suns. Our sun is so close that we cannot see other stars in the day. We only see the other suns at night.

Stars are made up of very hot gas, and they seem to twinkle because of the air moving across them. Even though we can't always see them, they are always in the sky, even in the daytime.

출처: Cooter, R., Flynt, E. S., & Cooter, K. (2014). The Flynt-Cooter comprehensive reading inventory-2: Assessment of K-12 reading skills in English & Spanish [Measurement instrument]. Boston, MA: Pearson. Pearson Education, Inc., Upper Saddle River, New Jersey의 허락하에 내려받아 인쇄하여 사용할 수 있음.

〈부록 C〉

영유아용 언어평가 면담 프로토콜

일반 정보

관련 과거력

- 의뢰처
- 문제에 대한 부모의 진술
- 이전 평가 경험
- 이전 치료 경험
- 부모가 시도해 본 치료
- 유아원/유치원 경험
- 집에 함께 사는 사람 및 관계

의사소통 발달을 위한 신체적 선행요건

출생 및 일반 건강

- 임신
- 출생
- 아동 질병에 대한 과거력
- 아동 건강에 대한 현재 상태

청력 상태

- 잦은 감기

- 귀 통증과 염증 이력
- 청력의 민감도에 대한 부모 의견

신경학적 상태
- 뇌손상/의식 없음
- 경기
- 신경과 전문의를 만난 경험 및 관련 질병
- 운동장애를 입증하는 증거

전반적인 발달

- 자조 기술과 관련한 염려사항
- 소근육 및 대근육 발달과 관련한 염려사항
- 사회성 발달과 관련한 염려사항
- 의사소통 발달과 관련한 염려사항

의사소통 발달을 위한 사회적 선행요건

- 평소에 사회적 상호작용을 하는 대략적인 시간
- 아동과 상호작용을 자주 하는 사람
- 사회적 상호작용과 관련된 활동
- 반사회적이거나 사회적으로 부적절한 행동(예: 상호작용 회피, 계속 혼자서 놀기)
- 자기자극 행동(예: 팔 흔들기)
- 눈맞춤의 지속
- 타인의 행동을 조정하기 위한 비구어적 제스처나 신체 움직임
- 타인의 주목을 얻기 위한 물건의 사용이나 어떤 행동의 반복
- 사회적 상호작용을 위한 발성의 사용
- 양육자와의 공동 참조
- 아동의 일상적인 하루 일과(자세하게)

의사소통 발달을 위한 인지적 선행요건

각 수준의 달성을 나타내는 아동의 놀이 활동 및 행동의 구체적인 예를 드시오.

- 사물 영속성
- 목적-수단
- 즉각 모방
- 물건에 대한 기능적 사용
- 지연 모방
- 자신의 신체를 이용한 상징놀이
- 사물을 이용한 상징놀이
- 대체물을 이용한 상징놀이
- 원거리 가리키기
- 놀이에서 한 번에 두 개 이상의 사물을 조합하기
- 아동이 가장 많이 하는 놀이 활동

의사소통 발달

- 일관된 음성형태에 대한 부모 보고
- 부모가 추정하는 표현 단어의 수
- 부모가 추정하는 평균발화길이
- 구문 전 장치에 대한 부모 보고
- 의미관계 유형에 대한 부모 보고
- 부모가 추정하는 언어 이해의 정도
- 부모가 추정하는 아동의 지능

〈부록 D〉
초기 다단어 분석을 위한 코딩 용지

아동 발화	의미관계	기능	상호작용을 시작한 사람	다음 단계의 요소
Pushing car	행위+대상	행동 조정	아동	-ing
Push it	행위+대상	행동 조정	아동	
Car going	도구+행위	명명/서술	아동	-ing
More car	재발+X	행동 조정	아동	
Car allgone?	X+부재	질문	아동	
Juice up there	실체+장소	촉진된 모방	성인	
Gimme juice	행위+대상	행동 조정	아동	
That truck	지시+X	대답	성인	
Ball	일반명사	명명/서술	아동	
Me Ball	소유자+소유물	거부	아동	
No	대인적/사회적 단어	거부	아동	
Mommy throw	행위자+행위	행동 조정	아동	
Throw it	행위+대상	행동 조정	아동	
Go there	행위+장소	대답	성인	
Horsie	일반명사	대답	성인	
Big horsie	속성+실체	자발적 모방	아동	
Me riging	행위자+행위	명명/서술	아동	-ing
More ride	재발+X	질문	아동	
Please	대인적/사회적 단어	행동 조정	아동	
Put on table	행위+장소	행동 조정	아동	on

<부록 E>

초기 다단어 분석을 위한 요약지

아동: _____ 연령: _____ 생년월일: _____ 평가일: _____

샘플의 맥락(포함된 사람과 제시된 사물):

샘플에 걸린 시간:

샘플 중 수행된 활동들:

평균발화길이(코딩 용지의 첫 번째 칸):

아동의 총 발화 수(코딩 용지의 첫 번째 칸):

가장 긴 형태소 발화(코딩 용지의 첫 번째 칸):

단단어 반응의 수(코딩 용지의 첫 번째 칸):

샘플에 분명히 나타난 의미관계(코딩 용지의 두 번째 칸):

샘플에 분명히 나타난 기능(코딩 용지의 세 번째 칸):

아동이 시작한 발화 및 성인이 시작한 발화의 비율(코딩 용지의 네 번째 칸):

다음 단계의 요소(코딩 용지의 다섯 번째 칸):

샘플에서 빠진 의미관계:

샘플에서 빠진 기능:

〈부록 F〉
제한된 언어의 평가에서 자료의 통합

신상 정보

이름: 주소:

연락처: 보호자:

평가일: 생년월일: 연령:

평가 시 수집된 자료	자료에 대해 수행된 분석
과거력	평균발화길이(MLU)
전문가의 보고	분포 분석
청력 선별	초기 다단어 분석(의미관계/기능)
구강 구조 및 기능 선별	의사소통 제스처 분석
양육자-아동 상호작용 시 행동 관찰	놀이의 인지 분석
임상가-아동 상호작용 시 행동 관찰	발성 분석
부모의 체크리스트(어휘)	음성 목록
적응 행동 척도	음운 분석
일반적인 발달에 대한 종합검사	양육자-아동 상호작용 분석
자발적인 의사소통 샘플	표준화 검사의 점수
비표준화 과제	사회적 행동(예: 주고받기, 공동 참조하기)의 분석
인지 척도	비표준화 절차의 점수
이해 검사	기타
언어에 대한 종합 검사	
기타	

강한(+) 영역과 염려되는(−) 영역

신체 영역

청력 _____

신경 _____

일반 건강 _____

해부학적 구조 _____

인지 영역

놀이 수준 _____

운동감각 하위 단계 _____

상징놀이 _____

사회성 영역

상호성 _____

놀이 상대 _____

적응 행동

자조 행동 _____

대근육 운동 _____

소근육 운동 _____

사회적 행동 _____

의사소통 의도

서술 의도 _____

명령 의도 _____

수준 _____

비율 _____

단단어

개수 _____

다양성 _____

기능 _____

초기 다단어 조합

다양성 _____

생산성 _____

평균발화길이 _____

음운

음성목록 _____

음운변동 _____

양육자 전략

공동 참조 _____

모델링 _____

제언

의뢰:

SLP의 추가 검사:

예후:

치료 방향:

참고문헌

Aase, D., Hovre, C., Krause, K., Schelfhout, S., Smith, J., & Carpenter, L. (2000). Contextual test of articulation [Measurement instrument]. Eau Claire, WI: Thinking Publications.

Accardo, P. J., & Capute, A. J. (2005). The Capute scales: Cognitive adaptive test and clinical linguistic & auditory milestone scale [Measurement instrument]. Baltimore, MD: Brookes.

Adamovich, B., & Henderson, J. (1992). Scales of cognition ability for traumatic brain injury [Measurement instrument]. Chicago, IL: Riverside.

Adams, M. (1977). A clinical strategy for differentiating the normally nonfluent child and the incipient stutterer. *Journal of Fluency Disorders, 2,* 141–148.

Adler, S. (1990). Multicultural clients: Implications for the SLP. *Language, Speech, and Hearing Services in Schools, 21,* 135–139.

Adler, S. (1991). Assessment of language proficiency of limited English proficient speakers: Implications for the speech-language specialist. *Language, Speech, and Hearing Services in Schools, 22*(2), 12–18.

ADVANCE. (2010). Landmark study suggests verbal apraxia symptoms are part of larger syndrome. *ADVANCE for Speech-Language Pathologists & Audiologists, 20*(1), 20.

Allen, D., Bliss, L., & Timmons, J. (1981). Language evaluation: Science or art? *Journal of Speech and Hearing Disorders, 46,* 66–68.

Als, H., Lester, B., Tronick, E., & Brazelton, T. (1982). Toward a research instrument for the assessment of preterm infants' behavior (APIB). In H. Fitzgeralt, B. Lester, & M. Yogman (Eds.), *Theory and research in behavioral pediatrics* (Vol. 1, pp. 35–63). New York, NY: Plenum Press.

Ambrose, N., & Yairi, E. (1994). The development of awareness of stuttering in preschool children. *Journal of Fluency Disorders, 19,* 229–245.

Ambrose, N., & Yairi, E. (1999). Normative disfluency data for early childhood stuttering. *Journal of Speech, Language, and Hearing Research, 42,* 895–909.

American Speech-Language-Hearing Association. (2004a). *ASHA Supplement No. 222, 7,* 73–87.

American Speech-Language-Hearing Association. (2004b). Preferred practice patterns for the profession of speech-language pathology. Retrieved from http://www.asha.org/members/

American Speech-Language-Hearing Association. (2005). Evidencebased practice in communication disorders [Position statement]. Retrieved from http://www.asha.org/members/deskref-journals/deskref/default

American Speech-Language-Hearing Association. (2007). Childhood apraxia of speech: Ad hoc committee on apraxia of speech in children. Retrieved from http://www.asha.org/docs/html/TR2007-00278.html

American Speech-Language-Hearing Association. (2014). Phonemic inventories across languages. Retrieved from http://www.asha.org/Practice-Portal/Templates/

Amir, O., & Ezrati-Vinacour, R. (2002). Stuttering in a volatile society–Israel. *Newsletter for the ASHA Special Interest Division 14: Perspectives on Communication Disorders and Sciences in Culturally and Linguistically Diverse Populations, 8*(2), 13–14.

Ammer, J. J., & Bangs, T. (2000). Birth to three assessment and intervention system (2nd ed.) [Measurement instrument]. Austin, TX: Pro Ed.

Ammons, R., & Johnson, W. (1944). Studies in the psychology of stuttering: XVIII. The construction and application of a test of attitude toward stuttering. *Journal of Speech Disorders, 9*, 39–49.

Anastasi, A. (1976). *Psychological testing*. New York, NY: Macmillan.

Anastasi, A. (1997). *Psychological testing* (7th ed.). Upper Saddle River, NJ: Prentice Hall.

Andersson, L. (2005). Determining the adequacy of tests of children's language. *Communication Disorders Quarterly, 26*(4), 207–225.

Andrews, G., & Cutler, J. (1974). Stuttering therapy: The relationship between changes in symptom level and attitudes. *Journal of Speech and Hearing Disorders, 39*, 312–319.

Antonios, N., Carnaby-Mann, G., Crary, M., Miller, L., Hubbard, H., Hood, K., . . . Silliman, S. (2010). Analysis of a physician tool for evaluating dysphagia on an inpatient stroke unit: The Modified Mann Assessment of Swallowing Ability. *Journal of Stroke and Cerebrovascular Diseases, 19*(1), 49–57.

Apel, K. (1999). An introduction to assessment and intervention with older students with language-learning impairments: Bridges from research to clinical practice. *Language, Speech, and Hearing Services in Schools, 30*, 228–230.

Applebee, A. (1978). *The child's concept of a story: Ages 2 to 17*. Chicago, IL: University of Chicago Press.

Aram, D., & Nation, J. (1980). Preschool language disorders and subsequent language and academic difficulties. *Journal of Communication Disorders, 13*, 159–170.

Arndt, J., & Healey, E. C. (2001). Concomitant disorders in school-age children who stutter. *Language, Speech, and Hearing Services in Schools, 32*, 68–78.

Arvedson, J. C. (1993). Oral-motor and feeding assessment. In J. C. Arvedson & L. Brodsky (Eds.), *Pediatric swallowing and feeding: Assessment and Management*. San Diego, CA: Singular Publishing.

Arvedson, J. C., & Brodsky, L. (2002). *Pediatric swallowing and feeding: Assessment and management*. San Diego, CA: Thomson Delmar.

Atkins, C., & Cartwright, L. (1982). An investigation of the effectiveness of three language elicitation procedures on Head Start children. *Language, Speech, and Hearing Services in Schools, 13*, 33–36.

Avery-Smith, W., Rosen, A. B., & Dellarosa, D. (1997). Dysphagia Evaluation Protocol [Measurement instrument]. Boston, MA: Pearson.

Aviv, J. E., Kim, T., Sacco, R., Kaplan, S., Goodhart, K., Diamond, B., Close, L. G. (1998). FEESST: A new bedside endoscopic test of the motor and sensory component of swallowing. *Annals of Otology, Rhinology, and Laryngology, 107*(5), 378–387.

Awan, S. N. (2000). *The voice diagnostic protocol: A practical guide to the diagnosis of voice disorders*. Austin, TX: Pro-Ed.

Awan, S., & Roy, N. (2009). Outcome measures in voice disorders: Application of an acoustic index of dysphonia severity. *Journal of Speech, Language, and Hearing Research, 52*, 482–499.

Bailey, D., & Simeonsson, R. (1988). *Family assessment in early intervention*. Columbus, OH: Merrill.

Bain, B., & Olswang, L. (1995). Examining readiness for learning two word utterances by children with specific expressive language impairment: Dynamic assessment validation. *American Journal of Speech-Language Pathology, 4*, 81–91.

Baines, K. A., Heeringa, H. M., & Martin, A. (1999). Assessment of language-related functional activities [Measurement instrument]. Austin, TX: Pro-Ed.

Bakker, K., & Myers, F. L. (2011). Cluttering severity instrument [Measurement instrument]. Retrieved from http://associations.missouristate.edu/ica/Resources/Resources%20and%20Links%20pages/CSI%20software%20ALL/CSI_Software.htm

Balason, D., & Dollaghan, C. (2002). Grammatical morpheme production in 4-year-old children. *Journal of Speech, Language, and Hearing Research, 45*, 961–969.

Ball, M., & Gibbon, F. (2012). *Handbook of vowels and vowel disorders*. Oxford, UK: Taylor & Francis.

Baltaxe, C., & Simmons, J. (1975). Language in childhood psychosis: A review. *Journal of Speech and Hearing Disorders, 40*, 439–458.

Bankson, N., & Bernthal, J. (1990). Bankson-Bernthal test of phonology [Measurement instrument]. Austin, TX: Pro-Ed.

Barlow, J. (2002). Recent advances in phonological theory and treatment: Part II. *Language, Speech, and Hearing Services in Schools, 33*, 4–8.

Barnes, E., Roberts, J., Long, S., Martin, G., Berni, M., Mandulak, K., & Sideris, J. (2009). Phonological accuracy and intelligibility in connected speech of boys with fragile X syndrome or Down syndrome. *Journal of Speech, Language, and Hearing Research, 52*, 1048–1061.

Barrie-Blackley, S., Musselwhite, C., & Rogister, S. (1978). *Clinical oral language sampling*. Danville, IL: Interstate.

Bartko, J. (1976). On various intraclass correlation reliability coefficients. *Psychological Bulletin, 83*(5), 762–765.

Bashir, A., Kuban, K., Kleinman, S., & Scavuzzo, A. (1983). Issues in language disorders: Considerations of cause, maintenance and change. In J. Miller, D. Yoder, & R. Shiefelbusch (Eds.), *ASHA Report No. 12*. Rockville, MD: American Speech-Hearing-Language Association.

Bates, E. (1976). *Language in context*. New York, NY: Academic Press.

Bates, E. (1979). *The emergence of symbols: Cognition and communication in infancy*. New York, NY: Academic Press.

Bates, E., Benigni, L., Bretherton, I., Camaioni, L., & Volterra, V. (1979). *The emergence of symbols: Cognition and communication in infancy*. New York, NY: Academic Press.

Bates, E., Bretherton, I., & Snyder, L. (1988). *From first words to grammar*. Cambridge, MA: Cambridge University Press.

Battle, J. (1992). Culture-free self-esteem inventories (2nd ed.) [Measurement instrument]. Austin, TX: Pro-Ed.

Battle, D. E. (2012). *Communication disorders in multicultural and international populations* (4th ed.). Maryland Heights, MO: Mosby.

Bauman-Waengler, J. (2012). *Articulation and phonological impairments: A clinical focus* (4th ed.). Boston, MA: Pearson.

Baumgartner J., & Duffy J. (1997). Psychogenic stuttering in adults with and without neurologic disease. *Journal of Medical Speech-Language Pathology, 5*(2), 75–95.

Bayles, K. A., & Tomoeda, C. K. (1993). Arizona battery for communication disorders of dementia [Measurement instrument]. Austin, TX: Pro-Ed.

Bayles, K. A., & Tomoeda, C. K. (1994). The functional linguistic communication inventory [Measurement instrument]. Tucson, AZ: Canyonlands Publishing.

Bayles, K. A., & Tomoeda, C. K. (2007). *Communication disorders of dementia*. San Diego, CA: Plural.

Bayley, N. (2006). Bayley scales of infant and toddler development (3rd ed.) [Measurement instrument]. San Antonio, TX: Harcourt Assessment.

Beard, R. (1969). *An outline of Piaget's developmental psychology for students and teachers.* New York, NY: Basic Books.

Bedrosian, J. (1985). An approach to developing conversational competence. In D. Ripich & F. Spinelli (Eds.), *School discourse problems.* San Diego, CA: College-Hill Press.

Beitchman, J. H., Wilson, B., Brownlie, E. B., Walters, H., & Lancee, W. (1996). Long-term consistency in speech/language profiles: I. Developmental and academic outcomes. *Journal of the American Academy of Child and Adolescent Psychiatry, 35*(6), 804–814.

Beitchman, J. H., Wilson, B., Brownlie, E. B., Walters, H., Inglis, A., & Lancee, W. (1996). Long-term consistency in speech/language profiles: II. Behavioral, emotional, and social outcomes. *Journal of the American Academy of Child & Adolescent Psychiatry, 35*(6), 815–825.

Belafsky, P. C., Mouadeb, D. A., Rees, C. J., Pryor, J. C., Postma, G. N., Allen, J., & Leonard, R. J. (2008). Validity and reliability of the Eating Assessment Tool (EAT-10). *Annals of Otology, Rhinology, and Laryngology, 117*(12), 919–924.

Benedict, H. (1975). Early lexical development: Comprehension and production. *Journal of Child Language, 6,* 183–200.

Benton, A. L., Hamsher, K., & Sivan, A. (1994). Multilingual aphasia examination [Measurement instrument]. Lutz, FL: Psychological Assessment Resources.

Berkowitz, S. (2013). *Cleft lip and palate: Diagnosis and management* (3rd ed.). New York, NY: Springer.

Bernhardt, B., & Holdgrafer, G. (2001). Beyond the basics II: Supplemental sampling for in-depth phonological analysis. *Language, Speech, and Hearing Services in Schools, 32,* 28–37.

Bernthal, J., Bankson, N., & Flipsen, P. (2013). *Articulation and phonological disorders* (7th ed.). Boston, MA: Pearson.

Beukelman, D., & Mirenda, P. (1992). *Augmentative and alternative communication.* Baltimore, MD: Paul H. Brookes.

Beukelman, D., & Mirenda, P. (2013). *Augmentative and alternative communication: Supporting children and adults with complex communication needs* (4th ed.). Baltimore, MD: Paul H. Brookes.

Biddle, A., Watson, L., Hooper, C., Lohr, K. N., & Sutton, S. F. (2002). *Criteria for determining disability in speech–language disorders. AHRQ Publication No. 02-E010.* Rockville, MD: Agency for Healthcare Research and Quality.

Bird, E. K., Cleave, P., Trudeau, N., Thordardottir, E., Sutton, A., & Thorpe, A. (2005). The language abilities of bilingual children with Down syndrome. American *Journal of Speech-Language Pathology, 14,* 187–199.

Bird, J., Bishop, D., & Freeman, N. (1995). Phonological awareness and literacy development in children with expressive phonological impairments. *Journal of Speech and Hearing Research, 38,* 446–462.

Bishop, D. V. M. (2006). Children's communication checklist (2nd ed.) [Measurement instrument]. San Antonio, TX: Pearson.

Blagden, C., & McConnell, N. (1983). Interpersonal language skills assessment [Measurement instrument]. Moline, IL: Linguisystems.

Blake, M. L. (2011). Cognitive-communicative deficits associated with right hemisphere brain damage. In M. Kimbarow (Ed.), *Cognitive communication disorders* (pp. 119–168). San Diego, CA: Plural.

Blakeley, R. W. (2000). Screening test for developmental apraxia of speech (2nd ed.) [Measurement instrument]. Austin, TX: Pro-Ed.

Blakely, R. W. (2001). Treatment of developmental apraxia of speech. In W. H. Perkins (Ed.), *Dysarthria and apraxia: Current therapy of communication disorders.* New York, NY: Thieme-Stratton.

Blodgett, E., & Cooper, E. (1987). *Analysis of the language of learning: The practical test of metalinguistics.* Moline, IL: Linguisystems.

Blood, G., Blood, I., Kreiger, J., & O'Connor, S. (2009). Double jeopardy for children who stutter: Race and coexisting disorders. *Communication Disorders Quarterly, 30*(3), 131–141.

Blood, G., & Conture, E. (1998). Outcomes measurement issues in fluency disorders. In C. Frattali (Ed.), *Measuring outcomes in speech-language pathology*. New York, NY: Thieme.

Bloodstein, O., & Ratner, N. (2008). *A handbook on stuttering* (6th ed.). Clifton Park, NY: Delmar.

Bloom, C., & Cooperman, D. K. (1999). *Synergistic stuttering therapy: A holistic approach*. Boston, MA: Butterworth Heinemann.

Bloom, L. (1970). *Language development: Form and function in emerging grammars*. Cambridge, MA: MIT Press.

Bloom, L. (1973). *One word at a time: The use of single word utterances before syntax*. The Hague: Mouton.

Bloom, L., & Lahey, M. (1978). *Language development and language disorders*. New York, NY: Wiley.

Bloom, L., Lightbrown, P., & Hood, L. (1975). Structure and variation in child vanguage. *Monographs of the Society for Research in Child Development, 40*, 1–41.

Blosser, J. (2011). *School programs in speech-language pathology organization and service delivery* (5th ed.). San Diego, CA: Plural.

Blosser, J. L., & Neidecker, E. A. (2010). *School programs in speech-language pathology: Organization and service delivery* (5th ed.). Boston, MA: Plural.

Boehm, A. E. (2000). Boehm test of basic concepts (3rd ed.) [Measurement instrument]. San Antonio, TX: Pearson.

Bondy, A., & Frost, L. (1998). The Picture Exchange Communication System. *Seminars in Speech and Language, 19*, 373–389.

Boone, D. (1993). Boone voice program for children (2nd ed.) [Measurement instrument]. Austin, TX: Pro-Ed.

Boone, D. (2000). Boone voice program for adults (3rd ed.) [Measurement instrument] Austin, TX: Pro-Ed.

Boone, D., McFarlane, S. C., Von Berg, S., & Zraich, R. (2014). *The voice and voice therapy* (8th ed.). Boston, MA: Allyn & Bacon.

Bopp, K., Brown, K., & Mirenda, P. (2004). Speech-language pathologists' roles in the delivery of positive behavior support for individuals with developmental disabilities. *American Journal of Speech-Language Pathology, 13*, 5–19.

Bopp, K., Mirenda, P., & Zumbo, B. (2009). Behavior predictors of language development over 2 years in children with autism spectrum disorders. *Journal of Speech, Language, and Hearing Research, 52*, 1106–1120.

Bornbaum, C., Day, A., & Doyle, P. (2014). Examining the construct validity of the V-RQOL in speakers who use alaryngeal voice. *American Journal of Speech-Language Pathology, 23*, 196–202.

Bornstein, M., Tal, J., & Tamis-Lemonda, C. (1991). Parenting in crosscultural perspective: The United States, France and Japan. In M. Bornstein (Ed.), *Cultural approaches to parenting*. Hillsdale, NJ: Lawrence Erlbaum Associates.

Bornstein, M., Tamis-Lemonda, C., Pecheux, M., & Rahn, C. (1991). Mother and infant activity and interaction in France and the United States: A comparative study. *International Journal of Behavioral Development, 14*, 21–43.

Borsel, J. A., Maes, E., & Foulon, S. (2001). Stuttering and bilingualism: A review. *Journal of Fluency Disorders, 26*, 179–205.

Borson, S., Scanlan, J. M., Chen, P., & Ganguli, M. (2003). The Mini-Cog as a screen for dementia: Validity in a population-based sample. *Journal of the American Geriatrics Society, 51*(10), 141–145.

Boscolo-Rizzo, P., Maronato, F., Marchiori. C., Gava, A., & Mosto, M. C. (2008). Long-term quality of life after total laryngectomy and postoperative radiotherapy versus concurrent chemoradiotherapy for laryngeal preservation. *Laryngoscope, 118*,

300–306.

Boseley, M., Cunningham, M., Volk, M., & Hartnick, C. (2006). Validity of the Pediatric Voice-Related Quality-of-Life Survey. *Archives of Otolaryngology, Head and Neck Surgery, 132*(7), 717–720.

Boseley, M. E., & Hartnick, C. J. (2004). Assessing the outcome of surgery to correct velopharyngeal insufficiency with pediatric outcomes surgery. *International Journal of Pediatric Otorhinolaryngology, 68*(11), 1429–1433.

Bosone, Z. (1999). Tracheoesophageal speech: Treatment considerations before and after surgery. In S. Salmon (Ed.), *Alaryngeal speech rehabilitation* (2nd ed., pp. 105–150). Austin, TX: Pro-Ed.

Bothe, A. K. (2004). *Evidence-based treatment of stuttering*. Mahwah, NJ: Erlbaum.

Bothe, A. K., Davidow, J. H., Bramlett, R. E., & Ingham, R. J. (2006). Stuttering treatment research 1970–2005: I. Systematic review incorporating trial quality assessment of behavioral, cognitive, and related approaches. *American Journal of Speech-Language Pathology, 15*(4), 321–341.

Boudreau, D. (2005). Use of a parent questionnaire in emergent and early literacy assessment of preschool children. *Language, Speech, and Hearing Services in Schools, 36*, 33–47.

Boudreau, D., & Hedberg, N. (1999). A comparison of early literacy skills in children with specific language impairment and their typically developing peers. *American Journal of Speech-Language Pathology, 8*, 249–260.

Bowerman, M. (1973). Structural relationships in children's utterances: Syntactic or semantic? In T. Moore (Ed.), *Cognitive development and the acquisition of* language (pp. 197–213). New York, NY: Academic Press.

Bowers, L., Barrett, M., Huisingh, R., Orman, J., & LoGiudice, C. (2007). Test of problem solving-2 adolescent [Measurement instrument]. East Moline, IL: LinguiSystems.

Bowers, L., & Huisingh, R. (2010). LinguiSystems articulation test [Measurement instrument]. East Moline, IL: LinguiSystems.

Bowers, L., Huisingh, R., & LoGiudice, C. (2005). Test of problem solving-3 elementary [Measurement instrument]. East Moline, IL: LinguiSystems.

Bowers, L., Huisingh, R., & LoGiudice, C. (2008). Social language development test elementary [Measurement instrument]. East Moline, IL: LinguiSystems.

Bowers, L., Huisingh, R., & LoGiudice, C. (2010). Social language developmental test adolescent [Measurement instrument]. East Moline, IL: LinguiSystems.

Bowers, L., Huisingh, R., LoGiudice, C., & Orman, J. (2002). Test of semantic skills-Primary [Measurement instrument]. East Moline, IL: LinguiSystems.

Brackenbury, T., & Pye, C. (2005). Semantic deficits in children with language impairments: Issues for clinical assessment. *Language, Speech, and Hearing Services in Schools, 36*, 5–16.

Brady, N., Marquis, J., Fleming, K., & McLean, L. (2004). Prelinguistic predictors of language growth in children with developmental disabilities. *Journal of Speech, Language, and Hearing Research, 47*, 663–677.

Brady, W. A., & Hall, D. E. (1976). The prevalence of stuttering among school-age children. *Language, Speech, and Hearing Services in Schools, 7*(2), 75–81.

Braine, M. (1963). The ontogeny of English phrase structure: The first phrase. *Language, 39*, 1–14.

Braine, M. (1976). Children's first word combinations. *Monographs of the Society for Research in Child Development, 41*, 1–104.

Bransford, J., & Nitsch, K. (1978). Coming to understand things we could not previously understand. In J. Kavanagh & W. Strange (Eds.), *Speech and language in the laboratory, school and clinic* (pp. 267–307). Cambridge, MA: MIT Press.

Brazelton, T. B., & Nugent, J. K. (2011). Neonatal behavior assessment scale (5th ed.). London, England: Mac Keith Press.

Brice, A. E. (2002). *The Hispanic child.* Boston, MA: Allyn & Bacon.

Bricker, D. (2002). Assessment, evaluation, and programming system for infants and children (2nd ed.) [Measurement instrument]. Baltimore, MD: Brookes.

Brinton, B., & Fujiki, M. (1984). Development of topic manipulation skills in discourse. *Journal of Speech and Hearing Research, 27,* 350–358.

Brinton, B., & Fujiki, M. (1989). *Conversational management with language-impaired children.* Rockville, MD: Aspen.

Bronfenbrenner, U. (1979). *The ecology of human development.* Cambridge, MA: Harvard University Press.

Brook, I. (2013). *The laryngectomee guide.* Washington, DC: MedStar Health.

Brown, L., Sherbenou, R., & Johnson, S. (2010). Test of nonverbal intelligence (4th ed.) [Measurement instrument]. Austin, TX: Pro-Ed.

Brown, R. (1973). *A first language: The early stages.* Cambridge, MA: Harvard University Press.

Brown, R., & Fraser, C. (1963). The acquisition of syntax. In C. Cofer & B. Musgrave (Eds.), *Verbal behavior and learning: Problems and processes* (pp. 158–209). New York, NY: McGraw-Hill.

Brownell, R. (2010). Expressive one-word picture vocabulary test-4 [Measurement instrument]. Novato, CA: Academic Therapy Publications.

Brownell, R. (2010). Receptive one-word picture vocabulary test (4th ed.) [Measurement instrument]. Novato, CA: Academic Therapy Publications.

Bruner, J. (1981). The social context of language acquisition. *Language & Communication, 1*(2), 155–178.

Brunson, K., & Haynes, W. (1991). Profiling teacher/child classroom communication: Reliability of an alternating time sampling procedure. *Child Language Teaching and Therapy, 7*(2), 192–212.

Brutten, E., & Dunham, S. (1989). The Communication Attitude Test: A normative study of grade school children. *Journal of Fluency Disorders, 14,* 371–377.

Brutten, E., & Shoemaker, D. (1974). Southern Illinois behavior checklist [Measurement instrument]. Carbondale, IL: Southern Illinois University.

Brutten, G., & Vanryckeghem, M. (2003). *Behavior Assessment Battery: A multi-dimensional and evidence-based approach to diagnostic and therapeutic decision making for children who stutter.* Destelbergen, Belgium: Stichting Integratie Gehandicapten & Acco Publishers.

Bryan, K. L. (1995). The right-hemisphere language battery (2nd ed.) [Measurement instrument]. London, England: Whurr.

Bryant, B. R., Wiederholt, J. L, & Bryant, D. P. (2004). Gray diagnostic reading tests (2nd ed.) [Measurement instrument]. Austin, TX: Pro-Ed.

Bunting, G. (2004). Voice following laryngeal cancer surgery: troubleshooting common problems after tracheoesophageal voice restoration. *Otolaryngologic Clinics of North America, 37*(3), 597–612.

Burke, B. L., Arkowitz, H., & Menchola, M. (2003). The efficacy of motivational interviewing: A meta-analysis of controlled clinical trials. *Journal of Consulting and Clinical Psychology, 71*(5), 843–861.

Burns, M. (1997). Burns brief inventory of communication and cognition [Measurement instrument]. Boston, MA: Pearson.

Burrus, A. E., & Willis, L. B. (2013). *Professional communication in speechlanguage pathology: How to write, talk, and act like a clinician.* San Diego, CA: Plural.

Butt, P., & Bucks, R. (2004). Butt non-verbal reasoning test [Measurement instrument]. London, UK: Speechmaker.

Bzoch, K. (2004). *Communicative disorders related to cleft lip and palate* (5th ed.). Austin, TX: Pro-Ed.

Bzoch, K. R., League, R., & Brown, V. L. (2003). Receptive-expressive emergent language test (3rd ed.) [Measurement instrument]. Austin, TX: Pro-Ed.

Bzoch, K. R., League, R., & Brown, V. L. (2003). *Receptive-Expressive Emergent Language Test: Examiner's manual*. Austin, TX: Pro-Ed.

Cabell, S., Justice, L., Zucker, T., & Kilday, C. (2009). Validity of teacher report for assessing the emergent literacy skills of at-risk preschoolers. *Language, Speech, and Hearing Services in Schools, 40*, 161–173.

Calandrella, A., & Wilcox, M. (2000). Predicting language outcomes for young prelinguistic children with developmental delay. *Journal of Speech, Language, and Hearing Research, 43*, 1061–1071.

Canning, B., & Rose, M. (1974). Clinical measurements of the speed of tongue and lip movements in British children with normal speech. *British Journal of Disorders of Communication, 9,* 45–50.

Capone, N., & McGregor, K. (2004). Gesture development: A review for clinical and research practices. *Journal of Speech, Language, and Hearing Research, 47,* 173–186.

Carding, P., & Horsley, I. A. (1992). An evaluation study of voice therapy in non-organic dysphonia. *International Journal of Language and Communication Disorders, 27*(2), 137–158.

Carew, L., Dacakis, G., & Oates, J. (2007). The effectiveness of oral resonance therapy on the perception of femininity of voice in male-to-female transsexuals. *Journal of Voice, 21*(5), 591–603.

Carl, L., & Johnson, P. (2006). *Drugs and dysphagia: How medicines can affect eating and swallowing.* Austin, TX: Pro-Ed.

Carlson, S. M., Mandell, D. J., & Williams, L. (2004). Executive function and theory of mind: Stability and prediction from ages 2 to 3. *Developmental Psychology, 40*(6), 1105–1122.

Carnaby, G. D., & Crary, M. (2014). Development and validation of a cancer-specific swallowing assessment tool: MASA-C. *Support Care Cancer, 22*(3), 595–602.

Carpenter, M. (1999). Treatment decisions in alaryngeal speech. In S. Salmon (Ed.), *Alaryngeal speech rehabilitation* (2nd ed., pp. 55–77). Austin, TX: Pro-Ed.

Carpenter, R. L. (1987). Play scale. In L. Olswang, C. Stoel-Gammon, T. Coggins, & R. Carpenter (Eds.), *Assessing prelinguistic and early behaviors in developmentally young children* (pp. 44–77). Seattle, WA: University of Washington Press.

Carrow-Woolfolk, E. (1998). Test for auditory comprehension of language (3rd ed.) [Measurement instrument]. Austin, TX: Pro-Ed.

Carrow-Woolfolk, E. (1999). Comprehensive assessment of spoken language [Measurement instrument]. Torrance, CA: Western Psychological Services.

Carrow-Woolfolk, E. (2011). Oral and written language scales (2nd ed.) [Measurement instrument]. Torrance, CA: Western Psychological Services.

Carrow-Woolfolk, E., & Lynch, J. I. (1982). *An integrative approach to language disorders in children.* New York, NY: Grune & Stratton.

Casby, M. W. (2003). Developmental assessment of play: A model for early intervention. *Communication Disorders Quarterly, 24*(4), 175–183.

Casby, M. W. (2011). An examination of the relationship of sample size and mean length of utterance for children with developmental language impairment. *Child Language Teaching & Therapy, 27*(3), 286–293.

Case-Smith, J. (1988). An efficacy study of occupational therapy with high-risk neonates. *The American Journal of Occupational Therapy, 42*, 499–506.

Catts, H. (1993). The relationship between speech-language impairments and reading disabilities. *Journal of Speech and Hearing Research, 36*, 948–958.

Catts, H. (1997). The early identification of language-based reading disabilities. *Language, Speech, and Hearing Services in Schools, 28*, 86–89.

Catts, H., Fey, M., Zhang, X., & Tomblin, J. B. (2001). Estimating the risk of future reading difficulties in kindergarten children: A research based model and its clinical implications. *Language, Speech, and Hearing Services in Schools, 32*, 38–50.

Catts, H. W., Fey, M. E., Tomblin, J. B., & Zhang, X. (2002). A longitudinal investigation of reading outcomes in children with language impairments. *Journal of Speech, Language, and Hearing Research, 45*(6), 1142–1157.

Cazden, C. (1970). The neglected situation of child language research and education. In F. Williams (Ed.), *Language and Poverty: Perspectives on a Theme* (pp. 81–101). Chicago, IL: Rand–McNally.

Chabon, S., Udolf, L., & Egolf, D. (1982). The temporal reliability of Brown's mean length of utterance measure with post stage V children. *Journal of Speech and Hearing Research, 25*, 124–128.

Chafe, W. (1970). *Meaning and the structure of language*. Chicago, IL: University of Chicago Press.

Channell, R. (2003). Automated developmental sentence scoring using computerized profiling software. *American Journal of Speech–Language Pathology, 12*, 369–375.

Chapey, R. (2014). Cognitive stimulation: Stimulation of recognition/ comprehension, memory, and convergent, divergent and evaluative thinking. In R. Chapey (Ed.), *Language intervention strategies in aphasia and related neurogenic communication disorders* (5th ed., pp. 469–506). Baltime, MD: Lippincott Williams & Wilkins.

Chapman, R. (1978). Comprehension strategies in children. In J. Kavanagh & W. Strange (Eds.), *Speech and language in the laboratory, school and clinic* (pp. 308–327). Cambridge, MA: MIT Press.

Chapman, R. (1981). Exploring children's communicative intents. In J. Miller (Ed.), *Assessing language production in children: Experimental procedures* (pp. 11–136). Baltimore: University Park Press.

Chen, A., Frankowski, F., Bishop–Leone, J., Herbert, T., Leyk, S., Lewis, J., & Goepfert, H. (2001). The development and validation of a dysphagia–specific quality–of–life questionnaire for patients with head and neck cancer. *Archives of Otolaryngology–Head and Neck Surgery, 127*(7), 870–876.

Cheng, L., (1989). Service delivery to Asian/Pacific LEP children: A cross–cultural framework. *Topics in Language Disorders, 9*, 1–14.

Cherney, L. R., Pannelli, J. J., & Cantiere, C. A. (1994). Clinical evaluation of dysphagia in adults. In L. R. Cherney (Ed.), *Clinical management of dysphagia in adults and children* (2nd ed., pp. 49–69). Gaithersburg, MD: Aspen Publishers.

Chiat, S., & Roy, P. (2007). The Preschool Repetition Test: An evaluation of performance in typically developing and clinically referred children. *Journal of Speech, Language, and Hearing Research, 50*, 429–443.

Chomsky, N., & Halle, M. (1968). The sound pattern of English. New York, NY: Harper & Row.

Clark, D. (1989). Neonates and infants at risk for hearing and speechlanguage disorders. *Topics in Language Disorders, 10*(1), 1–12.

Clune, C., Paolella, J., & Foley, J. (1979). Free play behavior of atypical children: An approach to assessment. *Journal of Autism and Developmental Disorders, 9*, 61–72.

Coggins, T., & Carpenter, R. (1978). Categories for coding prespeech intentional communication. Unpublished manuscript, University of Washington, Seattle.

Cohen, S., Jacobson, B., Garrett, C. G., Noordzij, J. P., Stewart, M., Attia, A., . . . Cleveland, T. (2007). Creation and validation of the Singing Voice Handicap Index. *Annals of Otology, Rhinology & Laryngology, 116*(6), 402–406.

Cole, E., & St. Clair–Stokes, J. (1984). Caregiver-child interactive behavior: A videotape analysis procedure. *Volta Review, 86*, 200–217.

Common Core State Standards Initiative. (2010a). Common Core State Standards for English Language Arts and Literacy in History/Social Studies, Science, and Technical Subjects. Retrieved from http://www.corestandards.org

Common Core State Standards Initiative. (2010b). Common Core State Standards for Mathematics. Retrieved from http://www.corestandards.org

Conti-Ramsden, G., & Durkin, K. (2008). Language and independence in adolescents with and without a history of specific language impairment (SLI). *Journal of Speech, Language, and Hearing Research, 51*, 70–83.

Conti-Ramsden, G., Mok, P. L., Pickles, A., & Durkin, K. (2013). Adolescents with a history of specific language impairment (SLI): Strengths and difficulties in social, emotional and behavioral functioning. *Research in Developmental Disabilities, 34*(11), 4161–4169.

Conture, E. (2001). *Stuttering: Its nature, diagnosis and treatment.* Boston, MA: Allyn & Bacon.

Conture, E., & Curlee, R. (2008). *Stuttering and related disorders of fluency* (3rd ed.). New York, NY: Thieme.

Cooper, E. B. (1973). The development of a stuttering chronicity prediction checklist: A preliminary report. *Journal of Speech and Hearing Disorders, 38*(2), 215–223.

Cooper, E. B., & Cooper, C. S. (2003). *Personalized fluency control therapy* (3rd ed.). Austin, TX: Pro-Ed.

Cooper, E. B., & Cooper, C. (2004). Personalized fluency control therapy for children [Measurement instrument]. Austin, TX: Pro-Ed.

Cooter, R., Flynt, E. S., & Cooter, K. (2014). The Flynt-Cooter comprehensive reading inventory-2: Assessment of K-12 reading skills in English & Spanish [Measurement instrument]. Boston, MA: Pearson.

Coplan, J. (1993). *Early language milestone scale* (2nd ed.). Austin, TX: Pro-Ed.

Cordier, R., Munro, N., Wilkes-Gillan, S., Speyer, R., & Pearce, W. M. (2014). Reliability and validity of the Pragmatics Observational Measure (POM): A new observational measure of pragmatic language for children. *Research in Developmental Disabilities, 35*(7), 1588–1598.

Cosby, M., & Ruder, K. (1983). Symbolic play and early language development in normal and mentally retarded children. *Journal of Speech and Hearing Research, 25*, 404–411.

Courtney, B., & Flier, L. (2009). RN dysphagia screening, a stepwise approach. *Journal of Neuroscience Nursing, 41*(1), 28–38.

Craig, H., & Evans, J. (1993). Pragmatics and SLI: Within-group variations in discourse behaviors. *Journal of Speech and Hearing Research, 36*, 777–789.

Crais, E. (1995). Expanding the repertoire of tools and techniques for assessing the communication skills of infants and toddlers. *American Journal of Speech-Language Pathology, 4*, 47–59.

Crais, E., Douglas, D., & Campbell, C. (2004). The intersection of the development of gestures and intentionality. *Journal of Speech, Language, and Hearing Research, 47*, 678–694.

Crais, E., & Roberts, J. (1991). Decision making in assessment and early intervention planning. *Language, Speech, and Hearing Services in Schools, 22*, 19–30.

Crais, E., Watson, L., & Baranek, G. (2009). Use of gesture development in profiling children's prelinguistic communication skills. *American Journal of Speech-Language Pathology, 18*, 95–108.

Crary, M., Haak, N. J., & Malinsky, A. (1989). Preliminary psychometric evaluation of an acute aphasia screening protocol. *Aphasiology, 3*, 611–618.

Crary, M., Mann, G., & Groher, M. (2005). Initial psychometric assessment of a functional oral intake scale for dysphagic stroke patients. *Archives of Physical Medicine and Rehabilitation, 86*, 1516.

Crary, M. A. (1988). A multifaceted perspective on developmental apraxia of speech. Speech &

Hearing Association of Alabama Conference. Presentation conducted from Orange Beach, AL.

Crystal, D., Fletcher, P., & Garman, M. (1976). *The grammatical analysis of language disability: A procedure for assessment and remediation*. London, England: Edward Arnold.

Cunningham, R., Farrow, V., Davies, C., & Lincoln, N. (1995). Reliability of the Assessment of Communicative Effectiveness in Severe Aphasia. *European Journal of Disorders of Communication, 30*, 1–16.

Curcio, F. (1978). Sensorimotor functioning and communication in mute autistic children. *Journal of Autism and Childhood Schizophrenia, 8*, 281–292.

Dabul, B. (2000). Apraxia battery for adults [Measurement instrument]. Austin, TX: Pro-Ed.

Dale, P. (1980). Is early pragmatic development measureable? *Journal of Child Language, 7*, 1–12.

Dale, P. S. (1991). The validity of a parent report measure of vocabulary and syntax at 24 months. *Journal of Speech, Language, and Hearing Research, 34*(3), 565–571.

Daly, D. (1996). *The source for stuttering and cluttering*. East Moline, IL: LinguiSystems, Inc.

Daly, D. A. (2006). Predictive cluttering inventory [Measurement instrument]. Ann Arbor, MI: Author.

Damico, J. (1985). Clinical discourse analysis: A functional approach to language assessment. In C. S. Simon (Ed.), *Communication Skills and Classroom Success: Assessment of language-learning disabled students* (pp. 165–204). San Diego: College-Hill press.

Damico, J., & Oller, J. (1980). Pragmatic versus morphological/syntactic criteria for language referrals. *Language, Speech, and Hearing Services in Schools, 11*, 85–94.

Damico, J. S., Oller, J. W., & Tetnowski, J. (1999). An investigation of the inter-observer reliability of a direct observational language assessment tool. *Advances in Speech Language Pathology, 1*, 77–94.

Dawson, J., Stout, C., & Eyer, J. (2005). Structured photographic expressive language test-3 [Measurement instrument]. DeKalb, IL: Janelle.

Dawson, J., & Tattersall, P. (2001). Structured photographic articulation test II featuring Dudsberry [Measurement instrument]. DeKalb, IL: Janelle.

Deal, J. L. (1982). Sudden onset of stuttering: A case report. *Journal of Speech and Hearing Disorders, 47*, 301–304.

Deary, I. J., Wilson, J. A., Carding, P. N., & Mackenzie, L. (2003). VoiSS-A patient-derived voice system scale. *Journal of Psychosomatic Research, 54*(5), 483–489.

Delis, D., Kaplan, E., & Kramer, J. (2001). Delis-Kaplan executive function system [Measurement instrument]. Boston, MA: PsychCorp.

De Nil, L. F., Jokel, R., & Rochon, E. (2007). Stuttering associated with acquired neurological disorders: Review, assessment and intervention. In E. G. Conture & R. F. Curlee (Eds.), *Stuttering and related disorders of fluency* (3rd ed., pp. 326–343). New York, NY: Thieme.

Depippo, K., Holas, M., & Reding, M. (1992). Validation of the 3-oz water swallowing test for aspiration following stroke. *Archives of Neurology, 49*, 1259–1261.

Dodd, B., Hua, Z., Crosbie, S., Holm, A., & Ozanne, A. (2006). Diagnostic evaluation of articulation and phonology [Measurement instrument]). Boston, MA: Pearson.

Doesborgh, S. J., van de Sandt-Koenderman, W. M., Dippel, D. W., van Harskamp, F., Koudstaal, P. J., & Visch-Brink, E. G. (2003). Linguistic deficits in the acute phase of stroke. *Journal of Neurology, 250*, 977–982.

Donaldson, M. (1978). *Children's minds*. London, England: Fontana.

Dore, J. (1975). Holophrases, speech acts and language universals. *Journal of Child Language, 2*, 21–40.

Dore, J., et al. (1976). Transitional phenomena in early language acquisition. *Journal of Child Language, 3*, 13–28.

Drummond, S. S. (1993). Dysarthria examination battery [Measurement instrument]. San Antonio, TX: Communication Skill Builders.

Duchan, J., & Weitzner-Lin, B. (1987). Nurturant-naturalistic intervention for language impaired children: Implications for planning lessons and tracking progress. *Journal of the American Speech and Hearing Association, 29*(7), 45–49.

Duffy, J. R. (2013). *Motor speech disorders: Substrates, differential diagnosis, and management* (3rd ed.). St. Louis, MO: Elsevier Mosby.

Duffy, M. C., Proctor, A., & Yairi, E. (2004). Prevalence of voice disorders in African American and European American preschoolers. *Journal of Voice, 18*(3), 348–353.

Dunn, L. M., & Dunn, D. M. (2007). Peabody picture vocabulary Test (4th ed.) [Measurement instrument]. San Antonio, TX: Pearson.

Dunst, C. (1980). *A clinical and educational manual for use with the Uzigiris and Hunt Scales of Infant Psychological Development.* Baltimore, MD: University Park Press.

Durkin, K., & Conti-Ramsden, G. (2007). Language, social behavior, and the quality of friendships in adolescents with and without a history of specific language impairment. *Child Development, 78*(5), 1441–1457.

Dwivedi, R. C., St. Rose, S., Chisholm, E. J., Georgalas, C., Bisase, B., Amen, F., . . . Kazi, R. (2012). Evaluation of swallowing by Sydney Swallowing Questionnaire (SSQ) in oral and oropharyngeal cancer patients treated with primary surgery. *Dysphagia, 27*(4), 491–497.

Dworkin, J. P., & Culatta, R. A. (1996). Dworkin-Culatta oral mechanism examination and treatment system [Measurement instrument]. Nicholasville, KY: Edgewood Press.

Dworkin, J., Marurick, M., & Krouse, J. (2004). Velopharyngeal dysfunction: Speech characteristics, variable etiologies, evaluation techniques, and differential treatments. *Language, Speech, and Hearing Services in Schools, 35*(4), 333–352.

Dwyer, C., Robb, M., & O'Beirne, G. (2009). The influence of speaking rate on nasality in the speech of hearing-impaired individuals. *Journal of Speech, Language, and Hearing Research, 56,* 1321–1333.

Dykes, R. L. (1995). Prevalence of stuttering among African-American school-age children in the South: A survey of speech-language pathologists' caseloads. Unpublished doctoral dissertation, Auburn University, AL.

Dyson, A. (1988). Phonetic inventories of 2- and 3-year-old children. *Journal of Speech and Hearing Disorders, 53*(1), 89–93.

Eadie, T. L., Day, A. M., Sawin, D. E., Lamvik, K., & Doyle, P. C. (2013). Auditory-perceptual speech outcomes and quality of life after total laryngectomy. *Otolaryngology–Head & Neck Surgery, 148*(1), 82–88. doi:10.1177/0194599812461755

Earnest, M. (2001). Preschool motor speech evaluation and intervention [Measurement instrument]. Austin, TX: Pro-Ed.

Edmonds, P., & Haynes, W. (1988). Topic manipulation and conversational participation as a function of familiarity in school-age language-impaired and normal language peers. *Journal of Communication Disorders, 21,* 209–228.

Edmonston, N., & Thane, N. (1992). Children's use of comprehension strategies in response to relational words: Implications for assessment. *American Journal of Speech-Language Pathology, 1,* 30–35.

Edwards, M. (1992). In support of phonological processes. *Language, Speech, and Hearing Services in Schools, 23,* 233–240.

Edwards, S., Letts, C., & Sinka, I. (2011). The new Reynell Developmental Language Scales (4th ed.) [Measurement instrument]. London, UK: GL Assessment.

Egan, G. (2014). *The skilled helper: A problem-management and opportunity development approach to helping.* Belmont, CA: Brooks/Cole Cengage Learning.

Ehlers, P., & Cirrin, F. (1983). Topic relevancy abilities of language impaired children. Paper presented at the annual convention of the American Speech–Language–Hearing Association, Cincinnati, OH.

Ehren, B. (1993). Eligibility, evaluation and the realities of role definition in the schools. *American Journal of Speech Language Pathology, 2*(1), 20–23.

Ehren, B. J., Blosser, J., Roth, F. P., Paul, D. R., & Nelson, N. W. (2012). Core commitment. *The ASHA Leader, 17*(4), 10–13.

Ehren, B. J., Montgomery, J., Rudebusch, J., Whitmire, K. (2007). Responsiveness to intervention: New roles for speech–language pathologists. Retrieved from http://www.asha.org/slp/schools/prof-consult/NewRolesSLP.htm

Eickhoff, J., Betz, S. K., & Ristow, J. (2010). Clinical procedures used by speech–language pathologists to diagnose SLI. Poster session presented at the Symposium on Research in Child Language Disorders, Madison, WI.

Eisenberg, S. (2005). When conversation is not enough: Assessing infinitival complements through elicitation. *American Journal of Speech–Language Pathology, 14*, 92–106.

Eisenberg, S., Fersko, T., & Lundgren, C. (2001). The use of MLU for identifying language impairment in preschool children: A review. *American Journal of Speech–Language Pathology, 10*, 323–342.

Eisenberg, S., Ukrainetz, T., Hsu, J., Kaderavek, J., Justice, L., & Gillam, R. (2008). Noun phrase elaboration in children's spoken stories. *Language, Speech, and Hearing Services in Schools, 39*, 145–157.

Elmiyeh, B., Dwivedi, R., Jallali, N., Chisholm, E., Kari, R., Clarke, P., & Rhys-Evans, P. (2010). Surgical voice restoration after total laryngectomy: An overview. *Indian Journal of Cancer, 47*(3), 239–247. doi:10.4103/0019-509X.64707

Emerick, L. (1984). *Speaking for ourselves: Self-portraits of the speech or hearing handicapped.* Danville, IL: Interstate.

Enderby, P., & Palmer, R. (2008). The standardized assessment of dysarthria is possible. In W. R. Berry (Ed.), *Clinical Dysarthria* (pp. 86–101). Austin, TX: Pro-Ed.

Enderby, P., Wood, V., & Wade, D., (2006). Frenchay aphasia screening test (2nd ed.) [Measurement instrument]. Hoboken, NJ: Wiley.

Engler, L., Hannah, E., & Longhurst, T. (1973). Linguistic analysis of speech samples: A practical guide for clinicians. *Journal of Speech and Hearing Disorders, 38*, 192–204.

Epstein, R., Hiran, S. P., Stygall, J., & Newman, S. P. (2009). How do individuals cope with voice disorders? Introducing voice disability coping questionnaire. *Journal of Voice, 23*(2), 209–217.

Ettema, S. L., Kuehn, D. P., Perlman, A. L., & Alperin, N. (2002). Magnetic resonance imaging of the levator veli palatini muscle during speech. *The Cleft Palate-Craniofacial Journal, 39*, 130–144.

Evard, B., & Sabers, D. (1979). Speech and language testing with distinct ethnic-racial groups: A survey for improving test validity. *Journal of Speech and Hearing Disorders, 44*, 271–281.

Ezrati-Vinacou, R., & Levin, I. (2004). The relationship between anxiety and stuttering: A multidimensional approach. *Journal of Fluency Disorders, 29*(2), 135–148.

Fagan, J., & Isaacs, S. (2002). Tracheoesophageal speech in a developing world community. *Archives of Otolaryngology-Head and Neck Surgery, 128*, 50–53.

Fagundes, D., Haynes, W., Haak, N., & Moran, M. (1998). Task variability effects on the language test performance of southern lower socioeconomic class African-American and Caucasian five-year-olds. *Language, Speech, and Hearing Services in Schools, 29*, 148–157.

Fairbanks, G. (1960). *Voice and articulation drillbook* (2nd ed.). New York, NY: Harper & Row.

Featherstone, H. (1980). *A difference in the family: Life with a disabled child.* New York, NY: Basic Books.

Felsenfeld, S., Broen, P., & McGue, M. (1994). A 28-year follow-up of adults with a history of moderate phonological disorder: Educational and occupational results. *Journal of Speech and Hearing Research, 37*, 1341–1353.

Fenson, L., Marchman, V., Thal, D., Dale, P., Reznick, J., & Bates, E. (2006). *MacArthur-Bates communicative development inventories*. Baltimore, MD: Paul H. Brookes.

Fenson, L., Marchman, V. A., Thal, D. J., Dale, P., Reznick, S., & Bates, E. (2007). MacArthur-Bates communicative development inventories (2nd ed.) [Measurement instrument]. Baltimore, MD: Brookes.

Fey, M. (1986). *Language intervention with young children*. San Diego, CA: College-Hill.

Fey, M., & Leonard, L. (1983). Pragmatic skills of children with specific language impairment. In T. Gallagher & C. Prutting (Eds.), *Pragmatic Assessment and Intervention Issues in Language* (pp. 65–82). San Diego, CA: College-Hill.

Fillmore, C. (1968). The case for case. In E. Bach & R. Harms (Eds.), *Universals in linguistic theory* (pp. 1–87). New York, NY: Holt, Rinehart, and Winston.

Finan, D. S. (2010). Get hip to the data acquisition scene: Principles of digital signal recording. Sig 5 Perspectives on Speech Science and Orofacial Disorders, 20, 6–13.

Finkelstein, Y., Wexler, D. B., Nachmani, A., & Ophir, D. (2002). Endoscopic partial adenoidectomy for children with submucous cleft. *The Cleft Palate-Craniofacial Journal, 39*, 479–486.

Fisher, H., & Logemann, J. (1971). The Fisher-Logemann test of articulation competence [Measurement instrument]. Boston, MA: Houghton-Mifflin.

Flamand-Roze, C., Falissard, B., Roze, E., Maintigneux, L., Beziz, J., Chacon, A., . . . Denier, C. (2011). Validation of a new language screening for patients with acute stroke: The Language Screening Test. *Stroke, 42*, 1224–1229.

Fleming, V. (2014). Early detection of cognitive-linguistic changes associated with mild cognitive impairment. *Communicative Disorders Quarterly, 35*(3), 146–157.

Fletcher, S. (1972). Time-by-count measurement of diadochokinetic syllable rate. *Journal of Speech and Hearing Research, 15*, 763–770.

Fletcher, S. (1978). *Diagnosing speech disorders from cleft palate*. New York, NY: Grune & Stratton.

Flipsen, P., Hammer, J., & Yost, K. (2005). Measuring severity of involvement in speech delay: Segmental and whole-word measures. *American Journal of Speech-Language Pathology, 14*, 298–312.

Fluharty, N. (2000). Fluharty preschool speech and language screening test (2nd ed.) [Measurement instrument]. Austin, TX: Pro-Ed.

Fogel, A., Toda, S., & Kawai, M. (1988). Mother-infant face-to-face interaction in Japan and the United States: A laboratory comparison using 3-month-old infants. *Developmental Psychology, 24*, 398–406.

Folger, J., & Chapman, R. (1978). A pragmatic analysis of spontaneous imitations. *Journal of Child Language, 5*, 25–38.

Folstein, M. F., & Folstein, S. E. (2009). Mini-Mental State: A practical method for grading the cognitive state of patients for the clinician. *Journal of Psychiatric Research, 12*, 189–198.

Folstein, M. F., & Folstein, S. E. (2010). Mini-Mental State Examination (2nd ed.). [Measurement instrument]. Lutz, FL: PAR.

Foster, W., & Miller, M. (2007). Development of the literacy achievement gap: A longitudinal study of kindergarten through third grade. *Language, Speech, and Hearing Services in Schools, 38*, 173–181.

Fox, D., & Johns, D. (1970). Predicting velopharyngeal closure with a modified tongue-anchor technique. *Journal of Speech and Hearing Disorders, 35*, 248–251.

Frankenburg, W., & Drumwright, A. (1973). Denver

articulation screening exam [Measurement instrument]. Denver, CO: Denver Developmental Materials.

Frattali, C., Thompson, C. K., Holland, A., Wohl, C. B., & Ferketig, M. M. (1997). ASHA functional assessment of communication skills for adults [Measurement instrument]. Rockville, MD: American Speech-LanguageHearing Association.

Freed, D. B. (2012). *Motor speech disorders: Diagnosis and treatment* (2nd ed.). San Diego, CA: Singular.

Fuchs, D., Fuchs, L., Dailey, A., & Power, M. (1985). The effect of examiner's personal familiarity and professional expertise on handicapped children's test performance. *Journal of Educational Research, 78,* 3-14.

Fudala, J. (2000). Arizona articulation proficiency scale (3rd revision) [Measurement instrument]. Torrance, CA: Western Psychological Services.

Fudala, J., & Reynolds, W. (1993). Arizona articulation proficiency scale (2nd ed.) [Measurement instrument]. Los Angeles, CA: Western Psychological Services.

Fujiki, M., Brinton, B., & Todd, C. (1996). Social skills of children with specific language impairment. *Language, Speech, and Hearing Services in Schools, 27,* 195-202.

Fujiki, M., et al. (2001). Social behaviors of children with language impairment on the playground: A pilot study. *Language, Speech, and Hearing Services in Schools, 32,* 101-113.

Furey, J., & Watkins, R. (2002). Accuracy of online language sampling: A focus on verbs. *American Journal of Speech-Language Pathology, 11,* 434-439.

Gallagher, L. (2010). The impact of prescribed medication on swallowing: An overview. *SIG 13 Perspectives on Swallowing and Swallowing Disorders, 19,* 98-102.

Gallagher, T. (1983). Preassessment: A procedure for accomodating language use variability. In T. Gallagher & C. Prutting (Eds.), *Pragmatic assessment and intervention issues in language* (pp. 1-28). San Diego, CA: College-Hill.

Gardner, M. (2005). Test of auditory processing skills (3rd ed.) [Measurement instrument]. Novato, CA: Academic Therapy.

Garrett, K., & Lasker, J. (2007). *Multimodal communication screening test for persons with aphasia* [Measurement instrument]. Academic Communication Associates: Oceanside, CA. Retrieved in multiple parts from http://aac.unl.edu/screen/screen.html; http://aac.unl.edu/screen/pictures.pdf; http://aac.unl.edu/screen/score.pdf

Garrett, K., & Moran, M. (1992). A comparison of phonological severity measures. *Language, Speech, and Hearing Services in Schools, 23,* 48-51.

Garvey, C. (1977a). The contingent query: A dependent act in conversation. In M. Lewis & L. Rosenblum (Eds.), *Interaction, conversation, and the development of language* (Vol. 5, pp. 63-93). New York, NY: Wiley.

Garvey, C. (1977b). Play with language and speech. In S. Ervin-Tripp & C. Mitchell-Kernan (Eds.), *Child discourse* (pp. 22-47). New York, NY: Academic Press.

Gazella, J., & Stockman, I. (2003). Children's story retelling under different modality and task conditions: Implications for standardizing language sampling procedures. *American Journal of Speech-Language Pathology, 12,* 61-72.

Gelfer, M., & Pazera, J. (2006). Maximum duration of sustained /s/ and /z/ and the s/z ratio with controlled intensity. *Journal of Voice, 20*(3), 369-379.

German, D. J. (1990). The test of adolescent and adult word-finding [Measurement instrument]. Austin, TX: Pro-Ed.

Ghirardi, A. C., Ferreira, L. P., Giannini, S. P., & Latorre, M. (2013). Screening Index for Voice Disorders (SIVD): Development and validation. *Journal of Voice, 27*(2), 195-200.

Gibbon, F. E., & Crampin, L. (2002). Labial-lingual

double articulations in speakers with cleft palate. *The Cleft Palate-Craniofacial Journal, 39*, 40–49.

Gierut, J. (2007). Phonological complexity and language learnability. American *Journal of Speech-Language Pathology, 16*, 6–17.

Gierut, J., Elbert, M., & Dinnsen, D. (1987). A functional analysis of phonological knowledge and generalization learning in misarticulating children. *Journal of Speech and Hearing Research, 30*(4), 462–479.

Gilbertson, M., & Bramlett, R. (1998). Phonological awareness screening to identify at-risk readers: Implications for practitioners. *Language, Speech, and Hearing Services in Schools, 29*, 109–116.

Gillam, R., & Pearson, N. (2004). Test of narrative language [Measurement instrument]. Austin, TX: Pro-Ed.

Gillam, R. B., Logan, K. J., & Pearson, N. A. (2009). Test of childhood stuttering [Measurement instrument]. Austin, TX: Pro-Ed.

Gillam, S., Fargo, J., & Robertson, K. (2009). Comprehension of expository text: Insights gained from think-aloud data. *American Journal of Speech-Language Pathology, 18*, 82–94.

Gilliam, J. A., & Miller, L. (2006). Pragmatic language skills inventory [Measurement instrument]. Austin, TX: Pro-Ed.

Ginsburg, H., & Opper, S. (1969). *Piaget's theory of intellectual development: An introduction.* Englewood Cliffs, NJ: Prentice-Hall.

Glascoe, F. P. (2006). Parents' evaluation of developmental status [Measurement instrument]. Nashville, TN: Ellsworth & Vandermeer.

Glaspey, A., & Stoel-Gammon, C. (2005). Dynamic assessment in phonological disorders. *Topics in Language Disorders, 25*, 220–230.

Glennen, S. (2007). Predicting language outcomes for internationally adopted children. *Journal of Speech, Language, and Hearing Research, 50*, 529–548.

Gliklich, R. E., Glovsky, R. M., & Montgomery, W. W. (1999). Validation of a voice outcome survey for unilateral vocal cord paralysis. *Otolaryngology-Head & Neck Surgery, 120*(2), 153–158.

Glover, M. E., Preminger, J. L., & Sanford, A. R. (1995). Early learning accomplishment profile for developmentally young children: Birth to 36 months [Measurement instrument]. Lewisville, NC: Kaplan Press.

Goh, S., & O'Kearney, R. (2012). Emotional and behavioural outcomes later in childhood and adolescence for children with specific language impairment: Meta-analyses of controlled prospective studies. *Journal of Child Psychology and Psychiatry, 54*(5), 516–524.

Goldfarb, R., & Serpanos, C. (2013). *Professional writing in speech-language pathology and audiology* (2nd ed.). San Diego, CA: Plural.

Golding-Kushner, K. J., Argamaso, R. V., Cotton, R. T., Grames, L. M., Henningsson, G., Jones, D. L., . . . Marsh, J. L. (1990). Standardization for the reporting of nasopharyngoscopy and multiview videofluoroscopy: A report from an international working group. *Cleft Palate Journal, 27*(4), 337–348.

Goldman, R., & Fristoe, M. (2000). Goldman-Fristoe test of articulation (2nd ed.) [Measurement instrument]. Boston, MA: Pearson.

Goldstein, B. (2000). *Cultural and linguistic diversity resource guide for speech-language pathologists.* San Diego, CA: Singular Publishing Group, Inc.

Goldstein, B., & Iglesias, A. (2006). Contextual probes of articulation competence-Spanish [Measurement instrument]. Greenville, SC: Super Duper.

Goodglass, H., Gleason, J. B., Bernholtz, N. D., & Hyde, M. R. (1972). Some linguistic structures in the speech of a Broca's aphasic. *Cortex, 8*, 191–212.

Goodglass, H., Kaplan, E., & Barresi, N. (2000). *Boston Diagnostic Examination of Aphasia and Related Disorders* (3rd ed.). Austin, TX: Pro-Ed.

Gordon, P., & Luper, H. (1992). The early identification of beginning stuttering, I: protocols. *American*

Journal of Speech-Language Pathology, 1, 43–53.

Gordon-Brannan, M., & Hodson, B. (2000). Intelligibility/severity measurements of prekindergarten children's speech. *American Journal of Speech-Language Pathology, 9,* 141–150.

Gowie, C., & Powers, J. (1979). Relations among cognitive, semantic and syntactic variables in children's comprehension of the minimal distance principle: A two-year developmental study. *Journal of Psycholinguistic Research, 8,* 29–41.

Graham, S., & Harris, K. (1999). Assessment and intervention in overcoming writing difficulties: An illustration from the self-regulated strategy development model. *Language, Speech, and Hearing Services in Schools, 30,* 255–264.

Greenslade, K., Plante, E., & Vance, R. (2009). The diagnostic accuracy and construct validity of the Structured Photographic Expressive Language Test-Preschool, second edition. *Language, Speech, and Hearing Services in Schools, 40,* 150–160.

Grice, H. (1975). Logic and conversation. In P. Cole & J. Morgan (Eds.), *Studies in syntax, semantics and speech acts* (Vol. 3, pp. 41–58). New York, NY: Academic Press.

Groher, M., & Crary, M. (2010). *Dysphagia clinical management in adults and children.* Maryland Heights, MO: Mosby Elsevier.

Grunwell, P. (1988). *Clinical phonology.* Baltimore, MD: Williams & Wilkins.

Guitar, B. (2006). *Stuttering: An integrated approach to its nature and treatment* (3rd ed.). Baltimore, MD: Lippincott/Williams & Wilkins.

Guitar, B. (2013). *Stuttering: An integrated approach to its nature and treatment* (4th ed.). Baltimore, MD: Lippincott, Williams & Wilkins.

Guitar, B., & Grims, S. (1977, November). Developing a scale to assess communication attitudes in children who stutter. Paper presented at the Annual Meeting of the American Speech Language and Hearing Association, Atlanta, GA.

Gummersall, D., & Strong, C. (1999). Assessment of complex sentence production in a narrative context. *Language, Speech, and Hearing Services in Schools, 30,* 152–164.

Gutierrez-Clellen, V., & Pena, E. (2001). Dynamic assessment of diverse children: A tutorial. *Language, Speech, and Hearing Services in Schools, 32,* 212–224.

Gutierrez-Clellen, V. F., & Quinn, R. (1993). Assessing narratives of children from diverse cultural/linguistic groups. *Language, Speech, and Hearing Services in Schools, 24*(1), 2–9.

Hall, K. M. (1992). Overview of functional assessment scales in brain injury rehabilitation. *NeuroRehabilitation, 2,* 98–113.

Hall, N. (2004). Lexical development and retrieval in treating children who stutter. *Language, Speech, and Hearing Services in Schools, 35,* 57–69.

Hall, P., & Tomblin, J. (1978). A follow-up study of children with articulation and language disorders. *Journal of Speech and Hearing Disorders, 43,* 227–241.

Hall, P. K., Hardy, J. C., & LaVelle, W. E. (1990). A child with signs of developmental apraxia of speech with whom a palatal lift prosthesis was used to manage palatal dysfunction. *Journal of Speech and Hearing Disorders, 55,* 454–460.

Halliday, M. (1975). *Learning how to mean: Explorations in the development of language.* New York, NY: Elsevier.

Halliday, M., & Hasan, R. (1976). *Cohesion in English.* London, England: Longman.

Halper, A. S., Cherney, L. R., & Burns, M. S. (2010). *Rehabilitation Institute of Chicago clinical management of right hemisphere dysfunction* (3rd ed.). Chicago, IL: Rehabilitation Institute of Chicago.

Hammill, D. D., Brown, V. L., Larsen, S. C., & Wiederholt, J. L. (1994). Test of adolescent and adult language (3rd ed.) [Measurement instrument]. Austin, TX: Pro-Ed.

Hammill, D. D., & Larsen, S. C. (2009). Test of written language (4th ed.) [Measurement instrument]. Austin, TX: Pro-Ed.

Hammill, D. D., & Newcomer, P. L. (2008). Test of language development-Intermediate (4th ed.) [Measurement instrument]. Austin, Tx: Pro Ed.

Hanna, E., Sherman, A., Cash, D., Adams, F., Vural, E., Fan, C. Y., & Suen, J. (2004). Quality of life for patients following total laryngectomy vs. chemoradiation for laryngeal preservation. *Archives of Otolaryngology-Head & Neck Surgery, 130*(7), 875–879.

Hardin-Jones, M., Chapman, K., & Scherer, N. (2006, June 13). Early intervention in children with cleft palate. *The ASHA Leader, 11*, 8–9, 32.

Hardy, E. (1995). Bedside evaluation of dysphagia [Measurement instrument]. Austin, TX: Pro-Ed.

Harrison, L., & McLeod, S. (2010). Risk and protective factors associated with speech and language impairment in a nationally representative sample of 4- to 5-year-old children. *Journal of Speech, Language, and Hearing Research, 53*, 508–529.

Harrison, P. L., Kaufman, A. S., Kaufman, N. L., Bruininks, R., Rynders, J., Ilmer, S., . . . Cicchetti, D. (1990). Early screening profile [Measurement instrument]. San Antonio, TX: Pearson.

Harrison, P. L., & Oakland, T. (2003). *Manual for the Adaptive Behavior Assessment System*. San Antonio, TX: Harcourt Assessment.

Hartnick, C. J., Volk, M., & Cunningham, M. (2003). Establishing normal voice-related quality of life scores with the pediatric population. *Archives of Otolaryngology, Head and Neck Surgery, 29*(10), 1090–1093.

Haskill, A., & Tyler, A. (2007). A comparison of linguistic profiles in subgroups of children with specific language impairment. *American Journal of Speech-Language Pathology, 16*, 209–221.

Hay, I., Oates, J., Giannini, A., Berkowiz, R., & Rotenberg, B. (2009). Pain perception of children undergoing nasendoscopy for investigation of voice and resonance disorders. *Journal of Voice, 23*(3), 380–388.

Hayden, D., & Square, P. (1999). Verbal motor production assessment for children [Measurement instrument]. Boston, MA: Pearson.

Haynes, W., Haynes, M., & Jackson, J. (1982). The effects of phonetic context and linguistic complexity on /s/ misarticulation in children. *Journal of Communication Disorders, 15*, 287–297.

Haynes, W., & McCallion, M. (1981). Language comprehension testing: The influence of cognitive tempo and three modes of test administration. *Language, Speech, and Hearing Services in Schools, 12*, 74–81.

Haynes, W., Moran, M., & Pindzola, R. (2012). *Communication disorders in educational and medical settings: An introduction for speech-language pathologists, teachers, and allied health professionals*. Boston, MA: Jones & Bartlett Learning.

Haynes, W., & Oratio, A. (1978). A study of clients' perceptions of therapeutic effectiveness. *Journal of Speech and Hearing Disorders, 43*(1), 21–33.

Haynes, W., Purcell, E., & Haynes, M. (1979). A pragmatic aspect of language sampling. *Language, Speech, and Hearing Services in Schools, 10*, 104–110.

Heath, S. (1983). *Ways with words*. Cambridge, UK: Cambridge University Press.

Heath, S. (1989). The learner as a cultural member. In M. Rice & R. Schiefelbusch (Eds.), *The teachability of language* (pp. 333–350). Baltimore, MD: Brookes.

Hebbeler, K., & Rooney, R. (2009). Accountability for services for young children with disabilities and the assessment of meaningful outcomes: The role of the speech-language pathologist. *Language, Speech, and Hearing Services in Schools, 40*, 446–456.

Hegde, M. (1987). *Clinical research in communication disorders*. Boston, MA: Little, Brown.

Heilmann, J., Miller, J., & Nockerts, A. (2010). Using language sample databases. *Language, Speech, and*

Hearing Services in Schools, 41, 84–95.

Heilmann, J., Miller, J., Nockerts, A., & Dunaway, C. (2010). Properties of the narrative scoring scheme using narrative retells in young schoolage children. *American Journal of Speech-Language Pathology, 19*, 154–166.

Heilmann, J., Nockerts, A., & Miller, J. F. (2010). Language sampling: Does the length of the transcript matter? *Language, Speech, and Hearing Services in Schools, 41*, 393–404.

Heilmann, J., Weismer, S., Evans, J., & Hollar, C. (2005). Utility of the MacArthur-Bates Communicative Development Inventory in identifying language abilities of late-talking and typically developing toddlers. *American Journal of Speech-Language Pathology, 14*, 40–51.

Helm-Estabrooks, N. (1992). Aphasia diagnostic profiles [Measurement instrument]. Austin, TX: Pro-Ed.

Helm-Estabrooks, N. (1999). Stuttering associated with acquired neurological disorders. *Stuttering and Related Disorders of Fluency, 2*, 255–268.

Helm-Estabrooks, N. (2001). Cognitive linguistic quick test [Measurement instrument]. Boston, MA: Pearson.

Helm-Estabrooks, N., Albert, M., & Nicholas, M. (2014). *Manual of aphasia and aphasia therapy* (3rd ed.). Austin, TX: Pro-Ed.

Helm-Estabrooks, N., & Hotz, G. (1991). Brief test of head injury [Measurement instrument]. Austin, TX: Pro-Ed.

Helm-Estabrooks, N., Ramsberger, G., Morgan, A. R., & Nicholas, M. (1989). Boston assessment of severe aphasia [Measurement instrument]. Austin, TX: Pro-Ed.

Henley, J., & Souliere, C. (2009). Tracheoesophageal speech failure in the laryngectomee: The role of constrictor myotomy. *The Laryngoscope, 96*(9), 1016–1020.

Henry, L. A., Messer, D. J., & Nash, G. (2012). Executive functioning in children with specific language impairment. *Journal of Child Psychology and Psychiatry, 53*(1), 37–45.

Hester, E. (1996). Narratives of young African American children. In A. Kamhi, K. Pollock, & J. Harris (Eds.), *Communication development and disorders in African American children* (pp. 227–245). Baltimore, MD: Brookes.

Hickley, J., & Nash, C. (2007). Cognitive assessment and aphasia severity. *Brain and Language, 103*, 195–196.

Hickman, L. (1997). The apraxia profile [Measurement instrument]. Boston, MA: Pearson.

Hilari, K., Byng, S., Lamping, D., & Smith, S. (2003). Stroke and Aphasia Quality of Life Scale-39 (SAQOL-39): Evaluation of acceptability, reliability, and validity. *Stroke, 34*, 1944–1950.

Hirano, M. (1981). Clinical examination of voice. Vienna, Austria: SpringerVerlag.

Hixon, T. J., & Hoit, J. D. (1998). Physical examination of the diaphragm by the speech-language pathologist. *American Journal of Speech-Language Pathology, 7*, 37–45.

Hixon, T. J., & Hoit, J. D. (1999). Physical examination of the abdominal wall by the speech-language pathologist. *American Journal of Speech-Language Pathology, 8*, 335–345.

Hodson, B. (2003). Hodson computerized analysis of phonological patterns [Measurement instrument]. Wichita, KS: PhonoComp Software.

Hodson, B. (2004). Hodson assessment of phonological patterns (3rd ed.) [Measurement Instrument]. Austin, TX: Pro-Ed.

Hodson, B., & Paden, E. (1991). Targeting intelligible speech: A phonological approach to remediation (2nd ed.). Austin, TX: Pro-Ed.

Hoffman, H. T., Porter, K., Karnell, L. H., Cooper, J. S., Weber, R. S., Langer, C. J., . . . Robinson, R. A. (2006). Laryngeal cancer in the United States: Changes in demographics, patterns of care, and survival. *The Laryngoscope, 116*(9 Pt. 2 Suppl. 111), 1–13.

Hogikyan, N. D., & Sethurama, G. (1999). Validation of

an instrument to measure voice-related quality of life (V-RQOL). *Journal of Voice, 13,* 557–569.

Holland, A. (1975). Language therapy for children: Some thoughts on context and content. *Journal of Speech and Hearing Disorders, 40,* 514–523.

Holland, A., Frattali, C., & Fromm, D. (1999). *Communication activities of daily living* (2nd ed.). Austin, TX: Pro-Ed.

Holland, A., & Thompson, C. (1998). Outcomes measures in aphasia. In C. Frattali (Ed.), *Measuring outcomes in speech-language pathology* (pp. 245–266). New York, NY: Thieme.

Howard, S., & Lohmander, A. (2011). *Cleft palate speech assessment and intervention.* New York, NY: John Wiley & Sons.

Howe, C. (1976). The meanings of two-word utterances in the speech of young children. *Journal of Child Language, 3,* 29–47.

Hresko, W. P., Reid, D. K., & Hammill, D. D. (1999). Test of early language development (3rd ed.) [Measurement instrument]. Austin, TX: Pro Ed.

Huang, R., Hopkins, J., & Nippold, M. (1997). Satisfaction with standardized language testing: A survey of speech-language pathologists. *Language, Speech, and Hearing Services in Schools, 28,* 12–23.

Hubbell, R. (1981). *Children's language disorders: An integrated approach.* Englewood Cliffs, NJ: Prentice Hall.

Hubbell, R. (1988). *A handbook of English grammar and language sampling.* Englewood Cliffs, NJ: Prentice Hall.

Huer, M. B., & Miller, L. (2011). Test of early communication and emerging language [Measurement instrument]. Austin, TX: Pro-Ed.

Hughes, C. (2002). Executive functions and development: Emerging themes. *Infant and Child Development, 11*(2), 201–209.

Hughes, D., Fey, M., & Long, S. (1992). Developmental sentence scoring: Still useful after all these years. *Topics in Language Disorders, 12,* 1–12.

Humes, K., Jones, N. A., & Ramirez, R. R. (2011). *Overview of race and Hispanic origin, 2010.* Washington, DC: US Department of Commerce, Economics and Statistics Administration, US Census Bureau.

Hutchinson, T. (1996). What to look for in the technical manual: Twenty questions for users. *Language, Speech, and Hearing Services in Schools, 27,* 109–121.

Hux, K., Morris-Friehe, M., & Sanger, D. (1993). Language sampling practices: A survey of nine states. *Language, Speech, and Hearing Services in Schools, 24,* 84–91.

Ingham, R. (2005). Clinicians deserve better: Observations on a clinical forum titled "What child language research may contribute to the understanding and treatment of stuttering (2004)." *Language, Speech, and Hearing Services in Schools, 36*(2), 152–155.

Ingram, D. (1976). *Phonological disability in children.* New York, NY: Elsiever.

Ingram, D. (1981). *Procedures for the phonological analysis of children's language.* Baltimore, MD: University Park Press.

Ingram, D., & Ingram, K. (2001). A whole word approach to phonological analysis and intervention. *Language, Speech, and Hearing Services in Schools, 32,* 271–283.

Ireton, H. (1990). Child development review parent questionnaire [Measurement instrument]. Minneapolis, MN: Behavior Science Systems.

Isshiki, N., Yanigahara, N., & Morimoto, H. (1966). Approach to the objective diagnosis of hoarseness. *Folia Phoniatrica, 18,* 393–400.

Ivanova, M., & Hallowell, B. (2013). A tutorial on aphasia test development in any language: Key substantive and psychometric considerations. *Aphasiology, 27*(8), 891–920.

Iverson, J. M., & Thal, D. J. (1998). Communicative transitions: There's more to the hand than meets the eye. In A. M. Wetherby, S. F. Warren, & J. Reichle

(Eds.), *Transitions in prelinguistic communication: Preintentional to intentional and presymbolic to symbolic* (pp. 59–86). Baltimore, MD: Paul H. Brookes.

Jackson, S., Pretti-Frontczak, K., Harjusola-Webb, S., Grisham-Brown, J., & Romani, J. (2009). Response to intervention: Implications for early childhood professionals. *Language, Speech, and Hearing Services in Schools, 40*, 424–434.

Jacobson, B., Johnson, A., Grywalski, C., Silbergleit, A., Jacobson, B., & Benniger, S. (1997). The Voice Handicap Index (VHI): Development and validation. American *Journal of Speech-Language Pathology, 6*(3), 66–70.

Jelm, J. M. (1990). Oral-motor feeding rating scale [Measurement instrument]. Boston, MA: Pearson.

Jelm, J. M. (2001). Verbal dyspraxia profile [Measurement instrument]. DeKalb, IL: Janelle.

John, A., Sell, D., Sweeney, T., Harding-Bell, A., & Williams, A. (2006). The cleft audit protocol for speech-augmented: A validated and reliable measure for auditing cleft speech. *Cleft Palate-Cranifacial Journal, 43*(3), 272–288.

Johns, V., & Haynes, W. (2002). Dynamic assessment and predicting children's benefit from narrative training. Paper presented at the convention of the American Speech-Language-Hearing Association, Atlanta, GA.

Johnson, J. (1982) Narratives: A new look at communication problems in older language-disordered children. *Language, Speech, and Hearing Services in Schools, 13*, 144–155.

Johnson, C. (1995). Expanding norms for narration. *Language, Speech, and Hearing Services in Schools, 26*, 326–341.

Johnson, C., Beitchman, J., & Brownlie, E. (2010). Twenty-year follow-up of children with and without speech-language impairments: Family, educational, occupational, and quality of life outcomes. *American Journal of Speech-Language Pathology, 19*, 51–65.

Johnson, C., Weston, A., & Bain, B. (2004). An objective and time-efficient method for determining severity of childhood speech delay. *American Journal of Speech-Language Pathology, 13*, 55–65.

Johnson-Martin, N. M., Attermeier, S. M., & Hacker, B. J. (2004). The Carolina curriculum for infants and toddlers with special needs (3rd ed.) [Measurement instrument]. Baltimore, MD: Brookes.

Johnston, J. (1982). Narrative: A new look at communication problems in older language-disordered children. *Language, Speech, and Hearing Services in Schools, 13*, 144–155.

Johnston, J. (2001). An alternate MLU calculation: Magnitude and variability of effects. *Journal of Speech, Language, and Hearing Research, 44*, 156–164.

Johnston, J. (2006). Thinking about child language: Research to practice. Eau Claire, WI: Thinking Publications.

Johnston, J., Miller, J., Curtiss, S., & Tallal, P. (1993). Conversations with children who are language impaired: Asking questions. *Journal of Speech and Hearing Research, 36*, 973–978.

Jokel, R., De Nil, L., & Sharpe, K. (2007). Speech disfluencies in adults with neurogenic stuttering associated with stroke and traumatic brain injury. *Journal of Medical Speech-Language Pathology, 15*(3), 243–261.

Justice, L. (2006). Evidence-based practice response to intervention and the prevention of reading difficulties. *Language, Speech, and Hearing Services in Schools, 37*, 284–297.

Justice, L. (2010). *Communication sciences and disorders: A contemporary perspective* (2nd ed). Boston, MA: Pearson.

Justice, L., Bowles, R., Kaderavek, J., Ukrainetz, T., Eisenberg, S., & Gillam, R. (2006). The index of narrative microstructure: A clinical tool for analyzing school-age children's narrative performances. *American Journal of Speech-Language Pathology, 15*, 177–191.

Justice, L., & Ezell, H. (2004). Print referencing: An emergent literacy enhancement strategy and its clinical applications. *Language, Speech, and Hearing Services in Schools, 35*, 185–193.

Justice, L., Invernizzi, M., & Meier, J. (2002). Designing and implementing an early literacy screening protocol: Suggestions for the speechlanguage pathologist. *Language, Speech, and Hearing Services in Schools, 33*, 84–101.

Justice, L., & Kaderavek, J. (2004). Embedded-explicit emergent literacy intervention I: Background and description of approach. *Language, Speech, and Hearing Services in Schools, 35*, 201–211.

Kaderavek, J., & Justice, L. (2004). Embedded-explicit emergent literacy intervention II: Goal selection and implementation in the early childhood classroom. *Language, Speech, and Hearing Services in Schools, 35*, 212–228.

Kaderavek, J., & Sulzby, E. (1998). Parent-child joint book reading: An observational protocol for young children. *American Journal of Speech-Language Pathology, 7*, 33–47.

Kaderavek, J., & Sulzby, E. (2000). Narrative production by children with and without specific language impairment: Oral narratives and emergent readings. *Journal of Speech, Language, and Hearing Research, 43*, 38–49.

Kadushin, A. (1972). The social work interview. New York, NY: Columbia University Press.

Kahn, J. (1984). Cognitive training and initial use of referential speech. *Topics in Language Disorders, 5*, 14–18.

Kahn, L., & James, S. (1980). A method for assessing the use of grammatical structures in language-disordered children. *Language, Speech, and Hearing Services in Schools, 11*, 188–197.

Kahn, L., & Lewis, N. (2002). Kahn-Lewis phonological analysis-2 [Measurement instrument]. Boston, MA: Pearson.

Kamhi, A., & Johnston, J. (1982). Towards an understanding of retarded children's linguistic deficiencies. *Journal of Speech and Hearing Research, 25*, 435–445.

Kamhi, A., Pollock, K., & Harris, J. (1996). *Communication development and disorders in African-American children.* Baltimore, MD: Paul H. Brookes.

Kander, M., & Satterfield, L. (2014). Changes ahead for speech generating device reimbursement. *The ASHA Leader, 19*(5), 25–27.

Kaplan, N., & Dreyer, D. (1974). The effect of self-awareness training on student speech pathologist-client relationships. *Journal of Communication Disorders, 7*, 329–342.

Kaplan, E., Goodglass, H., & Weintraub, S. (2001). Boston naming test (2nd ed.) [Measurement instrument]. Philadelphia, PA: Lippencott Williams & Wilkins.

Kaplan, N., & Dreyer, D. (1974). The effect of self-awareness training on student speech pathologist-client relationships. *Journal of Communication Disorders, 7*, 329–342.

Karnell, M., Melton, S., Childes, J., Coleman, T., Dailey, S., & Hoffman, H. (2007). Reliability of clinician-based (GRBAS and CAPE-V) and patient-based (V-RQOL and IPVI) documentation of voice disorders. *Journal of Voice, 21*(5), 576–590.

Katz, R. C. (2001). Computer applications in aphasia treatment. In R. Chapey (Ed.), *Language intervention strategies in aphasia and related neurogenic communication disorders* (4th ed., pp. 718–741). Philadelphia, PA: Lippincott Williams & Wilkins.

Kaufman, N. (1995). Kaufman speech praxis test for children [Measurement instrument]. Austin, TX: Pro-Ed.

Kay, J., Lesser, R., & Coltheart, M. (1997). Psycholinguistic assessments of language processing in aphasia [Measurement instrument]. Hove, UK: Psychology Press.

Kayser, H. (1995). *Bilingual speech and language pathology: An Hispanic focus.* San Diego, CA:

Singular.

Kazi, R., De Cordova, J., Kanagalingam, J., Venkitaraman, R., Nutting, C. M., Clarke, P., . . . Harrington, K. J. (2007). Quality of Life following total laryngectomy: Assessment using the UW-QOL Scale. *Journal for Oto-Rhino-Laryngology, Head and Neck Surgery, 69*(2), 100–106.

Keenan, E., & Schieffelin, B. (1976). Topic as a discourse notion: A study of topic in the conversations of children and adults. In C. Li (Ed.), *Subject and Topic* (pp. 335–384). New York, NY: Academic Press.

Keenan, J., & Brassell, E. (1975). Aphasia language performance scales [Measurement instrument]. Murfreesboro, TN: Pinnacle Press.

Kempster, G., Gerratt, B., Verdolini-Abbott, K., Barkmeier-Kraemer, J., & Hillman, R. (2009). Consensus auditory-perceptual evaluation of voice: Development of a standardized clinical protocol. *American Journal of Speech-Language Pathology, 18*, 124–132.

Kenny, D., Koheil, R., Greenberg, J., Reid, D., Milner, M., Roman, R., & Judd, P. (1989). Development of a multidisciplinary feeding profile for children who are dependent feeders. *Dysphagia, 4*, 16–28.

Kent, L., & Chabon, S. (1980). Problem-oriented records in a university speech and hearing clinic. *Journal of the American Speech and Hearing Association, 22,* 151–158.

Kent, R., Miolo, G., & Bloedel, S. (1994). The intelligibility of children's speech: A review of evaluation procedures. *American Journal of Speech-Language Pathology, 3*, 81–95.

Kertesz, A. (2006). Western aphasia battery (Revised edition) [Measurement instrument]. Boston, MA: Pearson.

Khan, L., & Lewis, N. (2002). Khan-Lewis phonological analysis (2nd ed.) [Measurement instrument]. Boston, MA: Pearson.

Kimbarow, M. (2011). *Cognitive communication disorders*. San Diego, CA: Plural.

King, R., Jones, C., & Lasky, E. (1982). In retrospect: A fifteen-year follow-up report of speech-language disorders in children. *Language, Speech, and Hearing Services in Schools, 13*, 24–32.

Kirk, S., & Kirk, W. (1971). *Psycholinguisic learning disabilities*. Urbana, IL: University of Illinois Press.

Kirkwood, T. (2000). *Time of our lives: The science of human aging*. Oxford, England: Oxford University Press.

Klassen, A. F., Tsangaris, E., Forrest, C. R., Wong, K. W., Pusic, A. L., Cano, S. L., . . . Goodacre, T. (2012). Quality of life of children treated for cleft lip and/ or palate: A systematic review. *Journal of Plastic, Reconstructive & Aesthetic Surgery, 65*(5), 547–557.

Klecan-Aker, J., & Hedrick, D. (1985). A study of the syntactic language skills of normal school-age children. *Language, Speech, and Hearing Services in Schools, 16*, 187–198.

Klee, T., Pearce, K., & Carson, D. (2000). Improving the positive predictive value of screening for developmental language disorder. *Journal of Speech, Language and Hearing Research, 43*, 821–833.

Kleiman, L. (2003). Functional communication profile (Revised edition) [Measurement instrument]. East Moline, IL: LinguiSystems.

Klein, H., & Liu-Shea, M. (2009). Between word simplification patterns in the continuous speech of children with speech sound disorders. *Language, Speech, and Hearing Services in Schools, 40*, 17–30.

Klein, M., & Briggs, M. (1987). Facilitating mother-infant communicative interactions in mothers of high-risk infants. *Journal of Childhood Communication Disorders, 10*(2), 95–106.

Klinger, L., & Dawson, G. (1992). Facilitating early social and communicative development in children with autism. In S. Warren & J. Reichle (Eds.), *Causes and Effects in Communication and Language Intervention* (pp. 157–186). Baltimore, MD: Brookes.

Kramer, P. (1977). Young children's free responses to anomalous commands. *Journal of Experimental Child Psychology, 24*, 219–234.

Kratcoski, A. (1998). Guidelines for using portfolios in assessment and evaluation. *Language, Speech, and Hearing Services in Schools, 29*, 3–10.

Kuhl, P. (2004). Early language acquisition: Cracking the speech code. *Nature, 5*, 831–843.

Kummer, A. (2005). Ankyloglossia: To clip or not to clip: That's the question. *The ASHA Leader, 10*(17), 6–7, 30.

Kummer, A. (2013a). *Cleft palate and craniofacial anomalies: Effects on speech and resonance* (3rd ed.). Clifton Park, NJ: Delmar.

Kummer, A. (2013b). School matters: Options for affordable, low-tech intervention with resonance disorders. *The ASHA Leader, 18*(4), 28–29.

Kummer, A., & Lee, L. (1996). Evaluation and treatment of resonance disorders. *Language, Speech, and Hearing Services in Schools, 27*, 271–281.

Kwan, K. L. K., Gong, Y., & Maestas, M. (2010). Language, translation, and validity in the adaptation of psychological tests for multicultural counseling. In J. G. Ponterotto, J. M. Casas, L. A. Suzuki, & C. M. Alexander (Eds.), *Handbook of Multicultural Counseling* (2nd ed., pp. 397–412). Los Angeles, CA: Sage Publications.

Kwiatkowski, J., & Shriberg, L. (1992). Intelligibility assessment in developmental phonological disorders: Accuracy of caregiver gloss. *Journal of Speech and Hearing Research, 35*, 1095–1104.

LaBorgne, W. (2011). *Rating laryngeal videostroboscopy and acoustic recordings: Normal and pathologic samples*. San Diego, CA: Plural.

Lahey, M. (1988). *Language disorders and language development*. New York, NY: Macmillan.

Lahey, M., & Edwards, J. (1995). Specific language impairment: Preliminary investigation of factors associated with family history and with patterns of language performance. *Journal of Speech and Hearing Research, 38*, 643–657.

Lambert, N., Nihira, K., & Leland, H. (1993). Adaptive behavior scale–school (2nd ed.) [Measurement instrument]. Austin, TX: Pro-Ed.

Lanyon, R. I. (1967). The measurement of stuttering severity. *Journal of Speech, Language, and Hearing Research, 10*(4), 836–843.

LaParo, K., Justice, L., Skibbe, L., & Pianta, R. (2004). Relations among maternal, child and demographic factors and the persistence of preschool language impairment. *American Journal of Speech-Language Pathology, 13*, 291–303.

LaPointe, L., & Eisenson, J. (2008). *Examining for aphasia: Assessment of aphasia and related impairments* (4th ed.). Austin, TX: Pro-Ed.

LaPointe, L., & Horner, J. (1998). *Reading comprehension battery for aphasia-2* [Measurement instrument]. Austin, TX: Pro-Ed.

Larsen, S. C., Hammill, D., & Moats, L. (2013). Test of written spelling (5th ed.) [Measurement instrument]. Austin, TX: Pro-Ed.

Larson, V., & McKinley, N. (1995). *Language disorders in older students: Preadolescents and adolescents*. Eau Claire, WI: Thinking Publications.

Lau, C., & Kesnierczyk, I. (2001). Quantitative evaluation of infant's nonnutritive and nutritive sucking. *Dysphagia, 16*, 58–67.

Lauder, E. (1978). *Self-help for the laryngectomee*. San Antonio, TX: Lauder Enterprises.

Lawrence, C. (1992). Assessing the use of age-equivalent scores in clinical management. *Language, Speech, and Hearing Services in Schools, 23*, 6–8.

Least-Heat-Moon, W. (1982). *Blue highways: A journey into America*. Boston, MA: Atlantic-Little, Brown.

Leavitt, R. R. (1974). *The Puerto Ricans: Cultural change and language deviance*. Tucson, AZ: University of Arizona Press.

LeBorgne, W. (2011). *Rating laryngeal videostroboscopy and acoustic recordings: Normal and pathologic samples*. San Diego, CA: Plural.

Lee, L. (1966). Developmental sentence types: A method for comparing normal and deviant syntactic development. *Journal of Speech and Hearing Disorders, 31*, 311–330.

Lee, L. (1974). *Developmental sentence analysis.* Evanston, IL: Northwestern University Press.

Lee, L., Koenigsknecht, R., & Mulhern, S. (1975). *Interactive language development teaching.* Evanston, IL: Northwestern University Press.

Lee, L., Stemple, J., Glaze, L., & Kelchner, L. (2004). Quick screen of voice and supplemental documents for identifying pediatric voice disorders. *Language, Speech, and Hearing Services in Schools, 35*, 308–319.

Lefton-Greif, M. A. (1994). Diagnosis and management of pediatric feeding and swallowing disorders: Role of the speech-language pathologist. In D. N. Tuchman & R. S. Walter (Eds.), *Disorders of feeding and swallowing in infants and children: Pathophysiology, diagnosis, and treatment* (pp. 97–113). San Diego, CA: Singular.

Leonard, L. (1975). On differentiating syntactic and semantic features in emerging grammars: Evidence from empty form usage. *Journal of Psycholinguistic Research, 4*, 357–364.

Leonard, L. (1976). *Meaning in child language: Issues in the study of early semantic development.* New York, NY: Grune and Stratton.

Leonard, L. (2009). Is expressive language disorder an accurate diagnostic category? *American Journal of Speech-Language Pathology, 18*, 115–123.

Leonard, L., Prutting, C., Perozzi, J., & Berkley, R. (1978). Nonstandardized approaches to the assessment of language behaviors. *Journal of the American Speech and Hearing Association, May*, 371–379.

Leonard, L., Steckol, K., & Panther, K. (1983). Returning meaning to semantic relations: Some clinical applications. *Journal of Speech and Hearing Disorders, 48*, 25–35.

Leonard, L., Weismer, S., Miller, C., Francis, D.,

Tomblin, J., & Kail, R. (2007). Speed of processing, working memory and language impairment in children. *Journal of Speech, Language, and Hearing Research, 50*, 408–428.

Levin, H. S., O'Donnell, V. M., & Grossman, R. G. (1979). The Galveston Orientation and Amnesia Test: A practical scale to assess cognition after head injury. *Journal of Nervous System and Mental Disorders, 167*, 675–684.

Lewis, J. (1999). Tracheoesophageal communication: Beyond traditional speech treatment. In S. Salmon (Ed.), *Alaryngeal Speech Rehabilitation* (2nd ed., pp. 193–224). Austin, TX: Pro-Ed.

Lewis, B., & Freebairn, L. (1992). Residual effects of preschool phonology disorders in grade school, adolescence and adulthood. *Journal of Speech and Hearing Research, 35*, 819–831.

Lewis, B., Freebairn, L., Hansen, A., Miscimarra, L., Iyengar, S., & Taylor, H. (2007). Speech and language skills of parents of children with speech sound disorders. *American Journal of Speech-Language Pathology, 16*, 108–118.

Lewis, V., & Boucher, J. (1998). Test of pretend play [Measurement instrument]. London, UK: Psychological Corporation.

Lidz, C. (1991). *A practitioner's guide to dynamic assessment.* New York, NY: Guilford Press.

Lifter, K., Edwards, G., Avery, D., Anderson, S., & Sulzer-Azaroff, B. (1988). Developmental assessment of children's play: Implications for intervention. Paper presented at the convention of the American Speech-Language-Hearing Association, Boston, MA.

Liles, B. (1985). Cohesion in the narratives of normal and languagedisordered children. *Journal of Speech and Hearing Research, 28*, 123–133.

Liles, B. (1993). Narrative discourse in children with language disorders and children with normal language: A critical review of the literature. *Journal of Speech and Hearing Research, 36*, 868–882.

Linder, T. W. (2008). Transdisciplinary play-based

assessment and intervention (Revised edition) [Measurement instrument]. Baltimore, MD: Brookes.

Lindsay, G., & Dockrell, J. (2013). *The relationship between speech, language and communication needs (SLCN) and behavioral, emotional and social difficulties (BESD)*. Department for Education, London: DFE-RR247-BCRP6.

Loban, W. (1976). *Language development: Kindergarten through grade twelve*. Research Report No. 18. Urbana, IL: National Councils of Teachers of English.

Logemann, J. A., Veis, S., & Colangelo, L. (1999). A screening procedure for oropharyngeal dysphagia. *Dysphagia, 14*, 44–51.

Lohmander, A., Willadsen, E., Persson, C., Henningsson, G., Bowden, W., & Hutters, B. (2009). Methodology for speech assessment in the Scandcleft project-an international randomized clinical trial on palatal surgery: Experience from a pilot study. *Cleft Palate–Craniofacial Journal, 46*(4), 347–362.

Lomas, J., Pickard, L., Bester, S., Elbard, H., Finlayson, A., & Zoghaib, C. (1989). The Communicative Effectiveness Index: Development and psychometric evaluation of a functional communication measure for adult aphasia. *Journal of Speech and Hearing Disorders, 54*, 113–124.

Lombardino, L. J., Lieberman, R. J., & Brown, J. C. (2005). Assessment of literacy and language [Measurement instrument]. San Antonio, TX: Pearson.

Long, S., & Channell, R. (2001). Accuracy of four language analysis procedures performed automatically. *American Journal of Speech-Language Pathology, 10*, 180–188.

Long, S., Fey, M., & Channell, R. (2002). Computerized profiling, Version 9.4.1. Retrieved from http://www.computerizedprofiling.org

Longhurst, T., & File, J. (1977). A comparison of developmental sentence scores for Head Start children in four conditions. *Language, Speech, and Hearing Services in Schools, 8*, 54–64.

Longhurst, T., & Grubb, S. (1974). A comparison of language samples collected in four situations. *Language, Speech, and Hearing Services in Schools, 5*, 71–78.

Longhurst, T., & Schrandt, T. (1973). Linguistic analysis of children's speech: A comparison of four procedures. *Journal of Speech and Hearing Disorders, 38*, 240–249.

Lord, C., Rutter, M., DiLavore, P. C., Risi, S., Gotham, K., & Bishop, S. (2012). *Autism diagnostic observation schedule* (2nd ed.). Torrance, CA: Western Psychological Services.

Love, R. J. (2000). *Childhood motor speech disability* (2nd ed.). Needham Heights, MA: Allyn & Bacon.

Lowe, M., & Costello, A. (1988). Symbolic play test (2nd ed.) [Measurement instrument]. Windsor, England: Nfer-Nelson.

Lucas, E. (1980). *Semantic and pragmatic language disorders*. Rockville, MD: Aspen.

Ludlow, C. (1983). Identification and assessment of aphasic patients for language intervention. In J. Miller, D. Yoder, & R. Schiefelbusch (Eds.), *Contemporary issues in language intervention*. Rockville, MD: American Speech-Language-Hearing Association.

Lukens, C. T., & Linscheid, T. R. (2008). Development and validation of an instrument to assess mealtime behavior problems in children with autism. *Journal of Autism and Developmental Disorders, 38*, 342–352.

Lum, J. A., Conti-Ramsden, G., Page, D., & Ullman, M. T. (2012). Working declarative and procedural memory in specific language impairment. *Cortex, 48*(9), 1138–1154.

Lund, N., & Duchan, J. (1988). *Assessing children's language in naturalistic contexts* (2nd ed.). Englewood Cliffs, NJ: Prentice Hall.

Lund, N., & Duchan, J. (1993). *Assessing children's language in naturalistic contexts* (3rd ed.).

Englewood Cliffs, NJ: Prentice Hall.

Luterman, D. (1979). *Counseling parents of hearing-impaired children*. Boston, MA: Little, Brown.

Lutz, K. C., & Mallard, A. R. (1986). Disfluencies and rate of speech in young adult nonstutterers. *Journal of Fluency Disorders, 11*, 307–316.

Luyster, R., Qiu, S., Lopez, K., & Lord, C. (2007). Predicting outcomes of children referred for autism using the MacArthur-Bates Communicative Development Inventory. *Journal of Speech, Language, and Hearing Research, 50*, 667–681.

Lynch, E. (1998). Developing cross-cultural competence. In E. Lynch & M. Hanson (Eds.), *Developing cross-cultural Competence* (2nd ed., pp. 47–90). Baltimore, MD: Brookes.

Ma, E., & Yiu, E. (2001). Voice activity and participation profile: Assessing the impact of voice disorders on daily activities. *Journal of Speech, Language, and Hearing Research, 44*(3), 511–524.

MacDonald, J., & Carroll, J. (1992). A social partnership model for assessing early communication development: An intervention model for preconversational children. *Language, Speech, and Hearing Services in Schools, 23*, 113–124.

MacDonald, S. (2005). Functional assessment of verbal reasoning and executive strategies [Measurement instrument]. Ontario, Canada: CCD.

Mahr, G., & Leith, W. (1992). Psychogenic stuttering of adult onset. *Journal of Speech and Hearing Research, 35*, 283–286.

Mann, G. (2002). Mann assessment of swallowing ability [Measurement instrument]. Clifton Park, NJ: Delmar Cengage Learning.

Manning, W. (2010). *Clinical decision making in fluency disorders*. Clifton Park, NY: Delmar.

Manning, W. H. (1994). The SEA-Scale: Self-efficacy scaling for adolescents who stutter. In *Presentation to the Annual meeting of the American Speech-Language-Hearing Association*, New Orleans, LA.

Manning, W. H. (2009). *Clinical decision making in fluency disorders*. New York, NY: Cengage Learning.

Mansson, H. (2000). Childhood stuttering: Incidence and development. *Journal of Fluency Disorders, 25*, 47–57.

Marks, I. M. (1987). *Fears, phobias and rituals*. New York, NY: Oxford University Press.

Martin, N., & Brownell, R. (2005). Test of auditory processing skills-3 [Measurement instrument]. Novato, CA: Academic Therapy.

Martin, N., & Brownell, R. (2010). *Receptive one-word picture vocabulary test* (4th ed.) (ROWPVT-4). Novato, CA: ATP Assessments.

Martin, S., & Lockhart, M. (2005). Voice impact profile [Measurement instrument]. London, England: Speechmark.

Martino, R., Pron, G., & Diamant, N. (2000). Screening for oropharyngeal dysphagia in stroke: Insufficient evidence for guidelines. *Dysphagia, 15*, 19–30.

Martino, R., Silver, F., Teasell, R., Bayley, M., Nicholson, G., Streiner, D. L., & Diamant, N. E. (2009). The Toronto Bedside Swallowing Screening Test (TOR-BSST): Development and validation of a dysphagia screening tool for patients with stroke. *Stroke, 40*(2), 555–561.

Massey, R., & Jedlicka, D. (2002). The Massey bedside swallowing screen. *Journal of Neuroscience Nursing, 34*(5), 252–257.

Masterson, J. J., & Apel, K. (2000). Spelling assessment: Charting a path to optimal intervention. *Topics in Language Disorders, 20*(5), 50–65.

Masterson, J. J., & Apel, K. (2010). The spelling sensitivity score: Noting developmental changes in spelling knowledge. *Assessment for Effective Intervention, 36*(1), 35–45.

Masterson, J. J., Apel, K., & Wasowicz, J. (2006). Spelling performance evaluation for language and literacy (2nd ed.) [Measurement instrument]. Evanston, IL: Learning by Design.

Masterson, J., & Bernhardt, B. (2001). Computerized articulation and phonology evaluation system (Version 1.0.1) [Measurement instrument]. San

Antonio, TX: Psychological Corporation.

Masterson, J., Bernhardt, B., & Hofheinz, M. (2005). A comparison of single words and conversational speech in phonological evaluation. *American Journal of Speech-Language Pathology, 14*, 229–241.

Masterson, J., & Crede, L. (1999). Learning to spell: Implications for assessment and intervention. *Language, Speech, and Hearing Services in Schools, 30*, 243–254.

Mattes, L. (1994). Spanish articulation measures (Revised edition) [Measurement instrument]. Oceanside, CA: Academic Communication Associates.

Mattes, L. J., & Santiago, G. (1985). Bilingual language proficiency questionnaire [Measurement instrument]. Oceanside, CA: Academic Communication Associates.

Mattis, S. (2001). Dementia rating scale-2 [Measurement instrument]. Lutz, FL: Psychological Assessment Resources.

Maxwell, S., & Wallach, G. (1984). The language-learning disabilities connection: Symptoms of early language disability change over time. In G. Wallach & K. Butler (Eds.), *Language Learning Disabilities in School-Age Children* (pp. 15–34). Baltimore, MD: Williams and Wilkins.

McCabe, A., Bliss, L., Barra, G., & Bennett, M. (2008). Comparison of personal versus fictional narratives of children with language impairment. *American Journal of Speech-Language Pathology, 17*, 194–206.

McCathren, R., Warren, S., & Yoder, P. (1996). Prelinguistic predictors of later language development. In K. Cole, P. Dale, & D. Thal (Eds.), *Assessment of communication and language* (pp. 57–75). Baltimore, MD: Brookes.

McCauley, R. (1996). Familiar strangers: Criterion referenced measures in communication disorders. *Language, Speech, and Hearing Services in Schools, 27*, 122–131.

McCauley, R., & Strand, E. (2008). A review of standardized tests of nonverbal oral and speech motor performance in children. *American Journal of Speech-Language Pathology, 17*, 81–91.

McCauley, R., Strand, E., Lof, G., & Schooling, T. (2009). Evidence-based systematic review: Effects of nonspeech oral motor exercises on speech. *American Journal of Speech-Language Pathology, 18*, 343–360.

McCauley, R., & Swisher, L. (1984a). Psychometric review of language and articulation tests for preschool children. *Journal of Speech and Hearing Disorders, 49*, 34–42.

McCauley, R., & Swisher, L. (1984b). Use and misuse of norm-referenced tests in clinical assessment: A hypothetical case. *Journal of Speech and Hearing Disorders, 49*, 338–348.

McCollum, J., & Stayton, V. (1985). Social interaction assessment/intervention. *Journal of the Division for Early Childhood, 9*, 125–135.

McCullough, G. H., Wertz, R. T., Rosenbek, R. C., & Dinneen, C. (1999). Clinicians' preferences and practices in conducting clinical/bedside and videofluoroscopic swallowing examinations in an adult, neurogenic population. *American Journal of Speech Language Pathology, 8*, 149–163.

McCune, L. (1995). A normative study of representational play at the transition to language. *Developmental Psychology, 31*, 198–206.

McCurtin, A., & Murray, G. (2000). *The manual of AAC assessment.* Chesterfield, UK: Winslow.

McEachern, D., & Haynes, W. (2004). Gesture-speech combinations as a transition to multiword utterances. *American Journal of Speech-Language Pathology, 13*, 227–236.

McFadden, T. (1996). Creating language impairments in typically achieving children: The pitfalls of "normal" normative sampling. *Language, Speech, and Hearing Services in Schools, 27*, 3–9.

McFadin, S. (2006). Auditory discrimination and lip reading skills inventory [Measurement instrument]. Greenville, SC: Super Duper.

McGhee, R. L., Ehrler, D. J., & DiSimoni, F. (2007). Token test for children (2nd ed.). [Measurement instrument]. Austin, TX: Pro-Ed.

McGinty, A., & Justice, L. (2009). Predictors of print knowledge in children with specific language impairment: Experimental and developmental factors. *Journal of Speech, Language, and Hearing Research, 52*, 81–97.

McGowan, R., McGowan, R., Denny, M., & Nittrouer, S. (2014). A longitudinal study of very young children's vowel production. *Journal of Speech, Language, and Hearing Research, 57*(1), 1–15.

McHorney, C. A., Bricker, D. E., Robbins, J., Kramer, A. E., Rosenbek, J. C., & Chignell, K. A. (2000). The SWAL-QOL outcomes tool for oropharyngeal dysphagia in adults: II item reduction and preliminary scaling. *Dysphagia, 15*, 122–133.

McLean, J. E., McLean, L. K., Brady, N. C., & Etter, R. (1991). Communication profiles of two types of gesture using nonverbal persons with severe to profound mental retardation. *Journal of Speech, Language, and Hearing Research, 34*(2), 294–308.

McLean, J., & Snyder-McLean, L. (1978). *A transactional approach to early language training.* Columbus, OH: Merrill.

McLeod, S., Harrison, L., & McCormack, J. (2012). The intelligibility in context scale: Validity and reliability of a subjective rating measure. *Journal of Speech, Language, and Hearing Research, 55*(2), 648–656.

McLeod, S., Van Doorn, J., & Reed, V. (2001). Normal acquisition of consonant clusters. *American Journal of Speech-Language Pathology, 10*, 99–110.

McNeil, M., & Prescott, T. (1978). Revised token test [Measurement instrument]. Austin, TX: Pro-Ed.

McNeil, M. R., Robin, D. A., & Schmidt, R. A. (2008). Apraxia of speech: Definition, differentiation, and treatment. In M. R. McNeil (Ed.), *Clinical management of sensorimotor speech disorders* (2nd ed.). New York, NY: Thieme.

McNeill, D. (1970). *The acquisition of language: The study of developmental psycholinguistics.* New York, NY: Harper & Row.

Meisels, S. J., Dombro, A. L., Marsden, D. B., Weston, D. R., & Jewkes, A. M. (2003). Ounce scale [Measurement instrument]. New York, NY: Pearson Early Learning.

Merrell, A., & Plante, E. (1997). Norm referenced test interpretation in the diagnostic process. *Language, Speech, and Hearing Services in Schools, 28*, 50–58.

Merritt, D., & Liles, B. (1989). Narrative analysis: Clinical applications of story generation and story retelling. *Journal of Speech and Hearing Disorders, 54*, 438–447.

Messick, S. (1975). The standard problem: Meaning and values in measurement and evaluation. *American Psychologist, 30*, 955–966.

Messick, S. (1980). Test validity and the ethics of assessment. *American Psychologist, 35*, 1012–1027.

Messner, A. H., & Lalakea, M. L. (2002). The effect of ankyloglossia on speech in children. *Otolaryngology, Head and Neck Surgery, 127*, 539–545.

Miles, S., Chapman, R., & Sindberg, H. (2006). Sampling context affects MLU in the language of adolescents with Down syndrome. *Journal of Speech, Language, and Hearing Research, 49*, 325–337.

Millen, K., & Prutting, C. (1979). Consistencies across three language comprehension tests for specific grammatical features. *Language, Speech, and Hearing Services in Schools, 10*, 162–170.

Miller, J. (1981). *Assessing language production in children: Experimental procedures.* Baltimore, MD: University Park Press.

Miller, J., & Chapman, R. (1981). The relation between age and mean length of utterance in morphemes. *Journal of Speech and Hearing Research, 24*, 154–161.

Miller, J., & Chapman, R. (2008). Systematic analysis of language transcripts (Version 8-computer software). Madison, WI: University of Wisconsin-Madison, Waisman Center, Language Analysis

Laboratory.

Miller, J., & Paul, R. (1995). *The clinical assessment of language comprehension.* Baltimore, MD: Brookes.

Miller, L., Gillam, R., & Pena, E. (2001). *Dynamic assessment and intervention: Improving children's narrative abilities.* Austin, TX: Pro-Ed.

Miller, W. R., & Rollnick, S. (1991). *Motivational interviewing: Preparing people for change.* New York, NY: Guilford Press.

Miller, W. R., & Rollnick, S. (2002). *Motivational interviewing: Preparing people for change* (2nd ed.). New York, NY: Guilford Press.

Mimura, M., Kato, M., Sano, Y., Kojima, T., Naesar, M., & Kashima, H. (1998). Prospective and retrospective studies of recovery in aphasia: Changes in cerebral blood flow and language function. *Brain, 121,* 2083–2094.

Miyake, A., Friedman, N. P., Emerson, M. J., Witzki, A. H., & Howeter, A. (2000). The unity and diversity of executive functions and their contributions to complex "frontal lobe" tasks: A latent variable analysis. *Cognitive Psychology, 41,* 49–100.

Montes, J., & Erickson, J. G. (1990). Bilingual stuttering: Exploring a diagnostic dilemma. *Ethnotes, 1,* 14–15.

Montgomery, J., & Evans, J. (2009). Complex sentence comprehension and working memory in children with specific language impairment. *Journal of Speech, Language, and Hearing Research, 52,* 269–288.

Montgomery, J., Magimairaj, B., & Finney, M. (2010). Working memory and specific language impairment: An update on the relation and perspectives on assessment and treatment. *American Journal of Speech-Language Pathology, 19,* 78–94.

Montgomery, J. K. (2008). Montgomery assessment of vocabulary acquisition [Measurement instrument]. Greenville, SC: Super Duper.

Morehead, D., & Morehead, A. (1974). From signal to sign. In *Language perspectives–Acquisition, retardation and intervention.* Baltimore, MD: University Park Press.

Morgan, D. L., & Guilford, A. M. (1984). Adolescent language screening test [Measurement instrument]. Austin, TX: Pro-Ed.

Morris, N., & Crump, W. (1982). Syntactic and vocabulary development in the written language of learning disabled and non-disabled students at four age levels. *Learning Disability Quarterly, 5,* 163–172.

Morris, S. (2009). Test-retest reliability of independent measures of phonology in the assessment of toddlers' speech. *Language, Speech, and Hearing Services in Schools, 40,* 46–52.

Morris, S. (2010). Clinical application of the mean babbling level and syllable structure level. *Language, Speech, and Hearing Services in Schools, 41,* 223–230.

Morris, S., & Klein, M. D. (2000). *Pre-feeding skills* (2nd ed.). Austin, TX: Pro-Ed.

Morrison, M. (1998). *Let evening come: Reflections on aging.* New York, NY: Random House.

Mulac, A., Prutting, C., & Tomlinson, C. (1978). Testing for a specific syntactic structure. *Journal of Communication Disorders, 11,* 335–347.

Mullen, E. M. (1995). Mullen scales of early learning (AGS edition) [Measurement instrument]. San Antonio, TX: Pearson.

Muma, J. (1973a). Language assessment: The co-occurring and restricted structure procedure. *Acta Symbolica, 4,* 12–29.

Muma, J. (1973b). Language assessment: Some underlying assumptions. *Journal of the American Speech and Hearing Association, 15,* 331–338.

Muma, J. (1975). The communication game: Dump and play. *Journal of Speech and Hearing Disorders, 40,* 296–309.

Muma, J. (1978). *Language handbook: Concepts, assessment, intervention.* Englewood Cliffs, NJ: Prentice Hall.

Muma, J. (1981). *Language primer*. Lubbock, TX: Natural Child Publisher.

Muma, J. (1983). Speech language pathology: Emerging clinical expertise in language. In T. Gallagher & C. Prutting (Eds.), *Pragmatic assessment and intervention issues in language* (pp. 195–214). San Diego, CA: College-Hill Press.

Muma, J. (1984). Semel and Wiig's CELF: Construct validity? *Journal of Speech and Hearing Disorders, 49*, 101–104.

Muma, J. (1985). "No news is bad news": A response to McCauley and Swisher. *Journal of Speech and Hearing Disorders, 50*, 290–293.

Muma, J. (1998). *Effective speech-language pathology: A cognitive socialization approach*. Mahwah, NJ: Erlbaum.

Muma, J. (2002). Construct validity: The essence of language assessment. Unpublished manuscript.

Muma, J., Lubinski, R., & Pierce, S. (1982). A new era in language assessment: Data or evidence? In N. Lass (Ed.), *Speech and language* (Vol. 7, pp. 135–138). New York, NY: Academic Press.

Mundy, P., Hogan, A., & Doehring, P. (1996). *A preliminary manual for the abridged Early Social-Communication Scales*. Coral Gables, FL: University of Miami.

Munoz-Sandoval, A., Cummins, J., Alvarado, C. G., & Ruef, M. L. (2005). Bilingual verbal ability tests-normative update [Measurement instrument]. Rolling Meadows, IL: Riverside.

Murray, D., Ruble, L., Willis, H., & Molloy, C. (2009). Parent and teacher report of social skills in children with autism spectrum disorders. *Language, Speech, and Hearing Services in Schools, 40*, 109–115.

Musselwhite, C., & Barrie-Blackley, S. (1980). Three variations of the imperative format of language sample elicitation. *Language, Speech, and Hearing Services in Schools, 11*, 56–67.

Myers, F. (1996). Cluttering a matter of perspective. *Journal of Fluency Disorders, 21*, 175–186.

Myers, F., & St. Louis, K. (1996). *Cluttering: A clinical perspective*. San Diego, CA: Singular.

Myers, P. S. (2008). Communication disorders associated with right hemisphere damage. In R. Chapey (Ed.), *Language intervention strategies in aphasia and related neurogenic communication disorders* (5th ed.). Philadelphia, PA: Lippincott Williams and Wilkins.

Nagy, A., Steele, C., & Pelletier, C. (2014). Barium versus nonbarium stimuli: Differences in taste intensity, chemesthesis, and swallowing behavior in healthy adult women. *Journal of Speech, Language, and Hearing Research, 57*, 758–767.

Nakase-Thompson, R., Manning, E., Sherer, M., Yablon, S. A., Gontkovsky, S. L., & Vickery, C. (2005). Brief assessment of severe language impairments: Initial validation of the Mississippi Aphasia Screening Test. *Brain Injury, 19*, 685–691.

Nasreddine, Z. (2003). Montreal cognitive assessment [Measurement instrument]. Montreal, Quebec Canada: McGill University and Sherbrooke University.

National Association of State Directors of Special Education. (2005). Retrieved from http://www.nasdse.org

National Center for Learning Disabilities (n.d.). IDEA parent guide. Retrieved from http://www.ncld.org/parents-child-disabilities/idea-guide

Nelson, K. (1973). Structure and strategy in learning to talk. *Monographs of the Society for Research in Child Development, 38*, 11–56.

Nelson, K. (1974). Concept, word and sentence: Interrelations in acquisition and development. *Psychological Review, 81*, 267–285.

Nelson, N. (2010). *Language and literacy disorders: Infancy through adolescence*. Boston, MA: Allyn & Bacon.

Newborg, J. (2004). *Battelle developmental inventory* (2nd ed.) [Measurement instrument]. Rolling Meadows, IL: Riverside.

Newcomer, P., & Barenbaum, E. (2003). Test of phonological awareness skill [Measurement instrument]. Austin, TX: Pro-Ed.

Newcomer, P. L., & Hammill, D. D. (2008). Test of language development-Primary (4th ed.) [Measurement instrument]. Austin, TX: Pro Ed.

Newhoff, M., & Leonard, L. (1983). Diagnosis of developmental language disorders. In I. Meitus & B. Weinberg (Eds.), *Diagnosis in speechlanguage pathology* (pp. 140–162). Baltimore, MD: University Park Press.

Newman, R., & McGregor, K. (2006). Teachers and laypersons discern quality differences between narratives produced by children with or without SLI. *Journal of Speech, Language, and Hearing Research, 49*, 1022–1036.

Nicholas, J., & Geers, A. (2008). Expected test scores for preschoolers with a cochlear implant who use spoken language. *American Journal of Speech-Language Pathology, 17*, 121–138.

Nippold, M. (1993). Developmental markers in adolescent language: Syntax, semantics and pragmatics. *Language, Speech, and Hearing Services in Schools, 24*, 21–28.

Nippold, M. (2007). *Later language development: School-age children, adolescents, and young adults* (3rd ed.). Austin, TX: Pro-Ed.

Nippold, M. (2009). School-age children talk about chess: Does knowledge drive syntactic complexity? *Journal of Speech, Language, and Hearing Research, 52*, 856–871.

Nippold, M. (2014). *Language sampling with adolescents: Implications for intervention* (2nd ed.). San Diego, CA: Plural Press.

Nippold, M., Mansfield, T., Billow, J., & Tomblin, J. (2008). Expository discourse in adolescents with language impairments: Examining syntactic development. *American Journal of Speech-Language Pathology, 17*, 356–366.

Nippold, M., Mansfield, T., Billow, J., & Tomblin, J. (2009). Syntactic development in adolescents with a history of language impairments: A follow-up investigation. *American Journal of Speech-*

Language Pathology, 18, 241–251.

Nippold, M., Schwarz, I., & Undlin, R. (1992). Use and understanding of adverbial conjuncts: A developmental study of adolescents and young adults. *Journal of Speech and Hearing Research, 35*, 108 118.

Norcross, J. C. (Ed.). (2011). *Psychotherapy relationships that work: Evidencebased responsiveness.* New York, NY: Oxford University Press.

Norcross, J. C., & Wampold, B. E. (2011). Evidence-based therapy relationships: Research conclusions and clinical practices. *Pshychotherapy, 48*(1), 98–102.

Norris, J. (1995). Expanding language norms for school-age children and adolescents: Is it pragmatic? *Language, Speech, and Hearing Services in Schools, 26*, 342–352.

Nuffield Speech and Hearing Center. (2004). Nuffield Center Dyspraxia Programme (3rd ed.) [Measurement instrument]. Eton, UK: The Miracle Factory.

Nyqvist, K. H., Rubertsson, C., Ewald, U., & Sjödén, P. O. (1996). Development of the Preterm Infant Breastfeeding Behavior Scale (PIBBS): A study of nurse-mother agreement. *Journal of Human Lactation, 12*(3), 207–219.

Oetting, J., Cleveland, L., & Cope, R. (2008). Empirically derived combinations of tools and clinical cutoffs: An illustrative case with a sample of culturally/linguistically diverse children. *Language, Speech, and Hearing Services in Schools, 39*, 44–53.

Olswang, L., Rodriguez, B., & Timler, G. (1998). Recommending intervention for toddlers with specific language learning difficulties: We may not have all the answers, but we know a lot. *American Journal of Speech-Language Pathology, 7*, 23–32.

Olswang, L., Stoel-Gammon, C., Coggins, T., & Carpenter, R. (1987). *Assessing prelinguistic and early linguistic behaviors in developmentally young children.* Seattle, WA: University of Washington Press.

Omark, A. (1981). *Communication assessment of the bilingual, bicultural child: Issues and guidelines.* Baltimore, MD: Pro-Ed.

Omori, K. (2011). Diagnosis of voice disorders. *Japanese Medical Association Journal, 54*(4), 248–253.

O'Neill, D. (2007). The Language Use Inventory for Young Children: A parent-report measure of pragmatic language development for 18–47-month-old children. *Journal of Speech, Language, and Hearing Research, 50*, 214–228.

Onslow, M. (1996). *Behavioral management of stuttering.* San Diego, CA: Singular.

Opitz, V. (1982). Pragmatic analysis of the communicative behavior of an autistic child. *Journal of Speech and Hearing Disorders, 47*, 99–108.

Ornstein, A., & Manning, W. H. (1985). Self-efficacy scaling by adult stutterers. *Journal of Communication Disorders, 18*, 313–320.

Overby, M., Trainin, G., Smith, A. B., Bernthal, J., & Nelson, R. (2012). Preliterate speech sound production skill and literacy outcomes: A study using the Templin Archive. *Language, Speech, and Hearing Services in Schools, 43*, 97–115.

Owens, R. (2004). *Language disorders: A functional approach to assessment and intervention* (4th ed.). Boston, MA: Allyn & Bacon.

Owens, R. (2012). *Language development: An introduction* (8th ed.). Needham Heights, MA: Allyn & Bacon.

Owens, R. (2014). *Language disorders: A functional approach to assessment and intervention* (6th ed.). Needham Heights, MA: Allen & Bacon.

Palisano, R., Rosenbaum, P. L., Walter, S., Russell, D., Woods, E., & Galuppi, B. (1997). Development and reliability of a system to classify gross motor function in children with cerebral palsy. *Developmental Medicine and Child Neurology, 39*, 214–223.

Palmer, M. M., Crawley, K., & Blanco, I. (1993). Neonatal Oral Motor Assessment Scale: A reliability study. *Journal of Perinatology, 13*, 28–35.

Pannbacker, M., Middleton, G., Vekovius, G., & Sanders, K. (2001). *Report writing for speech-language pathologists and audiologists.* Austin, TX: Pro-Ed.

Paradis, M. (2011). Principles underlying the Bilingual Aphasia Test (BAT) and its uses. *Clinical Linguistics & Phonetics, 25*(6–7), 427–443.

Patel, R., Connaghan, K., Franco, D., Edsall, E., Forgit, D., Olsen, L., . . . Russel, S. (2013). "The Caterpillar": A novel reading passage for assessment of motor speech disorders. *American Journal of Speech-Language Pathology, 22*(1), 1–9.

Paul, R. (2001). *Language disorders from infancy through Adolescence: Assessment and Intervention.* St. Louis, MO: Mosby.

Paul, R. (2007). *Language disorders from infancy through adolescence: Assessment and intervention* (3rd ed.). St. Louis, MO: Mosby.

Paul, R. (2012). *Language disorders from infancy through adolescence: Assessment and intervention* (4th ed.). St. Louis, MO: Mosby.

Paul, R., & Alforde, S. (1993). Grammatical morpheme acquisition in 4-year-olds with normal, impaired and late developing language. *Journal of Speech and Hearing Research, 36*, 1271–1275.

Paul, R., & Jennings, P. (1992). Phonological behavior in toddlers with slow expressive language development. *Journal of Speech and Hearing Research, 35*, 99–107.

Pena, E. (1996). Dynamic assessment: The model and its language applications. In P. Cole, P. Dale, & D. Thal (Eds.), *Assessment of communication and language* (pp. 281–307). Baltimore, MD: Brookes.

Pena, E., Gillam, R., Malek, M., Ruiz-Felter, R., Resendiz, M., Fiestas, C., & Sabel, T. (2006). Dynamic assessment of school-age children's narrative ability: An experimental investigation of classification accuracy. *Journal of Speech, Language, and Hearing Research, 49*, 1037–1057.

Pena, E., Quinn, R., & Iglesias, A. (1992). The

application of dynamic assessment to language assessment: A non-biased procedure. *Journal of Special Education, 26*, 269–280.

Pennington, B. F., & Bishop, D. V. (2009). Relations among speech, language, and reading disorders. *Annual Review of Psychology, 60*, 283–306.

Pendergast, K., Dickey, S., Selmar, J., & Soder, A. (1997). Photo-articulation test (3rd ed.) [Measurement instrument]. Austin, TX: Pro-Ed.

Perlin, W. S., & Boner, M. M. (1994). Clinical assessment of feeding and swallowing in infants and children. In L. R. Cherney (Ed.), *Clinical management of dysphagia in adults and children*. Gaithersburg, MD: Aspen.

Perry, L. (2001). Screening swallowing function of patients with acute stroke part I: Identification, implementation and initial evaluation of a screening tool for use by nurses. *Journal of Clinical Nursing, 10*, 463–473.

Petersen, R., Smith, G., Waring, S., Ivnik, R., Tangalos, E., & Kokmen, E. (1999). Mild cognitive impairment: Clinical characterization and outcome. *Archives of Neurology, 56*(3), 303–308.

Peterson, C., & McCabe, A. (1983). *Developmental psycholinguistics: Three ways of looking at a child's narrative*. New York, NY: Plenum Press.

Peterson, R. L., Pennington, B. F., Shriberg, L. D., & Boada R. (2009). What influences literacy outcome in children with speech sound disorder? *Journal of Speech, Language, and Hearing Research, 52*, 1175–1188.

Peterson-Falzone, S. (1982). Resonance disorders in structural defects. In N. Lass, L. McReynolds, J. Northern, & D. Yoder (Eds.), *Speech, language and hearing, Vol. 2: Pathologies of speech and language*. Philadelphia, PA: W. B. Saunders.

Phelps-Terasaki, D., & Phelps-Gunn, T. (2007). Test of pragmatic language (2nd ed.) [Measurement instrument]. Austin, TX: Pro-Ed.

Piaget, J. (1952). *The origins of intelligence in children*. New York, NY: International Universities Press.

Pigott, T., Barry, J., Hughes, B., Eastin, D., Titus, P., Stensel, H., . . . Porter, B. (1985). Speech-Ease screening inventory (K-1) [Measurement instrument]. Danville, IL: Interstate Printers.

Pimental, P. A., & Knight, J. (2004). Mini inventory of right brain injury (2nd ed.) [Measurement instrument]. Austin, TX: Pro-Ed.

Pindzola, R. H. (1987). A voice assessment protocol for children and adults [Measurement instrument]. Austin, TX: Pro-Ed.

Pindzola, R. H. (1988). *Stuttering intervention program: Age 3 to grade 3*. Austin, TX: Pro-Ed.

Pindzola, R. H., Jenkins, M., & Lokken, K. (1989). Speaking rates of young children. *Language, Speech, and Hearing Services in Schools, 20*, 133–138.

Pindzola, R. H., & White, D. (1986). A protocol for differentiating the incipient stutterer. *Language, Speech, and Hearing Services in Schools, 17*, 2–15.

Plante, E., & Vance, R. (1994). Selection of preschool language tests: A data-based approach. *Language, Speech, and Hearing Services in Schools, 25*, 15–24.

Plante, E., & Vance, R. (1995). Diagnostic accuracy of two tests of preschool language. *American Journal of Speech-Language Pathology, 4*, 70–76.

Plexico, L. W., Sandage, M. J., & Faver, K. Y. (2011). Assessment of phonation threshold pressure: A critical review and clinical implications. *American Journal of Speech-Language Pathology, 20*, 348–366.

Poburka, P. (1999). A new stroboscopy rating form. *Journal on Voice, 13*(3), 403–413.

Polmanteer, K., & Turbiville, V. (2000). Family-responsive individualized family service plans for speech-language pathologists. *Language, Speech, and Hearing Services in Schools, 31*, 4–14.

Popham, J. (1981). *Modern educational measurement*. Englewood Cliffs, NJ: Prentice Hall.

Porch, B. (1981). Porch index of communicative ability (Revised edition) [Measurement instrument].

Albuquerque, NM: PICA Programs.

Porch, B. (2001). Porch index of communicative ability: Revised. Austin, TX: Pro-Ed.

Powell, L., & Courtice, K. (1983). *Alzheimer's disease*. Reading, MA: Addison-Wesley.

Powell, T. (1995). A clinical screening procedure for assessing consonant cluster production. *American Journal of Speech Language Pathology, 4*, 59-65.

Prathanee, B. (1998). Oral diadochokinetic rate in adults. *Journal of the Medical Association of Thailand, 81*(10), 784-788.

Prathanee, B. (2010). Cleft palate-speech evaluation. In M. Blouin & J. Stone (Eds.), *International Encyclopedia of Rehabilitation*. Retrieved from http://cirrie.buffalo.edu/encyclopedia/en/article/261/

Prathanee, B., Thanaviratananich, S., Pongjunyakul, A., & Rengpatanakij, K. (2003). Nasalance scores for speech in normal Thai children. *Scandinavian Journal of Plastic and Reconstructive Surgery and Hand Surgery, 37*(6), 351-355.

Prather, E., Hedrick, D., & Kern, C. (1975). Articulation development in children aged 2 to 4 years. *Journal of Speech and Hearing Disorders, 40*, 179-191.

Prather, E. M., Van Audsal Breecher, S., Stafford, M. L., & Wallace, E. M. (1980). Screening test of adolescent language (Revised edition) [Measurement instrument]. Torrance, CA: Western Psychological Services.

Prelock, P., Beatson, J., Bitner, B., Broder, C., & Ducker, A. (2003). Interdisciplinary assessment of young children with autism spectrum disorder. *Language, Speech, and Hearing Services in Schools, 34*, 194-202.

Preston, J., & Edwards, M. (2010). Phonological awareness and types of sound errors in preschoolers with speech sound disorders. *Journal of Speech, Language, and Hearing Research, 53*, 44-60.

Price, L., Hendricks, S., & Cook, C. (2010). Incorporating computeraided language sample analysis into clinical practice. *Language, Speech, and Hearing Services in Schools, 41*, 206-222.

Prins, D., & Ingham, R. J. (2009). Evidence-based treatment and stuttering-historical perspective. *Journal of Speech, Language, and Hearing Research, 52*(1), 254-263.

Prizant, B., & Wetherby, A. (1988). Providing services to children with autism (ages 0 to 2 years) and their families. *Topics in Language Disorders, 9*(1), 1-23.

Proctor, A. (1989). Stages of normal noncry vocal development in infancy: A protocol for assessment. *Topics in Language Disorders, 10*, 26-42.

Proctor, A., Duffy, M. C., Patterson, A., & Yairi, E. (2001). Stuttering in African American and European American preschoolers. *ASHA Leader, 6*(15), 141.

Provence, S., Erikson, J., Vater, S., & Palmeri, S. (1995). Infant-toddler developmental assessment [Measurement instrument]. Rolling Meadows, IL: Riverside.

Prutting, C. A., & Kirchner, D. M. (1987). A clinical appraisal of the pragmatic aspects of language. *Journal of Speech and Hearing Disorders, 52*, 105-119.

Puntil-Sheltman, J. (2002). Medically fragile patients. *The ASHA Leader, 18*, 14-15.

Puranik, C., Lombardino, L., & Altmann, L. (2008). Assessing the microstructure of written language using a retelling paradigm. *American Journal of Speech-Language Pathology, 17*, 107-120.

Purdy, M. (2011). Executive function: Theory, assessment, and treatment. In M. Kimbarow (Ed.), *Cognitive communication disorders* (pp. 77-118). San Diego, CA: Plural.

Rabidoux, P., & Macdonald, J. (2000). An interactive taxonomy of mothers and children during storybook interactions. *American Journal of Speech-Language Pathology, 9*, 331-344.

Rafaat, S., Rvachew, S., & Russell, R. (1995). Reliability of clinician judgments of severity of phonological impairment. *American Journal of Speech Language*

Pathology, 4, 39–46.

Ramsay, M., Martel, C., Porporino, M., & Zygmuntowicz, C. (2011). The Montreal Children's Hospital Feeding Scale: A brief bilingual screening tool for identifying feeding problems. *Paediatrics & Child Health, 16*, 142–151.

Raposo-do-Amaral, C. E., Kuczynski, E., & Alonso, N. (2011). Quality of life among children with cleft lip and palate: A critical review of measurement instruments. *Revista Brasileira de Cirurgia Plastica, 26*(4). Retrieved from http://www.scielo.br/scielo. php?pid=S198351752011000400017&script=sci_ arttext&tlnp

Ratner, N. R. (2004). Caregiver–child interactions and their impact on children's fluency implications for treatment. *Language, Speech, and Hearing Services in Schools, 35*, 46–56.

Ray, B., & Baker, B. (2002). *Hypernasality modification program: A systematic approach*. Austin, TX: Pro-Ed.

Realica, R. M., Smith, M. K., Glover, A. L., & Yu, J. C. (2000). A simplified pneumotachometer for the quantitative assessment of velopharyngeal incompetence. *Annals of Plastic Surgery, 44*(2), 163–166.

Reardon, N. A., & Yaruss, J. S. (2004). *The source for stuttering: Ages 7–18*. East Moline, IL: LinguiSystems.

Rees, N., & Shulman, M. (1978). I don't understand what you mean by comprehension. *Journal of Speech and Hearing Disorders, 43*, 208–219.

Reid, D. K., Hresko, W. P., & Hammill, D. D. (2001). Test of early reading ability (3rd ed.) [Measurement instrument]. Austin, TX: Pro-Ed.

Reilly, J., & Fisher, J. L. (2012). Sherlock Holmes and the strange case of the missing attribution: A historical note on "The Grandfather Passage." *Journal of Speech, Language, and Hearing Research, 55*(1), 84–88.

Reisberg, B., Ferris, S. H., & Crook, T. (1982). Signs, symptoms, and course of age–associated cognitive decline. In S. Corkin, K. L. Davis, J. H. Growdon, E. Usdin, & R. L. Wurtman (Eds.), *Aging, Vol. 19, Alzheimer's Disease: A Report of Progress*. New York, NY: Raven Press.

Reitan, R. M., & Wolfson, D. (1985). *The Halstead–Reitan Neuropsychological Test Battery: Theory and clinical interpretation*. Tucson, AZ: Neuropsychology Press.

Reitzes, P. (2014). The powered–up parent. *The ASHA Leader, 19*(7), 50–56.

Relic, A., Mazemja, P., Arens, C., Koller, M., & Ganz, H. (2001). Investigating quality of life and coping resources after laryngectomy. *European Archives of Oto–Rhino–Laryngology, 258*(10), 514–517.

Remacle, A., Morsomme, D., & Finck, C. (2014). Comparison of vocal loading parameters in kindergarten and elementary school teachers. *Journal of Speech, Language, and Hearing Research, 57*, 406–415.

Remine, M. D., Care, E., & Brown, P. M. (2008). Language ability and verbal and nonverbal executive functioning in deaf students communicating in spoken English. *Journal of Deaf Studies and Deaf Education, 13*(4), 531–545.

Rescorla, L. (1989). The Language Development Survey: A screening tool for delayed language in toddlers. *Journal of Speech and Hearing Disorders, 54*, 587–599.

Rescorla, L. (2002). Language and reading outcomes to age 9 in late talking toddlers. *Journal of Speech, Language, and Hearing Research, 45*, 360–371.

Rescorla, L. (2009). Age 17 language and reading outcomes in latetalking toddlers: Support for a dimensional perspective on language delay. *Journal of Speech, Language, and Hearing Ressearch, 52*, 16–30.

Rescorla, L., & Alley, A. (2001). Validation of the Language Development Survey (LDS): A parent report tool for identifying language delay in toddlers. *Journal of Speech, Language, and Hearing Research, 44*, 434–445.

Rescorla, L., Alley, A., & Christine, J. (2001). Word frequencies in toddlers' lexicons. *Journal of Speech, Language, and Hearing Research, 44*, 598–609.

Rescorla, L., & Goossens, M. (1992). Symbolic play development in toddlers with expressive specific language impairment (SLI–E). *Journal of Speech and Hearing Research, 35*, 1290–1302.

Rescorla, L., Ratner, N., Jusczyk, P., & Jusczyk, A. (2005). Concurrent validity of the Language Development Survey: Associations with the MacArthur–Bates Communicative Development Inventories–Words and Sentences. *American Journal of Speech–Language Pathology, 14,* 156–163.

Rescorla, L., Ross, G., & McClure, S. (2007). Language delay and behavioral/emotional problems in toddlers: Findings from two developmental clinics. *Journal of Speech, Language, and Hearing Research, 50*, 1063–1078.

Retherford, K. (2000). *Guide to analysis of language transcripts*. Eau Claire, WI: Thinking Publications.

Rey, G., Sivan, A., & Benton, A. (1994). Multilingual aphasia examination–Spanish [Measurement instrument]. Lutz, FL: Psychological Assessment Resources.

Reynolds, C., & Horton, A. (2007). Test of verbal comprehension and fluency [Measurement instrument]. Austin, TX: Pro-Ed.

Rhyner, P., Kelly, D., Brantley, A., & Krueger, D. (1999). Screening lowincome African American children using the BLT–2S and the SPELT–P. *American Journal of Speech–Language Pathology, 8*, 44–52.

Riccio, C., Imhoff, B., Hasbrouck, J., & Davis, G. N. (2004). Test of phonological awareness in Spanish [Measurement instrument]. Austin, TX: Pro-Ed.

Rice, M., Sell, M., & Hadley, P. (1990). The Social Interactive Coding System (SICS): An on-line, clinically relevant descriptive tool. *Language, Speech, and Hearing Services in Schools, 21*, 2–14.

Rice, M., Smolik, F., Perpich, D., Thompson, T., Rytting, N., & Blossom, M. (2010). Mean length of utterance levels in 6–month intervals for children 3 to 9 years with and without language impairments. *Journal of Speech, Language, and Hearing Research, 53*, 333–349.

Richard, G. J., & Hanner, M. A. (2005). Language processing test 3: Elementary [Measurement instrument]. East Moline, IL: LinguiSystems.

Richardson, W. S., Wilson, M. C., & Guyatt, G. (2002). *The process of diagnosis. Users' guides to the medical literature: A manual for evidence-based clinical practice* (2nd ed.). New York, NY: McGraw-Hill. Retrieved from http://medicine.ucsf.edu/education/resed/articles/jama6_the_process.pdf

Riley, G. D. (1981). Stuttering prediction instrument for young children [Measurement instrument]. Austin, TX: Pro-Ed.

Riley, G. D. (2009). Stuttering severity instrument (4th ed.) [Measurement instrument]. Austin, TX: Pro-Ed.

Roberts, J., Martin, G., Moskowitz, L., Harris, A., Foreman, J., & Nelson, L. (2007). Discourse skills of boys with fragile X syndrome in comparison to boys with Down syndrome. *Journal of Speech, Language, and Hearing Research, 50*, 475–492.

Robertson, C (2007). The phonological awareness Test II [Measurement instrument]. East Moline, IL: LinguiSystems.

Robinson, T. L. (2012). Cultural diversity and fluency disorders. In K. Faulk & J. Gower (Eds.), *Communication disorders in multicultural populations* (pp. 164–173). St. Louis, MO: Elsevier Mosby.

Roebers, C. M., & Schneider, W. (2005). Individual differences in young children's suggestibility: Relations to event memory, language abilities, working memory, and executive functioning. *Cognitive Development, 20*(3), 427–447.

Rogers, B., Arvedson, J., Buck, G., Smart, P., & Msall, M. (1994). Characteristics of dysphagia in children with cerebral palsy. *Dysphagia, 9*, 69–73.

Rogers, S. (1977). Characteristics of the cognitive development of profoundly retarded children. *Child Development, 48*, 837–843.

Rogers, S., El-Sheikha, J., & Lowe, D. (2009). The development of a Patients Concerns Inventory (PCI) to help reveal patients concerns in the head and neck clinic. *Oral Ontology, 45*(7), 555–561.

Roseberry-McKibbin, C. (1994). Bilingual classroom communication profile [Measurement instrument]. Oceanside, CA: Academic Communication Associates.

Rosen, C., Lee, A., Osborne, J., Zullo, T., & Murry, T. (2004). Development and validation of the Voice Handicap Index-10. *The Laryngoscope, 114*(9), 1549–1556.

Rosenbek, J., LaPointe, L., & Wertz, T. (1989). *Aphasia: A clinical approach*. Boston, MA: College-Hill.

Rosenbek, J., Robbins, J., Roecker, E., Coyle, M., & Wood, J. (1996). A penetration-aspiration scale. *Dysphagia, 11*(2), 93–98.

Ross-Swain, D., & Fogle, P. (2011). Ross information processing assessment-Geriatric (2nd ed.) [Measurement instrument]. Austin, TX: Pro-Ed.

Ross-Swain, D., & Kipping, P. (2003). Swallowing ability and function evaluation [Measurement instrument]. Austin, TX: Pro-Ed.

Rossetti, L. M. (1990). *The Rossetti Infant-Toddler Language Scale Manual: A measure of communication and intervention*. East Moline, IL: LinguiSystems.

Rossetti, L. M. (2006). Rossetti infant-toddler language scale [Measurement instrument]. East Moline, IL: LinguiSystems.

Roth, F. P., & Worthington, C. K. (2005). *Treatment resource manual for speech-language pathology*. Clifton Park, NY: Delmar.

Rubak, S., Sandback, A., Lauritzen, T., & Christensen, B. (2005). Motivational interviewing: A systematic review and meta-analysis. *British Journal of General Practice, 55*, 305–312.

Rubin, J., Sataloff, R. T., & Korovin, G. (2006).

Diagnosis and treatment of voice disorders (3rd ed.). San Diego, CA: Plural.

Rutter, M. (1978). Diagnosis and definition of childhood autism. *Journal of Autism and Childhood Schizophrenia, 8*, 139–169.

Rvachew, S., & Bernhardt, B. (2010). Clinical implications of dynamic systems theory for phonological development. *American Journal of Speech-Language Pathology, 19*, 34–50.

Rvachew, S., Chiang, P., & Evans, N. (2007). Characteristics of speech errors produced by children with and without delayed phonological awareness skills. *Language, Speech, and Hearing Services in Schools, 38*, 60–71.

Ryan, B. (1974). *Programmed therapy for stuttering in children and adults*. Springfield, IL: Charles C. Thomas.

Sabers, D. (1996). By their tests we will know them. *Language, Speech, and Hearing Services in Schools, 27*, 102–121.

Sachs, J., & Devin, J. (1976). Young children's use of age appropriate speech styles in social interaction and role playing. *Journal of Child Language, 3*, 81–98.

Sackett, D., Straus, S., Richardson, W., Rosenberg, W., & Haynes, R. (2000). *Evidence-based medicine: How to practice and teach EBM* (2nd ed.). Edinburgh, UK: Churchill Livingstone.

Salmon, S. J. (1999). *Alaryngeal speech rehabilitation* (2nd ed.). Austin, TX: Pro-Ed.

Salter, K., Jutai, J., Foley, N., Hellings, C., & Teasell, R. (2006). Identification of aphasia post stroke: A review of screening assessment tools. *Brain Injury, 20*(6), 559–568.

Salvia, J., & Ysseldyke, J. (1981). *Assessment in special and remedial education*. Boston, MA: Houghton-Mifflin.

Salvia, J., & Ysseldyke, J. (2004). *Assessment: In special and inclusive education* (9th ed.). Boston, MA: Houghton Mifflin.

Salvia, J., Ysseldyke, J., & Bolt, S. (2010). *Assessment:*

In special and inclusive education (11th ed.). Stamford, CT: Cengage Learning.

Sapienza, C., & Ruddy, B. H. (2013). *Voice disorders* (2nd ed.). San Diego, CA: Plural.

Saville-Troike, M. (1986). Anthropological considerations in the study of communication. In O. Taylor (Ed.), *Nature of Communication Disorders in Culturally Diverse Populations* (pp. 47–72). San Diego, CA: College Hill Press.

Schensul, S. L., Schensul, J. J., & LeCompte, M. D. (2013). *Initiating ethnographic research: A mixed methods approach* (Vol. 2). Lanham, MD: Rowman & Littlefield.

Schieffelin, B. (1985). The acquisition of Kaluli. In D. Slobin (Ed.), *The Cross-Linguistic Study of Linguistic Acquisition* (Vol. 1., pp. 525–593). Hillsdale, NJ: Lawrence Erlbaum Associates.

Schindler, J. S., & Kelly, J. H. (2002). Swallowing disorders in the elderly. *The Laryngoscope, 112*, 589–602.

Schlesinger, I. (1974). Relational concepts underlying language. In R. Schiefelbusch & L. Lloyd (Eds.), *Language perspectives-Acquisition, retardation and intervention* (pp. 129–151). Baltimore, MD: University Park Press.

Schlosser, R., & Wendt, O. (2008). Effects of augmentative and alternative communication intervention on speech production in children with autism: A systematic review. *American Journal of Speech-Language Pathology, 17*, 212–230.

Schrank, F., McGrew, K., Mather, N., & Woodcock, R. (2014). Woodcock-Johnson IV [Measurement instrument]. Rolling Meadows, IL: Houghton Mifflin Harcourt-Riverside.

Schuele, C., & Boudreau, D. (2008). Phonological awareness intervention: Beyond the basics. *Language, Speech, and Hearing Services in Schools, 39*, 3–20.

Schuell, H. (1973). The Minnesota test for differential diagnosis of aphasia [Measurement instrument]. Minneapolis, MN: University of Minnesota Press.

Sclan, S., & Reisberg, B. (1992). Functional assessment staging (FAST) in Alzheimer's disease: Reliability, validity, and ordinality. *International Psychogeriatrics, 4*(3), 55–69.

Scott, C. (1988). Spoken and written syntax. In M. Nippold (Ed.), *Later Language Development: Ages Nine through Nineteen* (pp. 45–95). Austin, TX: Pro-Ed.

Scott, C., & Stokes, S. (1995). Measures of syntax in school-age children and adolescents. *Language, Speech, and Hearing Services in Schools, 26*, 309–319.

Scott, K., Roberts, J., & Krakow, R. (2008). Oral and written language development of children adopted from China. *American Journal of Speech-Language Pathology, 17*, 150–160.

Seaver, E. J., Dalston, R. M., Leeper, H. A., & Adams, L. E. (1991). A study of nasometric values for normal nasal resonance. *Journal of Speech & Hearing Research, 34*(4), 715–721.

Secord, W., & Shine. R. (1997). Secord contextual articulation test [Measurement instrument]. Greenville, SC: Super Duper.

Seiverling, L., Hendy, H. M., & Williams, K. (2011). The Screening Tool of Feeding Problems Applied to Children (STEP-CHILD): Psychometric characteristics and association with child and parent variables. *Research in Developmental Disabilities, 32*, 1122–1129. doi: 10.1016/j.ridd.2011.01.012

Semel, E, Wiig, E. H., & Secord, W. A. (2013). Clinical evaluation of language fundamentals (5th ed.) [Measurement instrument]. San Antonio, TX: Harcourt Assessment.

Seymour, H. (1992). The invisible children: A reply to Lahey's perspective. *Journal of Speech and Hearing Research, 15*, 640–641.

Seymour, H., Roeper, T., DeVilliers, J., & DeVilliers, P. (2005). Treating child language disorders: Lessons from African-American English. Paper presented at the convention of the American Speech-Language Hearing Association, Atlanta, GA.

Shadden, B. B., & Toner, M.A. (2011). Counseling and clinical interactions with older clients and caregivers. In *Aging and Communication: For Clinicians by Clinicians* (2nd ed., pp. 299–320). Austin, TX: Pro-Ed.

Shapiro, D. A. (2011). *Stuttering intervention: A collaborative journey to fluency freedom* (2nd ed.). Austin, TX: Pro-Ed.

Sharf, D. (1972). Some relationships between measures of early language development. *Journal of Speech and Hearing Disorders, 37*, 64–74.

Sheehy, G. (1996). *New passages: Mapping your life across time*. New York, NY: Random House.

Shine, R. (1980). Direct management of the beginning stutterer. *Seminars in Speech, Language and Hearing, 1*(4), 339–350.

Shine, R. (1988). Systematic fluency training for young children (3rd ed.) [Measurement instrument]. Austin, TX: Pro-Ed.

Shine, R. E. (1988). *Systematic fluency training for children*. Austin, TX: Pro-Ed.

Shipley, K. G. (1990). Systematic assessment of voice [Measurement instrument]. Oceanside, CA: Academic Communication Associates.

Shipley, K. G., & McAfee, J. G. (2009). *Assessment in speech-language pathology: A resource manual*. Clifton Park, NY: Delmar Cengage Learning.

Shorr, D. (1983). Grammatical comprehension assessment: The picture avoidance strategy. *Journal of Speech and Hearing Disorders, 48*, 89–92.

Shriberg, L. (1993). Four new speech and prosody voice measures for genetics research and other studies in developmental phonological disorders. *Journal of Speech and Hearing Research, 36*, 105–140.

Shriberg, L., & Kwiatkowski, J. (1980). *Natural process analysis*. New York, NY: John Wiley.

Shriberg, L., & Kwiatkowski, J. (1982a). Phonological disorders, I: A diagnostic classification system. *Journal of Speech and Hearing Disorders, 47*, 226–241.

Shriberg, L., & Kwiatkowski, J. (1982b). Phonological disorders, III: A procedure for assessing severity of involvement. *Journal of Speech and Hearing Disorders, 47*, 256–270.

Shriberg, L., & Kwiatkowski, J. (1994). Developmental phonological disorders, I: A clinical profile. *Journal of Speech and Hearing Research, 37*(5), 1100–1126.

Shriberg, L., Lohmeier, H., Campbell, T., Dollaghan, C., Green, J., & Moore, C. (2009). A nonword repetition task for speakers with misarticulations: The syllable repetition task (SRT). *Journal of Speech, Language, and Hearing Research, 52*, 1189–1212.

Shulman, B. (1986). *Test of pragmatic skills* (Revised ed.). Tucson, AZ: Communication Skill Builders.

Siegel, G. (1975). The use of language tests. *Language, Speech, and Hearing Services in Schools, 6*, 211–217.

Silverman, F. (1984). *Speech language pathology and audiology*. Columbus, OH: Merrill.

Silverman, F. (1995). *Communication for the speechless*. Needham Heights, MA: Allyn & Bacon.

Silverman, S., & Ratner, N. B. (2002). Measuring lexical diversity in children who stutter: Application of VOCD. *Journal of Fluency Disorders, 27*, 289–304.

Simms-Hill, S., & Haynes, W. (1992). Language performance in low-achieving elementary school students. *Language, Speech, and Hearing Services in Schools, 23*, 169–175.

Simon, C. (1987). Out of the broom closet and into the classroom: The emerging SLP. *Journal of Childhood Communication Disorders, 11*, 41–66.

Simon, C. (1989). *Classroom communication screening procedure for early adolescents* (*CCSPEA*). Tempe, AZ: Communi-Cog Publications.

Simon, C. (1994). Evaluating communicative competence [Measurement instrument]. Tempe, AZ: Communi-Cog.

Singer, M., & Blom, E. (1980). An endoscopic technique for restoration of voice after laryngectomy. Presentation at the Annual American Laryngologic Association Conference, Palm Beach, FL.

Singleton, N., & Shulman, B. (2014). *Language development: Foundations, processes, and clinical applications.* Boston, MA: Jones & Bartlett.

Siric, L., Sos, D., Rosso, M., & Stevanovic, S. (2012). Objective assessment of tracheoesophageal and esophageal speech using acoustic analysis of voice. *Colegium Antropologicum, 36*(2), 111–114.

Skahan, S., Watson, M., & Lof, G. (2007). Speech-language pathologists' assessment practices for children with suspected speech sound disorders: Results of a national survey. *American Journal of Speech-Language Pathology, 16*, 246–259.

Skarakis-Doyle, E., Campbell, W., & Dempsey, L. (2009). Identification of children with language impairment: Investigating the classification accuracy of the MacArthur-Bates Communicative Development Inventories, Level III. *American Journal of Speech-Language Pathology, 18*, 277–288.

Skarakis-Doyle, E., & Dempsey, L. (2008). The detection and monitoring of comprehension errors by preschool children with and without language impairment. *Journal of Speech, Language, and Hearing Research, 51*, 1227–1243.

Skarakis-Doyle, E., Dempsey, L., & Lee, C. (2008). Identifying language comprehension impairment in preschool children. *Language, Speech, and Hearing Services in Schools, 39,* 54–65.

Skibbe, L. E., Moody, A. J., Justice, L. M., & McGinty, A. S. (2010). Socio-emotional climate of storybook reading interactions for mothers and preschoolers with language impairment. *Reading and Writing, 23*(1), 53–71.

Sklar, M. (1983). Sklar aphasia scale [Measurement instrument]. Los Angeles, CA: Western Psychological Services.

Smith, V., Mirenda, P., & Zaidman-Zait, A. (2007). Predictors of expressive vocabulary growth in children with autism. *Journal of Speech, Language, and Hearing Research, 50*, 149–160.

Snow, C. (1977). The development of conversation between mothers and babies. *Journal of Child Language, 4*, 1–22.

Snyder, L. (1978). Communicative and cognitive disabilities in the sensorimotor period. *Merrill Palmer Quarterly, 24*, 161–180.

Snyder, L. (1981). Assessing communicative abilities in the sensorimotor period: Content and context. *Topics in Language Disorders, 1*, 31–46.

Sonies, B. C., Weiffenbach, J., Atkinson, J. C., Brahim, J., Macynski, A., & Fox, P. C. (1987). Clinical examination of motor and sensory functions of the adult oral cavity. *Dysphagia, 1*, 4.

Sparks, S. (1989). Assessment and intervention with at-risk infants and toddlers: Guidelines for the speech-language pathologist. *Topics in Language Disorders, 10*(1), 43–56.

Sparrow, S. S., Cicchetti, D. V., & Balla, D. A. (2005). Vineland adaptive behavior scales (2nd ed.) [Measurement instrument]. Livonia, MN: Pearson Assessments.

Sparrow, S., Cicchetti, D., & Balla, D. (2005). *Vineland-II: Vineland adaptive behavior scales: Survey forms manual.* Minneapolis, MN: NCS Pearson.

Spaulding, T., Plante, E., & Farinella, K. (2006). Eligibility criteria for language impairment: Is the low end of normal always appropriate? *Language, Speech, and Hearing Services in Schools, 37*, 61–72.

Spaulding, T. J. (2010). Investigating mechanisms of suppression in preschool children with specific language impairment. *Journal of Speech, Language, and Hearing Research, 53*(3), 725–738.

Speyer, R., Bogaardt, H., Passos, V. L., Boodenburg, N., Zumach, A., Heijnen, M., . . . Brunings, J. (2010). Maximum phonation time: Variability and reliability. *Journal of Voice, 24*(3), 281–284.

Spies, R. (2010). Buros Mental Measurements Yearbook. In I. B. Weiner & W. E. Craighead (Eds.), *The Corsini Encyclopedia of Psychology* (pp. 945–946). Hoboken, NJ : John Wiley & Sons.

Spradley, J. P. (1979). *The ethnographic interview.* New

York, NY: Holt, Rinehart & Winston.

Square, P., & Weidner, W. E. (1981). Differential diagnosis of developmental apraxia. Speech and Hearing Association Conference, Birmingham, AL.

Squires, J., & Bricker, D. (2009). Ages and stages questionaire: A parentcompleted child monitoring system (3rd ed.) [Measurement instrument]. Baltimore, MD: Brookes.

St. Clair, M. C., Pickles, A., Durkin, K., & Conti-Ramsden, G. (2011). A longitudinal study of behavioral, emotional and social difficulties in individuals with a history of specific language impairment (SLI). *Journal of Communication Disorders, 44*(2), 186–199.

St. Louis, K., & Ruscello, D. (2000). The oral speech mechanism examination (3rd ed.) [Measurement instrument]. Austin, TX: Pro-Ed.

Staab, C. (1983). Language functions elicited by meaningful activities: A new dimension in language programs. *Language, Speech, and Hearing Services in Schools, 14*, 164–170.

Stark, R., Bernstein, L., & Demorest, M. (1993). Vocal communication in the first 18 months of life. *Journal of Speech and Hearing Research, 36*, 548–558.

Starkweather, C. W., Gottwald, S. R., & Halfond, M. M. (1990). *Stuttering prevention: A clinical method.* Englewood Cliffs, NJ: Prentice Hall.

State University of New York at Buffalo. (1993a). *Guide for the uniform data set for medical rehabilitation (Adult FIM), version 4.0.* Buffalo, NY: Author.

State University of New York at Buffalo. (1993b). *Guide for the Functional Independence Measure for Children (WeeFIM) of the uniform data system for medical rehabilitation, version 4.0–Community/Outpatient.* Buffalo, NY: Author.

Steckol, K., & Leonard, L. (1981). Sensorimotor development and the use of prelinguistic performatives. *Journal of Speech and Hearing Research, 24*, 262–268.

Stein-Rubin, C., & Fabus, R. (2012). *A guide to clinical assessment and professional report writing in speech-language pathology.* Clifton Park, NY: Delmar Cengage Learning.

Stemple, J. C., Roy, N., & Klaben, B. (2010). *Clinical voice pathology: Theory and management* (5th ed.). San Diego, CA: Plural.

Stevens, N., & Isles, D. (2001). Phonological screening assessment [Measurement instrument]. London, UK: Speechmark.

Stiegler, L. (2007). Discovering communicative competencies in a nonspeaking child with autism. *Language, Speech, and Hearing Services in Schools, 38*, 400–413.

Stocker, B., & Goldfarb, R. (1995). Stocker probe for fluency and language (3rd ed.) [Measurement instrument]. Norcross, GA: The Speech Bin.

Stockman, I. (2010). A review of developmental and applied language research on African American children: From a deficit to difference perspective on dialect differences. *Language, Speech, and Hearing Services in Schools, 41*, 23–38.

Stoel-Gammon, C. (1987). Phonological skills in 2-year-olds. *Language, Speech, and Hearing Services in Schools, 18*, 323–329.

Stoel-Gammon, C. (1996). Phonological assessment using a hierarchial framework. In K. Cole, P. Dale, & D. Thal (Eds.), *Assessment of communication and language* (Vol. 6). Baltimore, MD: Paul H. Brookes.

Stoel-Gammon, C., & Dunn, C. (1985). *Normal and disordered phonology in children.* Baltimore, MD: University Park Press.

Stokes, S., & Klee, T. (2009). The diagnostic accuracy of a new test of early nonword repetition for differentiating late talking and typically developing children. *Journal of Speech, Language, and Hearing Research, 52*, 872–882.

Stover, S., & Haynes, W. (1989). Topic manipulation and cohesive adequacy in conversations of normal adults between the ages of 30 and 90. *Clinical Linguistics and Phonetics, 3*, 137–149.

Strand, E., McCauley, R., Weigand, S., Stoeckel, R., & Baas, B. (2013). A motor speech assessment for children with severe speech disorders: Reliability and validity evidence. *Journal of Speech and Hearing Research, 56*(2), 505–520.

Strandberg, T., & Griffith, J. (1969). A study of the effects of training in visual literacy on verbal language behavior. *Journal of Communication Disorders, 2*, 252–263.

Strominger, A., & Bashie, A. (1977). A nine-year follow-up of language delayed children. Paper presented at the convention of the American Speech-Language-Hearing Association, Chicago, IL.

Strong, C. J. (1998). The Strong narrative assessment procedure [Measurement instrument]. Eau Claire, WI: Thinking.

Sturner, R., Heller, J., Funk, S., & Layton, T. (1993). The Fluharty preschool speech and language screening test: A population-based validation study using sample-independent decision rules. *Journal of Speech and Hearing Research, 36*, 738–745.

Sturner, R., Layton, T., Evans, A., Heller, J., Funck, S., & Machton, M. (1994). Preschool speech and language screening: A review of currently available tests. *American Journal of Speech-Language Pathology, 35*, 25–36.

Swain, D. R., & Long, N. (2004). Auditory processing abilities test [Measurement instrument]. Novato, CA: Academic Therapy.

Swanson, L. A., Fey, M. E., Mills, C. E., & Hood, L. S. (2005). Use of narrative-based language intervention with children who have specific language impairment. *American Journal of Speech-Language Pathology, 14*, 131–141.

Swigert, N. (1998). *The source for pediatric dysphagia* (2nd ed.). East Moline, IL: LinguiSystems.

Swigert, N. (2006). Clinical documentation, coding, and billing. *Seminars in Speech and Language, 27*(2), 101–118.

Swigert, N. (2007). *The source for dysphagia* (3rd ed.).

East Moline, IL: LinguiSystems.

Syder, D., Body, E., Parker, M., & Boddy, M. (1993). Sheffield screening test for acquired language disorders [Measurement instrument]. Windsor, England: NFER-Nelson.

Tade, W. J., & Slosson, S. W. (1986). Slosson articulation, language test with phonology [Measurement instrument]. East Aurora, NY: Slosson Educational.

Tager-Flusberg, H., Rogers, S., Cooper, J., Landa, R., Lord, C., Paul, R., Rice, M., Stoel-Gammon, C., Wetherby, A., & Yoder, P. (2009). Defining spoken language benchmarks and selecting measures of expressive language development for young children with autism spectrum disorders. *Journal of Speech, Language, and Hearing Research, 52*, 643–652.

Tanner, D. (1990). Assessment of stuttering behaviors [Measurement instrument]. Oceanside, CA: Academic Communication Associates.

Tanner, D. (1994). Pragmatic stuttering intervention for children (2nd ed.) [Measurement instrument]. Oceanside, CA: Academic Communication Associates.

Tanner, D. (2001). The brave new world of the cyber speech and hearing clinic. *The ASHA Leader, 6*, 6–7.

Tanner, D., Belliveau, W., & Siebert, G. (1995). Pragmatic stuttering intervention for adolescents and adults [Measurement instrument]. Oceanside, CA: Academic Communication Associates.

Tanner, D., & Culbertson, W. (1999). Quick assessment for apraxia of speech [Measurement instrument]. Oceanside, CA: Academic Communication Associates.

Tanner, D., & Culbertson, W. (1999). Quick assessment for aphasia [Measurement instrument]. Oceanside, CA: Academic Communication Associates.

Tanner, D., & Culbertson, W. (1999). Quick assessment for dysarthria [Measurement instrument]. Oceanside, CA: Academic Communication Associates.

Taylor, O., & Payne, K. (1983). Culturally valid testing: A proactive approach. *Topics in Language Disorders, 3,* 8–20.

Taylor, O., & Payne, K. (1994). Culturally valid testing: A proactive approach. In K. Butler (Ed.), *Cross-cultural perspectives in language assessment and intervention.* Gaithersburg, MD: Aspen Publications.

Teoh, A. P., & Chin, S. B. (2009). Transcribing the speech of children with cochlear implants: Clinical application of narrow phonetic transcriptions. American *Journal of Speech-Language Pathology, 18,* 388–401.

Terkel, S. (1980). *American dreams: Lost and found.* New York, NY: Pantheon.

Terkel, S. (1986). *Hard times: An oral history of the Great Depression.* New York, NY: Random House.

Terkel, S. (1993). *Race: How Blacks and Whites think and feel about the American obsession.* New York, NY: Anchor Press.

Terkel, S. (2001). *Will the circle be unbroken? Reflections on death, rebirth and hunger for a faith.* New York, NY: New Press.

Thal, D., DesJardin, J., & Eisenberg, L. (2007). Validity of the MacArthurBates Communicative Development Inventories for measuring language abilities in children with cochlear implants. *American Journal of Speech-Language Pathology, 16,* 54–64.

Thal, D., O'Hanlon, L., Clemmons, M., & Franklin, L. (1999). Validity of a parent report measure of vocabulary and syntax for preschool children with language impairment. *Journal of Speech, Language, & Hearing Disorders, 42,* 482–496.

Thal, D., & Tobias, S. (1992). Communicative gestures in children with delayed onset of oral expressive vocabulary. *Journal of Speech and Hearing Research, 35,* 1281–1289.

Thommessen, B., Thoressen, G. E., Bautz-Holter, E., & Laake, K. (1999). Screening by nurses for aphasia in stroke-the Ullevaal Aphasia Screening (UAS) test. *Disability and Rehabilitation, 21,* 110–115.

Thompkins, C., & Lehman, M. (1998). Outcomes measurement in cognitive communication disorders: Right hemisphere brain damage. In C. Frattali (Ed.), *Measuring outcomes in speech-language pathology* (pp. 281–292). New York, NY: Thieme.

Thompkins, C. A. (1995). *Right hemisphere communication disorders: Theory and management.* San Diego, CA: Singular.

Thoyre, S., Pados, B., Park, J., Estrem, H., Hodges, E., McComish, C., . . . Murdoch, K. (2014). Development and content validation of the Pediatric Easting Assessment Tool (Pedi-EAT). *American Journal of Speech-Language Pathology, 23,* 46–59.

Tian, W., Yin, H., Redett, R. Shi, B., Shi, J., Zhang, R., & Zheng, Q. (2010). Magnetic resonance imaging assessment of velopharyngeal mechanism at rest and during speech in children. *Journal of Speech Language Hearing Research, 53,* 1595–1615.

Tieu, D. D., Gerber, M. E., Miczuk, H. A., Parikh, S. R., Perkins, J. A., Yoon, P. J., & Sie, K. C. (2012). Generation of consensus in the application of a rating scale to nasendoscopic assessment of velopharyngeal function. *Archives of Otolaryngology–Head and Neck Surgery, 38*(10), 923–928.

Tomik, B., & Guiloff, R. J. (2010). Dysarthria in amyotrophic lateral sclerosis: A review. *Amyotrophic Lateral Sclerosis, 11,* 4–15.

Toner, M. A., Shadden, B., & Gluth, M. (2011). *Aging and communication* (2nd ed.). Austin, TX: Pro-Ed.

Torgensen, J., & Bryant, B. (2004). Test of phonological awareness PLUS (2nd ed.) [Measurement instrument]. Austin, TX: Pro-Ed.

Tough, J. (1977). *The development of meaning.* New York, NY: Halsted Press.

Trapl, M., Enderle, P., Nowotny, M., Teuschl, Y., Matz, K., Dachenhausen, A., & Brainin, M. (2007). Dysphagia bedside screening for acute-stroke patients: The Gugging Swallowing Screen. *Stroke, 38*(11), 2948–2952.

Trost-Cardamone, J. E., & Bernthal, J. E. (1993). Articulation assessment procedures and treatment decisions. In K. T. Moller & C. D. Starr (Eds.), *Cleft palate: Interdisciplinary issues and treatments.* Austin, TX: Pro-Ed.

Tyack, D., & Gottsleben, R. (1974). *Language sampling, analysis and training: A Handbook for teachers and clinicians.* Palo Alto, CA: Consulting Psychologists Press.

Ukrainetz, T. (2006). The Implications of RTI and EBP for SLPs: Commentary on L. M. Justice. *Language, Speech, and Hearing Services in Schools, 37,* 298–303.

Ukrainetz, T., & Gillam, R. (2009). The expressive elaboration of imaginative narratives by children with specific language impairment. *Journal of Speech, Language, and Hearing Research, 52,* 883–898.

Uzigiris, I., & Hunt, J. (1975). *Assessment in infancy.* Urbana, IL: University of Illinois Press.

Van Borsel, J., Maes, L., & Foulon, S. (2001). Stuttering and bilingualism: A review. *Journal of Fluency Disorders, 26,* 179–205.

Van Borsel, J. V. (1997). Neurogenic stuttering: A review. *Journal of Clinical Speech and Language Studies, 7,* 16–33.

Van Gilder, J., & Street-Tobin, S. (2011). Supervision: Assessing diagnostic report writing. *SIG 11 Perspectives on Administration and Supervision, 21,* 103–111.

Van Lierde, K. M., Muyts, F. L., Bonte, K., & Van Cauwenberge, P. (2007). The Nasality Severity Index: An objective measure of hyponasality based on a multiparameter approach, a pilot study. *Folio Phoniatrica et Logopaedica, 59*(1), 31–38.

Van Riper, C. (1963). *Speech correction: Principles and methods* (4th ed.). Englewood Cliffs, NJ: Prentice-Hall.

Van Riper, C., & Emerick, L. (1984). *Speech correction:*

An introduction to speech pathology and audiology. Englewood Cliffs, NJ: Prentice Hall.

Vanryckeghem, M., & Brutten, G. J. (2007). KiddyCat: Communication attitude test for preschool and kindergarten children who stutter [Measurement instrument]. San Diego, CA: Plural.

Vanryckeghem, M., Hylebos, C., Brutten, G., & Peleman, M. (2001). The relationship between communication attitude and emotion of children who stutter. *Journal of Fluency Disorders, 26,* 1–15.

Vaughn-Cooke, F. (1986). The challenge of assessing the language of nonmainstream speakers. In O. Taylor (Ed.), *Treatment of Communication Disorders in Culturally and Linguistically Diverse Populations* (pp. 23–48). San Diego, CA: College Hill Press.

Velleman, S., & Vihman, M. (2002). Whole-word phonology & templates: Trap, bootstrap, or some of each? *Language, Speech, and Hearing Services in Schools, 33,* 9–23.

Vitali, G. (1986). Test of oral structures and functions [Measurement instrument]. East Aura, NY: Slosson.

Vogel, A., Ibrahim, H., Reilly, S., & Kilpatrick, N. (2009). A comparative study of two acoustic measures of hypernasality. *Journal of Speech, Language, and Hearing Research, 52,* 1640–1651.

Vygotsky, L. (1978). *Mind in society: The development of higher psychological processes.* Cambridge, MA: Harvard University Press.

Wade, K., & Haynes, W. (1989). Dynamic assessment of spontaneous language and cue responses in adult-directed and child-directed play: A statistical and descriptive analysis. *Child Language Teaching and Therapy, 5,* 157–173.

Wagner, R., Togersen, J., & Rashotte, C. (1999). Comprehensive test of phonological Processing [Measurement instrument]. Austin, TX: Pro-Ed.

Wall, L., Ward, E., Cartmill, B., & Hill, A. (2013). Physiological changes to the swallowing mechanism following (chemo)radiotherapy for head and neck cancer: A systematic review. *Dysphagia, 28,* 481–

493.

Wallace, G., & Hammill, D. D. (2013). Comprehensive receptive and expressive vocabulary test (3rd ed.) [Measurement instrument]. Austin, TX: Pro-Ed.

Wallach, G., & Miller, L. (1988). *Language intervention and academic success*. Boston, MA: College-Hill Press.

Ward, D., & Scott, S. K. (2011). *Cluttering: Research, intervention and education*. East Sussex, UK: Psychology Press.

Ward, E., Crombie, J., Trickey, M., Hill, A., Theodoros, D., & Russell, T. (2009). Assessment of communication and swallowing post-laryngectomy: A telerehabilitation trial. *Journal of Telemedicine and Telecare, 15*, 232–237.

Ward, S., & Birkett, D. (1994). Ward infant language screening test, assessment, acceleration, and remediation [Measurement instrument]. Manchester: Manchester Health Care Trust.

Watson, B. U., & Thompson, R. W. (1983). Parent's perception of diagnostic reports and conferences. *Language, Speech, and Hearing Services in Schools, 14*, 114–120.

Watson, J. B. (1988). A comparison of stutterers' and nonstutterers' affective, cognitive, and behavioral self-reports. *Journal of Speech and Hearing Research, 31*(3), 377–385.

Watson-Gegeo, K., & Gegeo, D. (1986). Calling out and repeating routines in Kwara'ae children's language socialization. In B. Schieffelin & E. Ochs (Eds.), *Language and Socialization Across Cultures* (pp. 17–50). Cambridge, UK: Cambridge University Press.

Weismer, S., Branch, J., & Miller, J. (1994). A prospective longitudinal study of language development in late talkers. *Journal of Speech and Hearing Research, 37*, 852–867.

Weiss, A. (2004). Why we should consider pragmatics when planning treatment for children who stutter. *Language, Speech, and Hearing Services in Schools, 35*, 34–45.

Weiss, A., Leonard, L., Rowan, L., & Chapman, K. (1983). Linguistic and nonlinguistic features of style in normal and language-impaired children. *Journal of Speech, and Hearing Disorders, 48*, 154–163.

Weisz, J., & Zigler, E. (1979). Cognitive development in retarded and nonretarded persons: Piagetian tests of the similar sequence hypothesis. *Psychological Bulletin, 86*, 831–851.

Wepman, J. M., MacGhan, J. A., Rickard, J. C., & Shelton, N. W. (1953). The objective measurement of progressive esophageal speech development. *Journal of Speech & Hearing Disorders, 18*, 247–251.

Wertz, R. T., LaPointe, L. L., & Rosenbek, J. C. (1984). *Apraxia of speech in adults: The disorder and its management*. New York, NY: Grune & Stratton.

West, J., Sands, E., & Ross-Swain, D. (1998). Bedside evaluation and screening test of aphasia (2nd ed.) [Measurement instrument]. Austin, TX: Pro-Ed.

Westby, C. (1980). Assessment of cognitive and language abilities through play. *Language, Speech, and Hearing Services in Schools, 11*, 154–168.

Weston, A., & Shriberg, L. (1992). Contextual and linguistic correlates of intelligibility in children with developmental phonological disorders. *Journal of Speech and Hearing Research, 35*, 1316–1332.

Wetherby, A., Cain, D., Yonclas, D., & Walker, V. (1988). Analysis of intentional communication of normal children from the prelinguistic to the multiword stage. *Journal of Speech and Hearing Research, 31*, 240–252.

Wetherby, A., & Prizant, B. (1992). Profiling young children's communicative competence. In S. Warren & J. Reichle (Eds.), *Causes and effects in communication and language intervention* (pp. 217–251). Baltimore, MD: Brookes.

Wetherby, A., & Prizant, B. (1998). Communication and symbolic behavior scales-Developmental profile [Measurement instrument]. Chicago, IL: Applied Symbolix.

Wetherby, A., & Prizant, B. (2002a). *Communication*

and symbolic behavior scales. Baltimore, MD: Brookes.

Wetherby, A., & Prizant B. (2002b). Infant-toddler checklist [Measurement instrument]. Baltimore, MD: Brookes.

Wetherby, A., & Prutting, C. (1984). Profiles of communicative and cognitive-social abilities in autistic children. *Journal of Speech and Hearing Research, 27,* 364-377.

Wetherby, A., & Rodriguez, G. (1992). Measurement of communicative intentions in normally developing children during structured and unstructured contexts. *Journal of Speech and Hearing Research, 35,* 130-138.

Wetherby, A., Yonclas, D., & Bryan, A. (1989). Communicative profiles of preschool children with handicaps: Implications for early intervention. *Journal of Speech and Hearing Disorders, 54,* 148-158.

Whitehill, T. L. (2002). Assessing intelligibility in speakers with cleft palate: A critical review of the literature. *The Cleft Palate-Craniofacial Journal, 39,* 50-62.

Whurr, R. (1999). Children's acquired aphasia screening test [Measurement instrument]. London, England: Whurr.

Whurr, R. (2011). *Aphasia screening test* (3rd ed.) [Measurement instrument]. London, England: Speechmark.

Wiederholt, J. L., & Blalock, G. (2000). Gray silent teading tests [Measurement instrument]. Austin, TX: Pro-Ed.

Wiederholt, J. L., & Bryant, B. R. (2012). Gray oral reading tests (5th ed.) [Measurement instrument]. Austin, TX: Pro-Ed.

Wiig, E. (2004). Wiig assessment of basic concepts [Measurement instrument]. Greenville, SC: Super Duper.

Wiig, E., & Secord, W. (2006). Emerging literacy and language assessment [Measurement instrument]. Greenville, SC: Super Duper.

Wiig, E., & Secord, W. (2011). HearBuilder phonological awareness test [Measurement instrument]. Greenville, SC: Super Duper.

Wiig, E. H., & Secord, W. (1989). Test of language competence (Expanded edition) [Measurement instrument]. San Antonio, TX: Pearson.

Wiig, E. H., & Secord, W. (1992). Test of word knowledge [Measurement instrument]. San Antonio, TX: Pearson.

Wiig, E. H., Semel, E., & Secord, W. A. (2013). Clinical evaluation of language fundamentals screening test (5th ed.) [Measurement instrument]. Bloomington, MN: Pearson.

Wilcox, M. (1984). Developmental language disorders: Preschoolers. In A. Holland (Ed.), *Language disorders in children: Recent advances* (pp. 101-128). San Diego, CA: College-Hill.

Williams, D. E., Darley, F. L., & Spriestersbach, D. C. (1978). *Diagnostic methods in speech pathology* (2nd ed.). New York, NY: Harper & Row.

Williams, K. (2007). Expressive vocabulary test (2nd ed.) [Measurement instrument]. Boston, MA: Pearson.

Wilson, B. A., Alderman, N., Burgess, P. W., Emslie, H., & Evans, J. J. (1996). Behavioural assessment of the dysexecutive syndrome [Measurement instrument]. St. Edmunds, UK: Thomas Valley Test Company.

Wilson, D. K. (1987). *Voice problems in children* (3rd ed.). Baltimore, MD: Williams & Wilkins.

Wilson, K., Blackmon, R., Hall, R., & Elcholtz, G. (1991). Methods of language assessment: A survey of California public school clinicians. *Language, Speech, and Hearing Services in Schools, 22,* 236-241.

Wise, J., Sevcik, R., Morris, R., Lovett, M., & Wolf, M. (2007). The relationship among receptive and expressive vocabulary, listening comprehension, pre-reading skills, word identification skills and reading comprehension by children with reading disabilities. *Journal of Speech, Language, and*

Hearing Research, 50, 1093–1109.

Wolf, M., & Denckla, M. B. (2005). Rapid automatized naming and rapid alternating stimulus tests [Measurement instrument]. Norcross, GA: The Speech Bin.

Wolfus, B., Moscovitch, M., & Kinsbourne, M. (1980). Subgroups of developmental language impairment. *Brain and Language, 10*, 152–171.

Woodcock, R. W. (2011). Woodcock reading mastery tests (3rd ed.) [Measurement instrument]. San Antonio, TX: Pearson.

Woods, J., & Wetherby, A. (2003). Early identification of and intervention for infants and toddlers who are at risk for autism spectrum disorder. *Language, Speech, and Hearing Services in Schools, 34*, 180–193.

Woolf, G. (1967). The assessment of stuttering as struggle, avoidance and expectancy. *British Journal of Disorders of Communication, 2*, 158–171.

World Health Organization. (2002). Toward a common language for functioning, disability and health (ICF). Retrieved from http:www3.who.int/icf/

World Health Organization. (2002). *The world health report: 2002: Reducing the risks, promoting healthy life.* New York, NY: Author.

Wright, L., & Ayre, A. (2000). Wright and Ayre stuttering self-rating profile [Measurement instrument]. Bichester, UK: Speechmark.

Wuyts, F. L., DeBodt, M. S., Molenberghs, G., Remacle, M., Heylen, L., Millet, B., . . . Van de Heyning, P. H. (2000). The Dysphonia Severity Index: An objective measure of vocal quality based on a multiparameter approach. *Journal of Speech, Language, and Hearing Research, 43*(3), 796–809.

Wyatt, T. (1998). Assessment issues with multicultural populations. In D. E. Battle (Ed.), *Communication disorders in multicultural populations* (2nd ed., pp. 379–425). Boston, MA: Butterworth-Heinemann.

Wyatt, T. A. (2002). Assessing the communicative abilities of clients from diverse cultural and language backgrounds. In D. E. Battle (Ed.), *Communication disorders in multicultural populations* (3rd ed., pp. 415–459). Boston, MA: Butterworth-Heinemann.

Yairi, E. (1997). Home environments of stuttering children. In R. Curlee & G. Siegel (Eds.), *Nature and treatment of stuttering*. Needham Heights, MA: Allyn & Bacon.

Yairi, E., & Ambrose, N. (1992). Onset of stuttering in preschool children: Selected factors. *Journal of Speech and Hearing Research, 35*(4), 782–788.

Yairi, E., & Ambrose, N. G. (2005). *Early childhood stuttering for clinicians by clinicians*. Austin, TX: Pro-Ed.

Yairi, E., Ambrose, N., & Niermann, R. (1993). The early months of stuttering: A developmental study. *Journal of Speech and Hearing Research, 36*, 521–528.

Yairi, E., Ambrose, N., Paden, E., & Throneburg, R. (1996). Predictive factors of persistence and recovery: Pathways of childhood stuttering. *Journal of Communication Disorders, 29*, 51–77.

Yairi, E., & Lewis, B. (1984). Disfluencies at the onset of stuttering. *Journal of Speech and Hearing Research, 27*, 155–159.

Yairi, E., & Seery, C. (2011). *Stuttering foundations and clinical approaches*. Boston, MA: Pearson.

Yairi, E. H., & Seery, C. H. (2014). *Stuttering: Foundations and clinical applications* (2nd ed.). San Antonio, TX: Pearson.

Yaruss, J. S. (1999). Current status of academic and clinical education in fluency disorders at ASHA-accredited training programs. *Journal of Fluency Disorders, 24*, 169–184.

Yaruss, J. S. (2000). Converting between word and syllable counts in children's conversational speech samples. *Journal of Fluency Disorders, 25*, 305–316.

Yaruss, J. S., & Logan, K. J. (2002). Evaluating rate, accuracy, and fluency of young children's diadochokinetic productions: A preliminary investigation. *Journal of Fluency Disorders, 27*, 65–86.

Yaruss, J. S., & Quesal, R. W. (2002). Academic and clinical education in fluency disorders: An update. *Journal of Fluency Disorders, 27*, 43–63.

Yaruss, J. S., Quesal, R. W., & Coleman, C. (2010). Overall assessment of the speaker's experience of stuttering [Measurement instrument]. San Antonio, TX: Pearson.

Yaruss, J. S., Quesal, R. W., & Coleman, C. (2010). *Overall assessment of the speaker's experience of stuttering.* Boston, MA: Pearson.

Yavas, M., & Goldstein, B. (1998). Phonological assessment and treatment of bilingual speakers. *American Journal of Speech-Language Pathology, 7*(2), 49–60.

Yiu, E. M. (2002). Impact and prevention of voice problems in the teaching profession: Embracing the consumer's view. *Journal of Voice, 16*, 215–228.

Yoder, P., Warren, S., & McCathren, R. (1998). Determining spoken language prognosis in children with developmental disabilities. *American Journal of Speech-Language Pathology, 7*, 77–87.

Yont, K., Hewitt, L., & Miccio, A. (2000). A coding system for describing conversational breakdowns in preschool children. *American Journal of Speech-Language Pathology, 9*, 300–309.

Yorkston, K., Beukelman, D., Stand, E., & Hakel, E. (2010). *Management of motor speech disorders in children and adults.* Austin, TX: Pro-Ed.

Yorkston, K., Beukelman, D., & Traynor, C. (1984). Assessment of intelligibility of dysarthric speech [Measurement instrument]. Austin, TX: Pro-Ed.

Yorkston, K., Spencer, K. A., & Duffy, J. R. (2003). Behavioral management of respiratory/phonatory dysfunction from dysarthria: A systematic review of the evidence. *Journal of Medical Speech-Language Pathology, 11*(2), xiii–xxxviii.

Yoss, K., & Darley, F. L. (1974). Developmental apraxia of speech in children with defective articulation. *Journal of Speech and Hearing Research, 17*, 399–416.

Young, A. R., Beitchman, J. H., Johnson, C., Douglas, L., Atkinson, L., Escobar, M., & Wilson, B. (2002). Young adult academic outcomes in a longitudinal sample of early identified language impaired and control children. *Journal of Child Psychology and Psychiatry, 43*(5), 635–645.

Zimmerman, I., Steiner, V., & Pond, R. (2011). Preschool language scale (5th ed.) [Measurement instrument]. San Antonio, TX: Psychological Corporation.

Zur, K., Cotton, S., Kelchnor, L., Baker, S., Weinrich, B., & Lee, L. (2007). Pediatric Voice Handicap Index (pVHI): A new tool for evaluating pediatric dysphonia. *International Journal of Pediatric Otorhinolaryngology, 71*(1), 77–82.

Zurinskas, T. (2009, November 2). Is the Rainbow Passage representative of phoneme frequencies? Message posted to https://groups.yahoo.com/neo/groups/truespel/conversations/topics/547

Zuur, J., Muller, S., de Jongh van Zandwijk, N., & Hilger, F. (2006). The physiological rationale of heat and moisture exchangers in post-laryngectomy pulmonary rehabilitation: A review. *European Archives of Oto-Rhino-Laryngology, 263*(1), 1–8. doi: 10.1007/ soo405-005-0969-3

찾아보기

저자 소개

Rebekah H. Pindzola
Auburn University 의사소통장애학과 교수

Laura W. Plexico
Auburn University 의사소통장애학과 교수

William O. Haynes
Auburn University 의사소통장애학과 교수

역자 소개

김민정(Min Jung Kim)
연세대학교 대학원 언어병리학협동과정 박사
고려대학교 안암병원 재활의학과 언어치료사 역임
우송대학교 언어치료 청각재활학부 교수 역임
현 도곡연세 말-언어연구소 소장, 단국대학교 겸임교수

한진순(Jinsoon Han)
이화여자대학교 대학원 언어병리학협동과정 박사
이화여자대학교 언어청각임상센터(현 발달장애 아동센터) 언어치료사 역임
삼성서울병원 재활의학과 언어치료사 역임
우송대학교 언어치료 청각재활학부 교수 역임

이혜란(Hyeran Lee)
연세대학교 대학원 언어병리학협동과정 박사
세브란스병원 재활의학과 언어치료사 역임
우송대학교 언어치료 청각재활학부 교수 역임
현 단국대학교 죽전치과병원 언어인지발달센터 언어치료사, 단국대학교 초빙교수

언어장애 진단평가

Diagnosis and Evaluation in Speech Pathology (9th ed.)

2017년 7월 10일 1판 1쇄 인쇄
2017년 7월 20일 1판 1쇄 발행

지은이 • Rebekah H. Pindzola · Laura W. Plexico · William O. Haynes
옮긴이 • 김민정 · 한진순 · 이혜란
펴낸이 • 김진환
펴낸곳 • ㈜ 학지사

04031 서울특별시 마포구 양화로 15길 20 마인드월드빌딩
대표전화 • 02)330-5114   팩스 • 02)324-2345
등록번호 • 제313-2006-000265호

홈페이지 • http://www.hakjisa.co.kr
페이스북 • https://www.facebook.com/hakjisabook

ISBN 978-89-997-1297-5 93370

정가 25,000원

이 도서의 국립중앙도서관 출판시도서목록(CIP)은 서지정보유통지
원시스템 홈페이지(http://seoji.nl.go.kr)와 국가자료공동목록시스템
(http://www.nl.go.kr/kolisnet)에서 이용하실 수 있습니다.
(CIP 제어번호: CIP2017014375)

교육문화출판미디어그룹 학지사

심리검사연구소 인싸이트 www.inpsyt.co.kr
원격교육연수원 카운피아 www.counpia.com
학술논문서비스 뉴논문 www.newnonmun.com